피곤한 사람들은
어쩔 수 없지!

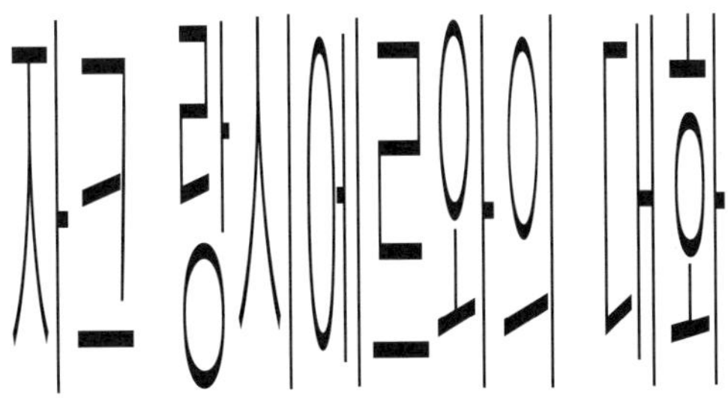

피곤한 사람들은
어쩔 수 없지!

자크 랑시에르 지음
박영옥 옮김

인간사랑

INSTITUT FRANÇAIS
RÉPUBLIQUE DE CORÉE

Cet ouvrage a bénéficié du soutien des Programmes d'aide à la publication de l'Institut français.

이 책은 프랑스문화진흥국의 출판 지원 프로그램의 도움으로 출간되었습니다.

Et tant pis pour les gens fatigués: Entretiens by Jacques Rancière

차례

1976년

『노동자의 말: 1830−1851』

우애의 이미지[1]

(세르주 다네, 세르주 투비아나와의 대담)

1976년

● 카이에 뒤 시네마: 두 영화, 로버트 크레이머의 〈이정표〉[2]와 장-뤽 고다르의 〈넘버 투〉[3]를 예로 들면, 앞 영화에는 고다르 영화에서는 전혀 찾아 볼 수 없는 계보학적 차원이 있습니다. 그래서 우리는 〈이정표〉는 "장르"의 역사에(미국 영화), 〈넘버 투〉는 "형식"의 역사(유럽 영화)에 속한다고 말할 수 있습니다. 결론적으로 〈이정표〉—어쩌면 미국 영화 일반—는 우리의 영화보다 자신들의

1 (원주) 이 대담은 1976년 잡지 『카이에 뒤 시네마』(*Les Cahiers du cinéma*), n° 268–269, 1976, pp. 7–19에 실렸다.

2 〈이정표〉(*Milestones*, 1975)는 로버트 크레이머(Robert Kramer)와 존 더글라스(John Douglas)가 공동 연출해서 만든 영화로 60년대 미국 사회의 절망과 희망을 다룬 다큐멘터리이다(이후 '원주'로 별도 표시하지 않은 각주는 모두 '역주').

3 〈넘버 투〉(*Numéro deux*, 1975)는 장-뤽 고다르와 안-마리 미에빌(Anne-Marie Miéville)이 공동 연출한 실험적이고 다큐멘터리적인 영화이다. 이 영화는 두 부분으로 나뉘져 있다. 전반부는 고다르가 자신의 영화에 대해서, 특히 비디오를 사용하는 자신의 방법과 연출가의 어려움에 대해서 길게 혼자 설명하는 부분이고, 후반부는 프랑스 중산층 가족의 일상을 다큐멘터리 형식으로 다룬 부분이다.

역사와 더 밀접하게 연결되어 있는 것처럼 보입니다. 어떤 의미에서 더 "물질주의적"이라고도 말할 수 있을 것입니다.

미국 영화에서 우리의 주목을 끄는 것은 특히 인물들입니다. 그들은 이미 말해진 담론 속에 잡혀있지 않습니다. 그들은 연기, 제스처, 행동에서 자유롭습니다. 그들은 제스처를 대표하지 이념을 대표하지 않으며, 행동을 대표하지 정치적 이상을 대표하지 않습니다. 그러나 이 사실은 그들을 총괄적이고, 이념적이고, 신화적인 미국의 표상과 연관시키는 것을 방해하지 않습니다.

그들은 자유로운 기획의 담론인 이념적인 거대 담론의 자식들입니다. 각자가 취한 이 담론은 그들에게 너무 당연해서 각자 전적으로 자신의 것으로 다시 취해야 할 필요가 없습니다.

자크 랑시에르: 이때 우리는 〈여기와 저기〉에서 혁명적 좌파**의** 혹은 좌파**에 대한** 영화일 수 있는 것들에 대해 묻는 것으로부터 출발할 수 있을 것입니다. 클레이머와 더글라스는 그들 뒤에 미국 영화의 계보학적 전통을 가지고 있었기 때문에, 직접적으로 좌파를 말하게 할 수 있었고, 정치 집단의 형성, 그 형태, 이상적 사회 운동가들의 변형을 보여줄 수 있었습니다. 깊은 기억 상실증에 걸린 우리 영화의 전통이 위험을 무릅쓰고 6개월마다 **새로운 분위기**로 인사하는 것을 가능하게 했던 가벼운 이동을 서슴지 않으면서 코드와 유형으로 유지되었다면, 미국 영화는 궁극적으로 자신들의 법으로 인정되고, 영화 공동체에 이르는 코드 형성의 **전설,** 제스처, 이동, 교환의 체계를 지속적으로 연기하고 표상했습니다.

출옥에서부터 의지적으로 상징적 탄생에 이르는 그 여정 뒤에서, 우리는 어렵지 않게 영화 〈돌아오지 않는 강〉[4] 유형의 허구를 알아차릴 수 있을 것입니다. 이 영화 전경에서 우리는 교도소에서 나온 주인공이 집을 짓기 위해 나무를 쓰러트리고 있는 것을 봅니다. 여기는 바로 일련의 시련 끝에 도시, 법, 미국의 도덕이 형성되는 곳입니다. 물론 이런 계보학적 전통은 최근에 우리가 감탄에 마지않는 미국 사회의 정체성 담론과, 또 물질주의와 다르지 않습니다. 즉 이것은 국가적 이데올로기의 물질적 힘, 인물들을 설정하고 허구를 조작하는 그들의 능력 이상도 이하도 아닙니다. 이렇게 인물들 안에 이념의 유형들이 정착되고, 이로부터 일련의 전복 혹은 다른 질문의 제기가 가능해집니다.

반면 우리의 영화는 우리의 정치적 문화의 근본적인 특징, 즉 기념식의 질서 속에 역사를 허구화하기를 거부하는 계보학에 대한 무관심을 반복합니다. 여기서 나는 우리의 정치적 문화가 형성되는 논쟁의 용어들과 우리 영화에서 작품이 형성되는 허구의 양식들 사이의 놀라운 일치를 발견합니다. 요약하면, 우리 영화는 사회적 조건, 인물, 장소의 극단적인 코드화와 더불어 작은 차이에서, 즉 코드에 적용된 실재의 효과(l'effet du réel)[5]에서 작동합니다. 이것은 동시에 실재에 부가된 꿈의 보충이기도 합니다. 꿈을 찾아 사무실을 나서는 사무직 직원들, 이전에 부르주아 몽상가에게만 속했던 가벼운 감정적 흥분을 찾아 나서는 노동

4 〈돌아오지 않는 강〉(*River of No Return*, 1954)은 오토 플레밍거(Otto Preminger) 감독의 서부영화이다.

5 롤랑 바르트의 용어인 '실재의 효과'는 19세기 사실주의 소설 안에서 아무 기능도 하지 않는 것처럼 보이는 기술들이 실재와의 연속성을 보증한다는 이론이다. 이에 대해 랑시에르는 바르트와 반대로 실재의 효과는 실재와의 닮음의 효과를 가져오는 것이 아니라, 표상과 행위의 질서와의 단절의 효과를 가져온다고 주장한다. "이 단절은…19세기의 발명으로 사람들이 그 이전까지 그들에게 금지되었던 경험의 형식들에 접근하는 것을 가능하게 했던 것이다."(랑시에르, 『잘려진 끈-근대 허구에 대한 에세이』(*Fil perdu. Essais sur la fiction moderne*), Paris, Le Fabrique, 2014, p. 22).

자들, 자신들의 사회적 역할을 벗어나는 인물들, 그들의 방황은 갑자기 움직이기 시작한 카메라에 의해 추적되고, 그들의 말은 결국 일상의 적절함을 발견하는 듯이 보입니다.

이 사회적 유형에 첨가된 영혼의 보충은 마치 장난기 많은 사촌이 가족사진이 가족사진처럼 보이지 않도록, 사진을 찍을 때마다 항상 인상을 찡그리거나 가장하는 것과 다소 닮아있습니다. 이 보충은 크게 두 형태로 실현됩니다. 하나는 부르주아(관료, 의사, 중소기업 사장 등등)의 비밀스런 고통을 보여주는 무거운 상업영화이고, 다른 하나는 사랑의 슬픔(모리스 뒤고슨(Maurice Dugowson)의 〈릴리, 날 사랑해 줘〉(Lily, aime-moi))나 들끓는 성적 욕망(클로드 파랄도(Claude Faraldo)의 〈보프〉(*Bof*)[6]) 때문에 노동자들이 공장이나 투쟁에서 빠져나가는 가벼운 상업영화입니다. 이것은 너무 정형화된 점이 없지 않으며, 주로 젊은 영화인들에게 할당된 역할이었습니다.

코드의 준수와 완벽하게 코드화된 코드의 해체 사이의 놀이는 "마르크스 혹은 꿈"과 같은 종류의 논쟁들에서 다시 발견됩니다. 여기서 우리는 한편으로 장치(appareil)의 담론을, 다른 한편으로 실재의 신선함, 욕망, 꿈, 생산적인/투쟁적인 힘이 우울한 노동자들과 길 잃은 운동가들의 방황으로 변해버린 것을 발견합니다. 오늘날 장치의 담론을 전복한다고 주장하는 많은 사람들은 꿈의 보충인 실재의 보충에 대한 아주 일상적인 담론을 나열하는 것과 다른 것을 할까요? 여기서 우리는 좌파적 견해는 페티시즘, 즉 새로운 도구(비디오카메라)에 의해 산출되는 자

6 보프(bof)는 별 볼일 없는 것에 대해 내뱉는 감탄사이다. 우리말로, '에이', '쳇' 정도의 의미이다.

발성의 환상 속에 사로잡힌 상업적 허구의 양식들에 전적으로 의존하고 있음을 관찰할 수 있습니다.

반면, 어떻게 구체적으로 이상적인 사회운동가가 형성되는지, 어떻게 신체의 제스처들이 복종에서 저항으로 변하는지, 어떻게 저항의 문화가 형성되고 전달되는지—그 전설을 포함해서— 등은 우리의 허구 안에 부재하는 질문들이고, 우리의 이론적 공간에서 그 질문들은 "삶"의 상투적 표현에 의해 덮입니다. 우리는 항상 신화의 질서에 속하지 전설에 속하지 않으며, 코드의 실재의 효과에 속하지 계보학의 효과에 속하지 않습니다. 상층 문화에 의해서 실행된 긴 억압은 하층 문화와 기억의 형식들을 세밀하게 파괴하고 대체했으며, 기억상실증에 걸린 문화를 산출했습니다. 이것은 일련의 **기념식**(파리코뮌, 견직공의 노래[7], 인민의 과거의 고통과 위업…)을 허용했지만, 이론적 반성이나 물질적 발명 안에서 권력과 저항의 허구화를 허용하지 않았습니다.

예를 들어, 코스타-가브라스(Costa-Gavras)의 〈특수 법정〉(*Section spéciale*, 1975)[8]을 보면, 글뤽스만적인 이론적 형태(권력과 평민)는 전적으로 우리 영화의 전통적인 허구의 양태에 의존하는 것을 알 수 있습니다. 즉, 한쪽에는 권력, 정치적 장치들, 장관들, 고위층들, 침묵으로 둘러싸인

7 견직공의 노래(Le Chant des Canuts)는 1894년 아리스티드 브뤼앙(Aristide Bruant)이 작사한 혁명가이다. '카뉘'(Canut)는 19세기 리옹(Lyon)의 견직공들을 부르던 말이다. 특히 그들의 봉기는 생시몽, 마르크스, 푸르동 등 19세기 사회주의 철학자들에게 영향을 미쳤다.

8 "특수 법정"(Section spéciale)은 1941년 비시(Vichy) 임시 정부 시절, 파리 메트로에서 일어난 테러에 대한 독일군의 보복을 두려워해서 비시 정부가 테러와 아무 상관 없는 수감자들 중에 공산주의자들과 무정부주의자들에게 특수법을 적용해서 사형선거를 내리기 위해 만들어진 특수법정을 말한다. 코스타-가브라스의 위의 영화는 이 사건 전개의 배후를 다룬다.

대기실들의 세계가 있고, 저 아래에는 삶의 즐거움과 인간의 노동의 무게를 아는 용감한 젊은이들, 공산주의 이념을 가진 프롤레타리아들이 있습니다.

권력의 표상에 대해서, 우리는 프란체스코 로시(Francesco Rosi)의 〈우아한 시체〉(*Cadavres exquis*)에서 가장 의미심장한 것과 그에 대한 신문《리베라시옹》의 세르즈 쥘리(Serge July)의 열광을 발견할 수 있습니다. 쥘리는 어떤 감춰진 음모, 장거리 전화들, 숨겨진 마이크로, 높은 담으로 둘러싸인 빌라에서 나와서 기대 이상으로 호기심을 가진 수사관들을 치려고 열을 빠져나오는 그 정체를 알 수 없는 자동차들 등으로 이뤄진 이런 권력의 형상화가 리포터 땡땡이 도전하는 국제적인 음모와 어떤 연관이 있다는 사실에 전혀 의혹을 품지 않는 것처럼 보입니다. 반면 이런 형상화가 협박과 압수라는 전통적인 평민의 방법에 충실하고, 미래 사회주의 경찰의 모습을 앞서 보여주는 성실한 수사반장의 모습에서 드러나는 평민의 정직함의 체화라는 사실에는 어떤 감동도 없는 것처럼 보입니다.

처음의 질문으로 돌아와서 얘기하면, 〈이정표〉는 미국의 좌파를 말하게 할 수 있으며, 자신의 역사를 이야기하게 할 수 있습니다. 왜냐하면 그것은 그들의 문화 속에 자리하고 있으며, 여행의 이야기 속에서 그것을 표상하는 것은 아주 자연스럽기 때문입니다. 이것은 영화 속에 "표상"에 대한 질문이 없다는 것을 의미합니다. 그런데 카메라 앞에서 서로 질문하는 실제적인 인물들이면서 동시에 희망의 허구 안에서 조직화된 이 인물들을 보고 있으면, 다소 민망하기는 합니다. 반면 고다르는 좌파가 자신의 역사를 이야기할 수 있는 가능성을 처음부터 거부합니다. 그는 모든 종류의 좌파적 형상화의 거짓말을 해체합니다. 이것은 또한 그가 사회운동가들의 담론을 처음부터 거짓말로, 권력과 자본의 모든 종류의 허구적 양태와의 공모로 간주하면서 그들의 역사에 대한 모든 종류의 반성을 차단한다는 것을 의미합니다. 결정적인 그런데 다소 의심쩍은 교육학을 가지고, 고다르는 예비학의 수준에서 질문합니다. 그는 **우리에게** 보는 것과 저항하는 것을 가르쳐주기 위해, 어떻게 소리가 작동하고, 이미지가 만들어지는지 등을 질문합니다. 그런데 실질적으로 그 교육학은 영화의 1부 끝에서, 모험의 끝에서 깨어나는 미네르바의 부엉이처럼 작용합니다. 코민테른의 당원들의 모든 모험의 놀라운 압축인 늙은 사회운동가(특히 얀 발튼[9])의 담론을 들어 보세요. 그것은 우리가 들을 수 있는 늙은 공산주의 프롤레타리아들의 모든 목소리를 압축하는 목소리로 말해집니다. 그런데 그것은 또한 순수한 죽음의 담론이기도 합니다. 물론 그것은 "과거의 것"이기 때문에, 우리는 사회운동의 코드와 기억을 만드는 이상적인 사회운동가와 일련의 목소리들을 표상할 수 있습니다.

어떤 의미에서 고다르의 교육학은 "역사에 대한 권리"를 전적으로 금지하면서, 부르주아 이미지들의 폭력에 대해 평화주의자적인 대답을 제안할 위험을 가지지 않을까요? 또한 너무 완전한 이 담론 자체는 그 자신의 고유한 원리를 초과하는 절망 속에서 다소 위조되고, 다소 폭력적으로 보이지 않을까요?

9 얀 발튼(Jan Valtin, 1905–1951)은 독일의 공산주의자로 양차 대전 사이에 러시아의 코민테른에 참여해서 러시아의 스파이로 독일과 미국에서 활동하면서 태평양전쟁에도 참여한 모험가이며, 작가이다.

● "사회 정체성 담론"이란 어떤 의미인가요? 그리고 이 정체성에 대한 담론은 어떻게 영화의 실천을 지배하고 그 목적은 무엇인가요?

"정체성 담론"보다 **지배적 허구**에 대해서 말하는 것이 더 적절한 듯이 보입니다. 이 말은 표상의 특권적 양태로, 이것을 통해 사회적 합의의 이미지가 사회단체의 구성원들에게 제시되고, 구성원들은 그 안에서 자신의 정체성을 확인할 것이 요구됩니다. 지배적 허구는 다양한 양식(그림, 소설, 영화 등등)의 형상화를 위한 이미지의 보고(寶庫)로서, 이야기의 조작자로서 기능합니다. 좀 전에 말했던 기억상실증도 우리의 지배적 허구의 특수성과 연관되는 것처럼 보입니다. 미국의 지배적 허구인 "국가 탄생"의 허구는 이야기의 결과로서 코드들을 표상할 수 있으며, 다양한 형상들 아래서 이 이야기의 모순들(백인과 인디안, 북군과 남군, 법과 무법자의 대립들)을 다시 표상할 수 있습니다. 그러나 우리 이야기의 특수성은 사회적 동의로서 이러한 허구를 불가능하게 했습니다. 다시 말해 1848년 6월 혹은 파리코뮌과 직면하지 않고서는 "바로 여기가 우리의 기원"이라는 허구 안에 모든 시선을 모으고자 희망하는 것은 불가능합니다. 왜냐하면 이 투쟁의 이미지들은 제3공화국 이후 매우 불균형하게 전개되었고, 계급투쟁의 운명이나 투쟁의 갈등적 균형의 요소로서 상대적 안정성과의 관계에서 표상하는 것이 쉽지 않기 때문입니다.

부르주아가 전적으로 노동자의 저항을 무화하고 지배하게 되었다면, 부르주아는 아마도 베르사유 궁전의 긍정적인 이미지를 제시할 수 있었을지도 모르고, 가장 탁월한 웨스턴의 제작자들이 희열에 차서 인디언들을 박살내는 것과 마찬가지로 파리코뮌에 가담한 사람들을 박살냈을 지도 모릅니다. 지난 세기 말 이래로 부르주아가 노동자 계급과 함께 확고하게 하고자 한 이념적(교육의 평등)이고 정치적(다양한 형태의 대단결과 정치적 협정)인 타협의 유형들은 부르주아가 그와 같은 이미지들을 산출하는 것, 심지어 긍정적이고 **역사적인** 화해의 이미지들을 제안하는 것조차 방해합니다. 또한 권력은 우리나라에서 법의 형식으로, "바로 여기가 우리의 기원이다"라는 식의 허구로 주어지지 않습니다. 차라리 그것은 "우리는 이렇다"라는 식의 허구 속에서, 도표 위에 다양한 사회의 표상을 받아들이거나/잊을 것으로 보다 조심스럽게 주어집니다. 여기서 예를 들어 경찰은 법을 대표하기보다는 유형학의 요소이면서 사회적 유형의 도표를 대충 훑어보는 엿보는 자입니다.

우리 영화가 발명한 것도 아니고, 특수한 실재의 효과로서 마력의 반복일 뿐인 이 허구 안에서, 계급투쟁은 표상되지도 제거되지도 않고 다만 분류됩니다. 마르크스는 『파리의 신비』[10]에 대한 격렬한 비판에서 이러한 양식의 허구적 형성을 놀랍게 예감했습니다. 사실 여기서 자리 잡기 시작한 것은 모든 계급(특히 초등교육에 대한 귀조[11]의 법의 혜택을 받기 시작한 노동자들)이 즉각적으로 이해할 수 있는 사회 이미지를 제공할 수 있는 최초의 민주적인 형상화의 위대한 양식만이 아니었습니다. 그것은 차라리 영화가 연재소설의 지배적인 형상화의 기능을 자신의 것으

10 『파리의 신비』는 으젠느 쉬(Eugène Sue)가 1842년 6월 19일부터 1843년 10월 15일까지 신문 《Le Journal des débats》에 기고했던 연재소설이다. 이 소설은 파리의 가난한 사람들과 사회정의를 세우고자 하는 몇몇 인물들을 중심으로 전개된다. 그 당시 큰 성공을 거둔 이 소설에 대해 마르크스는 『신성가족』(5장과 7장)에서 으젠느 쉬가 주장하는 사회주의는 가족주의일 뿐이며, 결국 부르주아적 모델을 드러낼 뿐이라고 비난한다.

11 초등공립교육에 대한 법, "1833년 6월 28일 법"은 그 당시 문교부 장관이었던 프랑수아 귀조(François Guizot)에 의해 제안되었다. 그런 이유로 이 법은 "귀조의 법"이라고도 불린다.

로 취하면서 그 전통을 잇게 될 허구의 구조였기 때문입니다. 그것은 내가 엿보기–위나니미슴의 허구[12]라고 부르는 것입니다. 그것은 하층계급에서뿐만 아니라 상층계급에서도 발견되는 엿보는 자와 사회의 상처를 알고 그 치료를 발명한 개혁가의 양 시선에서 사회의 다양성, 특히 사회의 다양한 하층과 주변 계층의 볼거리를 늘어놓습니다.

엿보기—위나니미슴적 시선은 그 기원을 우파에서 취합니다. 특히 "생리학"[13]의 아마추어였던 젊은 문학인의 사자와 같은 호기심 어린 시선과 사회적 상처들의 치료를 염려하는 박애주의자의 시선 안에서 발견됩니다. 마르크스는 이 시선이 **사랑의 글쓰기**를 하던 중 좌파의 정치적 견해로 변하는 한순간을 포착합니다. 정치적–허구적 위나니미슴은 제2공화국의 "산악파"[14], 12월 2일[15]의 정치적 망명의 전설, 1880년대[16]의 거국적인 국민 화해 등을 거쳐서 형성되었습니다. 그리고 오늘날 여전히 우리는 그 무게를 느낄 수 있습니다. 예를 들어 대통령 후보 미테랑의 인류애에 대한 선거 공약에서, 또 반–선거주의자인 트뤼포가 깊

12 위나니미즘(unanimisme)은 일체주의라고도 불리는 것으로 작가 쥘 로맹(Jules Romains)에 의해 제창된 문학이론이다. 이것은 사회 안에서 개인의 초개인적인 집단감정과 집단행동을 중시하고 이를 기술하는 것을 목적으로 한다.

13 생리학(physiologie)은 "결혼의 생리학"처럼 19세기 중엽에 특정 계층의 생태를 묘사하고 분석하려 한 책들의 제목이다.

14 산악파(La Montagne)는 공화파의 집단(사회–민주정당)으로 1948–1849년 국회에서 보수정당(중도 공화당, 질서당)의 공격에 대항해서 2월 혁명(1848)에서 획득한 사회 정치적 획득을 수호하고자 했다.

15 1851년 12월 2일 보나파르트가 재선 금지의 헌법 개헌에 실패하자 그 측근과 일으킨 쿠데타를 말한다. 그 이후 보나파르트는 신임을 묻는 국민투표를 통해 전제권력을 재건하고 그 다음해 제2공화국을 끝내고 황제로 즉위한다.

16 1880년 대국민 화해는 왕당파에 대한 공화파의 승리 직후 파리코뮌의 대사면을 위한 법을 통과시킨 것을 말한다.

은 애정을 가지고 티에르나 다른 곳에서 불행한 어린 시절[17]을 영화화하는 것에서 느낄 수 있습니다. 트뤼포가 가진 불행이 무엇이든지 간에 그가 드러낸 상처들을 치료하는 사람은 바로 미테랑입니다.

이 허구의 양식이 우리나라에서 지배적이 되었다면, 특히 좌파적 문화로서 지배적이 될 수 있었다면, 그것은 **노동 좌파**의 분쇄(1848년 6월 봉기[18], 파리코뮌)나 좌파의 쇠락(1914–1918)과 관계할 뿐 아니라, 부르주아 권력의 허구들의 상대적인 약화와 관계합니다. 한편에서 영화는 전적으로 독립자본에 의존했으며, 다른 한편 권력은 텔레비전을 독점했습니다. 그런데 권력의 이미지들은 이 독점을 전혀 이용하지 못했습니다(이렇게 텔레비전 권력의 이미지들은 대개 무의미하고 이미지는 목소리에 단순히 덧붙여지는 구실이거나 삽화일 뿐입니다). 정치적 권력을 가진 우파는 이미지들의 긍정적인 정치를 정의할 수 없었으며, 영화의 실재의 효과에 대한 불신을 극복할 수 없었습니다. 그래서 우파는 점차적으로 유일하게 표상 가능한 국가적 허구—위나니미즘적 허구—에 대한 통제를 좌파에 넘겨주어야 했습니다.

이미지들을 현장에서 찍는 것, 그것들을 편집하는 것, 인민의 모습을 자세히 묘사하는 것과 같은 이 기능들은 "좌파적" 기능의 지배적인 방식이 되었습니다. 현실 앞에서의 경이, 다양한 사회계층을 가로지르

17 트뤼포가 불행한 어린 시절을 다룬 영화로는 그 자신의 어린 시절에서 영감을 받은 〈반항〉(*Les quatre cents coups*, 1959), 아베롱(Aveyron)의 빅토르의 이야기를 다룬 〈야생의 아이〉(*L'enfant sauvage*, 1970), 그리고 거의 모든 장면이 오베르뉴(Auvergne) 지방의 티에르(Thiers)에서 촬영된 〈용돈〉(*L'argent de poche*, 1976)이 있다.

18 6월 봉기는 1848년 파리에서 실업자들을 구제하던 국가 작업실 폐쇄에 반대해서 사흘 동안(6월 22일–26일) 일어난 인민 봉기를 말한다. 이 기간 동안 4,000명 이상이 사망했고, 4,000명 이상이 알제리로 보내졌다.

는 여행, 다소 일상에서 일탈한 사람들, 걸인들, 흥겨운 젊은 여자들 혹은 우수에 찬 임금노동자들, 두 전쟁 사이의 멋진 팀[19] 혹은 보헤미안, 오늘날 무관심한 노동자들, 불량 청소년들 혹은 소외집단 등, 국민적 우애를 그리는 이 작은 집단들을 이끌었던 것은 좌파였습니다. 그들은 국가 내의 문화적 헤게모니를 산출하면서, 부르주아의 정치적 헤게모니의 일부로서 이 모든 자산을 통괄했습니다. 계급 간의 균형/투쟁 속에서 노동집단의 투쟁을 이끄는 힘은 국가적 허구를 이끄는 힘이고자 하는 경향을 갖습니다.

영화가 역사 문화적 타협에서 특권적인 역할을 획득했다면, 그리고 동시에 우리 시대의 지배적인 모습이 되었다면, 그것은 분명히 그 영화의 원리인 엿보기와 그 효과인 위나니미슴이 아주 자연스럽고 아주 내재적이어서 누구도 그것에 주의를 기울이지 않았기 때문입니다(적어도 고다르가 그곳에 발을 들여 놓기 전까지는). 카메라는 이제 카메라 그 자체가 사랑이라는 아주 단순한 이유에서 카메라의 중언부언에서 사랑의 글쓰기를 제거하기에 이릅니다. 우리의 영화에서 자연스럽게 배어 나오는 그 부드러움을 보세요.

영화는 실재 혹은 꿈의 보충이 가능한 예술입니다. 가장 흔한 보충은 이미지에 소리를 더하는 것입니다. 좌파의 새로운 문화의 핵심으로서 위나니미슴적 영화가 구성될 수 있기 위해서는 말하는 자가 필요했습니다. 이것은 1930년 이후 공산당의 점진적인 국가적 전향에 의해

19 〈멋진 팀〉(La Belle Équipe)은 1936년 개봉한 줄리앙 뒤비비에(Julien Duvivier)의 프랑스 영화의 제목이기도 하다. 5명의 실업노동자들의 모험과 우정을 다룬 영화이다.

서 가능했습니다. 아니면 이미지에서 이미지로, 베르트랑 타베르니에(Bertrand Tavernier)의 〈판사와 살인자〉[20]에서처럼, 화려한 풍경은 좌파적 허구(아르데시[21]의 새로운 이카리[22]에서 주변인의 방랑)를 수정주의적 성인전과 결합합니다. 위나니미슴이 새로운 명성을 얻은 시기에(오월의 잔해 위에서) 고다르의 힘과 중요성은 이 추가적인 효과에 대한 그의 비판 속에서 획득됩니다.

● 그것에 대해서는, 정치적 장치들, 노동조합의 장치, 기록과 문서보관의 장치, 또 전설의 성인화 혹은 상실 속에서 망각과 억압(프랑스 공산당(PCF)에 대한 억압)의 장치가 중대한 책임이 있지 않을까요? 좀 전에 당신은 한 문장 속에서 우리가 『카이에 뒤 시네마』에서 〈특수반〉에 대해 말하고자 했던 어떤 것을 말했습니다. 즉 거대 장치의 역사, 침묵하는 장관들의 역사, 갇힌 주체의 역사, 예속된 주체의 역사. 왜 이런 형태의 권력의 표상이 좌파의 모든 영화를 지배하나요? 이 전통은 무엇인가요?

다시 한 번 마르크스는 위고의 『어떤 범죄의 역사』[23]를 비판하면서, 중

20 〈판사와 살인자〉(1976)는 역사드라마로, 19세기 프랑스를 배경으로 한편으로 무정부주의자를 자칭하는 전직 하사인 조셉 부비에의 광기와 살인을, 다른 한편으로 질서회복을 대표하는 판사의 이야기를 다룬다. 부비에는 군대에서 과도한 폭력으로 파면되자, 그 화로 약혼녀를 살해하고 자살을 시도하나 살아남아 정신병원에 수용된다. 병원을 나온 뒤 조셉 부비에는 유랑하면서 아르데시(Ardèche) 지방의 길에서 만나는 젊은 목동들을 살해한다. 이 사건에 관심을 가진 판사 루소는 부비에를 쫓기 시작하고 그를 검거해서 정신병원에 수감하는 것이 아니라, 사형을 받게 한다.

21 아르데시는 〈판사와 살인자〉의 배경이기도 한 프랑스 남동쪽의 한 지방의 이름이다.

22 이카리(Icarie)는 1842년 에티엔느 카베(Étienne Cabet)의 『이카리로의 여행』 속에 나타나는 유토피아적 기독교 공동체의 이름이다.

23 마르크스가 『루이 나폴레옹의 브뤼메르 18일』(1852)의 서문에서 언급하는 위고의

요한 어떤 것을 알아차린 것처럼 보입니다. 즉 어떤 음모, 고위층 혹은 국외에서 일어나는 어떤 것은 산악파의 대표에게는 필연적으로 보나파르트의 쿠데타로 나타납니다. 이 새로운 좌파는 1848년 인민에게 총을 겨눈 후 인민의 이름으로 권력을 요구하고, 이어서 공화국의 희생자들의 기념식 아래 노동자에 대한 기억(6월 봉기의 투쟁가들에 대한 기억)을 숨막히게 할 것입니다.

좌파의 책임은 프랑스 공산당의 탄생 혹은 퇴화 그 이상이라고 해도 과언이 아닙니다. 문제는 자발적인 인민의 아카이브와 같은 장치의 공백 혹은 그것의 피할 수 없는 무게와는 전적으로 다른 것이라고 말해도 과언이 아닙니다. 우리는 좌파의 정치적 전통을 너무 쉽게 93과 자코뱅주의[24]를 연관시키는데, 사실 좌파의 전통은 제2공화국의 산악파 당원들에게 있습니다. 그들은 6월 봉기의 투쟁가들을 두 번 죽였습니다. 한 번은 무기로, 이어서 자신들이 희생자의 자리를 차지하면서 그들을 두 번째로 죽였습니다. 그 예로 12월 2일의 추방자들은 망명 생활에서 숨진 한 노동자의 장례식에서 자신들의 합법성을 확인하기에 이릅니다. 그날 현장에는 그들이 오늘 파묻은 자에게 6월에 총을 쏜 것을 그들에게 상기시키기 위해 온 선동가이자 시인이며 노동자인 조셉 데

작품은 위고가 쿠데타 이후 벨기에로 망명 후 이듬해인 1852년 출간한 『작은 나폴레옹』(*Napoléon le Petit*)이다. 『범죄의 역사』는 1877년 출간되었지만 집필은 1951년 12월 14일 벨기에에 도착하자마자 쓰기 시작해서 1852년 5월 5일 끝냈다고 한다.

24 프랑스 혁명사에서 89니 93이라고 부르는 것은 프랑스 혁명사에서 중요한 해로 각각 1789년 1793년을 지칭한다. 1793년은 루이 16세가 처형된 해이기도 하며, 하층민을 지지기반으로 하던 자코뱅파가 부르주와 중심의 지롱드파를 격파하고, 로베스피에르가 권력을 잡은 해이기도 하다. 그리고 자코뱅주의는 인민의 주권과 중앙집권적 공화국을 방어하는 정치적 강령을 의미한다.

자크(Joseph Déjacque)[25]가 있었습니다. 이런 유형의 선동가들은 가난이나 광기로 죽었습니다. 그리고 좌파의 위대한 전통은 자신들의 기념식의 유희를 통제할 수 있었습니다.

따라서 좌파가 산출하는 생기 없는 이미지들에는 두 가지 이유가 있습니다. 우선 우파는 기꺼이 좌파에게 추모식을 맡기고, 국가 혁명의 역사적 이미지들을 산출하도록 방관했기 때문입니다. 그러나 좌파는 이 혁명의 역사적 이미지들을 이미 본 이미지들로(혁명군(l'An II)을 인민전선의 행렬로), 색이 바랜 사진들, 연판 인쇄의 의심스런 이미지들로 충당함으로써, 코멘트를 통해 이미지들을 바로잡는 대가를 치르고서야 그 이미지들을 산출할 수 있었을 뿐입니다. 다른 한편 좌파의 역사(산악파와의 단절 속에서 정치 노동 좌파를 세우고자 한 짧은 순간을 제외하고)는 아주 정확히 말하면 단 하나의 기능—좌파의 공적과 인민의 고통의 역사를 통해, 그리고 좌파가 그 계승자이며 치유사라는 사실을 통해 좌파의 권력의 요구를 정당화하는 기능—만을 갖습니다. 거리에서 좌파에 의해 행해진 폭력적인 억압 혹은 문화적 형식들이나 집단기억에 대한 간접적인 억압을 감추기 위해, 좌파는 삶과 죽음의 충동의 대립과 같은 모순만을 표상할 수 있었습니다. 이 허구/추모 안에서 인민의 신체와 목소리는 삶의 서민적 사랑, 나쁜 정부 아래에서 고통, 좋은 정부의 요구를 표상할 수 있었을 뿐입니다.

저항의 전설적인 이야기(자율적인 문화의 요소, 저항의 목소리에 덧붙여진 노래,

25 조제프 데자크(Joseph Déjacque, 1821–1865)는 무정부주의자이며, 운동가이며, 생시몽주의자들 가운데에서 태어난 "노동자–시인"이기도 하다. 그는 1851년 12월 2일 쿠데타 이후 미국으로 망명해서 1858년 뉴욕에서 무정부주의자들의 잡지인 *La libertaire*를 창간해서 거기에 자신의 글들을 실었다.

실천 속에서 재투자된 꿈 혹은 기억)에 반해서, 인민의 성인화는 인민의 제스처, 목소리, 시선 안에 그 대표자들의 권력의 요구를 기입했습니다. 앞서 인용한 타베르니에 영화의 끝부분에서 우리는 성인전의 징후들의 압축을 만날 수 있습니다. 파압 중인 공장의 현수막, 책임 있는 노동자 운동을 상기시키는 여자, 권력의 유니폼에 맞서서 형제들의 당을 다시 차지한 인민의 여자의 치켜든 머리와 자랑스럽게 편 가슴, 파리코뮌의 혁명가를 부르는 목소리, 라일락, 광기의 희생자와 자본의 희생자의 수를 비교하는 숫자들을 표시하는 좌파적 수사학의 칠판[26]. 이 징후들 중의 어느 하나도 좌파의 혹은 좌파적인 관객이 좌파의 좋은 점을 알아차리는 헛된 즐거움을 갖게 하지 못합니다.

여기는 집단기억(mémoire populaire)의 개념의 사용에 대해 내가 문제를 제기하는 곳입니다. 『카이에』는 복고영화(cinéma rétro)에 대한 비평에서 이 문제를 복고/복종의 짝에 반한 저항의식의 기억으로 부각시켰습니다. 그 개념은 또한 어느 정도 전형적인 투쟁에 반한 고유한 저항의 경험에 의존합니다. 그러나 우리가 이 개념의 모순에 대해서 반성하지 않는다면, (이전 지배층의 퇴패의 징후로서, 나쁜 정부의 광기의 징후로서 너무 쉽게 회수한) 복고의 나무 뒤에 수정론자의 숲에서 관점을 잃어버릴 위험을 가지지 않을까요? 또 좌파의 기념식들에 영혼을 추가할 뿐인 위나니미슴의 지복 속에 다시 빠질 위험이 있지 않을까요? 〈검은 빵〉[27]에 대해 모

26 코뮌의 노래와 함께 영화의 마지막 자막이 올라가면서 "1893년과 1898년 사이에 하사 조셉 부비에는 12명의 아이를 살해했다. 같은 시기에 15세 미만의 2500명의 아동이 광산과 비단 공장에서 목숨을 잃었다. 살인자들!"이라는 자막이 나타난다.

27 〈검은 빵〉(*Le Pain noir*)은 세르주 모아티(Serge Moati)의 8편의 미니 시리즈로 제작되어 텔레비전에서 방영되었다(1974년 12월–1975년 2월). 촌부에서 도시의 노동자가 된 카티라는 여성의 삶을 통해 1880년부터 1936년까지의 프랑스 역사를 다룬다.

아티가 받은 편지들에서 변호하고자 하는 어떤 의도도 가지지 않았던 이 "인민의 기억"이 노조총연맹(CGT)의 지도부 사람들에 의해 즉각적으로 인정되는 방식에 놀랐습니다. 그들은 여기서 **자신들의** 기억이 아니라, 자신들의 계급의 추상적 역사를 인정합니다. 마찬가지로 베르톨루치의 영화[28]를 보지는 못 했지만, 그 영화에 대한 그의 발언 속에서 집단기억의 찬양을 동반한 공산당에 대한 사랑의 선언에 다소 충격을 받았습니다.

집단기억은 코드를 대체하는 좌파의 요구와 코드를 보충하는 좌파의 요구를 결합하는 어떤 것입니다. 기억의 회복이라고 했을 때, 이 말이 의미하는 것이 무엇인지 먼저 알아야 합니다. 한편으로, 투쟁의 기억은 투쟁의 시간 속에서 상실되거나 획득됩니다. 이것은 현재 정치적인 일입니다. 그러나 하층의 문화가 단순한 발굴의 대상이 아니라, 집단기억을 재발견한다고 주장하는 것이 전혀 쓸데없는 파괴와 재-기입의 이중적인 과정의 대상이 되었을 때, 우리는 최근의 재-기입만을 드러내는 위험을 무릅쓰지 않을까요? 우리가 가진 것은 그것을 가지고 새로운 어떤 것을 창출해야 할 하층의 남루한 역사의 조각들과 그 전설뿐입니다. 문제는 회복하는 것이 아니라 산출하는 것입니다. 왜냐하면 문제는 통합하는 것이 아니라 분리하는 것이기 때문입니다. 『논리적 저항』[29]에서 우리가 과거에 관심을 갖는다면, 그것은 바로 이 분리 속에서입니다.

28 1976년 개봉한 베르나르도 베르톨루치의 〈1900〉(원제 *Novecento*)을 말한다.

29 『논리적 저항』(*Les Révoltes logiques*)은 알튀세르와의 단절 이후 자크 랑시에르가 이끈 저항의 이념을 탐구하던 잡지로, 1975–1981년까지 16호를 출간했다.

한편으로 우리의 교양 없는 정치적 독사의 거만한 수다와 연관된 이 모든 질문들—예를 들어, 노동자의 힘은 무엇인가? 어떻게 그 안에서 압제가 발생하는가? 어떻게 노동자들은 하나의 정치적인 코드(공산주의 또는 다른 것)에 열중할 수 있는가? 어떻게 하층에서 이런 복종이 일어나는가?—에 대한 실제적인 지식의 요소들이 필요한 것처럼 보입니다. 중요한 것은 다만 정치인들과 이론가들에게서 자료를 제공하는 것이 아닙니다. 그들의 담론을 분리하는 것입니다. 우리는 다만 하층의 목소리들을 복구하고자 하는 것이 아니라, 그것들의 분리를 듣는 것이고, 실질적인 도발 안에서 그들의 이론을 연출하는 것입니다. 왜냐하면 오늘날 제기되는 문제는 새로운 문화의 요소를 산출하는 것이고 이미지는 여기서 결정적인 역할을 하기 때문입니다.

사르트르에 대한 방송들에 대해서—이것은 우리가 통제할 수 있는 것이 아닙니다—우리는 어쩌면 과거와 현재의 상호적인 도발을 끌어내는 실천을 행할 수 있을 것입니다. 그러나 담론/이미지의 형식은 그렇게 멀리 가는 것을 허락하지 않을 것입니다. 증언과 코멘트의 이중적인 덫에서 벗어날 수 있는 힘이 있어야 합니다. 그것을 위해 우리는 허구의 문제를 다시 제기해야 합니다.

어떻게 기억과 영화를 결합하는 자발적인 기능을 분리할 수 있을까요? 어떻게 분리를 표상할 수 있을까요? 이 질문들은 좌파의 공식적인 문화 건립의 가속화와 보충의 논리를 따라서 여기에 보충되는 모든 것에 직면해서 시급합니다. 특히 우리의 주의를 끄는 것은 모든 허구의 양태가 이탈리아 공산당의 권력의 요구로 향하는 최근의 이탈리아 영화들입니다. 권력의 쇠퇴와 권력의 부인(anarchie)의 이미지들(파솔리니의 〈살로 소돔의 120일〉)에서 소시민의 좌파적 허영심(타비아니(Taviani) 형제의 〈알롱

상팡〉(*Allonsanfan*))에 이르기까지, 인민의 기억의 회복(베르톨루치의 〈1900〉)에서 건전한 인민 경찰의 예찬(로지의 〈우아한 시체〉)에 이르기까지. 로지의 영화는 그것이 역사적 타협에 대한 허구이기 때문이 아니라, 허구 상태 그 자체가 타협이기 때문에 우리를 사로잡습니다. 예전에 로지의 영화를 지배하던 마르크스주의의 정치적 견해(사실에서 사회적 지배관계로 거슬러 올라가는 수사(搜査))는 권력에 대한 아주 문학적이고 비정치적인 허구의 미묘함으로 전향하기에 이릅니다. 하지만 음모/수사의 허구는 자발적인 정치—정직한 수사관에 대한 즉각적인 정치적 긍정, 인민 경찰을 가진 건전한 정부 안에 부패한 정치적 장치의 상기, 조작된 대중과 잘 인도된 대중의 상기—로 이어집니다. 허구의 제작은 **즉각적으로** 정치적 **견해**입니다. 우리는 범죄의 이야기 속에서 권력 요구의 순수한 허구를 발견합니다.

우리는 이 허구의 공통된 프로그램, 이 좌파의 공식적인 문화가 1978년 지금 여기에서 우리의 문화적 공간을 점령하는 것을 목격하는 행운을 갖습니다. 이미 미테랑은 《르몽드》 신문에 미래를 지배할 공식적인 작가들에 대해서 썼습니다. 그리고 《리베라시옹》 신문이 열광적으로 좌파의 새로운 문화적 위나니미슴의 모든 표명과 사회주의 파시즘의 새 영웅들—예를 들어 노동자 포타포프(〈보너스〉[30]) 혹은 수사 반장 로가스(〈우아한 시체〉)—에 대한 좌파의 애착을 환영하는 것을 고려한다

30 〈보너스〉(*La Prime*)는 1975년 개봉된 세르게이 미카엘리안(Sergueï Mikaelian)의 소비에트 연방의 영화이다. 계획된 공사 진척을 초과한 대가로 노동자들에게 보너스가 제공된다. 포타포프가 이끄는 17명의 노동자들은 보너스를 받지 않기로 결정한다. 이 예외적인 상황에 대처하기 위해 당위원회가 열린다. 이 상황에 대해 포타포프는 위원회 조직과 휴무 등에 든 경비는 당이 그들에게 제시한 보너스를 훨씬 초과했다고 설명한다. 이 영화는 소비에트 연방의 관료주의를 비판하고 있다.

면, 우리는 좌파 쪽의 혼란이 있을 것이라는 것을 예감할 수 있습니다.

● 그런데 (유럽에서) 권력은 어떻게 이렇게 쉽게 영화라는 미디어를 자신에게 복종시키는 일이 일어날까요? 역사적으로 우리가 알듯이 이런 일은 우선 군대에서 사용되었습니다. 우리는 전쟁 전에 영화 상영에 앞서서 홍보 뉴스를 본 것을 기억합니다. 그 당시 영화는 국외(식민지)에 국가의 위광을 선전하는 도구였습니다. 다른 예술들과는 달리 영화는 권력에 의해 쉽게 동원될 수 있습니다. 예를 들어, 오늘날 우리는 방송국이 모든 텔레비전 시청자들에게 손수 제작한 가족 비디오를 방송국으로 보내달라는 광고를 봅니다. 이것은 사적인 제작물을 편집해서 방송하고 코드화하기 위한 것입니다. 하지만 이 이미지들은 사실 코드 밖에서 제작된 것들입니다. 권력은 이제 공식적인 자료들의 독점을 넘어서 아마추어의 이미지도 독점하고자 하는 듯이 보입니다.

나는 영화가 "다른 예술들과는 달리" 권력에 의해 동원될 수 있다고 생각하지 않습니다. 다만 다른 방식으로 동원될 뿐입니다. 고다르는 불레즈(Boulez)나 바자렐리(Vasarely)와 달리 공화국의 공식적인 대가가 되지 않았습니다. 예술이 사회적 형성의 모든 기능을 잃어버린 곳에서 권력은 예술가들에게 어떤 타협도 요구함이 없이 예술을 문화적 위광의 요소로서 공식화합니다. 영화의 동원은 분명 전적으로 다른 의미를 갖습니다. 왜냐하면 영화는 탁월한 형상화의 예술이고, 누구나 영화의 소비자나 생산자가 될 수 있기 때문입니다. 영화는 권력의 기록과 각개인의 인정의 형식들 사이의 지름길입니다. 권력이 현재 우리의 문화(생방송, 다큐멘터리, 민족학 등등에 대한 열광)의 특징인 정신착란적인 엿보기 안에서 뭔가를 주워 모으려고 하는 것은 너무나 당연합니다. 현실적으로 실재의 효과의 잉여가치를 찾아서 시선, 카메라. 녹음기를 놓을 수 있는 우리의 감춰진 사회적 공간은 더 이상 없습니다. 권력은 잉여가치의 자신의 몫을 요구합니다. 하지만 그것은 아주 부족합니다. 우리의 권력은 아주 적은 이미지를 취하고 이미지들에 전혀 작용을 하지 못합니다. 심지어 이미지의 국가적 독점(텔레비전) 내에서조차 나눔이 작용합니다. 예를 들어 허구, 특히 역사의 허구를 창출하는 것은 일반적으로 좌파입니다.

정치적 권력을 지닌 자들은 집단적인 **자신들의** 이미지, 예를 들어 자신들의 투쟁의 이미지를 우리에게 보여주고자 하지 않습니다. 그들은 무의미한 이미지들 안에서 작업합니다. 텔레비전에서 다양한 형태의 권력 담론의 이미지들은 의미의 창출보다 그것을 제거하는 법에 복종하는 듯이 보입니다. 우선 자신들의 더블(국가 원수의 방문)로 보내지는 권력의 이미지들이 있습니다. 모든 것이 대부분 무의미한 이미지들을 논평하는 목소리 속에 있는 미셸 드루와(Michel Droit)의 방송이 있습니다. 이 목소리는 그가 생각한 것에 의해서가 아니라, 그가 생각하지 않은 것에 의해 정치적인 반응을 불러일으킵니다. (푸코는 최근에 "권력은 멍청하다"라는 좌파의 순진한 주장에 대해 반란을 일으켰습니다. 그럼에도 불구하고 우리의 텔레비전에서 생산되는 바보 만들기는 지성이 아니라 텔레비전 연출가들의 멍청한 짓에 의해서 일어납니다.) 예를 들어 〈도씨에 드 에크랑〉[31]과 같은 종류의 방송들이 있습니다. 보통 우리 사회의 갈등적 균형을 표상하는 듯한 서로 다른 목

31 〈도시에 드 에크랑〉(*Dossiers de l'écran*)은 "TV로 옮겨진 소송의 자료들"이란 뜻으로, 사회적인 문제를 우선 영화로 상영하고 이어서 사회 각계각층의 사람들이 토론하는 프로그램이다.

소리들의 스펙터클에 앞서서 어디서 본 듯한, 더더욱 토론의 구실을 제공하는 별 볼일 없는 이미지들이 도입됩니다. 그리고 우리는 이미 서로 다른 목소리들을 가지고 이 이미지들이 말하고자 하는 모든 것을 이해합니다. 이렇게 우리는 이미 본 듯한 것에 이미 말해진 것을 덧붙입니다. 이미지는 다만 그 목소리를 권력에 접근시키는데 사용되거나, 그 이미지의 무의미성은 설명하는 목소리의 권력을 공고히 하는 데 사용되거나, 이미지는 불일치한 목소리들을 이미 말해진 것의 공허함이나 공모의 스펙터클과 연결하는 데 사용됩니다.

우리의 권력은 기꺼이 이미지를 다만 목소리를 지지하는 바탕이나 목소리에 대한 구실로서 인정합니다. 권력은 이미지를 취소하거나, 그 이미지를 다른 목소리들을 취소하는 데 사용합니다. 권력은 이미지들(좌파적 허구의 이미지들 혹은 개인들의 이미지들)을 **주문하기**를 선호합니다. 이 요구는 일종의 허약함의 징후입니다. 아니, 차라리 우리가 그 요구에 대답하지 않을 때, 그 요구는 허약함의 징후일 것입니다. 하지만 사정은 그와 다릅니다. 이것은 보다 넓은 문제 안에 기입됩니다. 우리는 우리의 권력이 (텔레비전이나 다른 곳에서) 산출하는 것 이상을 점유하는 어떤 권력을 갖습니다. 이 권력은 항상 좌파, 좌파적 성향을 가진 사람들이 경쟁적으로 제시하는 보충, 이미지, 상상의 탐구 속에 자리합니다. 이것은 또 다른 문제를 제기합니다. 우리가 정당에 소속되지 않았을 때, 우리가 지스카르주의(Giscardisme)[32]나 좌파를 보충하고자 하지 않을 때, 어떻게 우리는 이 좌파적 경험들, 이미지들, 상상 등을 보존하고 사용할 수 있을

32 프랑스 20대 대통령(1974-1981) 발레리 지스카르 데스탱(Valéry Giscard d'Estaing)의 자유주의 공화국의 이념을 따르는 사람들을 말한다.

까요?

● 프랑스 영화가 전적으로 비-계보학적이라는 것은 사실입니다. 그런데 동시에 영화가 직접적으로 정치를 이용한다면, 그것이 우리나라에서 사회주의 운동가들의 영화든, 혹은 사회주의 나라의 공식적인 영화든, 그것은 항상 기념의 기능을 갖습니다. 마치 이미 획득한 것, 이미 판정된 것을 다시 연출하고 다시 확인해야 하는 것처럼 말입니다. (이런 경우는 소비에트에서나 중국에서나 마찬가지입니다.) 여기서 이중의 질문이 제기됩니다. 우리가 정치적 영화(공식적이든 비공식적이든 사회운동 영화나 선전영화)를 만들 때 이것을 피할 수 없을까요? 다른 한편 미디어로서 영화의 특수성과 관계하는 어떤 것은 없을까요?

게다가 〈다르부와〉(*Darboy*)[33]를 보셨다면 어떻게 생각하십니까? 사회운동 영화가 기억의 구성에서, 즉 영화의 재-계보화(!) 작업에서 긍정적인 역할을 한다고 보십니까?

나는 영화가 다른 양태의 형상화 이상으로 이미 판결된 것을 다시 확인하는 일을 한다고 생각하지 않습니다. "실재"의 허상은 어떤 의미에서 그 반복적 속성보다 더 확산된 정치적 기능을 구성합니다. 허구의 자발성에 의해서만 정치적인 "좌파"의 영화들(이탈리아의 좌파가 그 탁월한 예를 제공하는 정치적/상업적 영화)을 일단 보류한다면, 우리는 두 종류의 정치적 영화가 있다고 말할 수 있습니다. 그 하나는 정치적 권력의 모토

33 〈다르부와〉는 다큐멘터리 〈단순한 사례〉(*Un simple exemple*)의 다른 이름이다. 이 영화는 영화투쟁 그룹(Le collectif Cinélutte)에 의해 만들어졌다. 그들은 1974년 2월 파리 외곽 몽트뢰이유에 위치한 인쇄소 다르부와의 폐업과 관련해서 노동자들이 공장을 지키기 위해 3달간 투쟁한 것을 다큐멘터리로 찍었다.

를 드러내고 그 전설을 만들고, 더 일반적으로 그 주도권을 공고히 하기 위해 투쟁하는 소비에트의 영화를 들 수 있습니다. 소비에트의 영화는 아직 권력을 가지지 않았지만 도래할 국가의 도구로서 생각되는 운동가 집단의 영화적 실천에 영감을 불어넣습니다.

그리고 다른 하나는 영화적 효과를 통해, 경험의 축적, 표상, 교환이라는 역동적 활동에 참여함으로써 정치를 하고자 하는 〈단순한 사례〉와 같은 유형의 투쟁적 영화가 있습니다. 여기서 명시적인 그 제목이 문제를 제기합니다. **사례**는 무엇을 의미할까요? 그 첫 번째 의미로 그것은 이론의 예시입니다. 이 영화의 화면은 생산관계와 자본주의의 피할 수 없는 재난에 대항한 생산력의 "투쟁"에 대한『공산당 선언』에서 발췌한 두 인용문에 의해 짜입니다. 고다르의 용어로 말하면, 내용을 필요로 하는 수수께끼 같은 인용문의 **저기**(l'ailleurs)와 산업재조정의 무수한 투쟁들 중의 하나인 **여기**(l'ici)[34]에 의해 구성됩니다. 투쟁의 여기는 기업의 폐업에 앞서서 보통 일어나는 단순한 소요가 아니라, 혁명의 거대한 바퀴를 돌리는 작은 나사와 같은 증거를 필요로 합니다. 이 인용문은 마르크스의 이론+노동자 투쟁=도래할 혁명이라는 공식에 손쉽게 더하기 기호(+)를 제공하는 방법이 아닐까요?

● 다시 말해, 그들에게 그것은 아주 단순한 것이었습니다. 그것은 하나가 다른 것을 낳는 생산의 관계에서 제대로 생각되지 않았습니다. 그들에게 특히 필요했던 것은 그것은 위기의 순간에 일어났으며, 그때는 위기의 순간이었다는

34 고다르의 영화 〈여기와 저기〉(*ici et ailleurs*, 1974)는 텔레비전을 보는 프랑스 가족의 '여기'와 팔레스타인 혁명의 이미지들의 '저기'로 구성된다.

것을 표시하는 것이었습니다. 그리고 그들이 발견한 유일한 수단은 사실 68의 이미지들인 이 이미지들과 함께 이 문장이었습니다. 이보다 더 야심에 찬 것은 없었습니다. 그들은 그것을 기획으로서 생각하지 않았습니다. 어쩌면 실질적으로 결국 그것이 문제가 된다는 것을 생각하지 못했습니다.

그렇습니다. 그러나 우리는 "사례"라는 말의 다른 의미를 그 말이 전제하는 정치적인 기능—"그것이 가능합니다"라는 기능—과 연결시킬 수 있습니다. 영화가 제기하는 질문은 자발적인 정치에 대한 질문입니다. 이것은 우리의 질문이고, 노동자들이 새로이 권력을 창출하고 권력을 쟁취하는 모범적인 투쟁, 특권적인 순간들을 살았던 5월 이후의 좌파의 질문이기도 합니다. 우리는 이 순간들, 이 창출들, 이 사례들을 재산출하고 확산하고, 이것들을 이와 같은 것을 할 수 있는 사람들에게 보여줍니다. 우리는 다른 투쟁들을 유발하기 위해 투쟁들을 영상으로 담습니다. 하지만 여기서 우리는 질적 도약의 문제를 제거하지 않을까요? 우리는 사례 속에 어떤 다른 것들을 매장하고 있다는 것을 감추지 않을까요? 사실 사례의 필연성 때문에 우리는 투쟁적 권력 구성의 중요한 점들을 지우지 않을 수 없습니다. 영화의 주요 등장인물은 노동계에서 오는 것이 아니라, 뱅센에서, 68년 5월의 학생들의 항의에서 옵니다. 이 순간에 중요한 것은 더 이상 모범적인 투쟁 권력의 구성이 아니라, 좌파나 어떤 파의 여정의 구성입니다. 바로 이 측면이 감춰져 있습니다. 의미를 만드는 것은 노동의 무게와 계급을 체화하고 있는 인물의 우직함과 쾌활함입니다.

그 영화는 우리의 정치적 견해의 당혹스런 다른 요소, 즉 정치적-노조의 장치들과의 관계를 폭로합니다. 한편으로 만장일치의 사례의 표상은 모순들, 특히 공장 내에서 노동자들과 노조총연맹(CGT) 사이의 긴장들을 지울 것을 요구합니다. 다른 한편 그 영화는 좌파의 선거에 대한 환상과 노동자들을 중심으로 이뤄지는 **진정한 투쟁** 사이에 즉각적인 좌파들 간의 대립 위에서 일어납니다. 이 "진정성"과 이 "환상"이 서로 보완성이 있는지 없는지 물음이 없이 말입니다(그런데 이에 대한 책임 또한 영화에 있는 것이 아니라, 우리의 견해에 있습니다). 이로부터 포스터를 붙이는 사람들을 보고 웃게 되는 이 영화의 좀 이상한 장면이 있게 됩니다. 이 장면은 여기서 이 영화의 견제처럼 보입니다. 왜냐하면 이 영화의 작가들은 노동조합총연맹 지방 본부에 감사를 표하는 것을 거북해 했기 때문입니다. 이런 문제를 제외하고 여전히 남는 문제가 있습니다. "진정한 투쟁은 무엇인가? 다소 영혼이 첨가된 노조의 투쟁인가? 다른 것인가? 이 이미지들의 확산을 통해서 어떤 집단 혹은 그것에 대한 환상이 생겨나는가?"라는 문제입니다.

또 다른 문제는 카메라의 문제입니다. 평범한 투쟁의 경우 모든 행동, 모든 모임을 촬영하는 카메라가 현장에 없습니다. 그런데 주요 인물인 "노동자"의 무게처럼 너무 자연스런 카메라의 현전은 이 투쟁에 현전하는 다른 곳을 다소 감춥니다. 노동자 투쟁의 모범적 사례를 촬영하는 것은 시선이 아닙니다. 이미지들은 어떤 장소에, 투쟁의 주요한 배우가 나오는 장소이기도 한 공간에 고정되어 있습니다. 여기서 카메라는 메타언어의 문제 속에서 자신을 상실하거나, 자신의 지위, 거기에 존재할 자신의 권리 등에 대해 죄의식을 느끼거나 할 필요가 없다는 것에 동의합니다. 이 모든 것에도 불구하고, 〈모범적 사례〉는 사회운동 영화가 도움을 주어야 하는 이 집단 구성의 부분을 형성하는 문제들을 감추지 않을 수 없습니다.

● 현재 이 사회운동 영화를 정당화하는 것은 그것이 파업 중인 기업들 안에서, 또 영화관이 없는 곳에서 이 영화들을 상영한다는 사실인 것처럼 보입니다. 따라서 거기에는 투쟁의 표상의 독점이 있습니다(1968년 노동조합총연맹이 르노 공장에서는 〈소와 수감인〉[35]을 상영한 것처럼 말입니다). 그러나 보다 광범위한 관객과의 관계에서—영화, 텔레비전, 좌파성향의 관객들을 포함해서—노동자를 표상하는 것이 문제일 때, 우리는 어떤 유형의 요구가 존재하는지 잘 모르겠습니다. 차라리 거기에는 분리가 있는 것처럼 느껴집니다. 즉 투쟁적인 영화는 투쟁을 보여주고, 텔레비전은 그 투쟁의 뇌관을 제거하는 듯이 보입니다. 고다르 같은 사람은 "어떻게 투쟁을 영상화할 수 있는가?"에 대해 반성하고, 상업적인 영화(〈릴리 날 사랑해 줘〉 등등)는 프롤레타리아의 의식을 약화하는 유희적인 이미지를 연출합니다. 마치 각자 자신의 방식으로 노동자의 실체를 만드는 것처럼 말입니다.

나에게 가장 큰 문제는 영화 상영에서 일어나는 격리현상입니다. 예를 들어 공장이나 파업 중인 혁명적이라고 간주되는 노동자를 위해서 우리는 노동자들의 투쟁을 보여주는 사회운동 영화들을 만들 것입니다. 그리고 토요일 저녁에 영화관을 가는 소시민으로 간주되는 노동자들에 대해서는 예를 들어 뤼퓌스(Rufus)[36]를 닮은 다소 얼빠지고, 다소 히죽대는 노동자들, 계급투쟁에는 별로 관심이 없는 노동자들을 보여주는 영화들이 있을 것입니다. 그런데 부르주아의 문화적 헤게모니는 대개

35 〈소와 수감인〉(La Vache et le Prisonnier, 1959)은 앙리 베르뇌유(Henri Verneuil)의 프랑스-이탈리아의 공동제작 영화로, 1943년 전쟁 당시 한 프랑스 전쟁포로의 탈출을 다룬 코미디이다.

36 뤼퓌는 〈릴리 날 사랑해 줘〉의 주연을 맡았던 배우로 광대의 이미지를 가진 배우이다.

관객의 분리와 더불어 장르의 분리에 의해 일어납니다. 대중을 위한 무거운 상업 영화, 지적인 소시민을 위한 가벼운 상업 영화, 사회 운동가들을 위한 사회운동 영화로부터 두 종류의 위험이 나타납니다. 우리는 부르주아의 문화적 분리 속에 포함되고, 그 격리 속에서 삽니다. 그러면서도 우리는 자신과 다른 관객에게 말을 건다고 믿는 척 합니다. 좌파 신문, 사회운동 영화가 지식인들을 대상으로 한 것이 아니라는 표명을 통해 그들의 교육론의 단순화를 정당화하는 경향이 있지 않을까요? 대부분의 지식인들이 그 소비자임에도 불구하고 말입니다.

좌파의 말과 이미지는 대중은 장식음을 듣지 못한다는 알리바이를 갖지 않나요? 중요한 것은 교차점을 찾는 것입니다. 각각을 위한 각각의 장르의 격리를 깨고, 자신의 관객들의 지각을 자극하고 이동시키는 영화를 만드는 것입니다. 자크 팡스텐(Jacques Fansten)은 『카이에』와의 대담에서 이 문제에 대해서 매우 흥미 있는 사실을 지적합니다.

● 고다르의 〈여기와 저기〉를 보셨을 것입니다. 어떻게 영화가 대의에 봉사하는지(또는 어떻게 영화가 대의—아마도 다른 의미에서의 대의—에 유용한지)를 질문하는 그의 방식을 어떻게 생각하십니까? 또 영화에 대한 반성을 가져오기 위해 (그리고 영화화하기 위해) 어떻게 정치적 대의가 사용됩니까?

그 영화가 대의에 유용한지는 모르겠습니다. 다만 그 영화는 이미 적지 않은 소위 "좋은" 대의들에 해가 되는 장점을 가지고 있습니다. 아마도 이 영화는 현재 우리의 정치 상황에 대해 적절한 시기에 공통의 프로그램을 가진 문화에 대해 질문하는 유일한 영화일 것입니다. 나는 여기서 너무 아름다운 레바논 여자가 나오는 장면을 생각합니다. 그 여자에게 연출가는 아들을 혁명에 바치게 돼서 행복한 임신한 팔레스타인 독립 운동가의 역을 더 잘 연기하기 위해 머리를 쳐들게 합니다. 이 장면은 〈판사와 살인자〉의 마지막 장면과 아주 많이 닮았습니다. 여기서도 역시 너무 아름다운 여배우는 라일락의 향기가 물씬 나는 파리코뮌의 노래를 부르기 위해 머리를 지나치게 쳐들고 있습니다. 고다르는 오늘날 자극하고 **분리하는** 중요한 기능을 수행합니다. 나는 이것이 대의보다 사람들에게 유용하다고 믿습니다. 물론 누구에게 유용한지는 여전히 문제입니다. 〈여기와 저기〉는 어쩌면 팔레스타인 사람들보다 우리에게 더 유용하다고 생각합니다. 어떤 유용성일까요?

그것은 아주 단순히 우리가 바보로 죽지 않도록 도와줄 수 있을 것입니다. 더 나아가 이것은 새로운 경각심의 원리가 될 수 있을 것입니다. 이 측면, 좀 전에 내가 평화주의라고 부른 것이 여전히 문제로 남습니다. 고다르는 이미지를 찍는 것이 부끄럽다고, 그 이미지들을 거짓으로 만드는 소리를 거기에 첨가하는 것이 부끄럽다고, 그것에 대해 이야기를 하는 것이 부끄럽다고, 권력 표상의 일상적인 폭력을 반복하는 것이 부끄럽다고 말합니다. 사실입니다. 그런데 전적으로 사실은 아닙니다. 이미지들을 산출해야 하고 이야기를 해야 하고 분리해야 합니다. 그런데 또한 어떤 방식으로든 통합해야 합니다. 우리는 죄의식에, 다소 거짓된 죄의식에 사로잡혀 있을 수만은 없습니다. 비록 그것이 고도의 지적인 실천과, 다시 말해 모든 정치적 행위는 필연적으로 억압적인 권력을 필연적으로 정립하기 때문에 모든 정치적 행위는 죄가 있다고 간주하는 후기 좌파의 정치적인 담론의 실천과 관계한다고 할지라도 말입니다.

우리가 무장해제된 채 머물기를 원하지 않는다면 권력을 정립해야 하고, 항상 다소 의심스런 이미지들과 허구들을 산출해야 합니다. 분리해야 합니다(《여기와 저기》). 그러나 산출해야 합니다(따라서 어떤 방식으로든 〈여기와 저기〉를 간결하게 표현해야 합니다). 변증법의 시간입니다. 어떻게 나누고, 누가 통합하고, 무엇 위에서 통합해야 할까요? 예를 들어, 나는 장-루이 코몰리의 〈세실리아〉[37]가 고다르의 질문을 무시하고 영화를 만들었다는 이유로 그것을 비난하지 않습니다. 반면 나는 그가 이념(무정부주의, 아름다운 꿈, 무정주의자의 노래에 실린 이미지) 위에 너무 쉽게 모든 것을 통합한 것에 대해, 이어서 너무 쉽게 같은 이념(**진정한** 계급투쟁 밖에 꿈의 종말) 위에서 너무 쉽게 분리한 것에 대해 그를 비난합니다. 이런저런 방식으로 이 진정한 투쟁 역시 종말과 실패(예를 들어 대단결(Union sacrée)[38])를 갖는다는 것을 볼 수 있도록 내버려둬야 합니다.

고다르의 도발을 인정해야 합니다. 그럼에도 불구하고 그것을 넘어서는 방법을 찾아야 합니다. 긍정적인 것으로 돌아가는 외양(여기에 우리의 떠들썩한 인터내셔널의 목소리를 덮는 팔레스타인 투쟁가들이 말하는 것이 있습니다. 여기서 우리는 보고 듣는 것 등을 배워야 합니다) 뒤에는 다소 자살과 같은 귀족주의가 있습니다.

37 장-루이 코몰리(Jean-Louis Comolli)의 〈세실리아〉(*La Cecilia*, 1976)는 1890년 이탈리아의 아나키스트 세실리아가 브라질에 아나키스트 공동체를 세우고자 한 실화를 영화화했다.

38 대단결(Union sacrée)은 1914년 제1차 세계대전이 발발했을 때 정치 종교적 경향과 상관없이 모든 프랑스인들의 단결을 위해 국회에서 대통령 푸앵카레에 의해 제안된 정치적 연대의 운동을 의미한다. 노조와 좌파는 전쟁과 3년 병역의무 법에 반대해서 정부와 연대하기를 거부했으나, 1914년 7월 31일 장 조레스(Jean Jaurès)의 암살, 국제정치의 긴장 등으로 결국 1914년 8월 1일 전쟁 준비를 위해 정부와 연대하기에 이른다.

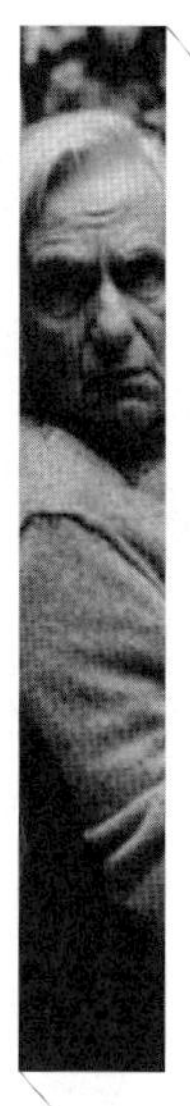

1981년

『프롤레타리아의 밤』

피곤한 사람들은 어쩔 수 없지![39]

(에드몽 엘 말레와의 대담)

"1840년 장인들은 철학을 여는 질문을 제기했다. 누가 생각할 권리를 가지는가?"

● 마르크스주의 이론과 역사-사회적인 긍정적 탐구의 결과로 이제 우리는 프롤레타리아의 정체성을 공고히 할 수 있다고 생각한다. 이런 전망에서 프롤레타리아의 이미지는 어떤 왜곡이나 착각을 유발하는 거울의 반사도 없이 항상 변함이 없어 보인다. 자크 랑시에르는 이런 생각에 공감하지 않는다. 그의 탐구는 노동자의 사유의 새로운 전망을 열고 있다. 그의 작업은 "인민, 국가, 혁명에 대한 독단적인 확실성 이전에, 그것을 넘어서 역사적인 복잡성과 사회 운

39 (원주) 이 대담은 1981년 《르몽드》지에 "랑시에르와의 대담"이란 제목으로 실렸다. 1984년 『르몽드와의 대담 1. 철학』, Paris, La Découverte–Le monde, pp. 158–164에 다시 실렸다. " 피곤한 사람들은 어쩔 수 없지"라는 제목은 이 책을 편집하면서 붙인 제목이다.

동가들의 실천과 담론의 거울 효과"를 재구성하고자 한다. 자크 랑시에르는 잡지 『논리적 저항』의 참여자들 중 한 명이다. 이 잡지는 "살 같은 구체적 명증성(évidences charnelles)"을 "이데올로기적 폐해"에 대립시키고자 하는 같은 생각을 가진 사람들의 작업들을 출판해 왔다.

∽

● 아주 편하게 우리는 당신을 노동자 운동에 대한 역사학자들 중 한 명으로 분류할 수 있습니다. 그러나 당신은 이런 분류에 동의하지 않습니다. 당신은 "상품의 규격을 파괴하고, 벽보를 찢어내고, 길들을 변경하는" 작업을 꿈꾸고 있으니까요…

직업으로 말하면 나는 역사학자가 아니고 철학자입니다. 1968–1970년대의 이념—지적 저항과 노동자 투쟁의 연대—의 막다른 골목은 나를 역사의 영역으로 이끌었습니다. 마르크스주의의 담론과 실천의 실패 혹은 그 남용을 이해하기 위해, 나는 마르크스의 이론이 노동자의 저항과 접목하고 "현실적 운동"에 대한 의식을 희망과 유토피아의 기획에 대립시키던 1840–1850년대로 돌아가기를 원했습니다.

정신사(l'histoire des mentalités)는 나에게 모델이 된 동시에 다른 것들을 드러내는 전경이 되었습니다. 나는 식습관이나 죽음에 대한 태도와 같은 "부동의" 긴 역사의 지속의 선호를 노동자들의 투쟁의 인간학에 대립시키고자 했습니다. 다시 말해 규제된 조직화를 자발적인 사회성에, 슬로건을 일상의 속삭임에, 무기의 지식을 도구의 지식에 대립시키고자 했습니다. 곧 나는 환상에서 깨어났습니다. 노동자들의 팸플릿, 신문

등은 그들이 우리에게 주고자 하는 자신들의 이미지를 알려줍니다. 저항의 실천이나 노동자들의 사회성은 궁지의 몰린 사장들에 대한 기술(記述)을 통해서만, 혹은 비참한 잡거생활이나 선술집의 술판에 대해 환상을 가진 박애주의자들을 통해서만 우리에게 옵니다.

● 이 실패로부터 당신의 방향전환이 구체화되었다는 말인가요?

이 실패는 역사에 부여된 비판적 기능과 오늘날 우리의 문화 속에서 역사학자의 역할에 대한 질문을 가능하게 했습니다. 역사학자의 역할은 좌파적 전복을 "탈신비화"하는 것이고, 그 환상을 물질적 조건과 그것이 허락하는 행동과 관계시키는 것입니다. 하지만 이 비판적 기능은 파괴된 이데올로기보다 그 바탕에서 더 독단적인 명증성의 산출에 의해 이중화됩니다. 한편으로 역사학자는 진지합니다. 역사학자는 민속학자로부터 그의 대상들을 작동시키는 기술을 배웠으며, 담론으로서 실천과 실천으로서 담론을 다루는 기술을 배웠습니다. 하지만 이 대상들은 과학의 기능을 검토하는 것에 만족하지 않으며, 살 같은 직접적인 명증성의 무게를 가지고 그 기능을 체화합니다. 아름다운 이미지 속에서 그것들은 우리에게 사회적 질서는 이성적이며, 이데올로기적이고 존재하는 정치적인 질서의 분배 안에서—어제와 마찬가지로 오늘날—정합하게 반영된다는 것을 보여줍니다. 역사학자는 중심에서 주변까지 사회적 영역을 표시하면서 우리에게 개념의 합리성과 이미지의 명증성을 제공합니다.

이상하게도 이것은 노동자의 역사를 다루는데 있어서 잘 작동하지 않습니다. 노동자는 우리의 기능주의적 사유의 주인공 그 자체입니다.

그 유명한 "손재주"를 가진 사람은 물질을 사유와 대상의 목적에 적합하게 만듭니다. 투쟁가는 억압에 저항하고, 수탈에 대한 의식을 가지게 되고, 투쟁을 조직화합니다. 그러나 거기에는 우리가 노동자의 역사를 인민의 사회성의 민족학이나 노동자의 실천 안으로 흡수하기에는 너무 많은 이데올로기가 있습니다. 항상 그 자체로 인정되는 이데올로기는—그것이 마르크스주의자든 무정부주의적 노조든—문화나 전략의 관점에서 해석이 필요합니다.

바로 여기에 "방향전환"의 가능성이 놓입니다. 1840년대의 시인 혹은 노동운동가의 서투른 담론은 이렇게 말합니다. 그것들은 원하는 결과를 낳지 못한다고, 다시 말해 그들은 "손재주" 안에서 "노동자 문화"에 대한 어떤 만족도, 집단의 열기 안에서 자신들의 정체성을 발견하는데 이르지 못한다고 말합니다. 그들의 행위의 실증성을 소시민의 수다나 몽상에 대립시키는 아첨 뒤에서, 그들은 아주 오래 전에 플라톤이 수공업자에게 부여했던 같은 지위, 즉 제3계급의 영혼의 지위를 인정하게 됩니다. 이미 플라톤은 수공업자가 정치를 맡는 것을 금지하기 위해 가상을 만드는 자에 대한 생산자의 우월성을 칭송해야 했습니다. 내가 연구한 사람들은 바로 이 그림자의 생산자(화가, 시인, 철학자)이기를 원했을지도 모릅니다. 그러나 그들은 결국 자존감에 가득 찬 노동자의 이미지를 산출합니다. 나의 목적은 바로 이러한 정체성의 역설적인 과정을 보여주는 것입니다.

● 당신의 연구에서 우리의 관심을 끄는 것은 바로 이 추상—마르크스주의나 또 다른 것들—의 사막을 건너는 것입니다. 당신은 구체적인 노동자의 모습을 형상화하기에 이릅니다. 예를 들어 목수이며 시인인 생시몽주의자의 모습처

럼 말입니다. 이것은 어떤 전망의 변화를 가져올까요?

구체적인 모습, 그렇습니다. 하지만 지배적인 실증주의 또한 구체적인 모습들을 갖습니다. 예를 들어 "인민의 자식들"이라든가 "반-영웅주의"의 특수성은 지식인의 담론의 일반성을 보여줍니다. 더 잘 말하면 체화합니다. 반면 여기서 문제는 자신들의 이미지와 직면한 또 자신들에 대한 개념을 몰아내는 노동자들의 분할된 모습들, 거울 속의 얼굴들입니다.

당신은 앞서 목공 고니(Gauny)를 암시했습니다. 그는 우리에게 아주 놀라운 자료들을 남겼습니다. 그의 편지, 논문, 시 등은 인민의 자식의 논문이 아니라, 현재의 경험에 대한 철학적인 질문입니다. 우리는 어떻게 노동자가 될 수 있을까요? 그는 시간대로 자신의 노동의 일기를 썼습니다. 그것은 회고의 아름다운 작품도, 가치의 문제도 아닙니다. 그것은 프롤레타리아의 노동의 근본적인 현실의 문제, 도둑맞은 시간입니다. 우리의 말들—착취, 의식, 반란…—은 이 "빼앗긴" 삶의 경험 밖에 놓입니다.

그는 자유롭고자 합니다. 자신을 위해서 그리고 다른 이들을 위해서 말입니다. 여기서 우리의 반박은 별의미가 없습니다. "노예의 사슬"은 이미 해방된 개인들에 의해 잘려질 것이기 때문입니다. 그는 마루를 까는 일을 했습니다. 그는 착취 상태로 머물면서, 그 상태에 자신이 처해 있다는 것을 알면서 주인으로부터 자유롭습니다. 그는 우리에게 우리 철학자들은 환상과 지식의 관계, 자유와 필연의 관계를 전혀 이해하지 못한다는 사실을 보여줍니다.

그는 역설의 끝까지 갑니다. 그는 금욕의 철학을 만듭니다. 노동자가 거의 소비할 것이 없을 때, 그는 소비의 사회를 비난합니다. 그는 부자의 경제 대신에 자유의 경제를 발명합니다.

그는 우리에게 자신의 동료들의 운동가적인 열정의 활력을 보여줍니다. 그것은 "착취"에 대한 의식에 의해서도(그들은 이미 그것을 알고 있습니다), 노동의 연대에 의해서도(다른 이들은 우선 주인과 공범입니다) 아닙니다. 그것은 다른 쪽에서 일어나는 것을 보고 싶은 욕망, 다른 삶을 시작하고자 하는 욕망에 의해서입니다. 그들은 부르주아를 부러워합니다. 그들의 부 때문이 아니라, 그들의 "죽은 시간", 여가, 밤의 부정성 때문입니다. 노동자 해방의 담론의 기원에는 노동자가 아니고자 하는 욕망이 있습니다. 더 이상 자신의 손과 영혼을 손상하지 않고 싶은 욕망, 더 이상 일 혹은 급료를 요구할 필요가 없기를 바라는 욕망, 더 이상 이득을 방어할 필요할 없기를 바라는 욕망, 더 이상 낮을 계산하지 않고, 밤에 자지 않고 싶은 욕망…

이것은 자신의 꿈, 자신의 모순—노동자임이 없이 노동자이고자 하는 꿈—을 살고자 하는 힘입니다. 그의 여동생, 재단사 데지레 베레도 유토피아에서 그 꿈을 살고자 했습니다. 다른 이들은 재단사 렌느 권도프, 인쇄공 아돌프 보이어처럼 이 꿈으로 죽습니다. 몇몇은 열쇠공 질랑처럼 "다윗의 하프"를 꿈 꾼 후에 그들의 절대를 "노동자의 도덕적이고 물질적인 관심"의 척도로 이끌고자 합니다. 다른 이들은 그들의 이카리(Icarie)를 찾아 텍사스에서 말라리아로 사라집니다. 결국 절망에 의해 풍성해지는 사람들이 있습니다.

유일한 경험: 그들의 비참을 돌보고 미래의 노동을 촉진하고자 하는 유토피아 이론가들과 좋은 의도를 가진 젊은 부르주아에 직면해서, 장인들은 철학을 여는 질문을 제기합니다. 누가 사유의 권리를 가질까요?

손을 가지고 노동하도록 태어난 사람들과 사유를 위해 태어난 사람들을 구분하는 어떤 표시가 있을까요? 그들은 우리를 배후에서 공격합니다.

그들은 우리의 과학의 개념들을 육화하는 대신에 우리의 철학을 극화합니다. 그들은 더 이상 기능하지 않고 사유합니다. 거부되는 것은 다만 노동, 의식 봉기에 대한 우리의 하찮은 생각들이 아닙니다. 질문이 되어 되돌아오는 것은 바로 우리가 우리의 사유라고 부르기를 두려워하지 않는 것의 기능입니다.

● 당신의 작업을 보면 68년 5월의 경험이 현전한다는 것이 느껴집니다. 그것은 19세기의 탐구와 어떻게 일치할까요?

그 관계는 아주 자연스럽습니다. 1968년 우리는 19세기의 회귀에 대해서 말하지 않았었나요? 1967년 교육받은 사람들은 우리가 이미 21세기로 나아가고 있다고 생각했습니다. 학생들은 공부와 취직에 몰두하고, 노동자들은 세탁기의 감미로움에 정복되어 부르주아화 되어가고 있었습니다. 몇 달 후에 우리는 갑자기 19세기 한복판에 있게 됩니다. 바리케이드, 붉은 깃발. 물론 질서 회복 후에 대대적인 이론 공세는 책임감 있는 진정한 노동운동은 혁명을 가지고 노는 소시민들의 열기와 아무런 관계가 없다는 것을 우리에게 상기시켰습니다.

역사는 우리에게 노동자들은 마치 "소시민"처럼 행동하기를 그치지 않는다는 것을 보여줍니다. 1830년 7월[40]을 예로 들어보죠. 그것은

40 "영광의 3일"이라고도 불리는 7월 혁명을 말한다. 샤를 10세의 선거권제한 헌법 개정

그 당시 노동자들의 상상 속에서 68년 5월과 정확히 같은 역할을 수행합니다. 그때는 우리가 "이제 어떤 것도 전과 같지 않을 것"이라고 결정한 시기였습니다. 모든 것은 이삼일 동안의 투쟁, 축제, 태양, 영광, 우정에서 측정되었습니다. 여기서 인민은 자신들을 드러냈습니다. 그럼에도 불구하고 그들은 많은 것을 잃었습니다. 전에 그들의 사업은 그런대로 잘 굴러가고 있었고, 한두 푼 아껴서 돈을 모을 수도 있었고, 어쩌면 자신의 통장을 가질 수 있었을지도 모릅니다. 혁명 후에 억압은 거세지고 그들의 사업은 몰락하기 시작했습니다. 일 년 후 생시몽주의자들은 이전에 그런대로 잘 나가던 노동자들이 아직도 일을 찾지 못하거나 닥치는 대로 막일을 하는 노동자들을 만났습니다. 자신들의 "자질"에 깊은 애착을 가진 "장인들"조차도 대개 전에 없이 "불안정하게" 살았으며, 우리가 믿는 것 이상으로 노동의 이데올로기에 대해 거리를 가지고 있었습니다. 이 7월의 고아들은 새로운 믿음을 부여잡습니다. 새로운 믿음은 곧 무너집니다. 하지만 그것은 아무것도 변경시키지 않습니다. 희망 속에서, 생시몽주의자들의 사랑의 말은 3일 간의 기억에 집착하고, 시도와 실패를 거쳐서 얻은 피할 수 없는 결정—바보로 죽지 않기—을 강화합니다.

담론의 껍데기를 통과하자마자, 그리고 때때로 그 담론 안에서도 우리는 어떤 유사함—본래적인 이탈, 변화해야 할 삶의 이념……—에 의해 사로잡힙니다. 이것은 또한 솔직함의 시간이기도 합니다. 노동자 중심주의의 그럴듯한 사탕발림은 노동조건 앞에서의 절망이나 사람들이 방어하는 이 "형제들"에 대한 경멸을 여전히 감추지 못합니다.

에 반대해서 일어난 1789년 프랑스 혁명 이후 두 번째 혁명이다.

처음 19세기에 대한 나의 관심은 고고학적이고 계보학적인 것이었습니다. 나는 우리의 현재 유산 속의 모순들을 그 기원에서 파악하고자 했습니다. 그런 와중에 방향이 변경되었습니다. 나는 더더욱 실존적 관계의 유사성에 주목하게 되었고, 역사적 시간—기록될만한 중요한 날짜들, 희망과 절망, 원점에서 다시 시작하기, 또 다른 희망으로 이어지는 순환—을 사는 방식에 관심을 가지게 되었습니다. 그것은 한 세대의 지적인 역사, 즉 어떻게 1830년에 노동자들이 더 이상 이전처럼 살지 않겠다는 그들의 다짐을 지켰는지의 역사가 되었습니다.

● 맹목이 되어버린 실증적 지식은 결국 절망 혹은 회의주의만 남기지 않을까요? 그럼에도 불구하고 당신은 반란자들에게 그들의 대의를 돌려주고자 했으며, 아이들에게 카드와 판화에 대한 애착의 이유를 설명하고자 했습니다.

물론 우리는 모든 시도—생시몽주의, 노동자 연합, 아카리 공동체—가 실패했다고 말할 수 있습니다. 이성의 간계는 이 꿈꾸는 노동자들을 미래의 진정한 길, 노동지상주의의 규율, 독재의 길로 인도했습니다.

하지만 역사는 한 노모가 7월 혁명 이후에 한 이론가에게 그리고 연인에게 보낸 사랑의 편지에 의하면 그와 다르게 끝납니다. 그녀는 항상 꿈속에서 살았고, 이 무분별만이 삶과 한 세기의 끝에서 현실에 "적응"하는 것을 가능하게 했습니다. 이것은 절망의 알레고리가 아닙니다. 그것은 반대로 프롤레타리아의 요구의 강요와 정치적 억압의 부침에 바쳐진 삶 속에서 유토피아의 죽음과 현실의 거부를 동시에 살고자 하는 애초의 불일치를 유지하고자 하는 꺾을 수 없는 단호함입니다.

만일 유토피아가 죽었다면, 그것은 프롤레타리아의 분열된 대의들을 가지고 긍정적인 세계를 만들고자 했기 때문입니다. 새로운 인간은 없습니다. 다만 두 삶을 살고자 하는 사람들이 있을 뿐입니다. 또한 그들은 절망하지 않습니다. 그들은 절망하는 자들이 아닙니다. 그들의 믿음은 우리의 저당 잡힌 고아들의 가짜 절망이 지시하는 것보다 무한하게 복잡합니다. 이것은 일종의 불가능한 것의 척도라고 말할 수 있는 어떤 지속된 거부, 보다 엄격한 어떤 지혜의 교훈입니다.

나의 기획은 『논리적 저항』에서와 마찬가지로 이 지각되지 않는 대결의 기억, 이 길의 흔적, 이 단절의 표시를 전사하는 것입니다. 역사적이고 사회학적인 실증주의에 근거한 "인민"의 수집과는 무관합니다. 추억의 향수가 아니라 집요한 질문들, 틈의 연장입니다. 비판적 사유의 단순한 후퇴와는 다른 어떤 것—부정적 작업(반-규격화, 방향지시 제거 작업)을 포함하는 지식과 이야기들—이 있습니다. 다시 말해 화해할 수 없는 것들을 표시하는 담론의 질서, 사회적 "대상들"과 자기와의 차이. 카드들, 판화들… 사진이나 X선 사진이 아니고 말입니다.

여기에는 어떤 절망도 없습니다. 고조된 긴장만이 있을 뿐입니다. 바보로 죽지 않기를 원하는 사람들에게는 미래에 많은 일들이 있습니다. 그리고 피곤한 사람들은 어쩔 수 없지요!

1985년
『루이-가브리엘 고니: 평민의 철학자』

인민 탐방[41]

(세르즈 르 페롱, 샤를 테송과의 대담)

● 오늘날 프랑스 영화들이 제시하는 사회적인 시나리오는 무엇일까? 어떻게 가장 많이 보는 허구들(수사물과 카페-극장 스타일의 코미디)이 사회 조직에 깊은 영향을 미치는 운동들을 표상할까? 좌파 정권의 도래는 어떻게 프랑스 영화 속에 사회적 유형들을 변화시켰을까? 우리는 이런 문제들을 자크 랑시에르(영화 출시에 의해 강요된 리듬에 복종하지 않고 자신의 리듬을 따르는 철학자)에게 우리 잡지와 상관없지만 우리와 연관해서 질문하려고 한다. 보다 구체적으로 영화에 대한 그의 취향과, 그가 잡지 『논리적 저항』에서 이데올로기와 노동자 사유의 계보학 위에서 행한 작업을 통해 질문하고 싶다. 어쩌면 『카이에』의 독자들은 『알튀세르의 교훈』의 저자이며 셍-드니의 뱅센 대학에서 철학을 강의하는 자크 랑시에르라는 이름을 잘 모를 수도 있다. 그의 협력은 짧게는 『카이에』가 미셸 푸

41 (원주) 이 대담은 1985년 5월 『카이에 뒤 시네마』, n°371-372, pp. 106-111에 실렸다.

코의 작업의 영향 하에서 복고 모드의 현상에 관심을 보이는 시기로, 그리고 길게는 영화에서 역사의 표상에 관심을 가질 시기로 거슬러 올라간다.

1976년 『카이에』 특집호(n° 268-269, 7-8월), "상표의 이미지"를 자크 랑시에르와의 긴 대담, "우애의 이미지"로 열었던 것은 바로 이 작업의 논리적 연속성 위에서였다. 그리고 이번호 특집인 "시나리오"는 이전과 같은 배경에서 자크 랑시에르와 다시 대화를 여는 계기가 되었다. 1981년 이후 좌파의 허구는 어떻게 변화했을까? 위로 국가와 법의 측면에, 아래로 연대적이고 엄숙한 "좌파적 선량한 인민" 주변에 어떤 변화가 있었을까? 이를 위해 우리는 자크 랑시에르에게 몇몇 영화를 보도록 부탁했다. 주말에 그는 기꺼이 〈마이 뉴 파트너〉(클로드 지디), 〈위급〉(질 베아), 〈지옥열차〉(로저 아넹), 〈프랑과 달러〉(미셸 블랑), 〈전문가들〉(파트리스 르콩트)[42]을 보러 갔다.

긴 논의 끝에 몇몇 주요한 축들이 솟아났다. 위에 언급한 영화들에서 위로는 법의 부재가, 아래로는 자크 랑시에르가 "인민 탐방"이라고 부르는 것, 이 프랑스 영화의 새로운 사회 관광이라는 불가피한 모습이 솟아났다.(C. T.)

∽

프랑스 허구들 안에서 사회적 주제들

● 카이에: 1976년 우리는 전반적인 좌파적 허구를 논의했습니다. 오늘날 좌

42 〈마이 뉴 파트너〉(*Ripoux*, 1984, Claude Zidi), 〈위급〉(*Urgence*, 1985, Gille Behat) 〈지옥열차〉(*Train d'enfer*, 1984, Roger Hanin), 〈프랑과 달러〉(*Marcher à l'ombre*, 1984, Michel Blanc), 〈전문가들〉(*Les spécialistzs*, 1984, Patrice Reconte).

파는 더 이상 허구가 아닙니다. 동시에 좌파적 영화는 급격히 줄어들었습니다. 그럼에도 불구하고 수사물이나 코미디에서 오늘날 발견하는 주제들이 있습니다. 정확히 그 상황이 어떤 것인가요?

자크 랑시에르: 1975-1980년대에 좌파 연합의 창설은 좌파적 인민의 허구, 표상의 유형을 지지했습니다. 문화의 좌파주의의 감수성을 통과해서 인민전선 스타일의 위나니미슴적인 이미지와 형상들을 재-코드화했습니다. 이것은 대중 무도회와 코미디아 델아르테, 대중의 향토성의 상기와 도시의 성적이고 언어적인 자유를 연결합니다. 르네 페레(Renet Péret)의 〈장중한 예식〉(*La communion solennelle*)은 향유의 이데올로기에 의해 표시되는 이러한 축제적인 대중주의(populisme)의 전형을 보여줍니다. 물론 좌파들의 권력의 요구가 대중적 본능의 가장 깊은 곳에 뿌리내리는 이런 유형의 표상은 그 요구의 만족과 더불어 사라질 것입니다. 그러나 특히 그 요구는 문화적 좌파주의의 주제들을 재-코드화 하면서만 윤곽이 뚜렷이 드러날 수 있었습니다. 우선 좌파 정부의 승리는 좌파주의의 고갈에 의해 이뤄졌습니다. 사회주의 권력은 우선 그 문화의 쉬운 일부터 시작했습니다. 좌파적 허구의 붕괴—그럼에도 불구하고 그 허영은 조심스럽게 남아있었습니다—는 지식인들의 침묵과 같은 이유를 갖습니다. 특히 정착의 허구들은 역사적인 산출들과 동시에 영화를 피폐화했습니다. 전통적인 평범한 상업적 허구의 몇몇 주제들(사회 저층, 주변인들, 사회적 희생자, 파리아, 인종차별, 부랑아, 마약…)만이 남았습니다. 그 허구 속에서 우리는 대중적 풍경과 인민의 이미지의 재정의를 만납니다. 〈위급〉, 〈마이 뉴 파트너〉, 〈프랑과 달러〉, 클로드 베리의 〈안녕 친구〉(*Tchao Pantin*) 등에서 우리는 현대의 인민 탐방에 필요한 요소들—구트 도르

(Goutte d'or)[43], 파리 외곽, 무단 거주, 오토바이를 탄 마그레브 젊은이들, 훔친 시계를 팔고 거래하는 사람들—을 만납니다. 한편으로 이민자들은 인민 탐방의 요소들입니다(《마이 뉴 파트너》, 〈프랑과 달러〉). 다른 한편 그들은 정치적으로 인종차별의 희생자로서 정의됩니다(《지옥 열차》, 〈위급〉). 그러나 그들은 사회적 의미에서 희생자일 뿐이지, 드라마틱한 허구의 역동성 안에서 희생자가 아닙니다. 마치 〈릴리옴〉,[44]〈음탕한 여자〉[45] 혹은 〈황금투구〉[46]에 나오는 죄가 있는 희생자들 혹은 모호한 주인공들처럼 말입니다. 문제는 오늘날 황금투구는 마그레브라는 사실일 것입니다. 사람들은 일반 관객과 죄가 있는 희생자의 고뇌의 동일시를 더 이상 견디지 못할 것입니다. 인종과의 관계는 법과의 관계를 차단할 것입니다. 결론은 이민자는 특이한 인물이거나 사회적 희생자로서 거기에 있지, 결코 드라마의 주제가 되는 것이 불가능합니다. 다시 말해 허락되지 않습니다. 따라서 〈지옥열차〉에서 마그레브들은 보호해야 할 대상으로 나타납니다. 그들의 대변인은 항상 표상의 장 안에 놓이지 못하는 것 같은 인상, 간접적으로 목표와 직면한다는 인상, 이미지로부터 멀어지거나 벗어나기 위해 움직이는 것 같은 인상을 줍니다. 따라서 개인이 사회적 드라마의 주인공이 되는 대중적인 허구의 길은 막힙니다. 다른 한편 사회적 장치의 고발도 역시 상실되어 가고 있습니다…

43 파리 18구에 위치한 동네의 이름으로, 아프리카인들과 아랍인들이 많이 거주하는 곳이다.

44 〈릴리옴〉(*Liliom*, 1934)은 프리츠 랑의 프랑스 영화이다.

45 〈음탕한 여자〉(*La chienne*, 1931)는 장 르누아르(Jean Renoir)의 프랑스 영화이다.

46 〈황금투구〉(*Casque d'or*, 1952)는 자크 베케르(Jacques Becker)의 프랑스 영화이다.

음모: 사회적 시나리오의 전형

● 다소 상실된 것은 사실입니다. 이전의 많은 영화들에서 그것은 의식되었습니다. 이제 그런 것은 더 이상 존재하지 않습니다. 〈지옥열차〉 안에 이런 유형의 영화의 어떤 것이 살아 남아있습니다.

남아 있는 것은 "음모"의 벌거벗은 이념, 즉 좌파의 허구 안에서, 특히 로시(Rosi)의 영화들을 통해서 강요되었던 선동의 정치적 주제의 드라마틱한 번역입니다. 마피아의 이미지, 감춰진 그러나 강력한 조직에 의해서 위에서 조작된 사회적 부패의 거대한 조작의 이념. 이런 음모의 이념은 기계적으로 정치적 행위와 영화 스토리의 대체물을 산출하면서 순수한 추상이 되어가는 경향이 있습니다. 조직의 이념은 주제와 인물들을 삼켜버립니다. 따라서 〈지옥열차〉 안에서 그 영화의 전제된 주제, 암살은 행동의 논리에 낯선 것이 됩니다. 또한 시나리오에 의해 그 자체 희생되고 지워진 행위의 **목격자**도 (목격자의 조사와 추적이 상호 의존적인 랑이나 히치콕 유형의 허구와는 반대로) 이러한 논리에 속합니다. 연출가의 관심, 그 영화에 고유하게 속한 행동은 감독이 타자의 벌거벗은 현전이나, 타자에 대한 증가하는 폭력으로서 가정하는 인종 차별적 암살이 아닙니다. 그것은 폭력의 공허한 이념이고, 관심을 돌리기 위한 정치가들의 선동입니다. 따라서 집단폭력의 가담자들도 아랍인들도 행위의 주체일 수 없습니다. 결국 경찰서장과 그 정면에 우익의 사람들의 공허한 도식만이, 두 명의 주동자들에 봉사하는 세 명의 전형적인 선동가들에 의해 야기된 경찰서를 둘러싼 인종차별주의자들이 만든 반원만이 남습니다. 영화는 알제인들 뿐만이 아니라 경찰들도 제대로 그릴 수 없습니다. 그들이 집단폭행자들을 격퇴할 때, 그들은 도를 넘는 어떤 폭력도 행사하지 않습니다. 그것은 순진하게 경찰이 좌파 권력에 봉사하기 때문도, 더 이상 때리는 경찰을 표상할 수 없기 때문도 아닙니다. 그것은 근본적으로 우리는 더 이상 어떻게 경찰을 폭력의 주체로서 표상할 수 있는지 알 수 없기 때문입니다. 권력의 폭력은 이제 표상 불가능한 것이 됩니다. 〈위급〉은 한 발 더 나아가 음모의 시나리오를 적나라하게 드러냅니다. 그것은 더 이상 도발의 정치적 범주 안에서조차 알아차릴 수 없습니다. 그것은 차량추적, 묘령의 전화 등의 몇몇 에피소드들에 강요되는 영화의 이념 속으로 줄어듭니다. 더더욱 수사를 담당하는 인물은 이념을 이야기로 전환합니다. 〈도시가 잠든 사이에〉[47] 유형의 기자는 영화의 처음에서 제거됩니다. 음모는 자동차의 속도로 나아갑니다. 그 추상적 이념은 내용(인종차별)과 형식(이야기) 모두를 대신합니다. 시나리오는 전혀 그 형태를 가지지 못합니다. 장면들을 산출하는 음모의 이념과 행위의 가독성 그 자체와 모순된 강요된 인물들만이 있습니다. 우리는 경찰들이 누구를 위해서 일하는지조차 잘 알 수 없습니다. 우리가 희생시킨 주인공 자리에 수사관이 있습니다. 쫓는 증인의 캐릭터와 기계적으로 어느 정도 일치하는 여성 캐릭터의 전통적인 히스테릭한 **행동들**이 있습니다. 여기에 정치적인 주제, 우익 테러가 결부됩니다. 그것은 좌익 테러일 수도 있습니다. 그것은 의미의 무기력에 의한 우파의 테러—다시 말해 그 영화는 좌파의 영화—입니다. 좌파 테러의 공격목표가 의미를 만들지 못하는 반면에 우파의 테러가 이미 알려진 희생자들

47 프리츠 랑의 1956년 영화이다. 프랑스에서 이 영화는 〈다섯 번째 희생자〉(*Cinquième victime*)라는 제목으로 개봉되었다.

(유대인, 이민자, "타자들"…)을 가지는 한에서 예상에 의해 그 의미를 가지기 때문입니다. 이 모든 것 가운데서 오토바이를 탄 마그레브들은 헛되이 "테러"의 시나리오를 "사회적" 시나리오로 그 의미를 변경하고자 합니다. 〈발타자의 우연〉에서 브레송은 오토바이족을 현대의 주요한 테러리스트의 주역으로 만듭니다. 여기서 세계종말의 기사들은 자전거경주(Tour de France) 코스를 시주(試走)하는 사람들이 됩니다.

법의 대체로서 힘

● 당신은 좀 전에 법의 지위도 변경되었다고 언급했습니다. 이것은 오늘날 더 이상 가능한 주체가 없다는 것을 설명할 것입니다. 다시 말해 사회적 희생자, 음모의 의미에서가 아니라, 그 의미가 전적으로 변경된 법의 지위 앞에 가능한 주체-인물이 없다는 것을 설명할 것입니다.

이런 관점에서 보면 〈마이 뉴 파트너〉가 그 사례가 될 것입니다. 법과 잘못 사이의 긴장된 고전적 형상들(호방한 강도, 법 바깥에서 정의를 실현하는 자, 사회의 희생자로서 범죄자, 범죄를 저지르는 경찰관, 예전에 범죄자였으며 여전히 고통 받는 보안관…)은 긍정적인 새로운 주인공으로서 부패한 경찰관의 모습 안에 흡수되고 그 안에서 전적으로 지워집니다. 나는 이 영화를 서부영화에 반한 것으로 봤습니다. 여기서 필립 누아레는 젊은이에게 총 쏘는 기술과 법의 의미를 가르쳐 주는 갱단에 대한 경험이 풍부한 서부영화의 보안관(《런 포 커버》(*Run for cover*)의 제임스 캐그니 혹은 〈가슴에 빛나는 별〉의 헨리 폰다)의 정반대입니다. 여기서 경찰관 입문도 정반대입니다. 법의 집행자는 신참에게 법은 존재하지 않는다고, 법이 있다고 믿는다면 더 이상 사회는 가능하지 않다고 가르칩니다. 반대로 법을 무시하고 대신에 뇌물을 받는 대가로 훔친 시계를 되파는 작은 이민자 집단, 사기꾼들, 마약 거래상들을 봐주면, 그들과 평화로운 공존이 가능하다고 가르칩니다. 이것이 가진 정치적 메시지는 부패는 어떤 의미에서 인종차별을 제거하고 그 자신의 방식으로 민주주의를 보증한다는 것입니다. 다만 이 공존의 원리는 또한 모든 이야기를 제거합니다. 신참 교육으로 바쁘고 최후의 일격을 준비하는 필립 누아레는 〈콜로라도 테리토리〉의 회개한 강도 웨스 맥퀸과 유사한 상황에 빠집니다. 웨스 맥퀸은 그의 보호자에 대한 신뢰와 이기적인 쁘띠 부르주아와 부조리한 사랑에 빠져서 최후의 일격을 시도합니다. 서부영화에서는 아무리 호감을 유발하는 강도일지라도 법의 총알 아래서—비록 법의 집행자가 비열한 자일지라도—죽습니다. 웨스 맥퀸은 이렇게 자신의 운명을 책임집니다. 이로부터 이야기와 인물들이 존재하게 됩니다. 반면 누아레가 연기하는 수사관은 2년간의 수감 후 출감해서 거리에서 그가 꿈꾸던 경주마 소리를 듣게 됩니다. 그것은 그의 동료가 마약 거래상들의 돈을 감췄다가 그에게 사준 것입니다. 여기에는 선고도 잔인함도 없습니다. 모든 것을 흡수하는 것은 부패한 경찰관만이 할 수 있는 모든 수단을 통해 이상적인 중산층(경마팬을 위한 경마와 커피)을 실현하고자 하는 욕망입니다. 법의 측면과 사욕을 채우고자 하는 욕망은 부패한 경찰관의 예찬 안에서 화해합니다. 유일한 결점, 절대적인 악은 희생자가 되는 것, 즉 제대로 일을 처리하지 못하는 것입니다. 필립 누아레는 그의 동료가 파산했다고 말하자 "안녕 졸라"라고 외칩니다. 이 인사는 일단의 허구의 양식과 도덕의 가능성과의 작별인사입니다. 법이 무너지는 곳에는, 더 이상 법과의 좌파적 게임(합법성에 반한 정당한 봉기)이 지속하지 않는 곳에는, 다만 보호해야 할 희생자들의 보호자 혹은 경찰관이 진정한 악당이거나 악당이 실제로 경찰관인 현재의 허구를 지배하는 형상들만이 남습니다. 그리고 유일한 도덕적 가치로서 이로부터 탈출해야 할 필요성에 대한 담론만이 남습니다. 그래서 〈전문가들〉에서 금고털이를 위장한 경찰 역을 맡은 베르나르 지로도는 쓰레기 트럭 안에서 작은 악당(제라르 랑벵)에게 경찰이 조직한 금고털이에 연루되게 되었다고 설명합니다. "결국 우리는 똑같아. 우리는 같은 쓰레기 더미 위에 두 바보야." 여기에 다른 이가 "맞아. 그러나 부자 바보는 부자지만 가난한 바보는 바보야"라고 대꾸합니다. 일상적인 냉소주의가 뇌관이 제거된 이야기를 만듭니다. "그것은 불가능했으나 그들은 그것을 했다"라는 광고문구가 우리를 앞서서 안심시킵니다. 경찰-악당은 그가 봉사하는 경찰과 모든 불안감에서 해방하는 부패에 대한 앎에 의해 이중적으로 보증되고 항상 빠져나갑니다. 희생자가 되는 것은 불가능합니다. 이 시나리오에서 우리는 증인들만을 죽입니다. 시나리오를 쓰는 작가는 곤경을 잘 빠져나가는 자를 거절할 수 없습니다. 그가 어떤 이야기를 만들고자 한다면, 2인조 중의 하나를 희생해야 합니다. 하지만 그가 할 수 없는 것은 이 잔인함입니다. 홀로 감옥을 나오는 속은 자의 이미지(필립 누아레)는 몇 초가 지속되지 못합니다. 이어서 경주마의 발소리가 울립니다. 지로도와 랑벵은 어려움 없이 금고를 텁니다. 그들은 적들을 손쉽게 제거할 수 있는 포클레인 위에서만 그들의 적을 만납니다. 질문은 말하는 자의 탄생 이래로, 예술로서 영화의 지위가 욕망의 기반인 이미지와의 관계에서 초래되는 위험—법과 법의 위반의 주제들, 예시 혹은 승화의 기능들—속에서 최소한의 도덕과 연결되지 않았는가를 아는 것입니다. 행복을 보증하는 광고에서 오는 이미지의 표준화와 이야기의 도덕적 긴장의 해소 사이에는 어떤 관계가 있습니다. 여기에는 더 이상 법도 없고, 아무것도 일어나지 않고, 이미지는 표백됩니다.

● 〈위급〉에서도 사정은 마찬가지입니다. 음모의 이념이 있고, 법을 대표해야 하는 자들은 더 이상 법을 대표하지 않고 도덕도 마찬가지입니다. 우리는 도덕을 어디에 둬야 하는지 더 이상 모릅니다. 더 이상 긍정적인 지침이 없습니다. 〈전문가들〉에서 마약 퇴치를 위해 싸워야 하는 경찰은 더 이상 실제로 그 일을 하지 않는다는 것을 알아차립니다. 유일한 성공의 방식은 어려운 상황을 혼자 똥칠을 하면서도 빠져나가는 것입니다.

동시에 경찰은 거기에서 권력을 체화하기 위해 존재합니다. 지로도가 일격을 날릴 수 있는 것은 경찰로서라면, 그 권력의 이득을 보는 것은 범죄자로서입니다. 경찰은 더 이상 법을 체화하는 것이 아니라, 벌거벗은 권력을 체화합니다. 경찰이 된다는 것은 곤경에서 벗어나는 최상의 수단입니다. 이 도덕의 제거는 또한 모든 시나리오에서 나타납니다. 잘 써졌다고 칭찬받는 〈마이 뉴 파트너〉의 시나리오는 한 시간 이상을 부패를 가르치는 같은 장면들로 채웁니다. 드라마틱한 요소들로서 사회 엿보기—감춰진 지하경제의 탐방—와 관광객의 모습, 아니 차라리 얼이 빠지고 무감각해진 눈을 가지고 관광을 하는 2인조 관광객(〈마이 뉴 파트너〉, 〈프랑과 달러〉)만이 남습니다. 우정의 가치는 전통적인 대중과 낡은 인민적 허구에 저항하는 유일한 것입니다. 이 가치는 표상할만한 사회적인 요소로서 뿐만 아니라 영화제작을 위한 피난처로서의 가치를 갖습니다. 2인조는 사회 산책을 위한 최소한의 요소입니다. 여기서 발길 닫는 대로 무전 여행하는 방황과 경찰의 순찰은 같은 길을 걷습니다. 그리고 인물들 간의 상극성, 극단적인 차이는 의미를 만들고 코미디를 만듭니다.

2인조와 욕망의 부재

● 영화에서 허구는 두 명에서 시작합니다. 일반적으로 한 남자와 한 여자. 여기서 드라마, 사랑, 여러 가지 것들이 태어날 수 있습니다. 오늘날 이것은 두 남자와 함께 작동합니다. 영화 〈골칫거리〉(*Sac de Noeuds*)는 2인조 남자 모델을 따른 2인조 여자 영화입니다. "남자들은 사랑에 빠지고 여자들은 거기에서 벗어난다."고 말하듯 〈위급〉에서 중요한 것은 남자-여자 2인조는 잘 작동하지 않는다는 것을 알아차리는 것입니다. 우리는 〈프랑과 달러〉의 우정이 비록 관례적일지라도 그 우정을 더 신뢰합니다. 우리는 리샤르 베리와 파니 바스티넨의 사랑을 한순간도 믿지 않습니다.

실질적으로 더 이상 진술할 수 있는 도덕도 법도 없는 순간으로부터 욕망과 사랑의 모든 요소는 전적으로 무너지는 것처럼 보입니다. 따라서 〈전문가들〉에서 여배우는 전적으로 형식적인 요소입니다. 니스 근교에 재건축한 농가를 가진 그녀는 호화주택의 일부를 이룹니다. 코트다쥐르(Côte d'Azur)는 이 영화에 상표의 이미지를 줍니다. 〈프랑과 달러〉는 더 잘 드러냅니다. 소피 뒤에즈가 밀밭 안으로 들어가면, 우리는 항상 그 상품이 무엇이든지 간에 그녀가 던질 광고 메시지를 기대합니다. 예를 들어 춤추는 장면에서 우리는 모든 젊은이들의 놀라운 활기의 비밀을 우리에게 밝혀 줄 정지된 이미지를 기다립니다. 오늘날 사회적 보증의 체화로서 여자의 재평가는 그녀를 아름답게 만들고 그녀를 행복하게 하는 상품을 가리키는 여자의 특권적 역할에서 유지됩니다. 흥행 때문에 제작진이 선택한 이 여자들이 발설하는 최초의 단어는 일반적으로 이 모든 것(남자의 문제들)에 대해 "아무래도 상관없어"입니다. 이것은 프리즈닉 광고 "그 인간 문제가 많아"라고 말하는 여자를 생각나게 합니다. 영화 속에서 그 여자들은 전형적인 모던한 잡지의 장식과 연결된 이물질입니다. 남성 2인조로 구성된 액션의 구조 안에 어떤 자리도 가지지 않습니다. 그녀들은 인물들의 욕망과 너무 낯설어서 대개 영화는 최소한의 에로티즘을 보존하기 위해 목욕이나 샤워하는 장면을 필요로 합니다. 육체의 "에로티즘" 이전에 금지와 불가능을 상징했던 여자의 이런 이미지는 거꾸로 더 이상 금지도 불가능도 없다고 말하기 위해 거기에 있는 것도 아닙니다. 다만 소비 대상의 서열을 따라서 2인조의 능력을 테스트하기 위해 거기에 있는 대상일 뿐입니다. 성적 상징은 광고 방송의 기능 속으로 전적으로 흡수됩니다.

사회적 공간의 탐방

● 영화들 안에 도시들의 표상이 있습니다. 모두가 대도시들입니다. 미국적 허구(지방, 강)는 프랑스에서 통하지 않습니다. 〈마이 뉴 파트너〉에서 우리는 파리의 한 구역을 탐방하고 있다는 느낌을 줍니다. 동시에 이 구역은 경찰의 부패와 연결된 작은 일들, 훔친 물건들을 재빨리 처분하는 사람들을 통해서만 존재하는 것 같은 인상을 줍니다.

이것은 경제의 원리입니다. 2인조는 즉각적으로 의미를 만드는 주제들—도시 이민자의 문제, 안전, 범죄의 문제들—과 연관된 사회적 공간을 탐방해야 합니다. 이 표상의 양식은 긍정적인 기능을 완수합니다. 즉 도시는 폭력의 장소에서 공존의 공간으로 돌아옵니다. 법의 상실은 또한 자잘한 암거래, 자잘한 부패의 호의적인 세계의 무죄화를 통한 사회적 평화입니다. 법과 이야기의 부재는 저질의 관용의 원리를 만듭니다. 부패한 질서의 대표자와 보호하고, 이해해야 하는 이민자 및 사회 소외층 간의 합의, 이 관용은 영화의 주제가 될 수 없는 그들의 무능을 보상합니다. 이런 관점에서 〈안녕 친구〉의 정의의 실천가이며 동시에 가해자인 모습—법을 너무 잘 체화해서 처벌받는 사람—은 시대착오적으로 보입니다. 따라서 더 이상 어떤 정치적 관점도 없는 "음모"와는 다르게, 좌파의 허구에서 나온 또 다른 양태의 인민탐방은 농민에 대한 향수 대신에 "이민자"의 영역을 통합하면서 지지될 수 있습니다. 〈프랑과 달러〉는 이것들을 가지고서 우리가 얻을 수 있는 것들을 보여줍니다. 2인조가 지배적인 곳에 심기증 환자, 건강과 소비할 수 있는 행복의 이데올로기를 대표하는 인물을 배치하는 것은 확실히 기발한 착상입니다. 우리가 "좌파의 카바레"라고 부를 수 있는 이런 유형은 도덕의 형태를 재도입하면서 현재의 비도덕적 감성 안에 행복하게 기입됩니다. 이 영화는 인물들이 성공하지 못하는 유일한 사례입니다. 여기서 인물들의 행동은 부패의 예찬과 성공의 열광적인 탐구와 분리되어 있기 때문입니다. 〈마이 뉴 파트너〉나 〈외인부대〉(*Morfalous*)의 남성주의와 직면해서 우리는 소수 좌파의 동맥의 재건, 우정, 다정, 욕망의 아이러니한 가치에 도달하고 보존하려고 노력하는 일종의 방랑자의 도덕의 재건을 느낍니다. 마치 방랑자와 부패가 대립적인 도덕의 궁극적인 두 모습을 표상하듯이 말입니다. 도시적 장식과 2인조의 산책은 인물들의 사회적으로 믿을 만하고 극적으로 기능하는 유형의 포기를 감춥니다. 부르디외가 말하는 사회적인 유형의 구성원을 가지고 이 영화들의 구성원들을 주목해야 합니다. 부르디외의 『구별짓기』 안에 말과 사진들은 어떤 종류의 허구든 견딜 수 있고 완벽하게 기능하는 유형학을 만들 수 있는 속성들을 소유합니다. 다만 그 구성원 대부분이 시대에 뒤처진 인민이거나, 그 구성원으로 이민자도 펑크족도 포함하지 않는 한물간 인민이라는 유일한 문제를 가지고서 말입니다. 반대로 〈안녕 친구〉와 같은 영화들은 우리가 지하철에서 매일 만나는 현대적 인민들을 제시합니다. 다만 허구적 인물에 접근을 가능하게 하는 강한 인상을 줄 가능성 없이 말입니다. 따라서 〈안녕 친구〉의 펑크족 여자, 아무것도 잃을 것이 없는 여자는 1940년 혹은 1950년대 허구 안의 연인–간호사의 역할 안에 던져집니다. 따라서 이 영화들은 우리에게 한물 간 인민이 아니라 이들을 가지고 아무것도 할 것이 없는 그런 사람들을 제시합니다. 또한 여기서 사회적인 것이 무의미한 사회적 구분을 진술하는 "자서전적인 계기"를 가지고 개입하는 방식을 볼 수 있습니다. 〈위급〉에서 나오는 앙굴렘(Angoulême)에서 부르주아적이고 도덕적인 교육의 기억들은 아마도 여배우의 행동을 하나도 변경함이 없이 노동자이며 공산주의자인 로렌(Lorrain) 사람의 어린 시절의 기억에 의해 대체될 수 있을 것입니다. 〈전문가들〉에서 여배우는 그 영화의 국제적인 화려함과 연결된 "고급"의 기표와 두 탈옥자를 돕는 이유가 되는 사회적 "위기"의 기표를 둘 다 소화해야 합니다. (그 여자의 남편은 망한 청부업자로 경찰에 의해 이 같은 농가에서 사살되었고 그녀는 여기서 겉보기에 아주 부유하게 삽니다). 우리는 또한 아주 이상한 엇갈림을 만나기도 합니다. 〈전문가들〉의 주인공은 동생이 약물과용으로 죽어서 경찰이 되었고, 〈안녕 친구〉의 주인공은 아들이 약물과용으로 죽어서 경찰을 떠났습니다. 위기–마약–이민의 기표들을 통한 사회탈출은 경찰관이란 인물에게 그 탁월함을 제공합니다. 경찰관은 사회적 인물로 그 자신으로 충분합니다. 그는 우리가 그를 인도할 필요 없이 어디든지 가며, 우리가 그를 사회적으로 유형화할 필요 없이 모든 사회적인 역할의 모든 옷을 갈아입습니다.

도덕과 유형 만들기

● 로메르(Rohmer)의 〈보름달이 뜬 밤〉(*Les Nuits de la pleine lune*)에는 1980년대의 여자 인물이 나옵니다. 여기서 인물들은 뭔가를 알리기 위해 거기에 있지 않습니다. 그들은 다른 기계장치 안에 잡혀있습니다.

로메르는 도덕주의자입니다. 다시 말해 관점을 가지는 것만을 탐닉하는 사람입니다. 반면 이야기하고 인물들을 창조할 가능성은 일종의 검열에 의해 금지됩니다. 시나리오는 그의 도덕 안에서 소비자의 도덕이 되어버린 그 유명한 "금지하는 것이 금지된다"[48]는 경구를 일상화하는 상업적인 논리를 표상합니다. 그 영화는 광고 기호들에 의해 움직이는 일련의 행동들을 상품과 시선을 분리할 수 있는 모든 판단을 제거하는 정상적인 행동들처럼 다뤄야 합니다. 그리고 정치적 수준에서 이 영화

48 68년 5월에 라디오 방송을 타고 퍼진 장 얀(Jean Yanne)의 이 대담은 68년 5월의 슬로건이 되었다. 그 이후 이 말은 소비자 광고의 문구로 자주 사용되곤 했다.

는 공안을 위한 영화입니다. 공공의 안전을 위한 인종차별적 의미에서가 아니라, 사회적으로 표상 가능한 것들의 정돈의 의미에서 말입니다. 법, 타자, 욕망과 더불어 위험을 무릅써야 하는 거기에서 아무 일도 일어나지 않습니다.

● 그것은 이미 근본적으로 좌파의 허구 안에 결핍된 것이었습니다. 거기에는 표상된 인물들과의 진정한 도덕적 관계가 없습니다.

여기서 우리는 한 시대에 대해서 말했던 것들을 재발견합니다. 이 시기에 "한 사회의 생성"의 측면은 프랑스 영화사에서 이때보다 더 강했던 적이 없습니다. 이러한 경향은 사회적 희생자를 드라마화한 르누아르와 같은 영화인들에게서조차 강하게 드러납니다. 놀이의 규칙은 간격 혹은 저항의 합법성이 판단되는 관계에 의해 항상 이미 주어집니다. 그것은 프랑스 허구의 "무정부주의적" 영역, 교란된 가족의 축제입니다. 반면 형성 중인 법의 불확실성, 무법자, 정의로운 사람들, 법의 대표자의 애매성은 미국적 허구의 영역이었습니다. 이제 이 무정부주의의 도덕적 요소(법에 반한 정당성) 그 자체가 역사의 이득과 상실에서 사라진 지금, 우리는 "부패"의 허구에서 확인된 무관심에서뿐만 아니라, 또한 〈지옥열차〉의 스타일에서 보듯이 정치적인 허구의 절망적인 시도들에서도 감지되는 **의미**의 진공상태에 이릅니다. 여기서 경찰서 주변의 인종차별주의자들이 만든 반원과 니콜라스 레이의 〈자니 기타〉(*Johnny Guitar*)의 선술집 공격 사이의 간격을 고려하지 않는 것은 불가능합니다. 비록 메르세데스 맥캠브리지의 히스테리한 행동이 일상적으로 질투하는 여자의 이야기와 관계한다고 할지라도, 그 행동은 극우파의 조정에 의한 대중의 이 이야기와는 다른 정치적인 메시지의 신뢰성을 갖습니다. 필립 요르단과 니콜라스 레이는 린치를 자행하는 2인조 안에서, 사람들이 그것을 정치적으로 해석하든 안하든, 영화를 만들 드라마적인 요소를 발견했습니다. 이방인은 조안 크로포트의 꿈만큼 강하고 허약하게 진정으로 선술집 안에 있었습니다. 이제 이방인은 더 이상 나타나지 않습니다. 그는 문 앞에 있고, 우리는 그를 감옥에 넣고, 감옥에서 꺼내고, 그를 보호합니다. 하지만 그는 이방인을 체화하지 않습니다. 인종차별을 그리는 것은 린치의 법에 대해 반성할 기회를 가진 적이 없는 사회에서는 아마도 어려울 것입니다. 또한 잔인함이 아니라 폭력을 허용하면서 표상할 수 있는 것의 영역을 엄격하게 제한하는 행복의 강요가 있습니다. 〈전문가들〉에서 혹은 〈마이 뉴 파트너〉에서 우리는 사물의 아름다움은 우리가 인물들 중에 가장 허약한 자를 희생하기를 원한다는 것을 느낍니다. 하지만 그 아름다움은 너무 잔인합니다. 분명 각본가—혹은 제작자—는 이런 죽음은 관객의 수를 떨어트릴 것이고, 성공하고자 하는 영화는 성공의 이미지를 줘야 한다고 생각합니다. 프랑스 영화의 건강함의 선언에는 매우 경직된 어떤 것이 있습니다. 세자르 시상식에서 클로드 지디의 연설을 들어보죠. 한편으로, 세자르는 "유일한 문제는 성공하는 것"이라고 말하는 영화들을 만들면서 성공하는 자에게 상을 줍니다. 다른 한편, 지디는 "우리는 관객, 더더욱 훌륭한 관객들이 있는 프랑스에 사는 것은 정말 행운이다"라고 힘을 주어서 말합니다. 우리는 여기서 제작자, 각본가, 연출가가 관객은 욕망 없는 행복, 잔인함 없는 폭력, 역사 없는 운동을 원한다고 가정하는 대중과의 행복한 관계를 걱정스럽게 예상하는 아주 자기방어적인 거울의 관계를 느낍니다. 안전한 냉소주의는 영화에 내용을 주고 제작에 공식을 제공합니다. 그 둘은 의미의 잔인성, 역사의 위험들이라고 불릴 수 있는 모든 것에 반해서 굳게 연결되어 있습니다. 그것은 영화 〈전문가들〉의 초반부에서 랑벵이 "생각해 보라"고 말하자 지로도가 "이미 다 결정했다"고 말하는 것과 같습니다.

프랑스 영화에서 선과 악

● 우리가 혹은 국가(직접적으로 도움을 주는 문화부 장관)가 영화에 대해 자신의 선택을 공식화하는 방식을 생각해 볼 수 있습니다. 그것은 역사, 프랑스 혁명(바다(Wajda)의 〈당통〉), 식민지 청산, 제국(유세프 샤인(Y. Chahine)의 〈보나파르트르〉) 등의 축을 가지고 위대하고 국제적으로 알려진 이름들의 정치입니다. 또한 여기에 브레송의 〈돈〉도 첨가할 수 있을 것입니다.

〈돈〉에서 브레송은 항상 그가 하는 것, 즉 시대적 기호들을 기입합니다. 기호들은 동시에 그것들이 판결되는 한에서 유통됩니다. 기표들의 신학적인 결정—악마론의 연출—은 이야기를 통해 그 효율성이 드러납니다. 〈돈〉은 사회당 정권과 일치합니다. 그 정권이 좌파적 문화와 도덕의 고갈과 일치하는 한에서, 그 정권은 한 세대, 우리 세대가 사회를 좌파 정치인들 손에 맡기는 순간에 타락하고, 우리는 악의 질문을 다시 발견합니다.

● 브레송은 선과 악의 개념의 선구자처럼 보입니다. 왜 이 큰 주제는 프랑스 영화에서 자주 발견되지 않을까요?

아주 간단히 사람들은 그것을 믿지 않기 때문입니다. 제작자, 각본가, 연출가, 관객, 아무도 그것을 믿지 않습니다. 돈의 순환을 표상하는 것, 자동 인출기, 지폐의 교환, 악의 현전으로서 종이돈의 가짜와 진짜의 등가는 오늘날 드문 문화에 속하는 이념들입니다. 악의 제도에 대한 담론은 행복한 소비의 흐름에 의해 사라지고, 수탈과 사회적 책임의 주제 위에서 웅크려든 다양한 이데올로기 안에서 정착할 자리를 발견하지 못합니다. 이로부터 새 기독교적인 선언들의 우스꽝스런 측면—뮈레(Muray)의 스타일(『모든 시대를 관통하는 19세기』) 혹은 다른 것들—은 그 시대의 신앙인들의 기준과 전적으로 일치하는 지식인들에 의해 선언됩니다. 그것을 믿어야 합니다. 하지만 우리는 그것을 믿지 않습니다. 브레송은 지난 낡은 교리문답의 담론을 이미지로 담는데 어떤 어려움도 가지지 않습니다. 그것은 오늘날 사람들이 정치적 반성의 극치로서—즉 초월성 없이, 더 많은 법과 더 많은 잘못, 절대적인 구원의 필요성과 폭력에서 벗어날 더 많은 수단으로서—발견한다고 믿는 것입니다. 그는 선과 악을 믿습니다. 이 영화의 놀라운 힘은 영화의 마지막에 선을 행하고자 하는 시도에도 불구하고 선을 행할 수 없는 무능 안에 있습니다. 이것은 믿음의 일반적인 기준과의 절대적인 단절을 전제합니다. 따라서 그는 이야기들을 만들 다른 수단들을 찾아야 합니다. 이것은 오늘 우리가 말하는 표준적 허구의 문제와는 다른 누벨바그로부터 프랑스 영화를 반성하는 것입니다. 문제는 그들 가운데 누가, 어떤 탁월한 자가 이 위대한 교훈들(랑, 히치콕, 로셀리니…)로부터 얻는 영화의 문화, 시대의 사회 정치적 메시지, 정치적 참여에 대한 그들의 감수성 사이에서 일치의 원리를 발견할 수 있는지 묻는 것과 같습니다.

1994년

글쓰기의 정치학[49]

(모니카 코스타 네토와의 대담)

● "수정주의적 허무주의"와 "역사의 종말에 대한 환멸에 찬 소문"이 자자하던 시대에, 자크 랑시에르는 우리에게 진리 그 자체의 장소인 그의 글쓰기로부터 역사/이야기(histoire)에 대한 반성을 제시한다. 역사학이 시대에 조건들과 일치하는 지식의 장으로서 구성되는 것은 이야기로서 써지면서이다. 이야기와 담론 사이의 긴장 속에서, 문학에 반한 문학의 절차를 이용하면서, 미슐레에서 브로델에 이르는 역사는 과학적인 요구에 직면해서 자신의 고유한 과학적 흔적을 남겼다. 하지만 이 반성은 보다 광범위한 기획 안에, 지식의 시학의 기획 안에 기입된다. 즉 "문학적 절차에 대한 전반적 연구에 의해 담론은 문학에서 빠져나가고, 과학의 지위로서 주어지고, 그것에 의미를 준다. 지식의 시학은 지

49 (원주) "글쓰기의 정치학"이란 제목은 이 책을 출간하면서 붙여졌다. 1993년 1월 이뤄진 이 대담은 1994년 파리 8대학 철학과 학생들의 잡지, 『철학, 철학』(pp. 45-54)에 실렸다. (이 대담은 『역사의 이름들』(1992)이 출간된 이듬해 행해진 것이다-역주).

식이 써지고 읽히는 규칙에 관심이 있으며, 특수한 담론으로서 구성된다. 지식의 시학은 지식이 헌신하는 진리의 양태를 규정하고자 한다. 그런데 그것은 지식에 규범을 제공하기 위해서도, 지식의 과학적인 주장의 타당성과 부당성을 밝히기 위해서도 아니다." 우리는 저자에게 그의 저서로부터 솟아나는 몇몇 질문들에 대해 글로 대답해 줄 것을 요청했다.

∽

● 모니카 코스타 네토, 『철학, 철학』: 인문학, 문학, 정치학은 당신의 전망 속에서 아주 특수한 관계를 가지고 긴밀하게 연결됩니다. 그것은 지식의 영역들 간의 경계들에 대한 사유에서 뿐만 아니라 철학의 과제를 규정하지 않을까요? 철학이 자신의 시대에 장소를 발견하는 것은 바로 이 경계들에서인가요?

자크 랑시에르: 우선 나는 나의 작업의 목적과 현재 우리 시대의 철학의 운명을 동일시하지 않는다는 점을 명백히 하고 싶습니다. 오늘날 철학을 경계들로 환원하는 어떤 역사적인 혹은 역사의 운명은 없습니다. 철학은 항상 담론의 양식들 간의 나눔과 경계들을 다뤄왔습니다. 사유의 공통된 잠재력의 이념이 드러나고, 이 공통의 잠재력이 파르메니데스에 의해 정식화된 사유와 존재의 **같음**으로부터 사유되는 철학일반이 있습니다. 비록 이 **같음**이 예를 들어 **형상**(eidos)이나 **생성**과 같은 대립된 모습들을 갖는다고 해도 말입니다. 이 공통의 잠재력의 참여에 대한 질문은 담론의 양식들 간의 나눔들에 대한 질문과 혹은—들뢰즈의 용어를 따르면—자신의 자리를 요구하는 사람들의 합법성에 대한 판단과 복잡하게 얽힌 플라톤주의 안에서 발견됩니다. 이것은 소피스트

들과 시인들에게 자리를 주는 것에서 쟁점이 됩니다. 그러나 또한 사유의 공통의 잠재력을 규정하기 위해 그어야 하는 경계들에 대한 철학적 질문은 공동체에 대한 정치적 질문들과 얽혀있습니다. 다시 말해 공동체의 공통의 잠재력과 자리와 기능에 따른 신체들의 분배 사이의 관계에 대한 질문들과 얽혀있습니다. 민주주의가 그 질문의 방식을 결정하는 정치적인 질문은 다음과 같습니다. 어떤 공통의 잠재력이 이런저런 산출(téchnè) 활동에 의해 사회적 자리가 결정되는 누군가의 말 안으로 들어갈까요? 플라톤의 존엄한 대답은 공동체의 **일자**를 공동체 안에 신체들의 서열적인 분배의 원리와, 또 사유의 공통된 잠재력의 불평등한 참여와 동일시하는 데에 있습니다. 이 사유의 나눔과 상태들의 나눔 사이의 동일화는 특수한 담론의 양태(로고스) 안에서 말해집니다. 여기서 담론의 양태들 사이의 차이, 결국 뮈토스(muthos)는 제거됩니다. 이야기(récit)에 대한 질문은 문학의 해로운 영향 때문에 현대철학 안에 도입되지 않았습니다. 플라톤에게 이야기는, 알랭 바디우의 용어를 따르면, 우리가 정치에서 철학의 봉합(suturation)이라고 부를 수 있는 것이 일어나는 담론의 양식입니다.

사유에 침투할 수 없다고 전제되는 신체들의 정치적 분배에서 사유와 존재의 **같음**에 대한 철학적 질문의 이 봉합은 근대에 도래했고, 우선적으로 새로운 담론의 영역인 인문학과 사회학의 영역 안에 정착했습니다. 이 학문들은 부분적으로 말하는 신체의 민주적인 무질서에 대한 응답으로서 태어난 이래로, 이 학문들은 대부분 야만적인 철학으로서 기능했습니다. 사회학의 영역은 사유와 신체 사이의 관계를 그리는 어떤 방식이었고, 신체의 이런저런 "고유한" 유형을 파악하는 것, 다시 말해 그 존재가 행위하고 말하는 방식 속에서 드러나는 방식을 파악하는 것이었습니다. 사유와 존재의 같음은 최소한의 희생을 치르면서 존재, 행위, 말하기의 동일성으로서 정의되는 야만적이거나 대중적인 신체와의 대칭적인 이미지 속에서 반성되기를 그치지 않았습니다. 정신사가, 민속학자 혹은 사회학자에 직면해서 신체는 지식에 적합한 대상이라는 신화를 형성했습니다. 이때 그 신체의 말은 신체의 상태에 대한 순수한 표현입니다. 정신사가는, 이단자의 말의 특이성에 저항하면서, 이단자의 방황하는 말에 땅의 향기와 땅과 하늘의 관계의 명백성을 주기 위해 마을의 내밀성 안에 정착할 것입니다. 노동사학자는 노동자의 말을 직업의 "문화" 안에 고정하면서 동시에 어떤 한계에서, 그리고 어떤 방식으로 노동자의 신체들이 합법적으로 고려할만한 가치가 있는 말을 산출하는가에 대해 말할 것입니다. 결국 사회학자는 두아노(Doisneau)의 사진 광고 덕분에 조사와 통계로는 충분하지 않은 신체를 대중적인 방식의 분석을 통해 제시할 것입니다. 이런 방식으로 나눔들을 작동시키는 잠재력으로서의 사유—생각하지 않는 사유, 신체의 상태의 표현일 뿐인 사유—는 그 대상 안에 무제한적으로 반영됩니다.

나는 이 지식들에 대한 가능한 철학의 두 태도가 있다고 생각합니다. 하나는 순수한 사유의 위엄을 그 전제와 그 목적을 생각하는 것이 불가능한 사회적 지식들과, 또 자신들의 방식으로 철학의 대상을 다룬다는 주장과 대립시키는 것입니다. 이 방식은 그 성공에 의해 보증됩니다. 즉 전적으로 무의미합니다. 다른 하나는 사회과학들에서 "생각되지 않은 것", 즉 그 원시적인 철학은 사유의 나눔의 질문이 공동체 안에 신체들의 나눔의 질문과 만나는 철학의 원시성의 표현이라는 것을 인정하는 데에 있습니다. 이 태도는 철학의 고유한 혹은 궁극적인 장소로서가 아니라, 철학이 자신의 고유성을 한정하고자 하면서 사유와 존재의 **같음**의 질문을 신체들의 정치적인 나눔의 동일화와 연결하는 장소로서 경계들에 대한 질문을 견지하는 데 있습니다. 지식의 영역들 사이의 경계들에 관심을 가지는 것은 따라서 철학이 자신 안에 자신의 바깥과의 관계를 기입하는 방식에 관심을 가지는 것입니다.

만일 문학이 이 놀이에 들어간다면, 그것은 두 가지 이유 때문입니다. 첫 번째로, 문학은 일종의 사회적 지식의 **타자**이기 때문입니다. 즉 문학은 미문(belles-lettres)의 구조를 가진 세계—장르의 분리에 의해서 그리고 각각의 장르의 완전성에 적합한 방식들을 규정하는 규범(canons)에 의해서 조직된 세계—의 규정성을 탈-규정화하는 것입니다. 19세기에 생겨난 개념인 문학은 언어의 공통된 잠재력과 다른 장소 다른 규범을 가지지 않는 말의 예술입니다. 이 안에서 문학은 민주주의의 시대를 특징짓는 말하는 존재들의 무질서와 동일합니다. 문학은 말에 신체를 주거나 빼는 무차별적인 힘을 갖습니다. 거기서 사회적 지식은 본질적으로 민주주의의 주체들에게 신체를 다시 제시하는 것을 염려합니다. 문학은 그 지식들과 그것들의 실증성을 탈-전문화합니다. 언어의 공통의 공간 안에서 설득력 있고 증명할 수 있는 절차들을 다시 기입하면서, 문학은 그 지식들을 자신들의 고유한 유토피아와, 다시 말해 사유의 모든 잠재력을 언어의 잠재력으로 이끄는 것과 대립시킵니다. 현대 철학 안에서 문학과 그 이론 혹은 문학적 비판의 역할은 풍자적인 측면들을 취하는 것입니다. 그리고 그 역할은 다만 양태의 효과가 아니라, 정치와 지식의 영역 안에서 철학적 상황에 의해 규정된 것이라는 사실이 남습니다. 그리고 두 번째로, 철학적 담론이 그 자신의 고유성에 대한 정의 그 자체 안에서 처음부터 자기 자신 바깥에 놓이는 방식 때문입니다. 즉 로고스가 나눔을 표시하기 위해 자신과 동일시해야 하는 뮈토스 때문입니다. 이 대화의 **놀이**는 살아있는 담론과 죽은 문자 사이에 간신히 그어진 분리를 지웁니다. 우리는 적어도 놀이의 전제로서, 플라톤이 민주주의의 대변자들에 반해서 사회학을 발명했다고 할지라도, 그는 시인에 반해서 문학의 장르 없는 장르를 발견했다는 사실을 지지할 수 있습니다. 결국 철학은 문학과 사회적 지식의 반대자와의 관계 속에서 자신 안에서 동시에 그 바깥에서 그 자신의 "고유성"의 역설과 직면하게 될 것입니다.

● 수사학과 시학 사이의 대립은 당신의 책에서 중요한 역할을 합니다. 그 대립은 이전에 철학자와 소피스트, 철학자와 시인 사이에서 작동하던 플라톤의 나눔에 새로운 배치를 제안할까요? 그 방향에서 철학자와 시인은 어느 정도 서로 일치할까요?

우선 담론의 양태들 사이의 나눔은 사유 안에 정향(orientation)이라는 것을 상기해 봅시다. 그 나눔은 신체들의 나눔과 동일시되면서 과장 혹은 특혜에 의해서만 **실현**됩니다. 소크라테스의 반박과 소피스트들의 반박을 분리하는 결정적이고 객관적인 기준이 없는 것처럼 플라톤의 신화와 프로타고라스의 신화를 구분하는 기준도 없습니다. 이것은 담론이 사유의 공통된 잠재력이란 이념과, 차이를 만드는 진리의 참조체계를 지탱하는 방식입니다. 이런 관점에서 시학과 수사학의 대립은 플라톤에게 적절하지 않습니다. 정신착란의—아이러니한—관점에서가 아니라면 말입니다. 수사학으로서 비극은 사유의 '감정의 공동체(homonoïa)'[50]로 향하는 것이 아니라, 인민의 박수로 돌아섰습니다. 이 입장은 근대에 아주 다양한 형식 하에서, 시학이 시학적 기술(arts)에서 해방되고 언어와 진리의 특이한 관계로서 주장될 때 변합니다. 『무지한 스승』에서 나는 지적 해방의 이론가, 조셉 자코토에게 그 구분(시학과 수사학의 구분)을 빌렸습니다. 그는 말하는 존재자들의 평등의 전제 하에서, 한 주체가 타자에게 자신의 지적인 모험—그 자체로 말해지지 않는 진리를 둘러싼 자신의 여행—을 이야기하는 조건을 시적인 것으로서 정의합니다. 두 기준에 의해 시학과 수사학이 대립됩니다. 시학은 진리의 전제에서 말합니다. 비록 그것이 진리를 말한다고 주장하지 않는다 해도 말입니다. 반면 수사학은 담론을 규칙의—강제 혹은 합의의—효과에 의해 그 타당성이 인정된 규칙들의 적용으로서 생각됩니다. 시학은 사유의 공통된 잠재력과 평등의 잠재력을 동일시하는 말입니다. 이 전제 하에서 진술되는 철학은 어떤 의미에서 시적이라고 말해질 수 있습니다. 그렇다고 철학이 시로 환원된다는 것을 의미하는 것은 아닙니다. 시학과 수사학의 대립은 사유의 나눔의 다양한 형상화를 지지할 수 있는—그런데 반드시 그런 것은 아니지만 본래적인 말 혹은 철학보다 진실에 보다 더 잘 조응하는 언어의 이해로서 시의 유토피아를 포함해서—말의 정향 안에서 대립입니다. 이 책[『역사의 이름들』]에서 나는 이 잘 그어진 대립을 사용했습니다. 나는 역사적 진술의 양태와 스타일은 역사학의 결과들을 가장 효과적인 방식으로 드러내는 수사학적 형태들이 아니라, 이야기를 말의 진리의 실행으로 만들면서 이야기와 과학을 동일시하는 시적인 형태들이라는 것을 드러내고자 했습니니

50 이 번역은 페르노(Pernot)의 것이다. 자크 타미니오(Jacques Taminiaux)는 이것을 한 영역, 한 공동체에 고유한 일종의 합리성을 구성하는 "타자와 함께하는 지성"으로 이해한다. 그것이 지성이든 감정이든 그것은 한 공동체의 개개인들을 통합하는 감정적 혹은 지성적 풀과 같은 것이다.

다. 브로델이 필립 II세의 사무실에 나타났을 때, 혹은 미슐레가 우리에게 "수확 기간 중에 솟아난 들꽃"과 같은 혁명 기념일 축제의 보고서를 쓸 때, 중요한 것은 독자들의 정신 안으로 더 잘 침투하기 위해 역사학의 담론에 재미를 곁들이는 것이 아니라, 말에 진리의 몸체를 주면서 이 역사학을 설립하는 것입니다. 지식의 시학은 이 진리의 제안들의 연구를 제시합니다.

● 왕의 죽음의 이야기와 말들의 초과, 혁명의 시대의 혼란에 의해 속박에서 벗어난 말과 실랑이하면서 역사가의 혁명이 구성된 것은 프랑스 혁명 주변에서입니다. 다시 말해 사건으로서 혁명은 그 자신의 무게를 가지고 사건이 아닌 모든 이야기(histoire)를 기입할까요?

근대에 혁명은 말의 사건으로부터 생겨난 이름입니다. 나는 말들을 통한 말하는 신체들의 파악을 말의 사건이라고 부릅니다. 말들은 말하는 신체들을 그들의 자리에서 벗어나게 하고, 말들과 신체들의 상태들에 일치를 세우면서 신체들을 그들의 자리에 정돈하는 질서를 뒤집기에 이릅니다. 말의 사건은 평등의 논리적 특징을 갖습니다. 다시 말해 각자가 각각의 자리에, 플라톤의 용어로 말하면, 각각을 그 각각의 고유한 일에 할당하는 명명의 질서와 단절하게 된 말하는 존재들의 평등의 논리입니다. 경험적인 왕을 넘어서 죽음에 처한 왕은 말, 행위, 존재의 양태들이 일치하는 질서의 정점입니다. 왕은 각자가 작자의 고유한 일을 하는 세계를 지배합니다. 제사장은 제사에, 전사는 싸움에, 장인은 노동에 할당됩니다. 말들의 사건은 전사들이 혹은 장인들이 그들에게 속하지 않았던 말들—고대의 엄숙한 연설 혹은 성경의 예언가의 말들—을 탈취하는 순간에, 군주를 폭군이나 바빌론의 창녀로 재형상화하면서 자신들을 신의 전사나 자유의 복수자로 다시 그리는 순간에 도래합니다. 이로써 그들은 마르크스가 고발한 고대의 이 패러디 이상을 행합니다. 즉 그들은 새로운 주체, 인민주체를 발명합니다. 이 주체는 왕을 죽이면서 명명의 질서와 상태의 질서의 일치를 보증하던 질서를 탈-합법화하면서 최초의 죽음, 상징적인 죽음을 현실화합니다. 이것이 영국과 프랑스 혁명에서 일어난 일입니다. 즉 그것은 지식 안에 동요이면서 정치 안에 상징적인 동요입니다. 영국 혁명 당시 홉스는 이 두 동요를 연결합니다. 그에게 정치적인 공동체는 어떤 사물의 이름이 아닌 부유하는 이 말들에 의해 죽음의 위기에 놓입니다. 이 부유하는 말들은 주권의 실질적 담지자인 신체를 공격하기에 이르고 인민의 유령에게 신체를 주기에 이릅니다. 프랑스 혁명 때 버크(Burke)는 이 정체를 현실화하기에 이릅니다. 그에 의하면 인간의 권리의 "형이상학"은 참조 없는 말들의 이론적인 무질서를 정치적인 공동체의 범죄적 재난으로 변형시킵니다. 이로부터 민주주의는 신체 없는 추상들(인민, 자유, 평등, 등등)의 사건을 만드는 말하는 자들의 번식으로 전에 없던 무질서를 정착시킵니다.

역사가들을 괴롭히는 것은 정치적 동요와 지식의 동요 사이의 매듭입니다. 브로델은 "역사가는 사건들에 대해 거의 공포에 가까운 감정을 느낀다"고 말합니다. 그는 이 사건들에, 참조 없는 말들이 구성하는 이 사건의 잠재력의 공포를 느낍니다. 이 말들은 왕들의 머리를 떨어트리고, 더 심각하게는 과학에서 신체를 담지한 말들을 발견할 수 있는 보증을 과학에서 제거합니다. 연대기 역사학자가 왕들과 전쟁의 사건들의 역사에 대립시키는 것은 오래 지속되는 대중의 삶입니다. 그러나 이 삶은 브로델이 말하는 "쓸데없는 종이들", "쓰고자, 자신의 이야기를 하고자, 타자들에게 말하고자 애쓰는" 가난한 자들의 이 쓸데없는 종이들과 구분해야 합니다. 왕의 주제 대신에 오는 것은 영토적 공간과 글쓰기의 공간의 동일성, 즉 지중해입니다. 브로델이 은유적으로 이야기하는 필립 2세의 죽음은 좋은 죽음, 왕의 **과학적** 죽음입니다. 그러나 이미 미슐레는—혁명 기념일 축제의 이야기에서 예시적으로—마을의 연설가와 지식인의 말을 자연과 세대들의 목소리로, 다시 말해 대지로부터 울려오는, 대지가 지닌 삶과 죽음의 잠재력들을 간직하고 있는 진리의 목소리로 변형하면서, 목소리의 혁명적 무질서를 치료하고자 애썼습니다. 반면 그들의 **진정한** 목소리, 다시 말해 그들의 말 없는(muets) 목소리는 민주주의의 연설가들의 수다로 대체되었습니다. 따라서 새로운 역사는 이 "말 없는 증인들"을 해독하는 일에서 주어질 것입니다. 이렇게 낭만적인 이야기는 과학적인 역사의 가능성의 조건을 제시합니다.

● 모방적 질서의 지배의 종말과 시작술(詩作術)의 오래된 규범의 해체를 의미하는 낭만주의는 당신의 프로그램 안에서 혁명적인 가치를 갖습니다. 새로운 역사를 위한 미슐레의 이야기(récit)의 근본적인 역할은 어디에서 올까요? 철학과의 관계에서 낭만주의는 같은 덕성을 가질까요?

아주 일반적으로 말하면, 낭만주의는 장르와 시작술의 종말이며, 담론이 진리와 가지는 관계를 자신의 이야기로 만들 수 있는 특이한 절차를 확산하는 언어의 연장으로서 일반화되는 시학의 창설입니다. 이것은 미슐레가 그의 이야기에서 한 것입니다. 그는 우리에게 사건을 설명하지 않습니다. 그는 우리에게 직접적으로 사건 그 자체와 동연장적인 것으로서 사건의 **진리**를 이야기합니다. 그는 뮈토스와 로고스가 서로 식별되지 않는 이야기-학(récit-science)을 산출합니다.

우리는 플라톤의 모방(mimesis)과 이야기(diegesis) 간의 구분으로부터 사태들을 설명할 수 있습니다. 낭만주의 혁명은 모방의 가치를 줄이고 이야기에 특권을 부여하는 것입니다. 특히 소설적 형식 안에서 이야기는 모방의 특권을 제거하거나 흡수합니다. 우리가 알듯이 플라톤에게 시인이 자기 자신을 위해 말하거나 인물을 말하게 하는 것으로 나타나는 이야기는 모방보다 덜 거짓된 것으로 나타납니다. 그러나 모방은 다만 시학적 표상의 거짓된 양식일 뿐만 아니라, 민주적인 말, 다시 말해 위대한 수사학을 모방하면서 인민에게 목소리를 주는 마을의 연설가들의 "과장된" 양식입니다. 모방은 당사자가 아닌 자들이 타자의 말을 자기의 것으로 만들고 자신의 사건으로 만드는 방식입니다. 이야기의 특권은 따라서 시학적일 뿐만 아니라 정치적인 작동을 규정합니다. 이야기는 목소리들의 기원을 표시하고 목소리의 신체들이 존재하는 방식, 목소리가 일어나는 장소들의 지도를 그립니다. 이야기는 인민의 불안전한 모방을 자신의 "진리"의 목소리 안에 삽입하거나 제거합니다. 낭만적인 이야기는 "이야기의" 신체에서 목소리를 솟아나게 하고 미슐레는 "이야기의" 장소에서 신체를 솟아나게 합니다. 또한 위고나 졸라에게서 낭만적 이야기는 민주주의에 신체와 장소를 줌으로써 민주주의를 그치게 합니다. 낭만적 이야기는 더 이상 기능의 분배의 양태 위에서가 아니라, 목소리의 영토화의 양태 위에서 신체들과 담론들에 정돈된 나눔을 다시 세웁니다. 다시 말해 각자에게 각자의 자리를 부여하는 존재, 행위, 말하기의 일치를 재건합니다. 그것은 정신사에서 본질적인 역할을 수행하는 민족지리학적인 전환을 발명합니다. 그리고 앞서 언급한 것처럼 신체를 주는 이 문학적인 힘은 그것을 제거하는 힘과 동일하다는 사실이 남습니다. 따라서 이 이야기가 가진 탁월성의 의미는 우리 시대의 문학 안에서 뒤집힐 수도 있고, 민주적인 말과의 새로운 복잡한 관계를 짤 수도 있습니다.

달리 말하면 낭만주의는 문학이 철학이 되는 하나의 방식입니다. 그것은 또한 철학에서 "같은 덕성"을 가질 수 있습니다. 반면에 철학이 문학의 남용을 고발하는 한에서, 낭만주의는—예를 들어 사회학의 합리성을 만들고 해체하기 위해서—철학이 때때로 자신의 의무를 문학에 위임하는 둘 간의 복잡한 관계를 세웁니다. 낭만적인 혁명 앞에서 철학의 동요는 헤겔에게서 분명하게 나타납니다. 그의 『미학』은 자기-반성의 잠재성으로서 문학의 낭만적인 주장에 반한, 또 민주적인 말의 방황과 일치하는 소설적 "유머"의 변화무쌍(erratisme)에 반한 전쟁기계로서 생각될 수 있습니다. 특히 낭만적인 예술 부분에서 헤겔은 낭만주의의 새로움을 기독교적 주체성의 생성 안에 희석하면서 낭만주의의 폭발하는 잠재성의 뇌관을 제거합니다. 그리고 낭만적인 이 변화무쌍에 직면해서 헤겔은 존재와 행위의 방식으로 시학적인 **말하기**의 내재성이 가진 서사적인 패러다임에 의해 지배되는 시의 개념에 특권을 부여합니다. 우리시대의 철학 안에 놓인 "문학적인" 동요는 바로 헤겔이 억제하려고 노력했던 그 도발의 회귀와 밀접히 연결됩니다.

● 새로운 시학적인 혁명은 당신이 우리 시대를 특징짓는 세속적인 이교들이라고 부른 것을 설명하기 위해 역사에서 필수불가결한 것처럼 보입니다. 당신은 역사는 문학과의 본질적인 관계를 책임지면서 소설의 변화에 따라 그 관계의 패러다임을 갱신한다고 생각합니다. 그러나 문학적 영감의 선택만으로 충분

히 역사에 그 의미의 논리를 제공할 수 있을까요?

중요한 것은 역사적인 담론의 문제를 문학적인 이런저런 패러다임의 선택의 문제로 환원하는 것이 아닙니다. "문학"은 정확한 한 지점에서, 즉 역사적인 담론의 지위와 그것이 설명하는 것—주체들이 "역사를 만드는" 말의 사건들—의 지위가 관계하는 지점에서 역사적인 글쓰기 안에 개입합니다. 낭만적인 이야기는 이를 위해 **정신사**에 일반적인 패러다임—말의 사건을 장소의 구현 그 자체인 신체의 사건으로 이끄는 패러다임—을 제공했습니다. 미슐레의 『마녀』에서 르 루와 라뒤리(Le Roy Ladurie)의 『몽타이유』(*Montaillou*)까지 이 패러다임은 말의 초과, 이단에 대한 중세의 종교적 형식을 다루기에 적절한 것으로 드러났습니다. 그것은 이단자를 농민들의 세계의 영원한 진리를 표현하는 농부로 전환했습니다. 반면, 그것은 근대의 민주적인 주체화의 예측 불가능한 형식들, 다시 말해 말하는 존재로 자신을 긍정하기 위해 노동과 생산의 신체에 고정된 자신의 지위와 자신을 분리하는 주체들—인민, 노동자, 프롤레타리아…—의 행위들을 다루기에는 전적으로 부적절한 것으로 드러났습니다. 『프롤레타리아의 밤』을 쓸 때, 나는 기원을 알 수 없는 그들의 말들을 노동자, 공장 혹은 누추한 집의 아주 특수하고 항상 이미 주어진 신체들과 장소들의 표현으로 만들면서 불규칙하게 변화하는 이 집단들을 다룰 수 없다는 사실을 깨달았습니다. 반대로 이 신체들의 공백 그 자체를 가지고, 거기서 공식화되는 표현의 망, 거기서 작동되는 의사소통의 망, 거기서 던져지는 미래의 망을 재구성하기 위해서는 이미 주어진 이 신체들을 잊어야 했습니다. 낭만적인 이야기는, 신체들의 "장소"에서 이 말들을 태어나게 하면서, 신체들의 역사성을 만들던 어떤 것, 다시 말해 신체들의 분리(abstraction)와 탈-체화(désincorporation)를 단순히 제거했을 것입니다. 따라서 좀 전에 내가 말했던 이야기(diegesis)로 돌아가서—다시 말해 프루스트, 조이스, 버지니아 울프 등과 같은 작가들로 돌아가서—그 모델을 취해야 했습니다. 거기서는 목소리가 신체에서, 신체가 장소에서 나오는 대신에, 인물들을 주체로 만드는 최소한의 신체를 그들에게 제공하고 사건의 장소를 설립하는 것은 말의 감각적 망입니다. 이 회귀에서만 민주적인 주체화, 다시 말해 민주적인 이단(비전통적인 생각)의 예측 불가능하고 탈-체화된 이 형식들을 설명하는 것이 가능하게 됩니다. 이단은 가장 일반적인 형식으로 말하면 말에 의해 그 자체 분리된 삶입니다. 역사적 주체는 항상 이 이단의 실행입니다. 따라서 문학적인 패러다임을 선택하는 것은 역사성 위에서 결정하는 것이고, 신체의 나눔과 사유의 공통된 잠재력 간의 이런저런 진리와 관계의 이념에 역사가의 이야기를 헌신하는 것입니다.

● 그럼 지식의 시학은 일종의 비판적인 해석학인가요? 여기서 역사의 의미와 진리는 일치할까요?

해석학적인 개념은, 그것이 해석의 절차를 가진 의미의 영역을 전제하는 한에서, 나는 그것에 대한 어떤 친밀성도 가진 적이 없는 개념입니다. 의미의 영역은 내게 예를 들어 정신학의 전통에서처럼 “설명” 대신에 이해를 요구하는 따로 떨어진 어떤 질서가 아닙니다. 그것은 갈등적으로 사유의 공통된 잠재력과 공동체 안에 신체들의 분배 사이의 관계가 일어나는 공간입니다. 거기서 한 이름의 특이성에 의해 말하는 존재의 파악은 신체들의 질서를 교란하기에 이릅니다. 이것은 19세기에 해방의 사유에 대한 근본적인 이야기로서 발랑쉬의 『반복적인 사회 역사에 대한 에세이』에 의해 그려질 수 있었습니다. 이 텍스트는 "평민들은 말을 하는가?"라는 단 하나의 질문에 대한 해결로서 로마의 평민들이 아벤티누스 언덕으로 이탈한 사건을 이야기합니다. 그들의 입에서 나오는 것은 굶주리고 분노에 찬 신체로부터 나오는 소음인가요 아니면 명명하고 약속할 수 있는 능력의 실행일까요? 로마의 원로원들은 평민들이 약속에 의해 명명되고 그것에 연루되는 전례 없는 사건과 직면했습니다. 그들의 말은 따라서 더 이상 신체의 상태에 대한 표현이 아니라, 현재와 과거 안의 비-현재를 연결하는 능력을 실행하는 것입니다. 의미는 소음에 대립됩니다. 의미는 진리와 대체할 수 있는 혹은 대안적인 개념도 아닙니다. 지식의 시학은 의미와 진리의 일치의 이론을 제안하지 않습니다. 그것은 담론의 나눔과 상태들의 나눔 사이의 관계가 이런저런 입장에 따른 지식들에서 다시 그려지는 방식을 연구합니다. 이 재형상화(refiguration)는 의미와 진리의 일치의 형태, 더 정확히 말하면 말의 사건의 뮈토스와 그것의 동기를 설명하는 로고스 사이의 일치의 형태를 취합니다.

● "식별할 수 없음의 시학의 원리"는 또한 철학적인 글쓰기에 대해서도 유의미한가요?

공통의 언어에서 말해지는 것은 항상 시처럼, 다시 말해 그것을 이해하기 위해서 말하는 존재임으로 충분하다는 전제에서 아무에게나 이야기되는 지적인 모험처럼 생각될 수 있습니다. 그리고 글쓰기는 플라톤

이래로 우리가 잘 알고 있듯이, 담론의 아버지의 지위, 다시 말해 특별한 도달점에 대한 특별한 잠재성으로서 실행되는 담론의 상황을 제거합니다. 따라서 항상 철학적 담론을 시처럼 간주할 수 있는 가능성이 존재합니다. 다시 말해 철학적 담론을 마치 어떤 진리(규칙의 단순한 적용의 결과가 아닌 진리)의 전제에서 언어의 공통된 잠재력의 실행으로서 생각하고 그것을 쓸 수 있는 가능성이 존재합니다. 이것은 철학을 시나 이야기로 환원하는 것을 의미하지 않습니다. 그것은 사유의 잠재성이 언어의 잠재성과의 (또한 신체의 나눔과, 다시 말해 정치와의) 유기적 연결 속에서 정의되는 지점에서 철학을 파악하는 것을 의미합니다. 이런 글쓰기는 철학 바깥에서, 혹은 그 한계에서 철학이 자기 자신에 대해 말하는, 즉 사유의 정향으로서 철학의 속성을 정의하기 위해 뮈토스와 로고스를 동일시하는 거기에서, 철학을, 예를 들어 인문 사회학의 원시적 철학들을 생각하는 것에 적합합니다. 역설은 다름 아닌 철학이 뮈토스의 식별할 수 없는 담론을 사용하도록 이끌리는 곳은 항상 가장 내밀한 곳에서라는 사실입니다. 다시 말해 "진리에 대해 말하면서 감히 진실을 말하는 것"이 문제인 곳에서, 『파이드로스』에서 보듯이, 시를 진리가 자리하는 신에 대한 찬가를 부를 수 없는 것으로서 비난하면서 동시에 뮈토스를 사용해야 합니다. 살아있는 담론을 드러낼 수 없는 글쓰기를 몰아내면서 동시에 모든 형태의 교육(païdeia)을 전개해야 합니다. 플라톤의 대화는 플라톤적인 대화이면서 아닙니다. 그것은 플라톤의 철학이면서 철학이 아닙니다. 문제는 근대의 서사학에서 발명된 하찮은 파라독스가 아니라, 진리가 속박하는 언어의 공통된 모험 안에서 철학적 정향의 속성이 지닌 충분히 역설적인 상황입니다.

● 지식의 시학과 글쓰기의 정치학적 전망에서 당신의 글쓰기의 선택을 어떻게 이해할 수 있을까요? 이로부터 당신의 철학적 글쓰기와 그 안에서 당신의 서명에 대한 보다 일반적인 질문을 하고 싶습니다.

서명의 문제는 "자신"의 담론에서 주체의 현전의 양태에 대한 질문입니다. 이 질문은 플라톤에게 장소의 개념 안에서 혹은 담론 안에서 "아버지"의 현전 혹은 부재 안에서 제기됩니다. 누가 전체 담론을 지지한다고 주장하나요? 또 어떤 형상에서? 서명은 주체를, 담론에서 주체의 현전을, 이 현전의 특징을 책임집니다. 내 책에서 나는 이 문제에 한정적으로 접근했습니다. 나는 역사가의 "스타일"의 효과들은 학문에서 꾸미는 장식이 아니라, 그의 서명이라는 것을 보여주었습니다. 그 효과들은 누가 쓰고 어떤 특징을 가지는지를 말합니다. 그것들은 과학의 담론처럼 이야기 내내 그 정체성을 표시합니다. 서명의 효과는 정체성과 합법성을 가져옵니다. 그와 같은 진술 전체를 지탱하는 것은 x나 y가 아니라, 과학, 사회학, 역사, 혹은 철학입니다. 고유명은 동시에 공통의 이름이고, 소속의 표시입니다.

이것과의 관계에서 우리는 에세이가 서명을 고유명으로 환원한다고 말할 수 있습니다. 에세이는 요약하면 이론 안에서 소설과 시학의 관계인 것, 장르가 없는 것의 장르입니다. 에세이는 어떤 합법성에 의해서도, 어떤 합법적인 정체성에 의해서도 지지되지 않는 담론입니다. 그러나 이 특수성의 부재는 그 자체 대립적인 두 모습을 가질 수 있습니다. 한편으로 그것은 "그 사람을 지시하는 문체"로서, 에세이스트의 "기질"의 산물로서 주어질 수 있습니다. 따라서 에세이는 다만 서명일 뿐입니다. 그것은 지식인의 어릿광대적인 모습을 서명합니다. 그 모습은 사유와 성격의 영웅적인 정체성으로부터 모든 전문성을 드러냅니다. 다른 한편 에세이는 사유의 공통된 잠재력 전체의 특이하고 우연적인 검토 안에서 전문성들의 경계들을 통과하는 지적인 모험입니다. 따라서 에세이는 어떤 선택된 특수한 대상을 지시하지 않습니다. 다만 여기서 나는 에세이를 쓰겠다는 선택을 하지 않았습니다. 이 책은 세미나로부터 나온 것입니다. 다시 말해 대학 강의의 일반적인 형식으로부터 온 것입니다. 이것은 탐구의 산물이지 세계의 현상에 대한 개인적인 개입이 아닙니다. 그럼에도 불구하고 그것이 에세이로 읽힌다면 일단의 형식적인 특징들 때문일 것입니다. 그 책의 간결함, 각주의 부재, 더 나아가 그 책의 크기 때문일 것입니다. 그러나 일련의 형식적인 특징들 또한 글쓰기의 정치학에 의한 선택들입니다. 그것들은 고전적인 정당화와 동일화의 형식들을 거부합니다. 그것들은 과학과 그 입장의 합법성의 이야기에서 신체를 제거하고자 합니다. 합법성에서 빠져나오는 데는 두 가지 방식이 있습니다. 어떤 사회학이 자신의 특성으로 만드는 "탈신비화"의 방식이 있습니다. 그것은 다소 장엄한 말들에서 신체의 일상성과 그것을 견디는 신체의 상태들을 발견하는 데 있습니다. 그것은 거의 우리의 관심을 끌지 않는 합법성의 대체입니다. 다른 방식은 지식들 가운데 공통의 언어 안에 특이한 횡단 선을 긋는 것입니다. 그것은 지식들을 평등의 시학적인 조건과 관계시키는 것입니다. 즉 무한한 접근에서 한 문장 한 문장 구성되는 담론의 조건과 관계시키는 것입니다. 여기서 고유명의 서명은 주체가 공통의 언어와 사유의 영역 위에서 자신의 것으로서 지탱하는 것을 표시합니다.

글쓰기의 정치학, 우리가 말들에 제공하는 신체의 선택, 말들의 지속성이 문제일 때 주체를 거는 서명의 선택, 그것은 사유의 "고유성"과 공동체 내의 신체들의 배치의 관계가 문제일 때 항상 글쓰기를 결정하는 자의 선택입니다. 철학의 지위는 여기서 근대적 담론의 재난적 상황에 의해서가 아니라 본질 그 자체에 의해서 역설적일 수 있습니다. 철학의 "고유성", 즉 사유와 존재의 **같음**에 대한 생각은 항상 고유하지 않은 방식으로 말해집니다. 이 고유성을 제한하는 제스처는 언어의 나눔과 신체의 나눔이 문제일 때 항상 결정과 연결됩니다. 철학은 이 고유성의 제한을, 철학이 제한을 그 자신 밖에 놓는 방식으로 포기할 수도, 자신의 바깥을 자신의 안에 다시 놓는 방식으로 회피할 수도 없습니다. 따라서 항상 필연적으로—절충주의에 의해서가 아니라—다수의 철학적 글쓰기와 다수의 철학적 서명이 있습니다.

말들의 역사, 역사의 말들[51]

(마르틴 피에르와 마르텡 드 라 수디에르와의 대담)

● 소통: 당신의 철학적 여정에서 언제, 어떤 계기로 '역사의 글쓰기'에 대한 반성과 그에 대해 쓸 필요가 있다고 느꼈습니까?

자크 랑시에르: 역사의 글쓰기에 대한 질문은 사실 내게 두 계기에서 일어났습니다. 하나는 실천적인 측면에서이고, 다른 하나는 이론적인 측면에서 제기되었습니다. 『프롤레타리아의 밤』을 쓸 때였습니다. 처음에 나는 노동자의 말을 어떤 존재 양태나 문화로 환원할 지성체(intelligibilité)[52]의 유형에 도달했다고 생각했습니다. 그러나 이런 유형의 설명은 문제의 실재를 설명할 수 없다는 것을 깨달았습니다. 나는 일종의 노동자라는 집단적인 신체 안에 그 표현들을 가두면서 여기서 문제

51 (원주) 이 대담은 잡지 *Communications*, n°15, 1994, pp. 87–101에 실렸다.

52 그들의 말들을 이해할 수 있게 하는 선험적 이해가능성의 체계를 말한다.

가 되는 진리의 유형을 제거했습니다. 바로 이 순간에 글쓰기의 문제가 제기되었습니다. 나는 한 유형의 이야기, 한 유형의 서사의 형식을 채택할 수 없었습니다. 예를 들어 사실적이고 자연주의적인 기술 양식을 여기에 적용할 수 없었습니다. 나는 한 장소에서 한 신체를, 한 신체에서 한 목소리를 끌어내는 유형의 이야기의 형식을 취할 수 없었습니다. 우리가 **사실적**이라고 부를 수 있는 이 이야기의 양식은 화자들을 "그들의" 세계 안에 고정하면서, 그들이 이야기의 무대 위에서 한 자리를 차지하는 것을 "허용합니다." 그런데 여기서 문제가 되는 것은 정체성, 즉 신체와 말 사이의 일정한 관계를 파괴하면서 비합법적인 담화의 망이 형성되는 것을 설명하는 것이었습니다. 결국 나는 이 말의 세계에 말의 공백과 불법적인 성격을 돌려주기 위해, 또 이 경험들에 그것에 고유한 애매성과 결정불가능성을 돌려주기 위해 그것을 다르게 기술해야 했습니다. 따라서 나는 위고나 졸라의 글쓰기 방식으로는 이것을 이야기하는 것이 불가능하다는 사실을 깨달았습니다.

언뜻 보아 인민을 말하기에는 적합해 보이지 않는, 다른 모델(예를 들어 프루스트나 버지니아 울프)에서 빌려온 유형의 이야기를 채택해야 했습니다. 다시 말해 이 말들의 자리를 정해주고 정착시키는 것에서 시작하는 것이 아니라, 단편적이고, 공백을 가지고, 결정할 수 없고, 부분적으로만 결정 가능한 성격으로부터 시작하는 이야기의 양식, 예를 들면 버지니아 울프 식의 이야기의 유형을 선택해야 했습니다. 여기에는 점차적으로 서로 교차하고, 일종의 실질성의 공간을 형성해 나아가는 목소리들이 있습니다. 이때 문제는 어떻게 신체가 목소리들을 산출하는가가 아니라, 목소리들이 어떻게 점진적으로 일종의 집단적인 공간을 형성하는가를 볼 수 있는 이야기를 구성하는 것입니다. 따라서 처음에 나는 실천적으로 글쓰기의 문제와 부딪쳤습니다. 그러나 이 문제는 또한 우리가 "지배적 정치학"이라고 부를 수 있는 것과 관계가 있습니다. 왜냐하면 내가 『프롤레타리아의 밤』을 쓰던 시기는 사회적 지식과 특히 역사의 정치학적 번역을 하던 일종의 민족학적인 "전향"—정체성, 영토, 직업 등등에 근거한 공동체의 이념—이 지배하던 때였습니다. 이 일상화된 민족중심주의에 대한 비판은 바로 그 시대에 나의 작업의 지평이었습니다.

나중에 이 염려들은 나의 새로운 연구 방향과 함께 뒤로 물러났습니다. 『프롤레타리아의 밤』에서 나는 노동자들이, 담론의 질서가 그들을 사회 질서 안에 지정하던 그 자리를 문제 삼기 위해 타자들(부르주아, 지식인, 시인들)의 언어를 왜곡할 수 있었던 방식들을 연구했습니다. 그들의 전복은 노동자의 존재에 고유하게 속한다고 전제되던 말의 거부로부터 일어났습니다. 이로부터 나는 더 일반적으로 담론의 나눔과 사회적 나눔의 관계에 대해 반성하게 되었습니다. 어떻게 철학은 장인의 활동의 의미를 그의 존재에 적합한 자리에 그를 배치하는 방식으로 개념화할 수 있을까요? 어떻게 역사나 사회학은 존재의 양태와 인민의 정체성의 고유한 행위와 말하기 사이의 관계의 표상을 학의 "적합한" 대상의 지위와 연결할까요? 어떻게 이것은 지식들 간의 나눔 안에서 반성될까요? 그리고 어떻게 지식들 간의 나눔은 사회적 나눔에 개입할까요? 특히, 나는 이 나눔이 문제가 되는 장소들과 담론의 계기들에 관심을 가졌습니다. 예를 들어 철학 혹은 과학이 과학이나 사유의 지위의 문제를 사회적 나눔의 문제와 연결하기 위해 이야기의 양태를 거쳐야 하는 경우, 또 진리가 허구의 양태로 말해져야 하는 경우 등등에 관심을 가졌습니다.

● 이 "담화적 계기들"은 역사의 영역에서뿐 아니라 철학의 영역에서도 발견되나요?

그렇습니다. 이야기, 텍스트에 대한 질문은 우선 플라톤에 의해 처음으로 제기되었습니다. 나는 이 철학자에 특별한 관심이 있는데, 그는 진정으로 글쓰기의 장치를 발견했습니다. 플라톤은 글쓰기에 유죄를 "선고"하면서 동시에 일련의 글쓰기와 글쓰기에 대한 비판적 전망을 제시하기 때문입니다. 시인, 시인의 전통을 비판하는 역사가, 시인을 비판하는 철학자 등등. 이 글쓰기 장치 안에는 논증에서 이야기로 이행하는 특수한 형식들이 존재합니다. 이 이행은 사유의 두 매듭에서 아주 특별하게 일어납니다. 우선 여기에는 사유와 진리의 관계가 문제가 됩니다. 왜냐하면 담화가 구성할 수 있는 모든 것과의 관계에서 진리의 이질성이 존재하기 때문입니다. 철학적 담화는 그 근저에서 그것이 자신과 이질적이 되는 한에서만 진리와 관계합니다.『파이드로스』에서 날개 달린 수레를 끄는 영혼의 이야기가 시작되는 순간에, 플라톤은 어떤 시인도 노래한 적이 없는, 노래할 수도 없는 진리의 장소에 대해서 말합니다. 그리고 우리가 진리에 대해서 말하게 될 때 바로 그 순간은 진리를 말해야 하는 순간이라고 말합니다. 그런데 "진리에 대해서 말하면서 참을 말하기" 위해 그는 이야기를 끌어들입니다. 논증에서 이야기로의 이행의 두 번째 계기는 사유의 나눔이 사회적 나눔과 연관되는 순간입니다. 나는 여기서 정치적 분할의 형식과 사유와 담론에 불평등하게 참여하는 영혼을 관계시키고자 하는 정치적인 신화들을 떠올립니다. 이 신화들은 어떤 사람들에게 법조인의 기능을, 다른 사람들에게는 전사의 잠재력을, 그리고 그 나머지에게는 장인의 지위를 부여합니다.

● 좀 더 그리스에 대해서 말하자면, 당신의 책, 『역사의 이름들』의 부제는 '지식의 시학'입니다. 이 "시학(poétique)"[53]의 정확한 정의는 무엇이고, 이것은 수사학이나 미학과 대립하나요?

내가 "시학"에 대해서 말할 때, 그것은 우선 아리스토텔레스가 말하는 것입니다. 나는 그것을 그리스적 의미의 범주로 생각합니다. 그러나 그것은 아직도 여전히 기능하는 범주이기도 합니다. "시학"은 아리스토텔레스가 뮈토스(muthos)라고 부르는 것이 구성하는 행위의 양태를 개념화한 것입니다. "지식의 시학"이라는 부제는 지식의 이야기적 구성과 이 구성을 질문하는 담론이 있다는 것을 의미합니다. 반면, 나는 "미학(esthétique)"을 "감성의 형식(aisthesis)[54]"으로, 즉 대상, 행위, 표상에 의해 촉발되는 방식, 감각적인 것 안에 존재하는 방식으로 이해합니다. 말하자면 나에게 "미학"은 수용의 측면을, "시학"은 활동의 측면을 의미합니다.

● 결국 시학과 달리 수사학은 사유와 연루되지 않는다고 말할 수 있을까요?

그렇다고 할 수 있습니다. 시학에서 문제가 되는 것은 담론이 지향하는 것입니다. 브로델의 역사적 이야기(내가 『역사의 이름들』에서 다룬 것)를 예를 들면, 여기서 문제가 되는 것은 과학 그 자체 안에서 이야기의 기능입

53 (원주) 이 책에서 "시학"은 "일련의 문학적 절차에 대한 연구로, 이에 의해 담론이 문학에서 벗어나 학의 지위를 갖게 되고 의미를 가지게 되는 것"이라고 정의된다.

54 'aisthesis'는 그리스에서 온 말로 감각의 능력과 그 활동, 지각을 지시한다.

니다. 여기서 우리는 더 일반적으로 과학이 자신의 말에 진리의 신체를 스스로 부여하는 방식을 접합니다. 이것은 담론의 장식의 기능으로서, 또 진실임직함의 잠재성으로서의 수사학의 이념보다 더 멀리 나아갑니다. 더 나아가 전통적으로 수사학은 청중, 판관, 관중 등등에 대한 특수한 효과를 목표로 하는 말을 인도하는 기술입니다. 반면 "시학"은 우리가 일련의 규칙들을 존중하면 얻게 되는 효과의 전망 안에서가 아니라 진리의 전망 안에서 작동하는 진리를 지시합니다.

● "시학"이란 용어는 또한 다른 학자들도, 예를 들면 미국의 사회학자 리처드 브라운(『사회학의 시학을 위한 열쇠』의 작가)이 사용한다는 점도 흥미로운 일입니다. 지식과 담론의 관계에서 시학이 차지하는 지식의 구성에 대한 당신의 관심으로 돌아가죠. 몇몇 분과에서, 말하자면 사회학과 민족학에서 어떤 이유로 인문학의 텍스트와 그에 대한 분석에 대해 불신과 우려를 표시하나요? 당신의 책을 참조하면, 거기서 당신은 역사학자 로렌스 스톤과 같은 몇몇 역사학자들은 결국 "텍스트와 텍스트 **탈구축**이라는 사악한 지배" 혹은 "실재와 상상적인 것의 구분불가능성"[55]에 대한 심대한 우려를 표시한다는 점을 지적합니다.

그렇습니다. 실제로 이런 흐름은 (사유, 텍스트, 이야기의) 탈구축(déconstruction)의 문제 제기와 관련해서 미국에서 전개되었습니다. 이것은 처음에 이런 문제 제기에 관심을 보였던 역사학자들을 포함해서 아주 심한 반감을 유발했습니다. 역사 분과에서 우려를 표하는 것은 정확히 상상적인 것에 대한 것이라기보다는 문학에 대한, 비-과학에 대한 우려입니

55 (원주) 앞의 책, p. 208.

다. 인문학은 그 자체 문제적인 학문이고, 항상 그것이 과학인지에 대한 의문이 제기되는 것이기도 합니다. 그것은 또한 과학으로서의 권위를 합법화하기가 어려운 학문입니다. 여러 종류의 인문학 중에서 특히 역사는 그 합법성에 있어서 가장 의심받는 것입니다. 역사는 우선 동음이의어들을 갖습니다. 역사는 항상 자신이 과학이라는 것을 증명해야 하고, 재-증명해야 합니다. 따라서 역사적 이야기의 구성 안에서 문학적인 절차로서 그 안에 들어오는 모든 것을 부정해야 합니다. 이것은 다만 제1단계에 해당됩니다. 역사는 말에 대한 두려움에 의해 굴러갑니다. 역사는 자신의 언어 안에서 논증하는 담론을 형성합니다. 역사는 언어 안에서 그것을 사용하면서 자신이 과학이라는 것을 논증하고자 합니다. 더 나아가 역사는 그 대상으로 말하는 존재와 관계합니다. 이 대상은 무엇인가요? 말의 사건들은 무엇인가요? 말하는 존재의 존재 방식은 그 방식 자체에 의해 과학의 대상이어야 하는 것의 부정이 아닌가요? 어떻게 자신의 대상에 의해서 반박되는 것을 피할 수 있을까요? 역사가는 자신의 대상, 즉 말하는 존재를 두려워합니다. 왜냐하면 이 대상은 과학을 회피하는 것처럼 보이고 비-과학과 연루되는 것처럼 보이기 때문입니다. 역사가의 마지막 불안은 그가 시간, 죽음과 관계한다는 것입니다. 그의 대상은 그를 죽음으로 보냅니다.

● 텍스트로 돌아가서 말하자면, 역사에 대한 당신의 정의는 특히 당신이 역사의 특수한 담론("과학적", "서술적", "정치적"인 3중의 계약에 의해 짜여진 담론)에 대해서 말할 때, 롤랑 바르트의 제안과 비슷한 것처럼 보입니다. 그런가요?

그럴 수도 있을 것입니다. 그러나 이 책에서 내가 제시한 문제는 텍스트의 문제라기보다는 이야기의 문제입니다. 거기서 질문하는 존재들과 이 존재들에서 일어나는 사건들과 관계하는 과학은 무엇인가였습니다. 이 과학—역사—은 사건들을 연결하고 사실들을 구성해야 하는 것만이 아니라, 또한 **말들로 짜진 직물**로부터, 혹은 그것을 가지고 다른 직물을 만들어야 합니다. 나의 문제는 바로 이것이었습니다. 더 정확히 말하면, 어떻게 우리가 모든 이 기록들—떠도는 말, 유통되는 말, 불법적인 말의 기록들—간의 관계와 변증법 안에서 진리(진리에 호소하는 담론)를 "만들 수 있는가"였습니다. 그리고 텍스트 안에서 이 말은 다시 말해지고, 다시 구성되고, 다시 기록되어야 합니다. 더 나아가 텍스트의 문제는 "파종"과 같은 텍스트의 문제, 혹은 "사회적 강독(sociolecte)"과 텍스트의 관계는 말들의 거대한 사회적 "모방"—역사의 주역들이, 마르크스와 같은 혁명가들이 이미 말해진 것을 반복하는 방식—과 이 모방의 놀이를 정돈하는 역사적 이야기의 서사(diégétique)의 관계입니다.

● 당신은 "말하는 존재들"에 대해서 말합니다. 그리고 당신은 책에서 "인간은 문학적 동물"이라고 언급합니다. 이 문학과의 연관은 당신에게 중요한 듯이 보입니다. 이 이념, 특히 당신이 "역사가 불가능하고 동시에 가능한 것은 인간이 문학적 동물이기 때문"이라고 쓸 때, 이 진술에 대해서 설명해 줄 수 있으신가요?

내가 "문학적 동물"이라고 말하는 것은 물론 "정치적 동물"과의 연관 속에서입니다. 이것은 인간이 문학적 동물이기 때문에 정치적 동물이라는 것으로 이해해야 합니다. 다시 말해 인간은 말과 문자의 여정에 잡혀있고, 여기서 인간은 단어들과 문장을 통해 개별적인 혹은 집단적인 사건들에 도달하기 때문입니다. 특히 내가 문학에 대해서 말할 때는 특수한 어떤 것, 다시 말해 이념으로서, 낭만주의 시대의 이념으로서의 문학의 탄생을 말합니다. 다시 말해 더 이상 전통적인 시학(사학적 장르와 시학의 규칙)과 관계하지 않고, 문학이 언어의 공통된 잠재력에 속하는 예술로서 주어지는 시기를 말합니다. 내가 여기서 말하고자 한 것은 역사를 가능하게 하는 것입니다. 근본적으로 역사는 이 공통의 잠재력, 일종의 중성적인 이 문학의 공통의 잠재력을 사용할 수 있습니다.

● 문학의 새로운 정의는 역사적 이야기의 새로운 정의와 동시대적이고, 이것은 민주주의의 도래와 동시대적입니다. 이 세 가지 사건을 낳은 것은 같은 과정 속에서인가요? 보다 정확히 말해, 어떻게 이 세 가지 기입이 서로 영향을 미치나요?

내가 말하고자 한 것은 역사과학이 과학의 이념에서 구성되고 세워지는 시기는 또한 민주주의가 도래하는 시기라는 것입니다. 특히 인간이 문학적 동물이라는 사실, 다시 말해 정치적 동물은 문학적 동물이라는 사실을 고려하는 정치적 체계가 도래하는 시기였습니다. 역사과학이 구성되는 시기는 문학이 우리가 소위 "미문", 유창함, 시라고 부르는 것과 결별하면서 자기 자신을 자각하는 시기였습니다. 그런데 이런 공존은 동시에 갈등의 시기이기도 합니다. 인문학의 지배적인 체계들(paradigmes) 중의 하나인 사회과학적 체계를 예로 들어보죠. 이것은 민주주의에 반해서 반동적으로 창출되었습니다. 사회적 몸체가 불법적인 말의 유통에 의해 분산되었다는 확신 속에서, 이 체계는 공동체적 연대에 대한 믿음에 의해 개인과 집단의 단일성을 다시 발견하고자 하는 의

도를 가지고 사회적 바탕을 다시 생각하고자 하는 이념 속에서 구성되었습니다. 따라서 우리는 상호적인 보완뿐만 아니라 갈등을 규정하는 동시대성을 관찰합니다. 이 시대의 역사는 내 생각에 특히 비록 그 갈등적인 성격이 잊혔다고 할지라도, 여전히 작동하는 갈등에 의해 표시되었습니다. 다시 말해 집단성, 믿음에 대한 뒤르켐의 체계들은 그것들이 지닌 갈등적인 성격들이 잊혔다고 할지라도, 지속적으로 기능하는 정신사를 형성했습니다. 민주시대의 역사는 과학의 이념에 의해, 다시 말해 도식적으로 반민주적인 과학의 이념에 의해 저지당했습니다. 이런 역설로부터 대중의 시대의 역사과학이고자 하던 역사는 자신의 학의 대상을 왕들과 사제들에게서 찾았습니다. 이런 "사회학적" 체계는 한 번도 민주적 시대의 진정한 역사를 만든 적이 없습니다.

● 낱말들의 역사, 말의 역사, 개인들의 역사, 이것들은 그 근저에서 역사가가 담론 안에서 역사적인 시간과 이야기의 시간을 연결하는 것이 문제일 때 특수한 문제를 야기합니다.

실질적으로 역사가의 대상이 그와 동시대인이 아니라는 사실을 설명하는 것을 가능하게 하는 사유된 이야기 그 자체만이 있습니다. 사건이 있고, 한 사람이 그와 동시대인이 아닌 존재인 한에서 (어떤 일이 일어난다는 의미에서) 이야기에 이릅니다. 또한 서로 겹치는 시간들이 있기 때문에 사건들이 일어납니다. 현재 안에 미래가 있기 때문에, 과거를 반복하는 현재가 있기 때문에, 같은 시간 안에 다른 시간성이 있기 때문에 사건이 일어납니다. 그런데 우리는 진정으로 있는 그 자체로 이야기를 책임지면서만 그것을 설명할 수 있습니다, 다시 말해 그 자신과 동일하지 않은 것을 가지고 진리를 만들 수 있을 뿐입니다. 시간을 동일성의 원리로 사용하는 대신에, 이야기는 구성될 때 그 자신의 사건의 시간을 구성해야 합니다. 역사가들은 항상 "아무것도 주어지지 않는다. 모든 것이 구성되어야 한다"는 식의 다소 틀에 박힌 바슐라르 식의 담론을 유지할 수 있습니다. 그러나 그들이 이것을 시간에 적용하는 경우는 아주 드뭅니다. 그런데 우리는 시간을 구성하고, 이야기에 의해 시간을 구성합니다. 그러나 역사가들은 자주 이 움직이는 시간을 두려워합니다. 그들은 시간과 이야기를 거부하거나 시간을 동시대성, 즙 동일성의 원리로 사용합니다.

● 당신의 책 안에서 사용하는 "플롯(intrigue)"이라는 용어를 어떻게 정의할 수 있을까요? 예를 들어 폴 벤느(Paul Veyne)가 사용하는 의미와 같은가요?

나는 "플롯"이란 말을 아리스토텔레스적인 의미에서 사용합니다. 플롯은 이야기(histoire), 즉 행위들의 배치입니다. 역사가는 행위들의 배치를 통해서 대상을 다룹니다. 이것은 폴 벤느가 말하는 것과 그렇게 다르지 않습니다. 그런데 나의 관심은 그와 다릅니다. 폴 벤느는 한 사건에 하나의 지위를 부여하는 데 있어서 여러 입장들 사이에서 망설입니다. 그에게서 사건은 예를 들어 "사건의 장"을 말할 때에는 객관적인 것으로 나타나기도 합니다. 이때 역사가들에게 동일한 사건의 장이 존재하게 될 것입니다. 따라서 사건의 장으로부터 출발해서 역사가가 구성하는 플롯이 있게 됩니다. 이것은 나의 입장과 다른데, 나는 이런 역사의 장과 같은 것이 존재한다고 생각하지 않습니다. 나는 다양한 사실들과 어떤 역사적 사건이 있다고 말하는 플롯의 양태들이 있을 뿐입니다.

예를 들어 수정주의는 사건들의 수집이 사건들의 수집으로 끝나지, 유일한 사건들을 구성하지 않는 플롯을 구성합니다. 내 경우, 1830년경에 노동자들이 교환한 편지들, 생시몽주의자의 요구로 노동자들이 한 "신앙 고백들"이 어떤 사건을 구성하는지를 결정해야 했습니다. 다시 말해 이것들이 "노동자들의 사적인 삶과 그들의 사회성에 대한 증언들"에 속하는지, 아니면 서술적으로 드러나는 "노동자 존재의 논쟁적인 상징화"라고 불리는 것에 속하는지를 결정해야 했습니다. 이 점에서 우리는 플롯이 사건을 사건으로 구성한다고 말할 수 있습니다.

● 당신은 자주 개인들의 '말'의 중요성에 대해서 말합니다. 예를 들어 당신은 "말하는 인간의 삶을 결정하는 것은 말해지고, 써지고, 이해된 말들의 무게이며, 말들은 사실보다 더 고집스럽다"고 말합니다. 또 다른 곳에서 "역사의 고유한 방식은 말의 사건이며, 말의 여정(trajet)에 따라서 말하는 존재는 그들의 말의 진리에 헌신한다"고 말합니다. 당신은 여기서 말들의 가장 있을 법한 정합성 혹은 말들의 도착점에 대해서 말하는 것처럼 보이는데…

내가 말하고자 한 것은 말들의 역사, 의미 있는 일련의 장면들의 역사, 말들이 신체들 사이에 정돈되는 역사가 있다는 것입니다. 이런 역사는 역사가가 일반적으로 말하는 고집스런 사실보다 더 무겁습니다. 역사가들과 나는 장인들의 문화와 19세기의 노동자들의 상징적 표현 사이의 관계에 대해서 몇몇 논쟁들을 했습니다. 그때 나는 그들을 이해시킬 수 없었다는 사실에 충격을 받았습니다. 나는 항상 다소 헛되이 논쟁의 중심이었던 노동자들이 체화하고 있는 어떤 사회적으로 고정된 특징이 있다고 믿는 것의 부조리함에 대해 말하고자 했습니다. 항상 이야기는 재단사와 구두 만드는 사람의 이야기로 시작합니다. 왜냐하면 이 직업들은 자격의 문제이기 때문에 그렇게 말할 수 있을 것입니다. 그런데 1830-1840년대의 프랑스에 대해 말하면서 재단사와 제화공의 자격미달에 대해서 말하는 것은 별로 의미가 없습니다. 보통 전통적인 작업실 옆에는 만들어진 것들을 붙이는 과정이 있습니다. 그러나 자주 비수기 동안 이 일을 하던 사람들은 "자격이 있는" 노동자들이었습니다. 반면 역사적으로 아주 오래전부터 "제화공"이라는 이름은 낙인찍힌 이름이었다는 사실을 무수히 발견할 수 있습니다. 그 이야기는 그리스의 아이소포스까지 거슬러 올라가니까요! 그는 어떻게 신성이 다양한 체화와 다양한 활동 가운데 그 자질(진리와 거짓말)을 분배하는지를 이야기합니다. 제화공에 이르러서 그에게 분배되는 것은 거짓말뿐이었습니다. 제화공의 이야기는 플라톤과 화가 아펠(Apelle)[56]에게서도 나타납니다. 동업조합 안에서 제화공은 저주받은 존재로 간주되었으며, 그 외에도 제화공과 유태인(또한 자주 재단사와 유태인)을 연결하는 많은 경우들을 볼 수 있습니다. 사회질서 안의 자리는 담론의 질서에 의해 존재하는 지시에 의해 정해집니다. 이러한 상황은 또한 사회적으로 인정되지 않고, 다른 직업에 비해 제대로 구조화되지 않고, 불안정한 이 직업과 상관이 있을 것입니다. 그런데 이런 낙인은 사실 실질적이고 상징적인 상황과 관계하지, 사람들이 이야기하는 자격미달과는 상관이 없습니다. 다시 말해 매번 사실과 반대로 말하기 위해 모든 의미에서 사람들이 비틀 수 있

56 (원주) 아펠은 "제화공은 샌들 너머에 존재하지 않는다(Nu sutor ultra crepidam)(즉 제화공은 자신의 영역과 다른 것에 대해서는 판단하지 않는다)"라는 격언을 낳은 고대의 화가이다.

는 것과는 아무런 관계가 없습니다. 명명은 개인과 집단의 운명의 어떤 것을 구속합니다. 그것은 다름 아닌 사회적 지정입니다.

● 지금까지 우리는 역사에 대해서 말했습니다. 어느 정도까지 당신의 믿음을 다른 분과에도 적용할 수 있을까요? 그것은 이번 호의 중심 주제이기도 합니다. 많은 사회학자들, 민족학 학자들은 당신이 책에서 주장하는 것의 몇몇 입장들을 인정하는 듯이 보입니다.

사실 나는 어떻게 역사를 쓰는가에 대해서 어느 순간에 진정으로 질문을 제기한 적이 없습니다. 다만 나는 작업 도중에, 우리가 "철학적"이라고 말할 수 있는 질문, 더 일반적으로 말하면 지배적인 사료편찬의 모델(연대기적 역사 모델)에서 언어 사용의 문제에서 부딪친 문제들을 반성하기 시작했습니다. 따라서 말하는 존재들과 대면하는 나의 방식과 아날학파(사회적 사실 전체를 다루는 사회학적 모델, 결국 정치적 모델)의 방식을 대립시켰습니다. 사실 나는 글쓰기 일반에 대한 문제에 전념한 적이 없습니다. 그러나 내가 제기하지 않은 질문들에 대해 대답하기 위해 사실 내가 여기 있다는 것을 또한 잘 압니다. 나는 다른 영역에서 나와 동일한 질문을 하는 사람들이 있는지 잘 모릅니다. 다만 우리는 특히 사회학, 민족학, 역사에서 그런 유형의 질문과 절차를 발견할 수 있다고 생각합니다. 여기에는 말들이 진리를 구성하는 방식을 어떻게 설명할 것인가에 대한 공통의 염려가 있습니다. 어떻게 타자의 말을 그것이 주어지는 그 자체로 취하는 방식과 그것을 학자가 자신이 아는 것으로 전향하는 방식을 동시에 물리칠 수 있을까요? 다시 말해 그 말에 우리의 이유들을 주거나 "그것의" 이유들을 따라서 그것을 해석하는 이중의 함정을 피할 수 있을까요?

● 당신이 말한 것처럼, 공통의 관심은 전체 인문학에 걸쳐 있는 듯이 보입니다. 그러나 민족학과 같은 분과는 특히 이런 유형의 문제 제기에 더 민감하게 반응하지 않나요?

그 질문은 여타의 분과들에서 그렇게 많이 제기되지 않았다고 생각합니다. 차라리 질문은 주제화의 양태에서 과학의 대상들을 다루는 방식에서 제기됩니다. 이야기를 쓰는 방식의 문제는 지식들 간의 경계를 가로지르는 대상들, 대상의 주제화, 해석의 양태들과 관계합니다. 인문 사회 과학의 일반적인 문제는 없다고 생각합니다. 왜냐하면 인문 사회 과학은 전적으로 이질적인 다양한 합리성의 모델들과 관계하기 때문입니다. 게다가 (단일한 원리를 가진 집단성을 지시하는 의미에서) "인문사회과학"의 용어 그 자체 안에는 어떤 타당성도 없습니다. 반면 대상의 형상화와 대상을 다루는 문제에 있어서 공통된 일련의 영역들, 대상들이 있습니다. 그리고 같음과 다름의 철학적인 범주들을 건드리는 일련의 문제들을 제기하는 주제들을 다루는 일련의 분과들(혹은 일련의 담론들)이 있습니다. 사회학, 민족학, 역사가 문제일 때, 동일자 안에서 타자를 규정하는 것과 같은 공통의 문제가 있다고 말할 수 있습니다. 우리는 역사가 지속적으로 민족학(그저 그런 민족학들과, 대개는 형편없는 민족학들)과 연관되는 방식이 역사가가 자신의 대상(말하는 존재, 시간 안에 말하는 존재)을 가지고서 확실히 전제된 모델, 즉 민족학과 관계를 유지하는 것을 봅니다. 왜냐하면 민족학은 비록 그 대상이 역사와 관계가 멀고 심지어 다르다고 할지라도 민족학은 자신 앞에 역사를 가지고 역사와 교통할 수 있기 때문입니다. 동일자와 타자 사이에는 대면이 있습니다. 여기는 동일자가 타자의 언어를 배우는 장소이고 동시에 자신의 동일성 안에 타자를 건설할 수 있습니다. 이 상황은 끊임없이 역사학자를 사로잡습니다. 우리가 공통어뿐만 아니라 상식의 "작동"이라고 부를 수 있는 것의 타자들에 더 가까운, 동시에 타자성에 직면한 일련의 과학들이 있습니다. 우리가 상식의 작동을 사용한다는 사실, 우리가 타자성과 관계한다는 사실, 그리고 이것과 함께 우리는 과학을 해야 한다는 사실, 그리고 타자성과 함께 자기와 닮은 대상을 만들어야 한다는 사실 사이에는 복잡한 관계가 있습니다.

● 이 거리, 이 타자성의 문제는 몇몇의 민족학에서 분명히 드러납니다. 이 사실은 역사와 민족학을 접근시킵니다. 민족학이 엄격한 학이라기보다는 기술(art)에 더 가까운 시기에 에반스-프리차드(Evans-Fritchard) 같은 사람이 가진 신념을 고려한다면 다른 입장이 여기에 첨가될 수 있는 것처럼 보입니다.

우리가 하는 것이 과학인지 아닌지를 아는 것이 중요한 것이 아니라 우리가 하는 것이 진리를 건드릴 수가 있는가를 아는 것이 중요합니다. 기술과 과학 사이에는 선택할 것이 없습니다. 우리는 당신이 하는 것이 과학이라는 것을 사람들이 알아차릴 수 있는 평가의 기준에 사람들이 대답하는가를 아는 것보다 차라리 기술(우리가 진리라고 생각하는 것을 보여주기 위해 해야 할 것을 잘한다는 의미에서 기술)을 선택합니다. 한편에 기술(혹은 문학)이, 다른 편에 타자로서 과학이 있다는 대립 체제로부터 출발하면 안 됩니다.

이제 나는 민족학의 본질적인 지점에 도달합니다. 내가 가깝게 느끼는 민족학자들과 나를 분리하는 것은 "문화"와 그것이 지닌 전제들입니다. 모든 것의 단일성의 이념은 존재의 양태들에서, 행위하고 말하는 방식에서 동일하게 표현됩니다. 이 모델은 항상 문제가 되는 또 몇몇 대상에서 명백하게 나타나듯이 서로 전혀 다른 방향으로 가는 다양한 양태들에 대한 단일성을 전제합니다. 나의 관심을 끄는 것들 중에 19세기에 노동자의 존재를 상징화하는 것이 이 경우에 해당됩니다. 문화에 의해 추론하는 것, 이 말들—편지, 시, 작은 책자, 노동자 신문 등등—의 망이 직업과 연관된 전문 지식을 표현한다고 생각하는 것은 이 대상이 진술할 수 있는 모든 진리를 제거하는 것이었습니다. 역사 일반은 균열들이 존재하고 행위하고 말하는 방식들 사이에 도입되는 한에서만 존재합니다. 이때 문화의 개념은 이 방식들을 동일한 표현의 전체성 안에 통합합니다.

우리는 방금 전에 명명의 제약에 대해서 말했습니다. 명명은 상황과 이름의 기능을 따라서 신체들을 이런저런 자리에, 이런저런 기능에 지정하면서 말하고, 존재하고, 행위하는 방식들 사이에 동일성을 정착시키는 것입니다. 그리고 명명은 노동자임과 그가 일하고, 행위하고, 말하는 방식들 사이에 일치가 있어야 하는 것입니다. 문화의 개념은 바로 이런 유형의 동일성을 전제합니다. 그리고 내가 여기서 말하고자 한 것은 거의 이것과 반대되는 것입니다. 다시 말해 역사는 사람들이 이미 세워진 것이라고 전제하는 그런데 사실 사회적 질서의 조화일 뿐인 이런 종류의 조화를 가로지르고 이런 조화를 깨는 현상들이 있는 한에서만 존재합니다.

● 우리가 제대로 이해했다면, 사회는 연속적이고 일관된 것이라기보다는 단

속적이라고(단절의 역사라고) 말해야 할까요?

그렇습니다. 실질적으로 역사를 만드는 것은 균열들입니다. 민주정치를 가능하게 하는 것도 기존 질서와의 관계에서 공동체 안에 균열들입니다. 내 생각에는 두 종류의 공동체가 존재합니다. 하나는 조직적이고 기능적인 양태에서 사유된 사회로서 존재, 행위, 말의 동일성 위에 설립된 사회이고, 다른 하나는 말하는 존재들의 단순한 평등과 그들의 모임의 우연성 위에 설립된 공동체입니다.

● 글쓰기의 문제로 돌아와서, 한 유형의 글쓰기, 한 유형의 이야기는 한 유형의 공동체와 대응한다고 결론 내릴 수 있을까요? 결론으로는 너무 단순해 보이지만 의도적으로 단순하게 한 질문입니다.

물론 그렇지 않습니다. 공동체 안에는 글쓰기 유형들의 계보학이 있다는 것은 분명합니다. 예를 들어, 사실주의적 낭만주의 시대의 글쓰기가 있습니다. 하나의 글쓰기는 사회학으로 혹은 정신사로 이동한 공동체의 패러다임에 대응합니다. 그러나 나는 공동체의 다른 이념에 대응하는 다른 글쓰기가 존재한다는 것을 보여주고자 했습니다. 이것은 우리가 다루는 대상들에 겉보기에 일치하지 않는 글쓰기의 모델들을 우리가 취하는 것을 전제합니다. 왜냐하면 우리가 다루는 대상들은 그것들이 "되어야 하는" 것과 일치하지 않는다는 것을 보여줘야 하기 때문입니다.

● 그런 이유로 당신은 버지니아 울프나 조이스를 언급합니다. 이 문학적 모

델들이 더 적절하기 때문인가요?

그렇습니다. 민주주의 시대의 진정한 소설은 사실 졸라처럼 사회적으로 의미 있는 행동들을 설명하는 것이 아니라, 무위의 세계의 사람들, 또 그들의 마음의 상태를 말하는 소설들입니다.

● "이야기"를 통한 역사의 "시학"을 통해, 당신은 생생하게 역사적인 담론의 특수성과 그 조직의 토대를 정의합니다. 당신은 또한 이 역사를 위협하는 것들을 지적합니다. 이 분과는 여러 분과가 있겠지만 특히 사회학과 비교한다면 잘 되어가고 있는 듯이 보입니다.

이 역사는 잘 되어가면서 잘 되어가지 않습니다. 그것은 과학주의의 정신에 저항할 수 있는 한에서 잘 되어갑니다. 반면 이것이 공통 언어의 형식들과 상식의 논증들을 "이야기하고" 사용하기를 그치지 않으면서 숫자에 자신의 일의 부분을 맡길 때마다, 이것은 자신에게 과학성을 제공하면서 계속 역사이고자 하고 그 이름을 유지할 수 있습니다. 여기서 역사는 잘 되어가지 않습니다. 그것이 숫자의 실증주의에 복종하기 때문이 아니라 그것이 우리가 일종의 탈신비화의 분노라고 부를 수 있는 것에, 일종의 자신의 대상에 대한 원한에 복종하기 때문입니다.

● 다른 각도에서 글쓰기에 대한 사회과학의 염려에 대해 질문을 다시 한다면, 우리가 이미 플라톤에게서 보았듯이, 더 진실하다고 판단된 말하기와 비교해서 글쓰기의 유혹에 대한 불신과 의심에 대해서는 어떻게 생각하시나요?

사실, 지적한대로, 글쓰기와 말하기 사이에는 반복되는 갈등의 역사가 있습니다. 글쓰기의 역사를 가로지는 긴장이 있습니다. 이 긴장은 글쓰기를 "진정한" 글쓰기, 즉 글 이전에 그것 너머에 있는 말, 진실의 말, 삶의 말과 관계합니다. 실제로 플라톤은 『파이드로스』에서 살아있는 말은 자기 자신을 보조인으로 가지는 말이며, 주인의 말, 대화하는 주인의 말입니다. 그리고 죽은 글이 있습니다. 물론 여기서 역설은 살아있는 말의 특권이 플라톤이 "놀이"라고 말하는 글쓰기의 장치 안에서 파악된다는 사실입니다. 『파이드로스』에서 철학은 처음으로 지금까지도 지속하는 글쓰기의 전제를 연출합니다. 그 전쟁은 유대-기독교적 전통과 기독교 글쓰기의 진리로서 육화의 기독교적 문제화의 맥락에서 다시 발견됩니다. 그리고 이 철학적-종교적 논쟁은 과학적이고 정치적인 근대를 사로잡았습니다.

19세기에 유토피아는 무엇이었을까요? 말이 공동체의 살아있는 살이 되는 이념과 희망이 아니라면 무엇일까요? 유토피아는 사실 아주 특별한 꿈입니다. 그것은 더 이상 단어들이 없는 말의 꿈, 생시몽주의자들이 낸 길처럼 공동체 내에 한 영토 위에 진정으로 육화된 말의 꿈입니다.

● 그렇습니다. 그런데 어떻게 이 글쓰기와 말하기 사이의 긴장의 지속, 즉 이 논쟁의 지속을 설명할 수 있을까요? 이미 오래전부터 글쓰기는 정당화되고 심지어 지적으로뿐 아니라 사회적으로 정치적으로 과대평가되고 있는데 말입니다. 예를 들어 라파엘 피비달은 "과학은 글쓰기만을 사용한다"[57]고 말합니다.

57 (원주) Raphaël Pividal, 『글쓰기의 집』(*La maison de l'écriture*), Paris, Seuil, 1976.

그렇습니다. 물론 우리는 글쓰기에 대한 사유만 있다고 말할 수 있습니다. 그러나 동시에 이 사유는 항상 이 글쓰기가 항상 진리를 결핍하고 있다는 잠재적인 생각을 가지고 긴장 속에서 써집니다. 유명한 일부 연구자들은 우리는 글쓰기를 통해 과학에 도달하지 못한다고 말하는데 그들의 시간을 허비합니다. 그들은 물론 씁니다. 그러나 과학의 작업은 글쓰기가 설명하지 못하는 많은 과정들을 전제합니다. 그러면서 동시에 일련의 글쓰기의 장치들이 준비되어 있습니다. 글쓰기는 과학적 작업을 설명하지 못한다는 선언은 어떤 의미에서 또한 글쓰기의 장치입니다. 그것에 의해 과학은 써질 수 없다고 말하면서 자신을 정당화합니다.

● 방금 전에 당신은 우리에게 긍정적인 것처럼 보였습니다. 그러나 끝으로 『역사의 이름들』을 역사가들이 어떻게 받아들였는지를 아는 것은 흥미로울 것입니다. 왜냐하면 다른 인문학에서 과학의 "탈구축" 작업, 과학의 시학은 그렇게 명백해 보이지 않기 때문입니다. 인문학은 우리가 감히 텍스트에 대해 질문하고 글쓰기를 건드린다는 사실에 대해 방어적인 태도와 불신을 드러냅니다.

글쓰기가 사람들을 불편하게 한다는 사실은 이해됩니다. 인문학의 근본적인 생각, 전제는 사회가 글쓰기에 의해 병이 나 있다는 것입니다. 이 판단—사회가 글쓰기 때문에 병들어 있다는 사실—은 사회학의 기원에서 발견되는데, 이것은 더 넓게는 신교주의로 인해, 다시 말해 글쓰기만(말씀만)의 종교 때문에 병든 사회에 대한 후기 혁명주의적—경우에 따라서는 반-혁명주의적—진단의 영향권 안에서 발견됩니다. 사회과학이 처음에 자신의 연구의 대상으로 삼은 것은 바로 이 신체 없는,

다만 글쓰기에 바쳐진 공동체의 병입니다. 따라서 글쓰기가 사회적 지식을 불안하게 하는 것은 아주 정상입니다.

● "사회가 글쓰기 때문에 병들어 있다"는 이 정식은 정확히 무슨 의미인가요?

사회학의 기원에는—특수한 분과의 의미에서가 아니라 사회적 지식의 의미에서—, 혁명이 사회 구성원들 사이의 연대를 우리가 "개인주의" 혹은 "개신교"라고 부르는 악에 의해 와해된 사회를 드러낸다는 주제가 있습니다. 다시 말해 공동체의 구성원들은 더 이상 살아있는 말과 육화된 정신의 전통에 의해 연결되지 못하고, 다만 글쓰기라는 죽은 문자에 의해 외적으로만 연결된 구성원들을 가진 공동체의 악을 구성합니다. 이런 생각은 콩트, 뒤르켐을 사로잡았습니다. 이런 생각은 문학에서도 발견됩니다. 책이 더 이상 신체 안에 진리가 되지 못하다는 것을 경험을 통해 보여주는 돈키호테는 그 사례가, 글쓰기만(écriture seule)의 문학의 사례가 될 것입니다.

1995년
『불화: 정치와 철학』

영화의 역사 속의 말들[58]

(앙투안 드 베크와의 대담)

● 영화의 역사는 다시 우리 앞으로 돌아왔다. 이 회귀는 "영화 1세기"라는 호재를 만나서이기도 하고, 시대정신의 결실이기도 하다. 영화 탄생 1세기를 맞이하여 예전의 영화들을 다시 상영하기도 하고 많은 저작들이 출간되었으며, 많은 모임들이 열리고 있다. 여기서 분과로서 또 문서들에 대한 시선으로서 역사는 다시 관심의 중심이 되었다. 역사는 언어학, 기호학, 정신분석이 1960년 이후 20년 동안 지배적이기 이전에 그 자리를 되찾았다. 역사는 이제 프랑스의 사유와 교육을 지배하는 분과가 되었다. 이 전향은 자극적인데, 그것은 그 전향이 20세기 역사의 원동력 중의 하나로, 다만 사회 안에서 인간 행위의 예시로서 뿐만 아니라, 그것의 원동력이자 메타포로서 영화를 생각하는 것을 가능하게 하기 때문이다. 그러나 역사의 지배는 영화 그 자체의 상영에서 위험이 없는 것은 아니다. 영화의 모든 측면을 역사적인 유산으로, 국가적인 거대한 문화행

58 (원주) 이 대담은 『카이에 뒤 시네마』 n°496, 1995, pp. 48-54에 실렸다.

사 때 기념물 상태로 노출된 박물관의 소장품으로 만들고자 하는 기도가 증언하듯이 말이다. 역사주의는 이때 기념되고 보존된, 하지만 살아있는 예술과 단절된 유산과의 거리를 가진 이데올로기가 된다.

우리 잡지의 동반자인 철학자 자크 랑시에르에게 우리는 이 질문들을 했다. 그의 최근 저서들 중의 하나, 『역사의 이름들』을 읽다가 이런 생각이 들었다. 이 책에서 랑시에르는 역사가의 글쓰기의 문제를 제기한다. 어떻게 그리고 왜 역사가는 과거의 사회와의 단절, 진화 그리고 변화의 이야기를 만들기 위해 말들을 발견할까? 랑시에르는 또한 1960년 이후 100편 이상의 영화를 본 영화 애호가이며, 들뢰즈와 더불어 엄격하고 창의적인 철학적 반성을 하면서 극장에서 독학한 드문 프랑스 지식인들 가운데 하나이다. 그래서 우리는 그를 만나서 역사적 글쓰기에 대한 그의 생각을—역사의 말들에서 영화의 말들까지—확장해 주기를 제안했다. 이로부터 압축된, 체계적인, 때로는 논쟁적인 대담이, 그리고 항상 우리 앞으로 돌아온 영화의 역사의 현재에 돛을 내린 대담이 성사되었다.

이런 종류의 참여와 대화는 더더욱 우리 잡지 『카이에』에게 중요하다. 왜냐하면 지금은 영화와 그 역사, 그리고 영화의 역사들과 영화가 오늘날 다른 예술들과 또한 그에 대한 반성의 모든 측면들과 가지는 관계를 다시 세워야 하는 시기이기 때문이다. 영화들에 대한 관심은 점점 더 급박하게 이러한 작업을 요구한다. 몇몇 영화들이 절대적으로 고려해야 하는 해석의 열쇠로서 제시되는 한에서 그렇다. 영화의 역사에 대한 반성은 잡지에서, 이 세기 말의 영화 애호가들의 활동을 다룬 다음 호에서 계속적으로 이어져야 하고 연장되어야 한다. 그리고 잡지 밖에서 예를 들어 리옹 3대학의 영화과에서 있을 토론회의 주제는 "문화의 발명", 다시 말해 영화 애호가들의 역사가 될 것이다.

앙투안 드 베크

∽

● 이야기는 어떻게 움직이는 이미지들을 설명할 수 있을까요?

이 질문은 보다 일반적인 질문과 만납니다. 즉 가시적인 것을 쓴다는 것은 무엇일까요? 오래전부터 표상적이고 서술적인 패러다임의 지배와 결합된 "그림 같은 시"라는 표현에서 보듯이 그림과 시의 등가성은 그 둘의 간격을 줄이는 것을 가능하게 했습니다. 18세기와 19세기의 살롱 보고서를 보면, 사람들은 문학비평이 세세하게 소설을 이야기하듯이 그림들을 이야기합니다. 관객들과 마찬가지로 비평가들은 가시적인 것이 자신을 이야기할 때, 어떤 이야기이든 이야기로서 고려합니다. 물론 회화가 이야기하기를 포기할 때, 상황은 변합니다. 그러나 반-표상주의의 혁명과의 관계에서 영화의 입장은 아주 특별합니다. 물론 영화의 이미지는 그것의 정상적인 조건 밖에서만 읽힐 수 있다는 평범한 사실이 있습니다. 영화의 움직임들을 조각조각 자르고 장면 하나하나를 검토하는 비판은 더 이상 회화의 아마추어적인 상황에 속하지 않습니다. 영화 그 자체가 읽을 수 있는 이야기와 가깝고 그것과 경쟁하는 이야기의 양태를 제안한다는 사실도 있습니다. 이때부터 문제는 더 이상 고전 예술의 비판에서처럼 가시적인 표면을 이야기하는 것이 아니라, 연속적인 이미지들의 가시적인 이야기와 평행하는 글쓰기를 발견하게 하는 것입니다. 다시 말해 읽을 수 있는 연속에 의해 가시적인 연속을 다시 이야기하는 것입니다. 그러나 여기에는 특히 영화의 근본적이고 미학적인 애매성이 있습니다. 영화는 결정된 미학적 프로그램의 틀 안에서, 다시 말해 상징주의의 틀 안에서 예술로서 전개됩니다. 영화는 오래된 연극의 기술 양식과 표상 양식을 대체하는 형식 음악의 전망 속에 기입됩니다. 이미지의 구어적 해석이라기보다 더 직접적으로 "이념의 리듬"(말라르메)을 표현하는 이미지들의 심포니적 전망 안에 기입됩니다. 영화는 이미지의 표현주의적인 조형을 거쳐서 또 몽타주의 시학적이고 대화적인 형식을 거쳐서 더 이상 구어적이지도 서술적이지 않기 때문에 더욱 이상적인 예술의 패러다임을 형성합니다. 우리는 앙드레 바쟁(André Bazin)에 이어서 정말로 유성영화가 영화사의 단절을 가져왔는지 아닌지를 논의할 수 있습니다. 유성영화는 최소한 위의 관점과의 단절을 가져왔습니다. 그러나 유성영화는 영상적 이야기와 말해진 이야기가 상호적으로 그려지는 초-서술적(sur-narratif) 영화를 승리로 이끌었습니다. 영화는 이렇게 반-표상주의의 기수이기를 그쳤습니다. 이것은 또한 영화 위에 글을 쓰는 방식에 변화를 가져왔습니다. 이미지가 자신의 대체적인 언어의 성격의 부담을 줄인 이래로, 영화의 장면, 그것의 조형적 본성, 그것의 회화적 등가성과 연결된 영화 위에 글쓰기는 큰 승리를 거뒀습니다. 무성영화는 음악적 패러다임 아래서 비평의 대상이었습니다. 반면 유성영화는 형상의 패러다임에서 비평의 대상이었습니다. 영화에서 글쓰기의 문제는 반-아리스토텔레스적인 예술이 되어야 하고 표현을 강화한 아리스토텔레스적인 이야기의 평범한 형식을 취한 예술의 특이한 지위와 연결되었다는 사실이 남습니다. 이때 비평가는 한 양식만을 따르지 않고 원하는 대로 한 이야기의 양식에서 다른 이야기의 양식으로 이동할 수 있습니다. 혹은 반대로 이미지의 고유한 양식만을 강조할 수 있습니다. 영화의 이미지 위에 글쓰기는 항상 이야기의 공통된 양식과 두 이야기 간의 간격을 모두 함께 유지할 수 있습니다.

● 어쩌면 이야기의 공동체와 그 간격 때문에 20세기의 주요한 비평적 전통은 영화비평이 되었을지도 모릅니다. 그러나 "영화의 역사"의 글쓰기는 "비평적" 글쓰기와는 아주 다른 방식으로 가시성과 가독성 간의 관계를 제기합니다.

그것은 사실 다른 문제입니다. 왜냐하면 대상들을 선택해야 하기 때문입니다. 물론 우리는 문학의 역사들에서처럼 선택을 거부할 수도 있습니다. 백과사전은 주목할 만한 단절 위에, 중요한 시기라고 판단된 상대적 가치 위에 세워진 규칙에 따라서 산출된 이런저런 시기에 대응하는 무수한 작품 해제를 제시합니다. 오늘날 영화의 역사의 글쓰기는 다른 방향으로 가기 위해 "선택"을 할 수 있다고 믿습니다. 그렇다고 해서 선택을 하기 위해 이 역사 안의 대상들을 취해야 하는지는 확실하지 않습니다. 어쩌면 예를 들어 가시성의 형식들의 역사, 서술적인 전략들의 역사, 혹은 미학적 정치의 역사를 건드리는 질문들로부터 출발하는 것이 더 흥미로울 수도 있습니다. 이 각각의 질문들은 영화 내적인 것이 아닌 관점으로부터 영화에 던져진 시선을 인도할 수 있을 것입니다. 어떤 시기에, 어떤 맥락에서, 어떤 공간에서 이런저런 영화의 형식, 이런저런 이론, 혹은 이런저런 영화만의 고유성이 더 넓은 세계의 표상을 포함하는 문제 제기 안에 기입됩니다. 그리고 이로부터 영화는 단순한 형식들의 나열 이상의 역사의 대상이 됩니다.

● 확신하건대 1920년대의 소비에트 영화를 연출가들의 시간적 나열이나 영화가 역사에 미친 영향들을 우선 고려하는 일방적이고 고전적인 역사보다 이

관점으로부터—당신이 생각하는 것처럼 소비에트 영화를 가시적인 것의 형식, 기술적인 전략, 미학적 정치의 역사 안에 통합하면서—해석하는 것이 더 흥미로울 것입니다.

현재로써 영화의 역사는 두 모델이 지배적입니다. 백과사전적인 모델과 특수연구의 모델이 그것입니다. 조르주 사둘[59]의 책은 영화의 고고학적 측면에서 우리에게 소중합니다. 그 책은 우리에게 어떻게 영화산업이 기술의 발달과 대중공연과의 만남으로부터 태어났는지, 어떻게 이 산업이 미학적인 형식을 낳게 되었는지를 등을 기술합니다. 그러나 이 예술의 역사에 이르러서, 그는 백과사전적 모델, 학파들의 목록으로 떨어집니다. 할리우드 영화로 돌아가기 위해 소비에트 영화에서 독일 표현주의로 건너뛰면서, 우리는 이 각각의 특수한 장르의 연구 속에서 길을 잃습니다. 다시 말해 이 학파들 모두는 다른 곳—시와 음악—에서 온, 또 새로운 인간, 새로운 공동체의 정치적 전망을 가진 미학적 프로그램에 같이 속한다는 사실을 놓칩니다. 1920년대의 델뤽(Delluc) 혹은 1950년대에 바쟁은 말라르메가 폴 마그리트(Paul Marguerite)의 무언극과 로이스 퓰러(Loïs Fuller)의 무용에 대해서 쓴 것과 같은 전망에서 채플린의 무언극을 "우리의 내적 형식의 은유들", 유형들의 문법에 대한 추상적 글쓰기로서 기술합니다. 이 형식들/상징들의 글쓰기의 이념은 또한 이상적인 탐미주의자와 대중예술의 꿈의 동일시를 가능하게 하는 것입니다. 이로부터 노엘 버치(Noël Burch)가 제기한 공연 예술의 대중적 전

59 조르주 사둘(Georges Sadoul, 1904-1967)은 프랑스의 영화 역사가이다. 그는 프랑스의 영화사에 중요한 『영화의 역사』(총6권)를 썼다.

통과 표상적인 공연의 부르주아적 규범 사이의 대립을 다시 생각해야 합니다. 영화가 태어났을 때 말라르메의 미학적 프로그램은 이미 엘리트의 예술과 작은 연극들이나 순회 흥행사들의 공연 예술에 대한 재평가를 연결했습니다. 미학과 대중의 동일시는 적어도 다른 두 가지의 동일시를 지지합니다. 즉 기술, 과학과 미래의 예술과의 동일시, 미래의 공동체와 일반화된 미학과의 동일시 말이죠. 아벨 강스(Abel Gance)의 퇴폐적이고 "과대망상적인" 탐미주의와 세르게이 에이젠슈타인의 변증법이 아무리 서로 다르다고 할지라도, 〈바퀴〉와 〈일반노선〉은 영화 기계가 시를 넘어서 가는 새로운 시—최상의 예술 작업으로서 살아있는 공동체—에 봉사한다는 같은 이념 안에 기입됩니다. 영화는 이 일반적 미학의 전망 안에 기입됩니다. 여기서 작품의 상징적인 신비는 공동체를 다양한 삶의 본질적인 리듬에서 떨리게 하고 미래의 예술작품으로서 기계의 미래주의적 유토피아를 만납니다. "제7의 예술"이라고 명한 카누도(Canudo)[60]의 선언은 이 공동체의 새로운 양식과 동일시하는 미래의 미학으로서 신비적인 기계의 유토피아를 요약합니다. 그는 영화 촬영기계의 출현을 보고는 다음과 같이 찬양합니다. "젊은 아폴로 주변의 뮤즈의 새로운 춤, 무엇과도 비교할 수 없는 초점 주변의 빛과 소리의 원무, 즉 우리 시대의 영혼." 만일 우리가 이 기계 기술들과 형식들이 정치의 미학적인 유토피아에 속한다는 사실을 고려하지 않는다면, 역사의 대상으로서 영화를 기술하는 것은 어려울 것입니다. 20세기의 영화는 여러 소재들이 만나는 가장 풍성하고, 다른 역사들로 가득

60 리치오토 카누도(Ricciotto Canudo, 1877–1923)는 이탈리아의 영화, 문학, 예술 비평가로 1919년 영화를 "제7의 예술"이라고 지시한 인물이다.

한 재료입니다. 따라서 영화 그 자체로부터 출발해서 "영화의 역사"의 대상들의 선택을 규정하는 것이 반드시 유용한 것은 아닙니다. 차라리 공동체에 민감한 다른 역사들, 예를 들어 시선의 역사, 서술의 역사, 전략의 역사로부터 끌어낼 수 있는 대상들로부터, 또 영화적 실천과 영화에 고유하게 속한 유토피아가 그 자신들의 방식으로 변형할 수 있는 대상들로부터 출발해서 해석의 열쇠들을 가진 영화로 향하는 것이 좋을 것입니다. 이로부터 다른 예술들과 다른 영역들과 대화하고 이것들과의 통로를 만드는 것이 가능하게 됩니다. 어쨌든 발명의 역사, 연출가들의 역사, 스튜디오의 역사, 학파들의 역사를 영화적으로 "의미 있는 것들"—영화가 어떤 계기에 사회로부터 밝힐 수 있는 것들—의 역사로 대체하는 것이 중요한 것이 아닙니다. 이러한 역사는 영화의 대상이 지워지고, 가장 날카로운 모서리들을 사라진 담론을 산출하고, 결국 영화를 주어진 사회에서 산출된 문화적 담론의 사회학적이고 미학적인 예시로 이끌 것입니다.

● 우리는 1970년대에 프랑스 대학에서 마크 페로(Marc Ferro)가 "영화와 역사"라는 과목을 개설한 것을 비판할 수도 있을 것입니다. 오늘날 영화로부터 출발해서 역사를 쓰는 것이 어렵다는 것은 사실입니다. 만일 우리에게 내적 기준이 있다면 박식에 의해 함정에 빠질 것이고, 만일 우리가 영화를 한 사회의 역사의 문화적 요소로 고려한다면 우리는 의미와 지식에 의해 함정에 빠질 것입니다.

역사는 선택의 문제, 즉 자름의 문제입니다. 자름은 역사적인 것으로서 대상을 드러내기 때문입니다. 중요한 것은 우리가 가시적인 것의 역사의 한순간을 이야기하기 위해 어떤 대상들을 함께 놓을 수 있고 놓고자 하는가를 아는 것입니다. 문제는 "단단한 대상들(objets durs)", 즉 박식과 지식에 저항하는 대상들을 발견하는 것이고, 그 대상들 안에 영화가 자신의 자리와 힘을 보존하는 서술의 전략들, 가시적인 것의 형식들, 미학적인 정치들을 기입하는 것입니다. 예를 들어 영화에서 이야기는 정확히 무엇을 이야기할까요? 이 질문은 장면들과 시퀀스들의 서술적인 연쇄의 수단에 대한 질문에 제한되지 않습니다. 서술은 고전적으로 비밀, 수수께끼, 감춰진 것 위에 세워집니다. 그리고 어떻게 영화가 이것들을 기능하게 하는가를 보는 것은 정치와 이야기의 다른 형식들과의 관계에 얽히는 것입니다. 영화는 자신의 고유한 수단들을 가지고 가시적인 것과 비가시적인 것, 위와 아래, 앞과 뒤, 공적인 것과 사적인 것을 다루면서 정치적인 것을 이야기하기를 그치지 않습니다. 이렇게 하면서 영화는 자신의 힘을 문제 삼고, 이것을 다른 힘들과 겨루고, 자신의 한계를 밝히기를 그치지 않습니다. 어떻게 영화의 형식들이 지속적으로 말과 이미지의 힘들의 관계를 다시 정돈하는지를 보면서, 영화가 감춰진 것을 드러내는 형식에 대해서 연구하는 것은 흥미로워 보입니다. 예를 들어 〈영혼의 비밀들〉(빌헬름 파프스트)에서 정신분석가에 의해 "연구된" 이미지는 환자를 아프게 하는 이미지와 같은 이미지로 머뭅니다. 따라서 병의 회복을 느끼게 하기 위해서는 여름의 건강한 이미지와 가정의 행복의 이미지—이야기를 읽을 수 없게 하는 것—를 첨가해야 합니다. 반면에 〈이유 없는 의심〉(프리츠 랑)은 우리에게 거짓 범죄의 연출은 결정적으로 다만 몇몇 단어들에 모든 사건의 비밀—거짓을 감추고 있는 진정한 범죄—을 밝힐 수 있는 힘을 결정적으로 다만 단어들에게 맡긴다는 것을 보여줍니다. 또 〈리버티 밸런스를 쏜 사나 이〉(존 포드)가 누구인지를 보여주는 시퀀스는 보충적인 이미지—이물질—의 양태로 우리에게 진실을 보여줍니다. 이 이미지는 영웅의 전설을 해치는 것만이 아니라, 소설적인 이야기의 영화적 적용인 플래시백의 형식 그 자체를 "위조"합니다. 영화에서 비밀의 이야기는 말과 이미지의 내적 놀이를 재-탐험하는 동시에 정치 형식들의 이야기 안에 영화의 형식들을 기입하는 방식일 것입니다.

나는 중요한 것은 이미 정해진 해석들을 가진 "문화적" 범주들을 거치지 않고 안과 밖을 소통시키는 대상들을 선택하는 것이라고 믿습니다. 나는 여기서 영화를 우의적으로 설명하는 미학적/서술적 대상들을 생각합니다. 예를 들어 철로와 기차는 영화가 기계의 유토피아에 속한다는 것을 표시합니다. 그리고 안경과 총은 가시적인 것의 전적인 지배의 기획 안에 영화를 기입합니다. 〈단 한 번뿐인 삶〉(프리츠 랑)의 주인공들을 겨냥한 총을 조준하는 자의 이미지는 서술적 상황의 비장함과 카메라를 그것의 과학적인 원조, 즉 동체사진을 찍는 총(fusil chronographique)[61]으로 이끄는 가장 짧은 길을 연결하는 잠재력을 갖습니다. 이 대상들의 발전 경로를 쫓는 것은 해볼 만한 일입니다.

물론 어두운 극장 안에서 우선 볼거리로 주워진 것이 있고, 이어서 본 것이 있고, 세 번째로 이 봄이 가시적인 것의 체제 안에 기입되고 변경되는 방식이 있습니다. 다른 영역에서와 마찬가지로 영화에서 우리는 너무 쉽게 보여준 것에서 본 것을, 다시 말해 볼거리로 주어진 것의 의미에서 본 것의 해석을 끌어냅니다. 영화의 관객에 대한, 혹은 영화

61 1882년 에티엔 쥘 마레(Étienne Jules Marey)가 동체사진을 찍기 위해 발명한 총모양의 카메라를 말한다.

초보자가 겪는 가시성의 변형의 방식에 대한 단편적이고 주관적인 이야기를 해 보는 것도 좋습니다.

● 1895년에서 1995년의 영화의 역사들의 시간은 완성되었습니다. 그러나 1세기라는 호기를 맞아서 이 역사들은 여기 저기 출판사들에서 다시 깨어날 것입니다.

물론 1세기라는 호기를 맞아서 사람들은 영화를 실질적으로 지배적인 문화로 기입하고 "문화유산"으로 만들기에 이릅니다. 세계적인 영화 박물관의 무수한 작품들의 동질의 역사는 아마도 "학파들"의 역사들로 이어질 것입니다. 그리고 이것은 "영화의 역사"라는 학과목을 제도화하기에 이를 것입니다. 이런 제도화는 전혀 바람직해 보이지 않습니다. 다원화된 교차하는 전망들—인위적으로 동질성을 산출하는 것보다 이질성들로부터 출발하는 것—이 내게는 더 활력적으로 보입니다. 반복과 전이 위에서 작업하면서 의미작용들로 가득한 역사들이 가능합니다. 예를 들면 한 영화가 다른 영화로 변형되는 방식을 들 수 있습니다. 여기서 나는 마누엘 데 올리베이라를 생각합니다. 그는 〈아니키 보보〉(*Aniki Bobo*)라는 현지의 이야기, "신-사실주의"적 이야기를 그를 가장 적게 닮은 것의 변형—〈레베카〉(히치콕) 유형의 빅토리아풍의 소설 같은 영화—으로 제시합니다. 나는 또한 서양과 동양의 왕복을 생각합니다. 오주(Yasujirō Ozu)의 무성영화들 안에서 우리는 최근의 유럽이나 미국 영화에서 나타나는 벽을 장식하는 포스터들이 나타나는 것을 봅니다. 사반세기 후에 〈안녕하세요?〉의 침묵의 파업을 하는 아이들의 "전형적인 일본의" 이야기는 미국의 무성영화의 마임에 대한 일종의 경의입니다. 그 이후에 1980년대에 오주의 영화들은 "다른" 영화의 교훈으로서 유럽에 도착할 수 있었을 것입니다. 나는 또한 르누아르[62]의 인도[63], 유럽의 신-사실주의적 카메라, 포드식의 이야기가 낳은 결과를 생각합니다. 사티야지트 레이(Satyajit Ray)의 "인도" 영화는 다른 곳의 영화로서 유럽으로 "되돌아옵니다."

● "영화의 역사"라는 학과목의 제도화에 대한 당신의 염려는 영화의 1세기라는 호기와 연관되는 것으로 보입니다. 이러한 대학의 상황을 고려한 영화의 역사에 대한 잡지들의 창간 등등은 현재 계속 진행되고 있는 일입니다. 이러한 학과목의 합법화는 아주 최근의 일로 1970년대의 대학에서 학과의 전문화를 기해서 언어학과 기호학과 사회학과 등을 산출한 과정을 반복합니다. 우리가 최근의 대학 프로그램을 검토해 보면, 영화의 기호학이 마지막 학기에 놓인다면, 영화의 역사는 그것의 뒤를 이어서 대학에서 자신의 고유한 역사를 쓰기 시작합니다. 다른 한편 이런 "역사화"는 현재 인문학과 문학비평에서 아주 일반적인 현상입니다. 사회학자들은 역사를 연구하고 철학도 마찬가지고, 문학은 더더욱 역사에 전념합니다. 몇 년 전부터 학과목으로서 또 사료에 대한 관점으로서 역사는 관심의 중심으로 되돌아 왔습니다. 이것은 넓은 의미의 인식론적인 관점에서 이뤄집니다. 역사는 1960년 이래로 거의 20년 동안 그것이 차지했던 자리를 언어학, 기호학, 정신분석이 그 자리를 차지하기 전에 되찾았습니다.

62 장 르누아르(Jean Renoir, 1894-1979)는 화가 오귀스트 르누아르의 둘째 아들로 영화연출가이며 시나리오작가이다. 누벨바그 이전에 그의 영화들(1930-1950)은 프랑스 영화에 지각변동에 지대한 영향을 미쳤다.

63 르누아르의 인도에 대한 영화는 1949년 루머 고든(Rumer Godden)의 소설 『강』을 토대로 한 같은 제목의 영화이다. 이 영화는 인도의 영화와 특히 사티야지트 레이에게 지속적인 영향을 미쳤다.

우선 영화의 100년은 영화의 역사 안에서 어떤 경우에도 날짜를 지시하는 것이 아니라는 사실로부터 출발합시다. 급성장하는 역사화의 현상이 문제일 때, 그것은 정치의 일반화를 동반하는 사유의 일반화와 짝을 한다는 것은 명백합니다. 예를 들어, 게임의 규칙, 감춰진 비밀 등의 폭로를 통한 전복의 시도를 동반하는 기도들—그것이 잘못된 것이든 옳은 것이든 간에—대신에 유산의 관리에 전념하는 것을 들 수 있을 것입니다. 결국 걱정스러운 것은 이런저런 학과목의 대체보다 학과목의 영향력입니다. 그러나 역사는 다만 분과가 아니라, 어떤 주어진 시기에 대상들을 파악하는 일반적인 틀로서 지배적인 역사성의 의미를 부여하는 사유의 모습입니다. 역사의 지배는 어떤 역사적 의미의 지배입니다. 오늘날 정치적인 것과 과학적인 것과의 관계를 단절하는 사유의 모습으로서 이러한 역사의 지배의 회귀는 사망자 명부의 회귀와 같습니다. 이것은 두 측면을 갖습니다. 하나는 죽은 자들의 재매장, 원한, 역사 안에서 단절로서 생각될 수 있는 모든 것에 반한 침울한 비난입니다. 다른 하나는 수집과 백과사전입니다. 설명과 박물관 식의 분류는 모든 제도, 모든 형식, 모든 사유, 모든 믿음이 제 시간에, 제 자리에 도달한다는 것을 보증합니다. 이 귀속의 "문화적" 마크에 집적하면서, 이 설명과 분류는 대상, 문화, 시간 등등 사이의 원시적 횡단을 세우는 모든 글쓰기의 행위에 대해 자신을 미리 보호합니다. 여기에 모든 글쓰기의 실천을 박물관적 실천으로 변경할 위험이 존재합니다.

이 질문은 특히 영화에 영향을 미칩니다. 왜냐하면 영화는 민주주의 시대의 살아있는 예술이고자 하고, 전적으로 20세기의 민주주의 맥락에서 생겨난 탁월한 미학적이고 정치적인 새로운 형식이기 때문입니다. 영화는 반-박물관적으로 존재한다고 말할 수 있을 것입니다. 민주적 시대의 미학은 두 가지 형태를 갖습니다. 그 하나는 박물관적 기도이고, 다른 하나는 움직이는 이미지의 새로운 예술의 꿈입니다. 오늘날 영화에 대해서 쓰는 것은 다음의 내기 안에 자신을 내맡기는 것입니다. 즉 이미지의 불안정성, 모든 방향으로의 탈주를 연장하는 것이거나, 그 자리에 최후의 거대한 문화적 형식을 기입하는 것입니다.

● 그러나 영화는 일찍이 1920년 이래로 일종의 박물관, 자신의 기억을 보존하는 장소들, 필름보관소를 요구하지 않았나요?

두 가지 문제가 있습니다. 예술적 합법성의 문제와 특히 전시된 예술적 자료의 보존의 문제입니다. 랑글루아[64]의 필름보관소 건설 기획을 추진할 수 있었던 힘은 한편으로 두 번째 측면의 지배이고, 다른 한편으로 보존의 독트린에 반한 하나의 선택입니다. 다시 말해, 우선 보여주기, 이어서 기억을 보존하기입니다. 그러나 그 기억을 본질적으로 살아있는 것으로 만들기 위해서, 즉 그것을 현재에서 보기 위해서, 현재 만들어지고 있는 영화와 직접적으로 대화하기 위해서 그렇게 합니다. 그는 예술과 예술이 아닌 것의 결정되지 않은 경계 위에서 사라지는 물질적 측면과 영화에 대한 열정 그 자체를 일치시켰습니다. 다시 말해 그는 합법성의 게임이 박물관적 제도 위에서 구성되는 방식을 피했습니다. 다른 곳에서 박물관은 관례적 미학의 승리를 보증하면서, 마치 합법성의 법정—"그것이 박물관에 있을 때 혹은 박물관에 있기 때문에 그것은 예

64 앙리 랑글루아(Henri Langlois, 1914-1977)는 영화의 보존과 영화의 복원의 선구자로 프랑스 필름보관소(Cinémathèque française) 창설자 중의 하나이다.

술이다"—으로 기능합니다. 이 경우, 그는 반대로 변기와 예술작품 간의 동등성 위에 이론들을 산출하는 것이 아니라, 새로운 영화의 형식들이 출현한 영화들에 대한 논쟁을 산출하면서 모든 합법성을 문제 삼았습니다.

● 이 경우 누벨바그는 주목할 만한데…

그렇습니다. 어떤 의미에서 그것은 박물관에서 태어난 예술입니다. 다시 말해 박물관의 비전형적인 형식입니다. 그리고 이것은 그때 기존하는 기준들을 뒤흔드는데 성공한, 대중영화, 웨스턴, 코미디 뮤지컬과 같은 예술의 살아있는 형식들과 필름보관소 덕분에 가시적이 된 영화의 기억을 관계시킨 영화애호의 힘이었습니다. 이때 "역사적인 것"은 그 당시 살아있는 예술을 만나고, 이것은 전적으로 흥미 있는 탈-합법화와 재-글쓰기를 산출했습니다. 오늘날 우리가 목격하는 것은 전적으로 다릅니다. 영화문화는 다시 우리가 미리 합법적인 것과 그렇지 않은 것을 아는 갇힌 영화문화로 돌아왔습니다. 그 당시의 영화애호는 합법성을 문제 삼는 복권의 기도였습니다. 오늘날 복권은 세습자산의 보존의 기도이고 합법화의 공식적 기구입니다. 기억과 연관된 현상은 생산시장과 연관된 현상과 동일합니다. 우리는 더 이상 1950-1960대에 "대중적인 것"과 "예술적인 것"의 예상하지 못했던 만남을 보지 못합니다. 그것은 장르의 체계와 작가의 체계의 만남이었습니다. 랑(Lang)이나 월시(Walsh)에게 맡겨진 "B시리즈"와 같은 것은 색다른 관객들을 발견할 수 있었습니다. 상업영화는 이 "작가들의 정치"를 자기화하고, 영화를 다소 소피스트하게 만드는 것을 배웠습니다. 상업영화는 시장에서 이런저런 관객을 위한 문화적이고 미학적인 산물들을 제시합니다. 상업영화는 여러 수준의 지성을 위해 지적인 것을 만듭니다. 그리고 그것은 절대로 실수하지 않습니다.

● 따라서 두 종류의 민주적인 미학, 한편으로 박물관과 다른 한편 영화가 서로 대화하던 유일한 순간은 1950년대에 영화애호에서인가요?

아마도 그럴 것입니다. 그러나 이 대화를 너무 과대평가해서는 안 됩니다. 역사에 대한 우리의 질문으로 돌아와서 생각하면, 시네필이 "영화의 역사"를 산출한 것처럼 보이지는 않습니다. 영화애호는 예술로서 영화에 대한 전망, 다른 전망을 낳았습니다.

● 그러나 영화애호는 "작가들"로부터 출발해서 "영화의 역사"를 재구성했습니다. 영화애호는 영화의 연대순을 이런저런 작가에 따라서 재구성할 수 있었습니다, 그것은 영화의 이야기를 취미 판단의 개념에 근거해서 제안했다고 말할 수 있습니다.

물론 시네필들은 작가들을 보고 재분류했습니다. 그러나 1950–1960년대의 시네필들의 텍스트를 읽어보면 우리는 거기서 전혀 영화의 역사를 다시 쓸 수 있는 어떤 능력을 찾아 볼 수 없습니다. 그것은 긍정적인 담론이고, 판단과 취미에 대한 기록이며, 아주 드물게 해석적인 혹은 단순히 기술하고자 하는 노력입니다. 하지만 여기에 진정한 역설이 있습니다. 왜냐하면 예술로서 영화의 정당화, 영화의 역사성은 전적으로 이 순간과, 즉 시네필의 글쓰기와 연결되기 때문입니다. 그러나 동시에—그리고 몇몇 예외적인 사례를 제외하고—이 글쓰기들에는 이미지, 화면에 나타나는 것을 말할 수 없는 무능이 있습니다. 그리고 다른 예술과의 인상적인 유비나 윤리적인 고려들에 의존하는 경우들이 허다합니다. 웨스턴의 미학적인 지위를 보장했던 이러한 무수한 담론들은 우리에게 절대로 "공간의 의미"나 "남자들의 우정"의 의미를 드러낼 수 없었습니다.

● 영화의 가능한 역사에 대한 보다 일관된 담론을 구성했던 다른 계기가 존재합니다. 그것은 "비판적 계기"입니다. 전쟁 후에 바쟁을 중심으로 영화 비평과 프랑스 텔레비전에 대한 비평은 영화의 역사에 대한 재-글쓰기의 기도를 제시합니다. 예를 들어 다른 시대구분—예를 들어 1920년대의 단절 혹은 1940년대의 초반의 단절을 강조하기 위해 무성영화에서 유성영화로의 이행의 "단절"을 위험을 무릅쓰고서도 고려하지 않는 것—, 다른 시선—역사는 학파나 장르에 따른 기계적인 연대기에서보다 연속적이거나 경쟁적인 "스타일들"의 인정 위해 세우고자 하는 시선—, 또 기술적(descriptif)이라기보다 분석적인 과정을 거쳐서 다른 방식의 이야기를 제시합니다.

바쟁이 무성과 유성의 단절을 의심했을 때, 이것은 새로운 표상적인 예술의 지위 안에서 결정적으로 일단의 영화의 정상화를 꾀하고자 한 것입니다. 두 전통의 분리는 서술적인 것과 그렇지 않은 것의 대립을 공식화하는 방식이고, 다른 서술의 이념 안에서 "반-서술적인 것"의 새로운 형태의 성취를 발견하는 한 방식입니다. 들뢰즈의 이미지-시간과 이미지-운동의 대립은 시간 예술의 이념 그 자체를 재공식화하는 재착상의 논리 안에 기입됩니다. 바쟁이 로셀리니적인 계기를 긍정했던 방식은 영화라는 예술의 영역 안에서 효과들을 산출할 수 있는 영화의 새로운 역사화를 세운 해석적 결정의 거의 유일한 사례라고 생각합니다. 물론 이것은 여러 가능한 역사들 중의 하나로 남습니다. 바쟁은 웰스(Welles)의 장(champ)의 깊이와 로셀리니의 느린 이미지의 축적을 몽타주에 기초한 영화 안에 두 종류의 단절로서 함께 놓습니다. 그러나 우리는 또한 웰스의 비밀을 서술하는 방식을 아리스토텔레스적인 전통 안에 기입할 수 있습니다. 이것은 비밀을 드러내는 로셀리니적인 실천과 정면으로 대립합니다. 우리는 또한 로셀리니의 〈이탈리아 여행〉은 미조구시(Misoguchi)의 마지막 영화들과 또한 만(Mann)의 서부영화들과 동시적이라는 것을 기억할 수 있습니다. 따라서 우리는 모든 종류의 가능한 조합, 또 영화들과 시대들 간의 때때로 감춰진 일련의 관계들, 미학적 기입이 강조되거나 그렇지 않은 대상들을 상상할 수 있습니다. 매 유형은 다른 양태의 가능한 연대기를 끌고 갑니다. 그리고 이 차이는 언제나 자극적입니다. 이때 우리는 평행한 여러 역사가 있다는 것을 알아차립니다. 예를 들어, 서술의 활용은 아주 다양한 연대기를 제시합니다. 우리는 이 대상—영화들 안에 서술적 체계—으로 기울면서, 이 차이들로 기울면서, 다른 영화의 역사를 구성합니다. 그러나 나는 들뢰즈처럼 특수한 연대기보다 다양한 유형론을 말하는 것이 방법론적으로 더 유용하다고 믿습니다.

● 이제 우리는 "영화의 역사"가 될 수 있는 어떤 정의에 우리가 근접할 때마다, 그것을 포기해야 합니다. 왜냐하면 대상이 달아나기 때문에…

영화의 역사는 부분적으로 어떤 환상과, 영화는 상대적으로 젊은 예술이기 때문에 기간으로 나눌 수 있는 동일한 시간의 블록으로서 이해되는 것이 가능하다는 이념에 의해 창출된 환상과 연결된 것입니다. 아주 쉬운 생각이지만 잘못된 것입니다. 예술의 객관적인 연대기는 없습니다. 왜냐하면 시간의 통일성 그 자체는 여러 종류의 시간성—기술들(techniques), 표상의 양태들, 가시적인 혹은 청각적인 것의 체계들, 예술인 것에 대한 결정들, 역사를 만드는 것에 대한 결정들 등등—이 서로 겹치는 것이기 때문입니다. 역사는 그래서 서로 다른 시간성들의 연결이 있기 때문에, 모든 현재는 비시간성에 의해 결정되기 때문에 존재합니다. 그리고 스타일들의 규정은 이 연결의 특이한 양태들과 관계합니다. 물론 연대기는 유용성을 갖습니다. 그러나 "역사"의 작업은 예를 들어 우리가 "누벨바그"의 영화적 스타일을 즉각적인 연대기적 참조들—새로운 세대의 삶의 스타일, 도덕적 혁명, 생중계, 탐방기사—과 분리하는 것이 무엇인지 물을 때, 또 누벨바그를 표면적으로 정반대인 1930년대—기교의 숭배와 멋을 부린 말 등등—의 영화, 예를 들면 루비치(Rubitsch)의 영화와 접근시키는 것이 무엇인지 물을 때 시작합니다. 게다가 이런 것은 영화애호와 누벨바그의 역할이었습니다.

● 고다르는 영화를 "우리시대의 빛"이라고 말합니다.

따라서 우리를 쉽게 단편적이고 결정할 수 없는 것으로 보내는 이러한 회피를 "포기"하거나 불평할 이유가 없습니다. 영화의 역사는 모든 역사와 닮았습니다. 완벽함은 가면이고 전체성과 결별해야 합니다. 역사들이 있고 백과사전을 거부하는 역사의 대상들이 있습니다. 중요한 것은 모든 역사를 배려할 수 있는 "구멍들"입니다.

● 그런데 우리가 비디오카세트 모음이나 영화의 역사를 기리는 영화축제 프로그램을 보면, 대개, 당신의 생각과는 달리, 앞의 사람들이 남긴 역사—사둘(Sadoul)의 영화의 역사, 비판과 시네필의 역사—의 구멍이나 공백을 채우는 데에 있다는 것을 발견합니다.

역사가는 오늘날 박물관과 문화적 유산의 이념에 사로잡혀있습니다. 우리는 전집을 구성하고자 하는 생각으로 구멍을 채우고 싶어 합니다. 이로부터 선택은 탐미주의자의 몫이고 해석은 탐구자의 몫일 것입니다. 역사는 이 우선성의 질서를 비판하면서만 살아있습니다. 영화의 역사성은 예상된 선택과 해석으로 이뤄집니다. 만일 우리가 역사를 쓴다면, 구멍들과 일을 해야 하고, 편차, 이질성, 비시간성이 만드는 이 간격을 채우기를 거부해야 합니다. 역사에 대한 글쓰기는 공허를 만들고 이 결핍 위에서 본질적으로 질문됩니다. 이 글쓰기는 특수한 섬들 사이에 걸려있는 통로, 다리의 체계를 제안합니다. 역사가는 대상을 구성합니다. 그리고 이 대상이 살아있고, 해석 가능하기 위해, 그것은 본질적으로 역사가 어떻게 형성되는지를 보기 위해 가설적으로 모인 역사의 단편들을 가지고 이질적인 방식으로 구성되어야 합니다. 영화의 역사, 아니 차라리 역사들, 그 안에서 영화가 한 자리를 차지하는 역사들은 망각과 상실로부터 써집니다.

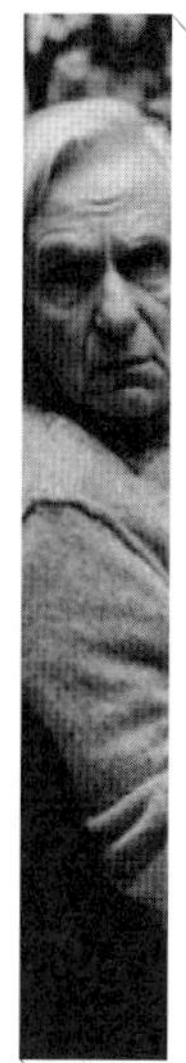

1999년

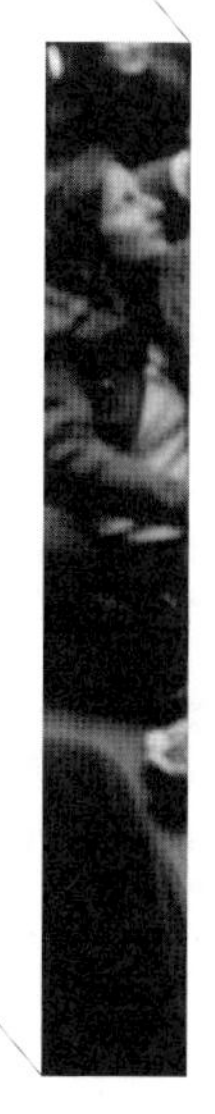

정치는 치안일 뿐인가?[65]

(장-폴 몽페랑과의 대담)

● 장-폴 몽페랑: 『정치적인 것의 가장자리에서』 당신은 정치가 무엇인가를 다시 정의하고자 합니다. 당신은 여기서 "가장자리"에 대해서 여러 가지 해석의 가능성을 제시합니다. 주변, 변두리, 경계, 또한 우리가 처한 "막바지"의 의미에서 선택을 의미하기도 하는데…

자크 랑시에르: 내가 이 책을 쓰기 시작한 것은 10년 전, 정치의 종말, 유토피아의 종말, 이데올로기의 종말 등등 종말의 사유가 만연할 때였습니다. 나는 이 담론을 정치의 경계들, 그 주변, 다시 말해 정치라는 말이 의미하는 것의 주변을 질문하면서 보다 일반적인 틀 안에서 복구하고자 했습니다. 사람들은 보통 정치를 권력 투쟁, 이 권력의 실행 혹은 그 대상과 동일시합니다. 다시 말해 사회 경영, 사회적 집단 간의 자산

65 (원주) 이 대담은 1999년 6월 1일자 신문 《위마니테》(Humanité)에 실렸다.

과 권력의 분배로 생각합니다. 나는 정치는 지배나 경영이 아니라, 그러한 정치의 논리를 초과하는 것이라는 점을 보여주고자 했습니다. 정치는 "아무것도 아닌", 셈에 들어가는 인구 바깥에 초과하는 주체들의 실존과 더불어 시작합니다. 프롤레타리아는 사회적 집단을 대표하는 것이 아니라, 그들의 정치적 발언이 경계의 침입이 되는 정치적 주체입니다. 왜냐하면 그들의 말은 말하는 존재라는 생각되지 않은 이들의 말이기 때문입니다.

● 당신은 정치의 이중적 측면을 분명히 드러내면서 비정상, 침입, 초과…등에 대해서 말합니다.

사실 나는 두 개념을 대립시키기를 제안합니다. 한편에 다만 억압, 사회적 통제의 의미에서 이해되는 것이 아니라, 인간을 공동체로 조직하고 사회를 기능, 자리, 자격에 따라서 정돈하는 활동으로서 "치안(police)"의 개념이 있고, 다른 한편 전적으로 다른 절차로, 평등의 절차가 있습니다. 후자는 누구나 동등하다는 평등의 전제와 그것을 검토하고자 하는 염려에 의해 인도되는 실천 안에 존재합니다. 그것을 지시하는 가장 적절한 이름은 "해방"입니다. 우리가 정치라고 부르는 것은 사실 이 두 절차의 지속적인 대립, 그 "상황" 자체를 말하기 위한 투쟁 속에 존재합니다. 1995년 사회운동 때, 정부는 상황을 이해할 수 없는 "시대에 뒤처진 사람들"에 직면해서, 유일하게 가능한 것을 할 것이라고 선언했습니다. 이 "시대에 뒤처진 사람들"의 정치는 바로 이러한 자만에 찬 감각적 명증성을 고발합니다. 아리스토텔레스는 동물이 고통이나 쾌락만을 표현할 수 있는 반면에, "정의"와 "부정의"에 대해 논의할 수 있는 말하는 존재의 성격 위에 정치학을 건립했습니다. 그런데 "치안"의 원리는 인간을 내가 무엇을 아는지를 "아는" 사람들과 다만 불만, 분노, 히스테리만을 드러낸다고 말해지는 사람들 간의 나눔 안에 존재합니다.

● 이런 접근은 모든 도덕적 판단과 무관하게 정치의 위기의 근원에 존재할 수 있다고 생각하지 않나요? 오늘날 정치적 위기는 아마도 전통적으로 정치가 자리하는 장소 밖에서 드러나는 경향이 있는 것처럼 보입니다. 우리는 예를 들어 1998년 3년마다 있는 상원의 갱신보다 월드컵이 있을 때 더 정치적이라고 생각할 수 있습니다.

우리가 "사회적 문제"라고 부르는 것 안에 정치가 일어납니다. 그러나 이것은 반드시 정치를 위기에 처하게 하는 정치적 주체가 있다는 것을 의미하지는 않습니다. 나는 항상 정치는 낮은 데서, 정치적 망이나 연합 안에서 일어난다는 생각에 더 집착했습니다. 우리가 "치안적" 혹은 순수하게 경영적이라고 부르는 질서에 반한 저항적 형식, 정치적 감수성의 형식을 규정하는 아주 작은 사회적 상황들이 존재한다면, 이런저런 상황—예를 들어 1995년의 사회운동이나 불법체류자들의 시위—안에서 문제가 되는 것을 보편화할 능력이 없는 한에서 정치는 없습니다. 중요한 것은 연대가 아니라 갈등을 보편화할 수 있는 정치적 주체들을 구성하는 것입니다. 정치는 갈등입니다. 갈등이 보편적인 기능을 가지는 한에서 말입니다.

● 어디에서 정치적 주체는 구성될까요? 그리고 정확히 그들 간의 연대를 만

드는 것은 누구인가요? "마르크스주의적"인 지도적 정당인가요?

그 질문은 나의 철학적 여정과 관계합니다. 학생 시절, 나는 마르크스의 텍스트, 그리고 루이 알튀세르라는 인물과 그의 담론에 매료되었습니다. 그래서 나는 마르크스주의에 진정한 이론을 제시한다고 주장하는『자본론 읽기』의 작업에 참여했습니다. 정치와 이데올로기를 분리하는 작업은 사회운동의 주역은 자신들의 조건을 모른다는 것을 전제합니다. 결국 우리의 정밀한 "과학"은 불행한 피지배자들에게 그들의 지배의 이유에 대한 진정한 설명을 가져다주는 자는 항상 지식인, 학자라는 것을 제안합니다. 1968년 즈음에 나는 이 지속적인 과학적 전제에 대해 문제를 제기하기 시작했습니다. 이것은 나에게 마르크스주의의 구성과 노동자 해방의 모습의 구성 간의 역사적 관계에 대해 연구하고자 하는 열망을 주었습니다. 따라서 나는 마르크스적 사유에 반한 노동자들의 진정한 사유를 발견하고자 하는 의지와 염려를 가지고 19세기의 노동자들의 사유에 대한 자료들을 연구하는 데 10년을 보냈습니다. 연구하면서 이런 방식으로 질문하는 것이 적절하지 않다는 것을 깨달았습니다…

● 어떤 이유로…

프롤레타리아에게 가장 결핍된 것은 착취와 지배의 체제에 대한 인식이라기보다는 착취와 지배의 대상이 되는 이 운명과 다르게 살 수 있는 존재로서 자신에 대한 사유와 전망입니다. 그래서 사회적 운동은 우선 지적인 운동이라는 것을 의식했습니다. 노동의 질서로, 사유와 말의 질서에 반대되는 질서로 추방된 사람들의 운동에서, 우리가 이해해야 하는 것은 "노동자에게 고유한 사유"를 자기화하고자 하는 의지가 아니라, 반대로 타자의 사유와 말의 측면, 즉 고양된 타자의 사유와 말 안에 존재하는 어떤 것입니다. 예를 들어 노동자 시인들의 현상은 우리에게 노동 운동가들의 모든 문화동화의 역사는 일종의 상호적인 협력과 동시에 타자에게 속한 세계의 위반에 의해 일어난다는 것을 보여줍니다. 이 논리는 내가 정치의 논리 그 자체로서 더 광범위하게 생각하고자 했던 것입니다. 즉 우리가 노동운동이라고 부르는 것은 그 계급에 고유한 역사적인 이해관계에 대한 의식화 운동이 아니라, 우선, 자신들에게 속한 일들만이 아니라, 공통의 일들에 전념하기 위해 자신들이 처한 모호한 세계의 경계를 말하자면 위반하고자 하는 사람들의 지적인 운동입니다. 이것이 바로 우리를 초과의 개념으로 이끄는 것입니다.

● 이 "초과"의 개념은 또한 유토피아의 개념에서도 발견되지 않나요?

나는 항상 유토피아를 노동운동 정신에 보충적인 것으로 생각하고자 하는 담론을 경계해 왔습니다. 나는 이 둘을 항상 구분하고자 했습니다. 실질적으로 내가 "치안"이라고 부르는 질서 안에서 가능한 것들의 경계라고 선언된 그 경계를 우리가 위반하지 않는다면 더 이상 정치는 없습니다. 그러나 이것을 위해 푸리에(Fourier)나 생시몽주의를 불러내야 할까요? 어쨌든 유토피아적 사유들은 정치적인 것이 필요 없다고, 민주적인 갈등이나 평등한 갈등은 결국 오해 위에 세워진다고 가정하는 담론들입니다. 동시에 유토피아적 사유들은 항상 틈을 창출하는 기능을 갖습니다. 19세기에 노동자들의 운동이 나타나기 위해서는 먼저 틈의 형상들이 필요했고, 그런 틈들이 있었습니다. 나는 항상 그 당시 유토피아적 사유들에 직면한 프롤레타리아들의 이 이중적이고 모호한 관계에 강한 인상을 받았습니다. 그들은 가능한 것들의 질서의 재형상화로서 유토피아에 동조했습니다. 그러나 그들은 유토피아적 사유가 제안하는 구체적인 조직 형태에 동조하기보다는 궁극적으로 정치적 갈등에 이르는 유토피아를 정치화하고자 했습니다.

마르크스라는 인물은 아주 애매합니다. 우리는 그를 진정으로 해방에 민감한 인물로 그릴 수 있습니다. 다만 그것은 이중적인 담론—해방의 잠재력에 대한 긍정적인 담론과 "과학적"이라고 말해지는 담론—안에서만 가능합니다. 후자에 의하면 해방의 운동은 거기에 참여하는 사람들에 의해 알려질 수 없는 것입니다. 여기의 극단의 긴장이 있습니다. 물론 마르크스에 의하면 우리가 아는 일탈과 기괴함 등이 있습니다. 그러나 매번 정치적인 사건이 일어날 경우, 마르크스는 어쨌든 행동하는 자들은 그들이 무엇을 하는지 그 의미를 알지 못한다는 생각, 그 의미는 다른 곳에 있다는 생각, 그리고 행동하면서 그들은 어찌되었든 자신들의 고유한 상황의 해명과 반대되는 방향으로 나아간다는 생각에 의해 난처해진, 엇갈린 지지를 표명하는 것을 보는 것은 인상적입니다. 당신도 알듯이 나는 처음에 과학과 이데올로기의 대립에서 출발했습니다. 그리고 부르주아의 사유와 프롤레타리아의 사유의 대립을 다시 생각하기 시작했고, 이 두 대립은 지속적이지 않다는 사실에 도달했습니다. 19세기 노동자 운동의 가장 근본적인 질문이었던 것, 앞서서 내가 언급한 오늘날 노동운동에서 문제가 되는 것은 공통의 질서와 말 안에 경계를 건너기 위한 자리, 일종의 투쟁을 위한 자리가 있는지 없는지…

아는 것입니다.

무지한 스승[66]

(마티우 포르트-본느빌과 아자벨 셍-상과의 대담)

● 바카름: 우선 일련의 사상적 이동, 특히 이중적 이동에 대해서 질문하고 싶습니다. 한편으로 당신의 작품에서 정치적 반성의 용어들이 변경되었습니다. 다시 말해 투쟁의 공간에서 지식인의 지위에 대해 당신이 행한 비판, 합의(consensus)의 의미와 기능에 대해 당신이 제안하는 분석, 사회의 "치안적" 관리와 정치적 운동의 용출 사이의 구분 등은 우리의 일상적인 사유를 흔들었습니다. 다른 한편 이 분석들과 구분들은 구체적인 이론과 실천의 상황 안에서 산출되었습니다. 그리고 그 상황은 당신의 초기의 저작들과 비교해서 상당히 변형되었습니다. 우선 정치에 대한 지식인, 학자, 철학자의 역할과 지위에 대해서 질문을 시작해 보죠. 어떻게 이 질문이 당신에게 일어났나요? 그리고 이 질문은, 30년 전에 그랬던 것처럼 정치적 논쟁이 더 이상 이론 속에서 어떤 역할을 하지 못하는 시대에 무엇이 되었나요?

66 (원주) 이 대담은 1999년 *Vacarme* 9호 pp. 4-8에 실렸다.

자크 랑시에르: 출발은 알튀세르였습니다. 다시 말해 나는 과학과 이데올로기의 대립, 즉 정치와 사회의 주역들이 실천하는 것의 진실에 대해, 하지만 사실 그들 자신은 생각하지도 생각할 수도 없는 진실에 대해 말한다고 주장하는 담론의 이론으로부터 출발했습니다. 처음에 이것은 고전적인 용어들 안에서 정식화될 수 있었습니다. 마치 여기서 문제가 되는 것이, 지식인들이나 이전의 마르크스주의자들의 담론과 지역적이고 영토화된 반-담론의 대립 안에서, 이론가들에게서 빌려온 말에 반한 피지배자들의 진정한 말을 재발견하는 것인 것처럼 말입니다. 이런 생각은 오래지 않아서 "고유한" 담론이라는 생각 그 자체는 사회적 신체들을 그들의 자리에 지정하는 것이라는 발견과 더불어 변경되었습니다. 결과적으로 우리가 사회적 실천의 진실을 안다고 말하는 철학자, 지식인, 학자들의 주장을 반박하고자 한다면, 중요한 것은 그 주장에 반한 사유나 이데올로기를 제시하는 것이 아니라, 한 신체를 일정한 유형의 진술에 고정하는 것을 질문하는 것입니다. 이로부터 지적인 평등의 문제는 나에게 본질적인 문제가 되었습니다. 그래서 어떤 이들에게는 다소 과장적인 것처럼 보이는 『무지한 스승』은 나의 생각의 중심에 놓였습니다. 중요한 것은 각자 자신의 머리를 사용한다는 의미에서, 또 자신의 머리를 사용하는데 있어서 입장, 담론의 유형들, 과학, 분과 등에 따른 방식의 차이가 없다는 의미에서 모든 사람은 지적이라고 전제하는 것입니다. 지식인, 철학자와의 관계에 대한 질문은 이 축에 따라서 변경되었습니다.

● 『무지한 스승』은 어쨌든 개인의 해방—한 개인이 또 다른 개인을 해방하는 식으로 이어지는 해방—과 지성의 불평등을 이끄는 제도 사이의 대립 안에

서, 정치적인 문제로부터 다소 뒤로 물러난 것처럼 보입니다. 이로부터 어떻게 당신은 『정치적인 것의 가장자리에서』나 『불화』와 같은 저작에 이르렀나요?

이 후퇴는 지적인 해방의 이론에 의해 제기된 딜레마입니다. 그 이론이 평등(평등은 목표를 위한 전제이지 도달하고자 하는 목표가 아닙니다)에 제시하는 근본성은 집단적인 질서 안에서 지속성을 가질 수 있다는 것을 금지합니다. 그 당시 나의 문제는 이 금지를 깨고, 해방의 실천으로부터 이 평등의 전제가 취할 수 있는 정치적인 형식들을 생각하는 것이었습니다. 이 일반적인 질문의 토대 위에서 나의 작업은 1990년대의 정치적인 현실의 요청들과 만났습니다. 그 당시는 합의로 요약되는 정치적이고 사회적인 실천의 모든 형태의 퇴화로 나타났습니다. 평등의 정치적 지속성 위에서 나의 작업은 따라서 정치적 실천과 "그것의" 이론과의 관계를 정의함이 없이, 일반 대중의 삶의 현재적 표명에 대한 반성과 연결되었습니다.

● 당신의 철학적 여정을 보면, 우리의 주목을 끄는 것은 우선 참여가 문제인 경우 당신의 망설임입니다. 그리고 참여의 정치적 형식일 수 있는 것들에 대한 당신의 관심입니다. 어쩌면 당신도 "정치적인 것의 가장자리"에 존재하고자 하는 것이 아닌가요?

정치적인 것의 가장자리는 "정치적인 것 밖"에 놓인다는 것을 의미하는 것이 아니라, 정치적인 것이 태어나고 죽는 것, 또 그것이 정치적이 아닌 것과 구분되거나 다시 혼동되는 그 경계들에 놓인다는 것을 의미합니다. 중요한 것은 왜 아무것도 아닌 것이 아니라 정치가 존재하는지를 묻는 것입니다. 아니 차라리, 아주 간단히 왜 "치안"이 아니라 정치가 존재하는가를 묻는 것입니다. 인간 활동의 특수한 양태로서 정치적인 것의 지속성이 있을까요? 어떻게 여기서 정치적이고 투쟁적인 활동이 취하게 될 형식들을 정의하지 않고서 현재의 대중적인 삶의 실질적인 장 안에서 생겨나고 사라지는 이 인간 활동의 양태들을 생각할 수 있을까요? 따라서 한편으로 나는 정치를 존재하게 하는 조건들을 생각하고자 합니다. 이런 각도에서 나는 현재의 현상들을 우선 예증으로 사용했습니다. 우리는 이것을 이론적인 후퇴와 동일시할 수 있습니다. 이미 오래 전부터 그것이 어떤 종류의 집단이든 그들의 담론에 참여할 수 없는 이유 때문에 더더욱 그렇습니다. 물론 특수한 문제들에 대해 거리에서 그들과 함께하는 경우가 있습니다. 그러나 그들의 담론을 들을 때 아주 낯섭니다. 그렇다고 내가 현재의 문제에 대해 쓰는 것을 게을리하는 사람이 아닌데도 말입니다. 나는 브라질을 대표하는 한 신문에 정기적으로 칼럼을 쓰고 있습니다. 반면 프랑스의 신문들, 소위 지적이라고, 좌파라고 자처하는 신문들조차도 나에게 아무것도 요청하지 않습니다. 게다가 오늘날 프랑스에서 일어나는 이념적이고 지적인 논쟁들은 너무도 전형적이어서 이념 그 자체를 죽입니다. 그리고 내가 정치적인 집단들에 참여하는 경우가 있기도 한데, 그때에도 여전히 결핍된 것은 이념들이 정당한지 결정하는 방식들입니다. 내가 정치에 기여할 수 있는 것은 소여와 문제들의 재형상화입니다.

● 어떻게 당신의 텍스트에서 그리스의 역사와 철학, 그리고 그리스적 어원의 참조가 이 재형상화에 개입하나요?

이 참조는 과거로의 개인적인 도주가 아니라, 현재의 담론에 대한 대답입니다. 소비에트의 종말과 민주주의의 회귀와 함께, 우리는 그리스적 참조 위에 세워진 일련의 전개들을 보았습니다. 우리는 아리스토텔레스, 공공복지, 우정의 문제를 재검토하는 것을 보았습니다. 예를 들어 레오 스트라우스의 근대의 공리주의에 반한 복지에 대한 고대의 정치, 한나 아렌트의 생존에 반한 잘 사는 것에 대한 고대적 참조 등등. 이 모든 현대의 헬레니즘은 막 "태어나는" 정치적 사유를 공적인 일들을 이끄는 현자로 환원되는 민주주의의 공식적인 이데올로기를 위해 사용했습니다. 이런 사실과 직면해서 헬레니즘의 논쟁적 문제를 깨우는 것이 유용했습니다. 예를 들어 데모스(démos)라는 말은 민주주의에 의해 발명된 것이 아니라, 민주주의의 반대자들에 의해 생겨났다는 것을 말하는 것이 필요했습니다. 이것은 그 개념의 본래적인 의미 안에 변경을 가져옵니다. 데모스는 논쟁적인 개념이고 처음부터 분쟁적인 개념이었습니다. 데모스는 아무것도 아닌 사람들, 전혀 고려되지 않는 사람들, 그럼에도 불구하고 집단성을 갖는다고 말해지는 사람들입니다. 이때 다시 정치의 은유들을 문자 그대로 살리는 것이 중요했습니다. 그리스 사회 안에 인간, 시민은 그 안에서 헤엄치는 어떤 것들(choses)입니다. 이것은 무슨 뜻인가요? 우리가 민주주의를 말한다면, 이 말의 잠재력을 파악해 봅시다. 그 말의 일상적인 의미가 아니라, 그 말의 본래적인 비상하고 충격적인 의미를 파악해 봅시다. 데모크라시를 말하고자 한다면 시라크나 클린턴의 관점에서가 아니라 플라톤적인 관점에서 말하는 것이 나에게는 더 의미심장해 보였습니다. 왜냐하면 플라톤에게 그것은 일종의 괴물과 같은 것이었다면, 전자들에게는 그저 일상의 스프와 같은 것이기 때문입니다.

● 지식인의 문제로 돌아가 봅시다. 당신이 방금 전에 언급한 1970년대의 맥락에서 두 가지가 산출된 듯이 보입니다. 우선 대중적 논쟁에서 전적으로 다른 전문가의 담론을 위해 지적인 인물의 사라짐입니다. 다른 하나는 이에 대한 반응으로 정치에 대한 지적이고 탈신비적인 담론을 시도하는 사람들은 정치적 행동을 요청하고, 지식인보다는 선동가의 역할 안에 정착합니다. 이러한 이동을 어떻게 생각하시나요?

나의 근본적인 공격 대상은 메타정치라고 내가 부르는 사유입니다. 이것에 의하면, 정치는 사회의 주역들이 스스로 생각할 수 없는 사회의 근본적인 진리 위에 세워집니다. 부르디외는 항상 이런 진리의 선봉에서 있었습니다. 다른 두 측면을 가지고서 말입니다. 『재생산』과 『구별짓기』의 시기에 중요한 주제는 몰인식입니다. 진리의 순간은 행위자들이 스스로 파악할 수 없는 것으로서, 마치 자신들의 고유한 태도에 대한 무의식의 억압으로서 생각됩니다. 학자는 고독한 지위에서 홀로 재생산의 양태들의 진리를 말하는 자입니다. 최근의 그의 저서에서는 그 관계가 뒤집혀서, 사회운동은 공동의 삶에 대해 전문가나 경영자들이 생각하지 못한 진리를 발설하는 것으로서 간주됩니다. 이 이중성은 이미 마르크스 사유의 중심에 있던 것입니다. 마르크스에게 진리는, 우리가 프롤레타리아의 신비화된 의식에 대립시키는 과학이거나, 정치적 체제를 지지하는 사회적 과정의 진리를 체화하는 프롤레타리아입니다. 이것은 부르디외의 비판의 쟁점이 오늘날 변경되었다는 것을 의미합니다. 나의 작업의 쟁점의 축들 중의 하나는 오랫동안 탈신비화의 사유에 대한 비판이었습니다. 탈신화는 내가 보기에 학자의 지위를 극단으로까지 밀고 가고, 신비화된 대상은 절대로 이 신비화로부터 탈출하는 것이 불가능하다는 것을 의미합니다. 그러나 오늘날 학자와 비-학자의 관계는 명료함과 모호함의 특권적인 이 은유, 감춰진 것의 발견과 몰인식의 분석을 거치지 않습니다. 그 관계는 보편과 특수의 고전적인 대립과 동일시됩니다. 15년 혹은 20년 전에 도발적이었던 것은 이제 아무것도 감출 것이 없이 받아들여지게 되었습니다. 이러한 변경은 대량의 이데올로기적인 효과를 유발했습니다. 우리가 지식인이라고 부르는 사람들 안에서, 이것은 정치철학, 윤리, 해석학 등의 재투입으로 이해됩니다. 그래서 현재의 논쟁 속에서 사람들이 나에게 부르디외에 대한 나의 비판들을 재시도하라고, 다시 말해 사회운동의 "후진성"을 대상으로 하는 "용기 있는" 개혁가들을 위해 나의 비판들을 재시도하라고 요청할 때, 나는 조심합니다. 나의 비판들은 한스 게오르그 가다머와 알랭 주페[67] 사이에 위치하는 그 의미를 알 수 없는 해석학적이거나 정치의 인간행위에 대한 정치 이론으로의 회귀를 기리기 위한 것이 아닙니다. 부르디외를 넘어서, 나에게 현재 중요한 것은 "사회적 운동"의 이념 그 자체를 비판하는 것입니다. 만일 이 비판이 과학이나 전문가 등등의 영역 안에 개입할 능력이 없다고 판단되는 사람들의 개입의 가능성을 지시하는 장점을 갖는다면, 그것은 또한 이 간섭을 정치적인 것에 외적인 것으로, 이 정치적인 것의 진리로서 놓으면서, 나눔을 재도입하는 결점을 갖습니다. 사실 그 반대로 말해야 합니다. 우리가 "사회운동"이라고 부르는 것은 그 본래적 의미에서 정치이고, 직접적인 정치로서 생각해야 합니다.

67 프랑스의 정치인으로 1995-1997년 수상을 역임했다.

● 당신이 "합의"라고 지시한 정치의 퇴행의 행태들로 돌아가 봅시다. 《리베라시옹》(1993년 7월 12일)에 실린 기사에서, 당신은 예를 들어 "이민 제한의 필요성"에 대한 사회적 합의가 어느 정도까지 사회 내에 모든 종류의 분리를 부정하는지, 또 정치적인 집단이 그 자신의 통일성을 구축하게 하는 타자(이민자, 불법체류자)의 지시와 짝을 이루는지를 강조했습니다. 그런데 합의에 대한 비판은 그 이후로 좌파("유일한 사유"에 대한 비판)에서뿐 아니라 우파(정치적 올바름이란 표현에 실린 반감)에서도 유행적 양태가 되었습니다. 당신의 비판은 어떤 점에서 이런 담론들과 구분되나요?

나에게 "합의"는 대다수의 동의를 지시하는 것도, 좌파와 우파 대다수가 동의하는 이념이나 지각을 지시하지도 않습니다. 엄격한 의미에서 합의는 감각적인 소여의 객관성과 일의성이 있다고 믿는 것입니다. 나에게 정치는 주어진 상황들에 대해 동의가 없는 바로 그 순간에 존재합니다. 따라서 합의는 정치를 선거 사회학에서 지정학으로 가는 논리 안에서 인구나 인구의 일부의 계산의 문제로 이끌면서 정치를 제거합니다. 합의는 정치의 주역들을 사회적, 민족적, 국가적 등등의 집단과 동일시하고 그 집단들 사이의 분쟁을 중재해야 합니다. 합의는 정치적 분쟁을 전문가의 지식과 지식에 근거한 결정들로부터 나온 객관적이고 확인할 수 있는 문제들로 환원합니다. 따라서 합의는 일반화된 동의가 아니라 논의의 소여 그 자체와 이 논의 안에서 가능한 입장을 정립하는 것입니다. 이것은 바로 프랑스에서 그리고 지식인들 집단에서 잡지 『논쟁』(*Le Débat*)이 한 것입니다. 그 잡지의 목적은 생각할 수 있는 대안과 담론, 그리고 그 안에 편입될 수 있는 지식의 양태들을 정의하는 것입니다. 이로부터 각자는 능란한 토론가가 됩니다. 그러나 소여는 이미 정립되어 있고 실질적인 대안을 허락하지 않는 이념의 토대 위에 그렇게 합니다. 그로부터 건드릴 수 없는 것에 대한 감정은 토론가의 태도의 거만함과 얽히게 됩니다. 지적인 견해는 극단적인 반대를 연기하면서 그것의 공허함을 표명하고, 공식적인 결정 이전에 "논의"의 토대 그 자체로서 행동과 선택의 불가능성을 선언합니다.

● "유일한 사유"의 비판은 처음부터 유일하고 교정할 수 없는 것처럼 보이는 논리에 반해서 행동할 모든 가능성을 취소하면서 이러한 절망에 참여하는 듯이 보입니다. 반면 당신의 합의에 대한 비판은 논쟁을 다시 여는 것처럼 보이는데…

"유일한 사유"가 결정자, 관리, 기자 등이 함께 나누는 일반적인 평가와 관계한다고 할지라도, 이것은 이런저런 소여의 형성 안에는 어디에나 허약함과 문제성이 존재한다는 것을 방해하지 않습니다. 이것은 우리가 1995년 이래로 다양한 사회적 운동에서 또 불법체류자의 운동과 드브레 법[68]에 반대하는 운동 등등에서 보는 것입니다. 이 사건들의 발생은 다양한 방식으로 조직될 수 있습니다. 즉 같은 경제적, 재정적, 사회적 소여들은 선택의 대상을 만드는 해석과 개입의 시나리오들을 규정할 수 있습니다. 우리가 합의를 이념이나 견해와 동일시하지 않고, 지각적 소여들을 설립하는 더 일반적인 구조와 동일시하자마자, 우리는 완

68 드브레 법(loi Debré)은 1997년 주페 정부에서 그 당시 내무부 장관이었던 장-루이 드브레에 의해 제안된 법으로 불법적인 상황에서 외국인의 여권을 몰수할 수 있으며, 체류증을 요구하는 경우 지문채취를 허용하는 외국인에 대한 법을 말한다.

벽하게 합의에 반대된다는 것을 알아차릴 수 있습니다. 물론 정부에 의해 강요된 "경제적인" 논리에 저항하는 것은 쉽지 않습니다. 그러나 합의를 자본의 법칙을 가지고 정치적 실천을 규정하는 지각될 수 있고, 가능하고, 생각할 수 있는 모든 형태의 구성을 통합하는 괴물로 만들지 말아야 합니다.

● 이러한 실천들이 문제일 때, 당신은 항상 그 실천의 유일하고 지역적인, 소수자의 특성과 동시에 보편성의 지평을 강조합니다. 이 지평은 이 실천들에 고유하게 속한 정치적인 특성을 부여하고, 이 실천들을 단순한 사회 경영과 구분합니다. 그런데 어떻게 출발할 수 있을까요? 다시 말해 어떤 특성들에서 정치적인 개입을 알아차릴 수 있을까요?

이 상황은 다수의 합의와 소수의 불일치의 대립을 통해 생각할 수 없습니다. 소수도 두 종류로 서로 대립됩니다. 즉 집단들 사이의 나눔에서 자신의 몫을 요구하는 집단과 이 정체성의 논리를 부수는 정치적인 주체로 나눠집니다. 정치적인 주체화는 세 가지 점에서 식별될 수 있는 것으로 보입니다. 첫 번째는 불일치한 정치적 개입을 정당화하는 이런저런 문제들을 지배의 논리들과의 유기적인 연결을 구성할 수 있는 능력입니다. 중요한 것은 이민의 정치, 건강, 감옥, 교육과 연관된 질문이 존재 전체의 일반적인 구성 안에서 대안들을 정의하거나 이끈다는 사실을 정립하는 것입니다. 어쨌든 위험은 "모든 것이 정치다"라는 것입니다. 사회의 모든 것을 계쟁 안에 놓고자 하는 것은 사회를 짓누르고 마비시키는 것이 됩니다. 두 번째로, 정치적 개입의 특성은 불일치의 실천 그 자체 안에서 작동됩니다. 즉 긍정 안에서, 아무리 지엽적인 질문이고, 불일치하게 주어지는 소여일지라도 이것들을 재구성하기 위한 작업 안에서 작동합니다. 바로 여기서 불일치의 정치적 논리와 소수자 혹은 특수의 정치가 분리됩니다. 불법체류자, 건강, 혹은 이런저런 형태의 사회적 제도가 문제일 때 우리는 나눔의 선 위에 존재합니다. 여기서 우리는 항상 이런저런 지역, 집단의 중요성을 단순히 재긍정하고, 내가 말하는 넓은 의미에서 치안의 논리 안으로, 즉 인구의 부분들의 통합적인 계산과 이들이 만나는 문제들로 다시 떨어질 위험을 갖습니다. 연대적인 실천들은 특히 그들의 요구에 의해 단순히 사회 혹은 전반적인 사회 문제의 부분만을 정의할 위험과 직면합니다. 문제에 대한 정치적 입장은 단순한 더하기 대신에, 전반적인 계산의 파열을 요구합니다. 그래서 추가적인 계산의 질문과 직면하는 것은 본질적입니다. 정치는 사회의 부분들의 전반적인 계산과의 관계에서, 추가적인 행위자들의 고려가 아니라, 초과하는 주체들의 행위입니다. 계산 밖의 집단의 지시에서 계쟁과 연관된 보편성의 영역이 있습니다. 그리고 이 집단 없이는 정치는 없습니다. 세 번째는 지적인 평등과 관계합니다. 누구나, 집단적인 표명과 진술에서 정치적인 질문의 용어들을 정식화할 수 있는 평등한 능력을 갖습니다.

● 소수자에 대해서 당신이 행한 비판—소수자의 정치는 사회를 더 분할할 것을 요구한다는 비판—은 오늘날 자칭 공화파라고 주장하는 사람들의 일련의 주제들을 상기시킵니다.

나도 사실 한때는 소수자의 이념에서 느끼는 저항감을 체계화하는 공화주의와 나를 구분하지 않고 지내야 했습니다. 공화파들은 보편적인 공화파와 공동체를 대립시킵니다. 그들은 정치적인 공동체는 다양한 공동체들의 추가일 뿐이라는 생각에 법적이고 국가적인 보편성을 대립시킵니다. 그러나 그들의 보편성은 지적인 모델의 유형일 뿐입니다. 즉 유럽, 더 정확히 프랑스의 보편적인 인간을 모델로 하는 것일 뿐입니다. 이 점에서 공화파의 담론은 특수일 뿐입니다. 나에게 경계는 보편과 특수의 대립 안에 존재하는 것이 아니라, 보편을 특화하는 형식들 안에 존재합니다. 정치의 보편은 국가, 이성, 계약의 보편이 아니라, 경우들의 구성의 보편입니다. 주체들은 그들이 경우들을 구성하는 방식 안에서 자신들의 행위를 보편화합니다. 바로 이 지점에서 정치적인 주체들은 민족적, 사회적, 종교적, 성적 공동체와 구분됩니다. 특화된 보편의 이념과 공화파들의 국가적 보편 사이의 경계는 아주 희미합니다. 그러나 그 경계는 실천 안에 아주 명백하게 존재하고 드러납니다.

● 당신의 책에서 당신은 몫이 있는 자들의 제도적인 운영과 분배 안에서—우리가 습관적으로 “정치”라고 부르는 것, 그러나 당신이 “치안”이라고 부르는 것 안에서—정치의 간헐적인 성격, 변덕스럽고 예측할 수 없는 정치의 돌출을 강조합니다. 우리가 보기에 이 두 논리는 이질적인 지점에서 전자가 후자로 역류하고, 겹치는 인상을 갖습니다. 정치의 관점에서 모든 치안적 견해들은 같은 가치를 갖는다고 생각해야 할까요? 예를 들어 『무지한 스승』에서 기술된 해방의 교육의 관점에서 모든 교육적인 견해 혹은 개혁은 무차별적이라고 고려해야 할까요? 다른 한편 정치적 운동의 흐름이 역류할 때 무엇이 남아있을까요?

치안과 정치의 대립은 작업적인 대립입니다. 즉 전체 현상, 우리가 일반적으로 정치의 지배 안에서 놓인 개념들을 다시 쓰는 방식이고 그 안에 차이를 도입하는 방식입니다. 중요한 것은 두 논리 간의 근본적인 대립을 느끼는 것입니다. 하나는 완전함을 다른 하나는 보충과 계쟁을 요구합니다. 이것은 치안과 정치가 만나기를 그치지 않는다는 것을 의미합니다. 우리가 "정치"라고 부르는 것은 이런 만남의 제도적인 공간입니다. 첫째로, 치안의 모든 형태들은 다 같은 것이 아닙니다. 둘째로, 사회의 치안적인 조직의 문제들 그 자체는 지속적으로 두 논리가 직면하는 지점들을 규정합니다. 셋째로, 정치의 개입들은 수증기처럼 증발하는 것이 아니라, 흔적을 남기고 국가의 제도와 집단적인 삶의 형식들의 구성 그 자체 안으로 들어갑니다. 평등은 치안과의 관계에서 정치의 돌출을 추상적으로 규정하는 단순한 공리가 아닙니다. 그것은 집단적인 경영에서 드러나는 삶의 모든 형식 안에 영향을 미치고, 경우들의 구성에서 삶의 형식들 안에 새로운 소여들, 새로운 가능성들을 도입합니다.

이것은 특히 교육의 영역에서 사실입니다. 『무지한 스승』에서 나는 교육의 근본적인 논리를 분석했습니다. 지적인 평등에 있어서 모든 교육적인 전략들은 동일한 가치를 갖습니다. 이것은 지적인 평등이 무차별성의 원리라는 것을 말하는 것이 아니라, 평등과 불평등의 질문은 교육적인 방법에서뿐 아니라 권위적인 방법에서도 제기된다는 것을 의미합니다. 자코토는 근본적으로 지적인 평등과 인민의 모든 제도적인 체제를 대립시켰습니다. 우리는 사회의 은유로서 항상 기능하는 이 체제와의 관계를 생각하지 않을 수 없었습니다. 우리는 지적인 평등의 실질적인 인정과 지적인 평등이 걸린 형식들 위에서 작업해야 합니다. 그것이 우리의 학생들의 능력을 정의하는 한에서, 또 그것이 교육체제의 논리와 일반적인 사회의 논리 간의 관계의 기입 그 자체인 한에서 말입니다. 사실 잘 알듯이, 우리가 교육자일 때, 교육과 대학의 모든 논리는 사회의 자기-상징화의 논리입니다. 다시 말해 사회가 개인과 집단에게 제공하는 가능성과 선택, 그리고 그들이 선택을 하는 것이 문제일 때 그들의 책임의 논리입니다.

따라서 질문하는 두 방식이 존재합니다. 하나는 교육의 "공화국적" 모델과 사회학적 모델을 중에 어떤 것을 선택하는 것이 더 나은지 묻는 것입니다. 다른 하나는 이런저런 유형의 교육의 유형 안에서 지성의 평등을 촉진할 수 있는 방식에 대해 질문하는 것입니다. 각각의 모델은 사실 평등하거나 불평등한 읽기를 허락합니다. 그리고 우리는 이로부터 평등하거나 불평등한 효과들을 끌어낼 수 있습니다.

우리가 교육적인 효용성 혹은 상징적인 효용성을 통해서 그 방식들의 의미를 결정해야 하는 것은 바로 이 지성의 평등(적용해야 하는 것) 혹은 지성의 불평등(제거해야 하는 것)의 전제와의 관계에 의해서입니다. 기만은 일련의 지식 혹은 방법론적 진술로부터 "다른 편"의 사람들이 그 이득을 끌어낼 평등의 실제적인 이득을 정의할 수 있다고 가정하는 것입니다. 그런데 우리가 교육하는 것으로부터 우리는 전체적으로 혹은 부분적으로 아주 다른 것들을 고려할 수 있습니다. 예를 들어, 시험을 볼 수 있는 지적 수단들, 세계의 이해 가능성에 대한 단편들, 우리도 지적이고 스스로 배우고 생각할 수 있는 능력이 있다는 감정…등등. 이런 것들은 머릿속에서 예측할 수 없는 양태와 속도에 따라서 어쩜 아주 오랫동안 떠돌다가 머릿속에 모일 겁니다. 일련의 지적 소여들이 노동력 형성의 수단들을 제공한다거나, 비판적 정신을 "형성"한다고 주장하는 이 모든 논리는 정직하지 못합니다. 그 논리는 다만 모르는 것을 안다고 주장하는 것만이 아니라, 이 지식의 무지와 평등의 전제를 무기로 이론화합니다. 내 강의를 들으러 대학에 오는 사람들은 서로 다른 열 혹은 열다섯 가지의 논리를 가지고 수업에 참여한다는 것을 압니다. 그리고 나는 그 가운데서 항해해야 합니다. 이때 중요한 것은 학생들이 스스로 문제를 해결하고 스스로 사태를 해결할 수 있는 능력들을 가지고 있다는 생각과, 이 능력들이 촉발되는 방식들은 결정불가능하다는 감정을 가지고서 말입니다.

문학적 동물로서의 인간[69]

(크리스티안 들라크루와와 넬리 볼프-콘과의 대담)

● 운동들: 당신의 작업들에 대해, 예를 들어 당신이 민주적인 역사성이라고 부르는 것, 민주적인 이단, 초과의 말…등등을 우리에게 자세히 설명해 줄 수 있을까요?

랑시에르: 우선 역사성 일반에 대해서 말해 봅시다. "역사적 소재를 가지고 역사를 만드는(faire de l'histoire)" 과학적 실천과 "역사를 만드는(faire l'histoire)" 주체의 정치-이데올로기적 테마를 대립시키는 역사가들의 지배적인 경향에 반해서, 나는 역사 일반은 없다는 것, 다시 말해 역사성 없이는, 주체의 말과 행위에 의해 결정되는 양태로서 역사에 대한 이념 없이는 과학적 역사는 없다는 것을 말하고자 했습니다. 단순한 재생산의 시간성과 구분되는 시간의 계산이 있는 곳에, 자연적인 삶

69 (원주) 이 대담은 *Mouvements*. 1999년 3-4월, n°3, pp. 133-145에 실렸다.

의 익명성과 단절하고 자율적인 리듬 안에서 기억되고 조직되는 말과 행위들이 있는 곳에 역사성은 존재합니다. 아주 오랫동안 이런 "역사적인" 특징은 역사의 유일한 주체라고 간주되는 위대한 인물들에게만 속했습니다. 누구나 역사의 주체가 될 수 있을 때 민주적인 역사성에 대해서 말할 수 있습니다. 인간이 문학적 동물이기 때문에, 다시 말해 말에 의해 파악되고, 말에 의해 자연의 생산과 재생산의 질서를 변경할 수 있는 동물이기 때문에 역사 일반이 존재합니다. 우리는 누구나 역사를 만든다는 사실과 연결한 이런 유형의 역사성을 민주적인 역사성이라고 부를 수 있습니다.

왜 민주적인 역사성일까요? 왜냐하면 민주주의는 다만 지배의 형식도, 토크빌적인 방식의 사회적 삶의 양태가 아니기 때문입니다. 민주주의는 존재 일반의 상징적인 구조화의 특수한 양태입니다. 그것은 정치 일반의 주체화의 양태 그 자체, 즉 정치를 지배의 "정상적인" 질서와의 관계에서 예외로서 존재하게 하는 것입니다. 민주주의는 사물의 질서의 특이한 전복입니다. 그 전복에 의해 공통의 사물들을 돌보지 않았던 사람들이 그것들을 돌보기 시작하는 것입니다. 그것은 그들이 문학적 동물로서 몇몇 단어들의 힘에 의해, 지배의 타이틀을 가진 자들에게 지배의 일을 맡기면서, 이름과 기억을 가진 자들에게 역사를 만드는 일을 맡기면서 자신들의 삶을 다만 재생산했던 자연적인 도달점을 변경할 수 있는 자들이기 때문입니다. 민주적인 역사성은 가장 단순한 예를 들자면 누구나 자유 평등 우애와 같은 단어들에 의해 장애를 뚫고 나아갈 수 있다는 사실에 의해 정의되는 유형의 역사성입니다.

● 존엄이란 단어도 그렇지 않을까요? 불법체류자의 운동들, 더 넓게는 묶이

없는 자들이라고 당신이 부르는 사람들의 운동을 예로 들 수 있습니다. 이런 유형의 운동들도 민주적인 역사성에 참여할까요?

참여한다면, 그것은 우리가 일반적으로 인정 혹은 존엄을 위한 투쟁으로 이해하는 것 이상을 의미하기 때문입니다. 우리가 살고 일하는 곳에서 체류증을 가질 수 있다는 사실, 이 권리에 대해 논의할 수 있다는 사실, 아주 간단히 말해 공통의 말의 세계 안에 포함된다는 사실 등, 이 모든 것은 평등의 정치적 범주에 속하는 것이지, 단순히 존엄의 윤리적 범주에 속하는 것이 아닙니다. 불법체류자들은 의도적으로 존엄의 언어를 말합니다. 그러나 그들은 인정이 아니라, 체류증을 요구합니다. 민주적인 역사성은 몇몇의 집단적인 거대한 기표들에 근거한 집단적인 삶의 이념을 함축합니다. 자유 혹은 평등이 그 기표들 중의 하나일 것입니다. 존엄은 여기에 속하지 않습니다. 나는 정치적인 권리 대신에 윤리적 고려를 말하고자 하는 현재의 경향을 불신합니다.

● 당신은 자주 과학적이라고 주장하는 지식들은 민주적인 역사성과 이 말의 돌출을 설명하고자 하는 과학적이라고 주장하는 지식들은 결국 이것들을 설명하는데 실패하고 만다는 것을 보여줍니다. 당신이 분석한 이 유형의 실패들 중에 하나는 1970년대 당신이 단절한 알튀세르의 과학적인 마르크스주의의 실패입니다. 과학적인 마르크스주의와의 단절은 결국 당신의 이후 작업의 초석이 되었나요? 지금 이 단절에 대해서 당신은 어떻게 생각하시나요?

과학적인 마르크스주의는 무엇일까요? 그것은 지배는 단순히 지식의 소유와 박탈에 의존한다는 이념입니다. 다시 말해 프롤레타리아는 자신의 상황에 대한 지식, 그 상황을 유발한 것에 대한 지식이 없으며 지식인의 역할은 바로 그들에게 결여된 의식을 가져다준다는 이념입니다. 『프롤레타리아의 밤』(1981)에서 내가 한 것은 바로 이런 문제의식에서 벗어나는 것이었습니다. 특히 내가 말하고자 했던 것은 그 유명한 상품에 대한 비밀스런 인식, 자본과 잉여가치의 비밀에 대한 인식은 프롤레타리아에게 전혀 결여된 것이 아니라는 것이었습니다. 그들에게 결핍된 것, 적어도 내가 연구한 텍스트 안에서 그들이 정복하고자 했던 것은 다른 것이었습니다. 즉 다른 운명의 가능성에 대한 감정, 말하는 존재의 특성에 참여한다는 감정이었습니다. 그들에게 문제는 무지에서 지식으로 가는 것이 아니었습니다. 문제는 전통적인 나눔과 단절하는 것이었습니다. 다시 말해 한 쪽에 사유와 지배의 사람들이 다른 쪽에 노동자들이, 또 한 쪽에 말을 가진 사람들이 다른 쪽에 소음만을 가진 사람들을 놓는 그 나눔과 단절하는 것이었습니다. 아리스토텔레스는 그의 유명한 텍스트에서 정치는 인간의 말하는 특성에 근거한다고 말했습니다. 그러나 정확히 이 말하는 특성은 오랫동안 인류의 대다수의 사람들에게 거부되었습니다. 말과 가시성의 사람들과 소음과 어둠의 사람들 사이의 이 최초의 나눔은 지식인과 무지한 사람의 나눔의 근거가 되었습니다.

바로 여기에 과학주의의 역설이 있습니다. 과학주의는 과학을 통해 피지배자들을 그들의 상황으로부터 끌어내고자 합니다. 그러나 그것은 그들을 다만 무지한 사람들로 생각할 때 가능합니다. 과학주의는 그래서 지식인의 과학은 무지한 자의 무지에 대한 과학이라는 이념입니다. 이것은 과학의 대상은 동시의 자신의 타자—마르크스주의 안에서 지배적인 이데올로기의 희생자, 부르디외의 사회학 안에서 무지의 희생자,

정신사 안에서 믿음의 인간—라는 것을 의미합니다. 사실 마르크스주의적 과학주의와 단절하는 것은 우선 나에게 앞의 것을 이은 과학주의의 **부드러운** 모습과 단절하는 것이었습니다.

● 『프롤레타리아의 밤』에서 당신은 집단적인 의식의 대변인과는 반대인 대변인들을 만났습니다. 당신은 그들은 자신의 환경과의 단절일 뿐만 아니라 다른 환경에 의해 이끌리는 존재들이라는 것을 지적합니다. 이 모호한 대변인의 모습은 당신이 설명하고자 하는 민주적인 역사성 안에서 발견되나요?

그렇습니다. 우리는 보통 대변인을 다른 이들을 대신해서 말하는 사람으로, 한 집단의 대표 혹은 협상자로 이해합니다. 나는 이런 종류의 대변인이 되기 위해서는 다른 의미에서의 존재, 즉 말의 순환 그 자체 안에 잡힌 존재이어야 한다는 것을 보여주고자 했습니다. 내가 연구한 19세기의 노동자들은 우선 다른 곳에서 온 말에 의해, 생시몽의 담론에 의해, 또 12음절 시의 마력에 의해, 글쓰기 일반의 욕망에 의해—특별히 노동자의 텍스트를 쓰고자 하는 욕망이 아니라,—붙잡힌 사람들이었습니다. 따라서 그들은 말과의 관계에 의해, 그들이 글쓰기와 가지는 관계에 의해, 다른 삶의 양태 안으로 들어간 사람들입니다. 그들이 대변인의 역할을 할 수 있었던 것은 바로 이 다른 삶의 양태, 즉 말의 총체적인 가능성에 전적으로 참여하는 말하는 존재들의 삶에의 참여를 통해서입니다.

● 그러나 그들은 하나의 정신성을 표현하지 않습니다. 당신은 그들이 집단적인 의식과 같은 어떤 것을 표현한다는 것을 인정하지 않습니다.

경험적으로 이미 노동 운동가들의 대부분은 그들이 속한 집단, 그 집단의 가치와 단절한 사람들이었다는 것은 잘 알려진 사실입니다. 그들은 우선 그들이 이미 정해진 자리에, 생산과 재생산의 운명에 고정된 사회 집단으로서 경험한 노동자의 정체성과의 관계에서 일종의 분노 혹은 거부에 의해 노동 운동가가 된 사람들입니다. 그들을 대변인으로 구성하는 것은 공통의 말에 참여하고자 하는 그들의 의지입니다. 그런데 전통적으로 공통의 말—특수한 집단의 표지로부터 자유로운 말—은 특수한 집단에만 속했던 것이었습니다. 아리스토텔레스는 인간에게만 특징적인 말과 동물의 목소리를 구분했습니다. 전자는 정의와 불의를 결정할 수 있는 것이고 후자는 쾌와 불쾌만을 표현할 수 있는 것입니다. 이 나눔은 인간의 말 한가운데서 통용되기를 그치지 않았습니다. 상층에 속한 공통의 말이 있고 그 나머지 인간은 소음의 영역에 고정되었습니다. 전통적으로 하층 계급—혹은 열등한 성(sexe)—에 속한 존재는 정의와 불의에 대한 담론을 구사할 수 없고, 다만 배고픔과 분노만을 표현할 수 있는 자로 생각됩니다. 이 나눔을 부순다는 것은 "대변인"을 구성하는 소음의 인간들이 위반을 통해 공통의 말, 타자에 속한 말을 자기화한다는 것입니다. "집단적인" 의식의 개념은 이 말의 나눔 그 자체와의 단절에 의해서만 공통의 말이 존재한다는 사실을 모릅니다.

● 말이 없는 자에게 말을 주거나 익명을 말하게 한다고 주장하는 지식들 가운데, 1970년대에 당신은 비판적 사회학, 특히 피에르 브루디외의 사회학과 만났습니다. 당신은 지배를 설명하고자 하는 이 비판적 사회학의 중심 개념인 지배의 이론에 대해 아주 심한 비판을 가했습니다. 뒤르켐의 기획에 근거하고 이어서 비판적 사회학 안에서 개화한 이 사회과학을 고발한 당신의 작업 안에서

중요한 이 시기를 우리에게 다시 상기시켜 줄 수 있을까요?

부르디외의 대표작들의 중심에 있는 것은 내가 알튀세르의 과학적 마르크스주의와 싸웠던 것과 유사한 것이었습니다. 그것은 피지배자는 다만 피지배자일 수 있고, 결국 내가 연구한 공통의 언어, 사유, 문화를 자기화하는 이 형식들은 합법적이고, 자신의 지배를 영구화하기 위해 구성된 문화의 틀 안에서 이것들을 실행하는 자들을 사로잡는 환상일 수 있을 뿐이라는 것을 보여주는 것이었습니다. 다시 말해 예를 들어 『구별짓기』에서 그의 담론은 어떻게 미적인 가치의 세계는 가난한 사람들이 접근할 수 없거나, 접근한다고 해도 부인의 양태 위에서만 접근할 수 있는 일종의 부과된 아비투스(habitus)의 세계, 지배의 정당화의 세계인지를 보여주었습니다. 결국 그는 지배에 반대하는 사람들을 이 지배의 형식들로 간주하면서, 그 정당화의 형식들을 스스로 정당화하고 부과하는 일종의 지배의 누그러트릴 수 없는 논리를 보여주었습니다, 그런데 내가 19세기의 노동자들의 사유를 연구하면서 본 것은 노동 운동가들의 미학적 자기화의 의지, 타자의 말을 자기화하고자 하는—우리도 "위대한 말"을 할 수 있다는—의지가 삶의 양식과의 관계에서, 노동자의 아비투스와의 관계에서 단절을 정의하는 방식이었습니다. 반면 부르디외는 대중적인 아비투스와 고상한 아비투스 간의 선택을 제시했습니다. 그에게 모든 문화적 가치의 자기화의 형태는 신비화로 생각됩니다. 왜냐하면 고상하지 않은 자는 절대로 고상한 가치들을 자기화하는데 이르지 못하고 다만 힘들고 무한하게 자신의 유형을 살 수 있을 뿐이기 때문입니다. 이것은 정확히 내가 드러내고자 한 것—19세기의 노동 운동가들에 의한 타자의 가치들의 자기화에 대한 이 에세이의 정치적인 기획에서 위반의 가치—과 정반대입니다.

● 부르디외에 대해서 그리고 최근에 그와 연관된 논쟁을 넘어서, "1995년 12월 운동" 때, 이 운동에 대한 두 집단의 지식인들 사이에—그 중 하나는 부르디외가 이끌던 집단이었는데—다양한 입장이, 심지어 대립하는 입장들이 있었습니다. 특히 논쟁은 사회 운동가들의 발언에 도움이 되기 위해 운동의 대변인으로서 그들의 역할에 대한 것이었습니다. 1970년대 이후로, 비판적 사회학에 대해 당신이 행한 분석들은 이 질문들과 공명하나요?

그것은 상대적으로 복잡한 공명입니다. 두 가지가 있다고 믿습니다. 우선 부르디외의 역설이 있습니다. 그것은 또한 비판적 사유, 좌파적 과학적 사유의 모든 형식들에 속한 전통적인 역설로, 지배의 필연성과 이 지배의 법칙에 대한 피지배자의 몰인식의 필연성을 드러내는 담론의 역설입니다. 어떻게 이런 담론이 진정한 투쟁의 무기가 될 수 있을까요? 과학적/비판적 사유의 모순은 두 방향에서 작동합니다. 한편으로 이 사유는 피지배자에게 그들은 항상 지배의 피해자이며, 평등은 불가능하다는 것을 보여줍니다. 그리고 우선 지적인 면에서, 자신이 이해했다고 믿는 자는 자신의 이 믿음의 희생자입니다. 다른 한편 그것은 필연성이 명령하는 것에 대한 단순한 객관적 이해 위에 근거한 담론으로서 공통의 담론의 가치를 갖는다고 주장하는 지배적 담론의 자만을 거부합니다. 하지만 이 자만은 "합의에 의한(consensuel)" 담론의 토대를 만듭니다. 여기서 이 용어는 말 그 자체로 이해됩니다. 즉 의사주의(consensualisme)는 우리를 소여의 감각적인 "명증성"으로 보내고, 우리에게 아무것도 더 이상 다른 것을 볼 것이 없기 때문에 해야 할 다른 것이 없다고 말합니다. 여기에 직면해서 "비판적 사유"는 이 공통 이성의 담론은 지배자의 담론일 뿐이라는 것을 드러냅니다. 그리고 그것은 공적인 "필연성"에 반대하는 담론을 환대하고 반향합니다. 이것이 1995년에 일어난 일입니다. 공적인 담론은 그것이 제안한 것과 다른 것을 할 것이 없다고 선언했습니다. 그리고 그것은 경제적 현실이나 복지의 원리의 이름으로, 마르크스와 한나 아렌트의 이름으로, 누추한 특권에 사로잡힌 사회적 집단의 후진성과 이기주의를 비난하던 "좌파"의 모든 지식인들에 의해 지지되었습니다. 그때 문제는 불일치한 사유의 공간의 합법성이었습니다. 대표적으로 부르디외가 체화하고 지지하던 파업자들의 운동은, 비록 그가 다른 곳에서 왔을지라도, 그 자신의 방식으로 "우리는 반항할 이유가 있다"는 것을, 지성의 소여와 특권의 유일성이 없다는 것을 상기시켰습니다. 그렇다고 해서 여기서 문제가 되는 것이 지식인들이 대변하는 운동일까요? 나에게 "지식인"이란 말은 아주 모호한 단어입니다. "지식인들의 운동"은 말과 지식의 나눔, "아는 자들"과 지배하는 자들" 사이의 연대를 파기하는 운동입니다. 1995년의 운동은 "우파 안의 좌파"라고 불리는 것의 상당한 무게에 직면해서 그 역할을 수행했습니다. 그것은 사회 운동들 안에도 사유가 있다는 것을 방어했으며, 부르디외의 전제들에 반해서 지배자들의 프로그램과의 관계에서 사유의 초과이기도 한 말의 민주적 초과의 공간을 방어했습니다.

● 한편으로 부르디외가 이끈 집단, 운동의 흡입을 반영하고자 한—게다가 아주 진지하게—지식인 집단과, 다른 한편 동업조합주의와 운동의 의고주의를 고발하면서 당신이 관리인이라고 부른 사람들 편에 있던 다른 지식인 집단이

있었습니다. 그런데 이 두 집단 사이에 별로 차이가 없다는 인상을 받았습니다. 이 사회적 운동의 사유, 이 솟아나는 말의 초과를 무지와 환상의 담론의 양태나, 관리적 사실주의와 결국 사라질 사회적 범주의 의고주의를 고발하는 양태와 달리 설명할 수 있는 방법이 있을까요? 물론 당신은 이쪽에도 저쪽에도 속하지 않습니다…

이론적으로 나는 이쪽에도 저쪽에도 속하지 않습니다. 다만 나는 1995년 운동을 지지하던 사람들 편에서 정치적으로 알려졌습니다. 무엇이 문제일까요? 한편으로 경제적 필요에 의거한 사실주의 안에 한 발을, "공공복지"의 신-도덕주의 안에 다른 발을 걸친 권력의 반복된 담론을 산출하는 데 봉사하는 지식인들이 있습니다. 사실주의든 공공복지든 그 챔피언들은 어차피 모두 같은 사람들입니다. 그들은 평등을 요구하는 사회적 운동들의 후진성에 반해서 "용기를 가지고" 투쟁하는 지위에 있는 사람들입니다. 다른 한편, 이 운동의 정치적인 의미를 생각하지 않고 이 사회적 운동을 지지하는 "비판적" 사유가 있습니다. 정치적 운동은 도대체 무엇일까요? 그것은 감각적인 것의 주어진 나눔, 다시 말해 소여들의 형상화, 지배를 지지하는 "감각적 명증성들"—즉 소여를 보고 논쟁할 수 있는 능력을 가진 사람들과 그렇지 못한 사람들의 나눔—을 질문하는 것입니다. 바로 이것이 정치적 쟁점을 구성하는 것입니다. 이 상황을 구성하는 것은 무엇일까요? 우리가 본 것과 그것의 의미를 말할 권리를 가진 자는 누구일까요? 이것들이 바로 1995년에 쟁점이 되었던 내용입니다. "개혁"의 담론은 우선 보고 예견할 수 있는 사람들과 그것을 할 수 없는 사람들이 있다는 것을 말합니다. 즉 담론의 인간과 소음의 인간이 있다는 것을 말하고자 합니다. "무능력자"

의 "능력"을 보여주는 것은 이 나눔을 재형상화하는 것입니다. 바로 이 것이 비판적 사유가 사유하지 못한 것입니다. 비판적 사유는 정치적인 것은 가상이고, 그 가상의 사회는 우선 운동의 주역들에게 감춰진 진리라는 도식 안에 잡혀있습니다. 그 사유에서 사회적 운동은 사회의 상태와 지배의 거짓말을 드러내는 운동입니다. 운동은 진리의 담지자이고, 지식인들만이 알 수 있는 것이고, 그것을 "갖추지 않은 자들"은 운명적으로 무지의 희생자들입니다.

● 당신의 몫이 없는 자들의 몫을 고려하는 것을 가능하게 하는 민주적인 정치를 구성하는 불화의 논리와 합의의 논리를 대립시키는 것으로 보입니다. "이민"의 문제로부터 이 대립이 어떤 유형의 쟁점을 가져오는지 설명해줄 수 있으신가요?

질문은 잉여로 존재하는 자의 지위에 의존합니다. 불화—혹은 비-합의—의 논리는 정치는 사회적 집단의 주체가 아니라, 항상 계산되는 사회적 집단과의 관계에서 여분적인 진술과 표명의 행위자인 주체에 의해 이뤄진다는 것을 정립합니다. 민주주의의 민주(démos)는 인구를 의미하는 것도, 민주주의의 이상적인 본질을 의미하는 것도 아닙니다. 그것은 아무것도 아닌 자들의 추가적인 계산, 지배에서 특별한 지위가 없는 자들의 계산을 의미합니다. 마찬가지로 프롤레타리아는 노동자를 말하는 것이 아니라, 노동자의 정체성에서 벗어나는 탈-체화(désincoporation)의 행위자를 말합니다. 합의의 논리는 추가의 논리의 반대입니다. 그것은 정치적인 주체를 사회의 실제적인 몫들과 동일시하며, 각자에게 나눠줄 수 있는 몫들의 이상적인 분배를 관리할 수 있다고 주장합니다. 결국 여분의 존재는 그 논리에서 보면 방해가 되는 존재입니다. "이민자"는 이때 합의의 질서 안에서 억압된 자입니다. 이민자는 상징화될 수 없는 추가적인 존재입니다. 극우파들에게 그들은 위험이고, 지배자들에게는 "해결할 수 없는" 문제입니다. 다시 말해 이민자는 제거할 수 없는 잉여분이면서 동시에 몫의 정확한 계산에 의해 정치적인 공간을 상상적으로 회복할 수 있는 가능성이 확인되는 다른 면입니다.

● 사회학으로 돌아가 봅시다. 그럼에도 불구하고 사회학은 진전했고, 일단의 사회학은 비판적 사회학과의 단절 속에서 자신을 재발견하기도 합니다. 예를 들면 뤽 볼탄스키, 로랑 테브노[70]는 아비투스나 재생산의 개념과의 단절 속에서 사회의 주역들의 발명의 능력과 다양한 사회적 영역으로 이동할 수 있는 그들의 능력을 강조합니다. 이러한 진전은 당신이 보기에 당신이 분석한 것들 속에서 과학적으로 "위대한 사회과학적" 전통에 의해 대부분 왜곡되고 부정된 초과된 말과 주체화를 취하고자 하는 시도들로 보이지 않나요?

고려할 측면이 두 가지 있습니다. 물론 사회적 주역들의 능력과 다양한 방면에서 그들의 발명, 여러 종류의 합리성을 생각하는 것, 즉 한 개인이 여러 방면에서 다양한 전략들을 통해 자신의 사회적 실존을 실행하는 것을 고려하는 것은 흥미로운 일입니다. 그런데 불편한 것은 결국 일종의 합리적인 경제 주역의 분신일 뿐인 지적인 사회 주역의 이론과 같

70 (원주) Luc Boltanski, Laurent Thévenot, 『정당화에 대하여. 가치의 경제』(*De la justification. Les économies de la grandeur*), Paris, Gallimard (PUF, 1987), 1991.

은 것을 구성하는 것입니다. 이 다른 종류의 사회학은 말하자면 그 유명한 사회적 주역에게 당신은 우리가 생각하는 것보다 훨씬 똑똑하며, 당신은 스스로 생각하는 것보다 훨씬 똑똑하며, 이러한 사실을 축하한다고 말하는 데 이르는 것처럼 보입니다. 이것은 19세기의 빅토르 위고가 노동자 시인들에게 "당신들은 노동자이고, 생긴 대로 살아라"라고 말한 그 유명한 말과 별로 다르지 않습니다. 이것은 현재 "주역들"의 찬양 속에서 "당신은 다방면에서 주역들이고, 대단하다"고, "뭘 더 이상 원하느냐?"고 우리가 말하는 것과 같습니다. 주역들의 다양성, 전략과 가능성의 다양성으로서 민주주의의 이념은 결국 민주주의적 실천의 핵심에 존재하는 것을 사라지게 합니다. 민주주의의 핵심은 사람들이 그들의 일을 아주 능란하게 잘 하는 것이 아니라, "그들의 일이 아닌", 그러나 그것을 하기 위한 "지위"를 가진 사람들의 일인 "공통의 일"을 점진적으로 할 수 있다는 것입니다.

● 당신의 작업들 안에서 특별히 중요한 자리를 차지하는 것이 있습니다. 그것은 역사입니다. 당신은 1981년에 『프롤레타리아의 밤』을, 1992년 출판상의 문제로 『역사의 이름들』이 된 『역사의 말들』[71]을 출간했습니다. 이 책은 역사가들에게 환영을 받지 못했습니다. 당신과 역사가들 사이에 큰 오해가 있는 듯이

71 『역사의 말들』(*Les mots de l'histoire*)은 『역사의 이름들』(*Les noms de l'histoire*)(1992)의 본래 제목이었다. 같은 이름을 가진 역사 사전 때문에 이 책의 제목을 변경해야 했다. 2014년 이 책이 문고판으로 출간될 때, 본래의 제목인 『역사의 말들』로 출간되었다. 이 대담집 안에서 이 책은 어떤 대담 안에서는 『역사의 이름들』로, 또 다른 대담에서는 『역사의 말들』로 불리고 언급된다. 하지만 우리말로 『역사의 이름들』로 출간된 사정을 고려해, 이 작품이 언급되는 경우 그것이 비록 『역사의 말들』로 말해진다고 해도 『역사의 이름들』로 옮긴다.

보였습니다. 그것은 연대기로서의 역사, 특히 정신사에 대한 일종의 죽음의 선고로 받아들여졌기 때문일 것입니다. 어쨌든 당신이 취한 역사에 대한 입장 때문에 많은 이들에게 역사에 대한 죽음의 선고로 보이는 것에 대해 재평가와 다른 방식으로 표현해야 할 필요가 있지 않을까요? 역사가들은, 당신에 의하면, 말하는 이 존재들의 몫, 이 말의 초과분을 보존하면서도, 당신이 "역사 과학의 죽음"이라고 부르는 것에 대해 경계를 표시합니다. 우리가 볼 때 당신은 역사를 전적으로 앞서 우리가 말한 비판적 사회학에 의해 대표되는 일종의 사회과학으로 환원하는 것처럼 보이지 않습니다.

역사의 지위는 확실히 역설적입니다. 역사 없는 역사과학이 없듯이, 주체들에게 일어나는 사건들 없는 역사도 없습니다. 최소한의 이 조건에 대한 느낌은 역사가 사라지는 것을 방지했습니다. 그것이 과학의 시대의 사회학자와 경제학자들에 의해 제안되었을 때 말입니다. 그럼에도 불구하고 이것은 역사를 일종의 구성의 문제 속에 놓았다는 것은 명백합니다. 다시 말해 역사는 사건들이 주체들에게 일어난다는 사실과 더불어 이 최소한의 관계를 유지해야 합니다. 우리가 주체들에게 주는 지위가 무엇이든지 간에, 우리가 그들을 개념화하는 방식이 무엇이든지 간에 (우리가 사건의 역사에 대한 비판을 할 때를 포함해서) 말입니다. 그리고 역사는 동시에 이 조건이 역사의 과학적 타당성을 제거할 수도 있는 위험을 가진다는 것을 느낍니다. 역사를 문학적 동물과 연결하는 이 특이한 잡종은 역사를 회피하기를 그치지 않았습니다. 그리고 이 잡종은 과학주의를 통해 역사에 대답합니다. 과학주의는, 우리가 본 것처럼, 다만 대상을 다루는 방식이 아니라, 무지 혹은 믿음을 대상 그 자체로 구성하면서 과학의 조건을 보장하는 담론의 방식입니다. 이것은 정신사의 핵심에 있는 것입니다. 즉 말하는 존재의 지위 그 자체의 전환이었습니다. 여기서 조건의 자연성과 단절하는 말은 바로 이 자연성을 표현하는 말이 됩니다. 『역사의 이름들』에서 나는 르루와 라뒤리의 『몽타이유』[72]의 예를 들었습니다. 이 책은 전적으로 이런 작업에 기여했습니다. 다시 말해 이 책은 이단적인 생각—담론의 질서와의 치명적인 단절—을 거꾸로 마을 사람들의 정착을 표현하는 믿음으로 전환했습니다. 모든 정신사는 초과의 말을 토착화하고(territorialiser) 그것을 삶의 양식의 표명과 영토의 표현으로 만드는 기능을 합니다. 여기서 문제는 역사 속에 민족학적 양식이 아닙니다. 민족학적 실천은 자주 과학적 나눔에서 문제가 되었습니다. 반대로 역사에 속한 "민족학"은 지속적으로 자신을 보증하는 방식입니다. 역사는 믿음—비-과학—이란 역사의 대상인 말하는 존재의 속성이라는 명증성을 통해 자신의 과학성을 증명합니다. 따라서 나는 역사는 과학적 기획에서 자신의 고유한 확실성과 연결되어 있다고 강하게 믿습니다.

● 진리의 문제는 최근에 역사가들의 반성에서, 특히 나치의 대량학살을 부인하는 사람들의 왜곡에 직면해서 역사의 중심 문제가 되었습니다. 그럼에도 불구하고 당신은 역사가들에서 진리에 대한 지배적인 개념화, 즉 역사적인 맥락을 통해 구성된 진실은 이런 왜곡에 직면해서 장애가 된다고 생각합니다. 왜냐하면 나치의 대량학살을 부인하는 사람들은 진리를 진술의 맥락에 의존하게 하는 역사주의를 극단화하기 때문입니다.

72 (원주) Emmanuel Leroy-Ladurie, *Montaillou, village occitan*, 1294-1324, Paris, Follio-Gallimard, 1985(1982).

역사가들이 염려하는 역사와 역사성의 관계는 일반적으로 역사주의로 흡수됩니다. 역사주의는 시간의 경험적 순간을 가능한 개념의 체제와 동일시하는 담론입니다. 다시 말해 그것은 우리에게 이런 시간과 이런 시대에는 이것만을, 저런 시간과 저런 시대에는 저것만을 생각할 수 있다고 말합니다. 역사주의는 역사의 모든 왜곡의 시도들과의 관계에서 역사가의 구성적인 허약성을 이끕니다. 사실 역사가 사용하는 진리의 가장 중요한 기준은 동시대성입니다. 이 기준에 의하면 어떤 것이 그것의 가능성의 조건과 동시대적인지 아닌지에 따라서 이것은 사실이나 거짓으로 판명됩니다. 만일 우리가 가능성의 조건들이 제대로 모이지 않았다고 말한다면, 우리는 사건은 일어나지 않았다고 말할 수 있게 될 것입니다. 특히, 나는 뤼시앵 페브르가 그의 『라블레의 종교』[73]에서 제안하는 이런 증명에 주목합니다. 왜냐하면 그것은 논의의 여지가 없는 것으로 주어지는 일련의 "명백성" 뒤에 확인할 수 없는 논증을 놓는 사유의 유형, 다시 말해 어떤 사유들은 생각할 수 있는 것의 영역 밖에 놓이는 시대가 있다는 것을 제시하는 사유의 유형의 본보기로 보이기 때문입니다. 이런 시대에는 이런저런 조건들이 부족하다는 증명 뒤에서, 우리는 사실 전적으로 다른 어떤 것, 즉 불가능한 것은 불가능하다는 동어반복적 확인을 전제합니다. 나는 나치의 학살을 부인하는 사람들의 논리가 밀려들어가는 곳은 바로 이 동어반복이라고 믿습니다. 그러나 누군가 어떤 사건을 부정하고자 하거나, 아니면 전혀 아무 일도 실질적으로 일어나지 않았다고 긍정하거나, 혹은 다양한 양태들

73 (원주) Lucien Febvre, 『16세기의 무신앙의 문제, 라블레의 종교』(*Le problème de l'incroyance au XVIè siècle, La religion de Rabelais*), Paris, Albin Michel, 1988.

을 따라서, 이 사건을 위한 조건들이 충분하지 않았다는 것을 증명하고자 할 때, 그는 사실 뤼시앵 페브르도 역사학자도 필요로 하지 않습니다. 그때 우리는 결국 그것은 일어나지 않았다거나, 사실들은 있으나 이것들에게 부여할 의미는 존재하지 않는다는 결론을 내립니다. 바로 이것이 나치의 학살을 부인하는 사람들이 한 것입니다. 나치 학살의 실재에 대한 증거들이 쌓이는 데도 불구하고 그런 사람들이 늘어나는 것을 보는 것은 아주 특이한 선험적 현상입니다. 그러나 이것은 진정한 역설이 아닙니다. 역사가들에 의해 축적된 증거들은 사건의 실재성을 그것의 가능성의 증명에 의존하게 만드는 이러한 역사주의적 사유 체제에 반대하기에는 역부족입니다. 우리가 이 체제의 핵심을 건드리지 않는다면, 우리는 헛되이 사실과 이름의 목록을 이 부인에 대립시킬 것입니다.

● 이러한 부인에 대해 몇몇 역사학자들은 나치즘과 같은 현상은 예비적인 윤리 없이는 연구할 수 없다는 생각을 제시하면서 이에 대한 궁극적인 해결로서 윤리적인 논증을 불러냅니다. 역사 안에서 이러한 윤리적 회귀를 당신은 어떻게 생각하시나요?

나는 예비학적인 이러한 윤리가 이 일을 해결할 수 있다고 생각하지 않습니다. 다시 한 번 그것은 사유의 체제의 문제입니다. 나치즘은 악한 것이라는 예비적인 지식을 가지고 출발하는 것이 문제의 근본이 아닙니다. 문제의 근본은 학살의 사실들을 그 사실들의 모음과 분석의 정상적 규칙에서 제거하는 근거 없는 개념들—불가능성, 생각 불가능함, 표상 불가능함—을 제거하는 것입니다. 나는 현재 역사가들 중에 이러한 논의를 하는 사람을 본 적이 없습니다. 반면 철학자들 가운데 우리는 생각 불가능한 현상 앞에 있으며, 이것은 길을 잃게 한다고 말하는 윤리적 담론들을 목격합니다. 동시에 이러한 윤리적 존중의 요구는 마치 우리를 사실들의 고려 앞에 정지시키는 것처럼 보입니다. 이 절대적으로 생각 불가능한 현상을 유지하는 담론은 그 현상을 불가능한 것으로 선언하는 중성화(neutralisation)의 형식과 합류할 수 있습니다. 요컨대 윤리적 존중이 이러한 문제를 해결할 수 있다고 보지 않습니다.

● 역사의 이러한 논리적 궁지, 말하는 존재들, 그들의 행위, 사건 등을 설명하는 어려움에 직면해서 당신은 문학은 사회적, 과학적, 그와 유사한 여타의 것들이 설명하지 못하는 것을 설명할 수 있는 자원을 구성할 수 있다고 제안합니다.

나는 문학이 문제 해결의 자원을 구성한다고 말하지 않았습니다. 문학에 대한 질문은 이중적 차원에서 제기됩니다. 우선, 지식의 글쓰기의 차원입니다. 역사는 항상 일종의 문학적 형식을 실천합니다. 이 문학의 형식은 일종의 풍경의 배치를 형상화합니다. 그리고 만일 우리가 이 지식의 대상들의 풍경의 배치를 변경하고자 한다면 다른 형태의 글쓰기의 절차를 차용해야 합니다. 이것이 글쓰기의 한 측면이고, 다른 측면은 사회과학이 사용하는 대부분의 지성체(intelligibilité)의 양태—또한 넓은 의미의 사회과학의 영역인 비판적 사유의 양태—는 우선 문학 안에서 태어났습니다. 결과적으로 역사가 그것이 하는 것을 생각할 수 있기 위해서는 역사는 또한 역사 해석의 양태들의 문학적 기원에 대해 질문해야 합니다. 예를 하나 들어봅시다. 사건의 역사와 도덕의 역사의 대립은 우선 위고나 발자크와 같은 작가들에 의해 정식화되었습니다. 그들은 또한 관점의 변화에 따른 해석적 양태들을 정의하기도 했습니다. 예를 들어, 아래(하층)에 의한 위(상층)의 설명, "말 없는 증언"(『레미제라블』의 시궁창), 신체 혹은 대상에서 사회, 역사적 기호 읽기 등등. 말 없는 기호들의 진리와 대사건이나 위대한 인물들의 담론의 대립은 우선 역사가 연대기를 포섭하기 이전에 문학과 역사가의 연대기의 대립이었습니다. 자원이 있다면, 중요한 것은 이 자원에 대한 반성이지 영혼의 보충이 아닙니다.

● 그러나 문학은 다만 역사를 위한 자원이 아니라, 말의 민주적인 나눔이 실행되는 장소가 아닌가요?

문학은 그 말의 역사적 의미에서 말하면 장르의 체계의 파괴입니다. 이 체계에 의해 주체의 고양—혹은 비천함—은 규정된 장르와 이 장르에 적합한 표현의 형식을 명령합니다. 이 고전적 장르의 체계는 위와 아래의 나눔에 근거했습니다. 다시 말해 대사건, 위대한 인물, 귀족적 감정에 적합한 글쓰기의 형식과 천한 사람들에게 적합한 글쓰기의 형식이 있다는 사실에 의존합니다. 요컨대 비극과 희극의 대립에 근거했습니다. 문학은 이러한 서열의 파괴이고, 이것은 본질적으로 소설의 촉진에 의해 완수되었습니다. 사실 소설은 항상 형식과 내용 사이에 어떤 필연적인 관계가 없는 인물들과 말투들이 서로 섞이는 글쓰기 형식이었기 때문입니다. 소설은 습관이나 감정의 정착이나 뿌리내림과 단절된 말의 장소였습니다. 이런 의미에서 우리는 소설은 말의 민주적인 형식, 즉 말에 의해 정해지고, 사회의 주역과 사회의 순응자 사이의 관계에 의해 규정된 상황을 거부하는 형식입니다. 이것은 문학의 첫 번째 측면입니다. 그러나 이 소설의 사회적 비규정성은 또한 그 비형식적 형식을 과학으로서, 즉 세계를 해독하는 양식으로서 문학적 기획의 완수의 장소로 만들었던 것이기도 합니다. 소설에는 두 현상 사이에 결합이 있습니다. 즉 한편으로 말의 분산과 비합법화의 현상(이것은 동시에 말의 내적인 조직과 말의 순환의 사회적 양식을 표시합니다)이, 다른 한편으로 문학을 세계의 내재하는 시학의 폭로, 즉 세계의 역사 안에 감춰진 기호들의 발견으로 생각하는 지식이고자 하는 현상이 있습니다. 이것은 『나귀 가죽』에서 발자크가 파편으로부터 세계를 구성한 퀴비에[74]의 지리학적 시와 바이런의 주관적인 시 사이에서 만든 대립입니다. 그리고 『잃어버린 환상』 혹은 『레미제라블』은 한 사회를 구성하는 기호들의 망의 전개와 해독일 것입니다. 소설을 통해 문학의 해석학적인 전통이 세워집니다. 여기서 문학은 정치를 회피하는 사회적 기호들을 읽습니다. 나는 문학이 혁명 다음날 자신을 사회적 기호들을 읽는 것으로 선언한 점, 그리고 세계의 깊이 감춰진 실재를 만드는 것을 보기 위해 대중 연설가나 웅변가들의 담론 아래로 지나가는 담론으로서 자신을 선언한 것은 중요하다고 생각합니다. 소설은 지질학자처럼 역사의 감쳐진 층과 화석을 발견하는 시-과학(poésie-science)으로서 주어집니다.

● 그렇다면 소설은 민주적인 말의 장소이면서 동시의 그것의 배제인 "장르

74 조르주 퀴비에(Georges Cuvier, 1769-1832)는 19세기의 프랑스의 해부학과 고생물학자이다. 그는 파리에서 발견되는 화석들을 가지고 파리의 지질학적 지형도를 구성했다.

없는 장르"라고 말할 수 있을까요?

배제라기보다는 조금 다른 의미에서 나눔이란 말이 좋을 것 같습니다. 문학은 미문의 위계적 체제와의 대립 속에서 합법적 장이 없는 체제 위에서 구성됩니다. 그러나 문학은 또한 거기서 자신의 고유한 합법성—19세기에 글쓰기가 자신의 고유한 일이 아닌 사람들에 의한 문학의 야만적인 자기화로서, "노동자들의 문학"에 대한 단죄 혹은 추방을 결정하는 것—을 구성합니다. 이렇게 소설은 자신의 합법적 장을 비합법화 하는 모순에 의해 만들어집니다. 바로 이곳은 소설을 읽는 여자들, 남자들의 소설적 공간입니다. 그런데 작가는 누구를 위해서 소설을 쓸까요? 소설을 읽는—그리고 그것을 비합법화하는 사람들이 아니라면 말입니다. 나는 『말 없는 말』에서 발자크의 소설을 분석했습니다. 『마을의 신부』는 모범적으로 이 모순에서 써진 작품입니다. 주인공 여자의 불행은 책 그 자체, 글쓰기의 무질서한 순환과 다른 것이 아닙니다. 요약하면 소설이 고발해야 하는 것은 이 인간적 동물의 문학성입니다. 그럼에도 불구하고 소설이 먹고 사는 것은 다름 아닌 이것입니다. 소설은 불법적인 말의 합법적인 장이라는 사실에 의해 써집니다. 이런 유형의 모순은 말라르메의 사유의 중심에 있는 것이기도 합니다. 말라르메는 사라지는 감각에 사로잡힌 탐미주의가 아닙니다. 말라르메 안에는 제3공화국 초기의 문제, 공동체의 문제, 더 이상 신도 왕도 없는 공동체에 자신의 날인을 줄 수 있는 것의 문제에 깊이 닻을 내린 정치적인 사유가 있습니다. 말라르메는 시를 종교를 대신할 수 있는 것으로, 고통이 머무는 공간에 바쳐질 수 있는 것으로 생각합니다. 그는 민주적인 정부는 그 장대함을 개인에게 빚지고 있다는 생각을 강하게 주장합니다. 그리고 그에게 시는 개인들에게 빚지고 있는 집단적인 장대함을 구성합니다. 시적인 말은 말라르메에게서 침묵과 사라지는 말의 운명을 가지는 것이 아닙니다. 시는 그에게 진정으로 공적인 소명을 갖습니다. 이로부터 극장은 공동의 위대함을 기리는 장소로서 시와 지속적이고 완전한 관계를 갖습니다.

● 마지막 질문으로, 당신이 분석한 지식의 형식들은 말 없는 자들(des sans parole)의 말의 초과를 놓치고 동일한 것을 재생산하고, 사회적 일치를 산출하도록 정해졌나요?

우선 나의 문제는 타자의 윤리의 문제 안에 속하지 않는다는 것을 말하고 싶습니다. 나의 문제는 지식이 자신의 확실성을 보증하기 위해 구성하는 것과 "다른" 유형의 지식을 고려하는 것입니다. 이것은 지식이 사회적인 일치의 균열들을 완벽하게 드러낼 수 있다는 것을 의미합니다. 내가 『프롤레타리아의 밤』에서 역사가로서 하고자 한 것은 프롤레타리아의 정체성과 노동자의 운동의 정체성의 구성에 사용되는 일단의 말, 이미지, 담론이 일어나고 순환되는 공간을 그리는 것이었습니다. 그러나 이 구성의 예측불가능성을 보도록 내버려두면서 말입니다. 나에게 중요한 것은 "과학의 타자"를 산출하는 과학만능주의로부터 탈출하는 것입니다. 또한 항상 지배가 가시적인 지점, 억압이 가시적인 지점, 거짓이 사실로 들어나는 지점을 드러내고자 하는, 요약하면 자백시키고자 하는 비판적 사유의 전통으로부터 탈출하는 것입니다. 비판적 전통이 자주 자신의 사명을 잊는다면, 그것은 비판적 전통이 항상 자신의 대상을 자백시키고자 하기 때문입니다. 나는 자백의 계기들이 아닌 나눔의 계기들을, 다시 말해 공동체의 의미의 구성이 그 자체 정치적 쟁점이 되는 계기들을 구성하고자 했습니다. 나는 정치적인 것의 의미와 공통으로 주어진 것 안에 분열이 있는 한에서만 정치가 존재한다는 것을 드러내고자 했습니다. 나는 어떻게 공동체의 의미가 형성되고 그것이 어떻게 역사의 유형들과 가능한 정치적 전통의 유형들을 결정하는지를 드러내는 역사를 이야기하고자 했습니다. 그러나 기억과 합의적 정당화를 촉진할 수 있는 새로운 역사의 이해가능성의 틀을 정의함이 없이 말입니다. 마찬가지로 나는 문학이 사회의 진실을 말한다고 주장할 때 문학의 모순 위에서 작업하고자 했습니다. 나의 경우 아포리아에서 작업하는 것은 흥미로운 일입니다. 아포리아는 담론의 불가능성을 말하는 것이 아니라, 그것의 쟁점들을 표시하는 것이라고 생각합니다. 나는 탐구는 많은 역사학자들과 많은 사회과학자들에게 악몽과 같은 대립—그들에 의하면 사물 그 자체가 있거나 담론이 있을 뿐인 그런 대립—안에서는 절대로 파악되지 않는다고 생각합니다. 이런 유형의 대립은 유치합니다. 이것은 모든 종류의 질문을 회피하기 위한 허구적 공포를 유발합니다. 예를 들어 탈구축의 위험, 과학의 영역에 담론만이 존재한다는 공포에 대한 미국인의 환상이 프랑스 내에 유입되는 것을 상상해 봅시다. 공포는 과학주의가 과학적 태도에 대립되는 것처럼 항상 어디서나 사유에 대립되는 것입니다.

2000년

『감성의 분할: 미학과 정치』

문학, 정치, 미학: 민주적 불화의 주변에서[75]

(솔랑즈 게눈과 존 H. 카바나와의 대담)

"초대가 어떤 사유의 효과를 산출하기 위해서는,

그 만남이 불화의 지점을 발견해야 한다."

–『불화』, 파리, Galilée, 1995, p. 12.

서문: 평등, 교육, 그리고 민주주의의 원리

● 솔랑즈 게눈(SG): 당신의 책을 읽으면, 우리는 당신이 19세기의 아주 특이한 조셉 자코트라는 교육자를 만나면서 일종의 계시 혹은 "파스칼의 밤[76]"을

75 (원주) 솔랑즈 게논(Solange Guénoun)과 존 H. 카바나(John H. Kavanagh)와의 영어 대담은 자크 랑시에르가 직접 이 책을 위해 프랑스어로 번역했다. 이 대담은 위스콘신 대학 출판사 저널인 *Substance*에 실렸다.

76 "파스칼의 밤"은 1954년 11월 23일과 24일로 이어지는 밤에 일어난 파스칼의 개종,

받은 것 같은 인상을 받습니다. 당신은 1987년 『무지한 스승』(영역 1991년)이란 작품을 그에게 바쳤습니다.

자크 랑시에르: 파스칼의 밤은 아닙니다. 그것은 분명 정치와 평등에 대한 질문을 다시 제기하기 위한 본질적인 만남입니다. 조셉 자코트는 전에 없었던 도발적인 스타일로 민주적인 논리와 일반적으로 동일시되는 진보적인 논리 아래 감춰진 교육의 패러다임을 전복한 근본적인 두 원리를 제기했습니다. 첫 번째는 평등은 도달해야 할 목표가 아니라는 것입니다. 불평등의 축소와 인민의 교육의 목표로서 평등을 선언하는 진보주의자들은 무지한 자와 지식을 가진 자의 거리를 메운다고 주장하는 거리의 경영 그 자체에 의해 자신의 권력을 보증하는 주인의 논리를 재생산합니다. 평등은 출발점이지 도달해야 할 목표가 아닙니다. 두 번째는 모든 지성은 동등하며 이 전제 아래에서 작업해야 한다는 것입니다. 또한 그는 민주적인 정치에 극단적인 도발을 대립시켰습니다. 그에게 평등은 단지 개인들 간의 지적인 평등일 수 있습니다. 평등은 절대로 사회적인 일관성으로 파악될 수 없습니다. 평등을 실현하고자 하는 모든 시도는 그것의 상실에 이를 뿐입니다. 모든 평등의 정치는 이 도전—목표가 아닌 전제로서 평등을 긍정하는 것, 또한 지적인 평등과 사회적 불평등 간의 나눔을 거부하는 것, 평등의 전제가 비록 사회적 결집의 사회적 논리에 낯설다고 할지라도 위반의 방식으로 긍정될 수

즉 철학의 신에서 아브라함, 이삭의 신으로의 전향이 일어난 "불의 밤"을 말한다. 이 밤의 경험을 파스칼은 "회상록(Le mémorial)"에 적어 즉각적으로 자신이 입던 옷 안감에 접어 넣고 꿰맸다고 한다. 그는 매번 옷을 갈아입을 때마다 그것을 다시 옷에 넣고 꿰맸다고 전한다.

있다고 생각하는 것, 그리고 정치는 이 위반 안에 존재한다고 생각하는 것—에 직면해야 했습니다.

● SG: 이와 연관해서 나의 관심을 끄는 것은 1980년대의 사회주의적 정치적 상황 안에서, 프랑스에서 항상 뜨거운 주제인 교육과 교수법의 문제들에 대해 당신이 개입하는 방식과 "진보주의자들"의 두 형식과 당신이 구분되는 방식입니다.

프랑스에서 민주적인 학교에 대한 논쟁은 여전히 두 입장에 의해 독점되고 있습니다. 하나는 부르디외의 작업에 영향을 받은 사회주의적 경향입니다. 이것은 지식의 "계승자들"에게 맞춰진 지식의 전달의 형태를 고발하고, 학교의 방식을 필요와 교육의 혜택을 받지 못하는 층의 존재 방식에 맞추면서 교육의 불평등을 줄일 것을 제안합니다. 그 정면에 장-클로드 밀네르(Jean-Claude Milner)의 책,『학교에 대해서』안에서 요약되는 "공화주의자"적이라고 말해지는 논제가 전개되었습니다. 이것은 지식과 그 전달의 양태의 보편화를 민주화의 왕도로 만들고자 하고, 교육학자나 사회학자를 공화주의 학교의 파괴자로 비난합니다. 지적 해방을 주장하는 자코트의 생각은 평등을 지식과 스승의 지위의 보편성에 종속시키거나, 지식 전달의 사회적 장치들의 과학에 종속시키는 이 두 입장과 정면으로 대립합니다.

● SG: 당신의 저작의 아주 인상적인 특징들 중의 하나를 말하자면, 당신의 저작은 한 분과에서 다른 분과로의 이동하면서, 동시에 모든 분과들을 가로지르는 한 대상에 대한 반복된 탐구입니다. 다시 말해 당신은 역사를 다루는 "지

식의 시학"에서 말라르메의 작품을 해석하는 문학의 개념으로, "미학의 이념"으로, 영화로 이동합니다. 한 영역에서 다른 영역으로 이동하면서 탐구의 대상은 당신의 책들의 부제들이 증명하는 것처럼—『불화: 철학과 정치』(1995), 『말라르메: 세이렌의 정치학』(1996), 『말들의 살: 글쓰기의 정치학』(1998)—정치와 연관됩니다. 그리고 1990년에 출간된 『정치적인 것의 가장자리에서』를 제외하고 1998년 당신의 저작들은 전적으로 다시 다듬어지고 추가되어서 새로운 판본으로 재출간되었습니다.

정치에 대한 질문과 "이동"의 방법은 전적으로 연관됩니다. 나에게 정치는 항상 나눔과 경계에 대한 질문들 안에서 일어납니다. 19세기의 노동자들의 해방을 다룬 책을 『프롤레타리아의 밤』이라고 부른 이유는 이 해방의 핵심이 노동자들은 낮에 일하고 밤에는 자고, 사유의 작업을 위해 남은 시간이 없다고 믿는 시간의 자연스런 나눔을 깨는 것이었기 때문입니다. 이때 노동자들의 해방은 잠과 다른 것을 위해 밤을 바치기로 결정한 노동자들이 "그들의 것이 아닌" 글쓰기와 사유의 세계 안으로 들어가기 위해 그들에게 속하지 않은 시간을 자신에게 바치는 것이었습니다. 이것을 고려하기 위해 우선 나 자신부터 역사, 철학, 문학, 정치학 등등으로 나눠진다고 생각되는 경계들을 부셔야 했습니다. 다시 말해 그들의 텍스트는 노동조건이나 대중문화를 표명하는 자료들로 읽혔습니다. 나는 이것들을 다르게, 문학이나 철학적 텍스트로 읽기로 결정했습니다. 사람들이 인민의 언어 안에서 표현되는 노동자들의 문제들을 읽으려는 거기에서, 나는 반대로 공통의 언어와 공동체에 대한 담론에 접근을 요구하기 위해 언어와 세계 사이의 이 나눔을 위반하고자 투쟁하는 것을 보았습니다. "대중문화"를 회복하고자 하는 문화주의에 반해, 나는 타자의 문화를 자기화하는 이런 "문화"를 거부하는 투쟁에 보다 더 많은 가치를 부여했습니다. 분과들의 경계를 가로지르는 "지식의 시학"의 이념은 대상과 방법의 밀접한 관계를 표현합니다.『프롤레타리아의 밤』은 타자들에 의해 자기화된 공통의 언어를 다시 자기화하고자 한, 위반의 방식으로 평등의 전제를 확인하고자 하는 프롤레타리아의 투쟁을 고려하기 위해 "과학적인 것"과 "문학적인 것"의 나눔, "사회적인 것"과 "이데올로기적인 것"의 나눔의 선을 무시하는 방식을 통한 "정치적인" 책이었습니다.

● SG: 이것이 대변인의 역할을 다시 정의하게 된 계기인가요?

전통적인 논리에서 "대변인"은 집단의 사유, 감정, 삶의 양식을 대표하는 자입니다. 나는 반대로 대변인은 우선 이 표현의 논리를 파괴한 자, 말을 순환시키는 자, 다시 말해 말의 양식을 존재의 양식에 고정하는 것에서, 노동자는 노동자 같은 말을 해야 하고 인민은 "대중문화" 안에서 표현되어야 한다는 믿음에서 말을 떼어내는 자라는 것을 드러내고자 했습니다. 문제의 핵심은 타자의 언어, 타자의 사유의 범주 안으로 들어감으로써 타자를 존중한다고 믿는 많은 사유의 전개들이 결국 아주 오래된 플라톤적인 격언—각자 자신의 자리에서 자기 일을 해야 한다는 격언—을 재산출할 뿐입니다.

● 존 H. 카바나(JHK): 당신의 작업은 평등의 개념에 깊게 연관되어 있으며, 이것은 당신의 입장에서 공화주의적 평등의 개념과 구분된다는 것은 명백합니다. 그러나 평등의 사회적 의미는 이미 형성되어 있고 결정되어 있는 듯이 보입

니다. 이 점에 대해서 당신은 동의하는지, 아니면 당신은 이미 형성된 평등의 의미 같은 것은 없다고 전제하는지요?

평등이 하나의 공리, 전제라면, 이 공리는 그 원리상에서 전적으로 비규정적이며, 그것은 모든 규정된 정치적 장의 구성에 앞선다는 것은 명백합니다. 왜냐하면 전자가 후자를 가능하게 하기 때문입니다. 이것은 다시 말하면, 평등의 공리가 불평등한 상황에 의해 항상 규정된 진술과 표명의 실천, 그 양식 그리고 평등의 잠재성을 규정한다는 것을 의미합니다.

● JHK: 여기서 문제는 모든 정치적인 것 이전에 "모든 인간은 평등하게 창조되었다"는 계몽의 이념인가요? 그리고 이것은 18세기에 공화주의적 평등의 개념으로 나타나지 않나요?

그렇지 않습니다. 우선 계몽의 이념은 어떤 평등의 개념도 전제하지 않습니다. 평등에 대한 인간의 권리 선언은 이 관점에서 계몽의 철학을 넘어섭니다. 또한 인간의 권리 선언은 "재능의 차이"에 의해 평등을 권리로 교정합니다. 특히 평등의 공리는 정치철학의 양식을 따르면 공통의 자연적 속성과 관계하지 않습니다. "자연"은 둘로 나눠집니다. 말하는 존재들의 평등은 사회적 신체들의 중력의 자연 법칙과의 관계에서 단절 속에서 추가적으로 개입합니다. 끝으로 평등의 공리는 권리와 사실 사이의 거리의 "축소" 안에서 특수화된 제도들을 가지고 개인들과 국민들에게 부여된 권리가 아니라, 주체들에 의해 행해진 평등한 실천들의 잠재성을 규정합니다.

문학의 개념과 패러다임의 변화: 문학비판의 오해들

● SG: 또 다른 단절로 이동하기 위해, 미문에서 문학으로의 패러다임의 변화에 대해서 말해 봅시다. 『말 없는 말: 문학의 모순에 대한 시론』(1998)을 읽으면서 나에게 인상적이었던 것은 예를 들면 부알로(Boileau), 위에(Huet), 볼테르, 바퇴(Batteux) 등에 의존하면서, 혹은 마르크 퓌마롤리(Marc Fumaroli), 제라르 주네트(Gérard Genette)와 같은 현대의 역사학자와 시학자를 불러내면서, 이 기간 동안 써진 무수한 텍스트를 진정으로 다 모으지 않고, 당신이 다소 서둘러서 미문을 글쓰기의 표상의 체제 안에서 다루는 방식입니다. 반면에 당신의 문학의 개념을 설명하기 위해 프랑스 혁명 이후의 텍스트들에 대한 복합적이고 세세한 분석을 제시합니다. 이 패러다임의 변화를 다루면서 왜 이런 불균형이—한편으로 미문이, 다른 한편으로 문학이—생길까요? 아마도 당신에게 미문의 표상의 체제의 복합성을 설명하고자 하는 의도도 혹은 그럴 능력도 없기 때문이었던 것처럼 보입니다.

우선 나는 문학을 19세기에 정착한 글쓰기의 예술에 의해 규정된 체제로서 다뤘습니다. 그리고 나는 문학의 패러다임이 파괴한 질서, 즉 미문의 패러다임과의 대립 안에서 어떻게 이 문학의 패러다임들이 구성되는지를 보여주었습니다. "다루는 방식의 차이"는 나의 특수한 대상(작품 전체를 의미하는 것이 아니라, 특수한 사유의 체제로서 문학)에 의해 정당화될 뿐만 아니라, 또한 미문의 패러다임은 사실 위고, 발자크, 혹은 플로베르에게서 아리스토텔레스의 시학 안에 그 기원을 가지는 체계의 논리를 완성한 18세기의 프랑스의 이론가들이 제시한 체계화 안에서 요약된다는 사실에 의해 정당화됩니다. 나는 두 종류의 글쓰기의 기술

(art)이 가진 두 종류의 정체성의 체계를 비교했습니다. 두 다른 시대의 두 체계가 아니라, 표상의 체계는 시학적 예술의 규칙들과 거기에 복종하지 않는 무수한 방식의 글쓰기 사이의 간격 그 자체에 의해 규정됩니다. 반면 문학은 "예술의 규칙들"과 경계들을 더 이상 알지 못합니다. 따라서 새로운 패러다임을 찾아야 하는 것은 작품들 그 자체 안에서입니다, 그 이전에 무수한 글쓰기와 글쓰기의 실천들이 미문의 체계 밖에 혹은 그것의 여백에 자리했었다는 것은 명백합니다. 다시 말하면 낭만주의 시대는 미문의 정당성에서 제외된 작가들, 시대들, 형식들(특히 소설이라는 장르 없는 장르)을 요구하거나, "고전주의"를 자신의 이념 안에서 다시 발명했습니다. 우리가 "바로크적인" 코르네유나 라신을 볼테르의 고전주의와 대립시킬 때, 우리는 그것을 문학의 시대에 고유한 역사화의 기능에 의해 할 수 있습니다.

● JHK: 당신이 말하는 주체들로서 그들에게서 제외된 공통의 언어를 자기화하면서 자신을 긍정하고자 하는 프롤레타리아에 대해 말할 때, 당신은 다른 글쓰기의 예술과의 관계없이 문학의 다른 개념화를 제시합니다.

내가 문학성(littérarité)이라고 부르는 것은 말의 발신자와 수신자 사이에 관계를 규정하는 정당성의 체계 없이 유통되는 써진 말의 지위를 지시합니다. 나는 여기서 제자들의 영혼에 씨를 뿌리는 플라톤이 말하는 스승의 살아있는 말과 누구에게 말을 해야 하고 말아야 하는지 모르는 채 굴러다니는 "말없이(muette)" 써진 말 사이에 대립과 관계합니다. 문학성이라는 말을 사람들이 텍스트에 "문학적인"(어떤 일관성도 없는 그 유명한 "비전이성(intransitivité)") 텍스트의 특징을 부여하는 특수한 언어의 속성으로 이해한다면, 그것은 나에게 공허합니다. 말의 유통의 정치적인 체제로서 문학성과 글쓰기의 예술의 역사적인 체제로서 문학 사이에는 어떤 직접적인 관계도 없습니다. 반대로 둘 사이에 긴장이 있을 뿐입니다. 소설에 대한 가장 지속적인 우화들 중에 하나는 소설을 읽어서 불행했던 여자, 남자의 불행에 대한 우화입니다.

● SG: 우리는 당신이 우리 모두가 지닌 창의적인 문학적 동물의 "문학성"이라고 부르는 것—문학이론 내에서 오랫동안 유통되던 동음이의어 "문학성"과 어떤 관계도 없는 이 말—이 40년 이상 논쟁되어 온 질문들과 단절된 문학인들에게 오해의 원천이 될 수 있는가를 충분히 상상할 수 있습니다. 이러한 사실은 《르몽드》에서 당신의 책들과 앙투안 콩파뇽(Antoine Compagnon)의 책을 같은 기사에서 다루는 것에서 확인할 수 있습니다. 그의 책, 『이론의 악령』(Seuil, 1998)은 바로 이런 문학이론의 현실을 진단합니다. 『말 없는 말』이 거기서 역설적이게도 이 문학이론의 지평에 기입되는 것은 내가 볼 때 아주 명백해 보입니다. 하지만 직접적으로 이 지평을 언급하지 않고서, 그럼에도 "문학성", 기표, 상징적 구조화의 용어들처럼 코드화된 용어들과 개념들을 통해 지속적으로 그 지평을 요청하면서 말입니다.

나는 거의 "문학이론"을 다루지 않았습니다. 내가 문학성이라고 부르는 것은 문학이론보다 더 오래되고 더 넓은 상징적인 나눔의 문제와, 내가 감각적인 것의 나눔—말, 시간, 공간의 분배—이라고 부르는 것과 관계합니다. 내가 여기에 이른 것은 1960-1970년대의 문학의 이론화를 통해서가 아닙니다. 『프롤레타리아의 밤』에서, 특히 식품 포장지 혹은 다른 찢겨진 종이에서 글쓰기의 세계의 발견을 이야기하는—사실 허구화하는—노동자들의 이야기를 다루면서 내가 느낀 것은 바로 이 말과 사유의 나눔의 문제입니다.

● SG: 당신은 두 종류의 허구의 양태를 제시합니다. 하나는 당신의 분류에 의하면 모든 미문의 체제가 속하는 모방적 허구이고, 다른 하나는 당신이 말라르메에게서 취한 용어에 의하면 "인간 정신의 과정으로서" 문학의 체제에 고유한 허구입니다. 이로부터 당신은 미문의 표상의 체제 아래에서 글쓰기의 실천은 모방적 허구와 공존하는 발명적인 의미에서 다른 양태의 허구를 함축할 수 없다는 것을 말하려고 하나요? 예를 들면 벵상 데콩브(Vincent Descombes)는 고대의 모방의 실천을, 진리의 문제에서 예술을 분리하는 것을 허용하고 종교로부터 해방된 새로운 원리로서 고전적이라고 말해지는 작가들에 대해 다시 생각합니다. 이들은 역설적이게도 어떤 부분에서는 근대보다 더 근대적이고 (하버마스와는 반대로), 문학의 근대의 개념화에 기여했다는 것을 지적합니다. 최근에 당신은 "정치와 예술은 지식으로서 허구들, 다시 말해 기호와 이미지, 우리가 보는 것과 말하는 것 사이의 관계, 우리가 하는 것과 할 수 있는 것의 관계의 물질적 재배치를 구성한다"(『감성의 분할』)고 말합니다. 이것은 모든 예술에 통용되나요? 아니면 다만 1800년 이후의 문학에만 해당되나요?

허구를 중심 개념으로 만든 것은 예술의 표상적인 체제입니다. "모방"과 "발명" 사이에는 어떤 대립도 없습니다. 예술의 표상의 체제는 복사의 체제가 아니라, 아리스토텔레스가 말하는 "행위들의 배치"의 허구를 말합니다. 이 개념은 예술을 진리의 문제와 플라톤의 가상의 비난으로부터 해방합니다. 반면 "인간 정신의 일반적인 절차"는 "허구"의 이념을 "행위들의 배치", 혹은 이야기의 배치의 이념과 분리합니다. 허구는 이야기와 허구에 공통된, "기록영화"와 허구적 영화에 공통된 기호들과 이미지들의 배치의 절차가 됩니다. 그런데 이 기호들의 배치는 더 이상 "진리 바깥에" 놓이지 않습니다. 허구가 "인간 정신의 일반적인 과정"이 되면, 허구는 다시 진리의 합법성 아래 놓이게 됩니다. 이것이 바로 플로베르가 한 문장이 제대로 울리지 않으면, 그것은 생각이 잘못되었기 때문이라고 말한 이유입니다.

● SG: 당신이 "문학"이라는 말에 근거한 제한적인 규정을 제시할 때, 나는 전적으로 당신을 따를 준비가 되어있습니다. 그럼에도 불구하고 당신은 문학비평가로서 나를 이중적인 제한 안에 놓는 것처럼 보입니다. 한편으로, 당신은 문학비평가들에게 사회적이고 지적인 제도로서 문학의 일반적인 강독의 제한과 절차 바깥에서 그들의 활동을 다른 방식으로 생각할 것을 제안하면서 직접적으로 문학비평가들의 관심을 요청합니다. 다른 한편, 당신은 그들에게 당신들의 영역은 그 자체로 나의 관심 바깥이라고 말합니다. 비평의 독자는 당신이 말하고자 하는 것을 잘못 이해했을 뿐만 아니라, 당신의 메시지는 그에게 전달되지도 않았다는 것을 깨닫습니다. 이것은 당신의 텍스트와 스타일이 가 닿는 지점에 대한 질문입니다. 문학은 다만 철학자들을 위한 사유의 대상으로서, 그들에게 전달되는 것으로서만 당신의 관심을 끄나요?

나에게는 철학자의 질문과 문학비평가의 질문 사이의 경계가 없습니다. 내가 문학비평의 고유한 영역과 그 방법론에 대해 모른다는 것은 명백합니다. 문학과 문학의 탐구는 모든 이에게 속한 것입니다. 그리고 이 탐구는 필수적으로 두 종류의 질문을 요구합니다. 하나는 글쓰기 예술의 특수한 역사적 체제를 생각하는 것을 가능하게 하는 절차에 대한 질문들이고, 다른 하나는 이 예술의 형식들 그 자체를 분석하는 질문들입니다. 헤겔의 낭만적 예술 이론과 플로베르의 문장들의 수정 절차는 나에게 같은 질문에 속합니다. 그리고 나는 철학자들보다 작가들의 글을 읽는데 더 많은 시간을 보냅니다.

● SG: 나는 1987년 이후의 텍스트들에 대한 당신의 작업과 복합적인 독서에 대해 전혀 이의가 없습니다. 반면 1800년 이전의 텍스트들도 이와 같은 방식으로 취급될 수 있는지 의문입니다.

그럴 수도 있다고 생각합니다. 다만 이런저런 시대에 쓴 것들에 대한 크고 작은 관심의 차이가 문제일 뿐입니다. "문학"은 더 이상 예술의 규칙을 알지 못하는 글쓰기 예술의 체제이기 때문에 함축적인 문학의 규범들은 반드시 세세한 텍스트 안에서 탐구되어야 합니다. 볼테르는 코르네유가 한 것과 자신이 "했어야 했던" 것을 비교합니다. 이것은 우리가 이런저런 의미에서 코르네유와 체계의 규범과의 간격을 측정하는 것을 가능하게 합니다. 그리고 코르네유 자신도 우리에게 끊임없이 그 간격들을 지시하고 정당화합니다. 발자크, 플로베르 혹은 말라르메에게 "규범"과 "간격"은 글쓰기의 과정에 내재적입니다. 자기수정은 비평의 법정을 대신합니다. 우리의 현미경적인 독서의 비평 방법은 이 자기에 대한 작업과의 연속성 안에 기입됩니다. 또한 우리는 오늘날 몽테뉴나 라신을 낭만주의 시대에 만들어진 주목할 만한 양식에 따라서 읽을 수 있습니다. 마찬가지로 루이 마랭(Louis Marin)[77] 학파에게 교육받은 미술

77 루이 마랭(Louis Marin, 1931-1992)은 프랑스의 예술사가이다.

사가는 티치아노(Tiziano)[78]의 작품을 인상주의, 야수파, 추상주의 안에서 형성된 시선으로 읽게 될 것입니다.

● SG: 그럼에도 불구하고 어떻게 당신의 이 입장을 가장 전통적이고 정치적으로 가장 우파인—예를 들면 마크 퓌마롤리(Marc Fumaroli)의—문학비평과 일치시킬 수 있는가를 보는 것은 주목할 만합니다. 그의 불가능한, 그럼에도 많은 이들이 공감하는 꿈은 40년 이래로 전개된 모든 문학이론을 청산하는 것입니다. 당신이 문학이론을 고려하지 않는 이유가 그와 다를지라도, 그 결과는 마찬가지입니다. 당신이 보기에 이것은 문제로 보이지 않나요?

여기저기서 1960년대의 이론적이고 실천적인 동요들을 일소하고자 하는 의지를 봅니다. 또한 예를 들면, 마치 맛과 쾌락의 기준, 현명한 군주나 조언자의 지혜 등등을 회복하고자 하는 것처럼, 오래된 수사학적 기교와 일치하는 "인도주의"를 회복하고자 하는 의지를 봅니다. 그러나 글쓰기 예술의 역사적인 체제를 분리하는 것은 각자를 각자의 자리와 각각의 시대 안에 다시 놓는 것이 아닙니다. 어쨌든 글쓰기의 문학적 체제는 평가와 해석의 합법적인 방법을 구축한다고 주장하는 것을 흔드는 과거의 작품들을 다시 사유하는 것입니다. 이것은 만일 문학이론이 "문학"의 대상을 유사-명증성으로부터 끌어낼 능력이 있었다면, 그것은 발견할 수 없는 언어적 속성(비전이성)으로부터 문학을 영구화하는 "본질주의"와 모더니즘이나 표상의 비판과 같은 동어반복적 개념들로부터 예술적인 것과 정치적인 것 사이의 발견할 수 없는 연결을 찾는

78 르네상스 시대에 활동하던 이탈리아의 화가이다.

"역사주의" 사이의 무한한 흔들림 안에 그 대상을 놓았을 것이라는 것을 의미합니다. 특히 표상의 문제는 의회 민주주의의 문제로부터 정신분석, 코기토의 비판, 표상에 대한 종교적인 금지, 죽음의 수용소의 표상불가능성 등등을 거치면서 비형상적인 회화에 이르는 무수한 문제들과 얽힙니다.

정치, 미학, 불화의 논리

● SG: 당신이 문학, 미학, 정치의 관계를 설명하기 위해 여러 책에서 분석하는 개별적이고 집단적인 주체화의 질문으로 돌아가 봅시다. 『불화』에서 당신은 정치라는 일상적인 개념을 "치안"과 "정치"로 나눕니다. 당신은 "치안"을 감각적인 것의 나눔으로, 반면 "정치"는 이 나눔의 동요의 양태로 제시합니다. 후자는 정치의 본질로, 당신이 "불화" 혹은 "불일치"라고 부르는 것입니다. 이로부터 당신이 1998년 미국판 『철학자와 가난한 사람들』 후기에서 지적한 것처럼, 지각적인 세계를 다른 세계에 기입하면서 우리는 이전에 보이지 않고 들리지 않던 것이 들리고 보이는 것을 가능하게 하는 "정치의 미학" 혹은 미학으로서 정치에 이릅니다. 나의 질문은 문학은 당신이 미학이라고 부르는 이 가시성의 일반적인 역사적 양태의 부분인지, 아니면 구분되는지, 구분된다면 어떻게 구분되는가입니다. 왜냐하면 우리는 정치, 미학, 문학 이 세 용어가 같은 작용—감각적인 것의 대립하는 나눔—을 지시하기 위해 그 의미에서 서로 혼동되는 인상을 받기 때문입니다.

나는 두 의미에서 "미학"을 이해합니다. 하나는 넓은 의미에서이고, 다른 하나는 제한된 의미에서입니다. 정치가 우선 감각적인 소여 그 자체 위에서 투쟁이라는 것을 지시하기 위해, 나는 넓은 의미에서 "정치의 미학"을 말합니다. 정치와 치안은 공동체의 상황이 은닉하는 것—"볼 것들"과 그것들을 보고, 판단하고, 결정할 수 있는 주체들—들에 대한 두 개의 서로 다른 가시성의 양태들입니다. 『불화』에서 내가 든 극단적인 예로, 귀족들이 보지 못하는 것은 평민들의 입에서 나오는 굶주림과 분노의 아우성이 아니라, 공통의 것들에 대해 말하는 제대로 발음된 말들입니다. 반면 제한된 의미에서, "미학"은 표상의 체제에 대립되는 예술의 특수한 체제를 지시합니다. 표상의 체제는 다양한 "기술들(arts)"—만드는 방식의 의미에서—가운데서 공동의 목표, 모방에 의해 특수화된 기술들을 구분합니다. 그리고 그것은 "제작"의 장르와 규범, 이로부터 평가의 기준 등등을 규정합니다. 미학의 체제는 예술의 산물들에 분배된 감각적인 존재의 양태로부터 예술의 영역을 구분합니다. 그리고 그것은 예술의 산물을 감각적인 것의 일상적인 양태에서 벗어난 감각적인 것 그 자체 안에서 사유의—그 자신의 외적이 된 사유의—특수한 양태의 표명으로 만듭니다. 그것은 예술의 산물을 원하는 것과 원하지 않는 것, 행해진 것과 행해지지 않은 것, 의식과 무의식 사이의 균형(칸트의 "목적 없는 합목적성", 의식적 과정과 무의식적 과정의 종합으로서 셸링의 정의 등등)으로 정립합니다. 그것은 예술의 산물을 표상적인 규범과 그것에 모방의 지위를 부여하는 자율적인 유형으로부터 벗어나게 합니다. 그것은 예술의 산물을 자율적이고 자기-충족적인 실재로, 동시에 삶의 형식으로 만듭니다. 문학은 글쓰기 예술의 새로운 체제로서 예술의 이 미학적 체제에 속하고 그것의 역설적인 자율성의 양태에 속합니다.

● SG: 당신의 책, 『말들의 살: 글쓰기의 정치학』에서 글쓰기라는 단어를 당신은 어떻게 이해하나요? 그리고 이것은 "문학", "담론", "말"들과 어떻게 구분되나요? 이 단어들을 사용하는데 전제하는 당신의 언어이론—철학적 혹은 또 다른 이론—은 무엇인가요?

글쓰기의 이념은 근본적으로 어떤 언어이론과 관계하는 것이 아니라, 내가 감각적인 것의 나눔이라고 부르는 것과 관계합니다. 플라톤에게, 글쓰기는 어떤 공통의 공간을 규정합니다. 합법적인 발설자 없는 말과 사유의 유통, 규정된 전달 양태도 특수한 수신자도 없는 이 말 없는 말의 공간은 그에게 민주주의의 공간입니다. 민주주의는 동시에 써진 법의 체제이고, 이 체제에서는 권력을 행사하는 특수한 지위가 없습니다. 이 개념은 언어적인 것도, 철학적인 것도, 정치적인 것도 아닙니다. "글쓰기"는 플라톤과 아리스토텔레스 이래로 정치적인 동물을 개념화하는 로고스(logos)와 아이스테시스(aisthesis) 사이의 관계의 양식입니다. 글쓰기와 문학성의 개념은 정치적 동물을 문학적 동물로서, 즉 문자에 의해 파악된 동물로서 생각하는 것을 가능하게 합니다. 다만 여기서 문자가 누구에도 속하지 않고, 그것이 어느 쪽으로 굴러갈지 알 수 없는 한에서 말입니다.

● SG: 감각적인 것의 나눔, 평등과 불평등의 정치적인 나눔, 공통의 언어와 같은 당신의 개념들에서 미셸 푸코와의 유사성을 인정한다면, 그와 당신을 구분할 수 있는 차이는 무엇인가요? 또한 당신의 "계보학"이 있다면 정확히 무엇인가요?

감각적인 것의 나눔의 생각은 미셸 푸코의 계보학적 사유, 다시 말해, 볼 수 있고, 말로 표현할 수 있고, 생각할 수 있는 것들에 대한 그의 체계적인 방식을 나의 방식으로 번역하고 배반한 방식일 것입니다. 내가 『말 없는 말』에서 시도했고, 현재 예술의 체제에 대한 나의 작업에서 문학 개념의 계보학은 푸코의 에피스테메 개념과 유사한 용어들 안에서 정식화될 수 있을 것입니다. 그러나 푸코가 그의 개념화에서 한 시대에 생각할 수 있는 것과 생각할 수 없는 것을 고정하고자 할 때, 나는 한편으로 역사적인 경험에서 겹침, 반복, 비동시대성에 더 민감하며, 다른 한편 생각할 수 있는 것과 생각할 수 없는 것의 역사적 나눔은 사유의 권리에 의존하기보다 근본적인 나눔을 감추는 것처럼 보입니다. 푸코가 한계, 울타리, 배제 등에 의해 사유하고 있는 곳에서, 나는 내적인 나눔과 위반에 의해 사유합니다.『광기의 역사』는 고전주의 이성의 외적인 구조적 조건으로서 "광인"의 감금에 의존합니다.『프롤레타리아의 밤』에서, 나는 노동자들이 그들이 가질 수 없는 글쓰기의 시간과 사유를 자기화하는 방식에 관심을 가졌습니다. 이때 우리는 고고학보다는 전쟁 사회학 안에 존재합니다. 그리고 차이를 만드는 것은 이론적인 적합성을 찾는 푸코에게는 없는 질문, 즉 평등에 대한 질문입니다.

● SG: 공통의 언어는 무엇인가요? 그리고 당신이 이러한 자름, 나눔 등을 사유하는 것을 가능하게 하는 언어, 말, 담론, 문자에 대해 당신은 어떤 철학적, 언어적, 혹은 다른 이해가 있나요? 이러한 이해는『프롤레타리아의 밤』이후에 변화되었나요?

"공통의 언어"라는 이념은 규정적이라기보다는 논쟁적이고, 언어적이라기보다는 철학적입니다. 그것은 앞서 말한 매듭과 관계합니다. 한편으로 "공통의 언어"는 분리된 관용어를 가진 치안적 논리에 대한 정치적인 거부입니다. 『프롤레타리아의 밤』의 노동자들은 "노동자에 대해서 말하기"를 거부합니다. 그들은 그들에게 정해진 신체성을 거부합니다. 다른 한편 그것은 방법론적인 것으로서, 여기서 중요한 것은 철학자, 역사학자, 사회학자, 정치학자 모두가 같은 언어 안에서 논쟁하고 생각하는 것입니다.

● JHK: 촘스키의 용어로 질문하자면, 당신은 한편으로 문학적인 언어수행—언어가 분류되고 실제적인 사용에서 실현되는 방식—에 관심이 있나요? 동시에 당신은 일종의 문학적인 언어능력의 평등을 찾나요?

한편으로 나는 개인적이고 집단적인 경험의 공통된 잠재성으로서 문학에 관심이 있습니다. 다른 한편 나는 예술의 역사적 체제 안에서 글쓰기의 예술의 특화로서 문학에 관심이 있습니다. 그러나 한편으로 문학의 특수한 언어수행에 있어서 일반적이고 문학적인 언어능력의 직접적인 결과는 없습니다. 작가들의 말과 그 말의 수용을 조건 짓는 문학성의 체제 안에는 그들 간의 긴장과 대립의 관계만이 있습니다. 다른 한편 나는 두 방향에서 작업하는 것이 유용하다고 생각합니다. 문학의 패러다임의 구성—그의 특수한 정치적인 능력—과, 더 광범위하고 더 비-규정적이고 초-역사적인(transhistorique) 글쓰기의 정치의 구성입니다. 이 둘을 연결하려고 서둘러서는 안 됩니다. 너무 빨리 연결하려고 하면, 내가 좀 전에 말한 사용할 수 없는 범주들—근대성, 표상에 대한 비판 등등—안으로 떨어집니다.

● JHK: 왜 버지니아 울프나 제임스 조이스의 소설들이 예를 들면 졸라나 위고의 소설들보다 더 "민주주의 시대의 진정한 소설"일까요? 당신의 작업은 노동자의 존재 양식에 속한 것으로 전제되는 말에 대한 "플라톤의" 개념을 문제 삼습니다. 다시 말해 당신은 "철학이 장인에게 그의 존재에 적합한 자리를 정해주는 식으로 그의 활동의 의미를 개념화하는 것, 또한 사회의 역사나 사회학이 학의 적합한 대상의 지위를 존재의 양태와 대중적 정체성에 적합하게 행위하고 말하는 방식 사이의 관계의 표상과 연결하는 방식"[79]을 문제 삼습니다.

당신은 또한 두 종류의 공동체가 있다고 말합니다. "조직적이고 기능적인 양태에서, 즉 존재와 행위와 말의 동일성의 양태에서 사유된 사회와 단순히 말하는 존재들의 평등과 그들의 모임의 우연성 위에 세워진 공동체"가 있습니다. 그리고 공동체의 글쓰기의 유형들의 계보학이 있다는 것은 명백합니다. 예를 들면, "공동체의 패러다임에 대응하는 (…) 사실주의적인 낭만주의 시대의 글쓰기 (…), 그리고 공동체의 다른 이념에 대응하는 글쓰기가 있습니다."[80] 당신에게 "민주적인 시대의 진정한 소설은 사실 여가의 세계의 사람들과 그들의 영혼의 상태를 말하는 소설이지, 졸라의 소설에서 보듯이 대단한 사회적인 행위들을 고려하는 것들이 아니라는 것"은 명백해 보입니다.

이것을 긍정하면서, 당신은 문학의(심지어 사회의) 플라톤적 분류의 새로운 형식을 재도입하는 것은 아닌가요? 마치 당신에게 일종의 민주주의의 "진정한" 문학은 대단한 사회적인 행위에 근거한 것이 아니라, 이질적인 목소리에 근거한 문학인 것처럼 말입니다. 왜냐하면 이것은 기능적이고 조직적인 통일성에

79 (원주) *Communications*, n°58, 1994, p. 88. (이 대담은 이 대담집 안에 "말들의 역사, 역사의 말들"이란 제목으로 실렸다—역주).

80 (원주) 같은 곳, p. 98.

근거한 것이 아니라, 말하는 주체들의 단순한 평등에 근거한 “진정한” 민주주의의 형식에 일치하기 때문입니다. 이것은 공동체들의 특수한(다시 말해 정치적인) 형식들을 본질적으로 자기화한 문학적 표현의 형식들이 진정으로 존재한다고 말하는 하나의 방식 아닌가요? 이 경우에 당신은 다만 사람들이 생각했던 공동체들을 뒤집는 것이 아닌가요?

이것은 어쩌면 공동체의 두 “패러다임”을 공동체의 두 “유형”으로 변경하는 것이 아닐까요? 다시 말해, 우리가 “패러다임”과 “공동체”의 구분을 유지한다면, 우리는 민주적인 공동체는, 아니 사실, 모든 종류의 공동체는, 자기화의 방식으로, 엄격하고 의식적으로 “기능적이고, 조직적인” 것으로, 혹은 “우연한 단순한 평등”으로, 아니면 동시에 두 방식으로 생각될 수 있고 생각되어야 하지 않나요? 결국 어떤 유형의 허구적(혹은 이론적) 담론도 본질적으로 민주주의를 자기화한 유형이 아닐 수도 있을 것입니다. 울프와 조이스가 민주적인 시대와 맺는 실질적인 담론의 관계를 가시화하는 것은 위고와 졸라가 이 같은 시대와 맺는 관계를 부정할 것을 요구하지 않습니다. 둘 다 이런저런 방식으로 민주적인 기획과 연결된다고 해도 누구도 민주주의를 구성하지 않습니다. 담론의 이질성에 대한 존중은 민주적인 기획을 위한 두 종류의 담론 중에 하나를 선택하거나 하나에 특권을 부여하기보다는 그 둘의 긍정적인 사용에 우리를 접근시킨다고 말할 수 없을까요?

당신이 언급한 그 텍스트는 역사적인 담론의 문학적인 패러다임에 대한 질문과 사회적 역사의 담론의 퇴화의 이유를 그 대상으로 합니다. 낭만주의 시대에 민주적인 말에 대한 대표적인 분석의 패러다임은 미슐레에게서 나타납니다. 미슐레는 혁명기의 웅변가들의 수사학을 “그들의 말의 의미”로 대체합니다. 그에게 그것은 세대들의 삶이고, 자연의 모성입니다. 아니면 그것은 반대로 혁명기의 웅변가들의 말을 통해 말하는 도시의 진흙탕입니다. 위고나 졸라가 참조하는 것은 이 질서의 자연적이고 신화적인 힘입니다. 정신사의 담론이 태어난 곳은 바로 여기입니다. 나는 이 패러다임의 가치의 상실을 확인했습니다. 정신사가들은 비물질적이고, 그 원천(물질적인 삶의 대순환과 작은 일상성에의 의존, "말없는 증인들"에 대한 질문)을 잊은 채 이 패러다임의 방법론적인 원리들을 보존했습니다. 그들에게 이 문학성의 흡수는 여전히 너무 "문학적"입니다. 사회적 역사가들은, 대개 좌파의 사람들인데, 이 질서에 대한 질문 안에서, 고통과 대중적인 투쟁에 어울리지 않는 미화를 보려는 경향을 갖습니다. 전에 나는 역사가들이, 나 자신을 포함해서, 민주적인 말에 접근하기 위해서는 그들의 문학적 패러다임을 갱신하는 것이 좋을 것이라고 지적했습니다. 그리고 나는『레미제라블』보다『파도』에 더 가까운 구조를 따라서『프롤레타리아의 밤』을 썼습니다. 이것은 나에게 방법론적인 원리였고, 역사학자들에게는 도발이었습니다. 그러나 문제는 진정으로 민주적인 문학이 있고 다른 것은 거짓이라고 말하는 것이 아닙니다. 소설의 형식들과 정치적인 행위의 형식들 간에는 어떤 일치도 없습니다. 그리고 마지막으로 문학성은 감각적인 것의 나눔에 속하는 글쓰기들의 순환의 양태이지, 일종의 플롯(intrigue)이 아닙니다.

● SG: 정치적인 주체화를 생각하기 위해, 당신은 "불화"를 제안합니다. 불화는 당신이 말하듯이 "무지"나 "오해"와 구분되는 합의의 논리에 대립되는 불일치의 민주적인 논리입니다. 또 문학과 그것의 모순들을 생각하기 위해, 당신은 "글쓰기의 전쟁"의 개념을 제안합니다. 이때 정치적인 영역에서 불화에 의해 산출되는 문학 안에 "이질성"은 무엇인가요? 그것은 문학에 고유한 물론 당신에

의하면 주체의 이론과는 무관한 주체화의 한 양태인가요?

정치와 마찬가지로 문학은 세계를 자르는 새로운 방식을 제안하는 주체화의 과정입니다. 이것은 그 주체적인 발명들이 특이한 기구 안에서 파악된다는 것을 말합니다. 문학은 민주적인 문학성과 메타정치적 지향 안에서 파악됩니다. 공동체에 대한 담론과 지식의 지향은 민주적인 문학성 아래서 혹은 그것에 반해서 진실을 말합니다. 문학이 발명하는 감각적 경험의 주체들은 이 이중성을 증언합니다. 플로베르의 인물들은 문자의 민주적인 유통과 동시에 미립자적이고 수동적인 지각의 양태를 증언합니다. 후자는 인간적 층위를 원자적 운동의 층위로 되돌려 보내면서 전자를 거부합니다.

● SG: 코네티컷 대학에서 있었던 강연에서, 당신은 정치를 "감각적인 것의 나눔의 대립적인 주체화"로, 사회적인 텍스트의 무의식으로, 혹은 미학적인 것으로 긍정할 때, 그 근원을 문학에서 발견하는 것으로 보입니다. 내가 제대로 이해했나요?

나는 거기서 정치 일반의 기원에 대해서 말하지 않았습니다. 나는 글쓰기의 예술의 역사적인 체제로서 문학에 대해서 말했습니다. 나는 문학의 정치에 대한 질문은 정치가 구성하는 감각적인 것의 대립적인 이 나눔 가운데서 이해되어야 한다고 말했습니다. 그리고 이 틀 안에서, 문학이 역사가들의 역사와 법정에서의 논쟁을, 사회의 가장 깊이 감춰져 있는 것 혹은 그것의 암호화된 메시지들—발자크의 상점에서 위고의 하수구까지—혹은 랭보의 방식으로 공동체에 고유한 언어와 리듬의 폭로와 대립시킬 때, 나는 문학의 특수한 정치(메타정치), 즉 문학이 낭만주의 시대에 정식화한 정치적인 것과 역사적인 것의 재형상화의 형식을 분석했습니다.

미학, 정치, 민주주의

● SG: 당신은 "민주주의는 다만 지배의 형식이나, 토크빌 식의 사회적 삶의 양식이 아니라, 공존재(l'être-en-commun)의 상징적 구조화의 특수한 양태"라고 말합니다. 이때, 사회적 혹은 정치적인 모든 운동은 우선적으로 미학적인 자기화의 의지, 즉 모든 미학적인 실천이 항상 정치적인 것처럼, 타자의 언어를 자기화하고자 하는 의지라고 말할 수 있을까요?

나에게 공존재를 한정하는 행위하고 보고 말하는 것 사이의 관계의 재형상화의 미학적 영역은 정치적이거나 사회적인 운동에 내재적입니다. 그러나 이 정치의 미학적 구성요소는 감각적 소여 일반의 재형상화가 일어나는 모든 곳에 정치를 정립하는 데까지는 나를 이끌지 못합니다. 나는 "모든 것은 정치적"이라고 말하는 사람들과는 다릅니다. 반면, 나는 예술의 정치적 영역은 우선 예술의 형식들이 물질적으로 공통의 패러다임을 제시하는 방식 안에서 작동한다는 점을 지적하는 것은 중요하다고 믿습니다. 책, 연극, 오케스트라, 합창단, 무용, 그림 등 이 모두는 공동체의 형상화의 양태들입니다. 그리고 몇몇 예술가들이나 현재 유행하는 예술적 경향들이 혁명적 정치들과 엮는 연대의 용어들은 우선 각자의 고유한 영역에서 형성됩니다. 다시 말해 자발적인 예술로서 연극의 연출, 회화의 바탕의 재규정, 순수예술과 장식예술 사이의 관계의 재분배 등등의 발명 안에서 형성됩니다.

● SG: 문학과의 관계에서 육화(incarnation)의 이념은 당신에게서 1990년대 초반에 다양한 문학 연구 안에 나타납니다. 이것들은 후에 『말들의 살』로 출간되었습니다. 왜 이 패러다임이 당신에게 필요불가결하게 되었는지요? 그리고 당신이 19세기의 문학을 생각하는 것을 가능하게 했던 이 작용은 어떤 것인가요?

그것을 생각하게 된 것은 우연히 발자크의 『마을의 신부』를 읽으면서였습니다. 이 소설은 거의 초현실적인 방식으로 글쓰기의 사악함에 대한 플라톤의 우화를 허구화합니다. 발자크는 순수한 두 영혼이 범죄에 휘말리는 『폴과 비르지니』와 현실의 지반 그 자체 위에 새겨진 속죄하는 글쓰기—자신의 잘못을 속죄하고 마을에 관개수로와 부를 가져오기 위해 여주인공이 건설하는 이 수로—를 대립시킵니다. 이 우화는 생시몽의 유토피아의 주제와 아주 가깝습니다. 진정한 소통의 수단으로서 기찻길과 수로는 민주적인 수도에 대립됩니다. 이 우화는 나에게 노동자들의 해방의 핵심이었던 감각적인 것의 나눔의 질문을 다시 살아나게 했습니다. 또한 그것은 바울의 큰 주제, 즉 죽은 문자에 반한 육화된 말의 소설적인 판본을 제공했습니다. 이로부터, 특히 아우어바흐가 『미메시스』에서 복음서의 이야기와 소설적 사실주의 간의 관계에서 중요한 역할을 하는 베드로의 부인의 이야기에 대한 읽기로부터, 나는 소설적 허구의 지위와 육화된 말의 패러다임을 다시 생각하기에 이르렀습니다. "문학의" 탈-육화(désincarnation)는 나에게 소설적 전통과 상상의 패해와 외관상으로 동일시되는 "소설의 위험"의 핵심 그 자체로 나타났습니다. 여기서 나는 어떻게 19세기에 구성된 문학—발자크나 미슐레의 사물들 그 자체의 글쓰기, 말라르메의 페이지 위에 이념의 직접적인 글쓰기, 랭보의 모든 방향에서 접근 가능한 동사, 프루스트의 우리 안에 써진 책 등등—이 민주적인 문학과 그 반대, 즉 "진정한 글쓰기"의 사유, 육화된 말의 새로운 판본의 사유 사이에 벌어진 틈새에서 파악되었는지를 보여주고자 했습니다.

● SG: 당신에게 민주주의가 신체 없이 존재하는 한에서, 또 집단적인 정치가 기관이 아닌 한에서, 당신은 정치적인 주체화를 "문학적인 탈-체화(désin-corporation)"로 생각합니다. 이것은 어떻게 클로드 르포르(Claude Lefort)의 민주적인 발명의 개념과 구분되나요?

르포르는 민주주의를 왕과 혁명적인 왕의 탈-체화라는 이중적인 신체의 도식으로부터 발생한 근대의 발명으로 생각합니다. 이 도식은 인민의 개념 안에 이중성과 왕의 신체의 이중성을 연결하고, 원초적이고 상징적인 살인으로부터 민주주의를 태어나게 합니다. 그래서 그에게 민주주의는 파괴된 공통의 신체의 상상적인 재투자의 영토 위에서 태어나고, 자신의 그늘로서 전체주의적 공포를 함께 가져옵니다. 민주적인 이중성은 따라서 원초적인 희생의 극작법과 연결됩니다. 모든 "신학적-정치적" 사유는 이 주제를, 마치 200년의 역사가 어떤 원초적인 살인과 연결되는 것처럼 정치적인 것의 병리학적 전망을 영원히 강요하기 위해, 프로이트의 부친살해, 라캉의 배제, 칸트의 숭고, 모세의 표상의 금지 등과 연결합니다. 나는 민주적인 대중은 이런 극작법과 전적으로 독립적이라는 것을 드러내고자 했습니다. 그래서 나는 어떤 희생된 왕의 유령도 동반하지 않는 그리스어의 데모스로부터 출발했습니다(이것이 오이디푸스의 마지막 장면의 의미일 것입니다. 죽은 왕의 전적인 사라짐, 희생의 극작술의 청산). 데모스는 희생된 왕의 신체를 이어받은 상상적인 영광의 신체가 아닙니다. 그것은 인민의 신체도 아닙니다. 그것은 "아무것도 아닌 사람들", 통치를 위한 어떤 지위도 없는 사람들의 추상적인 모임일뿐입니다. 그것은 합법적인 지배의 이념, 통치를 위한 특별한 범주에 고유하게 속한 모든 덕성을 청산한 "우연"에 의한 순수한 보충입니다. 민주주의는 도시를 통치할 어떤 자격도 없는 사람들의 역설적인 통치입니다. 인민의 이중적 신체는 정치적인 주체를 모든 사회적인 신체의 경험적인 부분과 분리하는 차이입니다.

● JHK: 아무것도 아닌 사람들의 통치로서 민주주의에 대한 당신의 이념에 동의합니다. 그러나 어떻게 데모스의 추상적인 이 이념이 현재 세계 안에서 구체적으로 나타날 수 있을까요?

민주적인 발언들을 지지하는 데모스의 지속적인 신체는 없습니다. 민주주의의 원리는 우리가 경우에 따라 정치적인 주체화의 발생이라고 부르는 것을 근거 짓습니다. 데모스의 원리는 말과 판단에서 부인되었던 잠재력을 긍정하는 주체의 발언과 표명의 활동을 통해 나타납니다. 데모스는 말할 권리가 없는 사람이 말하는 것이고 몫이 없는 자가 몫을 취하는 것입니다. 이 주체들은 스스로에게 집단적인 이름들(인민, 시민, 프롤레타리아, 독일의 유태인들 등등)을 줍니다. 그리고 이들은 보이지 않는 것을 보게 하면서, 무엇보다도 스스로를 공통의 것들에 대해서 말할 수 있는 주체로 만들면서 감각적인 소여의 재형상화를 강요합니다.

● SG: 시위나 예를 들어 1995년 파리 파업 때 우리는 데모스를 발견했을까요?

데모스에 대한 질문은 노동자들이 지하의 세계에서 도로를 점령하게 되는 이런 변형 안에서 아주 상징적으로 쟁점이 될 수 있습니다. 예를 들면 연금에 대한 경제적인 질문은 즉각적으로 누가 공동체의 이익을 보고, 현재와 미래를 연결할 능력이 있는가에 대한 질문으로 이어집니다. 자코트의 논리를 따르면, 국무총리 주페가 오래된 "노동자들의 경직성", "단기적인 개인적인 이익"에 고착된 "시대에 뒤처진 이 사람들"에게 전 세계적인 경제 법칙, 공공의 미래를 위한 책임 있고 현명한 정부의 정책을 설명하고 국민을 교육하고자 할 때, 이 운동은 가장 큰 힘을 가지고 자신의 노선을 발견했습니다. 많은 지식인들—마르크스주의자들을 포함해서—이 "포퓰리즘" 반대 투쟁의 이름으로 국무총리의 "용기 있는" 정책을 지지했습니다. 그러나 파업자들은 "애쓰지 마라. 우리는 상황을 아주 잘 알고 이해한다"고 대답했습니다. 이것은 다만 우리가 당신들의 개혁을 원치 않는다는 것을 잘 알고 있기 때문입니다. 그들이 우선 이해한 것은 이해하는 자와 이해하지 못하는 자로 세계를 나누는 기능을 하는 이 설명의 논리입니다. 그것은 "경제적인" 질문 아래 놓인 평등에 대한 질문입니다. 이것은 주체화의 정도가 있다는 것을 말합니다. 1995년의 파업은 정치적인 주체—주체화의 모든 경우를 가로지르는 선을 그을 수 있고, 이 경우들을 집단적인 삶의 의미와 연결할 수 있는 주체—를 언급함이 없이 주체화의 요소들을 문제 삼습니다.

● JHK: 이것은 매번 맥락에 따른 데모스의 재정식화와 재형상화를 함축합니다. 따라서 우리는 이 경우들을 분석하면서 정치를 발견합니다. 이때 왜 데모스에 가치를 부여할까요? 정치적으로 이것은 무슨 의미가 있을까요? 모든 사람은 자신을 데모스라고 말할 수 있습니다.

당신의 이 질문 뒤에는 자발성과 조직화, 포퓰리즘과 과학적인 이론 사이의 대립의 그림자가 있는 것처럼 보입니다. 그런데 나는 데모스를 집단의 이상적인 모습으로 그리고자 하는 것이 아닙니다. 여기서 문제는 우선 "누가 정치를 존재하게 하는가?"라는 질문을 반성하는 것입니다. 문제는 "지배와 피지배에 동시에 참여하는"(아리스토텔레스) 주체에 대한 잘못된 이념을 문제화하는 것입니다. 중요한 것은 행위의 동작주가 동시에 피동작주라는 사물의 "정상적인" 질서와의 관계에서 이 간격의 특이성을 생각하는 것입니다. 플라톤은 『법률』에서 지배와 피지배에 자연적으로 적합한 자격을 검토하다가 그가 "신의 몫"이라고 부르는 논리적인 추문에 떨어집니다. 즉 통치는 어떤 대칭적인 역할의 분배의 원리를 모른다는 우연적 사실을 발견합니다. 데모스의 이름—지배의 자연적 논리와의 관계에서 정치의 특이성—이 요약하는 것은 바로 인민의 주권에 대한 혹은 시민의 권리와 의무의 상호성에 대한 일상적인 발언들에 숨이 막힌 이 논리적 추문입니다. "데모스"에 가치를 부여하는 것은 현수막을 든 사람들에게 특권을 주는 것이 아니라, 정치 일반의 토대인 "능력이 있는 자와 없는 자"의 역설을 최전선에 놓는 것입니다. 이것은 "경우들의 분석"이 하나의 의미만을 가지는 것이 아니라는 것을 말합니다. 정치는 이 경우와 여기에 현재하는 것에 대한 계쟁입니다. 오늘날 "포퓰리즘"에 대한 비난은 오래된 마르크스주의와 젊은 자유주의자들 사이의 일치를 엄숙히 확인합니다.

● SG: 나는 당신이 푸코의 칸트 읽기로부터 "미학적" 형식과 예술적 형식을 구분하는 것에 관심이 있습니다. 당신에 의하면 미학적 형식은 그것이 아무것도 아닌 것의 형식이고, 어떤 개념도 실현하지 않고 어떤 대상도 모방하지 않는 한에서 형식으로 지각되는 것입니다. 따라서 그것은 예술적 작업에 의해서 "산출"되는 것이 아닙니다. 비록 어떤 주체적인 능력을 가진 한 천재가 미학적인 이념들, 이 모호한 개념을 산출할 수 있다고 할지라도 말입니다. 이 경우— 현재 당신이 탐구하는 "미학적 이념"은 무엇인가요?

두 형식의 대립은 예술의 두 체제의 대립입니다. 표상의 논리는 형식과 물질의 대립, 다시 말해 형식을 물질에 적용하는 예술의 이념과 연결됩니다. 칸트는 『판단력 비판』에서 테크네(téchnè)로서 이 전통적인 예술의 논리와 새로운 논리를 병치했습니다. 새로운 논리는 어떤 개념의 실현도 형식도 아닌 것으로 대상에 대한 인식이나 관심과의 관계를 잠정적으로 유보한 시선과의 순수한 관계를 가진 자유로운 형식의 논리입니다. 이때 칸트가 생각한 미학적 이념은 이 개념의 보충, 의식적으로 다듬어진 예술적 형식이 자유롭게 평가된 예술적 형식으로 변형되는 것을 허락하는 서로 연결되고 구분되지 않는 표상들의 후광(halo)입니다. 그에게 이것은 여전히 고전주의 시대를 사로잡았던, 또 천재를 규칙의 보충적인 능력으로 만들었던 그 유명한 "나는 모른다"의 연속성 안에 존재합니다. 그러나 다른 한편 천재의 개념은 비코가 시작한 이 시학적인 개념의 동요를 드러냅니다. 비코는 호메로스의 시학적 천재성을 발명의 능력이 아니라, 언어의 지배의 불가능성, 시인이 자신이 무엇을 하는지를 모르는 무지와 동일시했습니다. 이때 미학적 이념은 훨씬 심대한 미학적 시대의 예술의 이념이 될 겁니다. 다시 말해 예술적 규칙 없이 단지 의지에 의해 산출된 예술적 과정과, 의지된 것이 아니고 "자유로운" 대상으로서 예술의 대상의 실존적 양태 간의 동일성의 이념이 될 겁니다. 예술에 대한 이 전반적인 이념은 미학적 이념들, 즉 일어난 것과 일어나지 않은 것, 우리 안에서 이미 써진 책과 실험을 위해 발명된 책(프루스트), 카메라의 최초의 시선과 몽타주의 조합하는 힘 간의 균형 잡힌 발명들을 정의합니다.

● SG: "예술적 영감", 다시 말해 타고난 예술적 자질(ingenium)을 형상들로 변형하는 것을 가능하게 하는 것을 상기할 필요가 있다는 사실, 이것에 대해 당신은, 이 오래된 영감이란 단어는 "천재는 그가 하는 것에 대해 혹은 자연이 그 안에서 행하는 것에 대해 무지"하다는 칸트적 의미에서 "무의식적인 것"이라고 불릴 것이라고 말합니다. 이것은 당신이 말라르메를 이야기하면서, 정신의 육화에서 개별화된 형상의 "정신"에 대한 문제로 이끄는 것입니까? 이때 "형상의 정신이 없는 형상도 없고, 이 정신에 반한 투쟁이 없는 형상도 없기" 때문에 어떤 시대든 모든 예술가, 작가는 이렇게 생각될 수 있을까요?

그것은 시대의 문제가 아니라, 정체성의 체제의 문제입니다. 형상과 그것의 정신의 순환은 예술의 미학적 체제에 속합니다. 표상의 체계의 형상/이데아는 자기 자신에 의존하는 순수한 가상(플로베르의 자기 자신에 의존하는 "아무것도 아닌 것에 대한 책")으로서 자유로운 형상과 형상들의 역사의 현시로서 과정의 형상을 동시에 가진 이중적 형상과 대립됩니다. "형상의 정신"은 이 양극, 즉 자율과 타율 간의 왕래입니다. 나는 순수한 형상의 정복을 허구화하는 "형식주의적" 담론에 대립되고 표상적 담론과 예술 외적 의무들에서 자유로운 이 왕래를 명백히 드러내고자 했습니다. 이 점에서 말라르메는 상징적입니다. 그의 시들은 대개 순수한 언어의 자기-표명으로 드러납니다. 그러나 말라르메는 시 안에 부채의 움직임, 반짝이는 빛이나 별빛으로 장식된 머리카락의 움직임을 놓으면서, 시를 단순한 탐미적 희열로 만들지 않습니다. 그는 시를 삶의 형상들로, 인간의 거주를 축성하는 정치-종교적 기능에 참여하는 책략으로 만듭니다.

● SG: 당신에게 미학은 미에 대한 이론이나 철학이 아니라, "무의식적 사유에 대한 이념 혹은 더 나아가 정치의 미학화에 한정되지 않는 형상의 정신 안에서 정치적 공동체의 문제"가 생성되는 곳입니다. 따라서 미학적 이념은 무의식적 사유의 이념이라고 말할 수 있을까요? 이때 '무의식적'이란 어떤 의미인가요?

예술의 사유에 대한 특수한 역사적 체제로서 미학의 모태적 이념은 의지적인 것과 비의지적인 것의 동일성입니다. 이것은 비코가 호메로스를 그의 발명의 능력이 아니라 그의 언어의 유아기에 대한 증언에 의해 시인으로 선언한 시적인 혁명이며, 칸트의 목적 없는 목적성이며, 감각의 수동성을 이성의 능동성에 종속시키는 습관을 정지시킨 실러의 "미학적 상태", 즉 의식적 과정과 무의식적 과정의 결합으로서 작품에 대한 실러의 정의이며, 스스로 써진 책과 전적으로 계산된 책을 동일시하는 플로베르적인 혹은 프루스트적인 기획이며, 쇼펜하우어, 바그너 니체 등에게서 음악의 무의식적인 드러남입니다. 헤겔의 『미학』은 사유 바깥의 사유로서 예술의 체계화였습니다. 그리고 문학은 이로부터 이중적 프로그램을 자신에게 제시했습니다. 하나는 역사의 두께를 표현하는 층들을 밝히고 상형문자나 화석을 해독하는 언어적이고 지질학적인 프로그램이고(발자크), 다른 하나는 유형화된 사유, 감정, 성격에서 구성 그 자체로 보면 무의미한 원시적 요소들로 회귀하는 프로그램입니다(플로베르). 이것은 프로이트의 무의식을 만드는 것이 아니라 무의식의 사유 가능성을 준비합니다.

불일치(dissensus)의 말들[81]

(다비드 파나지아와의 대담)

● 다비드 파나지아: 당신은 글들에서 말들이 가진 정치적 효율성을 밝혔습니다. 『역사의 이름들』에서 특히 당신은 "말들의 초과"라고 부르는 것을 통해 17세기에 민주주의 운동의 탄생을 표시하는 중요한 순간을 지적했습니다. 같은 방식으로 『정치적인 것의 가장자리에서』에서 약속의 종말로서 정치의 종말에 대한 검토를 시작합니다. 끝으로 『불화』에서 당신은 평등의 이름으로 어떤 잘못(tort)의 진술로서 "몫이 없는 자들의 몫"에 대해서 말합니다. 이 세 경우에서 말들(더 일반적으로는 언어)을 다루는 당신의 방식은 근대 민주주의의 우선하는 덕성으로서 해방의 윤리를 드러내는 "언어적 전환"을 말하는 사람들과 아주 다르며, 언어 그 자체의 논리적 궁지에 집중하는 사람들과도 매우 다릅니다. 당신의

81 (원주) 다비드 파나지아와의 이 대담은 자크 랑시에르에 의해 번역되었고, 영어본("Dissenting Words, A conversation with Jacques Rancière")은 *Diatritics*, vol. 30, n°2, 2000, pp. 113–126에 실렸다.

정치적 민주주의의 개념화에서 말들의 증식이란 주제를 더 자세히 말씀해주시겠습니까? 그리고 이것은 궁극적으로 "정치의 시학"으로서 민주적 사유에 대한 당신의 탐구와 그 전개 방식을 특징짓나요?

자크 랑시에르: 이 질문에 답하기 위해서 우선 가장 넓은 의미의 "언어적 전환"의 의미로부터 다시 출발해야 할 것으로 보입니다. 그것은, 대부분이 동의하듯이, 이전에 사실적 절차나 사유의 연쇄로 돌렸던 현상들과 그 관계의 형식들을 언어의 절차들로 돌리는 것입니다. 이 전환은 당신이 지적한 것처럼 다만 두 극을 가지는 것이 아니라, 두 단계를 갖습니다. 그 둘 사이의 차별화는 미국에서보다 프랑스에서 아마도 더 민감한 문제일 것입니다. 처음에, 언어적 관계에 근거한 사회적 관계에 대한 레비스트로스의 개념화가 있었습니다. 그리고 이것은 프로이트의 에너지적인 과장을 언어적인 모습으로 환원한 "무의식은 언어로 구성되어 있다"는 라캉의 정식 안에서 다시 취해졌습니다. 반면 "언어의" 우선성은 프로이트의 무의식적 속성들 혹은 마르크스의 하부구조의 속성들을 모두 수용했습니다. 랑그와 파롤 사이의 대립은 구조로서의 랑그의 모델과 개인과 사회의 행위를 구조화하는 무의식적 법으로서 언어에 대한 이념의 모델의 우선성을 전제합니다. 언어적 전환의 구조주의적 계기가 구성되는 것은 이런 토대 위에서입니다. 동시에 말하는 행위에 대한 분석은 특히 개인의 행위들과 사회적 관계들의 알 수 없는 "언어적" 구조의 과정들에 대한 "증상적" 분석이었습니다. 우리가 알튀세르와 더불어 그의 『자본』을 읽을 때, 언어적 현상에 대한 우리의 주의는 일종의 진술들에 대한 치안, 이 무지를 드러내는 부적절한 표현들의 사냥이었습니다.

이어서 언어적 전환은 애매한 방식으로 구성되었습니다. 나와 경험을 나누었던 사람들에게 이것은 언어/하부구조의 모델에 대한 비판, 이데올로기라는 가공물 안에서 알튀세르의 마르크스주의—더 넓게는 구조주의—가 다룬 언어의 놀이의 정치적 가치에 대한 긍정적인 고려를 의미했습니다. 어떤 의미에서 모든 것은 68년 5월의 "우리 모두는 독일의 유대인이다"라는 것으로부터 출발했습니다. 이 진술은 우리가 그것의 내용을 질문하면 전적으로 "이데올로기적"입니다. 그리고 그 진술의 타당성은 정확히 주어와 술어의 간격에 의해 지시의 질서와 상황의 질서 사이의 정치적 관계를 뒤엎는 데 있었습니다. 여기서부터 허락된 화자와 허락되지 않은 화자 사이의 나눔과 동시에 말과 사물의 나눔을 다시 짜는 정치적 행위로서 말하는 행위의 이해의 장이 열렸습니다. 이것은 19세기의 프랑스 노동자들의 텍스트를 바탕으로 한 나의 역사적인 탐구의 대상이었습니다. 이것은 결국 나의 책 『프롤레타리아의 밤』이 되었습니다. 이 책에서 나는 노동자들의 텍스트를 실질적인 노동자들의 조건과 그들이 겪는 지배의 형식들을 표현하거나 감추는 문서로서가 아니라, 정치적 노동 주체의 논쟁적인 모습 그 자체를 다뤘습니다.

이것은 나에게 비판적인 사유의 전통의 다양한 언어에 대한 주의를 의미했습니다. 이 전통은 말들은 무엇인가를 감추고 있다는 생각을 통해 정치적 근본성의 긍정을 해석적인 의혹의 실천과 연결합니다. 그리고 항상 종국적으로 가하는 혹은 겪는 지배의 비밀인 그 말들의 비밀을 드러내기 위해, 이 지배가 단순히 언어 그 자체의 지배(바르트의 "파시스트의 언어")일 위험을 무릅쓰고 그것들의 이중의 토대를 밝혀야 합니다. 만일 언어적 전환의 두 형식 사이의 단절이 프랑스에서보다 미국에서 덜 느껴졌다면, 그것은 아마도 그 둘이 의혹의 사유라는 같은 논리 안에 녹아버렸기 때문일 것입니다. 또한 그것은 둘 중에 어느 것에도 속함이 없이 두 형식과 두 계기 사이의 관계를 만들었던 몇몇 개념화들이 지각에 미친 강한 호소력 때문일 것입니다. 데리다의 탈구축이 바로 이러한 경우입니다. 그것은 비록 그 원리들이 다름에도 불구하고, 텍스트 안에 비판적 읽기의 간격을 도입하는 방식으로 구조주의적 마르크스주의의 증상적 읽기를 이어받았습니다. 그리고 그것은 이러한 읽기를 정치적 고발의 기능과 무한한 읽기의 실천 사이의 긴장 안에 정착시켰습니다.

나는 이 말들의 간격을 다르게 생각하고자 했습니다. 다시 말해 비밀을 찾는 비판적 양식도, 은유의 무한한 탐색인 탈구축적 양식도 아닌 것에서 찾고자 했습니다. 어떤 의미에서 모든 것은 플라톤의 글쓰기에 대한 비판의 텍스트에 대한 다른 읽기와 관계합니다. 그 텍스트에서 나에게 중심적인 질문은 말의 유통의 두 양식 사이의 대립의 정치적 호소력이었습니다. 플라톤에 의하면 글쓰기의 "무언의" 말은 어디든 굴러갈 수 있고, 이것은 또한 말하는 것이 적합한 사람뿐 아니라 말하는 것이 적합하지 않은 사람에게도 제공됩니다. 합법적인 수신자로 향하는 합법적인 화자를 동반하지 않는 이런 말들의 사용가능성은 각자가 자신의 자리에서 "자신의 일"을 하는 플라톤의 논리를 파괴합니다. 이 가능성은 담론의 질서와 사회적 지위 사이의 관계를 전복합니다. 나는 명명해야 할 사물과의 관계, 삶의 재생산의 필요와의 관계, 각자가 "자신의 자리"에 존재하는 것을 보증하는 말의 유통과의 관계 등에서 여분으로 남아있는 이 말들의 초과를 문학성(littérarité)이라고 부르기를 제안했습니다. 인간이 정치적 동물인 것은 인간이 문학적 동물이기 때문입니다. 그런데 그것은 인간이 정의와 부정의를 논의할 수 있는 언어를 가지고 있다는 아리스토텔레스적인 의미에서가 아니라, 인간이 말을 통해, 사물에 대한 말의 초과를 통해 삶이 도달하는 삶의 단순한 재생산을 변경할 수 있는 동물이기 때문입니다. 인간은 두 가지 이유에서 정치적 동물입니다. 첫째로 인간은 **잉여의** 말들, 다시 말해 쓸데없는 말들, 사물들을 정확히 지시해야 하는 필요와의 관계에서 초과인 말들을 유통시킬 수 있는 힘을 가지고 있기 때문입니다. 둘째로, 이 힘은 지시와 분류의 주인들에 의해 끝없이 반박당하기 때문입니다. 주인들은 이 힘을 취소하기 위해 아주 단순히 이 말하는 능력을 부인합니다. 이런 일은 영국 혁명 당시 대중 연설가들이 "기술적으로(techniquement)" 이전의 권력의 형태를 지시하던 "전제군주(tyran)"라는 말을 투쟁의 무기로 사용하기 위해 탈취했을 때 일어났습니다. 또 이런 일은 19세기에 노동자들이 이전에 말 그대로 "불어나는 자들"을 의미하던, 로마시대에 재생산의 능력만을 가진 자들을 지시하던 프롤레타리아라는 단어에 활기를 불어넣었을 때 일어났습니다. 버려진 이 말을 자기화하면서 그들은 이 말을 정치적인 주체의 말로 만들었습니다. 정치적 주체는 가시적인 것과 말할 수 있는 것의 관계, 말들과 신체들의 관계, 내가 감각적인 것의 나눔이라고 부른 것을 다시 짤 수 있는 능력을 말합니다.

따라서 실질적으로 문제가 되는 것은 당신이 "정치의 시학"이라고 부른 것을 생각할 수 있게 하는 지식의 시학이라고 내가 부른 것을 작동하게 하는 것입니다. 여기서 이해된 "시학"은 말하는 행위의 실질성에 가치를 부여하는 "비판적" 사유와 구분됩니다. 정치의 "시학적" 본성을 긍정하는 것은 그 본성이 우선적으로 감각적인 소여들의 재구성의 활동이라는 것을 긍정하는 것입니다. 이것은 물론 모든 종류의 사실주의와 대립하며, 또한 당신이 언급한 언어적 전환의 또 다른 모습과도,

즉 소통적 이성 위에 근거한 해방의 민주주의에 대한 생각과도 대립됩니다. 물론 우리가 비판적 증상 읽기의 모델과 거리를 취하고, 정치적이고 사회적인 화자들의 말을 진지하게 취할 때, 우리는 "신보수주의적"이고 후기-구조주의적인 하버마스의 비판들과, 즉 "68의 사유"의 고발과 칸트와 계몽의 "회귀"와 유사한 문제의식들에 속하게 됩니다. 소통적 합리성과 나를 구분하는 것은 언어의 본질이나 소통의 행위로부터 직접적으로 연역될 수 있는 어떤 정치적인 합리성의 형태도 없다는 것입니다. 하버마스의 도식은 논증적 교환의 논리 그 자체 안에는 실천적인 강요가 있다는 것을 전제합니다. 다시 말해 대화의 참여자들은 자기 자신과 모순되지 않으려면 상호이해의 논리 안으로 들어가야 합니다. 이것은 논의의 참여자들과 논의의 대상들이 이미 구성되어 있다는 것을 전제합니다. 반면 나에게는 그 정체성을 밝혀야 할 참여자들과 대상들의 지위에 대한 합의가 없는 한에서만 정치적인 대화가 있게 됩니다. 바로 이것이 내가 불화(mésentente)라고 부르는 것입니다. 이것은 아주 상징적인 장면으로, 내가 자주 인용하는 평민들의 아벤티누스 언덕으로의 이탈에서 잘 드러납니다. 여기서 귀족들은 평민들이 말을 한다는 것을 이해하지/듣지 못 합니다. 그들은 그것이 그들의 입을 통해 정확하게 발음된 언어라는 것을 이해하지 못 합니다. 그리고 평민들은 다만 논증해야 할 뿐만 아니라, 그들의 논증이 들리고, 그들 자체가 말하는 주체로서 가시적이 되는 장을 구성해야 합니다. 여기서 그들은 양쪽 모두를 포함하는 것으로서, 귀족들이 보고 인정해야 할 것으로 요구되는 공통의 대상 세계와 관계합니다. 정치적 대화의 원리는 불화, 즉 상황의 소여들 그 자체와 그것들을 지시하는 주체들에 대한 불일치입니다. 따라서 우리가 말하는 것이 들리고, 우리가 보는 대상이 보이고, 우리 자체가 보이는 장을 발명해야 합니다. 이런 의미에서 정치의 시학이 존재합니다.

그것을 설명하기 위해서 "지식의 시학"이 필요합니다. 이것은 지식의 대상들과 지식의 양식들 위에서 작동한다는 것을 의미합니다. 후자는 전자를 공통의 언어의 평등, 이 언어 안에서 발명의 평등, 논증과 표명의 형식들의 평등 등으로 이끕니다. 예를 들어 『프롤레타리아의 밤』을 쓸 때, 나에게 문제가 되었던 것은 노동자들의 텍스트에서 그들에게 사회적 혹은 문화적 역사를 고정하는 어떤 지위—조건 혹은 특수한 문화의 표시—를 제거하는 것이었습니다. 나는 이 텍스트들을 모든 다른 발명과 유사한 언어의 발명으로 만들었습니다. 그리고 그것의 정치적인 가치는 "문학적" 힘, 언어의 **평등한** 힘, 화자의 지위와 무관한 이 힘들을 요구하는 데에 있었습니다. 이런 지식의 대상에 대한 시학적 작업은 문화주의자들이 감추는 대상의 영역들을 밝힙니다. 지식의 담론에서도 사정은 마찬가지입니다. 예를 들어 사회적이거나 역사적인 담론들에서 문제는 그 담론들의 대상과 방법의 특수성을 주장하면서 그것들을 자신 안에 가두는 자기합법화의 형식들을 제거하는 것입니다. 그렇다고 이것이 몇몇이 그렇게 생각하듯이 다만 허구이거나 은유적인 과정을 의미하지 않습니다. 이 담론들은 다른 담론들과 마찬가지로 대상들을 보이게 하고, 그것들의 짜임을 구성하는 언어를 발명하는 공통의 잠재력을 사용하는 것들입니다. 문제는 담론들을 언어와 공통의 이성 안에 통합하는 것입니다. 그 안에서 세계와 공통의 경험을 다시 기술하고 다시 구성하기 위해 각자는 자신의 모습들을 그립니다. 또한 정치의 시학이 허락된 화자와 그렇지 않은 화자의 나눔을 고발하듯이 지식의 시학은 분과와 지식의 담론을 나누는 특수성을 고발합니다.

● 최근 대부분의 당신의 글들은 억견(doxa)과 철학 사이의 갈등적인 분류의 관계들에서 보이는 정치적인 쟁점들에 집중합니다. 『불화』의 서문에서 당신은 "철학에서 정치의 불화는 불화가 가진 이 합리성을 축소하는 것을 신조로 한다"고 말합니다. 그러나 그 이전의 한 텍스트에서 "철학의 실현/제거인 동시에 정치의 실현/제거인 것 안에 작동하는 이 이중성을 좀 더 자세히 살펴보는 것은 아마도 아주 흥미로운 일이 될 것"이라고 당신이 말했을 때, 당신은 철학과 정치 사이의 긴장에 대해 아주 관대한 평가를 했습니다. 『정치적인 것의 가장자리에서』를 쓸 당시와 『불화』를 쓸 당시 사이에 철학과 정치 간의 관계에 대한 당신의 입장의 변경이 있었나요? 만약 그렇다면, 한편으로 정치와 철학의 "이중성"과, 다른 한편 철학과 정치의 변증적인 대립 사이의 강조의 변경을 이끈 것은 무엇인가요?

당신이 이런 변경을 지각한 것은 맞습니다. 1986년과 1988년 사이에 쓴 『정치적인 것의 가장자리에서』와 1994년과 1996년 사이에 쓴 『불화』, 『정치에 대한 열 가지 테제』 사이에는 민감한 변화가 있습니다. 이 변화는 나의 사유와 관계할 뿐만 아니라, 내가 대답한 정치적 맥락과 관계합니다. 이 변화를 설명하기 위해서는 1970년대 이래로 나의 지적인 전개에서 주요한 관심의 대상이 무엇이었는가를 결정하는 것에서 시작하는 것이 좋을 것입니다. 그것은 내가 "메타정치"라고 부른 것의 역할을 밝히는 것이었습니다. 나는 이 말을 정치적이고 이데올로기적인 "가상들"을 경제적이고 사회적인 실재로 이끌고자 하는 시도로 이해합니다. 그리고 이 실재는 생산의 관계에 대한 마르크스적 사유와 조건의 평등에 대한 토크빌의 사유를 따라서 파악되는 것입니다. 근본적인 나의 관심은 가상과 실재 사이의 단순한 대립을 배제하는 것이었습니다. 이것은 『프롤레타리아의 밤』을 쓰면서 어떻게 "사회적인 것"—이데올로기적인 것을 설명하고 그 주장들을 거부하는 범주—이 일련의 담론 행위와 지각적인 세계의 재구성에 의해 구성되는가를 보여주면서 시도한 것입니다.

내가 1980년대에 민주주의에 대한 질문에 접근하기 시작한 것은 바로 이런 토대 위에서입니다. 나는 여기서 이중적인 요구를 따랐습니다. 나는 마르크스주의의 실제적 민주주의와 형식적인 민주주의의 대립뿐만 아니라, 민주적인 형식과 입헌 정부의 형태 사이의 자연적인 조화의 이념을 거부했습니다. 『정치적인 것의 가장자리에서』에서 다뤄진 민주주의의 형식들에 대한 논의는 민주적인 양태에 공통의 실존이라는 특수한 양태에 지위를 부여하면서, 이 환원적인 두 형태를 피하고자 하는 시도였습니다. 이런 전망을 구성하기 위해 나는 가상을 다시 세우는 논리와 가상들의 놀이의 논리 안에 이 이질적인 논리들에 대응하는 일련의 개념화를 기입해야 했습니다. 그런 방식으로, 나는 단순한 지배의 형식으로서 민주주의의 개념에 대립하는 존재 방식으로서 또 집단적인 상징적 형식으로서 민주주의에 대한 긍정적인 전망을 그로부터 역으로 끌어내기 위해서 민주적 인간의 "진정한 즐거움"을 위해 고안된 민주주의에 대한 플라톤의 비판을 다시 취했습니다. 나는 앞의 두 논리를 민주적 놀이의 전망에 통합했습니다. 그것은 한편으로 민주주의자들에게는 민주주의, 과두정치가들에게는 과두정치를 보여주면서 동시에 도시 안에서 우정을 보장하기 위해서 가상들을 정돈하고 적절한 기교(sophismata)를 사용할 줄 아는 "정치적 기술(art politique)"에 대한 아리스토텔레스의 이념이었습니다. 다른 한편, 그것은 "주인과의 평등한 관계"를 요구했던 1830년대 노동자들의 실천이었고, 노동자들의 파업은 이 평등의 연출로서 구성되었습니다. 이렇게 나는 같은 가상의 기획 안에—같은 정치적 가상의 형상화와, 같은 공존재의 "기교적" 영역의 가치부여 안에—평등의 위반적인 연출인 노동자의 정치적 실천과 부유한 자와 가난한 자 사이의 우정이라는 눈속임 효과를 산출하는 지배의 기술을 놓았습니다. 나는 가상과 평등의 기교의 긍정적인 개념을 부르디외의 사회학에서 보이는 탈신비화의 실천들과 대립시키기 위해 이 사례들을 사용했습니다. 그의 사회학은 권력은 그것에 종속된 사람들에 의해 산출된 무지의 효과에 의해 작동한다는 것을 전제하는 설명적인 낡은 도식을 다시 취한 것이었습니다.

이런 나의 도식은 곧 "정치의 종말"[82]에서 더 이상 유지될 수 없다는 것이 드러났습니다. 이 텍스트는 아주 특별한 선거에 대한, 즉 1988년 미테랑의 재선과 그것이 일어난 정황에 대한 철학적인 논평이었습니다. 그 당시 프랑스에서 새로운 경제적 삶의 힘으로 부각한 정당의 대변인이었던 시라크와 직면해서 미테랑은 자신을 구약의 족장의 역할, 즉 항존하는 시민전쟁의 위험과 사회적 분열의 위험에 직면해서 공동체의 단합을 책임지는 상징적인 보증인으로 소개했습니다. 이 위험은 구체적으로 프랑스에서 인종차별적인 극우파, 특히 르펜(Le Pen)의 인민전선의 부상이었습니다. 나의 글은 지금 반성해 보면 궤변으로 보이는 근본적인 역설을 창출했습니다. 미테랑의 고전적인 코미디는 갈등을 잠재우는 정치적 기술과 동일시됩니다. 이 평화의 정치적 기술은 모든 심리적 파탄에 공통된 신경질적인 삶의 상징적인 필연성과 대립하는 프로이트의 지혜에 눈짓을 보내는 아리스토텔레스의 우정의 정치학의 개념과

82 『정치적인 것의 가장자리에서』에 포함된 논문.

동일시할 수 있습니다. 이때 정치는 항상 그것을 실현하기 위해 정치를 제거하는 데 있다고 말할 수 있습니다. 사실 이 입장은 민주적인 "기교"를 다소 과대하게 평가한다는 사실을 알아차려야 합니다. 이 입장은 기교를 권력의 코미디와 동일시하는 경향이 있으며, 그 텍스트는 이런 정치의 제거의 애매성을 보여줍니다. 이 "권력의 코미디"는 일련의 예비-정치로 끝나기를 바랐습니다. 그러나 이를 위해서 그것은 정치 그 자체로 끝나야 했습니다. 다시 말해 공존재의 구조적인 대립으로 끝나야 했습니다. 따라서 이 글은 대다수의 침묵하는 분노와 타자에 대한 증오에 대립하는 것은 평화가 아니라, 다른 종류의 전쟁이라는 것을 확인합니다. 그것은 권력의 코미디가 아니라 흩어지는 힘으로 이해되는 인민(dèmos)에 의해 산출된 분열의 행위입니다. 다시 말해 그것은 공동체의 단일성을 보증하는 행동하는 권력이 아니라, 타자성의 특수한 상징화로서 고안된 정치적 갈등입니다. 나의 글에는 따라서 신체 없는 집단의 권력으로 이해되는 정치와 평화를 보증하는 통치의 양태로서 이해되는 정치적 기술 사이에 유지되지 않는 대립이 있었습니다. 간단히 말해 아리스토텔레스적인 통치의 기술은 마르크스주의의 메타정치의 문제를 해결하지 못합니다. 다시 말해 1980년대는 "정치적인 것의 복귀"로서 알려져 있습니다. 그러나 정치와 "정치철학"의 복귀는 곧 아주 단순히 질서와 명령의 복귀와 동일시되었습니다. 그리고 권력의 코미디언의 지혜(미테랑)와 철학자의 지혜(아리스토텔레스) 사이의 문제적인 연대는 지배자들과 "정치철학자들" 사이의 연대를 구축하는 원리가 되었습니다. 뤽 페리, 알랭 르노 또 다른 사람들이, 특히 당신 나라에서 "프랑스 사유"라고 부르는 사람들의 글에서, "정치철학"의 복귀는 정치적인 것을 단순히 국가적 일과 동일시하는 것이었습니다. 즉 그것은 정치철학의 전통을 합의의 진부함에 봉사하는 것으로 만들었습니다. 그리고 이 모든 것은 사회적인 것의 침해에 대항해 정치적인 것을 회복하고 방어해야 한다는 표시였습니다. 또한 명백해진 것은 우선 합의의 정치로서 선언되었던 것은 사회적 평화를 위해 취한 해결책과 다른 것이 되었다는 것입니다. 즉 합의의 모델은 정치적인 것의 파괴와 함께 인종차별주의와 외국인 혐오의 복귀에 이르렀습니다. 합의는 정치를 구성하는 계쟁을 제거하기에 이르고, 정체주의는 이 제거의 다른 측면으로서 합의의 정치에 속한 병을 나타나게 했습니다.

따라서 여기서 본질적인 것은 정치와 정치의 표명들을 지배자들의 능숙함과 혼동하는 우정 혹은 공통의 삶의 기술의 결혼을 고발하는 것입니다. 그때 우정의 아리스토텔레스적인 정치학을 따른 정치의 실현/제거를 좀 더 자세히 관찰하는 것이 필요했습니다. 여기서 일자의 공동체를 건립하기 위해 민주적 공간을 제거하는 플라톤의 근본정치(archipolitique)와 혹은 민주적인 형식들을 계급의 생산과 착취의 관계의 근원적 실재를 가리는 가상으로 만드는 마르크스의 메타정치와 동일한 제거의 논리에 속한 유사정치(parapolitique)의 형식을 드러내야 했습니다. 결국 그것의 일반적인 특질 안에서 정치를 공통의 삶의 이념 아래 건설해야 한다는 변명 하에서 정치와 거리를 취하는 정치철학의 행위를 표시하는 것이 필요했습니다. 나의 작업이 정치에 고유하게 속하는 것은 정확히 이 "고유성"의 부재라는 것을 드러내는 것입니다. 우리는 정치의 보충적이고 계쟁적인 정치의 특질로부터 공통의 삶의 "단순한 필요들" 혹은 정치성의 일반적 속성들을 끌어낼 수 있습니다. 그 세 형식들—근본정치, 유사정치, 메타정치— 아래서 정치와 철학의 만남은 항상 갈등적인 만남이었습니다. 여기서 철학의 최초의 충동은 정치에 토대를 제공하기 위해 정치의 갈등적인 성격을 제거(플라톤)에 의해 혹은 평화(아리스토텔레스)에 의해 혹은 이동(마르크스)에 의해 피하는 것이었습니다.

나에게 중요했던 것은 정치를 합의적 기획과 또 프랑스에서 "정치의 복귀"라는 이념 속에 정치의 합리화와 구분하기 위해 이 근본적인 긴장을 주목하는 것이었습니다. 그러나 그 원리 안에서 대립되는 것은 서로 얽히기를 그치지 않습니다. 즉 정치의 제거/실현은 대립된 것들의 수렴점들 중의 하나입니다. 한편으로 철학은 자신의 논리 안에 그것이 피하고자 하는 정치적인 역설들을 통합합니다. 아리스토텔레스에게서 대립된 것들의 사용은 그 좋은 사례입니다. 아리스토텔레스의 사유는 정치의 구성적인 대립을 통합하고, 그것을 다듬고 그것을 다시 정돈합니다. 그러나 그렇게 하면서 철학적인 기도는 또한 정치 안에 불화의 시나리오와 장들을 제공했습니다. 나는 다만 근대의 혁명을 만들기 위해 고대의 의복을 새로 갈아입은 오래된 정식하고만 관계하는 것이 아닙니다. 더 근본적으로 나는 지상권/주권(souveraineté)—귀족, 대중, 종교의 반란에 대항해서 왕자들의 권리를 정당화하고 보호하기 위해 고안된 것—의 개념 안에 함축된 계약의 시나리오가 인민의 권리의 혁명의 장을 구성하는데 기여하는 방식과 관계합니다. 같은 방식으로 마르크스의 시나리오는 그것이 극복하고자 했던 같은 민주적 장에 불일치를 제공하기를 그치지 않습니다. 결국 정치와 정치철학은 각자가 사용하는 무기를 개선하기 위해 서로 상대의 무기를 약탈하기를 그치지 않습니다.

● 몇몇 사람들은 당신의 글들을 분류하기가 쉽지 않다고 말합니다. 사실 당

신의 글들은 동시에 철학적이고, 문학적이고, 역사적입니다. 내가 당신의 글들을 논평할 때 사람들은 가끔 나에게 당신이 철학자인지 역사학자인지 정치사상가인지, 아니면 문학평론가인지를 묻습니다. 이런 질문은 길을 잃게 합니다. 왜냐하면 당신의 글들의 비판적 힘은 사실 역사적인 형식들과 감수성의 동시대성에 의존하기 때문입니다. 다시 말해 당신은 다른 것(정치)에 대해 논의하면서 한 형태의 지식(예를 들어 철학)에 대해서 말합니다. 마찬가지로 당신의 글에는 역사적 사례의 사용과 역사적 형상들을 검토하는 동시대성이 있습니다.

이 점을 생각할 때, 『무지한 스승』에서 자코트를 다루는 당신의 방식이 떠오릅니다. 여기서 자코트라는 역사적 사례는 동시에 1980년대 프랑스의 교육 개혁에 대한 질문들에 대답합니다. 당신은 역사적 사례—미테랑의 재선이나 자코트와 같은 인물이 문제가 될 때—가 당신의 글에서 하는 역할과 당신에게 역사적인 것의 의미는 무엇인지를 말씀해주시겠습니까? 이 질문들을 역사적인 출현들의 "동시대성(contemporanéité)"으로 내가 다루는 것이 옳을까요?

"동시대성"에 대해서 나는 두 가지를 생각합니다. 첫 번째로, 사유의 대상은 특수한 시간의 장을 열 것을 명령합니다. 그것은 특수한 경우를 앞서 형성된 대상이나 사건들로 분류하는 일반적인 절차에 반해서 특수한 형태의 글쓰기의 과정과 구성의 현재를 명령합니다. 사유는 항상 나에게 다시 생각하는 것입니다. 그것은 일상적으로 보이고 예상된 담론을 가진 한 장소에 놓인 대상을 이동시키는 것이고, 대상에 특수한 변형을 가하는 것입니다. 즉 담론의 기록, 참조의 세계, 시간적 좌표를 변경하는 것입니다. 미테랑의 경우, 나는 정치철학을 창설하는 이야기들의 변형을 읽기 위해 선거를 선거 사회학에서 떼어냈습니다. 그 사건에서 생각해야 했던 것은 프로그램의 내용이나 그것들의 사회적 힘들과의 관계, 경제적 연관 등등이 아니라, 역할과 태도를 사회적 장 안에 놓는 것이었습니다. 이 연출은 구성해야 할 사유의 현재, 다시 말해 또 다른 연출을 규정했습니다. 그리고 이 "사유의 현재들"의 정교화는 나에게 담론의 집단들 사이의 경계의 거부로 이해되는 철학의 의무였습니다. 『프롤레타리아의 밤』에서 나는 노동자들의 텍스트를 경제 사회 문화적인 맥락에서 떼어냈습니다. 이것은 텍스트를 플라톤적인 방식에서 철학적인 신화로 읽기 위해, 또한 내가 속한 68년 5월의 세대에게 가능했던 것—"아무것도 더 이상 전과 같지 않은 것"—과 비교할 수 있는 역할을 하는 근본적인 사건(1830년 파리 혁명)으로 각인되는 한 세대의 역사로 읽기 위해서였습니다. 사유에 "도달할 운명"에 놓여있지 않았던 사람들의 사유의 대낮의 도래라는 이 철학적 신화적 사건의 연출이 필요했습니다. 이것은 전기적 얽힘과 동시에 이론적 얽힘을 함축했습니다. 여기서 전기적 얽힘은 삶의 이야기가 아니라 글쓰기가 된 삶의 경험인 감각적 경험의 특권적인 순간들, 버지니아 울프의 『파도』에서 여섯 명의 삶을 구성하는 독백들의 얽힘에 대응하는 그런 순간들을 말합니다.

『무지한 스승』에서 나는 교육학의 역사 안에서 "호기심"의 지위로부터 한 인물을 끌어냈습니다. 교육학의 역사는 이 호기심들, 이 창조적이고 상식에서 벗어난 발명가들로부터 만들어집니다. 거기에 부가된 도발은 폐기되거나 합리적인 교육 방법의 광적인 전사(préhistoire) 안으로 사라집니다. 나는 합리적인 방법론들 가운데서 유토피아적인 과장의 고전적인 계통을 질문할 수 있었던 독창적인 인물을 끌어냈습니다. 그리고 나는 다짜고짜 그를 프랑스에서 일어나고 있던 교육 논쟁의 현재 안으로 던졌습니다. 그 당시 그 논쟁은 조건이 좋지 않은 학교들에 적합한 방법을 통해 불평등을 줄이고자 하는 사회학자들과 지식의 보편주의를 통해 평등을 촉진하는 "공화주의적" 학교의 지지자들의 대립이었습니다. 나는 자코트를 복권시켜야 할 교육방법의 대표자로서가 아니라, 철학적이고 정치적인 근본성 안에서 평등을 도달해야 하는 목적이 아닌 전제로 삼으면서 평등의 관건을 표명하는 철학적이고 신화적 인물로 취하면서 대결의 동시대성을 조직했습니다. 이를 위해서 그 거리를 제거하는 특수한 형태의 진술이 필요했습니다. 『무지한 스승』은 그 주인공이 순수한 허구에 속하는 철학적 우화로도, "광인" 자코트의 비시간적인 제자의 현재의 말로도 읽힐 수 있습니다.

따라서 한 사유의 사건을 위해 특수한 현재, 공명의 방을 구성하는 것은 이중적 위반을 전제합니다. 한편으로, 인정된 담론의 나눔을 위반하는 것이 필요합니다. 즉 분과들(철학, 정치학, 역사 등등) 간의, 고귀한 담론과 저속한 담론 간의, 실제적 사건들의 연쇄의 논리와 허구적 사건들의 연쇄의 논리 간의 나눔을 위반하는 것이 필요합니다. 다른 한편 문제는 역사적인 연속으로부터 벗어나는 권위의 원리를 철회하는 것입니다. 내가 동시대성의 이념 안에서 보는 것은 이 두 번째의 함축입니다. 사유의 동시대성을 조직하는 것은 어떤 시대착오적이거나 시의적절하지 않은 것을 조직하는 것입니다.

내 작업의 초기에 역사의 형이상학에 반한 역사적 경험의 실재로 되돌아가고자 하는 의지가 있었습니다. 특히, 나는 역사, 노동운동 등등 위에 구성된 마르크스의 담론에 대답하기 위해 노동자들의 자료를 찾아서 떠났습니다. 그러나 곧 나는 이 회귀가 그 자체 문제가 되는 이론적인 입장을 변화시키지 못한다는 것을 깨달았습니다. 마르크스주의적 전통이 감춘 역사적인 노동자의 말을 재발견하고자 하는 시도는 전혀 쓸데가 없었습니다. 또한 이 역사적인 말을 역사주의에서 해방시켜야 했습니다. 왜냐하면 역사주의는 또한 사물들을 그들의 자리에 유지하는 방식이기 때문입니다. 사람들은 이것은 철학, 역사, 문학 혹은 사회학에 속한다고 말하듯이, 사람들은 이것은 특수한 시간과 장소의 표현으로서 설명된다고 말합니다. 같은 방식으로 자코트는 자신의 시간에 속하며, 당신의 프롤레타리아는 자본주의 시대에 속한다고 말합니다. 이것이 역사적인 개념화의 토대입니다. 정신사, 즉 연대기의 계승자와 같은 것이 그 개념화를 결정했습니다. 뤼시앵 페브르는 시대가 허락하지 않았기 때문에 라블레는 무신론자가 될 수 없었다는 것을 보여줍니다. 또 르 루아 라뒤리(Le Roy Ladurie)는 카타리파 이교는 한 마을의 특수한 삶의 양태였다는 것을 보여줍니다. 여기서 우리는 또한 "동시대성"의 원리를 발견합니다. 그러나 이 동시대성은 내가 구성하고자 한 동시대성과 정확히 반대되는 것입니다. 왜냐하면 사람들은 생각하는 것이 허락되는 시간과 공간만을 생각하기 때문입니다. 그것은 항상 내가 모든 기획에서 전적으로 반박하고자 한 오래된 플라톤의 격언입니다. 그것은 각자에게 각자에 고유한 일을 하도록 명령합니다. "자신"의 시간을 따라 한 현상을 설명하는 것은 역사적 방법의 규범을 따라서 감춰진 형이상학적 권위의 원리를 작동하게 하는 것입니다. 게다가 나는 『역사의 이름들』과 『불화』에서 이런 개념화의 한계는 나치의 독가스실을 부인하는 사람들의 원리였다는 것을 보여주었습니다. 그들은 한 시대가 허락하는 것에 일치하지 않는 것은 그 시대에 존재할 수 없으며, 결국 그것은 전혀 존재하지 않았다고 말합니다.

따라서 내가 말하는 동시대성은 이 정체적인(identitaire) 현재와 대립합니다. 나에게 그것은 항상 시의적절하지 않거나 시대착오적인 것입니다. 그래서 프롤레타리아의 말의 사건을 기록하는 것은 전적으로 "시대착오적인" 상징적 대립, 프롤레타리우스(proletarius)라는 말의 어원 안에 혹은 여가에 대한 고대의 철학이론 안에 포함된 대립을 밝히는 것을 전제했습니다. "당신"의 시대가 허락하지 않는 것을 생각하는 것이 허락될 때 거기에 사유가 있습니다. 자코토는 전적으로 계몽의 이성의 틀에서 형성된 정신을 가진 사람입니다. 그는 그가 개입한 시대와 다른 시대에 살았던 사람이라고, 더 나아가 우리의 시대에서 가장 이방인 같은 사람이라고 말할 수 있을 것입니다. 그러나 이것이 사건의 근본이 아닙니다. 사건의 근본은 데카르트적인 "자연의 빛"으로부터 나오는 정신, 즉 계몽의 이성과 근대교육체계를 지지했던 제도적 진보주의 사이의 연대와 단절한 것입니다. 그는 계몽의 이성을 광기 안으로 집어 던졌습니다. 계몽의 이성은 진보하는 미래를 약속했습니다. 그런 이성은 개인들과 국민의 교육가들에게 느리지만 확실한 행동을 위임했습니다. 이 진보의 이념은 당연히 국민의 점진적 교육의 역사주의의 관점을 거쳐서 교육 체계의 진보와 일치합니다. 그리고 또한 이 이념은 우리 시대에 문화적 불평등의 축소에 대한 사회학적 전망에 맞추기 위해 앞서 형성되었습니다. 그런데 자코토는 이 모든 논리를 광기 안으로 내던집니다. 그는 계몽의 교육이성을 데카르트의 모두에게 평등한 자연의 빛으로 이끕니다. 그는 그로부터 모든 지성은 평등하다는, 평등은 검토해야 할 전제이지 도달해야 할 목표가 아니라는 "광적인" 생각을 끌어냅니다. 그리고 그는 그로부터 진보와 점진성의 이념 그 자체가 불평등한 것이라는 기상천외한 결과를 끌어냅니다. 평등을 목적으로 내세우는 것, 교육의 전문가들에게 도달해야 할 평등과 주어진 불평등 사이의 간격을 줄이는 일을 맡기는 것은 근본적으로 불평등을 세우는 것이고 무한히 불평등을 재생산하는 것입니다. 따라서 그는 근본적으로 지적 해방의 이념과 아동과 국민 교육의 작고 큰 기획들을 지지하는 점진적인 이념을 대립시킵니다. 나에게 연출하기에 적합한 것은 바로 이 근본적인 도발입니다. 그러나 이것을 위해서 자코토의 생각들과 오늘날 유통되는 생각들을 대립시키는 것으로는 충분하지 않습니다. 그 생각들은 우리의 현재 안에, 다시 말해 현재를 그 과거와 미래, 그 가능성의 조건, 현재가 젊어지는 가능성과 연결하는 우리의 방식 안에 틈을 여는 독특한 역사의 현재를 구성해야 합니다. 이것은 위에서 언급한 이야기와 진술의 양식의 의미입니다. 이런저런 과거의 사상가가 우리와 동시대적이라고 말하는 것은 아주 평범한 이야기입니다. 그의 사유에서 우리와의 동시대성을 구성하는 것은 다른 것입니다. 사유의 시간, 생각할 거리를 주는 시간을 구성하기 위해서는 아마도 항상 두 시간이 필요할 것입니다. 그리고 사유의 대상을 구성하기 위해서는 아마도 두 담론의 기록의 충돌이 필요할 것입니다.

● 1996년 출간된 『정치적인 것의 가장자리에서』에 대한 타임지 증보판 문학면의 서평에서 비평가는 당신의 작업을 "불일치의 시도"로 정의합니다. 불일치는 분명 당신의 작업에서 아주 중요한 측면이고 당신의 민주주의에 대한 이념 안에서 우선하는 "반대-원리"입니다. 합의로 향하는 정치적 이해에 첨가된 것으로 평등에 대한 자유주의적 이상에 반대해서, 당신은 탁월한 정치의 정식으로 분열을 제시합니다.

사유의 민주적 양식으로서 불일치에 대한 당신의 검토는 또한 유럽에서 좌파의 정치가들에 대한 비판을 함축하는 것으로 보입니다. 이런 관점에서, 민주적 행동의 우선하는 반대-원리로서 "분열"은 오늘날 좌파 정당들이 보다 많은 유권자들을 모으기 위해 갈수록 중도파에 접근하는 중앙집권적 경향에 반대하는 데 있습니다. 그 예들로 떠오르는 것은 영국의 블레어가 이끄는 노동당과 현재 유럽 위원회 회장인 로마노 프로디에 의해 이탈리아에서 형성된 올리비에가 이끄는 정당의 입장들입니다.

이 불일치의 갈등적인 반대-원리와 더불어 이것이 개인과 집단 사이의 이익관계의 갈등으로서 민주주의에 대한 관례적인 개념화와 어떻게 다른지에 대해서 자세히 말씀해주시겠습니까?

사실, 정치에 대한 나의 반성은 1990년대 프랑스와 유럽 사회주의 공간에서 합의의 이데올로기의 전개를 고려하면서 생겨났습니다. 여기서 난점은 **합의**가 의미하는 것이 무엇인지 결정하는 것입니다. 이것은 다만 토의에서의 경향이나 정치 사회적인 평화만을 지시하지 않습니다. 합의는 지각의 장, 해방을 위한 경향으로서 정의하기 이전에, 내가 감각적인 것의 나눔이라고 부르는 것의 형식의 짜임을 지시합니다. 합의는 계쟁적이지 않은 공통의 경험의 나눔을 의미합니다. 다시 말해 그 본질은 정치적 선택을 규정하는 조건들이 객관적이고 일의적이라는 것을 긍정하는 것입니다. 정치에서 합의의 담론은 정치적인 행위가 일련의 경제적, 재정적, 인구 통계적, 전략지정학적 균형들에 의해 한정된다는 것을 긍정합니다. 이런 틀에서, 정치—통치의 행위—는 이 균형들의 제한들을 균형들이 열어놓은 잔여 혹은 여백의 가능성들 가운데서 중재하면서 이 제한들에 적응하는 것입니다. 주어진 소여의 토대 위에서 좌파와 우파는 각자 다른 선택을 한다고 여겨집니다. 부의 분배에 있어서 좌파가 우파보다 더 많은 분배를 합니다. 이런 점에 있어서 좌파가 더 사회적이고 문화적인 선택을 한다고 말할 수 있습니다. 그러나 이것은 다만 여백에 속합니다. 합의의 이상은 공통의 삶의 본질이 우리의 가능한 정향을 규정하는 객관적인 균형들에 의존한다는 것을 인정합니다.

그런데 권력의 전문가들에 의해 다뤄진 "객관적인 소여"의 이 긍정은 정치의 부정일뿐입니다. 그것은 내가 "치안"이라고 부른 것의 특징입니다. 치안은 억압이나 푸코에 의해 이론화된 "삶의 통제"가 아닙니다. 치안의 본질은 포화의 원리입니다. 그것은 부족과 보충을 모르는 감각적인 것의 나눔의 형식입니다. 치안의 개념화 안에서 사회는 특수한 기능을 이행하고 결정된 자리를 차지하는 집단들로 구성된 전체입니다. 역사는 고대로부터 부, 인구, 견해의 흐름에 대한 근대의 관리에 이르기까지 사회를 질서로 나누는 이런 개념화의 사례들로 채워집니다. 정치는 그 안에 보충이나 결핍을 도입하면서 이 질서를 교란하는 것입니다. 정치의 본질은 불일치입니다. 그러나 불일치는 이익이나 견해의 갈등이 아니라, 감각적인 것 안에 단절입니다. 정치는 특수한 상황의 소여, 우리가 보는 것, 우리가 본 것에 대해 말할 수 있는 것, 누가 소여를 보고 말하기 위한 자격이 있는가에 대한 질문에 불화가 있는 한에서만 존재합니다. 이것은 정치는 집단들 사이의 이익 혹은 가치의 갈등 안에도, 이 이익과 가치들 간의 국가의 중재 안에도 존재하지 않는다는 것을 의미합니다. 정치는 전체 인구에 대한 객관적인 계산과의 관계에서 잉여인 특수한 주체들의 행위 안에 존재합니다. 이것이 바로 데모스의 개념 안에 함축된 정치의 정의입니다. 데모스는 인구의 총합도, 혜택을 받지 못하는 사람들도 아닙니다. 반대로 이상적인 대표들을 지시하는 것도 아닙니다. 우리가 알듯이 "민주주의"라는 말은 역사적으로 아테네의 크레이스테네스에 의해 이전의 부족체제를 데메스(dèmes)로 재조직하면서 행해진 개혁으로부터 유래합니다. 데메스는 지역적으로 분리된 요소들로 만들어진 구획들이었습니다, 즉 그것은 추상적인 공간, 구성된 인위적인 공간이었습니다. 이 구성은 거대 지주들의 토지에 대한 권력을 파괴했습니다. 더 나아가 그것은 권력을 행사하도록 "자연적으로" 주어진 지위를 가진 사람들의 권력에 봉사하는 논리를 파괴했습니다. 이 상징적인 단절은 내가 보기에 정치의 구성적인 요소입니다. 데모스는 말 그대로 초과의 부분, 아무것도 아닌 사람들, 즉 권력 행사를 가능하게 했던 어떤 특별한 속성도 가지지 못한 사람들에 의해 구성된 전체입니다. 이것은 플라톤의『법률』3권에 놀라운 부분에 의해 역설적으로 세워진 것입니다. 이 텍스트는 권력을 행사할 수 있는 지위를 가진 사람들의 리스트를 나열하는 것으로 시작합니다. 나이, 출생, 지식, 덕성… 등등. 그러나 이 리스트들 안에는 비정상적인 것, 즉 우연에 속한 권력의 형태가 있습니다(이것에 대해 플라톤은 아이러니하게도 "신의 선택"이라고 말합니다). 이것은 권력을 행사할 지위를 가지지 않은 사람들의 특수한 권력입니다. 그 본질에서 민주주의의적인 플라톤은 민주주의에 대한 가장 투명한 정의를 제시합니다. 민주주의는 입헌적인 형식의 의미에서 정치적 체제가 아닙니다. 그것은 삶의 형식도(토크빌이 말하는 사회적 의미에서), 다문화주의도, 관용도 아닙니다. 민주주의는 말 그대로 권력을 행사할 지위를 가지지 않은 사람들의 권력의 형식—합법적인 지배의 질서 안에 단절—아래서 형성된 정치의 상징적인 제도입니다. 민주주의는 셈해지지 않는 사람들의 역설적인 권력입니다. 즉 셈해지지 않는 자들의 셈해짐입니다.

따라서 불일치의 개념은 정치란 치안의 포화된 질서 안에 잉여의 대상들을 도입하는 주체들의 작업이라는 것을 의미합니다. 이 주체들은 공통의 속성, 공통의 출생 등등에 의해 통합되는 일관되고 지속적인 사회집단이 아닙니다. 그들은 다만 그들의 행위에 의해 존재하며, 이 행위는 불일치의 표명입니다. 다시 말해 특수한 상황의 소여들의 계쟁입니다. 정치의 주체들은 우리가 지각하지 못하는 것, 주어진 지각의 장의 전망 속에서 존재할 이유를 가지지 않는 것, 이름을 가지지 않는 것을 가시적으로 만듭니다. 극단적인 예는 앞서 말한 평민들의 이탈의 우의(寓意)입니다. 여기서 귀족들은 평민들이 말을 한다는 것을, 더 나아가 그들의 입에서 나오는 "소음"이 논쟁적 진술로 고려되는 논쟁적 장을 건설한다는 사실을 전혀 이해할 수 없었습니다. 이 극단적 상황은 우리에게 정치적 행위의 토대를 구성하는 것을 상기시킵니다. 즉 셈해지지 않는 주체들은 소여의 객관적인 성격에 대해 질문을 제기합니다. 지금까지 "보이지" 않고 고려되지 않았던 사물들을 고려하고 논의할 것을 요구하는 논쟁적인 장을 창출합니다.

따라서 합의는 덜 영웅적이고 더 실용적인 민주주의를 실행하는 다른 방식이 아닙니다. 우리는 새로운 주체들과 추가적인 대상들을 창출하면서 가시적인 것과 말할 수 있는 것의 관계를 다시 짜는 연출의 형식 아래에서만 민주주의를 "실천"할 뿐입니다. 따라서 합의는 정치의 민주주의의 토대의 부정입니다. 그것은 특수한 이익, 가치 혹은 문화와 일치하는 집단들과 관계하기를 원합니다.

이런 관점에서 구심력의 은유는 혼란을 초래합니다. 합의의 중앙집권제는 차이와 동일성의 증식과 더불어 번성합니다. 그것은 공동체 안에서 고려해야 할 요소들의 복잡함과 모든 요소들과 차이들을 가진 자체-제시(auto-présentation)의 영속적인 과정으로 유지됩니다. 사회 안에 고려해야 할 집단들과 정체성들이 많으면 많을수록 중재가 더더욱 필요합니다. 합의의 "일자"는 객관화와 셈해질 준비가 된 다수나 그보다 적은 다수의 유형들에 의해 유지됩니다. 반면 합의가 버리는 것은 셈 안에서 보충으로서, 사회의 자체-제시 논리 안에서 단절로서 작용하는 다수, 즉 다수의 정치적 주체들입니다. 알다시피, 자산의 자유로운 유동에 대한 합의는 필연적으로 인구의 유동, 특히 가난한 사람들의 유동의 제한에 대한 염려에 이릅니다. 우리 정부는 자유로운 자산의 유동을 받아들이지 않을 수 없으며, 국제 조약에 따라 점진적으로 사회보장의 예전 체제를 버리지 않을 수 없다고 선언하면서 이민 제한에 필요한 모든 국가의 특권을 회복합니다.

유럽의 "사회주의자들"은 이 논리에 기꺼이 참여합니다. 대안적인 운동이 발생할 경우, 이 발생은 반대파와의 실질적인 분리로부터 나오는 새로운 주체화의 형식들을 창출할 가능성에서 전적으로 유보됩니다. 정치적 주체화의 예전의 형식들, 예를 들어 노동자들의 형식은 특수한 갈등들을 불일치의 일반적인 경우들로 보편화하는 능력에 의존했으며, 정치의 논리와 치안의 논리 간의 대립으로 크게 축소된 대립의 장에 의존했습니다. 같은 방식으로 1960년대 반제국주의-반식민주의-운동들은 자국의 식민지 전쟁과 신식민지 전쟁에 직면해야 했습니다. 오늘날 대립의 장은 세분화되었습니다. 질서의 책임의 소재는 불확실한 방식으로 국가, 국제기구, 얼굴 없는 세계 질서로 나눠졌습니다. 즉 모두가 중심이고 어디에도 중심은 없습니다. 물론 자본주의적 질서—혹은 무질서—는 투쟁의 형식들을 유발합니다. 이것은 국가 안에서는 예전의 사회보장체계의 파괴에 대항한 사회투쟁운동들로 나타납니다. 이것은 다만 지배적인 견해가 비난하듯이 "특권"을 방어하고자 하는 운동이 아닙니다. 이 운동들은 그것들이 국가가 할 수 없는 객관적인 사회적 소여들의 실존에 대한 합의적 독단에 대해 문제를 제기하는 한에서 정치적 의미를 갖습니다. 이어서 이것들은 합의의 논리가 생성한 배제의 형식들을 밝히면서 합의의 논리를 비판하는 국가적이고 국제적인 운동이 됩니다. 예를 들면, 국가가 법적 지위를 거부하면서 "자유로운 유동"에서 제외시킨 실업자들과 불법체류자들의 운동들을 들 수 있습니다. 이것들은 결국 시애틀에서 그런 것처럼 국제경제기구들과 정면으로 대립하게 됩니다. 이 다양한 운동들은 모두 합의의 논리를 고발하고 합의의 모순들을 밝히고자 합니다. 그것들은 또한 정치와 노조활동 간의, 급진파와 대중운동 간의 오랜 대립으로부터 탈출하고자 하는 욕망을 공유합니다. 그러나 사실 이 장들의 분리는 거의 불가능한 주체화의 다양한 형식들을 통해 장들의 통합을 가능하게 합니다. 그것들을 통합하는 하나의 국가적 장과의 대립은 없습니다. 한편으로, 투쟁은 어디나 있으며 어디에도 없는 "세계 시장"을 그 대상으로 합니다. 비록 그것이 특정한 장에 구체적 적으로 나타나지 않는다고 할지라도 말입니다. 다른 한편, "자유시장의" 세계화(mondialisation)에 대항한 투쟁은 국가 그 자체를 지지하면서 일종의 혼돈에 이릅니다. 그러나 합의의 질서에 대한 합법적이고 지적인 양식들은 10년 전에 그것들이 가졌던 권위를 상실했습니다. 오늘날 정치는 어렵지만 다시 생각될 수 있습니다. 원리적으로 다시 정치를 인구와 상품의 유동의 관리의 문제와 분리하는 것이 가능합니다.

외국인 혐오와 정치[83]

(이브 생토머와의 대담)

● 당신이 말하는 외국인 혐오를 이해하기 위해서는 아마도 당신이 『불화』에서 밝히고 있는 당신의 정치에 대한 정의로 거슬러 올라가야 하는 듯이 보입니다.

나는 정치를 긍정적으로는 인간의 사회적이고 정치적인 본성의 이념을 통해서, 부정적으로는 공통의 법, 자연적 자유의 포기와 사회계약에 의해서만 억제될 수 있는 억제할 수 없는 폭력을 통해서 자연에 근거한 활동으로 생각하는 정치철학의 모든 전통에 반해서 가고자 했습니다. 나는 정치의 우연적 성격과 정치의 상징적인 폭력을 생각하고자 했습

83 (원주) 이 대담은 이브 생토머(Yves Sintommer)와 3명의 다른 저자들(Florence, Haegel, Henry Rey)의 공저, 『위성도시에서 외국인 혐오-그 영향과 표현들』, Paris, Monréal, Hatmattan, 2000, pp. 215-227에 실렸다.

니다. 내가 정치를 치안, 즉 사물의 자연적 질서와 대립시킨 것은 바로 이런 의미에서입니다. 그 질서 안에서 사회는 자기에 의해 이런저런 기능이 정해지는 집단 안에서 행해지는 기능과 자리에 따라 분리되어 표상됩니다. 내가 "치안"이라고 부르는 것은 감각적인 명증성의 체제 위에 근거한 지배의 소여들을 나타나게 하는 공통의 공간의 구조화입니다. 일반적으로 우리가 정치와 혼동하는 치안은 사회를 조직하는 전망을 함축합니다. 이 전망은 일반적으로 통치와 사회의 관계의 이론들로서 통치의 이론들을 지지합니다.

● 당신은 이런 의미에서 정의의 이론들, 특히 롤스의 이론을 치안의 논리로 보시나요?

이 이론들은 어떤 것을 사물들의 자연적 질서의 균형으로서 정의하고자 하는 정치철학의 전통에 의존합니다. 그리고 여기서 잘 사유된 계산을 재발견하게 될 것입니다. 나는 이런 이념을 "치안"의 논리와 동일화하지 않습니다. 반면 이 이념은 정치를 자연의 법칙 위에 그 토대를 놓고자 하면서 "정치"와 "치안"을 혼동하는 정치철학의 전통에 속합니다. 나에게는 정치는 우리가 사회의 조직력과 통치에서 벗어날 때 존재합니다. 다시 말해 자리와 권력의 분할에서 우리가 자연성에의 의존에서 벗어날 때 존재합니다. 정치는 항상 치안의 질서와의 관계에서 잉여 안에서 도래합니다. 데모스는 우선 이상적인 실체에 대한 근대의 법적 의미에서 인민도, 인구 전체도, 가난한 계급도 의미하지 않습니다. 데모스는 정치를 할 특별한 지위가 없는 사람들을 말합니다. 잘난 사람들에게 민주주의의 추문은 예전의 통치, 즉 잘난 사람들, 지혜로운 사람들, 지식인들, 부자들의 통치와 반대로, 민주주의가 통치할 어떤 지위도 없는 사람들의 통치로 제시된다는 바로 그 사실입니다.

정치는 근본적인 분할을 증명합니다. 아리스토텔레스는 인간의 정치성의 명백성을 언어 안에, 더 정확히 말하면 인간의 언어—선과 악, 정의와 부정의를 논의할 수 있는 로고스—와 모든 동물들에 속하고 다만 쾌락과 고통만을 알려주는 동물의 소리(phonè)의 대립 안에 그 토대를 놓고자 했습니다. 정치철학은 자주 이 도식으로부터 출발해서 비정치적인 동물성에 대립하는 정치적인 동물성이 있다는 것을 전제합니다. 나는 모든 중요한 정치적 갈등은 바로 이 나눔의 선의 유사-명증성을 위험에 처하게 하는 데 있다는 것을 보여주고자 했습니다. 모든 갈등 뒤에는 누가 말을 할 수 있는 정치적 능력이 있는가를 가리는 지식 그 자체에 대한 갈등이 있습니다. 지배는 항상 감각적 차이에 대한 생각 위에, 진정으로 말하는 사람이 있다는 혹은 배고픔이나 분노와 같은 것만을 표현하기 위해 말을 하는 사람들이 있다는 생각 위에 세워집니다. 아주 오랫동안 빈곤 계층 혹은 여자들이 정치에서 제외된 것은 이런 모델 위에서입니다.

● 이런 지배의 거부에서 당신이 "몫이 없는 자들의 몫"이라고 부른 것의 문제가 제기됩니다.

사실상, 근본적인 두 전망이 있습니다. 하나는 우리가 정치란 사회의 통제라고 생각하는 것입니다. 그리고 우리는 사회를 그것을 구성하는 부분들의 합과 동일시합니다. 다시 말해 우리는 전체의 사회적인 지속과 그것의 정치적인 본성을 동일시합니다. 다른 하나는 정치란 이런 사회의 조직력과 이질적인 실천을 구성하는 것이라고 생각하는 것입니다. 이때 정치는 사회적 집단에 속하지 않은 주체들에 의해 이뤄집니다. 비록 그들이 사회적 집단과 혹은 한 사회와 동일시되는 집단들과 같은 이름을 가질 때를 포함해서 말입니다. 내가 "몫이 없는 자들의 몫"이라고 부르는 것은 제외된 자들에 대한 일반적인 고려가 아니라, 정치적 활동이 사회의 부분들 사이에 몫의 분배와의 관계에서 항상 잉여로부터 도래하는 것과 상관이 있습니다. "몫이 없는 자들의 몫"이란 그래서 근본적으로 정치가 인구의 부분들 중에 계산되지 않는 모든 사람들과의 관계에서 잉여인 주체들에 의해 이뤄지는 활동을 의미합니다.

● 부의 분배 혹은 가치의 정의를 논의하기 전에, 우선 이 논의에 참여할 수 있는 권리를 가진 자들, 이 논의의 주체들이며, 말하는 존재로서 평등한 자들이 누구인가를 결정해야 하지 않을까요?

이 질문에 앞선 규칙과 같은 것은 없습니다. 질문은 이미 항상 계쟁의 양태에서 해결되고 다시 제기됩니다. 정치는 매번 갈등 속에 문제가 되는 것과 누가 그것에 대해서 말할 수 있는지에 대한 질문을 제기하는 것입니다. 치안의 독단은 주어진 소여가 객관적이라고 생각하는 것입니다. 정치의 원리는 반대로 소여 그 자체가 논쟁적입니다. 논쟁은 상황에서 봐야 할 것과 고려해야 할 대상과 동시에 이 대상들을 자신의 것으로 파악하고 말하고 논의로 이끌고 자신들의 주제에서 행동할 수 있는 주체들에 걸려있습니다.

● 사회의 조직력과 대립한 정치는 조직적인 사회질서의 부분을 이루는 구조

적인 불평등에 대립한 평등의 원리를 요구할 것입니다.

그렇게 말할 수 있을 것입니다. 다만 문제는 평등의 요구가 아니라, 평등의 **긍정**입니다. 치안과 정치를 구분하는 것은 요구의 내용의 특수성이 아니라, 행위의 형식 그 자체입니다. 내가 "치안"이라고 부르는 것은 자리의 분배와 그것에 적합한 능력의 체제를 전제합니다. 정치는 바로 공통의 일을 담당하기 위해 어떤 특별한 능력이 있어야 한다는 생각을 철회합니다. 정치는 궁극적으로 말하는 존재의 평등과 관계하며, 이 평등은 항상 문제가 됩니다.

● "불화"가 솟아나는 곳은 이 틀 안에서입니다.

불화는 정확히 말하면 소여 그 자체가 유일하고 객관적이지 않다는 사실입니다. 그래서 거기에 다만 이념, 권리, 요구의 반박이 있는 것이 아니라, 문제의 소여들이 있다는 사실과 관계합니다. 불화는 정치의 주체들이 사회적 집단의 부분들이 아니라는 사실과 관계합니다. 사실 불화는 치안과 정치 간의 나눔에서 유지되며, 몫이 없는 자들의 몫의 지위(position) 그 자체와 관계합니다.

● 이런 관점에서, 이 대립, 치안에 반한 정치의 작업은 정치가 더 이상 문제가 되지 않는 한 사회를 생각하는 것이 어렵다는 의미에서 끝이 없는 어떤 것처럼 보입니다. 이때 노동운동과 마르크스가 꿈꾼 해방된 사회는 유토피아 혹은 지평, 그런데 접근 불가능한 지평인가요?

나는 그것을 불가능한 지평에 의해서가 아니라 기원에서의 분할에 의해 생각합니다. 사회적 질서의 불평등은 항상 궁극적으로 말하는 존재들의 평등 위에서와 다르게 정치적인 사회를 세우고 생각하는 것을 불가능하게 하는 평등에 의존합니다. 동시에 이 평등한 지위는 지속적으로 사회 정치적 질서의 설립에서 억제되고 제한됩니다. 바로 이런 의미에서 평등을 위한 투쟁은 끝이 없습니다. 우리가 접근 불가능한 지평을 바라본다는 의미에서가 아니라, 평등은 상황이 어떠하든 간에 항상 우선적으로 부정되는 것이라는 의미에서 말입니다.

● 평등과 달리, 당신의 글들에서 자유와 공동체의 개념은 그 의미가 정해진 것들로 보이지 않습니다.

실질적으로 평등/불평등의 나눔은 정치를 생각하는 데 있어서 다른 것들보다 더 구조적입니다. 그러나 나는 그것을 가치로 생각하지 않습니다. 다시 말해 자유에 비해 평등에 특권을 부여하는 것이 문제가 아닙니다. 물론 우리가 정치란 인간의 본성의 실현이라고 생각한다면 자유가 우선되어야 할 것입니다. 그러나 반대로 나에게는 평등/불평등의 최초의 나눔이 최전선에 옵니다. 공동체의 개념이 문제일 경우, 일반적으로 집단적인 인간의 모임이라는 총칭적인 의미에서 사용합니다. 그리고 나는 어떤 규칙에서 이 집단적인 인간의 모임이 기능하고 사유되는지를 묻습니다. 여기에서도 나는 공동체가 사회나 보편에 대립되는 한에서, 그것에 긍정적이거나 부정적인 가치를 부여하지 않습니다. 나에게 그것은 규범적인 개념이 아닙니다.

● 당신은 불화, 즉 정치가 돌출하는 데에 있어서 특히 두 사례에 의존합니다. 하나는 아벤티누스 언덕으로의 평민들의 후퇴이고, 다른 하나는 1830년대 프롤레타리아의 출현입니다.

사실 나는 아벤티누스 언덕으로의 평민들의 후퇴의 전설적인 이야기를 통해 이 불화의 상황을 그렸습니다. 이 이야기는 두 종류가 있습니다. 하나는 티트 리브(Tite Live)의 유명한 이야기입니다. 이것은 이 사태에 대해 "치안적인" 해석이라고 불릴 수 있습니다. 한 귀족이 아벤티누스로 후퇴한 평민들에게 가서 사회에는 우리의 신체처럼 명령하는 중심적인 기관이 있고, 그것을 실행하는 사지가 있다고 설명합니다. 즉 사회에는 귀족이 있고 평민이 있다는 말입니다. 이것이 평민들에게 일단 설명되자, 평민들은 그들의 자리가 어디인지 실질적으로 이해하고 자신들의 자리로 돌아갑니다.

또 다른 하나는 19세기의 발랑쉬(Balanche)의 이야기입니다. 그는 현재 완전히 잊힌 인물이기는 하지만, 그 당시에 그는 노동자들의 해방의 개념이 형성되는 데에 있어서 중요한 역할을 했습니다. 발랑쉬는 이 이야기를 평민들이 말을 하는 존재인지 아닌지를 아는 문제로 기술했습니다. 평민들은 다만 그들의 권리의 획득을 요구한 것이 아니라, 조약, 일종의 귀족들과의 계약을 요구한 것입니다. 귀족들의 입장은 평민들과 조약을 체결할 수 없다는 것입니다. 왜냐하면 계약은 말을 담보로 하는 것인데, 평민들은 말을 하는 존재가 아니기 때문입니다. 바로 여기에 좀 전에 언급한 사회의 상상적인 구조화가 개입합니다. 다시 말해, 하는 말이 진정한 말이 아닌 사람들이 있고, 평민들은 실제로 말을 하지 않는 사람들로 여겨졌습니다. 귀족은 우리가 그들이 말을 한다고 믿지만 실제로 그들의 입을 통해 나오는 것은 배고픔과 분노를 표현하는 으르렁거림이지 제대로 발음된 담론이 아니라고 말합니다. 발랑쉬의 이야기에서, 평민들이 이끈 모든 논의와 모든 투쟁은—귀족과의 관계에서, 우선적으로 자기 자신과의 관계에서—그들이 실질적으로 말을 가진 존재라는 것을 보여주고 있습니다. 결과적으로 그들은 조약을 요구할 수 있고 공동체의 이익에 대해 논의에 참여할 수 있다는 사실을 보여줍니다.

평등과 불평등의 모든 역사는 사실 이 첫 번째 이야기의 재연(再演)입니다. 특히 우리는 이 평민들의 후퇴의 재독 안에서 노동해방의 전형적인 이면, 이상, 형식, 행동을 발견합니다. 우리는 또한 프롤레타리아의 개념 안에서도 이것들을 재발견합니다. 이 개념은 노동자나 생산자의 개념과 다른 것입니다. 비록 이 두 개념이 곧이어 특히 마르크스의 이론화를 통해서 서로 혼동된다고 해도 말입니다. 근본적으로 프롤레타리아의 범주는 그 탄생에서 공적인 것 밖에 존재하는 존재자들이라는 생각과 관계했습니다. 물론 이것은 전통적인 나눔과 연결됩니다. 이 나눔에 의하면 자신의 손을 사용해서 일하는 사람은 공적인 공간에 살지 않고 사적인 공간에 살며, 공적인 것에 대한 말과 사유를 소유하지 않고, 다만 식욕과 같은 사적인 욕구와 이익만을 갖습니다. 프롤레타리아라는 이름의 긍정적인 재취 안에는 부인된 인류의 긍정이 존재합니다.

이것은 다만 도덕적이거나 빈곤에 대한 반박을 의미하는 것이 아니라, 공통적인 것의 바깥에 존재하는 것으로 생각되는 사람들의 공적인 것에의 참여를 긍정하는 것입니다. 이 구분은 중요합니다. 프롤레타리아는 "노동자들"이 아닙니다. 물론 우리는 프롤레타리아는 그들이 치안의 논리 안에서 노동 그 자체가 규정하는 공적인 영역과의 관계에서 이 배제를 부정하는 한에서 노동자들이라고 말할 수 있을 것입니다. 몫이 없는 자들의 몫이라는 범주는 정치적인 주체들을 통해서 세계 안에서 구체화되는 추상적인 범주입니다.

● 당신은 또한 앞에서 "공적인 장에서 제외된" 여성들에 대해서 말했습니다. 당신의 용어로 사회적인 것의 조직력의 다른 양태는 인종차별적 범주들이나 외국인에 대한 거부의 범주들 주변에서 발견되지 않나요? 인종주의나 외국인 혐오 안에서 문제가 되는 것은 몫이 없는 자들의 몫이 아닌가요?

다양한 태생적 차이를 가진 사회의 이념 주변에는 두 측면이 있습니다. 이런저런 조건 안에서 잘 태어난 사람들과 그렇지 못한 사람들이 있습니다. 그리고 여기서 태어난 사람들과 다른 곳에서 태어난 사람들이 있습니다. 이 두 대립은 때때로 서로 교차하고, 또한 서로 분리될 수도 있습니다. 그러나 근본적으로 인종적이고 인종차별적인 질문은 궁극적으로 공동체를 어떤 정체성이나 출생에 의해 연결된 사람들과 동일화하는 데 있습니다. 이것은 사실 몫이 없는 자들의 몫을 정의합니다. 다만 아주 복잡한 양태에서만 그렇습니다. 다시 말해, 몫이 없는 자들의 몫이 한 공동체의 일종의 정치적인 구조를 규정하는 한에서, 공동체의 이 논쟁적인 구조가 또한 항상 어떤 식으로든지 간에 버려진 어떤 것에 따라서 구성됩니다. 그래서 항상 갈등 속에는 더 외적인 것으로서, 동시에 공동체 바깥에서 발견되는 정치적인 공동체가 있습니다.

● 최근에 몇 년 동안 반-인종차별에 대한 논의들 중의 하나는 인종차별의

진화, 자연적 혹은 본질적 전망에서 차별적 전망으로의 진화였습니다. 다시 말해 타자들은 자연적으로 열등하기 때문이 아니라 공통의 인류라는 이념을 부정할 정도로 전적으로 다르기 때문에 거부됩니다. 당신 생각에 이런 진화는 실질적인 차이를 드러낼까요?

그것이 어떤 실질적인 차이를 만든다고는 생각하지 않습니다. 그러나 우리는 어떻게 차별적 논의가 공동체 혹은 소수민족의 권리에 대한 점진적인 요구로서 나타날 수 있는 해방의 운동을 표명하는지를 봅니다. 사실 차별적 논의는 항상 다른 형태, 대개 미묘하고 복잡한 인종차별 안에 포함되었습니다. 예를 들어 우리는 식민지의 역사에서 미묘한 배제의 형식들을 아주 빨리 망각합니다. 식민지 법제 안에서 피식민자들의 정치적 권리가 부정되는 이유들은 또한 그들의 특수성에 대한 "존중"으로 말해졌습니다. 오늘날 어떤 사람들은 이슬람주의자—이슬람교에 대한 단순하고 진솔한 믿음을 가진 자—는 보편성에 근거한 공동체에 실질적으로 통합될 수 없다고 설명합니다. 그러나 이것은 또한 식민지 시절의 법적인 논고였으며, 이슬람의 특수성의 존중이라고 표명된 논고였습니다. 이슬람교 인구에 대해 어떤 사람들은 법은 종교의 개념과 분리될 수 없고, 결국 그들은 프랑스 정치의 구조를 형성하는 법적인 공동체에 통합될 수 없으며, 이런 차이는 존중되어야 한다고 설명합니다.

● 당신은 정치적 주체성은 인종차별에 반해서, 외국인이나 다른 인종이라는 이유로 하위의 지위로 추방하는 이 사회적 조직력에 반해서 말해질 수 있다고 보십니까?

현재 여기에 진짜 문제가 있습니다. 왜냐하면 거기에 정체성의 함정이 있기 때문입니다. 프롤레타리아나 여성들의 집단은 자신을 몫이 없는 자들의 몫과 동일시할 수 있었던 그 가능성, 다시 말해 그 능력은 오늘날 외국인, 국적이 없는 자, 우리가 이민자라고 부르는 사람들이 구성하는 몫이 없는 자들의 몫의 형식 안에서 더 한층 복잡해졌습니다. 이 추방의 형식들은 주체적인 정치의 긍정을 통해서만 사라질 수 있습니다. 그러니 이 경우에 구성이 힘들어 보입니다. 정치의 주체화는 항상 능력을 행사하는 것입니다. 주체화는 사실상 능력의 부인을 반박합니다. 이런 방식으로 주체화는 한 사회에 내재하는 잘못을 몫이 없는 자들의 몫의 긍정과 연결할 수 있으며, 안의 배제에 대한 고발과 공동체의 안과 밖을 나누는 선에 대한 질문 그 자체를 일치시킬 수 있습니다. 그러나 그 갈등이 안과 밖이라는 유일한 경계, 즉 소속이라는 유일한 질문에 의존할 때, 우리는 이 능력의 긍정적인 영역을 상실하고 다시 휴머니즘의 형태로 떨어질 수 있습니다. 이것은 타자가 스스로 자신을 정치적인 능력과 주체성을 지닌 인간으로서 긍정하는 실질적인 수단을 발견함이 없이 타자의 인간성만을 정립하는 것입니다.

● 그러나 불법체류자의 투쟁의 사례만을 들어서 보자면, 이 투쟁은 사회 안에서 지식인들과 그 너머에서 어떤 반향을 불러일으켰습니다. 이것을 치안의 질서에 반한 정치적인 주체화의 긍정적인 모습으로 볼 수는 없을까요?

불법체류자의 투쟁은 정치적 투쟁의 한 유형으로 볼 수 있습니다. 그러나 어떤 투쟁에서 얻고자 하는 것과 그 정치적 본성을 구분해야 하며, 또한 그 목적과 투쟁을 통해 강력한 정치적 주체화를 형성할 수 있는 능력을 구분해야 합니다. 그런데 불법체류자의 투쟁이 말 그대로 정치적 투쟁이고, 내가 몫이 없는 자들의 몫이라고 부르는 것이 문제일 때에도, 여기서 우리는 동시에 그것을 강력한 정치적인 주체화 안에서 구성하는데 심대한 어려움이 있습니다. 다시 말해 소속의 요구를 능력의 행사와 연결하는 데 어려움을 갖습니다. 강력한 정치적 주체화의 형태는 다만 물질적인 목적—체류증의 획득 목적—을 얻는 것을 통해서만 정의될 수 없습니다.

● 15년 전부터 프랑스 사회를 특징짓는 인종차별적 경향에 직면해서 가능한 정치적인 표명은 무엇인가요? 공통의 것에서 배제된 사람들이 아닌 사람들이 특정 개인들을 고립시키는 이 사회의 조직적인 위계체제에 반대하기 위해 그들을 지지할 수 있지 않나요?

이에 대해 나는 어떤 해결책도 제시할 수 없습니다. 사실 거기에는 정치적인 결핍이 있습니다. 전적으로 독특하고 모범적인 불법체류자들의 투쟁은 다시 그 자신으로, 즉 실재의 나눔의 선으로 다시 접힙니다. 왜냐하면 그것은 강력한 주체화의 형식을 만나지 못하기 때문이며, 배제와 부인의 여러 형식들을 통과해야 하기 때문입니다. 불화를 만들기 위해서는 여러 계쟁이 필요합니다. 특히 소속의 부인은 공통의 능력의 공통의 표명으로 전환될 수 있어야 합니다.

● 이슬람교를 믿는 일련의 여학생들이 학교에 히잡을 하고 가겠다는 의사를 표명했을 때, 당신이 보기에 그것은 잘못된 정체성일까요 아니면 불화로 이끌 수 있는 계쟁일까요?

나에게 그것은 진정으로 정치적인 논쟁일 수 없습니다. 어떻게 얼굴을 가리는 문제가, 그것이 어떤 의미를 가지든지 간에, 정치적인 원리가 될 수 있는지 나로서는 알 수 없기 때문입니다. 그것은 공화주의파라고 불리는 사람들의 상상 속에서 그럴 뿐입니다. 나에게 그것은 결국 치안의 문제입니다. 문제는 제도를 **기능하게 하는** 규칙이 무엇인지, 우리가 정교분리의 원칙에 의해 혹은 종교적 선전에 의해 이해하는 것이 무엇인지를 규정하는 것입니다. 여기에는 일종의 경련이 있습니다. 왜냐하면 이것은 특수성에 반한 보편주의라고 전제하는 투쟁의 장이 놓이기 때문입니다. 그러나 그것은 진정한 정치적 갈등이 아닙니다.

보편의 권리와 개인 혹은 특수성의 권리의 대립은 정치적인 갈등을 규정하지 않습니다. 보편의 특이화, 다시 말해 보편화가 논쟁적인 경우를 구성할 때 정치적 갈등이 존재합니다. 이것은 바로 여성들이 자신들에게 거부되었던 정치적 말을 표명하기 시작했을 때 일어난 것입니다. 정치적 말은 공통의 것을 결정할 수 있는 능력을 정립하는 말이지, 단지 한 행위나 권리의 행사의 요구가 아닙니다.

● 그렇다면, 얼마 전에 나이트클럽이나 직장에서 일어나는 차별에 대항해 'SOS 인종차별' 단체가 전개한 전략과 같은 것들은 결국 정치가 아닌 치안의 공간에 놓아야 할까요?

그렇습니다. 그러나 치안이란 용어는 경멸적인 말이 아닙니다. 이 영역 안에서도 투쟁이 존재합니다. 권리를 위한 투쟁, 혹은 이런저런 범주에 속하는 자신을 위한 투쟁이 공통의 일을 판단하고 결정하는 능력의 긍정과 교차할 때 정치적인 갈등이 존재합니다.

● 만일 우리가 1980년대의 마그렙 젊은이들(Beurs)[84]의 행진으로 거슬러 올라가면, 혹은 앞에 것보다 작은 규모이기는 하지만 교외 이민자 운동(MIB)을 고려한다면, 당신이 보기에 이들은 정치적 운동의 시초에 놓여있지 않을까요? 반대로 그들의 유약한 파급력은 이 영역에서 정치적인 주체화를 표명하기에는 어려움이 있다는 것을 지시하지 않을까요?

대답하기 어려운 질문입니다. 그것이 정치적인 표명에 이르기 위해서는 현재 이민자라고 불리는 이 외재성의 형식 그 자체가 모든 공동체에 제기된 질문으로서, 몫이 없는 자들의 몫의 표명으로서, 또 공동체의 몫과 공동체에 대해 말할 능력의 분배로서 평가되어야 합니다. 누구나 자신이 "프롤레타리아"라고 말할 수 있는 것처럼 누구나 자신이 "이민자"라고 말할 수 있어야 합니다. 내가 『불화』에서 언급한 것처럼, 프랑스에서 정치적인 용어로서 "프롤레타리아"라는 말은 노동자나 손을 사용하는 노동자를 지시하는 것이 아니라, 몫과 능력의 나눔으로부터 존재하는 체제의 바깥에 존재하는 사람으로서 프롤레타리아 주체를 표명하는 것입니다.

● 당신의 책들에서 사회학과 정치의 관계를 여러 번 다뤘습니다. 그런데 우리는 그 관계에 있어서 서로 아주 다른 두 영역을 구분할 수 있지 않을까요? 한편으로 정치의 표명은 모든 "사회학화"의 거부를 통해서 일어납니다. 다시 말해 한 집단의 구성원들이 자신이 말을 할 수 있는 동등한 능력을 가진 존재라는

84 북아프리카(알제리, 모로코, 튀니지)에서 프랑스로 이민 온 부모에게 태어난 젊은이들을 가리킨다.

것을 스스로 부인하고, 사회조직의 질서 안에 특수한 자리나 기능 안에 한정되는 그런 집단 안에 갇힘의 거부를 통해서 일어납니다.

그러나 근본적으로 첫 번째의 영역과 구분되는 사회학과 정치 간의 관계의 두 번째 영역은 정치의 용출의 맥락과 관계합니다. 그것은 한 사회의 인종차별적 명령에 직면한 정치적인 주체화의 표명은 프롤레타리아나 여성들의 해방의 운동을 불러일으키는 위계질서에 직면한 정치적인 주체화보다 더 어려울 수 있다는 사실을 설명하고자 하는 것을 목적으로 합니다. 다른 방식으로 말하면, 어떤 상황은 다른 상황보다 정치적인 표명에 있어서 더 어렵거나 반대로 더 쉽다는 것을 설명할까요? 그것에 적합한 것과 그렇지 못한 사회적인 조건들이 존재할까요? 당신이 인용한 사례들에서, 정치적인 주체화의 표명—그것이 미리 정해진 사회적인 정체성의 부정을 통해서만 일어날 수 있다는 위험을 무릅쓰고도—은 도시외곽에 살고 있는 노예 혹은 외국인이 아니라 로마의 평민들에게서 일어난다는 사실, 또 프롤레타리아보다도 못한 사람들이라기보다 19세기의 프롤레타리아에게서 일어난다는 사실은 우연일까요? 정치적인 주체화의 표명에 유리한 상황을 이해하고자 하는 시도 안에서 정치의 사회학화를 위한 자리는 없을까요?

우리가 여기서 말하고자 하는 것에 서로 이해를 해야 할 것으로 보입니다. 프롤레타리아의 사례와 19세기로 돌아가기 위해 나는 산업적 혹은 경제적 현상으로부터 상황에 대한 "의식을 가진" 사회적 계급의 용출과 결과적으로 노동 운동을 산출하게 될 상황의 용출을 규정할 수 있는 설명의 유형의 부재를 명백히 하고자 했습니다. 우리가 "노동자 운동"이라고 부르는 것은 우선 주체화의 과정이었다는 사실을 강조했습니다. 이를 위해서는 정도의 차이가 있으나 규정된 한 사회집단에 속한 사람들은 사회의 상징적 나눔에 대해 질문할 수 있는 힘이 있어야 합니다. 프롤레타리아의 주체성의 구성은 산업혁명 그 자체에서보다 노동과 사회의 자체-상징화 간의 관계의 동요에서 형성됩니다. 노동의 종속의 논리가 사회가 자체-상징화되는 형식과 모순적인 관계가 되는 순간이 있고, 거기에 정치적인 주체화를 가져올 수 있는 어떤 것이 있습니다. 그러나 이런 인과관계는 전적으로 상황과 이러한 상황에 대한 의식 사이의 표현의 관계와는 다릅니다. 정치적인 주체화의 형식은 아무 때나 일어나지 않으며, 어쨌든 같은 반박의 힘 혹은 같은 가능성을 가지고 개입하지 않습니다. 그러나 문제가 되는 것은 질서의 자체-상징화의 능력이지 특수한 사회적 조건들이 아닙니다.

● 이런 관점에서 인종차별과 외국인 혐오의 질문들과 연결된 정치적인 주체화의 표명 안에 존재하는 어려움을 어떻게 설명할 수 있을까요?

배제의 나타나는 형식들을 정치적으로 주체화하는 데 어려움은 사회적 질서의 탈-상징화와 연결됩니다. 노동자 운동이나 프롤레타리아 운동과 같은 개념들은 경계, 나눔, 자리의 선언의 가시성 위에, 다시 말해 사회적 구조에 대해 공개적으로 불평등을 선언하는 것 위에 세워집니다. 그런데 현재의 상황에서, 장애는 부인되고 지속적이지 않고 어디에도 놓여있지 않습니다. 사실 장애는 단지 바깥의 형식 하에서만 개입하기 때문에 그것을 구성하는데 어려움을 갖습니다. 투쟁에 의해 가시적이 될 수 있고 쟁점이 될 수 있는 어떤 장애에 의해 한 사회가 내적으로 형성될 때 강력한 정치적인 주체화가 존재합니다. 오늘날 장애는 다만 사회의 바깥에 존재하는 것처럼 나타납니다. 정치적 주체는 안과 밖에 동시에 존재하는 자로서, 그를 포함한다고 주장하는 그 사실에 의해 배제되고, 반대로 그를 배제한다고 주장하는 것에 참여합니다. 모범적으로 노동의 범주는 이러한 이중적 논증에 적합합니다. 오늘날 부족한 것은 아마도 이 안과 밖의 내적인 관계의 힘일 것입니다. 그 결과로 타자성은 바깥에 내던져집니다. 문제는 바깥에 존재하는 자들을 통합하거나 이들을 내던지는 것입니다. 어려움은 오늘날 모든 사람들이 받아들일 준비가 된 공통된 인간성의 단순한 표명으로부터 나오는 것입니다. 때때로 우리는 이상하기는 하지만 인도주의적 담론과 인종차별적 담론이 병행하는 것을 목격합니다. 통합의 주제 그 자체는 거부의 형식을 포함합니다. 다시 말해, 더 이상 안으로부터 논쟁적으로 구성되지 않는 사회는 그 주변에 의해서만 구성될 것입니다. 이때 주변은 침투할 수 있는 것(침투가능성의 경계들에 대한 질문)으로 혹은 침투할 수 없고, 한 사회가 존재하기 위해서는 남아있어야 하는 것으로 생각될 수 있습니다.

● 프롤레타리아의 정치적인 주체화는 사회구조 재조정의 핵심인 파업에 의해 유리해지지 않을까요? 로마에서 평민들의 후퇴도 상징적입니다. 그들이 없이는 로마는 로마로 계속 존재할 수 없습니다. 사회는 그들이 후퇴하면 더 이상 기능할 수 없습니다. 역사 사회적인 상황 또한 정치적인 주체화가 표명되는 형식들에서 작용하지 않을까요? 불법 체류자들에 대한 최근의 한 연구에서 조안나 시메앙[85]은 몫이 없는 자들에게 단식투쟁은 그들이 할 수 있는 유일한 투쟁의 무기였다는 것을 드러냈습니다. 그들이 뭔가를 표명하고자 할 때, 그들은

85 (원주) Johanna Siméant, 『불법 체류자들의 대의』(*La cause des sans-papiers*), Paris, Presses de Science Po, 1998.

검거될 수도 있기 때문에 파업도 거리에서 데모도 할 수 없기 때문입니다. 이런 극단적인 투쟁은 그들의 상황에서 보면 그들에게 제시된 유일한 투쟁의 형태로 보입니다. 비록 그것이 그렇게 정치적이지 않다고 할지라도 말입니다.

파업의 고전적인 형태는 실제적으로 노동이 다만 경제적인 행위가 아니라 사회에서 가시성을 드러내는 수단이라는 사실에 의존합니다. 이 가시성은 노동자들의 투쟁에서 특히 파업에서 드러납니다. 반대로 단식투쟁은 이 투쟁을 하는 사람과 다만 그들을 볼 필요가 있는 사람들에게만 가시적일 뿐입니다. 주체화의 고전적 형식들에서 항상 운동의 가시성의 요구가 있습니다. 그리고 그것은 사회의 나눔을 가시화하고자 하는 의지와 연결됩니다. 태업을 통해 사회의 나눔을 가시화하는 것이 실질적으로 가능했습니다. 우리는 실질적으로 일어난 적이 없지만, 잠재적으로 위협으로 생각될 수 있는 여성들의 태업이나, 위(胃)들의 파업으로부터 가시화가 가능할지도 모른다는 환상을 가질 수 있습니다. 이 두 경우에 내적 나눔과 내재성이 사회적 질서를 조직합니다. 불법 체류자의 경우, 문제는 그들이 하는 것만을 가시화할 수 있지, 사회 그 자체의 구조를 가시화할 수 없다는 사실입니다.

● 반대로 "사회적인 것" 혹은 일반적으로 우리가 사회적인 것과 정치적인 것의 결합이라고 부르는 것은 인종차별과 외국인 혐오를 그 환경에 따라 아주 특수한 논리들과 관계시켜야 하지 않을까요? 특히, 나는 몽벨리아 지역의 노동자들에 대한 스테판 보와 미셸 피알루의 작업[86]을 생각합니다. 그들은 사회적 기

86 (원주) Stéphane Beaud et Michel Pialoux, 『노동자의 조건으로의 회귀. 소쇼-몽

능으로서 노동자는 정치적 주체화의 표명으로서 프롤레타리아와 마찬가지로 그 가치를 상실하고 사라진 것처럼 보이며, 구체적인 삶의 조건들은 같은 공동체에 속함을 표명하게 하는 조건들과 마찬가지로 더 어려워졌다는 것을 보여줍니다. 이 상황에서 대중적인 인종차별이 확산됩니다. 아마도 그것은 믿을 만한 저항과 사회 정치적인 질서가 결핍하기 때문일 것입니다. 우리는 우리의 일자리를 빼앗는 사람들을 공격하고, 아마도 자기 자신에 보다 잘 속하기 위해 우리가 배제하고자 하는 타자성의 모습을 공격합니다. 이런 대중적 상황 속에 인종차별의 특수성이 있지 않을까요?

그와 같은 분석에 동의할 수도 있겠지만 나는 중요성의 축을 이동하고 싶습니다. 그것은 나의 방식으로 말하고자 하는 것인데, 인종차별의 현재의 형식들은 탈-상징화, 즉 정치적인 주체화의 상실과 연결됩니다. 정치적인 태도의 측면과 인간의 행위의 측면을 구별해야 합니다. 노동자 집단에서 인종차별적 태도, 아랍인이나 이민자의 색출작업은 예전에도 있었습니다. 마치 당신의 빵을 빼앗는 외국인에 대한 의혹이 있었던 것처럼 말입니다. 중요한 것은 이런 현상들은 정치적인 공산주의나 혁명적인 태도들과도 공존할 수 있다는 것입니다. 같은 한 사람이 개인적으로 자신의 자리를 빼앗는 외국인 노동자들에 대한 증오를 가질 수도 있고, 필요한 경우에 동료들과 함께 반-아랍 원정에 참여할 수도 있고, 국제공산당의 당원이 될 수도 있고, 같은 이 외국인을 위해 투쟁에 참여할 수도 있습니다. 여기서 그 사람은 둘로 나눠지고, 같은 방식으

벨리아의 푸조 공장에 대한 조사』(*Retour sur la condition ouvrière. Enquète aux usine Peugeot de Sochaux-Montbelliard*), Paris, Fayard, 1999.

로 이민자도 둘로 나눠집니다. 이때 이민자는 "이주한 프롤레타리아"입니다. 인간적 행위의 측면, 경제적인 동기의 측면, 정치적인 상징화의 형식의 측면을 서로 구분해야 합니다. 노동운동과 계급투쟁이라고 불리는 것은 타자에 대한 단순한 증오나 타자에 대한 불쾌감, 혹은 위협으로서 타자의 지각을 억압할 수 있는 상징화의 형식들을 구성했습니다. 이런 정치적 상징화가 결핍된 곳에서 계쟁은 경제적 경쟁과 힘든 동거의 문제로 수렴합니다. 타자는 더 이상 프롤레타리아와 이주자로 나눠지지 않습니다. 타자는 단순히 타자이고 그의 타자성을 규정하는 함께할 수 없음이라는 유일한 특성에 의해, 그리고 그의 현전을 구성하는 위협의 유일한 특성에 의해 규정됩니다. 대중적(populaire) 인종차별이란 용어는 다소 애매합니다. 그리고 우리는 그 용어를 사용하면서 무한한 딜레마에 빠질 수도 있습니다. 예를 들어 우리는 좋은 구역에 사는 사람은 흑인들을 볼 기회가 없기 때문에 인종차별주의자가 될 수 없는 반면, 도시외각에 사는 사람들은 매일 그들을 보기 때문에 인종차별주의자가 된다고 설명합니다. 문제는 대중적 인종차별주의를 특수한 삶의 조건들 안에 인종차별이 정착한다는 식으로 규정하는 것이 아닙니다. "인민"은 삶의 조건을 규정하지 않습니다. 그것은 공통의 상징화의 형식입니다. 그리고 인종차별은 개인들의 일상적인 행위의 사건이 아니라, 집단적인 관계의 구조화입니다. 나는 우리가 불신, 증오, 타자에 대한 혐오를 드러내는 일련의 심리적, 사회적 경제적인 인간의 행위들을 단번에 제거할 수 있다고 믿지 않습니다. 반면 이 행위들은 타자성의 정치적인 전망에 종속될 수 있습니다.

● 정치적인 주체성의 모습과 마찬가지로 프롤레타리아의 소멸은 이러한 현

상들의 확산 안에서 일어난다는 사실은 명백해 보입니다. 그러나 사회적 모습으로서 노동자의 가치저하는 당신의 용어로 말한다면, 정치적인 수준에서가 아니라면 적어도 "치안"의 수준에서 일어나지 않을까요?

나는 이런 생각 뒤에서 솟아나는 것에서 내가 느끼는 것, 즉 정체성에 의한 질문의 심리화나 사회화에 저항합니다. 노동자의 가치평가나 가치저하는 프롤레타리아로서 노동자의 상징적이거나 정치적인 범주의 기능과 다른 것입니다. 우리는 자주 노동운동을 노동자의 노동과 노동자의 정체성의 탁월한 가치에 대한 영웅적인 진술 위에 그 토대를 세우고자 하는 경향을 갖습니다. 역사에 대한 탐구에서 내가 드러내고자 한 것은 노동자나 프롤레타리아의 정치적인 표명을 사회적인 자부심 위에 그 근거를 놓을 수 없다는 것이었습니다. 거꾸로, 우리는 퇴화적 생각을 노동자의 사회적 지위의 저하 위에 그 근거를 세울 수도 없습니다. 이 후자는 집단적인 능력에 대한 강력한 표명과 짝을 이룰 수 있습니다. 예를 들어 이탈리아의 다니엘레 세그레(Daniele Sergre)의 사르데뉴(Sardaigne)의 광부들의 투쟁에 대한 훌륭한 기록 영화 〈다이나마이트〉가 보여주려고 한 것은 바로 이것입니다. 투쟁하는 광부들 중의 한 사람이 진술하는 아주 인상적인 순간이 있습니다. "그렇다. 우리 노동자는 아무것도 아니다." 이것은 저항이 아니라, 사회적인 무의미에 대한 실질적인 의식입니다. 그러나 이 사회적 무의미에 대한 의식은 자신들의 운명을 결정하는 데 있어서, 또 사람들이 그들에게 대립시키는 "객관적인" 일반적인 소여들에 대해 판단하는 데 있어서 별로 아는 것도 말할 것도 없는 이 모든 사람들이 가진 공통의 능력에 대한 긍정을 동반합니다. 따라서 심리적인 의식의 수준과 정치적인 표명의 수준을 구별해야 합니다.

역사의 종말의 무덤[87]

(얀 시레와의 대담)

● 최근에 출간된 당신의 책 『감성의 분할』에서 당신은 근대성의 개념과 전위예술의 개념을 문제 삼습니다. 19세기 보들레르에 의해 구상되고, 벤야민, 상황주의자들, 텔켈(Tel Quel) 등에 의해 수용된 이 구조는 왜 더 이상 타당성이 없어 보일까요?

나는 근대와 예전의 논쟁 안에 나를 기입하지 않습니다. 나는 근대의 개념을 현대예술의 옹호자와 반대자들에 의해 만들어진 설명의 범주라고 생각합니다. 현대예술은 역사의 흐름과 예술의 생성변화 사이의 문제적인 관계를 도입했습니다. 우선 그것은 예술의 변형을 단절과 잘못

87 (원주) 얀 시레(Yann Ciret)와의 이 대담은 *Art Press*의 n° 258, 2000년 6월, pp. 18–23에 실렸다. 그리고 이 대담은 얀 시레의 책, 『세계의 무대에 대한 시론』(*Chroniques de la scène monde*), Grenouilleux, La passe du vert, 2000에 다시 실렸다.

동일시했습니다. 예를 들어 추상화와 레디-메이드 예술을 보다 일반적인 반-표상주의의 패러다임의 특수한 형식들의 모범적인 사례로 보았습니다. 이어서 그것은 이 구성적 단절을 정치적 과제나 그 시대의 역사적인 운명의 완성과 동일시했습니다. 이것은 나에게 한 시대를 지배할 수 있는 대 주인-기표를 정립하는 존재-신학 일반에 속하는 것처럼 보입니다. 이 개념은 예술을 칸트의 숭고와 아버지의 죽음, 표상의 금지와 기계적 생산의 기술 등을, 신들의 도주와 유럽의 유태인의 말살을 엮는 비장한 멜로드라마 안에서 예술을 익사시키는 것으로 끝납니다. 나는 그 시대의 형이상학적 결정들 대신에 예술의 특수한 체제들을 알아보기 위해 이러한 파토스로부터 탈출하고자 했습니다.

● 근대의 비장미는 강력한 에너지의 해방이었다는 사실, 그리고 20세기는 조이스, 스트라빈스키, 윌리엄 데 쿠닝(William de Kooning), 피카소, 아인슈타인 등에게서 보듯이 작품들의 폭발과 더불어 예술의 역사의 절정들 중의 하나였다는 사실을 당신은 어떻게 설명할 수 있으신가요?

예술을 무한한 가능성으로 여는 것은 파토스가 아니라, 예술의 표상적인 체제의 범주, 경계, 위계질서의 파괴입니다. 나는 이런 열림을 새로운 체제의 규정 안에, 다시 말해 보고 행하고 말하는 것들 간의 관계에서 정의되는 예술의 미학적 체제 안에 기입하고자 했습니다. 예전에 없었던 새로운 조합을 가능하게 하는 것은 당신이 말한 작품들을 가능하게 하고, 예술들을 서로 분리하는—예술의 형식들과 삶의 형식들, 순수 예술과 응용 예술, 예술과 비-예술, 서술적인 것, 묘사적인 것 그리고 상징적인 것을 서로 분리하는—몇몇 경계들과의 단절을 통한 변형입니다. 이 가시성의 새로운 형식들로부터 우리는 근대성과 더불어 솟아오른 전반적인 대 기표 안으로 들어갈 필요가 없게 됩니다.

● 그런데 바로 이 근대성은 미학적이면서 정치적인 이 단절, 새로운 제의(祭儀), 진보에 의해 구성되었습니다. 그리고 또한 이 근대성을 위한 원초적인 장면, 부친살해와 시역의 장면, 즉 혁명의 장면이 있습니다. 당신은 전위예술의 우울 안에는 이런 장면의 상실과 같은 것이 있다고 생각하지 않나요?

나는 예술의 변형들이 단지 이 유일한 부친살해와 시역, 무한한 단절에서 생각될 수 있다고 믿지 않습니다. 낭만주의 이래로 미학적 새로움은 끝없이 다양한 형태의 고전에 대한 재해석과 결합했습니다. 단절은 항상 재수용, 재등록이었으며, 또한 예술 안에 예술이 아니었던 것들—인류학적 대상들, 사진이나 촬영의 대상들, 자연의 사물들—을 결합하는 방식이었습니다. 새로운 것은 역사와 분리되지 않습니다. 2세기 전부터 예술은 예술의 범주에 속하지 않는 것을 예술 안에 포함시키면서, 진부한 표현들을 재사용하면서 지속적으로 새로운 것과 이전의 것 사이의 경계를 질문해 왔습니다.

● 당신은 예술에서 어떤 근본적인 혁신을 통한 유일무이한 경험이 미학의 장을 이동시키고 예상하지 못한 틈을 창출하는 "예외의 이론"을 믿으십니까?

믿지 않습니다. 변화는 무수한 작은 침입을 통해서 일어납니다. 우리는 예술의 역사를 항상 주요한 대 사건들만을 회고적으로 사후에 재구성합니다. 마치 칸딘스키나 말레비치의 단 하나의 그림이 인류의 역사 안에 혁명을 가져온 것처럼 말합니다. 칸딘스키와 더불어, 우리는 더 이상 캔버스 위에 칠해진 기호들을 세상의 어떤 사물도 표상하지 않는 형상과 동일시하지 않습니다. 그러나 이러한 비동일화는 이미 19세기 말에 상징주의 이론가들에 의해 행해졌습니다. 그들은 이미 예를 들어 고갱의 구성적인 그림들에서 추상적인 형식들과 기호들의 조합을 보았습니다. 이런 사건들은 몇몇 거대한 단절에 집중하는 대신에 보다 넓은 맥락에서 복원되어야 합니다. 근대 예술에 대해 기술한 사람들의 절반은 마치 마르셀 뒤샹의 〈큰 유리〉가 인류의 역사를 둘로 나눈 듯이 기술합니다. 우리는 〈큰 유리〉를 예술의 일련의 이념들과 실천의 변형들 안에, 일련의 순수 예술과 응용 예술 간의 관계 안에 기입해야 합니다. 형이상학적이고, 운명적인 파토스를 지니게 된 몇몇 큰 형상들을 가지고 모든 미학적 패러다임을 제거해서는 안 됩니다.

● "예외의 이론"의 이면을 우리는 당신의 책, 『정치적인 것의 가장자리에서』 "평등의 공동체"의 형태로 발견합니다. 이것은 장-뤽 낭시가 말하는 문학의 공동체를 생각나게 합니다. 그러나 미학적 체제에서 평등의 공동체는 무엇일 수 있을까요?

예술 안에 평등의 공동체가 존재한다면, 그것은 실제적인 집단에 일치하는 집단적인 주체의 구성에 의해 일어나지 않습니다. 정치에서 평등의 공동체의 주체는 우선 진술, 표명의 형식입니다. 예술에서도 사정은 마찬가지입니다. 여기에 평등이 존재한다면, 그것은 예술의 익명적 형식에 의해서 일어납니다. 이것은 작품들을 평등의 세계 안에 기입함으로써 작동합니다. 다시 말해, 예술과 비-예술의 경계가 영원히 구성되고,

끝없이 다시 그려지는 경계인 세계 안에서 일어납니다. 우리가 정치와 치안 사이에 분리의 선을 긋듯이, 예술은 삶의 미학적 양식들과의 관계에서, 또한 장르들을 분리하는 체제유지 기준들과의 관계에서 무수한 위반을 실행할 것입니다. 그러나 이것들은 예술의 거대한 예외가 아니라, 작은 간격들입니다. 예술을 통한 평등의 공동체는 모두가 인정한 제도적 기준들이 아닌 분리의 선들인 작은 차이들을 창출하는 행위들의 공동체일 것입니다.

● 오늘날 크게 두 종류의 예술가가 존재하는 듯이 보입니다. 하나는 당신이 한 잡지에 쓴 "허구로서의 기억"이란 텍스트에서 크리스 마르케(Chris Marker)에 대해 말한 것으로, 무덤, 애도의 형상일 것입니다. 이것은 세르주 다네(Serge Daney)의 최근의 텍스트들, 고다르의 〈영화의 역사(들)〉, 당신이 "시의 시"라고 부른 것에서 발견됩니다. 그것은 일종의 장례식에서 있었던 것과 있지 않았던 것의 요약이라고 부를 수 있을 것입니다. 다른 하나는 젊은 예술가들이 내가 말한 단절의 이 애도의 장면에서 신체의 소멸과 더불어 자기-희생, 순교를 직접 보여주는 것입니다. 따라서 크게 무덤과 무고한 자의 희생이라는 예술의 두 형상이 있다고 말할 수 있을까요?

이 두 형상은 하나일 뿐입니다. 이 두 경우에는 근본적으로 예술의 과정과 신체에 기록된 기호들의 역사 간의 동일화가 있습니다. 나는 이것을 최초의 희생의 장면과 분리하고자 했습니다. 정치에서와 마찬가지로 미학에서 내가 항상 하고자 한 것은 바로 이런 장면을 보류하는 것이었습니다. 그것은『콜로노스의 오이디푸스』의 마지막 장면입니다. 민주주의가 존재하기 위해서는 희생의 신체가 어디에 존재하는지 더 이상 알 필요가 없습니다. 당신이 동일시한 두 형상들은 역사의 두 형상들입니다. "시의 시"는 프리드리히 슐레겔이 모든 시의 형상들의 통합으로 이해한 괴테의 『빌헬름 마이스터』로 거슬러 올라갑니다. 크리스 마르케의 〈알렉산더의 무덤〉 혹은 고다르의 〈영화의 역사(들)〉은 바로 이 기호들의 재-기록과 재-정돈의 형식들입니다. 신체의 자서전적 예술은 신체의 변형이나 사용을 통해 역사를 읽는 또 다른 형식입니다. 이 두 경우에서 중요한 것은 말 그대로 예술가의 신체의 전시나 기호집(corpus de signes)의 구성을 통해 신체 안에 표시된 역사를 제시하는 양식입니다. 그러나 그것은 반드시 희생이나 애도가 아닙니다. 거기에는 예술가의 작업과 역사나 기억의 과정과의 동일시가 있습니다. 이것은 2세기 이래로 예술을 관통해 왔습니다. 이것은 신체나 벽 위에서 우리가 읽은 기호들로부터 역사를 전개하는 발자크의 소설에서 출발해서 상징주의 시대와 카탈로그의 조각들을 가지고 무의식을 만든 초현실주의를 거쳐서 팝 아트에 이르렀습니다. 고다르 안에는 두 가지가 있습니다. 하나는 기존하는 이미지와 기호들의 재배치의 시학이고, 다른 하나는 하이데거, 드보르(Debord), 보드리야드가 조각들을 가지고 행한 세기의 종말, 조의의 분위기입니다. 그러나 시학을 만드는 것은 이런 파토스가 아닙니다. 크리스 마르케의 〈알렉산더의 무덤〉은 소비에트 사회주의 연방에 대한 향수를 보여주는 영화이지, 예술의 종말을 말하는 영화가 아닙니다.

● 나는 주변의 "긍정적인 생각"에 직면해서 "우리에게 애도를…"이라고 말한 다네를 생각합니다. 당신은 우리가 다른 것으로 이동하고, 반동적이고 역진적인 회귀를 피할 수 있는 것은 애도로 돌아가면서라고 생각하지 않습니까? 이

에 대한 대답으로 나는 고다르의 다음 영화의 제목이 〈21세기의 기원〉이라는 것을 생각합니다.

나에게 기억의 작업은 애도의 작업이 아닙니다. 우리는 전적인 애도, 전적인 버려짐 안에 존재하지 않습니다. 마찬가지로, 벤야민 식의 메시아의 형식을 가진 새로운 것의 도래 안에서도 존재하지 않습니다. 새로움은 작은 차이들에 의해, 새로운 관점들의 출현에 의해, 새로운 대상들과 이미지들의 배치에 의해 창출됩니다. 물론 정치적이거나 메타정치적인 형상들은 결국 재난과 공포의 한 시대를 겪은 후에 여기에 도래합니다. 그러나 나는 이 정치적 운명과 근대성의 일반적 운명—그 안에서 예술의 형상들이 파악될 것입니다—을 동일시할 필요는 없다고 생각합니다. 예술의 형상들이 취해질 이 형상들은 나타나고 사라집니다. 우리가 예술의 위기라고 부르는 것은 바로 말레비치의 하얀 바탕의 하얀 네모로 남기를 바라는 근대성의 개념을 흔드는 새로운 장치들입니다. 예술가들은 예술을 그들의 고유한 "매체"로부터 벗어나서 그들의 매체들과 예술의 절차들을 삶의 형식들과 섞습니다. 이것은 우리에게 식별할 수 없는 상황을 줍니다. 그러나 미학과 정치는 이 영원한 식별할 수 없음(indiscernabilité)으로부터 오지 않을까요?

● 이 식별할 수 없는 상태는 우리가 "소소한 것의 영광"이라고 부르는 일상적이고 익명적인 형식, 현재 우리의 예술에서 아주 흔한 어떤 것에 이르지 않을까요? 즉 익명의, 그 정체를 확인할 수 없는 신체 위에 행해지는 기입 말입니다. 이것은 특징이 없는 이미 거기에 존재하는 대상에서 행해지는 예술입니다. 이것은 소소한 것에 새로운 가시성을 부여하지 않을까요?

그렇습니다. 그것은 예술의 큰 주제의 폐지와 더불어 태어난 것으로, 내가 예술의 미학적 체제라고 부른 것을 구성합니다. 낭만주의 이래로 샤르댕(Chardin)의 풍속화, 정물화의 재발견이 있습니다. 헤겔에게 나타나는 것의 영광과 동일시되고 플로베르에서 공허의 시와 동일시되는 일상의 시가 있습니다. 이것은 지금까지 그침이 없이 인상주의와, 20세기 초반에 서커스, 시장 축제, 무언극의 뒤죽박죽을 거쳐서 이어졌습니다. 또한 다다이즘, 초현실주의 안에는 일상의 다양한 전략들이 있습니다. 우리는 이런 일상의 침입을 플로베르, 쿠르트 슈비터스, 앤디 워홀의 작품에 적용할 수 있습니다. 사람들은 오늘날 이런 경계의 상실을 불평합니다. 그러나 예술 작업들이 모방의 기준에 의해 그 실천의 방식들 한가운데서 서로 분리된 것은 고전적 표상의 세계 안에서입니다. 현재 예술의 체제에서 분리는 존재 방식들 한가운데서 일어납니다. 우리가 예술이라고 부르는 것은 더 이상 특수한 실천으로부터가 아니라, 산출된 감각적 대상들의 양태를 통해서 정의됩니다. 미학적 체제를 특징짓게 될 이동이 일어나고, 다른 틀, 변경된 사회적 실천이 예술 안으로 들어옵니다. 이것은 비디오, 설치, 모니터의 사용을 넘어서 모더니즘을 믿는 사람들에게는 받아들일 수 없는 것이 됩니다. 왜냐하면 이것은 모더니즘에 의해 행해진 예술의 자율성과 예술가의 장인성의 은밀한 동일화를 고발하기 때문입니다.

● 당신에게 예술가는 현재 예술의 체제 안에 단순한 조작자에 불과한 것처럼 보이고 새로운 기술이 예술적 주체화의 대부분을 대신하는 것처럼 보입니다.

실제로 예술 안에 기술의 도입은 예술가를 조작자로 이끕니다. 그러나 이것은 전혀 현대의 재난을 가져온 것이 아니라 2세기 전부터 예술의 본질적인 결정이 되었습니다. 이제 예술은 그 자체에서 태어난 것과 계산에 의한 산물 사이의 균형에 의해, 의식적인 과정과 무의식적인 과정의 동일성에 의해 규정되고, 이것은 19세기 초반에 셸링과 헤겔에 의해 이론적으로 정식화되었습니다. 그리고 이것은 사진이나 영화와 같은 기술적 예술에 의해 수용되었습니다. 1920년대에 영화의 출현은 카메라의 눈과 영화인의 눈의 동일성을 주장하기에 이르렀고, 현재 새로운 기술의 기여 안에서 다시 작동하는 것입니다.

● 녹화 기술은 특히 증언의 예술과 동시대적입니다. 사람들은 어떤 허구도 역사 안에 첨가하지 않는 증인들을 제시합니다. 이 신체들은 보스니아인일 수도, 체첸인일 수도, 르완다인일 수도 있습니다. 예술은 이 신체들에서 불행의 단순한 제시 이외에 다른 것을 노출하지 않으며 이 신체들을 신체의 사회학으로 환원합니다.

대립한 두 절차가 있습니다. 하나는 신체를 역사 안에 기입하는 허구를 구성하는 기호들을 전개하는 허구적 신체를 창출하는 것입니다. 다른 하나는 개개의 세계 해석의 범주는 개개의 증인을 갖는다고 생각하는 절차가 있습니다. 당신이 말하는 증언의 예술은 고통의 증인들이 있다는 것을 전제합니다. 이것은 사물의 질서의 전복으로, 증인은 자료로부터만 존재하는 어떤 생각이나 범주를 증언하기 위해 이미 거기에 있다고 간주됩니다. 이 예술은 정보를 다루는 일반적인 방식을 닮았습니다. 역설적으로 이러한 경향은 수용소 이후에 더 이상 예술은 존재하지 않으며 다만 증인들만이 존재한다는 증인에 대한 아우슈비츠 이후에 담론에 의해 강화되었습니다. 견해를 다루는 일반적인 방식과 이제 증인의 예술만이 존재한다는 한 시대에 대한 대 선언 사이에는 도착적인 결합이 존재합니다. 여기서 증인들은 우리가 이미 그들이 말할 것—나는 증인이다—을 이미 아는 것을 말합니다. 여기서 그들은 쓰고, 그리고, 찍고, 허구의 형식을 발견합니다. 로베르 앙텔므의 『인류』의 글쓰기 방식은 표상될 수 없는 것의 어떤 미학하고도 관계하지 않습니다. 그것은 『마담 보바리』의 글쓰기와 관계합니다. 증인은 다만 우리가 필요로 하는 예시거나, 말하고 행위하고 작품을 만드는 누군가입니다.

● 이런 사실의 예술과 동시적으로 우리는 유토피아의 이념으로 돌아가는 것을 목격합니다. 그러나 사회적인 것과 제도와의 완전한 통합이라는 형태 하에서 말입니다. 당신은 여기서 문제가 되는 것이 뒤집힌 유토피아라고 생각하시나요? 다시 말해 문제는 궁극적으로 약속된 땅으로서 역사의 종말에 이르기 위해, 예술, 일, 공동체, 인류, 시장 간의 제한 없는 융합에서, 생산의 수단과 소비의 동일시에서 실현되는 혁명에 반한 뒤집힌 유토피아 아닐까요?

예술의 자율성과 동시에 예술과 삶의 형식의 동일화를 정립하는 것은 예술의 미학적 체제의 중심적인 모순입니다. 이 동일화는 혁명적 미래주의자의 양태로, 또 기억의 작업과 선전 미학에 대한 비판적 개입의 양태로 기울 수 있습니다. 유토피아의 파토스로부터, 그것의 종말, 혹은 그것의 일상화로부터 탈출해야 합니다.

생명정치 혹은 정치?[88]

(에릭 알리에와의 대담)

● 『불화』에서, 당신은 아리스토텔레스의 정치학에 근거한 잘못된 대립—유용성에 따른 표현으로서 소리(phônè)와 올바른 것(le juste)의 표현으로서 말(logos)의 이중성, 동물성이 본래적으로 구분되는 이중성—과 대결하면서 정치적 질문을 검토합니다. 이 대립 이외에 당신은 진정한 정치적 장소로서 계쟁과 잘못(tort)에 대해 말합니다. 이 잘못은 특히 고통과 쾌락만을 표현하는 소음 안에서 말하는 존재들 대부분을 거부하는 데 있습니다.

당신의 작업을 보면서 우리는 생명정치의 범주의 활용의 가능성을 생각해 봅니다. 당신의 작업 태도는 정치를 주체들의 삶으로 이끌기 위해, 또 그 개념을 근본성의 수준으로 변형하기 위해 독특한 시도를 구성하는 것처럼 보이기 때문입니다. 그러나 이 태도는 즉각적으로 고정되는 것처럼 나타납니다. 마치 모든 것은 삶의 두 형식 사이에 파인 간격 안에서, 그리고 이 간격 그 자체에

88 (원주) 이 대담은 잡지 *Multitudes* n° 1, 2000년 3월, pp. 88–93에 실렸다.

의해 산출된 계쟁 안에서 정치가 전적인 자리를 차지하는 것처럼 일어납니다. 이때 우리는 당신의 전망 안에서 생명정치는 정치 그 자체를 구성하는 사유되지 않은 것으로 남는 것이라고 말할 수 있을까요? 그리고 어떤 척도에서 이 사유되지 않은 것은 그 자체로 그 권리를 부여받을 수 있을까요?

나는 정치의 근본을 삶의 잠재력 안에 드러낸다는 의미에서 "정치를 주체들의 삶으로 인도"하지 않았습니다. 나에게 정치는 주체성의 본래적인 양태, 혹은 소외와 같은 사유에서 나타나듯이 파생적이고 간접적인 양태에 대립한 또 다른 본래적으로 살아있는 주체성의 표현이 아닙니다. 나의 목적은 아리스토텔레스의 정치적 동물의 정의로 돌아가서 그 정치의 인류학적 토대를 고발하는 것이었습니다. 여기서 정치의 토대는 아주 최근에 (중요한 인물로 레오 스트라우스와 한나 아렌트에게서) 다시 부흥한 삶의 양태의 본질과 생명정치의 이념 안에 자리합니다.

나는 이 토대에는 악순환이 존재한다는 것을 드러내고자 했습니다. "인류의 증거", 즉 말(logos)을 타고난 존재들의 공동체의 힘은 정치성의 토대를 놓는 것이 아니라, 사실 정치와 치안을 분리하는 영원한 계쟁입니다. 그러나 이 계쟁은 그 자체 두 양태의 삶의 대립이 아닙니다. 정치와 치안은 두 양태의 삶이 아니라, 감각적인 것의 두 나눔, 다시 말해 사람들이 공통의 대상들을 보거나 보지 못하는, 그 대상들을 지시하거나 논의하는 주체들을 듣거나 듣지 못하는 감각적 공간을 나누는 두 방식입니다.

치안은 한 공동체의 공통의 실행을, 신체들과 신체들의 각각의 자격을 특징짓는 속성들의—유사성과 차이들의—실행과 동일시하는 감각적인 것의 나눔입니다. 치안은 지각적인 공간을 모든 종류의 보충을 배제하는 자리, 기능, 자격 등을 통해 구조화합니다. 정치는 "보충적인" 한 속성, 생물학적으로 인류학적으로 발견되지 않는 한 속성, 즉 말하는 존재들의 평등을 실행하는 행위 전체이며, 그 전체일 뿐입니다. 정치는 모든 생명에 보충적인 것 안에 존재합니다. 대립되는 것은 공통된 세계의 두 구조입니다. 즉 **생명**(bios)만을 아는 구조와 평등의 **기교들**(artifices)—정치적인 주체들에 의해 실행된 공통의 "주어진 세계"의 재형성의 형식들을 아는 구조—사이의 대립입니다. 정치적 주체들은 다른 삶을 긍정하는 것이 아니라 다른 공통의 세계를 구성합니다.

모든 경우에, 정치적 주체와 살아있는 독특한 한 종을 특징짓는 자연적 경향을 전개하는 삶의 양태로서 정치의 이념은 권력의 대상들로서 신체와 인구들을 다루는 푸코의 분석과는 동일시될 수 없습니다. 아리스토텔레스의 정치적 동물은 정치성을 타고난 동물입니다. 다시 말해 그것은 정치적 행위에 참여하는 주체로서 행위할 수 있는 동물이며, 아리스토텔레스의 용어로 말하면, 대상이면서 동시에 주체로서 아르케(arkhè)[89]의 잠재력에 참여하는 존재입니다. 푸코의 "생명정치"에 연루된 신체는 권력의 대상으로서 신체입니다. 이 신체는 신체들과 그 신체들의 자격을 묻는 치안적 나눔 안에 자리합니다. 이 질문은 정치적 질문이 아닙니다. 정치적 질문은 공동체의 일을 맡는데 적합한 주체의 지위를 문제 제기하는 곳에서 시작합니다.

이 질문은 이론적 측면에서 푸코의 관심을 끈 적이 없습니다. 그는 권력에 전념했습니다. 그는 권력을 사유하는 한 방식으로 "생명권력

89 아르케는 '시초', '원인', '근거', '원리'를 뜻하는 그리스어로, 아르케에 근거한 정치적 공동체는 합당한 원리에 근거해서 형성된 공동체를 의미한다.

(biopouvoir)"을 도입하고 삶을 파악했습니다. 그가 『앎의 의지』에서 이것을 제시하는 맥락을 기억해야 합니다. 그것은 성의 억압—해방—의 주제들을 비판하는 맥락입니다. 그에게 문제는 프로이트-마르크스주의의 유형의 담론에 반대하는 것이고, 어떻게 "생명정치"의 이념과 권력이 생명과 그것의 해방에 작용하는 방식의 무지에 의존하는가를 보여주는 것입니다. 정치의 생명주의적 근거를 긍정하기 위해 푸코의 논쟁적인 장치를 뒤집고자 하는 역설이 존재합니다. 만일 생명권력의 이념이 명백하다면, 생명정치의 이념은 애매합니다. 왜냐하면 푸코가 지시한 모든 것은 내가 치안이라고 부른 것의 공간 안에 존재하기 때문입니다. 만일 푸코가 생명권력과 생명정치를 무차별하게 말할 수 있다면, 그것은 그의 정치의 사유가 권력의 질문 주변에서 구성되기 때문이며, 정치적 주체화의 문제에 이론적으로 관심을 가진 적이 없기 때문입니다. 오늘날 두 용어의 동일시는 대립된 두 방향으로 향하고, 그것은 푸코의 사유에 낯선 것이고, 어쨌든 나에게도 낯선 것입니다.

한편으로 주권의 실행의 양태로서 생명권력에 대한 주장이 있습니다. 그것은 정치의 질문을 권력의 질문에 가두고, 생명권력을 존재-신학적인 영역으로 이끕니다. 그래서 아감벤은 유럽의 유대인의 학살을 주권의 개념 안에 포함된 생명과의 관계의 결과로서 설명합니다. 이것은 푸코를 바타이유의 희생과 지상권의 전망을 매개로 하이데거 쪽으로 이끕니다. 그런데 푸코에게 이런 교태적인 측면이 있다는 것이 명백하다면, 그는 주권의 개념을 단지 생명에 대한 권력의 개념과 동일시하지 않습니다. 그리고 그는 근대의 인종차별을 주권과 벌거벗은 주권의 관계에서가 아니라, 생명을 과대평가하는 권력의 용어들 안에서 생각합니다. 아감벤의 이론이 지지하는 삶의 양태들에 대한 아렌트의—결국 하이데거의—철학적 문제는 나에게 푸코의 문제와 아주 다른 것으로 보입니다.

다른 한편, "생명정치"에 긍정적인 내용을 주고자 하는 시도가 있습니다. 여기에는 두 종류가 있는데, 그 하나는 신체의 주체적인 관계, 건강, 병을 다루는 방식을 규정하고자 하는 의지입니다. 이것은 마약과 에이즈에 대한 질문들에서 일어난 투쟁들에서 우리가 볼 수 있는 것처럼 신체와 건강을 다루는 국가의 경영과 대립됩니다. 다른 하나는 생명정치의 이념을 자기-긍정의 근본성과 일치하는 생명의 존재론 위에 근거를 놓고자 하는 것입니다. 이 후자는 인류학적인 마르크스주의의 전통 안에 기입됩니다. 이것은 마르크스의 『일반 정치경제학 서문』의 전통을 이은 것으로, 정치적으로는 이탈리아의 마르크스주의(opéräisme)에서 다시 나타나고, 이론적으로 들뢰즈의 역동주의에서 다시 새로워집니다. 이것은 나에게 정치적인 주체화의 문제를 개인적이고 집단적인 개별화의 형식들의 질문과 동일시하고자 하는 시도입니다. 어쨌든 나는 이런 개체화의 존재론으로부터 정치적인 주체들의 이론화가 연역될 수 있다고 믿지 않습니다.

● 『불화』에서 당신은 푸코가 "전체와 개인(Omnes et singulatim)"에서 제안하는 치안의 계보학을 참조하면서 인간과 인간의 행복과 관계된 모든 것으로까지 확장되는 치안의 정의를 도입합니다. 푸코에게 치안이 개인과 전체의 생명 위에 가해지는 권력의 형식의 한 측면만을 구성한다는 사실로 당신은 무엇을 말하려고 하나요?

『불화』에서 내가 사용한 푸코의 참조에 대해 어떤 애매성이 있는 것처럼 보입니다. 여기서 나는 치안을 자리, 기능, 존재방식에 대한 상상적인 정합성에 의해, 즉 공허와 보충의 결핍에 의해 특징지어지는 감각적인 것의 나눔의 형식으로 정의했습니다. 1990년 정체성에 대한 논쟁의 맥락에서 형성된 이 치안의 정의는 전혀 푸코의 생명정치에 대한 질문과 독립적입니다. 이 개념을 제안하면서, 나는 이 개념을 억압적인 치안/장치의 일반적인 결합과, 또한 신체의 규율화—"감시의 사회"—에 대한 푸코의 문제의식과도 구분하고자 했습니다. 이런 맥락에서 푸코에게서 치안에 대한 질문은 억압적인 장치나 신체의 규율화보다 훨씬 광범위하다는 것을 지적하는 것이 유용하다고 생각했습니다.

그러나 '치안(police)'이라는 말은 이론적으로 아주 다른 두 장치와 관계합니다. 푸코의 "전체와 개인"에서 이 말은 생명과 신체에 대한 권력의 통제에 참여하는 제도적 기구를 의미합니다. 반면 나에게 그것은 권력의 제도가 아니라, 권력의 전략과 기술이 정의될 수 있는 감각적 나눔의 원리입니다.

● 푸코가 『앎의 의지』에서 제시하는 최고 권력의 변형으로서 생명정치에 대한 해석 안에서, 생사를 주관하는 권력에서 삶을 경영하는 권력으로의 이동, 다시 말해 새로운 정치적 공간으로서 "사회적인 것(le social)"의 출현은 주요한 역할을 수행합니다. 푸코의 복지국가에 대한 해석 위에, 아주 최근에 (발리바르와 카스텔에 의해) "사회—민족-국가"라고 명명된 것 위에 관심이 집중되는 것은 바로 이 지점에서입니다. 당신에게서도 사회적인 것은 변형의 근본적인 주제(thème)를 구성합니다. 당신이 "치안의 체화"라고 부르는 것은 바로 사회적 신체로서 정치적 주체의 실현을 의미합니다. 당신은 우리가 사회적인 것에 대한 다른 관점을 세움으로써 이 체화와 단절하는 것이 가능하다고 생각하시나요?

이러한 환원을 회피하는 정치적 시선은 이 사회적인 것에 의존할까요? 그리고 생명정치라는 이름은 이 말의 푸코적인 활용의 전복을 대가로 이런 의도를 지시하는 데 적합할까요?

푸코에게 사회적인 것은 권력의 염려의 대상입니다. 푸코는 이 염려(다루기 힘들고/위험스런 대중 앞에서의 불안)의 고전적 형식을 다른 형식으로, 즉 삶의 경영과 개인화의 최적의 형식들의 산출이라는 권력의 긍정적인 투자로 변형했습니다. 이런 염려는 아마도 사회적 국가의 이론화 안에 기입될 수 있을 것입니다. 그러나 국가는 여기서 나의 연구의 대상이 아닙니다. 나에게 사회적인 것은 권력의 염려나 권력의 산물이 아닙니다. 그것은 정치와 치안 간의 나눔이 문제입니다. 따라서 우리가 한정할 수 있는 유일한 대상, 생산과 권력을 다루는 하나의 관계의 장과 같은 것은 없습니다. "사회적인 것"은 적어도 3가지 의미를 갖습니다. 우선, 치안의 논리를 통해 우리가 모든 공동체 내에서 그 정체성을 확인할 수 있는 "사회", 집단, 자리들, 기능들 전체를 의미합니다. 생명권력의 개념 안에 함축된 개별화의 형식들의 산출, 삶과 전체 인구의 경영의 염려는 모두 이 틀 안에 포함됩니다. 이어서 내가 몫이 없는 자들의 몫이라고 부르는 것을 고려하면서 자리들과 기능들의 "자연성"을 반박하는 주체들에 의해 구성된 주체화의 논쟁적인 장치로서 사회적인 것이 있습니다. 끝으로 근대의 메타정치의 발명으로서 사회적인 것이 있습니다. 이것은 마르크스, 뒤르켐, 토크빌 혹은 부르디외의 방식으로 생각된 정치의 감춰진 진리를 의미합니다.

나의 관심은 이 사회적인 것의 세 형상들의 대립과 얽힘입니다. 이 얽힘은 나에게 삶의 이론과 그것의 양태들에 대한 질문에 의해 우선적으로 발생하는 것처럼 보이지 않습니다. 다시 반복하면, 나는 권력의 염려와 실행의 양태를 지시하는 생명권력으로부터 정치적인 주체화의 고유한 양태인 생명정치를 끌어낼 수 있다고 생각하지 않습니다.

2001년

『영화 우화』, 『미학적 무의식』

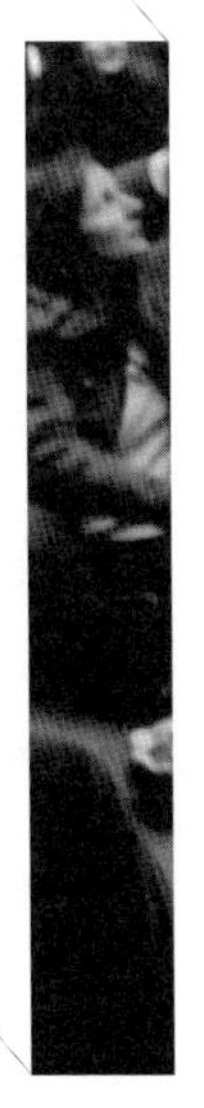

영화와 이미지들의 이질성[90]

(소피 샤르렝, 스테판 델로름, 마티아스 라벵과의 대담)

● 발타자: 고다르의 〈영화의 역사(들)〉 안에 성상(聖像, icône)의 유혹과 베로니카의 베일의 집요한 은유는 예술 이론들에서, 예를 들면 현전이나 흔적의 개념에 가치를 부여하는 조르주 디디-위베르망의 예술 이론에서 나타나는 성상의 회귀와 조응합니다. 이 현상을 어떻게 설명할 수 있을까요?

자크 랑시에르: 오늘날 이미지와 성상 주변에서 일어나는 지적 동요는 예술의 미학적 체제를 구성하는 어떤 것, 즉 감각적 현전이 스스로에게 부과하는 가치와 관계합니다. 표상의 세계와 대립하는 것은 한편으로 감각적 현전의 자기-긍정이며, 다른 한편으로 언어의 무한한 구성입니다. "반-표상주의"의 이 두 축 사이의 긴장은 예술과 이미지들의 모든

90 (원주) 2000년 6월 30일 있었던 이 대담은 잡지 *Balthazar* n° 4, 2001, pp. 78-85에 실렸다.

미학적 체제에서 끝없이 작동하고, 항상 순수한 있는 그대로의 현전과 언어적 요소 사이에서 파악됩니다. 우리가 오늘날 성상에 대해서 말한다면, 그것은 복사의 표상의 문제로 돌아가기 위해서도, 이미지의 기원, 즉 원형에 대한 염려로 돌아가기 위해서도 아닙니다. "성상으로의 회귀"는 오히려 미학적 체제의 모순을 극단화합니다.

우리는 그 예로 고다르나 디디-위베르망을 들 수 있습니다. 고다르에게서 직접적인 현전으로서 이미지의 강조는 앙드레 바쟁과 모든 현전의 현상학적 사유로부터 유래하는 영화 이론의 일반적인 경향으로부터 옵니다. 또한 예술의 미학적 체제 안에서 이미지의 지위가 항상 애매했다는 사실도 있습니다. 이미지는 모순적인 두 가지 특질을 갖습니다. 한편으로 이미지는 담론의 요소이거나 해독을 부르는 암호화된 현시입니다. 다른 한편 이미지는 그 자체로 무의미한 현전입니다. 그래서 대부분의 경우 이미지의 이념은 의미의 부재의 이념과 동일시됩니다. 이미지의 이념 한가운데에는 이 두 축 간의, 다시 말해 암호와 해독 간의 혹은 이미지와 언어를 구성하는 것으로서 이미지와의 관계 사이의 긴장이 존재합니다. 그리고 반대로 비-관계의 이념, 그 자체 무의미한 순수한 현전의 이념이 존재합니다.

고다르 안에는 우선 매개되지 않은 감각적 현전의 특권을 해석하는 규범적인 방식들 중의 하나인 현상학적인 참조가 있습니다. 그러나 또한 그 안에는 이미지란 감춰진 담론을 운반하는 것이거나 세계의 비밀을 밝히는 것으로 여겨졌던 이미지의 변증법적 지위와의 관계에서 일종의 절망이 있습니다. 거기에는 『밝은 방』에서 바르트의 입장을 상기시키는 어떤 것이 있습니다. 다시 말해 이미지의 강독, 세계의 해독, 그 결과 감각적 현전의 과대평가가 문제될 때의 어떤 절망이 있습니다. 이것은 고다르에게 전적으로 모순적입니다. 왜냐하면 성상에 대한 이런 선언은, 만일 우리가 아무 이미지나 아무 이미지의 현전 안에 놓을 때 모든 이미지들이 담론이 될 수 있고, 담론을 만들 수 있다고 간주되는 어떤 실천을 동반하기 때문입니다.

디디-위베르망의 담론은 다른 방식으로 예술의 미학적 체제에 내재하는 모순과 관계합니다. 이 체제는 표상에 반한 감각적 현전의 체제, 모든 주제에 반해 다만 색을 가진 형식들로 덮인 캔버스의 체제이기를 원했습니다. 그러나 동시에 이것은 박물관, 복제, 책, 역사화의 체제였습니다. 역사적으로 추상예술의 전개를 동반했던 예술에 대한 지배적인 담론을 만든 것은 사실 반대로 도상해석학적(iconologique) 담론이었습니다. 20세기 초에, 보링거(Worringer)[91]에게서 보듯이, 추상예술의 전개와 조형적 형식들의 자율적인 역사에 대한 담론 사이에는 이상적인 결합이 있었습니다. 70년 후에 들뢰즈가 다시 부흥시키고자 한 것은 바로 이 결합이었습니다. 그럼에도 불구하고 추상예술의 전개를 역사적으로 동반했던 것은 파노프스키(Panofsky)[92]의 다른 담론이었습니다. 그는 거기서 그림의 의미를 찾고자 했으며, 우리가 문제가 되는 역사가 무엇인지 모르면 형상들 간의 관계를 해석할 수 없다고 말합니다. 예술의 미학적 체제 안에서 예술의 역사는 본질적으로 표상적인 체제의 연장으로 이뤄졌습니다. 이런 전통은 벅샌덜(Baxandall)과 긴츠부르그(Ginzburg)로 이어졌습니다. 해석될 때에만 보일 수 있는 그림과의 모든 관계가 바로

91 빌헬름 호버르트 보링거(Wilhelm Robert Worringer, 1881-1965)는 독일의 예술 비평가이면서 역사가이다.

92 에르빈 파노프스키(Erwin Panofsky, 1892-1968)는 독일의 예술 사학자로 도상해석학으로 유명하다.

이 의미심장한 순간, 행위의 순간을 정의하기 위해 존재합니다. 비형상적인 그림의 전개와 예술사 안에서 도상해석학의 특권 사이의 이 모순은 루이 마랭(Louis Marin)이나 디디-위베르망과 같은 이론가들에 의해 비판받았습니다. 그들은 파노프스키의 것과 다른 예술사를 담보로 그림에 대한 일종의 직접적인 접근, 경험을 요구합니다. 그러나 이 다른 예술사는 예술의 미학적 체제의 중심적인 범주 안에서 생각될 수 있습니다. 도상해석학적 읽기에 대립하는 것은 그림을 그것의 고유한 제작과정의 기록으로 읽는 것입니다. 마랭과 디디-위베르망이 제안하는 것은 그림 안에/아래 기록된 과정으로서 회화성을 읽는 것입니다. 그리고 그들에게 캔버스 위에 기입된 그림의 역사는 회화적 행위거나 종교적 의례의 영역입니다. 나는 디디-위베르망이 행한 프라 안젤리코(Fra Angelico)의 벽화 〈그림자가 있는 마리아*Madone des ombres*〉에 대한 분석, 특히 눈속임으로 그린 가짜 대리석에 대한 분석을 생각합니다. 그 해석은 위에 있는 것—마리아 주변의 성인들—과 아래 있는 것—색들을 투척하는 회화적 태도인 동시에 성인들의 경건한 태도를 상징하는 무형상의 색칠해진 비의 흔적—사이에 일종의 프로이트식의 경계를 설립합니다. 종교적이고 현상학적인 육화는 표상 아래서 그림의 진실로서 드러납니다. 순수한 현전은 여기서 도상해석학적 표상에 반한 상징적인 현전의 양태 위에서 긍정됩니다. 라캉으로부터 영감을 받은 이 논쟁은 바르트나 고다르의 논쟁과는 다른 것입니다. 비록 후자의 논쟁이 바르트에게서 프로이트에 대한 같은 참조를 가지고 일어난다고 할지라도, 이것은 반대로 이미지 "아래서" 읽기의 변증법적인 약속과 성상파괴주의(iconoclasme)의 약속에 실망한 사랑에 속합니다.

이 모순적 논리들은 현전 안에서 서로 얽히고, 성상으로서 이미지의 가치평가를 낳기에 이릅니다. 변증법적 해석을 청산하면서 신성화된 현전으로 회귀하는 존재-신학적인 담론은 모든 종류의 "유토피아의 종말"과 유행으로의 "회귀"와 같은 울림을 갖습니다. 그러나 이것은 또한 예술의 미학적 체제를 구성하는 모순들에 의존합니다. 더 이상 이미지를 담론이나 해석의 요소로서 원하지 않는다고 말하면서, 고다르가 한 것은 전적으로 담론 안에 놓인, 그리고 시각적인 것과 텍스트적인 것과 음향적인 것의 조합 안에서 "읽어야 하는" 이미지의 질서에 속합니다. 이것은 이미지의 순수성과도 정감의 환원불가능성과도 아무런 관계가 없습니다.

● 고다르는 이미지를 허구에 대립시키면서 히치콕의 영화들을 마치 미학적 체제에 속한 것으로 해석합니다. 따라서 히치콕에게서 고다르로의 이행은 표상적 체제에서 미학적 체제로 가는 것처럼 보입니다. 영화사 안에서 미학적 체제로의 이동이 언제 일어났으며, 그 이동에 대해 더 자세히 설명해 줄 수 있을까요? 그리고 그것이 표상의 시대와 미학적 시대 간의 단절이라면, 그것은 들뢰즈에게서 이미지-운동과 이미지-시간의 단절로 갈 위험이 있지 않을까요?

미학적 체제와 표상적 체제를 구분하면서, 나는 형상을 가진 그림에서 추상으로의 이행의 모델 위에서 표상의 시대와 비표상의 시대를 나누는 전통적인 관점에 대립하고자 했습니다. 이런 관점은 예술사의 기준이 되었습니다. 마찬가지로 영화도 표상적인 예술에서 비표상적인 예술로의 이행을 증명하면서 자신을 확인했습니다. 그러나 이 도식을 적용하는 것은 사실적으로 아주 어렵습니다. 예를 들어 우리가 바쟁의 주장을 다시 취한다면, 우리는 그가 다소 비틀린 대립을 정립한다는 것을 확인합니다. 우선 영화의 제1세대, 즉 몽타주의 세대, 언어로서 간주되는 이미지의 세대가 있을 것입니다. 바쟁은 이런 방식으로 아리스토텔레스적 시대로 불릴 수 있는 영화의 제1세대의 한 모델을 구성합니다. 그는 일종의 이미지들의 언어, 일관된 이야기 안에서 자르고 붙이는 몽타주에 의한 정돈방식을 믿습니다. 그리고 이것을 한 컷으로 이뤄진 장면(plan-séquence)의 깊이를 가진 세계와 대립시킵니다. 그러나 우리는 비표상적인 것이 우선하는 거꾸로 된 도식을 정립할 수도 있습니다. 베르토프나 아이젠슈타인에게서처럼 델뤽(Delluc), 엡스탱, 강스(Gance)에게서 우리는 심리적이고 서술적인 오랜 전통과 대립하고, 미학적 체제에 고유한 이미지들이나 감각으로 이뤄진 언어에 대한 제안을 발견합니다. 반대로 영화의 제2세대는 다시 서술적인 영화로 나타납니다. 도식을 기능하게 만드는 복잡성은 처음부터 영화란 애매한 예술이라는 사실 속에 자리합니다. 다시 말해 이미지 안에 이야기(récit)의 예술은 이중의 논리를 따라서 기능합니다. 그것은 미학적 시대에 속하고, 기계와 조작자—감각적인 것의 언어의 이념—라는 이중의 눈을 낳았습니다. 그리고 그것은 동시에 행위의 연쇄의 아리스토텔레스적인 논리의 최상의 합리화를 낳았습니다. 이 이중의 논리는 모든 가상적인 분열을 가능하게 합니다. 예를 들어, 소박한 시대와 비판의 시대를 대립시킨 바쟁의 분열, 내가 보기에 사생아적 이분법을 낳은 들뢰즈의 분열 등등. 이미지-시간과 이미지-운동 간의 대립은 고유하게 철학적인 대립으로, 이 대립은 영화의 두 시대의 구분이 아니라, 다른 두 관점의 대립입니다. 우리는 아무 영화나 이미지-운동에 의해 혹은 이미지-시간에 의해 읽을 수 있습니다. 이미지-운동은 이미지를 그것의 물질성의 관점에서 나타남의 양태로서 고려하는 것이라면, 이미지-시간은 이미지를 그것의 이념성의 관점에서 사유의 일로서 고려하는 것입니다. 우리는 스피노자의 방식으로 사유의 관점을 연장의 관점을 따라서 혹은 예술의 관점을 물질성의 관점을 따라서 말할 수 있을 것입니다. 이 대립은 그 자체 전적으로 비역사적입니다. 들뢰즈는 그것을 바쟁이 취한 역사적 나눔과 일치시키고자 했습니다. 그는 이 나눔을, "감각운동의 연결들"의 아주 문제적인 단절을 제2차 세계대전의 정신적 외상과 일치시키면서, 일종의 역사적 드라마와 일치시켰습니다. 나는 이런 구성은 작위적이라고 생각합니다.

히치콕의 이미지들을 변형시킨 고다르로 돌아와서 우리는 두 가지를 말할 수 있습니다. 우선, 히치콕의 이미지들은 기능적입니다. 히치콕은 자신은 카메라 안에서 절대로 이미지를 보지 않는다고 말합니다. 이미지는 모든 종류의 충실한 재생(iconisme)과 반대로 단어와 혹은 관객에게서 효과를 창출하는 일종의 자극과 동일시될 수 있습니다. 따라서 우리는 히치콕의 영화에서 감수성에서 최고의 효과를 창출하고자 하는 이미지들의 정돈의 아리스토텔레스적인 논리를 볼 수 있습니다. 고다르는 작은 아이콘들(icônes)[93]을 끌어내기 위해 이 이미지들—우유 잔, 풍차의 날개, 열쇠, 안경 등등—을 변형하고자 했습니다. 한편으로 이것은 히치콕의 이미지들의 탈자연화입니다. 하지만 동시에 이 변형은 히치콕의 이미지들이 그 자체 이중논리에 속하기 때문에만 가능합니다. 불안이 우유 잔에 의해 상징화된다는 사실, 우유 잔이 캐리 그

93 icône은 그리스어로 상상적인 이미지와 다르게 대상을 닮은 이미지를 의미한다. 비잔틴 시대에는 종교적인 성스런 이미지를 지시했다. 현대적 수용으로서, 이 글의 맥락에서 이 말은 상징적인 이미지의 의미로 이해할 수 있을 것이다.

랜트의 냉정한 일종의 무언극에 동반된다는 사실, 불안이 조안 폰테인의 얼굴에 의해서가 아니라 우유 잔에 의해 일어난다는 사실은 감정을 창출하는 것으로 생각되는 것은 어떤 몸짓이나 신체가 아니라 무언의 대상이라는 미학의 논리와 관계합니다. 우리가 이 표현의 양태를 표상적인 논리—예를 들어 디드로가 분석하는 한 신체가 다른 신체와 가지는 태도와의 관계에서 모든 감정이 얼굴을 통해 드러나는 그뢰즈(Greuze)의 그림의 논리—와 비교한다면, 히치콕의 영화는 이미 아주 다른 논리를 갖는다는 것을 알 수 있습니다. 왜냐하면 그에게 정감의 논리는 대상들을 통해 전달되고, 대상들은 정감을 상징화하고 그것을 전달하는 대상들의 이미지들이기 때문입니다. 따라서 이미지들은 전적으로 행위의 논리 안에서 파악됩니다. 그러나 동시에 이 행위의 논리는 표현의 전통적인 정감적 논리와 다른 정감의 논리입니다. 표현의 특징을 전달하는 것은 대상들이며, 관심을 끌어내는 것도 대상들입니다. 히치콕에게는 기능적이면서 반-기능적인 대상의 이중적 사용이 있습니다. 왜냐하면 대상들 위에서 관심을 끌어내면서 우유 잔, 풍차의 날개, 안경은 정감의 논리를 물러서게 합니다. 예술의 미학적 체제 안에서는 전통적인 모방의 도식도 내재적으로 반-모방적인 도식에 의해 이중적이 됩니다. 고다르가 본질적으로 정감의 문(porte-affects)을 여는 이미지들을 현전의 순수한 아이콘들로 변형하기 위해 이 이미지들을 취할 수 있었던 것은 바로 이런 이유 때문입니다.

● 미학적 체제 안에서 이미지와 허구를 대립시키기보다는 우리는 표상의 체제와는 다른 양태에서 이 둘은 서로 연대적이라고 생각할 수 있지 않을까요?

나는 이미지가 이야기와의 단절 속에서만 개입한다고 생각하지 않습니다. 내가 예술의 미학적 체제라고 부르는 것 속에서 이야기의 유형을 특징짓는 것은 이미지가 가진 지도적 기능입니다. 이미지는 허구를 낳는 것, 허구로부터 창출되는 것인 동시에 허구의 정지를 가져오는 것이기도 합니다. 나는 이것을 소설의 전통을 통해서 연구했는데, 이 지점에서 영화의 전통은 소설의 전통과 긴밀하게 연결되어있다고 생각합니다. 이야기를 이끄는 것은 행위나 감정이라기보다는 이미지들입니다. 하지만 이 이미지들이 그 자신 안에 잠재적인 차이들을 품는 한에서 이야기를 이끕니다. 이미지의 기능에는 크게 세 가지 양태가 있습니다. 첫 번째 형식은 스스로를 지우는 이미지의 형식입니다. 그 사정은 소설이나 영화나 마찬가지입니다. 소설에서 우리는 기술적인 특징들을 가시화하지 않습니다. 그리고 그것을 가시화할 필요가 없는 영화에서 우리는 궁극적으로 이미지 안에 멈춤이 없이 그것들을 봅니다. 두 번째 형식에서, 이미지는 강한 의미체로 인정됩니다. 이것은 사실주의적 소설 전통에서 정교화되었고 영화에 전달됩니다. 여기서 이미지는 해결해야 할 혹은 여운을 남기게 될 수수께끼의 장소로서 드러나고, 이야기를 그 해결의 요청으로서 혹은 그 울림의 장소로서 제시합니다. 끝으로 세 번째 형식에서, 이미지는 이야기를 교란시키는 것으로, 이야기를 공허하게 만드는 것으로 나타납니다. 소설의 허구와 이어서 영화의 허구는 이 세 기능 사이에서 연속적으로 보이지 않게 미끄러질 가능성으로 이루어집니다. 다시 말해 많든 적든 볼 가능성과 읽을 가능성, 즉 우리가 읽을 어떤 것으로서 보는 것을 많든 적든 다룰 가능성으로 이뤄집니다. 미학적 허구를 특징짓는 것은 이 삼중의 관계에서 작용하는 가능성들입니다. 이 관계의 놀이는 플로베르나 이미지가 이 세 기능을 완수하는 고전적인 할리우드 영화의 사례에서 보듯이 균질적입니다. 하지만 이것은 이야기의 시간과 이미지의 시간을 공존하게 만드는 균질성의 전제 아래에서 가능합니다. 그리고 이미지는 마치 단절 속에 있는 것처럼 작용할 수 있습니다. 즉 이미지의 시간과 이야기의 시간은 이질적인 것으로 주어집니다. 그것은 예를 들면 프루스트의 모델입니다. 그러나 이것은 또한 고다르나 스트로브의 모던하다고 말해지는 영화의 모델이기도 합니다. 이 영화의 모델에서 비판되는 것은 분리입니다. 따라서 이미지와 이야기 사이에는 전혀 대립이 없습니다. 물론 행위의 고전적인 논리가 있습니다. 그러나 이미지 안에는 이야기의 논리가 있습니다. 여기서 영화의 기술적인(technique) 특징은 근본적인 어떤 것, 즉 이미지가 이야기 그 자체의 구성적인 요소인 미학적인 논리와 관계합니다.

● 그런데 플로베르에게서 이미지는 단절적인데…

그렇기도 하고 아니기도 합니다. 단절이 있습니다. 우리는 이미지 위에 정지할 수 있습니다. 그러나 또는 우리는 정지하지 않을 수도 있습니다. 이미지들은 프루스트가 말하는 "자동 보도(trottoir roulant)"[94]의 논리에 복종합니다. 이미지들은 서로를 창출하고 전통적인 의미에서 역사는 속이 비워지고 작은 사건들의 연쇄로 이어지는 것처럼 보입니다. 그러나 이 연쇄는 결국 전통적인 연쇄와 동일화되기에 이릅니다. 들뢰즈의

94 이 말은 프루스트가 플로베르의 문체에 대한 글(Marcel Proust, 《À propos du "style" de Flaubert》 La NRF, n° 76, 1920, pp. 72–90)에서 한 말이다. 파리 중심가에 자동 보도가 출현한 것은 1900년 파리 만국박람회 때이다.

용어로 말하면, 분자적인 것은 거침이 없는 분자적 이야기를 채우는 연쇄를 구성할 수 있습니다. 이 논리는 영화의 이야기의 고전적인 전통 안에서 기능합니다. 이것은 표상적인 것에 속한 전통의 외적인 어떤 것을 포함합니다. 따라서 플로베르의 기술은 이미지에 표상의 체계와 전혀 일치하지 않는 이야기와의 관계에 의해 고유하게 발생론적인 기능을 제공합니다. 우리는 단절을 가지지만 이 단절은 그 자체 안에서 취소될 수 있습니다. 왜냐하면 풍속의 이야기는 미세감각의 이야기 안에서 말해질 수 있기 때문입니다. 미학적 체제 안에서 우리는 작품 형성의 삼중적 놀이—무차별적 이미지, 그 자체 의미 있는 세계를 가진 이미지, 끝으로 순수한 수동성으로서의 이미지—를 갖습니다. 이 세 종류의 이미지의 조합은 전적으로 매끈한 형식을 제시할 수도, 혹은 반대로 요소들이 서로 대립하는 아무렇게나 잘린 형식을 제시할 수 있습니다. 플로베르의 경우, 그 조직이 이질적이지만, 그것이 이질적인 것을 가진 동질적인 것을 만드는 것은 명백합니다. 샤를이 창문을 통해 본 무차별적인 광경은 이야기의 공간을 점령하게 되고, 그 광경의 수동성 때문에 그 공간을 정지시키기에 이릅니다. 그러나 이 정지는 그 자체 인물이 그림의 속성, 즉 타성적 아름다움을 가지는 이야기를 낳습니다. 예를 들어 야윈 샤를의 모습은 우리의 관심을 끕니다. 그것이 아닌 경우, 우리는 이야기와 현현(épiphanie)이 대립하는 프루스트의 모델을 따라서 단절이 명백한 구조를 가지게 됩니다. 이미지는 강요되고 이야기는 사라집니다. 우리는 예를 들어 버지니아 울프에게서 같은 문제와 만납니다. 여기서 동질적 조직, 미세감각의 카펫은 매끄러운 이야기를 만드는 것으로 끝납니다. 이것은 조이스나 프루스트의 단절적 이야기와 대립합니다. 영화에서도 그 사정은 유사합니다. 플로베르의 소설은 프리츠 랑의 독일에서의 마지막 영화들과 미국에서의 최초의 영화들을 생각나게 합니다. 여기서 모든 것은 매순간 정지할 수 있습니다. 다시 말해 표시에서, 등에 써진 M에서, 유리 앞에서 눈이 부신 시선에서, 〈한 번 뿐인 인생〉의 마지막 장면의 총의 망원렌즈에서 정지할 수 있습니다. 나는 특히 〈M〉에서 경찰관이 범죄자가 쓴 편지를 가지고 창문 턱 위에 나무에 난 긁힌 자국을 쳐다보는 장면을 생각합니다. 매순간 이미지의 정지가 가능한 순간들이 있습니다. 우리는 기술적인(descriptive) 논리 안에서 파악된 의미 있는 요소들과 동시에 플로베르에게서 무의미한 원자들의 집산과 같은 요소들을 갖습니다. 이 경우 우리는 마치 미학의 논리와 표상의 논리가 겹쳐있는 것 같다고 말할 수 있습니다. 이미지의 연쇄는 이야기의 종말로 향합니다. 다시 말해 연쇄는 매순간 일어나는 것의 매혹 안에서 정지할 수 있습니다. 그럼에도 불구하고 동시에 "일어나는 것"(〈M〉에서 풍선이나 휘파람)은 이야기를 이끄는 실마리입니다. 게다가 내가 여기 인용한 이미지들은 상세한 묘사(근접촬영)가 아닙니다. 차라리 그것들은 아주 세세한 것들입니다. 〈M〉을 예로 들면, 풍선은 세부사항(détail)이지, 상세한 묘사(Gros plan)가 아닙니다. 우리는 또한 〈의혹〉의 우유 잔을 생각할 수 있습니다. 그것은 근접촬영으로 묘사되지 않습니다. 더욱이 그것은 얼굴 위에 불안을 상세히 묘사하는 근접촬영으로 잡은 것에 대립합니다.

● 그런데 대상이 특권적인 지위를 가질까요? 예를 들어 얼굴의 근접촬영을 사용한 조셉 폰 스턴버그(Josef von Sternberg)의 영화를 생각할 수 있기 때문입니다. 게다가 여기서 "세부사항"을 말하는 것은 어려운 것처럼 보입니다. 여기서 우리는 전적으로 미학적 체제 안에 속합니다.

물론 이것은 얼굴, 제스처, 풍경에서 일어날 수 있습니다. 나는 대상에 특권을 부여하지 않습니다. 그러나 고다르의 논리에서 아이콘을 초래하는 것은 대상입니다. 고다르가 말하는 히치콕의 아이콘들은 얼굴들이 아닙니다. 비록 〈오인〉에서 그가 취한 아이콘들 중의 하나인 베라 밀러(Vara Miles)가 문제가 될 때에도, 그에게 중요한 것은 정신경직으로 기울고 있는 얼굴이 아니라, 그녀가 휘두르는 머리빗입니다. 이 얼굴은 바로 들뢰즈가 한 영화의 체제에서 다른 영화의 체제로 이행할 때의 사례로 사용하는 것입니다. 그런데 근접촬영의 기능은 정확히 얼굴의 인간성과 사물의 비인간성 사이를 좁히는 기능입니다. 이것은 들뢰즈가 "비인간-되기"의 이념 안에서 요약한 것입니다. 이 논리는 얼굴의 "풍경-되기" 혹은 "대상의 표현-되기"로 일어납니다. 따라서 이 논리는 주제와 부제에 대한 전통적인 위계질서를 부숩니다. 어떤 것이 이미지를 만드는 것은 이질적인 과정에 의해서입니다. 다시 말해 부제가 부제로서가 아니라 풍경으로서 말을 할 때, 기술(description)이 고정될 때, 대상이나 표현적 기입의 이질성이 있습니다. 들뢰즈의 표현을 빌어서 우리는 감각-운동(sensori-moteur)의 도식은 더 이상 작동하지 않는다고 말할 수 있습니다. 비록 내가 이 대립을 좋아하지 않는다고 해도 실질적으로 그에게 고유하게 속한 잘려진 도식이 있다고 말할 수 있습니다.

● 인용된 사례들에서 우리는 이미지는 항상 마치 정지된, 기술에 의해 정지되었거나 사물화된 대상을 동기로서 취하는 것 같은 느낌이 듭니다.

반드시 사물화된 것은 아니고, 의미와의 관계에서 정지된 것 안에서 일어납니다. 동물을 생각해 볼 수 있습니다. 동물은 어떤 징후나 방향을 지시하는 자로서 기능합니다. 개가 뭔가를 느끼고 지시하고 짖으면 우리는 그것을 따라 움직입니다. 그러나 동물은 또한 표현적인 코드가 더 이상 가시적이지 않고, 의미가 상실된 형상일 수 있습니다. 이것은 칼 필립 모리츠(Karl Philip Moritz)가 이야기하고, 들뢰즈가 주석을 붙인[95] 죽어가는 송아지의 생각 속으로 들어가고자 하는 주인공의 이야기입니다. 여기서 동물은 인간과 비-인간, 의미와 비-의미 사이의 전이의 형상입니다. 간단히 말해 이 형상은 이미지의 세 가지 기능을 완수합니다. 동물은 징후, 상징을 제시하고, 또한 의미의 순수한 정지를 가져오기도 합니다. 그러나 이 같은 이미지의 기능은 영화와 문학에서 다양하게 실행됩니다. 나는 이것을『시골마을 신부의 일기』[96]에 나오는 토끼를 예로 들어 설명한 적이 있습니다. 베르나노스(Bernanos)에게 중요한 것은 단지 폐기물과 같은 죽은 토끼의 분간할 수 없음입니다. 영화는 소설의 논리를 그 자체로 채용할 수가 없습니다. 왜냐하면 영화에서 우리는 토끼를 보고, 이어서 도마에 올라간 토끼를 봅니다. 그리고 인간과 비-인간 사이의 무분별성은 다른 곳으로 돌려야 합니다. 영화 속에 일기의 재현과 그것을 읽는 중성의 목소리는 토끼의 문학적 이미지에 버금가는 가치를 보증합니다. 예술의 미학적 체제 안에서 모든 특권적인 형상들은 인간과 비-인간, 살아있는 것과 죽은 것, 의미 있는 것과 무의미한 것 사이의 전이의 형상들입니다. 예를 들어, 플로베르가 샤를 보바

95 들뢰즈가 그의 책『베이컨』에서 칼 필립 모리츠의『안톤 라이저』(*Anton Reiser*)를 인용하는 곳에서 나온다.

96 조르주 베르나노스의 소설『시골마을 신부의 일기』(1936)는 브레송에 의해 영화(1951)로 만들어졌고, 랑시에르는 그의『영화의 간격들』(2011)에서 이 작품을 언급한다.

리의 모자에 대해서 말할 때, 그리고 그 모자가 바보의 얼굴에 나타나는 알 수 없는 표현의 깊이를 갖는다고 말할 때, 이것은 샤를이 모자에 의해 특징지어지고, 모자가 바보의 얼굴과의 닮음 안에서 특징지어지는 일종의 짧고 복잡한 회로입니다. 모자는 말하지 않는 한 얼굴이 말하는 것처럼 말합니다. 아주 강하고 잠재적으로 변형될 수 있는 대상들의 논리가 있습니다. 존재하는 모든 것은 시선이 미끄러지는 부속일 수 있고, 운동을 이끄는 단서일 수 있고, 무관심한, 밀치는, 혹은 염려스런 어떤 것 안에서 해독할 수 없는 어떤 것일 수 있습니다. 이미지는 미학적 체제 안에서 반드시 의미와의 극단적인 관계를 가지는 것은 아닙니다. 그것은 다만 양극에 의해 특징지어집니다. 즉 기호, 상형문자, 감춰진 의미의 전달자로서 말하기, 아니면 의미를 결핍한 말 없는 사물로서 말하기입니다.

● 영화와 문학에서 당신이 제시하는 이미지의 모델은 항상 "단순한 이미지"의 모델처럼 보입니다. 그러나 이미지는 다수일 수도 있지 않을까요? 다시 말해 이미지는 다른 이미지들을 낳을 수 있지 않을까요? 예를 들어, 프루스트에서 한 이미지가 연속적인 다른 이미지들 안에 도달하는 것처럼 말입니다. 이것은 이미지들이 연속적일 수 있고 기억을 불러낼 수 있는 이미지의 잠재성을 고려하는 것이라 할 수 있습니다.

나는 이미지의 단순성이 가진 아이콘적 환상을 비판하기 위해, 또 이미지는 항상 관계이며, 간격—의미의 기능과 드러냄의 기능 사이의 간격, 또 이미지들 사이의 간격, 다시 말해 드러난 이미지들과 가능적인 이미지들 사이의 간격—이라는 것을 드러내기 위해, 우리가 단순하다고 말할 수 있는 이미지들만을 사례로 들었습니다. 이미지의 이념과 가시적 소여의 이미지 간의 동일화를 근본적으로 질문해야 합니다. 들뢰즈처럼 우리가 시청각적 이미지에 대해서 말할 때조차도, 우리는 항상 소리를 이미지의 보충으로서가 아니라, 이미지의 요소로 생각하는 데 어려움을 갖습니다. 그러나 모든 이미지는 또한 다른 이미지들을 대신하고, 요청하거나 거부하며, 만들어질 수 있었는데 그렇지 못했던 이미지들의 자리를 차지합니다. 이런 의미에서 우리는 이미지는 다수라고, 혹은 다수화되었다고 말할 수 있을 것입니다. 동시에 우리는 항상 이미지와 쇼트(plan)를 동일시하는 경향이 있습니다. 비록 쇼트란 개념 그 자체가 고정적이지 않음에도 불구하고 말입니다. 우리는 그림 그 자체의 모델에서 그 반대를 주장하면서 작업합니다. 우리는 엄격하게 영화적으로 이미지의 단일성을 한정할 수 없습니다. 이미지는 항상 가시적인 단일성을 회피하는 것들로 구성됩니다. 따라서 우리가 "본다"고 말하는 것은 애매한 표현입니다. 이미 문학적 기술의 "자연주의적" 열광이 우리 눈앞에 어떤 특별한 것도 제시하지 못합니다. 그 열광은 반대로 단어들을 이전에 기능적인 기술의 체제 안에서 이 단어들과 연결되었던 가시적 표상들과 분리합니다. 영화에서도 마찬가지로 강도-이미지(intensité-image)는 가시적 강화가 아니라, 역사를 그림 안에, 역사 안에 그림을 놓는 차별적 강화입니다. 그리고 그 둘을 다른 이미지들, 다른 역사들, 다른 소리들, 다른 말들에서 연결합니다. 얼굴이 풍경이 되고, 표현의 특징이 역사가 됩니다. 미학적으로 말해서 한 기록에서 다른 기록으로의 강도를 가진 도약이 있을 때 이미지가 있습니다.

따라서 이미지는 감각적인 것의 체제, 예를 들어 기술적 체제 혹은 들뢰즈가 감각-운동이라고 부르는 것을 불안정하게 하는 작동자로서 도래합니다. 이미지는 차이의 작동자이고 이런 의미에서 연쇄적으로 기능합니다. 프루스트에게서 이미지들은 자연계에서처럼 선회한다는 사실은 인상적입니다. 식물의 이미지들은 동물의 이미지들로, 바다의 이미지들로, 하늘의 이미지들로 변형됩니다. 이것은 이미지들의 바퀴이고 은유의 바퀴입니다. 그리고 이것은 프루스트의 고유한 이미지의 진리입니다. 항상 변형이라고 말해지는 이미지는 따라서 은유적 체제의 작동자입니다. 그리고 나는 이러한 사실이 예술의 미학적 체제 안에서 이미지의 고유성을 만든다고 생각합니다. 플로베르의 사례 안에서, 이미지들은 대화를 풍경으로, 농가를 사막으로 변형합니다. 이에 버금가는 최상의 영화를 우리는 샹탈 애커만(Chantal Akerman)의 방식 속에서 발견할 것입니다. 그녀의 영화 속에서 몸짓은 콧노래가 되고, 세계는 방 안으로 들어가고, 끝없는 이야기는 대면한 내밀성 안으로 들어갑니다. 이미지는 항상 고정된 형식들을 불안정하게 하는 은유적 체제를 끌어내기 위해 가시적 특수성을 회피합니다.

이미지의 기능과 기술적(technique) 단일성으로서 가시적 단일성의 이념을 구별해야 합니다. 순간적이고 가시적인 형식에서 이미지를 측정할 수 없는 만큼, 우리는 그것을 카메라의 작동과 정지에서, 혹은 다른 기술적 기준에서 한정 지을 수 없습니다. 이미지는 항상 간격이고, 확장입니다. 더욱이 영화에서 시간적인 연쇄를 정지시킬 수 없습니다. 경험적으로 가시적인 단일성 아래에는 지속적으로 하위-지각(sous-perception)이 존재합니다. 그리고 이것은 이미지는 항상 관계라는 이론적인 사실로 우리를 보냅니다. 미학적으로 말해서 이미지를 자르는 것은 항상 우리입니다. 그래서 우리는 이미지에 대해서 말할 수 있습니다. 그것은 전통적인 의미에서 쇼트(plan)입니다. 그것은 또한 이미지 안에서 일어나는 특이한 사건이거나 세 쇼트[97]를 함께 연결하는 과정이거나 또 다른 것이기도 합니다. 여기서 단일성은 구성되지 않는다는 사실을 의식하는 것이 중요합니다. 단일성은 예술적인 전략에 속하고 동시에 읽기의 전략에 속합니다.

● 심상(image mentale)의 이념이 여기에 개입할까요?

그것은 아주 복잡한 이념입니다. 물론 가시적 이미지 안에 존재하기 위해 원했던 것의 의미에서 심상이 있습니다. 또한 우리의 "머리" 안에 존재하기 위해 원했던 것의 의미에서 심상이 있습니다. 그러나 심상은 또한 화면, 페이지, 화폭 위에서 무수한 것들을 알아차리게 하고, 무한한 방식으로 그것들을 결합하게 하는 무한한 조합 방식입니다. 예를 들어 들뢰즈는 한 쇼트에서 결합될 수 있는 우주 전체를 상대로 놀이합니다. 그가 영화에 대해서 말할 때, 그에게 영화는 한 쇼트, 시나리오의 한 요소, 한 인물이 발언한 말, 비판적 관객의 요소들 등에 대해 논증을 제시할 수 있는 무차별적인 토대입니다. 그가 영화에 대해서 말할 때 그것은 가시적 이미지를 초월하는 심상의 전체 세계에 속합니다. 또한 셰퍼(Schefer)[98]가 말하는 심상이 있습니다. 그에게 화면 위에 존재하는 것은 전적으로 화면을 초월하는 상상적인 세계 안에서 추출한 것입니다. 그러나 상상적인 것으로부터 뭔가를 추론하는 것은 내게 쉽지 않고, 어

97 일반적으로 쇼트(plan/shot)의 단계를 말할 때 셋으로 나누는 것—풀 쇼트(plan large), 미디엄 쇼트(plan moyen), 클로즈업 쇼트(gros plan)—을 지시하는 것으로 보인다.

98 Jean-Louis Schefer(1938-)는 프랑스의 예술비평가, 영화이론가이다.

쨌든 나는 그것을 하고자 하지 않았습니다. 사실 우리는 모순적인 절차 안에 있습니다. 우리가 잘 알듯이, 우리가 실제로 필름이나 영상에서 보는 것은 10퍼센트도 안 됩니다. 그러나 동시에 원리적으로 영화와 그 객관성에서 주어지는 것 위에 고정되도록 노력해야 합니다. 그것은 복잡한 과정입니다. 움직이는 이미지에 대한 담론은 항상 이중적입니다. 그것은 객관화의 노력 위에서 작동하고, 그것은 지속적으로 주관화, 결합, 다양한 우회의 과정으로 보내집니다. 이것은 미학적인 이미지의 본질적인 두 요소—간격과 확장—간에 일치합니다. 이미지에 대한 담론은 한마디로 요약하면 항상 잡종의 담론입니다. 경멸적인 의미 없이 말입니다.

● 동시에 이미지는 주관적인 효과들만을 산출하는 것이 아니라 이미지의 효과들을 산출합니다. 따라서 영화는 이미지의 이념에 대해 다시 질문을 제기하고 그것에 대한 다른 이해를 강요하지 않을까요?

나는 주관성을 단순히 특이한 조합이나 아주 특별한 망상으로 이해하지 않습니다. 나는 또한 곰브리치가 회화의 영역에서 기술한 필수적인 해석의 작업을 생각합니다. 그 작업은 최상의 단계에서 영화의 이미지를 가지고 산출됩니다. 여기서 이미지는 그 전개에서 자신의 고유한 자율성을 부정합니다. 이미지의 일상적인 개념은 전적으로 환상적인 고정성과 관계합니다. 그러나 그것은 다만 영화에만 적용되는 것은 아닙니다. 만일 우리가 문학적인 이미지를 생각한다면, 우리는 아무것도 드러냄이 없이 그것이 무엇이든지 간에 봄이 없이 무수한 페이지의 기술을 삼켜버릴 수 있습니다. 영화의 이미지는 모든 것을 드러냅니다. 그러나 이 모든 것을 흐름 안에 끼어 넣으면서 그렇게 합니다. 이 흐름은 스크린에 나타나는 것의 고정을 방해하고, 영화를 다르게 재구성하게 합니다. 이 재구성은 셰퍼가 말하는 상상적인 것과는 다릅니다. 한편으로 이미지에 고유한 지속성이 있습니다. 비록 필름이 돌아가면서 그 지속성을 흡수한다고 해도 말입니다. 다른 한편 우리는 조합과 이탈의 무한한 체제 안에 이미지들을 다시 끼어 넣습니다. 이미지들의 확장은 상상적인 어떤 것이 아닙니다.

● 들뢰즈의 표현을 다시 취하면, 관객이 책임지는 이미지는 역류(contre-flux), 반-실행(contre-effectuation) 안에서 산출되지 않을까요?

우리가 들뢰즈의 용어를 여기서 엄격히 적용할 수 있는지는 알 수 없습니다. 어쨌든 영화의 이미지들은 우리가 작동시키는 실행에 반해서만 옵니다. 우리는 영화의 "이미지들"이 될 넷 혹은 다섯 개의 이미지를 구성할 것입니다. 우리가 아무리 카세트를 다시 틀고, 영화를 정지시킨다고 해도, 이 이미지들은 영화에 속한다고 간주되는 단일성에서 전적으로 자율적인 것이 됩니다. 이미지들의 삶은 다른 이미지들과 같이 만들어집니다. 한 이미지가 주어졌다가 정지되면 그것은 죽습니다. 그래서 영화에 대한 발언이 중요합니다. 말에 의해서만 구성될 수 있는 영화의 이미지들의 세계가 있습니다. 이미지들이 돌출하고 일종의 영화의 기억을 구성하기 위해서는, 영화와의 관계에서 "잘못되고", 동떨어진 다른 이미지들에 대해 쓰고 그것들을 언급할 수 있어야 합니다. 나는 오랫동안 니콜라스 레이의 영화를 〈그들은 밤에 산다〉에서 작업복을 입은 캐시 오도넬(Cathy O'donnell)이 자동차 정비소에 나타나는 장면을 통해 보았습니다. 이 순간적인 출현은 사실 존재하지 않습니다. 반대로 인물은 부분적인 묘사를 통해 점진적으로 도입됩니다. 그럼에도 불구하고 이러한 출현은 내가 최근의 다른 "관객"에게서 같은 잘못을 발견한 영화와 한 영화인의 이미지들의 침입의 힘을 잘 요약합니다. 반대로 막 마옹(Mac Mahon)[99]의 전성기에 대한 텍스트들을 다시 읽으면서 그들의 유명세가 아무것도 보여주는 것이 없고 결국 그 자신하고만 관계한다는 사실을 알고 놀랐습니다. 우리가 다른 말들과 다른 이미지들을 가지고 무한히 다른 이미지들을 창조할 때 어떤 것이 남습니다. 이것은 바로 왜 장면과 장면을 연결하는 서사적인 연구가 일반적으로 실망스러운가에 대한 이유이기도 합니다. 가시적 명백성에 대한 이념은 우리가 이러한 연구의 방식을 사용하자마자 절대적으로 사라집니다.

● 우리 시대의 어떤 영화가 당신이 이미지의 개념을 생각하는데 도움이 되었을까요? 또 어떤 방향에서 그럴까요?

나의 영화이력은 "현대영화(cinéma contemporain)"라는 한 단위로 포괄하기에는 단속적이고 선택적입니다. 영화의 현대성(동시대성)이 주어진 순간에 새로운 영화들만이 아니라, 다양한 시대의 영화들을 보는 것이 가능한 것에 의해 정의될 때 여기에 무엇이 더 첨가될 수 있을까요? 이것은 우리가 오즈 야스지로(Ozu Yasujiro)를 장 르누아르(Jean Renoir)와 동시대인으로 생각하기보다는 누벨바그 이후의 시대와 동시대인으로 생

99 1938년 문을 연 파리 5구의 막 마옹 거리에 있는 영화관의 이름으로 전쟁 당시 금지된 미국 영화들을 상영하면서 유명해진 곳이다.

각하게 만든 것입니다. 이로부터 우리는 영화의 이미지에 대한 이념을 세 시대로 나눌 수 있습니다. 우선, 시각적 이미지를 특수한 언어의 한 요소로서 생각하던 시대가 있었습니다. 이 시대에 영화의 특이성은 이미지라는 일종의 새로운 보편적인 언어와 동일시되었습니다. 이 이론은 영화 서사의 구체적인 형식들에 의해 지속적으로 반박되었습니다. 두 번째로 미학적 이미지와 시각적 단일성 사이의 간격을 표시하면서 영화 이미지의 예술적 지위를 공고히 한 브레송, 베르그만 그리고 누벨바그의 시대가 있었습니다. 이 시대는 우리가 더 이상 시각적 언어의 환상적인 "순수성"과, 가시적인 것과 말, 이야기와 쇼트(plan/shot)의 영화적 혼합을 대립시키기를 그친 순간입니다. 이 시대는 이미지가 잠재적인 차이, 시간의 연장과 가속, 이미지의 체제들 사이의 간격으로 나타나던 때입니다. 이런 명시화는 동시에 영화의 비판적 이념—이미지의 구성요소들의 분리를 정치적 비판의 기능과 동일시하는 이념—과 영화의 순수성에 대한 또 다른 사유 사이에서 흔들립니다. 나의 흥미를 끄는 현대 영화의 형식들은 이 딜레마로부터 빠져나갈 수 있는 형식들입니다. 영화의 이미지를 만드는 결합과 분리의 형식들을 탐색하면서, 또 이 형식들을 회화나 문학의 이미지에 고유하게 속한 이질적인 형식들과 대면시키면서 말입니다. 예를 들어 나는 이미지들을 삼켜버릴 것 같은 속도를 가지고 순간적으로 혹은 점진적으로 서술적인 것을 순수하게 회화적인 것으로 변형하는 키타노(Kitano)의 몇몇 영화들을 생각합니다. 동시에 이 놀이는 운동을 정지로, 기능적인 묘사를 불꽃놀이로 변형하기 위해 무성 영화의 형식들과 광대의 몸짓을 사용하면서 영화의 여러 시대들을 가로지르는 것입니다. 나는 또한 허우샤오셴(Hou Hsiao-Hsien)의 몇몇 영화들을 생각합니다. 그는 "비이성적인 단절"의 형식에서가 아니라, 포화와 내적 복잡성의 형식에서 쇼트를 고립시키면서 고전과 현대의 대립을 이동시킵니다. 이것은 그럼에도 불구하고 장(champ)의 깊이를 가진 바쟁의 패러다임을 따르지 않습니다. 같은 장르의 복잡성은 영화 역사의 단절의 시선에서 보면 왕자웨이의 절차 안에서 발견됩니다. 우선 그 절차는 회화적인 장식(보나르(Bonnard)의 방식으로 일종의 다색 벽지 안에, 실재와 가상, 객관과 주관 사이의 경계를 지우는 베일과 거울 속에 신체를 흡수하는 클로즈업 쇼트)을 닮았습니다. 그러나 그것은 특히 회화적인 특징과 서사적인 특징 사이의 비결정성(이 하얀색들, 이 검은색들은 장면과 장면 사이의 분리의 구성요소들로서, 조형적 요소들과 담론적 형상들의 구성요소들로서 이중의 역할을 수행한다)을 설립합니다. 몇몇 영화인들에게는 가시적인 것을 그 순수성 안에 고립시키고자 하는 조형적인 것의 강조는 영화의 이미지의 이질성을 다른 방식으로 재발견하는 데 이릅니다. 나는 여기서 모순적인 것에서조차 나에게 의미가 있어 보이는 알렉산드로 소쿠로프(Alexander Sokurov)의 시도를 생각합니다. 영화를 원근법적 환상으로부터 해방시킨다고 주장하면서, 영화를 발견할 수 없는 어떤 그림과 접근시키면서, 특히 그는 우리에게 소리가 어떤 점에서 영화의 이미지에서 "제3의 차원"으로 기능하는가를 느끼게 합니다. 그리고 그의 케케묵은 도스토예프스키적 풍문은 페드로 코스타[100]의 〈뼈〉(*Ossos*)의 인물들을 속박하는 도시 외곽의 "신사실주의"의 풍문과 아주 가깝습니다. 그의 영화는 거의 책의 이미지를 닮은 작은 사건들을 가지고 영화 속의 가시적 이미지를 가능하게 하는 "소리"의 역설적인 성격을 다시 생각하는

100 페드로 코스타(Pedro Costa, 1959–)는 포르투갈의 영화감독이다.

것을 가능하게 합니다. 끝으로 나는 키아로스타미[101]의 작품들을 생각합니다. 그의 작품들은 매번 영화를 시나 그림의 전개로 만들면서 형식들의 변형에서 일어납니다. 이것은 〈내 친구의 집은 어디인가?〉의 고불고불한 산길을 따라 달리는 어린 아이의 장면에서 〈바람이 우리를 데려갈 것이다〉의 닫힌 창문에 이르기까지 가시적 단계의 단절과 공간들 사이의 갈등을 전제합니다.

이것은 국제 영화제 수상자 명부를 따른 사례들입니다. 이것들은 미국의 지배나—나는 미국 영화에 별로 관심이 없습니다. 아니 차라리 그쪽에 대한 나의 게으름 때문이라고도 말할 수 있을 것입니다—프랑스, 차라리 프랑스 권의 지배 밖에 놓인 것들입니다. 프랑스 권 영화들은 여전히 "현대의 고전들"에 속합니다. 고다르, 스트로브 부부, 또는 샹탈 애커만은 이미지의 파열하는 힘을 체화하고 문학적 이미지와의 대화를 지속합니다(나는 〈시실리아〉(스트로브)에서 엄마의 상승하는 목소리와 〈갇힌 여자〉(La captive)(애커만, 2000)의 하강하는 바다 장면들을 생각합니다). "유럽 밖"의 영화들이 가진 중요성은 아마도 계보를 이동시키는 가벼운 차이로부터 오는 것처럼 보이고, 다른 전통을 가진 "현대" 영화와의 만남을 조직합니다. 키타노의 영화들에서, 우리는 가무극 '노'의 코드와 희극적 전통에 속한 "간격의 코드" 위에서 야쿠자 영화의 코드를 봅니다. 왕자웨이나 허우샤오셴의 영화들에서, 우리는 회화의 특징들과 정신적인 것의 특징들을 조화롭게 하는 회화와 서예의 전통의 활성화를 발견합니다. 그리고 소쿠로프에게서 우리는 영화의 근대성의 원리들과 아이콘의 전통 사이의 만남을 목격합니다. 또 키아로스타미에게서는 역사적

101 압바스 키아로스타미(Abbas Kiaristami, 1940–2016)는 이란의 감독이다.

으로 동시대적이 아닌 시를 지배하는 상상적인 형식들, 이미지의 욕망, 이미지의 욕구, 혹은 이미지의 금지와 같은 모든 형식들과 만납니다.

삶과도 국가와도 동일한 외연이 없는 정치[102]

(니콜라 푸와리에와의 대담)

● 르 필로조포르: 『불화』에서 당신은 고전 철학적 사유에서 정치의 개념으로 혼동되던 인간 집단의 두 영역—정치와 치안—을 구분합니다. 치안(보통 정치의 본질을 구성한다고 이해되던 것)은 자리와 기능의 서열적인 구분에 의존하는 지배의 자연적 질서로서 정의될 수 있을 것입니다. 이 권력을 정당화하는 근본적인 두 양태가 존재합니다. 하나는 혈통에 근거한 지배(예를 들면 왕권신수설에 의한 지배)이고 다른 하나는 부(평민에 대한 귀족의 지배나 프롤레타리아에 대한 부르주아의 지배)에 근거한 것입니다. 반대로 정치는 고려되지 않은 인민의 부분이 이 차별적인 공간 한가운데에서 돌출하고 사물의 자연적인 질서를 반박하는 독특한 과정을 구성할 것입니다. 정치는 감내하는 잘못이라는 표현을 이해시키면서, 자연

102 (원주) "삶과도 국가와도 동일한 외연이 없는 정치"라는 제목은 이 책을 편집하면서 붙인 것이며, 이 대담은 잡지 *Le philosopore*, n° 13, "폭력", 2001년 겨울호, pp. 7–20에 실렸다.

적 질서(예를 들어, 주인에 반한 사람들과 공장 내에 존재하는 노동자 사이의 폭력적인 관계들)의 어두운 베일 아래 감춰졌던 것을 가시적으로 만듭니다. 따라서 정치를 이미 세워진 실체적인 질서로서가 아니라, 주체화의 양태로서 이해하는 것이 적합할 것입니다. 이에 의해 동등한 지성을 타고난 것으로 선언하는 개인들은 해방적 실천의 표현으로서 그들의 말을 정치적 공동체의 로고스—계쟁의 공동체—와 동일화할 것입니다. 치안적 질서의 구조적 계산 안에서 계산되지 않은 인민의 이 부분은 명령할 어떤 지위도 가지지 못한 사람들의 권력으로서 민주주의의 진리를 그 본질에서 표현할 것입니다. 우리는 이 개념적인 차이 안에서 카스토리아디스(Castoriadis)[103]의 설립된(institué) 권력과 설립하는(instituant) 권력의 구분을 알아차립니다. 아테네의 민주주의 안에서 그 목적과 토대로서 개인과 집단의 자율성이 주어지는 모든 정치적 활동의 근원인 이 자율적인-제도(auto-institution)와 근본적인 상상력의 정치적 사유와 당신을 분리하는 것은 무엇일까요?

자크 랑시에르: 카스토리아디스의 사유의 토대를 형성하는 것은 자율과 타율의 관계입니다. 즉 자율 정치의 기획과 타율적 조건—주체화의 기반을 형성하는 무의식적 사유—을 일치시키는 방식입니다. 그가 제도 일반과 특히 민주주의 제도에 대한 사유 안에서 찾은 것은 마르크스주의와 자유주의를 질문의 새로운 형식인 하나의 같은 근본적인 질문—어떻게 주체들은 역사에 의해서 형성되면서 역사를 만들 수 있는

103 코르넬리우스 카스토리아디스(Cornelius Castoriadis, 1922–1997)는 철학자, 경제학자, 정신분석가로, 클로드 르포와 함께 '사회주의냐 야만이냐'라는 정치단체를 창설했다.

가?—으로 이끈 것입니다. 이 질문은 노동자들의 아카이브와 자코토의 지적인 해방의 이론 사이에서 내가 행한 작업에 의해 이동되었습니다. 이 작업은 나를 다른 주체화의 사유로 이끌었습니다. 즉 주체는 그를 가뒀던 자기와의 동일적인 관계—노동자라는 정체성—를 파괴하기 위해 타자가 자기와의 관계를 구성하던 타자의 문장들을 자기화하면서 구성됩니다. 이제 노동자는 더 이상 노동에 의해 정의된 정체성의 의미에서 노동자에 대해 말하지 않으면서 정치적 주체로서 노동자가 됩니다. 이로써 동일자와 타자의 무대는 이중화됩니다. 주체화는 근본적인 타자성에서 자기가 되는 관계에서가 아니라, 동일자와 타자라는 두 지형도, 즉 두 분배의 대립 안에서 일어납니다. 해방의 토대를 설립하는 것은 획득해야 할 자유나, 재발견해야 할 자율이 아니라, 평등입니다. 이것은 상징화를 거쳐서 모든 불평등이 필수적으로 전제해야 할 순수한 관계입니다. 그러나 권리로 보면 첫 번째에 놓이는 이 평등은 사실상으로 항상 두 번째에 놓입니다. 평등은 항상 주체화의 특이한 과정, 즉 동일자와 타자의 관계의 재분배를 거칩니다.

따라서 나는 "지배와 피지배에 동시에 참여하는 자"로서 정치적인 주체의 모습에 특권을 부여하기 위해 그리고 예를 들어 크레이스테네스(cleisthenes)의 개혁이 긍정되는 역사적 창립의 무대들에 대해서 카스토리아디스의 입장에 동의할 수 있습니다. 나는 민주적 정식에 설립하는 근본성을 주고자 하는 의지에 있어서 그와 생각을 공유합니다. 그러나 그 전망에 있어서는 서로 다릅니다. 권력의 조건들에 대한 설명이 문제일 때 나에게 본질적인 점은 권력의 긍정의 역설적인 양태입니다. 주체화의 정치적인 과정들은 항상 한 세계를 다른 세계에 놓는 것과 관계합니다. 그래서 크레이스테네스의 개혁의 본질적으로 상징적인 의미는 이질적인 "장소들"과 지형학적으로 동일한 단일성을 형성하는 힘입니다. 왜냐하면 "자율적인" 주체로서 인민의 구성은 인민이 사회 구성의 부분으로서 모든 집단들에 이질적이라는 것을 전제하기 때문입니다. 주체, 그것은 우선 동일적인 관계를 깨는 동일자와 타자의 지형학의 발명입니다. 이것은 신체들의 가능성으로서 가시적이고 논의할 수 있는 다른 지도의 도면입니다. 이 도면은 공존재의 가시성을 다시 설립합니다. 그러나 이것에 의해 도면은 제도들의 토대를 제공하지 않습니다. 제도들은 아마도 설립하는 원리의 고유한 효력일 것입니다. 최후의 수단으로 설립하는 평등성은 전제이지 기원이 아닙니다. 그것은 자기 자신과 계약하는 어떤 주체의 정식도 제공하지 않습니다.

● 국가 없는 사회의 기획, 그럼에도 불구하고 명시적인 권력의 제도들을 갖춘 한 사회의 기획은 당신이 보기에 정당한가요? 국가적인 영역과 동일화되지 않으면서, 카스토리아디스가 자신이 자유롭게 제정한 법에 복종하는 집단의 자율적으로 설립하는 능력이라고 명한 한 권력의 특이한 실행의 형식 하에서 작동하는 정치적 주체화의 양태들을 생각하는 것이 가능할까요?

여기에는 두 가지 구분되는 문제가 있는 것 같습니다. 국가는 우리가 알듯이 특수한—필수적이 아니라—명시적인 권력의 한 형태입니다. 따라서 권력의 명시화의 다른 양태들에 의해 지배되는 사회들이 있을 수 있습니다. 국가적인 형태가 한 사회가 전적으로 권력의 토대를 명시하고 동시에 권력을 제거한다는 의미에서 자율적인 사회적 형태에 의해 대체될 수 있는가는 다른 문제입니다. 그리고 이 질문은 다른 두 질문을 포함합니다. 즉 제도의 토대들의 전적인 설명의 가능성에 대한 질문과 정치적인 주체와 스스로 자신에게 법을 제시하는 공동체와의 동일화에 대한 질문을 포함합니다. 카스토리아디스의 자율성은 전적인 명시화를 가진 공동체의 형식에서 절대로 실현되지 않습니다. 그의 전망에서 실현가능한 자율성은 최적의 명시화와 이 명시적 권력에 최적의 참여 사이의 관계와 같은 어떤 것입니다. 다시 말해 자율적인 설립은 자신이 스스로에게 제시한 법에 복종하는 계약적 원리와는 다른 것입니다. 더 나아가 나는 정치적인 주체와 자신이 스스로 제시한 법과의 관계를 가진 집단을 일치시키는 것은 불가능하다고 생각합니다. "자신이 스스로에게 제시한 법에 복종하는 주체"는 존재하지 않습니다. 어떤 개인도, 어떤 공동체도 자신에게 법을 제시하지 않으며 자기 자신에게 **복종**하지 않습니다. 개인과 집단은 규칙과 그 규칙에 충실한 원리를 따라서 스스로 주체화합니다. 국가 공동체들은 법을 자기화하는 정치적 주체화에서 일어나고, 정치적 주체화에 의해 자신들의 헌법과 그 기능 안에서 재형성됩니다. 그러니 이런 공동체들은 그 자체 정치적인 주체화가 아닙니다. 국가 없는 사회적 공동체의 기획은 국가 공동체를 관습이나 법에 의해, 생명성에 의해 규정되는 살아있는 주체의 운동 안에서 작동하는 집단 안으로 흡수하는 것입니다. 그런 이론을 토니 네그리의 이론화에서도 발견합니다. 그러나 자연적 권리를 주장하는 사람들과 마찬가지로 공산주의 형태 하에서 구성하는 주체의 이념은 나에게 낯섭니다.

● 주체화의 한 양태로서 정치적 실천은 푸코의 후기의 글들에서 발견되는 자기의 기술들(techniques de soi)과 어떻게 다를까요? 이 자기의 기술들의 실천 안에서, 신체들의 통제와 규율의 형식 하에서 사회적 실존 전체를 책임지고

자 하는 지배의 기술들에 대한 대답들로—개인들이 있는 만큼 특이한 대답들로—이해되는 주체화의 양태들을 봐야 하지 않을까요?

나에게 정치적인 주체화의 양태는 공통의 감각적인 것의 나눔의 형식, 그 감각적인 것이 포함하는 대상들의 형식, 그리고 주체들이 그 대상들을 지시할 수 있고 자신들의 주제에서 논증할 수 있는 방식의 형식입니다. 사실 정치/치안의 관계의 쟁점은 항상 공동체의 "소여들"의 구성에 의존합니다. 정치적인 주체화는 "한" 집단의 진술과 표명의 장치입니다. 이 집단은 그 자체 진술의 주체와 진술에 의해 표명된 주체의 관계 구성으로 이해됩니다. 나는 이 문제가 푸코의 이론적인 작업 안에 있었다고 생각하지 않습니다. 그의 관심의 권력의 기술과 자기의 기술 사이의 관계였습니다. 초반에 그는 개인들이 자신과 관계하고 정체성을 획득하는 조건들을 산출하는 대-기계를 분석했습니다. 그리고 이어서 그는 윤리적인 측면에서 자기의 기술들을 연구했습니다. 그의 짧은 삶의 말기에 그는 자기의 기술들이 저항의 형식들로 정의할 수 있는 방식의 분석을 약속했습니다. 그러나 나는 다만 그가 그것을 할 시간과 정치적인 영역을 정의할 시간이 그에게 허락되지 않았다고 생각하지 않습니다. 어디에서도 그는 정치적인 주체화라고 명명할만한 행위의 특수한 영역을 고려하지 않았습니다. 그렇다고 그가 전적으로 내가 이해하는 것에서, 즉 공통소여의 논쟁적인 재구성의 의미에서 정치적인 주체화에 전적으로 무관심했다고는 생각하지 않습니다. 그가 관심을 가진 것은 공통의 논쟁이 아니라, 자기와 타자들의 지배입니다. 그것은 한 주체가 다른 주체에게 믿게 하거나 행동하게 할 수 있는 의미에서 권력입니다. 그는 권력의 관계들 안에서 짜여지는 저항의 지점들에 대해 말합니다. 그러나 그의 이론 안에는 대립적인 합리성들이 서로 부딪칠 수 있는 장소들이 없습니다. 나는 푸코에게 많은 것들을, 예를 들어, 규율적 나눔을 취소하면서 문제들을 구성하는 방식, 가시적인 것, 말할 수 있는 것, 생각할 수 있는 것들의 관계를 생각하는 방식들 등을 배웠습니다. 그러나 나의 관심은 그와 다릅니다.

● 보다 근본적으로 정치적인 이 행위의 양식과 정치를 실현할 수 있는 특수한 주체의 본질 그 자체를 생각하기 위해 푸코에게 결핍된 것은 무엇일까요? 푸코의 생명권력의 개념은 현재 정치적 지배의 형식들의 특이성을 구성하는 것을 이해하는 데 유용하다고 생각하시나요?

그에게 결핍된 것은 아주 간단히 정치에 대한 **이론적인** 관심입니다. 이론적으로 정치라는 이름 아래에서 그의 관심은 국가의 권력이 국민의 관리와 개인들의 발생과 가지는 관계입니다. 이것은 나에게 치안의 영역입니다. 푸코가 한 것은 이 말의 강한 의미에서 경찰국가의 이론입니다. 억압적인 국가가 아니라, 어떤 정치적인 주체성과도 관계하지 않는 실재 그 자체로서의 국가, 국가의 보존과 자국민의 상태의 보존—비-보존—과의 관계 안에서 전적으로 부여된 기능으로서의 국가입니다. 삶을 두둔하고 우리를 죽음으로 보내는 것은 바로 국가입니다. 푸코는 우리가 생각하는 것보다 더 마르크스의 장치의 이념의 영향 하에 있습니다, 그가 정치적이라고 부르는 것은 이론적으로 항상 정치 기술(technologie)의 체계입니다.

이 틀 안에서 정의되는 생명권력의 개념은 불안전한 개념입니다. 나는 이것을 비판으로서 말하는 것이 아닙니다. 개념들이란 움직이는 관계들의 지도들 위에 그어진 움직이는 길들입니다. 그리고 생명권력이라는 개념은 독특한 자산을 가졌습니다. 처음에 그것은 이중의 기능을 가졌습니다. 그것은 국가 권력 실행의 특수한 일련의 요소들을 규정하고자 했습니다. 그러나 권력 실행을 일련의 요소들로 나누는 것은 문제적입니다. 처음에 푸코는 생명 안에 부여된 새로운 생명권력을 생사여탈권을 가진 이전의 지상권과 대립시키고자 했습니다. 그러나 그는 위생을 관리하는 국가와 폭력적인 국가의 공존을 똑같이 강조했습니다. 그리고 생명권력의 개념은 오늘날 우리가 쉽게 잊는 다른 기능을 가졌습니다. 그것은 좌파의 비판적 주제들 안에 억압과 해방의 프로이트적 마르크스주의를 도입했습니다. 그것은 해방의 담론을 권력의 새로운 담론으로부터 끌어낸 담론으로 간주하고자 했으며, 동시에 국가 권력의 생산적인 본성을 재평가하고자 했습니다. 역설적으로, 국가 권력의 분석하고만 관계하고, 잠정적으로 중단된 함축적 의미를 가졌던 이 개념은 이어서 전적으로 "생명정치"의 개념 안에서 긍정되었습니다. 왜냐하면 푸코의 "기술적인" 문제는 일종의 존재론적-정치의 문제와 접근하는 것을 허용하기 때문입니다. 전자는 인간적 삶(bios)과 자연적 삶(zoê)[104]의 개념들로부터 정치를 규정하는 것이고, 후자는 본래적인 주체로부터 정치를 규정하는 것입니다. 첫 번째는 아감벤이 취한 길이고 두 번째는 토니 네그리가 취한 길입니다. 아감벤은 정치의 질문을 권력의 질문과 동일시하는 점에서 푸코와 생각을 같이 합니다. 네그리는 저항

104 bios와 zoe는 그리스인들이 가졌던 구분으로 zoe는 아감벤이 벌거벗은 삶이라고 부르는 것으로 신을 포함해서 모든 생명이 가지는 단순한 삶의 사실이라면 bios는 인간적 삶, 즉 사회·정치·문화적인 삶의 방식을 의미한다.

의 주제를 다수적인 정치의 주체의 존재론 위에서 전개하고자 했습니다. 이 존재론화의 결과는 "생명권력"과 "생명정치"가 하이데거적인 방식으로 일종의 주인-기표들이 되었다는 것입니다. 그것들은 가족의 권리나 건강의 정치들로부터 강제수용소에 이르기까지 모든 것을 책임지면서 아무것도 책임지지 않습니다. 그리고 그것들은 그들의 최초의 준거점이었던 "사회적 국가"의 형식에만이 아니라, 사회 보장의 박탈과 같은 현재의 형태들에도 똑같이 적용됩니다. 정치의 인간학화는 모든 현상들을 같은 유형의 그럴싸한 설명으로 이끄는 것을 허용합니다. 그러나 나는 그것이 탈정치화에 의존하는 현재 국가적 지배의 형태들과, 국가들과 초국가적 권력들 사이의 숨바꼭질을 설명할 수 있다고 생각하지 않습니다.

● 당신은 『감성의 분할』에서 어떻게 새로운 미학적 경험의 양태들이 새로운 정치적 주체를 끌어낼 수 있는지를 보여주고자 했습니다. 푸코에게 결핍된 것은 이러한 유기적 결합일까요? 그의 후기 작품들은 정치와 미학 사이의 전적으로 해로운 혼동을 드러내지 않나요?

나는 그의 후기의 작품들이—그의 후기의 강의들을 제외하고서 내가 아는 한에서—정치적 전망을 규정한다고 생각하지 않습니다. 1980년대 텍스트에서 그가 말하는 실존의 미학은 개인의 주체화의 형식들과 관계합니다. 혼동—혼동이 있다면—차라리 윤리와 미학의 혼동이 있습니다. 그 혼동이 감수성의 문화 혹은 행동의 스타일화의 문화에 의한 미학의 정의를 전제한다는 것은 명백합니다. 또한 나의 전망은 이와 적적으로 다르다는 것도 명백합니다. 한편으로 나는 "미학"에 의해, 다시 말해 공통 감각의 양태의 형상화를 통해서 정치를 분석했습니다. 다른 한편, 나는 미학으로부터 추론한 감각적인 것의 나눔의 형식으로부터 미학의 "정치"를 분석했습니다. 연극, 합창, 문학작품의 한 대목을 가시적인 것과 말할 수 있는 것의 관계, 말의 유통의 양태, 신체들의 관계 등을 재-정돈하고 정치적인 것으로 만드는 장치로서 생각하면서 말입니다. 이것은 19세기의 프롤레타리아의 지각적이고 언어적인 경험이 시와 써진 페이지의 힘들과, 이것을 거쳐서 플라톤의 철학적인 자연법 혹은 시학적인 자연법과 가지는 관계를 분석한 이후로 항상 나의 문제였습니다. 여기서 나는 자연법을 합법성과 각자에게 몫을 주고 각자에게 말투를 강요하면서 자리들을 분배하는 상징적인 나눔의 관계로 이해합니다. 사람들이 마르크스의 개념들과 관계한다면, 내가 시도하는 것은 "이데올로기"의 재평가입니다. 푸코와 그를 생명정치로 읽는 사람들이 시도하는 것은 "생산적인 힘들"의 재평가입니다.

● 새로운 세계 질서라고 불릴 수 있는 것 안에서 정치 경제적인 지배의 형식들에 대해 당신은 어떤 분석들을 하시나요? 토니 네그리가 사용하는 제국의 개념은 제국주의에 의해 파악되지 않는 모습들을 생각하는 데 적합하다고 생각하시나요? 네그리의 입장은 그 근본에서 정치적 행위는 결국 자본주의의 새로운 상태에 적응해야 하는 것을 긍정하는 "정치의 종말"에 기여하지 않을까요? 확산되고, 조각으로 잘려지고, 파열되고, 사방으로 퍼진 생명정치로 변신하기 위해, 자본주의적 지배의 세계화의 형태에 자신을 일치시키기 위해 정치 그 자체를 제거할 위험을 무릅쓰면서 말입니다. 어디서나 권력을 보는 것은 그 개념 자체(정치적으로 생각할 수 있는 권력의 개념)의 특수성을 제거할 위험이 있지 않을까요?

현재의 상황은 확실히 경제 체제의 제국주의적 승리와 이 틀 안에서 권력의 재분배의 상황입니다. 자본주의적 권력에서 실현된 국제화는 경제적 힘을 통해서 점점 더 직접적으로, 단순히 자본의 이동과 국제적 기구에 의해 세계 지배를 가능하게 합니다. "제국"이 있다면, 그것은 분명 전에 본적이 없는 형태로 어떤 중심 국가도, 어떤 종교적이거나 철학적인 합법성도 없이 존재하는 것입니다. 얼굴도 중심도 없는 세계의 지배, 그것에 직면해서 어떤 주체화의 장도 구성되지 않습니다. 이런 상황에서 우리는 어떻게 삶을 일종의 마르크스주의적 은유로 취하는지를 봅니다. 이것을 위해 인민(demos)의 모습을 구성하는 정치적 주체화의 장은 항상 물질적인 삶의 생산의 인간학적-경제적 과정에 종속되고 다소 허망한 절차들이었습니다. 여기서 우리는 일종의 마르크스주의적 노동주체—『정치경제학 비판요강』에서 그 원리가 발견되는 주체—와 들뢰즈와 가타리의 방식으로 사유된 "카오스모스(chaosmos)[105]"와 유사한 스피노자주의적 정치적 **다중(multitude)** 사이의 균형 잡힌 관계를 세울 수 있습니다. 이런 주체는 중심 없이 편재하는 제국주의적 실재의 진정한 내재성으로, 자본주의적 제국 권력이 실질적으로 모든 곳에서 실현되는 모든 삶의 형태에 퍼진 정치적 행위의 통합의 형식으로 나타날 수 있습니다. 편재하는 권력 관계 안에서는 정치의 해체가 실질적으로 존재하며, 또한 정치에 위험한 것으로, 이런 편재에 직면해서 정치를 국가의 특권의 방어와 동일시하는 역전된 태도가 있습니다. 우리는 어떻게 이런 극단화 자체가 국가의 이중적 전략에 일치하는지를 발견합

105 들뢰즈가 제임스 조이스에게서 취한 용어로 "카오스와 세계의 내적 동일성"을 의미한다.

니다. 국가는 한편으로 세계 경제의 필요성 뒤에서 지워집니다. 다른 한편 국가는 이 필요성의 결과들에 저항하기 위해 내적 권력을 강화합니다. 정치는 주체화의 형태 안에, 진술과 표명의 독특한 장의 구성 안에 존재합니다. 정치는 삶과도 국가와도 동일한 외연을 가지지 않습니다.

● 이런 맥락에서 비정부기구(NGO)의 중요성이 날로 늘어나는 상황을 당신은 어떻게 분석하시나요? 보다 일반적으로 이런 인도주의적 행위 뒤에 어떤 논리가 작용할까요? 당신은 이런 인도주의적 행위의 "성공"과 "유행"이 해방의 상상적인 의미의 쇠퇴 안에 근거하고 있으며, 정치적인 영역을 파괴하고 점점 더 사적인 영역으로 후퇴하는 민영화의 과정과 짝을 이룬다는 생각에 동의하시나요? 오늘날 도덕과 선의의 합의적 패러다임에 의존하는 정치적 담론 안에서 일어나는 이런 지배적인 의지에 어떻게 저항할 수 있을까요?

"민영화"에 의해 이 문제를 정의할 수 있다고 생각하지 않습니다. 인도주의적 행위는 더 이상 불행을 더는 개인적인 자비의 행위로 환원될 수 없습니다. 현장에서의 실천은 개인적인 영역으로의 후퇴와 동일시될 수 없습니다. 그 실천이 동원하는 집단의식의 에너지와 형식 때문만이 아니라, 그 실천은 사적인 것과 공적인 것의 구분이 인위적이라는 것을 밝히기 때문입니다. 더 이상 사적인 삶도 공적인 삶도 없는, 인도주의적 행위의 수혜자인 이 사람들의 관점에서 사적인 삶과 공적인 삶은 실질적으로 대립되지 않습니다. 예를 들어 노동은 노동자들이 사적인 삶을 가지기 시작하자마자 공적인 일이 됩니다. 그리고 노동의 "민영화"는 그 자체 일련의 공적인 기구들 안에서 파악됩니다. 이것은 인도주의적 행위에 의해 제기된 최초의 질문은 세계의 나눔으로서 "인도주의"

그 자체에 대한 질문이라고 말하는 방식입니다. 한동안 우리는 일단의 나라들은 아직 민주주의가 무르익지 않았다고 말했습니다. 오늘날 민주주의는 같은 경제 활동에 참여하는 많은 나라들의 사실적 실존과 대부분 동일시됩니다. 즉 "민주적인 나라들"과 "우리가 투자할 수 있는 나라" 사이의 등가가 일어나고 있습니다. "인도주의"는 우선 경제 법칙에 의해 지배되는 세계와 동일시되는 민주주의 공간을 둘러싼 세계의 이 나눔이며, 이 공간을 넘어서 출생, 인종, 지역에 대한 어두운 열정에 사로잡힌 구시대적 집단에는 무관심합니다. 이런 울타리를 만든 것은 비정부기구가 아니라, 국가들 간의 합의에 의해서입니다. 우리가 인도주의적 행위라고 부르는 것은 사실 다소 갈등적인 강대국들의 국제 치안과 반제국주의 운동가들의 혼합입니다.

"윤리"적인 질문은 좀 다릅니다. 그러나 "윤리로의 회귀"는 그 근저에서 개인의 가치로의 회귀를 주장하는 것이 아닙니다. 그것은 모든 집단적인 해방의 사유를 그 원리상에서 무효화하는 타자성의 모습을 만드는 것입니다. 오늘날 윤리는 사적인 것, 즉 개인적인 선의와 집단적인 행위를 대립시키지 않습니다. 그것은 정치적인 불일치와 근본적인 타자성을 대립시킵니다. 공동체의 의미의 수호자로서 이 타자성은 집단적인 재난을 대가로 해방의 기획에 의해 파산될 수 있는 것입니다. 이렇게 이해된 윤리는 자기 자신에 반한, 혁명적인 근본성에 반한 애도의 담론일 뿐이며, 합의에 기여할 뿐이라는 것은 명백합니다. 그러나 이것은 윤리가 사적인 것과 공적인 것의 대립에 의해 해석될 수 없다는 것을 의미하며, 그것은 다른 공동체에 대립되는 공동체의 주체적인 형성이라는 것을 의미합니다.

● 이스라엘의 대학인, 마르틴 반 그레벨(Martine Van Grevel)(예루살렘 유대 대학의 연구자)이 베를린 장벽이 무너진 10년 후에, 1967년 이전에 이스라엘과 조르다니를 나누던 국경을 따라서 이스라엘과 미래의 팔레스타인 국가를 나누는 장벽을 세울 것을 제안하는 것(2000년 11월 1일자 《리베라시옹》을 참조)을 듣는 것은 역사의 아이러니 아닐까요? 이런 생각은 도덕적으로 견딜 수 없는 것으로 보입니다. 그러나 이것은 냉전의 종말이 더 끔직한 상황—즉 군사적 진보와 상호적인 억제의 압연기 아래서 우리가 제거했다고 믿은 것의 부활과 모든 종류의(국가주의적, 민족적, 종교적 등등의) 폭력의 부활—을 나타나게 하는 징후가 아닐까요? 어떤 조직된 군사적인 힘도 이 폭력을 끝낼 수 없는 것처럼 보이며, 대립적인 두 편 사이의 양극적 대립은 폭력을 완화하기보다는 타협할 수 없는 특이성들을 강조하는 것처럼 보입니다. 오늘날 우리가 물려받은 이 모든 도식들(냉전, 구시대로의 복귀 등등…) 밖에서 폭력과 갈등을 생각하는 것이 가능할까요?

오스트리아-헝가리 제국을 후회하는 것과 같은 방식으로 소비에트 제국을 후회하는 일이 있을 것이라고 생각하지 않습니다. 사실 이 제국이 유지된 동안 제국은 한편으로 거기에 속한 구성원들 사이에 질서를 유지했습니다, 다른 한편 그것은 민족적이 아닌 타자성의 상징화에 의존했습니다. 그러나 현재의 민족주의적 열기는 제국이 모든 형태의 자발적이고 정치적인 주체화를 제거한 것에 대한 결과입니다. 계급투쟁—국내적이고 국제적인—을 통한 상징화의 형식의 상실과 점점 더 부에 의한 지배와 민주주의의 동일시는 공동체의 민족적인—즉 종교적인—정체성을 제국의 소멸과 부자들에게 한정된 민주주의에 대한 대안으로 만들었습니다. (이러한 상황은 프랑스에서 인종차별적 극우파가 자신을 합의적 논리에 대한 유일한 대안으로서 정치의 공백을 메운다고 주장하면서 번성하는 것과 유사합니다.) 그러나 이것을 보편과 특수의 대립논리 안에서—특히 보편을 국가적인 것과 동일시한다면—요약하는 것은 기만적입니다. 이것은 강대국들이 사라지면서 맹위를 떨치는 독립주의자들과 그들 사이의 갈등이 있다는 유의 추론 안에서 일어납니다. 이로부터 우리는 국가적 보편주의 아니면 자연 상태로 돌아간 구시대의 카오스라는 오만한 양자택일을 갖게 됩니다. 그런데 새로운 민족적 권력들은 근대의 강대국들의 논리와 그들의 방법에 의해 형성되었습니다. 그들의 "구시대적(archäique)" 폭력은 모든 적들을 계획적으로 제거하는 "체계적인(raisonnée)" 폭력과 다르지 않습니다. 중앙권력의 붕괴 이후에 무엇이 일어났는지에 대한 증거로서 우리는 유고슬라비아의 상황을 어렵지 않게 예로 들 수 있습니다. 그러나 중앙권력의 붕괴가 민족적 독립주의자들 사이의 충돌을 불러일으킨 것은 아닙니다. 반대로 그 자신의 고유한 종말을 촉발하고, 민족주의적 십자군으로까지 이끈 것은 바로 그 중앙권력입니다.

● 상징적 연대의 파괴로부터 생겨나는 잠재적인 폭력—구시대적 폭력으로의 복귀와 정확히 대립되는 폭력—을 강조하는 몇몇 사회학자들(보드리야르, 앙리-피에르 쥬디, 폴 비릴리오)에 의해 전개된 분석들을 어떻게 생각하시나요? 몇몇 청소년들에 의한 살인적 폭력 안에서 우리는 잠재적인 직접성의 시대에 직면한 무용한 상징적 질서와의 단절 그 자체의 표현을 봐야 하지 않을까요?

상징적인 것의 파괴자로서, 그리고 그로 인한 새로운 구시대의 생산자로서 "잠재화"를 생각하는 것에는 모순이 없습니다. 그러나 문제의 핵심은 "잠재적", "상징적인 것의 상실"과 같은 개념들의 공허하고 동어반복적인 성격입니다. 우선적으로, 우리의 현재를 규정하는 것은 "상징적인 것의 상실"이 아니라, 타자와 폭력의 상징화의 몇몇 형식들의 후퇴입니다. 그리고 인종차별주의는 노동자나 프롤레타리아의 주체화에 속하지 않으며, 다만 민족적 차이에서 나타나는 한 이민자에 반한 새로운 형식들을 따라서 전개됩니다. 이런 사태는 역설적이게도 더 이상 부르주아가 적이 아니라 그들을 배제한 사회가 적인 젊은 이민자들 사이에서 일어납니다. 버스를 공격하거나 경찰서에 돌을 던지는 젊은이들의 행위는 상징적인 것의 상실에 속하지 않습니다. 그것은 정치적인 상징화와의 관계에서 후퇴한 동일성과 타자성의 상징화에 속합니다. 그러나 "전-정치적인" 것은 여기서 "상징적인 것 밖에" 존재하지 않습니다. "상징적인 것의 상실"에 대해 말하는 것은 이 현상들 위에 "자연적 상태"의 판타즘이나 정신분열의 정신분석학적 이론을 던지는 것입니다. 아주 흔한 형식에서 추론은 질서가 없으면 무질서가 있게 된다는 동어반복적인 진술로 끝이 납니다. "잠재적인 것"도 역시 모든 소가 검을 때 밤이 됩니다. 보드리야르의 사회-미디어학에는 막을 수 없는 전방의 누수가 있습니다. 그의 테제들은 "생명권력"의 그것들과 마찬가지로 1970년대 후반에 평화적인 사회의 전망 안에서, 일종의 폭력적 열정에 취한 전망에서 만들어졌습니다. 이어서 상황이 예상한대로 전개되지 않자, 그는 폭력은 다만 가상적인 폭력일 뿐이라는 것을 증명해야 했습니다. 다시 말해 유일한 폭력만이, 거대한 정신분열적인 공허로서 텔레비전을 통한 현실의 상실만이 있다는 것을 증명해야 했습니다. 보드리야르에 의하면 헤이젤(Heysel) 경기장에서 일어난 참사[106]의 근본적인 원

106 헤이젤 참사는 1985년 5월 29일 유러피언컵 결승전이 열린 벨기에 브뤼셀의 헤이젤

인은 공허한 스크린에 의해 우리 머리에 크게 열린 구멍으로 폭력이 전달되었기 때문입니다. 스크린을 그것이 전달한 모든 것의 원인으로 만드는 거짓추론은 끝없는 악순환 안에서 상징적인 것의 상실의 동어반복을 조성합니다. 물론 여기에는 폭력의 평화적 상징화의 집단적인 형식의 상실과 일단의 시민성의 규칙의 상실이 있습니다. 이것이 상징적인 것의 상실을 만드는 것이 아닙니다. 폭력의 주역인 젊은이들은 텔레비전이 하는 어떤 역할도 하지 않습니다. 그들은 상징화의 제한된 도구만을 가지고 물질적인 상황에 물질적으로 반응했을 뿐입니다.

● 당신은 『무지한 스승』에서 부르디외와 장-클로드 파스롱(Jean-Claude Passeron)에 의해 전개된 비판적 사회학(『상속자들』과 『재생산』)[107]과 거리를 취하면서 지적인 해방의 조건들에 대해서 반성했습니다. 그들은 사회적 제도들(예를 들어 학교)을 형식적인 평등의 화려한 수사학 아래 가려진 상징적 폭력이 실행되는 장소로서 특징짓습니다. 그들이 전개한 타고난 능력의 이데올로기에 대한 비판을 통해 그들은 평등의 전제 하에—해방의 기획에 의해 인도된 정치적 과정의 존재 가능성을 조건 짓는 것들의 이름에서—그들의 비판적 담론을 기입하지 않을까요? 이 사회학의 적절함을 "상승적으로" 재평가해야 하지 않을까요?

질문은 재평가해야 하는 것이 정확히 무엇인가를 아는 것입니다. 물론 『상속자들』의 사회학은 평등의 영감을 가지고 전개되었습니다. 여기서

경기장에서 이탈리아의 유벤투스 FC와 잉글랜드 리버풀 FC 서포터 사이에 벌어진 싸움으로 인해 39명이 사망하고 454명이 부상당한 사건이다.

107 두 저자가 공동으로 각각 1964년, 1970년에 출간된 책으로 교육의 문제를 다룬 공저이다.

평등의 연감이 무엇을 의미하는지를 아는 것이 문제이고, 어떤 문제의 전망이 어떤 평등의 이념과 연루되는지를 보는 것입니다. 부르디외와 파스롱은 평등을 원했고, 공화주의자들과 교육부의 관계자들도 그것을 원했습니다, 그러나 두 질문이 제기됩니다. 첫 번째는 배움의 출발점으로 우리가 무엇을 취하는지를 아는 것입니다. 그것은 지적인 평등을 현실화하는 것이거나 불평등을 제거하는 것입니다. 불평등으로부터 출발하는 것, 그리고 그것을 조정된 무지에 의해서 해석하는 것, 그것은 이중적 논리 안에 연루되는 것입니다. 한편으로 우리는 불평등을 제거하기 위한 해결책을 제시합니다(『상속자들』). 다른 한편 우리는 불평등의 이유, 즉 불평등의 메커니즘 그 자체에 대한 무지를 영구화합니다(『재생산』). 이 관점에서, "불평등의 축소"의 논리와 그에 반해 해방의 이름 하에서 이뤄진 비판을 구분할 수 있는 것은 아무것도 없습니다. 그러나 여기서 두 번째 질문이 제기됩니다. 그것은 학교의 논리가 지적 해방의 논리로 환원될 수 있는가를 아는 것입니다. 그런데 학교는 두 가지를 합니다. 학교는 가르치고, 때때로 지적 평등의 조건 아래에서—차이와 장애를 무시하면서—해방을 가져올 수 있습니다. 그러나 한편으로 우리는 배우고자 하는 사람들만을 가르칩니다. 다른 한편 학교는 사회적 기구이고, 그러한 한에서 해방은 학교의 문제가 아닙니다. 그리고 학교는 가르치는 것과 다른 것을 합니다. "사회학자들", "공화주의자들"이 하는 것에 집중하면, "불평등의 축소"의 수단에 대한 모든 질문은 두 문제를 섞습니다. 즉 지적 평등의 장치의 문제와 학교의 사회화의 문제를 혼동합니다. 그러나 그 둘을 분리해야 하고, 그 둘은 학교 내에서 제기해야 합니다. "양성"과 "교육"의 분리 혹은 공화주의적 지식의 보편성과 사회문화적 특수성의 대립을 어설피 말하는 대신에, 문제는 학교는 항상 이 둘을 했다는 것을 보는 것이며, 학교는 평등을 전제하는 지적인 계약과 일치하지 않는 사회적 계약을 항상 전제했다는 것을 아는 것입니다. 사실 이 지점에서 부르디외와 피스롱에 의해 문제 제기된 "함축적인 것"의 질문이 제기됩니다. 우리는 지적 배움의 "앞서 획득된 것들"을 명시적으로 설명하는 데 이를 수 있습니다. 불평등이 성장하는 사회 안에서 학교의 목적들과 이 목적들을 따라서 학교가 취해야 하는 형식들을 명시하는 것은 만만찮은 일입니다. 현재 일어나고 있는 논쟁들의 대부분은 오늘날 사회적 제도로서 학교에 대해 무엇이 명시화될 수 있는가라는 질문을 회피하기 위해 문제들을 혼동시키는 데 기여할 뿐입니다.

● 부르디외와 파스롱에 의해 전개된 분석의 가치와 타당성이 무엇이든지 간에, 우리는 최근에 클로드 알레그르(Claude Allègre)[108]에 의해 전개되고, 지식의 소지자의 권위로서 교사의 상징적 지위를 문제화한 것에 의해 특징지어지는 교육 정책은 학교 제도 안에서 갈등의 해결은 치안에 의존했다는 사실을 확인할 수 있습니다. 어떻게 상징적 폭력의 장소로서 학교에 대한 부르디외와 파스롱에 의해 전개된 비판을 취한 한 사회적 담론이 전적으로 반동적인 정치적 입장(학교-경찰의 제휴, 법적이고 사회적인 교육이란 명목으로 공화주의적 교리교육의 도입 등등)을 합법화하는데 (그 자신은 그와 같은 해결을 권장하지 않을 때—이 주제에 대해서는 《르몽드》 2000년 11월 10일자 국가건강기구(Inserm)의 "청소년의 고통과 폭력"에 보고를 참조) 이를 수 있는지를 보는 것은 상징적입니다. 교육적 "진보주의"와 완곡한 형태의

108 클로드 알레그르는 조스팽(Jospin) 사회당 정부의 교육부 장관(1997-2000)을 역임했다.

정치적인 보수주의와의 이런 연대를 어떻게 생각하십니까?

의사들은 항상 아이들은 너무 피곤하고 청소년들은 고통을 받는다고 말했고 또 계속 그렇게 말할 것입니다. 그것은 그들의 역할이고, 학생들의 신체와 정신을 대상으로 하는 모든 모순된 논리를 자신들의 몫으로 만드는 것도 학교에 대한 반성의 역할 속에서입니다. 학교와 경찰의 제휴, 또 "법적이고 사회적인 교육"이 문제일 때, 이것들은 학교의 사회화가 문제인 경우 국가적인 문제와 혼동됩니다. 교사의 상징적인 "권위"에 대한 질문은 사실 이중적인 질문입니다. 즉 전달의 상징적인 장치에 대한 질문과 학교사회의 규칙에 대한 질문입니다. 두 질문이 겹치는 학교제도의 역사 안에는 두 질문이 서로 겹치는 순간들이 있고, 두 질문이 최대의 간격을 가지는 순간들(이것들은 권위의 외적 모델의 진화, 제도의 규칙과 젊은이들이 형성되는 작은 사회들의 규칙 사이의 크고 작은 조화, 그리고 사회적 진화가 학교에 제시하는 약속의 크고 작은 신뢰에 따라서 나타납니다)이 있습니다. 질문의 근본으로 들어가기를 원치 않는 국가는 이중의 장에서 놀이하고, 사회교육적인 담론에서 이중의 역할을 수행합니다. 한편으로, 국가는 문제들을 "지식 앞에서의 불평등"이라는 하나의 문제로 환원하면서, 이 문제를 교사의 상징적인 권위의 재규정 안으로 이끌면서 문제들을 절단합니다. 그러나 다른 한편 이 재규정은 곧 남은 문제, 즉 교사의 이중적인 불충분성을 표시하는 바깥과의 관계를 나타나게 합니다. 한편으로 우리는 교사가 교육자의 기능을 실행하지 않는다고 비난합니다. 그리고 우리는 그가 공화국적 교리교육을 가르치기를 원합니다. 그 자신도 그것을 배우기 위해서 말입니다. 다른 한편 우리는 그에게 사회적인 공간과의 관계의 한계인 그의 자질의 한계를 고백하도록 이끕니다. 이 사회적인 공간은 당연히 치안에 전염된 공간입니다. 이때 개혁의 논리는 교육자들은 젊은이들의 도덕적인 교육의 역할을 책임지고자 하지도 책임질 수도 없다고 그들을 비난하는 전통적인 입장을 교체합니다. 그러나 진보적인 교육적 담론의 방향상실의 고발은 다른 형태의 문제의 단순화 혹은 문제의 제거를 지지하기 위한 단순한 논증으로 사용될 수 없습니다. 이 다른 형태는 모든 것을 교사의 상징적인 권위라는 하나의 질문으로 환원하고, 이 질문을 그 자체 해방자로 전제되고 사회적인 것의 침입으로 인해 위협받는 지식, 문화, 보편의 권위와 동일시합니다. 학교는 비사회적인 제도이고 지식의 전달만을 그 목적으로 한다고 더 이상 주장할 수 없습니다.

예술의 체제와 형식과 이행[109]

(한스-울리히 옵리스트와의 대담)

2001년

● 한스-울리히 옵리스트: 현재 무슨 작업을 하시는지 알고 싶습니다.

자크 랑시에르: 미학의 이념에 대해 작업 중입니다. 나에게 이것은 철학도, 과학도, 예술의 이론도 아닙니다. 이것은 예술에 대한 특수한 사유의 체제입니다. 따라서 나는 몇몇이 예술의 근대성(modernité)이라고 부르는 것과의 차이 안에서 작업합니다. 이 용어는 역사, 정치, 예술 사이의 한 유형의 관계를 함축하며, 이것은 나를 만족시키지 않습니다. 예술의 체제는 예술가들이 예술을 하는 방식, 지각의 양태들, 그리고 그들이 하는 것의 사유 가능성의 형식들 사이에 부합하는 체계입니다.

109 (원주) "예술의 체계와 형식과 이행"이란 제목은 이 책을 편집하면서 붙인 것으로, 한스-울리히 옵리스트(Hans-Ulrich Obrist)와의 이 대담은 카탈로그 Traversée (ARC, Paris-Musées, 2001)에 실렸고 자크 랑시에르가 텍스트를 다시 보았다.

예술은 또한 우리가 보는 것과 우리가 예술로서 생각할 수 있는 것입니다. 결과적으로 나는 모든 예술적 실천의 총괄적인 일관성, 그것의 가시성과 정체성에 대해 반성합니다. 따라서 나는 한편으로 예술적 실천이 있고, 그것 위에 접목되는 이론이 있다고 말하는 사람들에게 반대합니다. 또한 예술은 제도가 예술이라고 선언한 것이라고 말하는 게으른 이론들에도 반대합니다. 예술은 경영자들의 일이 아닙니다. 예술은 항상 동시에 지각의 양태, 가시성의 양태, 이념입니다. 이런 지평에서 나는 미학과 정치 간의 관계를 이해하고자 했습니다. 5-6년 전부터 나는 2세기 동안의 예술에 대한 글들을 연구하고 있습니다. 즉 미학에 대한 철학적 고전에서부터 현재의 중요한 몇몇 양식들을 구성하기 시작한 모든 담론들까지 보고 있습니다. 따라서 나는 예술의 가시성의 진화와 동시에 그것이 새롭고 다른 예술들을 거쳐서 번역되는 방식들을 생각하고 있습니다. 사진이나 영화와 같은 예술이 나타났을 때, 무슨 일이 있었을까요? 회화가 그 지위를 변경했을 때, 또 그것이 오늘날 조형예술이라고 부르는 것 안에 녹아들어갔을 때, 무슨 일이 있었을까요? 이것이 기술적으로 새로운, 거의 상징적이라고 말할 수 있는 예술인 영화에 대한 특별한 관심과 더불어 요즘의 나의 작업의 대상들입니다. 1920년대 몇몇 이론들에서 영화는 전통적인 표상의 예술과 단절하는 예술의 새로운 형식, 감각적 언어를 상징화했습니다. 그런데 어떤 의미에서 영화는 전적으로 그와 반대되는 것을 했습니다. 영화는 가장 새로운 예술입니다. 그러나 그것은 이미 다른 곳에서, 예를 들어 문학에서 이미 지나간 예술의 모든 체제, 서술과 유형의 양태들을 다시 가져왔습니다. 거기에 예를 들면 예술의 모순들에 대한 작업이 있습니다.

● 최근에 당신의 레이몽 드파르동(Raymond Depardon)[110]에 대한 텍스트를 읽었습니다. 그것은 예술과 정치의 얽힘이 문제일 때, 아주 흥미로운 예술적 실천으로 보입니다.

나는 사진 전문가도 드파르동 전문가도 전혀 아닙니다. 나는 레이몽 드파르동의 요청으로 나의 작업을 특징짓는 이중 논리를 따라서 그 글을 썼습니다. 몇몇은 이 논리에 흥미를 가지고 전시회나 예술가의 작업, 특별한 상황에 대해 글을 써 줄 것을 내게 요청합니다. 나에게 이런 의외의 요청들은 내가 홀로 한 작업들을 현실에서 시험하고 검증하는 하나의 방식입니다. 레이몽 드파르동이 나에게 그의 전시회를 위한 글을 부탁했을 때 그것은 여러 가지 이유에서 나의 관심을 끌었습니다. 우선 그의 작업은 사진의 유형들 간의 나눔을 질문합니다. 그는 원래 특파원입니다. 그런데 그의 작업은 예술적 사진과 리포터의 사진 간의 오래된 전통적인 분리를 고발합니다. 나의 관심을 끈 것은 이런 대립을 초월해서 어떻게 리포터의 사진이 예술의 미학적 체제를 체화할 수 있는지, 다시 말해 주어진 어떤 것의 포착 안에, 즉 어떤 예술적 의지에 의해 구성된 것이 아닌 것 안에서 특히 예술의 근대적 형식이 정의되는지를 보는 것이었습니다. 그에 대한 나의 또 다른 관심은, 그의 작품들을 자세히 보면서 생긴 것인데, 그가 틀에 대한 질문 위에서 작업한 것이었습니다. 전통적으로 우리는 사진을 사진사가 포착한 기적적인 순간으로부터 생각했습니다. 이것은 바르트가 『밝은 방』에서 푼크툼(punctum)이란 범주

110 레이몽 드파르동(1942–)은 프랑스의 사진가, 영화감독, 기자, 시나리오작가로 특히 그의 다큐멘터리들로 유명하다.

에서, 우리가 사진의 "말할 수 없는" 이론의 틀 안에서 흔적으로, 물체의 빛의 발산으로서 생각한 일종의 사진에 대한 특수한 정감에서 강조한 것입니다. 나의 관심을 끄는 것은 따라서 사진에 대한 이 모든 담론과의 관계에서 간격을 만드는 경우들을 파악하는 것입니다. 왜냐하면 드파르동의 사진은 특권적인 순간의 파악이 아니라, 그가 포착하는 것은 항상 우리가 아주 일상적이라고 말하는 것들이기 때문입니다. 결과적으로 그에게 본질적인 것은 특권적인 순간, 의미—혹은 무의미—의 순간을 발산하는 것이 아니라, 사진사와 그 앞에 존재하는 것과의 관계를 정돈하는 것입니다. 나의 텍스트는 특히 이 거리, 이 간격에 대한 질문에 집중했습니다. 중요한 것은 특권적 순간이 아니라, 적절한 거리입니다. 이 거리에서 우리는 이미지에서 일어나는 것과 이미지 앞에 예술가—사진사—를 이끄는 것과의 관계를 파악할 수 있습니다. 또한 중요한 것은 다음과 같은 유형의 질문들—사진을 찍을 권리가 있는가? 그것의 정치적 의미는 무엇인가? 이런저런 이미지를 만들 윤리적 권리/무-권리는 무엇인가?—을 다시 묻는 방식이었습니다. 여기서 나의 관심을 끄는 것은 질문이 변경되었다는 사실이었습니다. 다시 말해 우리가 키갈리(Kigali) 수용소에 감금된 집단학살의 용의자들의 사진을 찍을 권리가 있는지 없는지의 문제가 아니라, 어떻게 그것을 하는가였습니다. 드파르동의 작업에서 나의 흥미를 촉발한 것은 말, 고정된 이미지, 그리고 움직이는 이미지 사이의 관계였습니다. 그것은 바로 각자 자신 안에 자신의 매체와 고유한 언어를 갖는다는 현대예술의 전망에 대해 비판하고자 했기 때문입니다. 반대로 나에게 중요한 것은 사진을 찍는 것, 책을 쓰는 것, 영화를 만드는 것 사이의 관계와 공동체에 의해, 경우에 따라서 한 예술에서 다른 예술로의 이행, 전이에 의해 그 관계가 함축하는 것입니다. 예를 들어, 드파르동의 경우, 어떻게 사진의 틀과 거리에 대한 질문이 영화에서 특히 강요되는 시간의 제약들—카메라의 회전 운전을 끝내는 것, 감긴 필름을 전부 소모하는 것, 이 시간 동안 카메라가 만나는 것들에서 우리가 얻게 되는 "이득"이 무엇이든지 간에 이미지를 취하는 자에게 이미지의 통제를 불가능하게 하는 어떤 제약을 강요하는 것—을 거쳐서, 시간에 대한 질문이 되는지를 보는 것입니다. 바로 여기에 이 특별한 작품들에서 검증하는 것이 흥미로운 예술의 미학적인 체제의 일반적인 문제들이 있습니다. 즉 예술들 사이의 이행, 의지적인 것과 비의지적인 것의 관계, 예술과 비예술의 관계 등등.

● 미술관이나 화랑에서 일어나기 시작하는 이런 이행은 매우 흥미롭습니다. 알바니아의 예술가인 안리 살라(Anri Sala)는 자신의 어머니와 알바니아의 공산주의자들에 대한 영화를 만들었습니다. 이 영화는 곧 텔레비전에서 다큐멘터리로 방송될 예정입니다. 동시에 이 영화는 미술관에서 예술작품으로서 전시되었습니다. 드파르동에 대한 당신의 글에서 같은 현상을 발견하는 것은 아주 흥미롭습니다. 다큐멘터리와 예술은 더 이상 분리된 범주가 아니라 유동적이 됩니다. 같은 작품이 다른 형태들, 다른 맥락들에서 책으로서 혹은 전시로서 나타날 수 있습니다.

물론 그렇습니다. 당신이 말하는 영화는 내 기억에 전시회 "여기에 있습니다(*Voilà*)"에서 발표되었습니다. 내가 본 이 전시회는 방심의 형태를 가진 것으로 작은 영화관 안으로 들어갈 수도 나갈 수도 그곳에 머물 수도 그곳을 떠날 수도 있게 되어 있었습니다. 이런 유형의 전시는 회화와 영화 간의 역할의 나눔을 문제 제기 합니다. 전통적으로 회화는 그 자체 닫힌 것으로 우리는 작품 앞을 지나갑니다. 반면 영화는 이어지는 움직이는 영상들입니다. 동시에 영화는 그러한 연속을 보기 위해 정해진 자리에 앉을 것을 전제합니다. 물론 이런 관계는 예를 들어 영화의 텔레비전 상영이나 그림의 복사와 같은 것에 의해 흔들립니다. 그러나 흥미로운 것은 이러한 흔들림이 예술적 장치 그 자체에 의해 조직되고, 책 위에 그림들이 무한히 복사되는 현상 혹은 영화의 텔레비전 재핑(zapping)이 예술의 시간과 공간의 양태들을 변경하면서 모든 예술의 형식들을 재배치하는 특별한 예술에 의해 행해진다는 사실입니다. 이 전시에는 모니터들로 이뤄진 장치 안에서 재상영되는 샹탈 애커만(Chantal Akerman)의 영화들도 있었습니다. 예를 들어 우리가 〈잔느 딜만〉*(Jeanne Dielman)*을 다른 영화의 목소리와 함께 볼 때, 그 장치는 그 영화의 의미를 변경했습니다. 장치는 우리가 화면에서 보는 지각을 변경합니다. 특히, 나는 이런 변경에 민감합니다. 우리는 너무 오랫동안 각각의 예술은 각각의 매체들을 가진다는 레싱의 예술적 근대성을 생각해 왔습니다. 예술의 순수성에 대한 반복된 모든 담론은 여기에 접목됩니다. 이러한 담론은 특히 예술작품에 기생해서 그것을 현전의 체제 밖에 놓는 철학의 말들을 비판합니다. 개인적으로 나는 회화의 역사를 포함해서 예술에서 말들은 중요한 역할을 한다는 것을 드러내고자 했습니다. 말들은 그려진 것들의 가시성 그 자체를 변경합니다. 예를 들어 나는 19세기, 루벤스, 렘브란트, 풍속화를 다시 보는 방식에 대해서 연구했습니다. 이러한 회화에 대한 재기술은 그림의 일화에서 회화적 사건을 파악하고, 인상주의와 그 이후의 화풍을 유일하게 가능하게 한 새로운 가시성을 창출합니다. 그래서 나는 매체들 간에, 특히 말과 이미지가 서로에게 영향을 미치는 방식에 민감합니다. 이미지나 말을 변경하는 장치가 비판적인 효과를 가져온다고 믿지 않습니다. 우리는 다소 새로운 장치의 새로운 연출이 사물을 다르게 보고 듣게 한다고 생각하는 경향이 있습니다. 여기서 나는 "관객을 넘어서(*au-delà du spectacle*)"와 같은 전시들을 생각합니다. 이 전시회는 분리되고 좀 색다른 작은 공간 안에서 다시 작업된 광고는 필연적으로 광고에 대한 비판을 끌어낼 것이라고 전제합니다. 그러나 나는 반드시 그렇다고 생각하지 않습니다. 사실 전시회 운영위원은 자주 그 자체로 비판적이라고 생각되는 이 장치의 비판적인 성격을 설명하기 위해 빈 상자를 첨가해야 합니다.

● 최근의 당신의 책 『미학적 무의식』에서 미학적 혁명에서의 이행은 일종의 당신이 언급한 가시적인 것과 말할 수 있는 것, 지식과 과학, 능동과 수동… 등등의 관계의 제거와 연결됩니다.

그것은 큰 사건입니다. 나는—물론 나 혼자가 아니라—형상적 회화에서 추상예술로의 이행에 대해 표상적인 것에서 비표상적인 것으로의 이행으로 생각하는 다소 단순한 전망을 깨고자 했습니다. 나에게 표상의 체계는 다만 형상과 비-형상, 모방과 비-모방의 일이 아닙니다. 그것은 말할 수 있는 것과 가시적인 것 사이의 질서를 가진 관계 전체입니다. 표상적 질서 안에는, 예를 들어 고전 비극이나 17세기와 18세기 역사화들에서는 말해질 수 있는 것과 가시적인 것 사이에서 조정된 관계의 경제가 있습니다. 말은 보여주는 것으로 생각되고 동시에 말은 이 가시적인 것을 통제합니다. 이것은 내가 코르네유의 『오이디푸스』와 볼테르의 사례를 가지고 연극을 분석한 것입니다. 연극에서 말은 무대에서 자기-표현적인 직접적 현전을 금지하는 가시적인 것을 낳습니다. 상호적으로 이 말의 지시 대상, 즉 가시적인 것의 이 부름은 말의 다른 잠재성을, 즉 말이 말 자체에 의해, 말의 침묵에 의해, 말의 수수께끼에 의해 말하는 말의 잠재성을 역류시킵니다. 바로 이 이중적 억제 안에서 말할 수 있는 것과 가시적인 것 사이의 표상적인 관계가 정의되고, 예를 들어 디드로의 텍스트들에서 예증됩니다. 디드로는 어떻게 역사화를 서사에 일치해서 그려야 하고 그리면 안 되는지를 설명합니다. 또한 그는 우리가 시에 줄 수 있는 가시화를 통한 시의 의미에 대해서도 말합니다. 『일리아드』에서 아이아스(Ajax)의 말들에 대한 해석을 논의하기 위해, 『숭고에 대한 논의』[111]는 우리에게 두 이미지를 제시합니다. 사람들이 그 말들에 주는 해석에 의하면, 우리는 절대적으로 다른 두 초상화로 그려질 수 있는 성격과 태도의 두 해석을 가지게 될 것입니다. 여기서 그림은 말들의 의미의 증거로서 기능합니다. 내가 미학적 혁명이라고 부르는 것은 말해질 수 있는 것과 가시적인 것 사이의 일치하는 체계와의 단절입니다. 예술의 미학적 체제는 회화를 마치 시를 모방하는 것으로, 시의 역사를 해석하는 것으로 생각하는 방식을 배제합니다. 또한 그것은 말이 가시적인 어떤 것을 산출하게 하는 이런 억제된 생각을 제거합니다. 그러나 그것은 동시에 가시적인 것이 말이 넘치는 것을 방해하는 것처럼 말이 가시적인 것이 넘치는 것을 방해하는 이 억제를 제거합니다. 신탁의 열광과 공연의 공포를 포함하는 행동의 논리 안에 맞춰진 코르네유 혹은 볼테르의 오이디푸스는 일종의 지식의 열광인

111 『숭고에 대한 논의』(*Traitá du sublime*)는 그리스 2-3세기경에 써진 문학비평으로 저자는 알려져 있지 않으나, 오랫동안 롱기누스(Longinos)라는 저자의 이름으로 통했다. 근대에 들어와 저자의 이름은 유사-롱기누스(Pseudo-Longinos)라는 이름으로 통한다.

횔덜린 혹은 헤겔의 오이디푸스와 대립됩니다. 후자에서 인물의 사유는 행동을 이끄는 지도적인 잠재력이 아니라, 사유는 그 자체 정감이고 병입니다. 바로 여기에 미학적 혁명의 핵심이 자리합니다. 이전의 표상적인 질서는 사유가 수동적인 물질을 명령하는 능동적인 형식인 사유의 이념에 의해 지배됩니다. 미학적 혁명은 형식은 물질 그 자체에 내재적이라고 전제하는 순간, 또 언어는 더 이상 자신의 잠재력을 현시하고 자신의 고유한 기원을 표현하면서 "보여주는 것"이 아니라 스스로 말한다고 전제하는 순간에 시작합니다. 결국 우리는 또한 물질적인 사물들도 이런 의미에서 말을 한다고 전제합니다. 이것이 바로 그 유명한 노발리스의 "모든 것이 말한다"의 의미입니다. 다시 말해 우리가 광물들의 감각적 외관에 기록된 그것들의 역사를 읽을 수 있는 것과 마찬가지로 광물들은 말합니다.

● 브뤼노 라투르(Bruno Latour)는 바로 이 주체와 대상, 생명과 대상들 간의 이분법이 거짓이라고 생각합니다. 그리고 많은 대상들은 생명과의 관계를 가지고 일종의 잡종성(hybridité)에 참여한다고 생각합니다. 이런 생각에 대해 당신은 동의하십니까?

개인적으로 나는 생명 이론과 관계하지 않습니다. 과학 철학 안에서도 말하지 않습니다. 전혀 그렇지 않습니다. 나는 미학적 기획에 나의 연구를 한정합니다. 예술의 역사와 그 사유 안에는 본질적으로 말하는 자와 침묵하는 자, 혹은 가시적인 것과 비가시적인 것 사이의 재분할을 통해서 산 자와 죽은 자 간의 재분할이 강요되는 순간이 있습니다. 앞서 노발리스에게서, 나는 모든 사물에 내재한 언어에 대해, 화석, 광물,

식물, 더 나아가 인간의 역사를 그 자신 안에 흔적으로 가지는 기록물로 취급되는 모든 인간적 대상들의 침묵의 언어에 대해 낭만주의 시대에 말해질 수 있는 모든 것을 암시했습니다. 이로부터 문학을 사물들 위에 어디에나 기입된 기호들의 전개와 해석의 양태로서 생각하고, 회화를 물질적 과정과 그리는 행위의 기록으로서 생각하는 모든 새로운 방식들이 정의됩니다. 미학적 혁명은 패러다임의 변화로서, 이 변화로 인해 물질을 규정하는 형식의 옛 체계나 가시적인 것을 규정하는 말할 수 있는 것의 체계 대신에, 지배적이 된 것은 반드시 비형식이 아니라 말하지 않는 것의 담론입니다. 낭만주의 시대의 이론적인 텍스트들을 거쳐서, 또한 2세기 간 전개된 모든 예술을 거쳐서, 예술을 근본적으로 규정하는 것은 의식과 무의식 간의, 원하는 것과 원하지 않은 것 간의, 말하는 것과 침묵하는 것 간의 일종의 근본적인 동일성입니다.

● 당신이 대립되는 것의 동일성이라고 부른 것이 문제일까요?

그렇습니다. 내가 미학적 혁명의 이념 안에 놓고자 한 것은 바로 이것입니다. 미학적 혁명은 다만 물질, 감각적인 것이 갑자기 나타나 그 권리를 요구한 것이 아닙니다. 그것은 차라리 감각적인 것은 대립되는 것들의 동일성의 장소이며, 사유하지 않는 사유의 장소라는 이념입니다. 그리고 이것은 미학의 형성에서, 다시 한 번 말하지만, 교리가 아니라, 사유와 예술의 가시성의 체제로서 미학의 형성에서 근본적입니다.

● 예술가들의 실천 혹은 드파르동과 같은 예술가들의 실천과의 관계에서, 그리고 현재 일어나고 있는 다른 실천들과의 관계에서 당신은 어떤 입장이신가

요? 이 대립된 것들의 동일성과의 관계에서 특히 당신의 흥미를 일으키는 현대적 실천들은 무엇인가요?

대립적인 것들의 동일성은 영화가 태어나고 사진이 예술이 된 19세기 말과 20세기 사이에 시, 연극, 무용, 회화에 영향을 미친 몇몇의 변형들에 특별한 중요성을 강조합니다. 현재 우리는 더 애매한 상황에 처해있고, 지배적인 것은 예술의 "지향적인" 개념화라고 생각합니다. 예를 들어 우리는 말라르메 시대에 언어의 정교화 작업으로서 시와 사물 한가운데 내재하는 일종의 시선 간의 일종의 동일성을 생각합니다. 말라르메는 항상 시를 부채나 머리카락 등등의 움직임과 일치시키고자 했습니다. 그리고 우리는 그 시대에 안무를 모델로 해서, 의식적인 정교화로서 시와 자발적인 시적 운동 사이의 정립된 일종의 동일성과 같은 것을 봅니다. 오늘날 우리는 같은 도식 안에 존재하는 것 같지 않습니다. 우리는 장치의 예술과 계산의 예술 안에 존재합니다. 미학적 유토피아는 계산된 것과 계산되지 않은 것, 지향적인 것과 비-지향적인 것과의 동일성이었습니다. 오늘날 예술은 계산된 효과에서 정의됩니다. 좀 전에 나는 영화에 대해서 말했습니다. 영화는 처음에 지향적인 것과 비-지향적인 것과의 이 동일성의 특권적인 장소로서 생각되었습니다. 왜냐하면 영화에는 기계적인 눈과 인간의 눈과 그것을 인도하는 인간의 뇌가 동시에 존재하기 때문입니다. 시간이 지나면서 영화는 점점 더 대중의 기대에 일치하는 장르로 나눠집니다. 그리고 이런 계산 위에 기초한 광고와 같은 모든 형태의 예술들이 나타납니다. 그러나 여기서 중요한 것처럼 보이는 것은 현대예술의 장치들 안에는 일종의 이중적인 계산이 있다는 사실입니다. 사람들은 이 계산된 정감, 지각, 기대의 장치들을 보여주고 비판하기 위해 다시 연출합니다. 이렇게 현재 대립적인 것들의 동일성은 다소 후퇴하고 약화된 것처럼 보입니다. 오늘날 우리가 현대 예술 전시회에 간다면, 우리는 거기서 대부분 미지의 혹은 무의식적인 것에 많은 자리를 허락하지 않는 반-장치들로 보이는 계산되고 통제된 장치들을 만나게 될 것입니다.

나는 다른 사람들처럼 우리는 적들에 의해 전적으로 닫히고 틀지어진 체계 안에 존재한다는 생각에 사로잡혀 있지 않습니다. 나는 이제 광고, 텔레비전, 상품들만 존재한다고 말하면서 이미지의 죽음을 말하는 모든 이론들과 확실한 거리를 둡니다. 우리는 항상 그치지 않는 이동의 와중에 있다고 믿습니다. 예술적 질서와 시장의 질서는 거의 2세기 동안 일종의 경쟁과 상호 모방과 달리기 경주를 해왔습니다. 이미 19세기에 같은 사람이 시도 쓰고 소설도 쓰고 신문에 시론을 쓰는 경우들이 흔했습니다. 소설이 도식을 제공하고 신문이 그것을 자기 식으로 소화하는 엇갈림이 있었습니다. 반대로 문장의 힘은 문학과 신문 간에 서로 교환하기를 그치지 않았습니다. 19세기 말과 20세기 초의 조형적 예술들에서— 회화와 포스터 간의, 예술의 영역과 광고의 영역 간의 교차에서 같은 현상을 볼 수 있습니다. 이런 현상은 영화의 역사 안에서도 지속적이라고 말할 수 있을 것입니다. 영화의 경우 우리는 영화의 세계와 클립의 세계가 따로 있다고 말할 수 없습니다. 물론 클립에는 그것의 지속적인 미학이 있습니다. 그러나 또한 영화의 절차는 끊임없이 변경되고 광고 쪽으로 기웁니다. 혹은 광고를 자기화합니다. 우리는 영원히 그어진 경계선이 없는 상황 속에 존재하는 듯이 보입니다. 정치나 예술에는 분리되고 지속적인 실존이 없다는 의미에서 이런 사정은 정치나 예술에서 마찬가지입니다. 단어들과 이미지들을 함께 놓고 감각적인 세계의 다양한 나눔을 재구성하는 것은 주체화의 장치들입니다. 그러나 종국적으로 나눔의 이 선들은 절대적으로 정해진 것이 아닙니다. 그것들은 지워지고 다시 그어지기를 그치지 않습니다.

● 실질적으로 교섭이 문제라는 말인가요?

그렇습니다. 우리는 교섭에 의해 사물들을 말할 수 있습니다. 그러나 그것은 반드시 타협의 형식에서라기보다는, 지속적인 이동의 형태에서 생각하는 것입니다. 나에게 예술의 미학적 체제를 특징짓는 것은 미학적인 혁명과 함께 예술과 비-예술의 나눔이 신성화되며, 동시에 더 이상 고유한 경계가 없다는 것입니다. 역설적으로 고전 시대에 모방은 예술의 차이와 자율성의 척도였습니다. 미학적 시대에 들어와서는 더 이상 분리의 척도가 없습니다. 예술이 아닌 것과 예술의 절대적인 차이의 이념의 내재화가 있습니다. 그러나 실질적인 어떤 척도도 없이, 어떤 경계선도 진정으로 강요됨이 없이 말입니다. 예를 들어, 저널리즘은 본질적인 것으로 이전 시대의 문학의 잔재들을 가지고 형성되었습니다. 그리고 나는 모든 영역들이 이와 유사하다고 생각합니다.

● 예술적 실천들은 과학이나 문학과의 연대를 창출했습니다. 지난 10년 동안 분과들 간의 대화가 줄어들었습니다. 1980년대 우리는 예술가들에게서, 또 건축가들과 같은 실천적 영역에서 각각의 영역의 전문성을 관찰할 수 있습니다. 오늘날 우리는 다중적이고 상호 교환적인 분과들에 대한 열망을 봅니다.

나는 항상 영역들 간의 경계를 무시하고자 했습니다. 내 개인적 관점에서 나의 작업은 다양한 분과 안에 놓일 수 있습니다. 일단의 작업은 철학에 속하고, 다른 것들은 사회 역사학이나, 미학이나, 정치철학에 속합니다. 나는 항상 이 영역들 간의 분리를 무시했습니다. 물론 건축과 문학을 차별화하는 것이 무엇인지, 철학자와 역사학자를 차별화하는 것이 무엇인지를 알아야 하는 것이 문제일 때는 같은 문제가 아닙니다. 그러나 나는 근본적으로 지적인 경계들은 우리가 철학, 역사, 정치학 등의 고유성이라고 주장하는 것들과의 관계에서 절대적으로 횡단적인 규칙들과 전략들에 복종한다고 생각합니다. 우리가 인문학이라고 부르는 것에서 분과들 간의 경계들은 편의상 만들어진 경계들이며, 다양한 측면들에서 오는 물질들과 논리들을 한데 모으는데 성공하는 것만을 정확하게 사유할 수 있다고 생각합니다. 이것은 우리가 보통 하는 것처럼, 사회학, 역사학, 철학 등등을 한데 놓아야 한다는 것을 의미하지는 않습니다. 이것은 일종의 사회적 모임입니다. 같은 사람이 사회학, 역사학, 철학을 동시에 해야 합니다. 그런 경우가 아니라면 전혀 아무 소득이 없습니다.

● 아를레트 파르즈(Arlette Farge)는 역사와의 관계에서 당신에 대한 텍스트를 썼습니다. 그것은 바로 이와 같은 이념 안에 기입됩니다. 그녀는 당신의 사유를 놀랍도록 잘 기술합니다.

근본적으로 우리는 분과들을 전적으로 가로지르는 추론의 양태들을 따릅니다. 분과들 간의 나눔은 어떤 것들은 당신과 상관이 없으며, 그것들을 힘들여 연구할 필요가 없다는 것을 말하기 위한 일종의 편안한 변명입니다. 나의 작업에 다소 무모한 측면은 어떤 영역의 어떤 전문가를 믿지 않는다는 것입니다. 내가 역사에 대해 연구할 때 나는 자료들을 봤습니다. 또 문학에 대해서 작업할 때도 나는 문학에 대해 말하는 철학자로서가 아니라, 문학이 19세기의 글쓰기의 예술의 새로운 이름이 되게 한 일종의 역사적인 혁명 안에 전적으로 빠져들었습니다. 문제는 분과들 간의 대화가 아니라, 능력들의 나눔을 부정하는 것이고, 갈 수 있는 곳이면 어디든지 가서 보는 것입니다.

● 어떻게 철학에서 출발해서 점차적으로 다른 영역들에 빠져들게 되었나요? 이러한 전개에서 대학의 역할은 무엇인가요?

나는 대학에서 철학을 전공했습니다. 그리고 68년 이후, 나의 전공이었던 마르크스 철학의 담론과 현실과의 간격에 대한 의식 이후에, 나는 우리가 철학, 프롤레타리아, 마르크스 이론이라고 말할 수 있는 모든 것을 잊어버리고, 19세기의 노동자들의 사유를 구성한 역사를 연구할 것이라고 자신에게 다짐했습니다. 나는 우선 팸플릿들을 읽기 시작했고, 이것들은 다른 팸플릿들을 찾게 하고, 또 이것들은 다른 자료들을 찾아보게 했습니다. 이렇게 나는 경계들을 제거하면서 연구하고자 한 나의 고유한 자료집을 구성했습니다. 역사가는 보통 자료들을 정보의 원천으로 생각합니다. 나는 이 자료들을 텍스트들로, 다시 말해 내가 읽은 노동자들의 텍스트들을 그들이 말한 것을 보기 위한 문학적이고 철학적인 텍스트들로 간주했습니다.

● 『프롤레타리아의 밤』을 말하시는 건가요?

그렇습니다. 그것은 나의 국가 박사 학위 논문이었습니다. 나는 여기서 분과들 간의 고상한 담론과 저급한 담론 간의 나눔을 깨고자 했으며, 문학적 텍스트들과 역사적이라고 말해지는 텍스트들 간에, 사회적 역사라고 말해지는 텍스트들과 철학적 텍스트들 간에, 시간에 대한 노동자들의 텍스트들과 노동의 시간에 대한 플라톤의 텍스트들 간에 대화를 시도했습니다. 그 당시 나의 사유의 전개는 우선 철학적 배경에서 출발해서 독학하는 것이었습니다. 종종 독학자는 어디에 찾는 것이 있는지 모른다고 하는 사실을 제외하고 말입니다. 개인적으로 나는 내가 찾는 것이 어디에 있는지를 알고 있었습니다. 그러나 나는 항상 문학에 대한 이차적인 문헌은 보지 않으려고 노력했습니다. 그리고 역사적인 한 시대에 "대한" 책이나, 예술가들, 철학자들, 혹은 작가들에 "대한" 책들은 읽지 않았습니다.

● 당신은 다른 곳을 보십니까?

나는 사물들 그 자체를 보고자 했습니다. 표현이 의미를 가지는 한에서, 또한 그것이 말들과 표명의 장을 엄청나게 확장하는 한에서 말입니다. 예술과 미학적 혁명의 문제와의 관계에서, 나는 예를 들어 모든 형태의 인쇄술의 변형에 대해, 가능한 다양한 종류의 텍스트들을 거쳐서 모든 형태의 회화의 확산에 대해 연구하고자 했습니다.

● 당신은 역사를 일종의 지름길로 만드십니까?

한편으로 나는 가능한 한 원천적 자료에 도달하고자 했으며, 동시에 범주들을 제거하고자 했습니다. 예를 들어 주어진 시기에 문학적 텍스트들과 "운동가들"의 텍스트를 소통하게 하고자 했습니다. 나는 사람들이 가벼운 문학이라고 부를 수 있는 것들, 신문의 시론들을 많이 연구했습니다. 예를 들어 나는 작은 사건들, 일상의 지각의 체제들을 정의하는 것, 그리고 이 체제들과의 관계에서 간격들을 정의하는 모든 것들에 대해서 연구했습니다.

● 그것은 들뢰즈가 소수자들의 텍스트라고 부른 것입니다.

그렇게 말할 수도 있을 것입니다. 비록 내가 들뢰즈처럼 생각하지 않는다고 해도 말입니다. 원한다면 그렇게도 말할 수 있을 것입니다. 소수자, 무미건조한 것, 일화, 책 속의 장식 컷 등등.

● 아를레트 파르즈의 논문은 다음과 같은 문장으로 끝납니다. "랑시에르는 예술과 과학의 대립을 거부한다. 왜냐하면 그 선택 자체가 정치적이기 때문이다." 당신의 작업에서 언급되지 않은 이 예술과 과학의 대립에 대해 말씀해주시겠습니까?

그것은 존재하지 않습니다. 다시 말해 나는 예술과 과학의 일반적인 전망 안에 나를 놓지 않습니다. 다만 내가 하고자 한 것에서—그리고 아를레트 파르즈가 역사가로서 나의 작업에 대해 말한 것에서—나는 과학으로서 역사의 전문적인 개념화를 만났다는 것만을 말할 것입니다. 나는 이런 나눔을 폐지하고자 했습니다. 다시 말해 역사학은 그 자체 문학적 혁명의 결과라는 것을 보여주고자 했습니다. 19세기의 문학을 연구하면서 나는 역사, 사회학, 인문학 일반의 패러다임들이 우선 문학에 의해 발명되었고, "새로운 역사"의 이념이 어떻게 사건의 역사를 도덕의 역사, 물질적 삶의 역사, 정신사 등과 대립시키면서 위고, 발자크와 같은 작가들에 의해 발명되었는가를 보여주고자 했습니다. 우리는 지속적으로 문학적 패러다임과 과학적 패러다임 간의 교환, 더 근본적으로는 그 둘 사이의 분간할 수 없는 영역들을 만납니다. 나의 글들에서 과학적인 것과 문학적인 것의 나눔을 폐지하는 것이 절대적으로 필요했습니다. 왜냐하면 역사는 우선 말의 사건들에 의해, 다시 말해 그 말들을 평가하고, 해석하고, 전달하는 담론들에 의해 만들어지기 때문입니다. 이런 지평에서 과학적인 내용과 예술적인 형식 간의 나눔을 만드는 것은 어떤 의미도 없습니다.

● 당신은 혼자 작업하십니까?

그렇습니다. 그렇다고 내가 전혀 공동 작업을 안 하는 것은 아닙니다. 예를 들어 나는 몇몇 지인들과 함께 『논리적 저항』이란 잡지를 만들었습니다. 그 이름은 랭보의 시집 『일뤼미나시옹』에서 "우리는 논리적 저항을 학살할 것이다"라고 말한 것에서 왔습니다. 이 잡지는 6년간 지속되었고, 역사와 철학 사이에서 유지되었습니다. 이 시기는 몇몇 다른 철학자들과 자료들을 함께 연구하고 잡지를 만들던 시기였습니다.

2002년

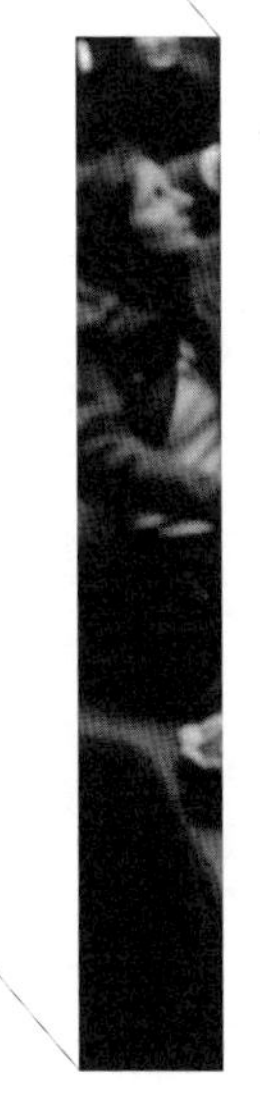

미학의 운명을 완성한 들뢰즈[112]

(다비드 라부엥과의 대담)

● 들뢰즈의 예술에 대한 연구들—문학(프루스트, 멜빌, 로렌스, 베케트), 회화(베이컨, 프로망제), 또 영화(이미지-운동, 이미지-시간)—은 그것이 열어 놓은 길들에 의해 예술가들과 철학자들에게 영향을 주었다. 그런데 들뢰즈에게 미학이라고 할 수 있는 것이 존재하는지를 묻는 일은 매우 드문 일이다. 자크 랑시에르가 이 질문을 던졌다("들뢰즈의 미학이 존재하는가?", 『질 들뢰즈. 철학적인 삶』, Paris, Synthélabo, 1998). 왜냐하면 그에게 미학의 이념은 그의 탐구의 대상이었고, 그에게 문제였기 때문이다. 그에게 미학은 특수한 예술의 체제의 이름으로, 아주 최근의 사건(19세기)이고, 더욱이 우리에게 흥미로운 것은 들뢰즈는 "이 미학의 운명을 완성했다"는 사실이다. 특히 이 운명이 철학자의 정치학으로 존재론을 수반한다면 더욱이 무관심할 수 없다(이 점에 대해서는 랑시에르의 『말들의 살』 안에 "들뢰즈, 바틀비와 문학적 정식"을 참조). 영화에 대한 글들을 모은 그의 최신작(『영화 우화』,

112 (원주) 이 대담은 *Le Margzine littéraire*, n° 406, 2002, 2월호, pp. 38–40에 실렸다.

Galilée, 2001)에서 랑시에르는 다시 들뢰즈의 독특한 입장과 그것이 가져오는 긴장들을 언급한다("이미지에서 이미지로. 들뢰즈와 영화의 시대들"). 들뢰즈는 플로베르주의자일까? 그럴 수도 있다.

∽

● 어떻게 들뢰즈의 작품들에 관심을 갖게 되었습니까?

오랫동안 나는 다른 사람들처럼 들뢰즈의 동료였습니다. 그러나 그의 글들에 대해 특별한 친밀성 없이 말입니다. 그의 죽음 이후에 여러 종류의 모임들이 있었고, 거기서 사람들은 다소 외적인 관점에서 그를 보는 사람들을 원했습니다. 이것은 내가 그의 글을 아주 최근에 읽었다는 것을 말합니다. 물론 여러 가지 이유에서 그의 몇몇 텍스트들은 알고 있었습니다. 예를 들어 그의 책『니체』는 교수자격시험 때 읽었고,『프루스트』는 그것에 관심이 있어서 봤고,『안티-오이디푸스』는 그 당시 정치적이고 논쟁적이었기에 봤습니다. 그 외에 텍스트들은 다소 거리를 가지고 읽었고, 두 가지 이유에서 그의 작품들에 관심을 가졌습니다. 하나는 "들뢰즈주의자가 아닌 자"로서 그에 대한 글을 발표해달라는 요구에 충실해서였고, 다른 하나는 나의 주요한 관심이었던 미학과의 관계에서 우리가 미학적이라고 말할 수 있는 그의 텍스트들을 주로 봤습니다.

● 미학적 측면은 흥미로운 결과들을 산출합니다. 우리가 당신이 들뢰즈에 대해 쓴 여러 연구들을 볼 때, 그것이 문학에 대한 것이든, 회화나 영화에 대

한 것이든, 여기서 놀라운 것은 대상들의 차이에도 불구하고 고정된 입장을 발견할 수 있다는 것이었습니다. 당신의 질문들 중의 하나를 다시 취해서 묻는다면, "들뢰즈의 미학"이라고 말할 수 있는 것이 존재할까요?

그것이 회화든, 문학이든, 영화든, 들뢰즈에게는 근본적으로 동일한 방식에 의해 다뤄진다는 사실에 놀랐습니다. 그것은 두 단계로 일어납니다. 우선 회화적 표현과 문학적 말에 내재하는—영화는 다소 복잡하고—일종의 근본적인 물질주의의 긍정입니다. 즉 일종의 회화적이거나 문학적인 사물의 속성의 긍정이 있습니다. 그러나 두 번째 단계에서, 그것은 회귀의 방식으로 일어납니다. 예를 들어, 형식적 틀로부터 온 회화의 정의처럼 보이던 것은 일종의 역사적 기술로 드러납니다. 베이컨에 대해 말하면서 언급한 것처럼 그것은 각각의 캔버스를 타블로의 우의로, 이어서 회화의 우의로 변형하는 방식입니다. 들뢰즈는 우리에게 각각의 타블로에서 형상 위에서 일어나는 작업을 보여줍니다. 여기서 형상(Figure)은 외적인 힘에 의해 습격당한 것처럼 나타나며, 스스로 벗어나고자 하지만 결국 제자리에 남습니다. 각각의 타블로는 일종의 그리스도의 수난이 되거나 모든 회화의 우의인 "능욕의 형상"이 됩니다. 문학에서도 사정은 마찬가지입니다. 예를 들어 들뢰즈는 작가는 언어 안에서 다른 언어를 창조한다는 프루스트의 정식에 문자 그대로의 의미를 제시합니다. 그는 『변신』에서 그레고르의 신음소리에 의해 찢겨진 카프카의 언어, 혹은 『피에르』에서 낮은 이자벨의 목소리에 의해 찢겨진 멜빌의 언어를 보여줍니다. 그러나 카프카나 멜빌의 언어는 그것이 기술하는 소음에 의해 영향 받지 않은 공용어로 남습니다. 따라서 들뢰즈는 이 발견할 수 없는 다른 언어를 인물들의 기술에서 빌려온 허구적인 특징들을 언어의 상상적인 특징들로 변형하면서 우의화해야 합니다. 나는 이 감각-운동의 도식의 단절에 대해 영화에서도 같은 것을 보여주었습니다. 들뢰즈에 의하면 이 도식은 영화를 두 시대—이미지-운동의 시대와 이미지-시간의 시대—로 나눕니다. 여기서도 단절은 허구적인 특징들에 의해 설명됩니다. 예를 들어, 감각-운동의 도식의 마비, 다시 말해 이미지와 영화의 다른 시대로의 이행을 그리는 것은 〈이창〉(*Rear window*)에서 제임스 스튜어트의 깁스 속의 다리나 〈현기증〉에서 그의 현기증입니다. 매번 같은 놀이가 나타납니다. 들뢰즈에게 예술은 마치 항상 표상에 대한 근본적인 비판처럼 나타나고, 일종의 전적인 내재성이 요구되는 것처럼 나타납니다. 그리고 동시에 모든 일은 이 내재성이 항상 이어서 우화나 시나리오 같은 어떤 것으로 변형되어야 하는 것처럼 일어납니다. 이 형이상학적 시나리오는 어쨌든 타블로, 영화 혹은 소설의 허구적이거나 역사적인 측면에 속하는 모든 것을 다시 통합하거나 다시 발명할 것을 요구합니다.

● 그리고 이것은 일종의 긴장을 유발합니다. 마치 표상의 체제에서 벗어나는 유일한 방법이 표상적인 특징을 전방에 놓아야 하는 것처럼 말입니다. 이 긴장 속에서 당신은 들뢰즈가 "미학의 운명을 완성했다"고 말합니다.

그렇습니다. 그는 내가 "미학적 체제"라고 부르는 것, 즉 표상적인 전통과 단절하고자 하는 체제의 운명을 완성합니다. 그런데 이 전통과 단절하는 것은 단순한 방식으로 일어날 수 없습니다. 이것은, 우리가 자주 생각하듯이, 표상에서 벗어난 예술작품이 자유와 일종의 내재성을 획득하는 예술작품의 자율성을 얻기 위해서 일어날 수 없습니다. 이런 전망은 아주 단순한 생각입니다. 예술의 미학적 체제는 예술작품의 단순한 자율성이 아니라, 항상 타율성과 섞인 그런 자율성입니다. 그것은 자유로운 예술적 의지의 단순한 체제가 아니라, 이 자유 의지가 항상 무의식적인, 수동적인, 비의지적인 어떤 것의 무게와 연결된 체제입니다. 우리는 이것을 내재성이라고 부를 수 있을 것입니다. 그러나 단순한 내재성이 아닙니다. 그래서 내재성은 항상 표상되고, 우의화되고, 연출됩니다. 들뢰즈는 이런 긴장의 대표자입니다. 왜냐하면 그는 절대적인 내재성의 이념을 극단으로까지 밀기 때문입니다. 그런데 그는 그것을 형성화하기 위해 표상적인 특징들을 재도입해야 합니다. 예를 들어 그는 순수하게 허구적인 특징들에서 카프카, 프루스트, 멜빌의 언어 안에서 다른 언어의 이념을 빌려옵니다. 문제는 모든 것을 단 하나의 도면(plan)으로 이끌기 위한 의지에 자리합니다. 우리가 내용과 형식 하에서 전통적으로 나누는 것은 그에게 단 하나의 도면 위에 존재해야 합니다. 그리고 이 도면은 표현적인 물질 그 자체의 순수한 과정의 도면이어야 합니다. 그러나 이 내재성은 또한 모든 것은 섞여 있다는 것을 의미하며, 결과적으로 그것이 무엇이든지 간에 허구적 특징은 물질적인 표현의 특징으로 간주될 것입니다. 들뢰즈는 물질적인 특징을 위해 모든 표상적인 특징들을 제거하고자 합니다. 그러나 실제적으로 후자가 전자의 원리를 제공합니다. 이것은 들뢰즈가 예술에서 요구하는 근본적인 내재성은 그에게 예술의 자율성 영역의 정의가 아니라, 반대로 예술의 과정과 거의 생리학적이고 동물 행동학적인 과정의 동일화입니다.

● 당신의 반성은 두 방향으로 향합니다. 한편으로, 당신은 들뢰즈의 미학을 19세기로 거슬러 올라가서 긴장들과 그가 벗어나고자 했던 난점들을 가진 체

제 안에 기입합니다. 다른 한편, 아주 흥미로운 것은 형이상학과 연관된 것으로, 당신의 연구에 의하면 들뢰즈는 이 체제를 형이상학으로 만들 수도 있었다는 것입니다. 당신은 들뢰즈의 형이상학에 "미학적인" 정향이 있다고 생각합니까?

그렇다고 생각합니다. 내가 말하고자 한 것은 표상적인 체제의 파괴는 우리가 이 체제를 지지하는 자연—물질을 지배하는 형식의 모델에 의해 지배되는 자연—을 다른 자연 혹은 "반-자연"과 같은 어떤 것과 대립시킨다는 것을 전제합니다. 내가 "문학의 형이상학"에 대해 말할 때, 그것은 이런 의미에서입니다.『성 앙투안의 유혹』에서 플로베르는 스피노자의—19세기식의 스피노자의—악령을 연출합니다! 그는 성인에게 유혹을, 모든 유혹에서처럼, 형이상학적인 유혹을 제시합니다. 그의 신의 역사가 속하는 표상의 틀을 사라지게 해야 합니다. 거기서 신이 분자적인 세계, 순수한 지각의 세계, 지각된 것과 지각하는 것의 순수한 동일성으로 이뤄진 세계—전-개인적이거나 비-개인적인 실재의 세계—를 느끼도록 하기 위해서 말입니다. 이것이 "문학의 형이상학"입니다. 전에 원인과 결과의 연쇄적인 세계는 원자들의 혼합으로, 우리가 비물질적이라고 말할 수 있는 물질의 요동으로 구성된 분자적인 세계가 됩니다. 19세기는 "비물질적인 물질" 위에 예술을 놓고자 하는 이념에 대해 환상을 품었습니다. 에너지, 전기 등등에 대해 환상을 품었던 모든 이들을 생각해봅시다. 베르그손, 그를 지나서 들뢰즈에게서 이 모든 것이 일어났습니다. 들뢰즈는 정확히 무엇을 했을까요? 20세기의 스피노자주의. 플로베르는, 비록 그가 형이상학자가 아니었다고 할지라도, 무엇을 했을까요? 19세기의 스피노자주의. 같은 세기 초, 젊은 터키의 낭만주의자들, 셸링, 슐레겔 형제들이 그들의 『시에 대한 대담』에서 요구한 것은 바로 이 스피노자주의였습니다. 들뢰즈는 이 모든 것의 도달점입니다. 다만 이 도달점이 예술의 영역은 자연이나 반-자연의 영역—가타리가 "카오스모스"라고 부른 것—으로 되던져진다는 것을 전제한다는 사실을 제외하고 말입니다. 이것은 들뢰즈는 예술의 영역을 말하는 자는 본래적으로 형이상학자이지만, 형이상학자는 동시에 의사와 같다는 전망 안에서 접근했다는 것을 의미합니다.

영화, 모순된 예술[113]

(스테반 부케, 장-마크 라란느와의 대담)

● 카이에 뒤 시네마: 어떤 계기로 당신은 영화에 관심을 갖게 되었나요?

자크 랑시에르: 영화는 우선 개인적으로 나에게 왔습니다. 고등사범대를 준비할 때 한 동료가 영화에 관심을 가져서 나도 관심을 가지게 되었습니다. 그는 1960년대 초반에 씨네필들 가운데 푹 빠져있었습니다. 장 두세(Jean Douchet)를 아시는지… 따라서 나는 씨네필들과 함께 영화를 보기 시작했습니다. 그 시대에 우리는 막-마오니엔(mac-mahonienne)(고전적인 미국 영화에 대한 애호)의 씨네필들의 영화에 대한 애호와 마르크스주의적 세계관을 같이 공유했습니다.

● 당신의 영화에 대한 발견은 다만 고전적인 미국 영화에만 한정되나요? 아

113 (원주) 이 대담은 『카이에 뒤 시네마』, 2002년 4월, n° 567, pp. 57-63에 실렸다.

니면 누벨바그나 세계의 새로운 영화들에도 관심을 가졌나요?

그 당시 내게 중요했던 것은 미국 영화의 복권과 재평가였습니다. 그 당시는 가치의 척도가 심하게 흔들리던 때였습니다. 물론 누벨바그에 대한 관심도 여기에 포함되었습니다. 나는 즉각적으로 고다르, 트뤼포, 드미(Demy), 로지에(Rozier)…등등을 좋아하게 됐습니다. 그러나 이 두 정열 사이의 연계나 모순을 찾지 않고 말입니다.

● 미국 영화에 대한 애호와 마르크스주의적 세계관이 어떻게 일치할 수 있을까요?

그 당시 마르크스주의는 미국 영화의 방식에 일치시킬 수 있을 만큼 아주 유연한 것이었기에 우리는 이 역설을 어렵지 않게 해결할 수 있었습니다. 물론 그 기간은 오래 가지 않았습니다. 이 둘 사이에서 우리는 다소 유연한 일종의 현상학에 의해 조지 쿠커(Cukor), 미넬리(Minelli), 월시(Walsh), 안소니 만(Mann)의 영화들에서 중요한 것은 세계와의 관계를 세우고, 연출의 물질주의를 전 세계의 물질주의와 일치시키는 것이라고 말할 수 있었습니다. 심리적이지도, 어떤 이념을 주장하는 것도 아닌 이 영화는 유물론적 관점에 가까웠으며, 태도와 행동들의 근본적인 결정론을 찾는데 열중했기 때문입니다.

● 언제부터, 어떤 계기로 영화는 당신의 고유한 사유의 대상이 되었나요? 이것은 더 이상 (정치적 사회적) 표상들에 대해 질문하지 않고, '표상'에 대해 질문하면서 당신의 작업이 정치적 영역에서 미학적 영역으로 이행한 것이라고 말할

수 있나요?

어떤 순간부터 나는 역사, 인민, 노동자들 등등의 표상들에 대한 전문가로서 나에게 온 주문을 변질시키기 시작했습니다. 퐁피두 센터에서 있었던 "역사의 직면해서"라는 전시회를 위해 나는 화가들이 표상하는 역사의 방식이 아니라, 한 그림—그것이 역사적이건 아니건, 혹은 형상적이건 아니건 간에—이 역사를 만드는 다른 방식들에 전념했습니다. 이것을 위해서 표상의 "위기"라는 단순한 도식에서 탈출해서, 예술의 "근대성"을 규정하는데 사용했던 개념들로 돌아가서, 지금까지 내가 주의하지 않았던 것이기는 하지만, 표상의 위기 혹은 종말에 대한 향수적 담론들에 의해 표시된 맥락 안에서 예술의 현재에 관심을 던져야 했습니다. 이것은 영화에서 두 가지를 함축합니다. 현재의 영화에 대한 관심만이 아니라, 우리가 우선 반-표상적인 새로운 예술의 패러다임으로서, 이어서—반대로—서사, 유형, 장르 등등으로 복귀하는 예술적 반혁명의 기수로서 영화에 부여했던 특수한 역할에 대한 반성을 함축합니다.

이것은 정치에서 미학으로의 이행이 아닙니다. 왜냐하면 나는 항상 이 둘의 논리적 연관 위에서 작업하기 때문입니다. 예를 들어 노동자들의 아카이브에 대한 나의 탐구는 노동자들의 불행, 그들의 운동을 이야기하는 것이 아니라, 그들의 지각의 변화를 이야기합니다. 예술의 패러다임의 변화와 이 변화 안에서 영화의 자리를 연구하면서, 나는 다른 관점에서 같은 문제, 즉 공통의 세계를 구성하는 형식들과 가시성의 변형의 문제를 다뤘습니다.

● 어떤 점에서 아리스토텔레스가, 특히 우화에 대한 아리스토텔레스의 개념이 오늘날 영화를 생각하는데 적합할까요?

아리스토텔레스의 『시학』은 표상적 시학의 대원리를 결정합니다. 시—또한 그림, 나중에 영화—는 우선 허구, 즉 행위의 연쇄의 발명입니다. 미학적 원리는 이것에 대립됩니다. 미학적 원리는 행위를 신체 안에서 사유의 직접적인 현전으로, 일종의 감각적 강도로 만듭니다. 예를 들어 플로베르에게서 먼지의 소용돌이 위에서 빛의 놀이, 고다르에게서 머리를 쓰다듬는 손은 서사적 연쇄를 삼켜버립니다. 그러나 표상적인 것과 미학적인 것의 대립은 시대적 나눔이 아닙니다. 두 체제는 그 원리에서 대립되지만, 작품들 안에서는 서로 얽힙니다. 바로 이 얽힘이 나의 관심을 끕니다. 영화는 이러한 얽힘의 모범적인 예술입니다. 어떤 의미에서 영화는 20세기의 아리스토텔레스적인 예술입니다. 영화, 회화, 음악, 연극이 고전적인 패러다임을 파괴하는 순간에, 영화는 이것들을 회복했습니다. 영화는 행위들의 연쇄로서, 인물과 장르의 고전적인 유형화로서 우화(fable)를 회복했습니다. 그 결과로, 일단은 영화의 서사성을 속죄하기 위해 조형적 영역을 강조합니다. 다른 이들은 반대로 영화를 대중적인 이야기들의 예술로서 강조합니다. 나는 이 두 시학의 접합에서 작업하기로 선택했습니다. 왜냐하면 그것은 모순적이기 때문입니다. 나의 관심을 끄는 것은 이 논리적인 뒤얽힘입니다. 이것은 고전적인 영화에서도 마찬가지입니다. 안소니 만의 서부극에는, 인물들의 대립을 거쳐 종말로 치닫는 직접적인 행위의 순간이 있습니다. 그리고 공간적인 공존의 계기들의 논리가 있습니다. 한편으로 작은 사건들을 거쳐서 곧바로 행동으로 가는 것에 기여하는 계기들이 있습니다. 다른 한편 정지, 명상의 바이러스를 도입하는 계기들이 있습니다.

● 당신의 책, 『영화 우화』는 어떻게 구성되었나요? 엡스탱에게서 고다르로 가는 골격은 연대기적인가요?

나는 영화에 대한 역사도 반-역사도 쓰지 않았습니다. 나는 전진과 후퇴에 의한 역사의 개념화를 문제 제기하고 싶었습니다. 즉 기원, 전개, 단절의 패러다임, 이전의 표상적인 체제와 영화에서 지배적인 도식과 다른 것으로 사용되는 반-표상적인 근대성의 체제의 나눔 등을 문제 삼았습니다. 거의 연대적인 질서를 쫓는 것은 모델을 따라서 논의하는 방식입니다. 장 엡스탱의 텍스트에서 시작하는 것은 지속적인 영화의 비 표상적인 이념 혹은 영화와 연극의 대립에 대해 질문하는 것입니다. 그리고 결과적으로 영화에 의한 자신의 최초의 순수성의 "배신"의 시나리오에 대해 질문하는 것입니다. 이어서 아이젠슈타인에게서 정지하는 것은 이념을 이미지-정감으로 해석하면서 역사 없는 영화의 기획을 현실적으로 보여주는 것입니다.

이것은 선적인 진화의 도식을 해체하는 것이고, 한 시대에 혹은 다른 시대에 시의적절한 혹은 그렇지 않은 가시성의 체제의 복귀를 주목하는 것입니다. 근대성의 상징인 로셀리니에게서도 사태는 마찬가지입니다. 내가 1990년 그에 대해서 썼을 때, 나는 거기서 법에 대립하는 은총의 신학적인 모델과 관계하는 바쟁의 생각을 확인하고자 했습니다. 즉 바쟁에게서 드러나는 현전의 현상학적인 기적, 1980-1990년대에 다시 유행하기 시작한 사건의 과장적인 기념 등등. 내가 이 텍스트를 다시 읽었을 때, 은총의 지배로서 단절의 기독교적 전통에 맹목적인 복종이 맘에 들지 않았습니다. 따라서 나는 "은총"을 연출하는 예술적인 조작을 강조하면서 다시 썼습니다. 이것은 몽타주와 조작의 영화인과 신체의 진리를 드러내는 현전과 지속의 "근대적" 영화인을 대립시키는 것을 문제 제기했습니다. 마르크스주의적 아이젠슈타인은 기독교적 로셀리니보다 더 초탈적(extatique)이고, 근대적인 브레송의 몽타주는 아이젠슈타인보다 더 권위적입니다.

● 진보로서 역사에 대한 당신의 불신은 미학적인 단절의 가능성을 부인하는 것이 아닌가요?

물론 영화적 감각 안에 어떤 단절들이 있다는 것은 사실입니다. 그러나 이것을 이가적인 대립(쇼트-시퀀스 대 몽타주의 대립)으로 수렴하면 우리는 자의성에 빠져듭니다. 히치콕의 영화 〈로프〉(*Rope*)가 8개의 쇼트로 이뤄졌기 때문에 혁명적인 것이 아닙니다. 그리고 근대성의 보증은 로셀리니의 쇼트-시퀀스에서만 주어지는 것이 아니라, 브레송의 파편화에서도 주어집니다. 그러나 브레송의 파편화는 그 논리를 저지하는 쇼트 내의 긴장들보다 덜 흥미롭습니다. 그리고 여기서 음향의 발명은 시각적 연쇄보다 더 결정적입니다.

단절의 단순한 수사학에서 벗어나야 합니다. 모든 정식들은 공존할 수 있습니다. 오늘날 고정된 쇼트는 특히 동양의 영화들에서 다시 돌아오는 추세입니다. 그러나 이것은 영화 예술의 혁명을 규정하기보다는 가능성의 확장을 의미합니다. 이런 확장에 나는 관심이 있습니다. 발명은 항상 논리들 간의 만남입니다. 따라서 미조구치 겐지에게 쇼트의 공간적 넓이와 시간적 길이는 인물들에게 그들을 가두는 시공간적 틀, 상징적으로는 사회적 틀을 벗어나는 에너지를 제공하는 작은 행동들과 감각들의 다수성을 감춥니다. 여기서 어떤 이들은 미국 영화의 서사성에 비난받을 만한 양보를 보기도 합니다. 예를 들어, 〈오유우님〉(*Miss Oyu*)의 그 유명한 삼각관계를 봅시다. 그것은 처음의 시각적 혼동을 서사적으로 전개합니다. 이것은 이전 것도 근대적인 것도 아닌, 아주 단순히 말해 유일한 것입니다.

● 당신의 책에서는 매너리즘이란 용어가 부재합니다. 또한 이 흐림에 속한 영화인들(페킨파(Peckinpah), 레온느(Leone), 드 팔마(De Palma)…)을 포함해서 말입니다. 당신은 고다르의 〈영화의 역사(들)〉에서 직접적인 인용에는 깊은 인상을 받으면서, 참조, 다시쓰기, 모방에는 전혀 관심이 없는 듯이 보입니다.

우선, 형식의 역사들로 돌아온 이런 유의 미국 영화는 별로 보지 못했습니다. 본 것들도 전혀 나의 관심을 유발하지 않았습니다. 나는 영화의 고립화를 깨고 싶습니다. 다시 말해 나는 변신 중인 자기 자신만을 바라보는 영화에 대해서는 연구하고 싶지 않습니다. 반대로 나는 그것을 그 자신이 아닌 것들로 열고 싶습니다. 일반적으로 나는 자기 자신만을 보여주고 자기 자신만을 인용하는 예술들에는 별로 관심이 없습니다. 더 이상 통용되지 않는 시스템의 코드와의 거리를 취하면서 자신이 잘났다는 것을 보여주는 것은 너무 쉽습니다. 우리는 내적인 코드들을 움직이거나 그것들을 변질시키는 연출 작업을 묘사하기 위해 잘난 척하는 관객과의 공모에 의존합니다. 안소니 만은 본질적인 구성요소들을 갈등 속에 넣으면서 서부극의 템포를 변경했습니다. 그는 인물의 논리를 가지고 행동 논리를 교란시켰습니다. 역설적으로 이것은 들뢰즈가 장르의 전통적인 서사성을 침식하는 감각-운동의 도식이라고 부른 것의 완성입니다. 액션 영화의 코드들을 문란시키기 위해 기타노가 행한 작용과 반작용의 관계의 이완은 타란티노나 아벨 페라라의 "영웅들은 피곤하다"와 같은 스타일보다 더 흥미롭습니다.

● 당신의 책을 읽으면서, 우리는 정교한 쇼트의 분석에서 영화나 예술 일반에 대한 반성으로 나아갑니다. 당신은 영화의 본질이 존재하고, 영화들은 다만 그 본질의 다양한 실현일 뿐이라고 생각하나요?

나는 모범적인 작품들 안에서 본질을 찾기 위해 예술의 본질로부터 출발하지 않았습니다. 나는 경우들의 탐구들을 가지고 작업합니다. 내가 즉각적으로 좋아하게 된 영화에서 무엇이 나를 감동시켰을까요? 영화 애호가들의 논리를 따라서 무엇이 예술가를 장인으로 생각하는 것을 허락하는 특수한 정감을 정의하나요? 이렇게 나는 안소니 만의 작품들에서 카타르시스의 고전적인 논리의 시각적이고 근대적인 균형—반-정감(contre-affets)의 경제—을 발견했습니다. 예를 들어, 그것은 〈가슴의 빛나는 별〉(*The tin star*)에서 어린 아이입니다. 아이는 우선 사형(私刑) 가담자들을 쫓는 시나리오 안으로 들어갑니다. 이어서 자신의 개를 쫓으면서 자신의 고유한 시나리오를 도입합니다. 이것은 같은 영화에서 의사의 죽음입니다. 징 소리 쇼트는 의사의 죽음을 알립니다. 이어서 그 죽음은 자동차에 의해 환유적으로 다시 나타나기 전에 부정되는 듯이 보입니다. 거기서 우리는 의사가 죽었다는 것을 보지 못합니다. 내가 반-정감이 형식들을 드러내는 다른 것들과 함께 이 탐구를 종합했을 때, 나는 여기서 한 논리를, 내가 저지된 우화(la fable contrariée)라고 부른 논리가 그려지는 것을 보았습니다. 이것은, 우리가 "이미지", 다시 말해 사물들의 수동성이 서사적인 연쇄를 침입하는 것을 볼 때, 발자크 시대 이래로 소설에 의해 전개된 모순과의 연속성 안에 영화를 놓습니다. 따라서 영화의 정감은 미학적 시대의 보다 일반적인 패러다임과의 대화 속으로 들어갈 수 있습니다. 둘 사이에서, 나의 작업은 영화의 조형적이고 서사적인 플롯 뒤에 두 번째의 플롯(intrigue)—영화의 플롯—을 창조하는 데 있습니다. 문제는 영화를 그 울타리에게, 즉 영화의 고정된 본질에서, 특히 영화를 조형적 예술들과 동일시하거나 "시관충동(pulsion scopique)"에 접목시키는 시각적 고정에서 꺼내면서 영화를 존재하게 하는 데 있습니다. 영화는 시각적인 지평을 넘어섭니다. 이미지들은 끝없이 사라지고, 운동은 이미지를 부정하는 대가로 이미지를 완성합니다. 영화가 예술로서 존재하기 위해서는 이런 불안정과 글쓰기와 다시 쓰기를 구성하는 역할로부터 출발해야 합니다.

● 당신에게서 영화는 작동하는 사유의 힘과 존재와 사물의 수동성 간의 변증법을 보게 합니다. 당신은 또한 이 역설은 플로베르, 말라르메, 버지니아 울프에게서 발견된다고 말하고, 당신은 이 논리를 독일 낭만주의 철학과 연결합니다. 따라서 영화의 본질은 아닐지라도, 예술의 본질과 같은 어떤 동일성이 있습니다.

그것은 동일성이라기보다는 차라리 한 사물을 이 동일성의 체제 안에서 예술적인 어떤 것으로 느끼게 하는 것을 설명하는 미학적 시대의 예술의 패러다임과 같은 것입니다. 그러나 그것은 예술의 본질도 근대성의 본질도 아닙니다. 예술의 의지와 수동성—혹은 사물들의 무언증—사이의 이 동일성은 낭만적인 시학 이래로 모든 예술을 관통합니다. 그러나 흥미 있는 것은 특수한 해결책들입니다. 이것들은 한 예술과 다른 예술의 일치도 설명적 관계도 아닙니다. 그것은 반대로 분리를 강요합니다. 발자크 이래로 문학적 글쓰기는 **영화적**이 되었고, 이미 쇼트-시퀀스나 몽타주-컷을 발명했습니다. 그러나 바로 이 흥미 있는 전환은 문학의 영화주의를 반박하게 될 것입니다. 이것은 브레송이 베르나노스[114]나 도스토예프스키의 작품들을 다룰 때 그들의 지각적 능력을 줄이면서 전념한 것이고, 니콜라스 레이가 에드워드 앤더슨[115]의 인물들에서 1920-1930년대의 미국 소설의 몸짓과 표정을 연기하는 영화주의적 특징들을 빼내면서, 그리고 그 반대로 인물들과 그들이 처한 환경 사이의 단절의 과정을 창출하면서 전념한 것입니다.

● 당신은 영화는 작동자의 가능적이고 지적인 눈과 카메라의 기계적이고 수동적인 눈 사이의 긴장으로부터 태어났다고 말합니다. 이 이가성 안에 영화의 가장 깊은 특수성이 있나요?

그렇습니다. 그것은 영화의 물질적인 조건입니다. 그러나 나는 다만 그 조건이 영화의 본질을 규정할 수 없다는 것을 보여주고자 했습니다. 장 엡스탱은 영화를 새로운 예술로 만드는 기술적인 소여 안에서 수동적

114 브레송은 조르주 베르나노스(Georges Bernanos)의 소설 『시골마을 신부의 일기』와 『무셰트』(*Nouvelle histoire de Muchette*)(1936)를 영화화(각각 1950년과 1967년)했다.

115 레이는 에드워드 앤더슨(Edward Anderson)의 소설 『모두가 도둑이다』를 〈그들은 밤에 산다〉(1948)라는 제목으로 영화로 만들었다.

인 것과 능동적인 것 사이의 동일성을 봤습니다. 반대로 나는 영화는 기술적인 조건으로부터 자신의 미학성을 축출할 수 없다는 것을 보여주고자 했습니다. 이 질문은 나의 작업의 핵심입니다. 나는 기술로부터 미학을 연역하는 모든 담론을 거부하고자 했습니다. 나는 항상 하나의 예술은 자신의 미학적 원리들을 그것의 고유한 물질성에서 끌어내야 한다고 주장하는 패러다임을 다시 질문하고자 했습니다. 반대로 영화에서 나의 관심을 끄는 것은 영화가 자신의 기술적 힘으로부터 벗어나는 방식입니다. 왜냐하면 이 기술적 힘은 영화를 단순히 예증하는 예술로 만들 수 있기 때문입니다.

● 이미지-시간, 이미지-운동을 가지고 들뢰즈는 많은 사람들이 시네필의 성경처럼 생각하는 것을 썼습니다. 『영화 우화』를 쓰면서 당신은 적으로서 들뢰즈를 선택하셨나요?

그것은 아주 단순한 이유로 비판적 글쓰기에 전혀 기여하지 못하는 애매한 성경과 같습니다. 들뢰즈에게 이미지의 개념은 절대적인 실재를 지시합니다. 그러나 모든 비판은 적어도 어떤 면에서 이미지가 "무엇인가의 이미지"여야 하기 때문입니다. 그래서 다양하게 이미지의 참조를 제시하는 마르크스, 프로이트, 바르트는 비판의 지침서로 남습니다. 들뢰즈가 적용될 수 있는 영역은 특히 공상-과학의 전통이 이미지의 새로운 기술과 만나는 영역입니다. 안과 밖의 교환의 영역으로서 뇌 이론은 그의 대상으로 적합한 것으로 나타납니다.

나는 들뢰즈에 반대하는 책을 쓰고자 하지 않았습니다. 나는 그의 분석을 좋아합니다. 나에게 그의 이미지-운동, 이미지-시간은 형이상학에 대한 체계적인 이론이지, 예술로서 영화에 대한 이론이 아닙니다. 들뢰즈는 미학에서 어떤 특수성도 인정하지 않았습니다. 나는 두 가지 이유에서 그에게 관심이 있습니다. 우선 그의 형이상학은 예술의 미학적 체제에 속하고 영화의 이론화에 영향을 미친 사유와 삶의 감각적인 힘으로서 예술의 개념화의 형식들과 조우하기 때문입니다. 이어서 들뢰즈는 이미지-운동/이미지-시간의 대립을 고전과 현대의 분리와 일치시키면서 영화의 현대적 이론에 기여했습니다. 이미지-운동의 "위기"의 이념은 이 문제적인 시도를 요약합니다. 이 위기는 사진사가 깁스를 했다는 사실과 탐정이 현기증을 느낀다는 사실에 의해 드러납니다. 이런 그의 히치콕에 대한 분석은 개그를 닮았습니다. 이것은 들뢰즈가 개그맨이라는 말이 아니라, 그의 분석이 우화적 영역에 속한다는 뜻입니다. "이미지-크리스탈"의 첫 번째 사례는 브라우닝(Browning)의 〈무명인〉(*The unkown*)입니다. 들뢰즈의 분석은 쇼트의 연쇄, 즉 연출에 의존하지 않고, 영화의 역사를 위해 거짓으로 절단된 팔이 진짜로 절단되는 우화적인 성격에 의존합니다. 나에게 이 분석은 영화의 영원한 **미학적** 필연성을 예시합니다. 즉 역사의 논리와 가시성의 논리를 겹쳐 놓으면서 잠재력에서 벗어나고 자기 자신에 모순됩니다. 그러나 이 분석은 형이상학적으로 역사적인 단절을 세우는 데 기여할 뿐입니다.

● 당신은 현상학을 요청하지 않으면서, 배우들의 신체와 그 신체가 담지하는 그들의 얼굴, 행위, 담론 등에 특별한 관심을 표명합니다.

전통적인 시네필들은 신체의 현전에 특권을 부여하면서 현상학적인 텍스트에 기꺼이 의존합니다. 처음에 나도 그랬습니다. 그러나 곧 노동자들의 역사에 대한 나의 작업은 반대로 "그들의 것"인 감각적인 세계에 반대하는 신체의 갈등적인 성격을 느끼게 했습니다. 이로부터 나에게 중요한 것은 이러저러한 기적적인 현전의 명증성이 아니며, 서사적이고 가시적인, 혹은 서사적이거나 가시적인 질서와의 관계에서, 즉 아이콘적 관계뿐만 아니라, 표상적인 논리와의 관계에서 한 신체의 반대하는 능력입니다. 신체는 한 체제에서 다른 체제로의 이행의 작동자입니다. 브레송의 〈무셰트〉에 등장하는 신체는 의미를 흡수하는 화면이 되면서, 매 쇼트를 다른 쇼트의 목표로 만드는 단편적인 몽타주가 강조하는 사냥의 플롯의 논리에 반대하고자 합니다. 사냥의 먹이는 자신의 독립성을 다시 획득하고, 신체는 두 번째 플롯을 그립니다. 예를 들어 니콜라스 레이의 〈우리는 밤에 산다〉의 여주인공 키치의 양성 신체의 점진적인 여성화를 들 수 있습니다. 나는 여기서 수수께끼 같고, 모순적이고, 이탈적인 신체의 현전을 분석했습니다.

● 당신은 배우에게서 가장 기계적인 영역을 강조하고 심리적인 질서나 정체성의 질서에 속한 모든 것은 제거하는 경향이 있는 것처럼 보입니다.

나는 배우의 신체가 실현할 수 있는 다양한 기능들을 보여주고자 했습니다. 안소니 만에게서, 제임스 스튜어트의 몸짓은 서부극의 감각중추를 변형하는 표현성의 제거를 대가로 화자의 행동과 동일시됩니다. 그가 무엇을 생각하는가를 아는 것은 전혀 중요하지 않습니다. 반면 헨리 폰다의 연기는 안소니 만의 다른 영화, 〈가슴에 빛나는 별〉에서 더 심리적입니다. 여기서 인물이 무엇을 생각하는지를 아는 것은 더 이상 곧장 나아가는 것이 아니라 반복적인 이야기의 전개를 늦추는데 기여합니다. 나는 또한 신체의 허구적인 소여가 배우의 역량을 완수하거나 전개하는 방식을 연구했습니다. 냉정함이 전문인 배우인 다나 앤드류스(Dana Andrews)는 정열적인 사랑(《로라》)[116]을 소화하기 위해 혹은 아는 이미지(image-qui-sait)의 표정(《도시가 잠든 사이》)[117]이 되기 위해 그 냉정함을 초월해야 합니다.

연기의 기술보다 나의 관심을 끄는 것은 두 기능 사이의 긴장입니다. 예를 들어 제임스 스튜어트는 화자의 중성성과 정의의 수호자의 윤리 사이에 끼어있습니다. 잉그마르 베르히만은 그의 기준에 낯선 두 신체를 대결시킵니다. 그리고 에밀 제닝스(Emil Jannings)는 〈타르튀프〉(*Tartuffe*)에서 여러 정체성—연극의 신체, 영화의 그림자, 풍속화의 인물—사이에서 망설입니다. 얼굴 위의 감정의 표현은 표상적인 패러다임에 속합니다. 미학적인 체제 안에서, 신체는 모순과 반대의 논리에서 파악됩니다. 신체는 또한 기계적인 한에서 살아있습니다. 사실 나는 영화의 이 익살스런 유토피아적 신체에, 즉 의심의 여지없이 동적일 이 신체에 특별한 관심이 있습니다.

● 당신은 신체에서 얼굴을 특히 강조합니다. 근접 촬영(클로즈업)에 의한 고립을 당신은 좋아하는 것처럼 보입니다. 그리고 당신은 그리피스(D. W. Griffith)나 드라이어(Dreyer)에 대해서는 언급하지 않습니다. 아마도 당신은 정감이 잠정적인 정지로서 개입하는 것이 아니라, 항상 행위 안에서 표현되는 니콜라스 레이

116 영화 〈로라〉(Laura)는 1944년 출시된 오토 프레밍거(Otto Preminger)의 미국 영화이다.

117 영화 〈도시가 잠든 사이〉(*While the city sleeps/La cinqième victime*)는 1956년 상영된 프리츠 랑의 영화이다.

와 같은 작가를 특히 좋아하는 듯 보입니다. 일반적으로 당신은 표현성보다 침묵에 더 민감합니다.

얼굴의 근접 촬영은 너무 쉬운 사례입니다. 그것은 전통적인 표현의 기능과 무차별화의 미학적 힘 사이의 간격을 드러냅니다. 후자는 표현적 얼굴을 풍경이나 돌로 변형하거나, 이 둘 사이의 수수께끼 같은 관계에서 작동합니다. 나는 이런 권위적인 증명보다 레이의 방식을 선호합니다. 또한 미조구치(Mizoguchi) 식의 쇼트의 해방을 좋아합니다. 여기서 신체들은 표현의 모든 계기들을 하나의 전체로 모음이 없이 전적으로 표현적인 운동 안에 속합니다. 근접 촬영은 그것이 방향과 속도를 변화시킬 때 흥미로워집니다. 델머 데이브즈(Delmer Daves)의 〈3시 10분 유마행 기차〉에서 강도(글렌 포드)와 여종업원(펠리시아 파르)을 접근시키는 얼굴들의 근접 촬영은 예전에 없었던 전망, 즉 모든 서부극의 논리가 환유적으로 사용하는 모든 신체의 직접적인 욕망의 문학적 표상을 제시합니다.

● 당신은 프리츠 랑에게서 텔레비전 이미지를 분석합니다. 당신은 이것이 어떻게 새로운 사회적 장치에 참여하는지를 강조합니다. 그러나 당신은 텔레비전의 이미지와 영화의 이미지의 본성적 차이에 대해서는 전혀 언급하지 않습니다. 텔레비전은 이미지의 일반적인 분류에서 다른 범주를 발명할까요?

나는 텔레비전에 별로 관심이 없습니다. 그것을 보는 것도 비평하는 것도 그것을 문명의 치명적인 운명으로 만들고자 하지도 않습니다. 다시 한 번 강조하지만, 우리는 이미지 산출의 매체의 기술적 본성으로부터 그것이 산출하거나 드러내는 이미지들의 미학적 본성을 연역할 수 없습니다. 〈도시가 잠든 사이〉를 다룬 장에서 나는 텔레비전을 모방의 역사 안에 하나의 독특한 계기로서 파악했습니다. 여기서 텔레비전은 신체들의 가시성과 위장의 사회적 장치들의 이물질을 도입합니다. 다나 앤드류스가 맡은 기자라는 인물은 텔레비전 수상기를 매개로 경찰이 쫓고 있는 살인자에게 직접적으로 말을 건네면서 은신처의 제거를 공적으로 알립니다. 우리가 모르는 것을 우리가 안다고 믿게 만드는 오래된 경찰의 관행은 여기서 사회적 모방을 흡수하고 제거하는 시각적 장치 안에서 변형됩니다. 여기서 이미지는 자신의 현전 안에서 부재하는 자에게 말할 수 있고 그에게서 모든 은신처를 제거할 수 있는 자와 같은 지위 안에 놓입니다. 이것은 텔레비전의 기술을 넘는 가시성(시선은 눈 안에 있어야 합니다)의 윤리적 도구입니다. 그리고 연출가는 이 장치를 자신의 플롯의 통제 아래 둘 줄을 알았고, 영화 기술적으로 텔레비전의 승자를 모욕할 줄 알았습니다. 이것은 반-영화로서 TV에 대한 모든 장황한 담론들보다 더 흥미롭습니다.

● 점점 더 녹화 기술에 의존하고, 한 쇼트의 60%가 컴퓨터에 의한 디지털 방식의 속임수에 의해 창출되는 현대의 미국 영화에 대해서 어떻게 생각하시나요?

어떤 유형의 허구적 신체가 화면 위에 나타나는가를 아는 것이 남아있습니다. 새로운 기술은 같은 허구적 신체들을 산출하기 위한 다른 수단들뿐일 수 있습니다. 이 기술들은 기본적으로 고전적인 정감들을 산출하면서 녹화된 영화, 만화, 실험적인 영화들 사이의 구분을 제거할 수 있습니다. 〈타이타닉〉의 배우들이 파란 화면 앞에서 연기한다는 사실을 아는 것, 또 모든 것이 화면 삽입이라는 것을 아는 것은 영화의 본성을 바꾸지 않습니다. 우리는 다만 제시된 이미지들의 바탕의 변형을 가질 뿐이지 촉발된 정감의 본성의 변화를 가지는 것은 아닙니다.

● 당신이 〈일반 전선〉에 대한 텍스트의 끝에서 〈타이타닉〉에 대해 암시한 것을 말씀해 줄 수 있으신가요? 그것은 당신이 유일하게 "쾌락"이란 단어를 사용한 유일한 곳입니다.

〈일반 전선〉은 이념으로부터 순수하게 구성된 일련의 정감일 수 있습니다. 그것은 영화의 본래적인 유토피아입니다. 이야기도 끝났고, 전통적인 정감도 끝났습니다. 이제 이미지 안에 놓인 이념은 그 자신의 고유의 힘을 가지며, 이제 우리는 고전적인 사랑과 죽음의 이야기에 작별을 고할 수 있습니다. 제임스 카메론은 아이젠슈타인의 이 꿈을 실현하고, 조형적 형식 아래 직접적으로 이념을 놓기 위해 자연주의를 넘어갈 수 있는 모든 기술적 수단을 가지고 있습니다. 그러나 그는 이 엄청난 수단을 정반대의 것, 즉 부유한 젊은 여자와 가난한 남자와의 사랑 이야기의 비극적 힘을 강화하는 데 사용합니다.

쾌락은 정감의 놀이 안에서 잠재적인 차이를 명명합니다. 표상적인 체제 안에서, 이 용어는 영화 작가에 의해 특권화된 정감이 성공했다는 것을 말합니다. 그리고 그것은 배우에 의해 행해진 것과 관객에 의해 기대되고 느껴지는 것 사이의 조화와 관계합니다. 미학적 체제는 이것을 하나의 유일한 개념에 의해 요약될 수 없는 단절, 중단, 이동으로 대체합니다. 현대예술이 쾌락을 창출하지 않는다는 담론은 동어반복적입니다. 현대예술은 다른 규칙들과 연관된 감각적 체제를 요구합니다.

나는 쾌락이라는 용어를 피했습니다. 왜냐하면 그것은 향수의 깃발을 올리고 예술을 쾌락으로 만드는 신화적 시간과 관계하기 때문입니다. 높낮이, 잠재적인 차이를 창조하는 무한한 정감들이 존재합니다. 이것들이 쾌락의 이념과 상관없이 그 자체로 연구되어야 합니다. 최근에 벨라 타르(Béla Tarr)의 〈사탄탱고〉를 7시간 반 동안 봤습니다. 나는 큰 충격을 받았습니다. 이것을 내가 쾌락을 느꼈다고 말하는 것은 정확하지 않습니다. 산출된 정감은 충족된 기대의 논리로부터 나오지 않습니다. 우리는 심지어 여기서 실망한 기대에 대해서 말할 수 있을 것입니다.

● 벨라 타르의 영화를 보는 이유를 알고 그 영화를 선택한 관객에게, 이 실망한 기대는 히치콕 관객의 충족된 기대와 같은 본성을 가지지 않을까요? 우리는 기대를 만족시키거나 실망하면서 같은 감정을 산출하지 않을까요?

정감의 순환이 다릅니다. 히치콕은 기대, 불안, 안심의 정감들을 앞서가고 결정합니다. 벨라 타르에게 정감을 결정하는 것은 시간을 다루는 방식입니다. 단조로운 것, 권태를 산출할 것 같은 것은 갑작스런 쾌락이라기보다는 기쁨의 질서를 가진 충격을 산출합니다. 〈사탄탱고〉에는 시간을 다루는 방식 그 자체가 정감이 되는 순간이 있습니다. 시간의 연장이 갑자기 역류합니다. 아무것도 일어나지 않던 시간은 돌연히 믿을 수 없는 힘으로 당신의 목을 조르는 어떤 것을 일으킵니다. 한 아이가 죽습니다. 그러나 특히 모든 말과 행위는 이제 전에 없었던 위급함 안에서 파악되고, 이어서 다시 이 모든 것은 반복 속에서 지워집니다. 그러나 항상 표상적인 정감과 반-정감의 논리 사이의 이행이 있습니다. 히치콕의 〈의혹〉에서 한 잔의 우유는 기대에 대답하고 동시에 그것을 초과하고 실망시킵니다.

● 당신은 진보의 개념을 다시 도입하지 않나요? 당신은 표상의 시대의 영화가 프로그램화된 감정을 가지고 일어나는 반면, 미학적 시대는 깊이에서 일어난다는 것을 말하지 않나요?

버지니아 울프는 라신이나 벨라 타르에는 없는, 히치콕이 금지한 정감을 촉발합니다. 표상적인 체제 안에는 정당한 정감의 장을 제한하는 코드의 논리가 있습니다. 이 코드들이 폭발할 때, 우리는 전에 보지 못했던 정감들을 산출할 수 있습니다. 이것은 방향성을 가지고 진보한 것이 아니라, 새로 발명된 것입니다. 발명들은 서로를 배제하지 않습니다. 감정들의 체제들은 공존하고 서로 얽힙니다. 영화에서 순수한 표상의 논리와 같은 것은 전혀 없으며, 순수한 미학적 논리도 존재하지 않을 것입니다, 우리는 모든 종류의 정감적인 장치들의 가능성들과 직면합니다. 그것들은 쾌락의 전통적인 개념을 확장합니다.

● 역설적으로 진보와 단절의 역사적 거대 담론은 평가의 기준을 발견해야 하는 신문이나 방송의 비판들보다 더 강한 사용가치를 갖지 않을까요?

이것이 비판의 역설입니다. 새로운 것의 경영은 그것을 간격으로 생각하도록 하고 영원한 혁명을 선언합니다. 그리고 영원한 혁명은 진보적인, 다시 말해 전통적인 역사에 의존합니다. 따라서 우리는 텔레비전에서 영화들에 대한 비판의 퇴폐적인 패러다임을 내버려둡니다. 그러나 흥미 있는 것은 항상 시대착오, 시대들의 섞임입니다. 그럼에도 불구하고 나는 형식의 창조들 간에 혹은 정감의 체제들 간의 횡단선을 발견해야 하는 이런 강압을 피해가는 비판도 가능하다고 생각합니다. 우리는 최근의 영화들에서 새로운 지위를 끌어낼 수 있으며, 그 영화들의 우화를 전혀 다른 맥락의 우화들과 만나게 할 수 있습니다. 이런 대가를 치르고서 우리는 예술로서 영화의 현재의 이해가능성을 문제 제기할 수 있습니다.

인민인가 다중인가?[118]

(에릭 일리에와의 대담)

● 자크 랑시에르는 다중을 대신하는 인민 개념의 사용과 그로 인한 이익이 무엇인지에 대한 에릭 알리에의 질문에 대답하면서, 인민 개념은 실질적으로 정치를 구성한다는 것을 상기시킨다. 왜냐하면 그 개념은 평등의 표상들을 계쟁 속에 놓는 주체화의 전 과정에 대한 일반적인 이름이기 때문이다. 정치는 항상 다른 인민 집단에 반한 인민 집단이다. 다중이 부정적으로 정의되는 정치에 대해 표명하는 공포에 의한 다중의 사유는 부정적인 것을 거부한다. 다중의 개념은 인민의 개념과 정치는 더 이상 분리된 영역이 아니라는 요청을 대립시킨다. 정치적인 주체들은 존재의 법칙인 다수를 표현해야 한다. 사실, 다중의 개념은 생산력의 개념의 확장 안에 기입된다. 그러나 다중에 대한 사유는 정치적인 주체들의 사유가 일반적으로 만나는 대안들을 회피한다.

118 (원주) 이 대담은 『멀티튜드』, n° 9, 2002, 5, pp. 95–100에 실렸다.

∽

● 뮐티튜드: 『불화』에서 당신은 (정체성에 따라 자리와 몫을 결정하는) 공동체의 치안적 정체성과 정치적인 주체화 사이의 갈등에 대한 분석을 제안합니다. 후자는 "공동체의 독특한 세계들"을 열고, "모든 자리와 몫의 표상을 탈규칙화하고" "감각적인 것의 동질성" 등을 깨트리는 부유하는 주체들로부터 새로운 경험의 장을 산출합니다. 이 갈등을 하나로 결집한 인민(인민의 표상으로 줄어든 대중적 주권)에 대한 복수의 다중에 의해 표현하기보다, 당신은 인민을 당신이 "보편적인 경우들의 지엽적이고 독특한 구성"으로서 정치적 행위를 구성하는 "평등의 특질"이라고 부른 것과 관계시킵니다. 글쓰기에 대한 질문을 넘어서, 다중의 생명정치적 개념 주변에서 (a) 탈세계화(altermondialisation) 운동의 "현상학적" 기술, (b) 세계의 자본주의적 질서와 단절하는 현재의 과정들에 대한 "존재론적" 규정을 연결하기 위한 현재의 시도들은 당신에게 어떤 반성을 불러일으키나요?

자크 랑시에르: 인민이냐 다중이냐? 어떤 단어, 어떤 개념을 선호하는지를 알기 전에, 그 개념들이 의미하는 것이 무엇인지 알아야 합니다. 인민은 정치적인 주체의 이름입니다. 다시 말해 인구, 그 부분과 전체를 셈하는 모든 논리와의 관계에서 보충에 대한 이름입니다. 이것은 부분들의 결집, 활동 중인 집단적인 신체, 주권 속에 체화된 이상적인 신체 등등으로 표현되는 모든 인민에 대한 이념들과의 관계에서 간격을 의미합니다. 나는 이 말을 라이프치히의 시위대가 "우리는 인민이다"[119]라

119 1989년 가을 베를린 장벽이 무너지기 직전에 동독에서 공산주의 체제의 개혁을 요구하면서 매주 월요일마다 "우리는 인민이다"라는 슬로건 아래 일어난 시위를 말한다.

고 외친 것의 그 의미로 이해합니다. 그들은 분명 인민이 아니었지만 국가와의 일체를 파열시키는 발화 행위를 수행했습니다. 이런 의미에서 인민은 나에게 공통의 가시성의 형태들, 그 형태들이 규정하는 정체성, 소속, 나눔 등등을 계쟁에 부치면서 평등의 특질을 산출하는 주체화의 전 과정을 지시하는 총칭적인 이름입니다. 그 과정들은 모든 종류의 일관된 혹은 일관적이지 않은 진지한 혹은 코믹한 독특한 이름을 연출할 수 있습니다. 이것은 이 과정들이 정치를 평등의 기교로서 연출한다는 것을 의미합니다. 그리고 정치는 전혀 "실제적인" 토대가 아니며, 다만 이 모든 계쟁의 장치들 안에서 현실화된 조건으로만 존재합니다. 나에게 인민이란 이름이 주는 이득은 애매성을 연출하는 것입니다. 정치는 이런 의미에서 종국적으로 인민의 이름 아래 놓인 것을 현실적으로 식별하는 것입니다. 즉 그것은 평등의 비일관성을 현실화함으로써 정치적인 집단들을 설립하는 차별화의 작용이거나, 정치를 사회적 집단들의 속성이나 공동체라는 영광스런 집단의 환상으로 환원하는 정체성의 작용입니다. 그래서 정치는 항상 한 인민 이외에 또 다른 인민, 한 인민에 반한 인민입니다.

아마도 이 점은 다중의 사유가 거부하는 것일 것입니다. 몰(le molaire)과 분자(le molaéculaire)의 대립, 편집증과 분열증의 대립은 아마도 차단막을 만들 것입니다. 문제는 인민이 너무 몰적이라던가 하나의 환상에 사로잡혀있다는 것이 아닙니다. 왜냐하면 인민은 다만 분리의 독특한 경우들 안에만 존재하며, 정치는 특별한 영역이며, 특수한 행위와 발화행위의 배치이기 때문입니다. 다중의 사유 안에는 부정에 대한 공포가, 어떤 것에 "반한" 것으로 정의되는 정치에 대한 공포가 있습니다. 또한 다만 정치적인 정치에 대한 공포에 가까운 혐오가 있습니다. 다시 말해 평등의 특징이 가진 비일관성과 실질적인 그 경우들의 우연적인 구축과 다른 것 위에 근거하지 않는 정치에 대한 혐오가 있습니다. 이원적 대립의 편집증적인 구조의 거부이기 전에, 다중이 취한 입장은 어떤 분리에 의해서도 표시되지 않는 정치적 행위의 주체, 주체화의 모든 장치와 영역의 특수성을 거부한다는 의미에서 "공산주의적" 주체의 입장입니다. 또한 자신 안에서 행위 한다는 의미에서 공산주의적입니다. 그것은 존재자들을 공통의 존재로 만드는 잠재력입니다. 다중의 개념은 인민의 개념을 공산주의적 요청—정치는 분리된 영역이 아니고 모든 것이 정치여야 한다는 요청, 다시 말해 정치는 모든 것의 본성을, 분리되지 않은 것의 본성을 표현해야 하며, 공동체는 공통의 존재의 본성 그 자체 안에, 공동체를 존재자 일반 사이에 두는 잠재력 안에 기초해야 한다는 요청—에 대립시킵니다.

"다중"이 "인민"과 분리된다면, 그것은 평등의 전제를 실체화하는 이 존재론적 요구에 의해서입니다. 정치가 대립적으로, 반동적으로 구성되지 않기 위해서는 정치는 자기 자신과 다른 자신의 원리와 자신의 목적을 유지해야 합니다. 정치적인 주체들은 존재의 법칙 그 자체인 다수를 표현해야 합니다. 이 점에서 다중의 사유는 정치철학의 전통에, 즉 정치적 예외를 존재자들을 공동체 안에 속하게 하는 원리로 이끄는 전통에 기입됩니다. 보다 더 정확히 말하면, 다중의 사유는 근대의 정치철학에 고유한 메타정치의 전통에 기입됩니다. 메타정치의 고유성은 정치적 장의 불안정한 기교들(artifices)을, 존재자들을 공동체에 속하게 하는 내재적 잠재력에 호소하는 것이며, 공동체의 진리를 이 진리에 민감하고 이로부터 이해되는 실질성과 동일시하는 것입니다. 메타정치의 역설은 공통의 잠재력의 긍정이 공동체가 원치 않는, 존재가 원치 않는 존재자의 진리와 동일시된다는 사실에 있습니다. 근대의 메타정치에 의하면 공동체를 원하는 것은 존재의 근저에서 원하지 않는 것을 따라서 공동체를 원하는 것입니다. 나에게 질문은 정치의 "토대를 세우는" 것이 또한 그것을 불가능하게 하지 않는가입니다. 존재론이 행위의 양태로서 명령하는 것, 그것의 진정한 이름은 윤리입니다. 다시 말해 원치 않는 것을 원하는 것은 우연을 긍정하고 있었던 것(과거)을 선택하는 영원회귀를 주장하는 니체나 들뢰즈의 윤리가 선포하는 것입니다. 생성의 윤리는…그리고…그리고로 연결되는 다수의 배치를…거나…거나로 연결되는 다른 목적에 반해 자신의 목적을 쫓는 행동의 의지를 대립시킵니다.

다수의 생성이 다중으로 실체화되기 위해서는 다른 것이 필요합니다. 즉 존재가 긍정이라는 사실로 충분하지 않습니다. 이 긍정은 모든 부정에 내재하는 내용이어야 하며, 의지 없는 존재의 전개는 우연과의 접속 그리고 그것의 반-실현을 방관해서는 안 되고, 내재적인 목적론 안에 머물러야 합니다. "다중"은 공동체의 본질과 일치하고 또한 자신의 초과 그 자체에 의해 감각적인 공동체의 형식 아래서 그 실행의 장애물의 제거를 책임지는 초과의 잠재력의 이름입니다. 정치적인 주체들의 부정성을 제거해야 한다면, 긍정의 잠재력은 그 자신의 최후의 내용으로서 모든 상태의 지배 안에 자리하고 있는 파열의 잠재력이어야 하며, 장벽을 부수는 일이 맡겨진 내용이어야 합니다. "다중"은 제국이라는 용기가 담고 있는 내용입니다.

이 파열하는 긍정의 잠재력, "의지 없이" 존재하는 것의 긍정적이고 궁극적인 잠재력은 마르크스 이론 안에서 이름을 갖습니다. 그것의 이름은 생산력입니다. 그 이름은 나쁜 평판을 받습니다. "생산적인"과 "생산력"은 공장이나 당의 낡은 지난 시대를 상기시키는 의혹의 대상입니다. 그것은 동시에 "다중"을 표현하고자 하는 사유와 삶의 집단적인 잠재력과의 관계에서 단순화된 노동의 윤리를 상기시킵니다. 『다중』에서 일어나는 많은 논쟁들이 이런 어려움을 증언합니다. 우리가 생산에 부여하는 특별한 내용은 별로 중요하지 않습니다. 생산의 개념은 나태와 노동의 거부를 포함하는 생산력의 영역이든, 그것이 무엇이든지 간에 다 포함할 수 있을 만큼 그 적용 범위가 넓습니다. 근본적인 것은 생산력으로서 공통 존재의 잠재력의 규정이고, 긍정적인 그 개념의 본질에 내재하는 목적론에 사로잡힌 힘으로서 생산의 이념입니다. 『제국』의 저자들은 "세계화의 생산적이고 창조적인 주체성들의 복수적 다중", 주체성들의 "영원한 운동", 주체성들이 형성하는 "특이성들의 성좌", 체계적인 것과 비체계적인 것 사이의 일치의 논리로 환원될 수 없는 주체성들의 "혼합과 잡종의 과정"에 호소할 수 있습니다.[120] 다수의 잡종화가 남긴 이 자유는 그 개념 자체가 준 보장보다 덜 중요합니다. 다시 말해 생산적인 배치들이란 개념은 제국 그 자체의 현실을 보장하고, 다중의 투쟁이란 개념은 포이어바흐적인 인간이 자신의 신을 만들었듯이, 다시 한 번 충만한 인간적인 삶을 위해 그 신의 속성들을 다시 취하는 방식으로 "제국 그 자체를 자신의 고유한 이미지에 반한 것으로서"[121] 산출할 것을 보장합니다. 중요한 것은 유효성을 가진 그 체계의 진리에 대한 메타정치적인 긍정입니다. "생산적" 이상에 대한 주저는 다만 생산

120 (원주) 마이클 하트와 안토니오 네그리, 『제국』, 하버드 출판사, 2000, p. 60.

121 (원주) 같은 책, p. 394.

의 존재론적인 개념과 그것의 경험적 변형들 사이의 간격을 증언할 뿐입니다.

이 간격은 논리적 모순에 직면해서 "생산력주의자"의 단언을 재정식화하는 것을 허락하는 자유입니다. 이런 의미에서 "다중"의 개념은 20세기 후반에 마르크스주의 이론과 운동에 깊은 영향을 미친 "생산력" 개념의 대 확장 작업 안에 기입됩니다. 고전적인 마르크스주의는 생산력을 정치적인 그림자를 사라지게 할 수 있는 참의 잠재력으로 만들고자 했습니다. 레닌주의는 이런 전망, 즉 생산력이 해야 했던 작업을 수행하기 위해 최상-정치(archi-politique) 행위를 선언하고 실천하지 않을 수 없었던 필요성의 파산의 고백이었습니다. 이 최상-정치의 파산 그 자체는 제3시대의 마르크스주의를 낳았습니다. 이 시대는 더 이상 경제적 진리와 정치적 가상, 혹은 혁명적 결정과 경제적 숙명론을 대립시키는 것이 아니라, 이런저런 방식으로 공통적인 것을 만드는 생산력의 개념 아래 모든 과정—과학적이고 기술적인 활동 혹은 창조적인 지적 활동 일반으로부터 정치적 실천과 기존하는 세계 질서와의 관계에서 모든 형태의 저항이나 도주의 형태에 이르기까지—을 통합합니다. "직접적 생산력으로서 과학"을 주장하는 수정주의 이론, 문화혁명, 학생혁명, 노동자주의(opéraïsme) 등은 현재 다중의 개념이 급진적으로 만들고자 하는 이 기획—사물의 상태를 변형하는 모든 형태를 생산력의 계정으로, 다시 말해 용기를 폭발시키지 않을 수 없는 내용의 논리의 계정으로 이체하고자 하는 기획—의 여러 형태들이었습니다. 이런 의미에서 "모든 것이 정치"라는 메타정치적 진술은 "**모든 것이 경제**"라는 진술과 정확히 같으며, 결국 "모든 사유는 주사위 던지기"라는, "주사위 던지기는 생산력"이라고 해석될 수 있는 최상-정치의 진술과 동일합니다.

다중이 우연에 맡긴 부분은 우연 그 자체와 필연의 동일화보다 덜 중요하며, 반-생산 제일주의는 그것이 제국—결국 자본—과 그것이 "떨치는" 맹위들의 유일한 내적 대립 안에 통합되는 것보다 덜 중요합니다. 본질적인 강점—그것은 또한 본질적인 약점이기도 한데—은 유일한 장(scène)으로서 "제국적" 장의 긍정입니다. 다중의 사유는 여전히 민족-국가에 집착하는 인민에 반해서 사실 경제적으로 세계화된 세계에 대처하고자 합니다. 그 야망은 정당합니다. 다만 그것이—세계화든 아니든—50년 전에 비해 두 배 이상의 민족-국가와, 두 배 이상의 군사적, 치안적 장치가 있다는 것을 잊지 않는다면 말입니다. 그 야망은 정당합니다. 다만 그것이 "노마디즘"의 이름으로 민족-국가의 억압적인 힘의 결과로 생긴 인구의 대량 이동의 실재를 다루지 않는다면 말입니다. "척도의 한계들을 초과하고 위반하는", 또 "새로운 위상학과 지하에서 통제할 수 없이 퍼지는 리좀들에 의해" 기술되는 "새로운 공간들을 창출하는" 이 노마드적 운동들에 대한 찬양은, 일을 찾아 도시로 온 브라질 농민들과 루안다의 인종학살을 피해서 온 난민들을 **망명자들**이라는 이름으로 한데 묶어 연민을 가지고 사진에 담았던 것과 마찬가지로 열광적으로 똑같은 일을 행합니다. 다중의 폭발적인 힘의 증거로 내세워진 노마드적 운동들은 본질적으로 민족-국가의 폭력에 의해 혹은 민족-국가의 파산이 가져온 절대적인 기아에 의해 쫓겨난 주민들의 운동입니다. "다중"은 "인민"과 마찬가지로 그 정의에 있어서 문제적입니다. 그래서 『다중』 7호에서 9·11사태는 "인민"이나 "대중"이 "파시즘을 욕망한다"고 강조되던 시대에 만개했던 질문들을 다시 가져왔습니다. 알라의 이름으로 세계무역센터 빌딩이 무너지던 날 박수를 보내던 아랍 군중들은 다중일까요? 모든 다중은 "좋은" 혹은 "진정한" 다중일까요? 따라서 다시 한 번 다중의 "긍정적인" 본질은 경험적인 다중에 대립됩니다. 정말이지 대륙 간을 대량으로 이동하거나 정보과학의 속도로 달리는 것이 중요한 것이 아닙니다. 항상 긍정성이 시위, 거부를 함께 조직하는 사람들의 일이 되는 지점이 있습니다. 그것은 세계의 지배자들의 모임에 직면해서 그들에 대한 다양한 거부에 공통된 하나의 얼굴을 제시할 필요를 느끼는 시위자들이 결집하는 상징적인 장소일 수 있습니다. 그것은 프랑스에서 일하고 하나의 신분을 가지는 것을 허락하는 증명서를 요구하는 시위자들이 단식투쟁을 하는 파리의 한 성당일 수도 있습니다. 제국의 저자들은 "어떻게 다중의 행위들이 정치적이 될 수 있는가?"라는 질문이 전대미문의 위상학에 대한 찬미에 이어서 온다는 사실을 처음으로 긍정한 사람들입니다. 그 질문에 대해 그들은 가장 고전적인 방식으로 대답했습니다. 즉 그 행위가 직접적으로 그리고 적절한 의식을 가지고 제국의 중심의 억압적인 조치들과 부딪칠 때 정치적이 됩니다.

이 의식의 증언으로 주어진 첫 번째 슬로건은 프랑스 내에 불법체류자들의 요구—"모두에게 체류증을!"—에서 끌어온 "범지구적 시민권"이라는 슬로건입니다.[122] 우리는 정치란 우선 포함과 배제를 나누는 선들 위에서, 그리고 자신이 속한 자리의 변경 과정에서 일어난다는 것보다 더 잘 말할 수 없을 것입니다. 그러나 애매함은 여전히 남습니다. 다시 말해『제국』의 저자들이 말하듯이, 이 요구의 실현은 불가능한 것이 아닙니다. 왜냐하면 이 요구는 생산의 자본주의적 국제화 그 자체가 주

122 (원주) 앞의 책, pp. 339-400.

장하는 법적 지위와 경제적 지위의 일치를 요구하기 때문입니다. 그러나 우리는 이 일치를 두 가지 방식에서 불일치한 것으로 이해할 수 있습니다. 우리는 그 동의를 자본가의 이윤이 요구하는 생산의 '국제화'와 착취의 조건을 보장하는 법-국가적 질서의 '국가주의' 사이의 간격에 대한 정치적 제시로, 다시 말해 세계 질서의 요구가 드러내는 모순으로서 이해하거나, 아니면 우리는 그 동의를 다중을 "포함하는" 제국의 전개에 내재하는 보편성의 긍정으로 이해합니다. 또 우리는 다중을 정치적 주체화 과정으로 생각하고 이 과정의 장소와 형태들 사이의 관계 문제를 제기하거나, 아니면 우리는 메타정치적인 방식으로 다중을 모든 것에 생명을 불어 넣는 잠재력 그 자체의 이름으로 생각합니다. 아무것도 원하지 않는 존재의 어떤 무의식적 의지와 그 잠재력을 동일시할 위험을 무릅쓰고서라도 말입니다. 다중에 대한 사유는 정치적 주체들에 대한 사유가 일반적으로 마주치는 이런 대안들을 피할 수 없습니다.

2003년

『이미지의 운명』

『인민의 무대–논리적 저항: 1975–1985』

장-뤽 고다르, 예술의 종교[123]

(장-막스 메장과의 대담)

● 올해 〈사랑의 찬가〉로 장-뤽 고다르는 처음으로 칸영화제 경쟁부분에 초대되었습니다. 이것은 공인일까요? 아니면 선고일까요?

아마도 그를 부른 심사위원들에게는 공인일 것입니다. 그러나 이 공인은 박물관화의 형태를 취합니다. 올해 칸에는 판테온(Panthéon)[124]에 들어갈만한 대표적 영화 작가들이 대거 초청되었습니다. 마치 현재 두 종류의 영화들—수상작이 될 수 있는 범주에 속하는 영화들과 영화의 역사에 포함되고 계속 그것을 증명하는 영화들—이 있듯이 말입니다. 고다르는 진정한 경쟁자입니다. 그가 지금까지 상을 받지 못한 것은 일

123 (원주) 이 대담은 *CinémaAction* n° 109, "신-예술은 어디에 있는가?", 2003년, pp. 106-112에 실렸다.

124 판테온은 프랑스의 국립묘지로, 정치, 문화에서 탁월했던 프랑스의 위인들을 안치하는 장소이다.

종의 매장입니다. 우리가 그를 경쟁 밖의 영화로 간주한다면, 이 판데온화는 그 자체 주변화, 소외시키기로, 부분적으로 그가 자신에게 부여한 지위에, 즉 기억될 만한 영화의 지위에 그를 고정하는 것입니다. 그러나 이것은 그 의지에 반해서 돌아설 수도 있는 위험이 있습니다.

● 1991-2001년 사이에 제작된 영화들로 돌아와서 이야기하면, 당신은 현재 고다르가 예술과의 관계에서 어떤 위치에 있는지 우리에게 지적해 줄 수 있을까요?

〈영화의 역사(들)〉은 말로(Malraux) 예술의 역사의 전통 안에 기입되고 영화의 회화적 계보학을 세웁니다. 그러나 〈수난〉(*Passion*)에서 중심적이 된, 이 회화의 참조는—문학의 참조와 마찬가지로—1960년대의 많은 영화들에서, 예를 들어 〈경멸〉이나 〈중국 여자〉 등에서 이미 두드러진 특징이었습니다. 아마도 팝 예술이나 추상화는 렘브란트나 고야에게 자리를 양보한 듯이 보이고, 콜라주 기법 그 자체는 다다이스트나 팝 예술적인 전통의 선동적인 양태에서 작품들이 살아있는 상상의 박물관에서 해석될 수 있는 융합적 양태로 이동한 듯이 보입니다. 그러나 고다르는 항상 20세기 역사에 대한 반성을 영화에 대한 반성, 특히 예술 안에서 영화에 대한 반성과 혼합하고, 영화의 역사를 예술의 역사와의 연결 속에서 생각했습니다. 그에게는 지속적인 어떤 것이 있습니다. 예를 들어 낭만주의의 전통에 대한, 독일 낭만주의의 시적이고 정치적인 관계에 대한 반성이 있습니다. 특히 그것은 〈독일 90〉에서 중심을 차지하고, 〈누벨바그〉에서 실러에 대한 참조와 함께 소개되며, 지그프리트라는 인물 혹은 하이데거와 헤르만 블로흐의 텍스트를 통해서 〈영화의 역사(들)〉 안에서 나타납니다. 점점 더 그의 영화들 안에서는 증인으로서 예술에 대한 반성, 우리 시대에 대해 우리에게 알려줄 수 있는 것들에 대한 반성이 늘어납니다. 이로부터 고야에게서 보듯이 상징적인 형상들의 영향이 드러나고, 〈영화의 역사(들)〉에서 고야의 이미지들은 우리 시대를 앞서서 찍은 것처럼 보입니다.

그리고 다른 측면이 있습니다. 그것은 위급한 정치적 상황들과, 예를 들어 전쟁의 공포와 직면하는 것을 가능하게 합니다. 물론 예술에 대한 질문과 함께 말입니다. 특별히 나는 수잔 손탁이 사라예보에서 베케트를 무대에 올린 것에 대한 필립 솔레르(Phillipe Sollers)의 독설로부터 상상된 〈포에버 모차르트〉를 생각합니다. 솔레르는 차라리 마리보(Marivaux)를 무대에 올리는 것이 더 좋았을 것이라고 선언했습니다. 이것은 공포나 절망적인 상황과 일치하는 문학이나 예술에 특권을 부여하지 말고, 반대로 예술은 그런 상황을 증언하고 개입하는 예술의 가치를 실현하기 위해서는 최대한 현실과 멀리 있어야 한다고 주장합니다.

고다르 안에는 예술에 대한 두 가지 입장이 있습니다. 우선, 예술은 고유한 자신의 역사—독일 낭만주의의 전통이나 렘브란트, 피카소, 마네 등의 회화적 전통—로부터 우리의 현재를 해석하는 열쇠를 제공하는 것으로 생각됩니다. 또한 예술적 참조는 도발적인 양태 위에서 상극적인 것들의 만남을 끝없이 조직합니다. 〈포에버 모차르트〉는 이 경우의 좋은 사례입니다. 여기에 세 번째 입장이 첨가될 수 있습니다. 그것은 고다르뿐만 아니라 많은 이들이 언급하는 "예술의 종말"에 대한 담론이 절정에 이르는 것은 뉴욕 현대미술관(MOMA)에 대한 영화인 〈오래된 집〉(*The old place*)[125]입니다.

● 이런 방향에서, 양보 없이 계속 자신들의 영화를 만드는 스트로브 부부와는 달리, 고다르는 한편으로 엘리트주의를 고수하면서, 다른 한편 조니 할리데이, 자크 뒤트롱, 제라르 드파르디유와 같은 상업적인 흥행 배우들에게 매혹됩니다. 이것에 대해 어떻게 설명할 수 있을까요?

그렇습니다. 사실 예술과의 관계에서 스트로브와 고다르는 매우 다릅니다. 비록 둘 다 현재로부터 위대한 문학의 텍스트들을 질문하는 방식이 존재한다고 해도, 스트로브의 경우 그가 사용하는 텍스트 위로 아주 자주 돌출하는 분석적 관점이 있습니다. 이것은 문제를 분석하고 역사를 형상화하는 도구가 됩니다. 반면 고다르의 경우 문학에 대한 매혹, 단어와 문장에 대한 매혹 그 자체가 지속합니다. 여기서 우리는 〈오! 슬프도다〉(*Hélas pour moi*)에서와 마찬가지로 〈영화의 역사(들)〉이나 〈사랑의 찬가〉에서 지로두(Giraudoux)와 같은 작가들의 반복적인 참조를 생각합니다. 스트로브 부부는 텍스트가 말을 하게 하는 상황 속에 자신들을 놓습니다. 고다르는 텍스트가 말을 하게 하는 사람이 아닙니다. 차라리 그는 주어진 상황 속에서 텍스트를—심지어 그것이 다만 제목일 때에도—음악처럼 울리게 만드는 사람입니다.

그의 관심을 끄는 것은 항상 이질적인 것들과의 만남입니다. 이런 관점에서 지로두와 드파르디유를 만나게 하는 것은 알려지지 않은 배우나 전문적 배우가 아닌 누군가를 그 자리에 놓는 것보다 더 큰 의미가 있습니다. 흥행 배우는 고다르에게 이러한 잠재적인 차이들을 창출할

125 이 영화는 1998년 뉴욕 현대 미술관에서 장-뤽 고다르와 안-마리 미에빌에게 요청해서 만들어진 현대예술에 대한 다큐멘터리이다.

수 있는 요소입니다. 그의 태도 안에서 3가지 요소가 있는 듯이 보입니다. 우선 스타 그 자체에 대한 오래된 매혹이 있습니다. 그것이 몸소 거기에 존재하는 것이든(브리지트 바르도), 위탁에 의한 것이든지(보가트를 연기하는 젊은 벨몽도) 간에 말입니다. 이 매혹은 다른 두 태도—체제와의 관계에서 근본적인 외재성과 그 안에서 인정받고자 하는 의지—사이의 긴장 속에 기입됩니다. 그는 영화를 고려하는 방식에 있어서는 어떤 양보도 할 준비가 되어있지 않은 반면, 그는 사람들이 그에게 주는 것, 그것이 돈이든, 스타든지 간에, 그것을 가지고 할 준비가 되어 있다고 말합니다. 이렇게 그는 할리우드의 연출가의 상상적인 상황 안에 자신을 놓습니다. 〈오! 슬프도다〉의 사례는 나에게 때때로 흥행 스타는 고다르가 배우에게 주는 역할 안으로 들어갈 수 없다는 것을 보여줍니다. 왜냐하면 제라르 드파르디유는 무명의 배우처럼 결국 고다르 영화의 퍼즐 조각일 뿐이기 때문입니다. 물론 이 조각을 가지고 만들어진 퍼즐은 같은 퍼즐이 아닙니다. 그러나 결국 채워진 것은 같은 역할입니다.

● 그러나 당신은 고다르에게, 우디 알렌이 〈명성〉(*Celebrity*)에서 자신들의 역할 속에서 유명해진 배우들을 쓰는 것처럼, 다소 간의 조롱의 의지가 있다고 생각하십니까?

나는 고다르에게 선동, 방향의 전환과 같은 1960년대의 미학이 있다고 생각하지 않습니다. 차라리 그는 퍼즐의 구성의 논리 안에 있습니다. 그는 뛰어난 배우들—들롱, 드파르디유, 할리데이—이든, 〈포에버 모차르트〉에서처럼 잘 알려지지 않은 젊은 배우들이든, 일종의 배우의 드라마에 연루됨이 없이, 조롱하고자 하는 의지 없이 쓴다고 생각합니다.

조롱이 있다면, 체제에 대한, 고다르 자신이 그 안에서 하는 역할에 대한 조롱이 있을 것입니다.

● 영화의 역사에서 장-뤽 고다르는 어떤 자리에 있다고 생각하십니까?

매우 광범위한 질문입니다. 그가 〈영화의 역사(들)〉에서 그 자신에 대해서 언급하는 것에 의해 말하자면, 우리는 그를 그가 태어날 때 이미 선고된 새로운 것의 증인으로서 최후의 모히칸의 자리에 놓을 수 있을 것입니다. 〈영화의 역사(들)〉에서 누벨바그에 대한 에피소드에 의존한다면, 우리는 영화의 미래는 이미 오래 전부터 영화의 과거 속에 있었다고 이해할 수 있을 것입니다. 그러나 이 입장은 애매합니다. 한편으로, 그는 자신의 세대의 영화 예술가들은 자신들과 같은 문제를 가진 그들의 세대의 젊은이들을 영화로 만들고자 하는 순진한 의지를 갖는다고 주장합니다. 동시에 그는 이 의지를 역사와, 할리우드의 승리 이래로 이미 작동하던 그런데 그 시대에 우리가 알고자 하지 않는 한 역사와 직면시킵니다. 동시에 그는 사람들이 놓친 어떤 것의 사료 편집자가 됩니다. 그러나 그는 영화이었던 것에 대한 증언들을 가지고 영화가 아니었던 것의 사료 편집자가 됩니다. 〈영화의 역사(들)〉은 우리에게 이미지의 잠재력은 처음부터 시나리오의 잠재력, 산업의 잠재력, 할리우드의 잠재력에 의해 잡혀있었다고 말합니다. 또한 영화는 이미지들의 폭로하는 힘 안에 그리고 이미지들 간의 상호접속의 가능성들, 즉 시나리오와 스타들의 산업에 의해 쓸려간 잠재성 안에 존재했다고 말합니다.

이 모든 것은 일련의 역설을 구성하는 데 기여합니다. 왜냐하면 고다르는 그리피스(Griffith), 스트로하임(Stroheim), 히치콕 영화의 장면들을 사용해 그가 만들지 못한 영화를 만드는 데에 이르기 때문입니다. 그러나 그는 그들이 자신들의 영화를 만들지 않았다면 "그들 대신에" 그 영화를 만들 수 없었을 것입니다. 따라서 이 영화는 여기서 고다르가 영화의 역사 속에 자신을 놓는 방식 속에서 영화를 촉진하는 풍성한 모순으로서 존재합니다. 그는 계속해서 이미 쓸려간 영화의 새벽과 자신을 동일시합니다. 왜냐하면 영화는 아동기의 예술로 인정되지 않고, 가짜 어른으로 텔레비전이 바보상자가 되어버린 아동기의 영화이기 때문입니다. 고다르는 자신을 항상 이 예술의 아동기의 증인으로 소개합니다. 그러나 그는 종말의 예술, 이미 이루어진 것을 다시 취함으로써만 가능하고 이미 실현된 모든 영화들의 장면들을 다시 연출함으로써만 가능한 예술을 실현합니다.

나는 여기서 문제는 그가 전적으로 의식한, 그리고 모순적인—이 용어는 반드시 경멸적인 의미가 아닙니다—자리, 아니 차라리 역설적인 자리라고 생각합니다. 그는 마치 이미 죽은 영화에 대한 시대의 증인으로서, 항상 살아있는 영화에 대한 증인으로서 존재합니다. 특히 그가 〈사랑의 찬가〉를 촬영했을 때, 그는 어떤 면에서 자신을 새로운 세계를 발견하고 이미지들 사이에 전에 없었던 상관관계를 창출하게 될 뤼미에르 형제의—혹은 영화의 선구자의—자리에 놓습니다. 동시에 그는 이미 죽은 거대한 희망의 시대의 증인으로서 자신을 놓습니다. 그는 두 입장 사이에 긴장을 창출합니다. 즉 그는 시대의 증인과 처음부터 다시 시작하는 자—마치 세잔이 자신의 사과들 앞에 있는 것처럼 항상 자신의 쇼트들 앞에 존재하는 자—사이에, 또 그에 앞서서 다른 이들이 만든 영화들을 가지고 새로운 영화를 만드는 자와 영화의 새로운 역사를 창출하고자 하는 자 사이에 존재합니다.

● 나는 이런 모험 속에서 고다르는 다소 펠리니와 같은 상황, 다시 말해 그의 몇몇 영화들에 대한 저작권을 가진 베르루스코니와의 관계 속에 놓인 펠리니와 같은 상황에 놓이지 않는지, 그리고 〈영화의 역사(들)〉은 카날+의 도움 없이 제작될 수 있지 않았는지 자문합니다.

그렇습니다. 고다르는 스타들, 미국, 카날+를 포함해서 여타의 텔레비전에 대해, 그들에게 뭔가를 빚지고 있음에도 불구하고, 다소 상투적인 담론을 유지합니다. 마치 모든 것은 다른 계획을 가지고, 그가 역겨워하는 이 미국에 빚지고 있는 듯이 일어납니다. 분명 그가 비판하는 텔레비전을 반드시 통과하는 영화의 창조와 보존의 가능성이 있습니다. 그러나 이것은 반드시 모순적이 아닙니다. 그는 독점하는 사람들을 공격합니다. 그는 미국이 자신의 이익을 위해 세계의 정신적 유산을 빼앗았으며, 카날+는 살아있는 영화를 빼앗았다고 비난합니다.

● 그러나 말하자면 돈 없이 어떻게 영화를 만들 수 있을까요?

물론 그럴 수 없습니다. 고다르는 다른 것을 말하는 것이 아닙니다. 그는 제작자들이 그에게 제안하는 것을 가지고 영화를 만듭니다. 그러나 역설은 우리가 잘 아는 것들로부터 옵니다. 다시 말해 비상업적이고 영화 대기업들의 법에 복종하지 않는 영화를 만들기 위해서는 카날+와 같은 기업들, 또 영화 공사의 재정 지원이 필요합니다. 여기서 명백한 것은 악순환입니다. 우리는 한편으로 지배적인 체제를 회피합니다. 그러나 우리는 그 미학적인 규범들이 지배적인 체제의 상업적인 규범들과 마찬가지로 완고한 또 다른 체제 안으로 들어갑니다. 이런 영화는 그 자신의 고유한 체제의 예술이 되는 경향이 있습니다.

● 스트로브 부부와는 달리, 고다르는 비록 〈경멸〉처럼 소설을 영화화한 몇몇 영화들이 있음에도 불구하고, 문학을 영화로 옮기는 것 앞에서 경직되는 듯 보입니다.

그의 망설임이 문학의 성스런 특징 앞에서 경직되는 것이라고 생각하지 않습니다. 문학은 그의 작품 안에, 다만 인용의 형식에서만이 아니라, 자주 출현합니다. 대부분의 그의 인물들은 소설이나 연극에서 온 것입니다. 그러나 그는 항상 그것들의 부분들, 주제들, 이미지들을 가지고 자유롭게 작업합니다. 그래서 엄격한 의미에서 각색의 지위를 가지는 것이 그렇게 쉽지 않습니다. 그럼에도 불구하고 그의 모든 영화들은, 회화에 의해서 그런 것처럼 전적으로 문학에 의해 만들어집니다. 그는 예전에 한편으로 소설—전적으로 "문학적"이 아닌 소설—의 주제에 대한 자유로운 변형을 이용했습니다. 다른 한편 콜라주의 방식으로 문학적인 텍스트를 사용했습니다. 그러나 오늘날 흥미로운 것은 예술과의 직접적인 관계로서 어떤 것입니다. 그것은 이야기의 얽힘 밖에서 여행하고, 다시 짜고, 새로운 맥락을 창출하기 위한 형식들, 문장들, 혹은 쇼트들의 역량 위에서 행해지는 놀이입니다.

우리는 더 이상 모라비아(Moravia)[126]에 아주 가까웠던 〈경멸〉의 시대에 살지 않습니다. 비록 고다르가 그것은 영화 〈경멸〉의 뼈대로 사용된 대중소설이었을 뿐이라고 선언했다고 할지라도 말입니다. 오늘날 이

126 알베르토 모라비아(1907–1990)는 영화 〈경멸〉의 원작을 쓴 이탈리아의 소설가이다.

식은, 비록 그것이 자유롭게 일어난다고 할지라도, 불가능합니다. 예를 들어 〈포에버 모차르트〉에서 뮈세의 소설 『마리안의 변덕』이 언급되지만, 그것은 둘 사이의 간격—보스니아 전쟁의 도살장 안에서 뮈세, 혹은 뮈세의 코미디의 짜임 안에서 보스니아 전쟁의 도살장—을 드러내기 위해서입니다.

그래서 영화나 영화가 말하고자 하는 것과 대립되는 것은 문학 자체이지, 더 이상 문학적 텍스트와 그것의 "각색"의 가능성의 대립이 아닙니다. 고다르는 문학, 영화, 회화를 자신과 동일시하는 일종의 투입의 단계에 이르게 됩니다. 이제 이 모든 것은 그 안에 살고, 그에 속하고 그의 영감과 충동을 따라 자신의 영화 안에서 자유롭게 사용할 수 있는 것들이 됩니다. 그의 영화에서 아주 큰 역할을 하는 음악에 있어서도 상황은 마찬가지입니다. 그러나 항상 이미 존재하는, 그 의미와 역사적 힘을 이미 가지고 있는 "고전" 음악만을 사용합니다. 이것은 영화를 설명하기 위해서가 아니라, 〈카르멘이란 이름〉에서처럼 그 영화의 얽힘을 짜는 데 기여합니다. 또한 음악의 테마, 영화의 쇼트, 문장, 소설의 인물은 시간과 시대의 도표처럼 존재하는 영화들 안으로 들어갈 수 있는 해석자들처럼 다뤄집니다.

마리 다리외세크(Marie Darrieussecq)의 『암퇘지』에 대한 기획이 무엇이었든지 간에,[127] 나는 왜 고다르가 이 작품을 선택했는지 그 정확한 이유를 모릅니다. 이 작품을 영화화하겠다는 생각은 아주 유혹적입니다. 이 작품은 변신을 다루는 소설입니다. 그러나 다시 한 번 말하지만,

127 1996년 출간되어 베스트셀러가 된 이 소설을 영화화하겠다는 기획은 5개월 만에 중단된다.

고다르는 더 이상 소설, 특히 이런 종류의 소설의 각색의 시대에 속하지 않습니다. 엄밀하게 말해서 그는 괴물적인 것에 대한 영화인이 아닙니다.

● 우리가 문학에 몸을 담고 있는 이유로, 우리는 고다르가 마르그리트 뒤라스와 함께 근친상간에 대한—그녀의 소설 안에는 이미 존재하지만 〈줄행랑(삶)〉(*Sauve qui peut (la vie)*)에서는 부재하는—영화를 만들 기획을 가지고 있었다는 것을 알고 있습니다.

그의 영화 안에는 마르그리트 뒤라스가 편재합니다. 그리고 그녀는 그 안에서 한 작가로서만이 아니라, 역사적인 인물로 나타납니다. 점점 더 고다르에게서 모든 문학적인 참조, 문학적 현전은 일종의 역사적인 증언이 되는 것처럼 보입니다. 우리가 그의 〈영화의 역사(들)〉, 〈사랑의 찬가〉, 또 〈독일 90〉을 고려한다면, 거기서 고다르가 불러낸 모든 사람들은 증인으로서이며, 그들은 세계에 대해 뭔가 할 말이 있습니다. 이런 식으로 마르그리트 뒤라스는 세계에 대해 우리에게 말할 뭔가를 가지고 있으며, 프랑스와즈 베르니는 〈사랑의 찬가〉의 루시 오브락(Lucie Aubrac)[128] 역할 안에서 우리에게 할 말이 있습니다. 반면 우리는 고다르의 반성 안에서, 전쟁도 레지스탕스도 겪지 않은 젊은 소설가—마리 다리외세크와 같은 소설가—에게 어떤 자리를 부여할 것인가를 고민합니다. 고다르에게 모든 문학적 혹은 회화적 작품에서, 모든 창조자는 아우슈비츠 혹은 그 시대의 증인이 되는 경향이 있으며, 예술작품이라

128 루시 오브락(1912-2007)은 제2차 세계대전 당시 레지스탕스 대원으로 활약했다.

기보다는 역사에 대한 반성을 위한 중재인이 되는 경향이 있습니다.

● 따라서 성상파괴자들 밖에서, 고다르는 일종의 정신적 유산의 책임자라고 말할 수 있을까요?

고다르가 정신적 유산의 책임자라고까지 말하려는 것은 아닙니다. 왜냐하면 그에게는 예술과 문화 사이의 대립이 항상 존재하기 때문입니다. 그는 아렌트나 아도르노 식으로 예술의 수호자와 문화 장려자를 대립시키는 투쟁에 참여합니다. 그는 문화적 장사에 반한 예술의 새로움과 도발의 잠재성과 텔레비전에 반한 영화를 긍정하는 사람들에 속합니다. 그는 정신적 유산의 전승자라기보다는 이 투쟁의 참여하는 투쟁가입니다. 우리가 현대 미술관에 대한 그의 영화를 보면, 우리는 그것이 정신적 유산에 대한 영화라고 말할 수 없습니다. 그 영화를 보면서 현대 미술관의 보물들을 발견할 수 있을 것이라고 생각하는 사람에게는 그 영화는 실망스러운 것일 것입니다. 우리는 여기서 전시된 어떤 작품도 볼 수 없습니다. 여기서 중요한 것은 현재 세계에 대한, 신민족주의적 야만의 시대에 예술에 대한 비탄이지, 정신적 유산에 대한 소개가 아닙니다.

한편으로 그의 입장은 그가 애독하는 말로(Malraux)나 엘리 포르(Elie Faure)[129]의 입장과 비슷합니다. 이 입장은 예술의 의미를 삶과 정신의 형식으로서, 혹은 신의 변형으로서 유지됩니다. 그러나 이 투쟁은 또한 현재 세계에 대한 증언과 참여의 가치와 연결됩니다. 〈오래된 집〉에서도 보스니아는 〈영화의 역사(들)〉. 〈포에버 모차르트〉, 〈사랑의 찬가〉에서처럼 나타납니다.

● "영화의 청소" 안에서 영화를 어떻게 생각하는지요?

이 용어가 말하고자 하는 것을 잘 이해할 수 없지만, 그의 의도 안에서 해석해 보자면, 청소는 여기서 사물들을 빛나게 하게 위해 먼지를 터는 것이라고 말할 수 있을 것입니다. 이것이 〈영화의 역사(들)〉에서 그가 하고자 한 것입니다. 영화의 개별 플랜을 예술의 순수한 광채로 빛나게 만들기 위해 그것에서 모든 문화적 먼지를 제거하고 청소합니다. 고다르 안에는 항상 사물에 대한 현상학적인 전념이 있기 때문입니다. 중요한 것은 항상 일종의 최초의 시선, 이미지의 처녀성을 명백하게 하는 것입니다. 〈영화의 역사(들)〉에서 모든 것을 자르고 나누는 것에서, 매 쇼트에 그것의 아이콘적 성격을 부여하는 것 안에서 우리가 발견하는 것은 바로 이런 의지입니다. 매 쇼트에서 그것을 청소하고, 항상 그것을 새롭게 창출하는 미조구치가 가진 이 힘에 대해 말한 것은 바로 고다르입니다. 우리는 이 청소(ménagère)라는 말을 손을 가지고 하는 것, 장인의 영화를 만드는 것으로 이해할 수 있습니다. 우리는 그것을 또한 채산을 맞추는 경제나 관리로 이해할 수도 있습니다. 특히 시선을 청소하고 순수하게 하는 경제, 이미지를 빛나게 하는 경제로 이해할 수 있습니다.

129 엘리 포르(1873–1937)는 예술사가로 그의 『예술의 역사』는 이 방면의 연구에서 피할 수 없는 지침서이다.

● 1990년대, 고다르는 두 번 안-마리 미에빌의 영화들에 배우로 출연합니다.

장-뤽 고다르는 그녀와 자신은 그 방식이 아주 다르다고 말하지만, 그들 사이에는 강력한 공생적 관계가 있습니다. 〈우리 모두는 여전히 여기에 있다〉에서 그녀가 고다르에게 한나 아렌트를 읽게 할 때, 혹은 그녀가 〈화해 이후〉에서 하이데거의 『언어로 가는 길』을 "영화화"할 때, 그녀는 고다르의 영화에 아주 가깝습니다. 그 생각이 누구에게서 왔는지를 물어볼 필요도 없이 말입니다. 한편으로 배우 고다르는 〈영화의 역사(들)〉에서 사빈 아제마나 알랭 귀니처럼 세계에 대한 본질적인 메시지를 담은 것처럼 보이는 텍스트를 다만 읽기 위해 거기에 있는 것처럼 보입니다. 그러나 중요한 것은 개념적으로 같은 세계입니다. 비록 안-마리 미에빌에게는 고다르와는 다른, 대개 콜라주나 나누기와 유사한 강력한 연극적 장치와 대화의 취향이 있다고 할지라도 말입니다.

그의 두 번째 역할, 즉 부부싸움에서 상대의 역이 문제일 때, 그것은 또한 오늘날 영화의 세계 안에서 그의 위치와 일치합니다. 그가 까다로운 남편의 역이나 미망에서 깨어난 노인을 연기하는 영화들은 30년 전의 그의 영화 〈남성, 여성〉의 속편처럼 보입니다. 우리가 예를 들어 〈사랑의 찬가〉의 전-시나리오들을 고려한다면, 우리는 고다르에게 나이가 중요하다는 것을 의식합니다. 그리고 실제로 삶에서 우리는 그가 또한 다소 영화의 역사에 직면해서 살아있는 비판으로서 체제 바깥에, 간격을 둔 사람이라는 것을 잘 보여주기 위해 우울하고, 성미가 까다롭고, 더 이상 면도하지 않고, 머리에는 빵모자를 눌러 쓴 노인의 역할을 한다는 것을 확인합니다.

안-마리 미에빌의 영화들에서, 그리고 그들의 사적인 삶 안으로 들어가고자 함이 없이, 우리는 그는 일종의 거의 베케트적인 연극의 역할을 한다고 말할 수 있습니다. 때때로 영화에서 유명한 한 쌍인 스펜서 트레이시와 캐서린 헵번을 흉내 내는 방식으로 말입니다. 그리고 동시에 그는 또한 영화의 세계와의 관계에서 고다르의 역할을 연기했다는 것도 사실입니다.

● 안-마리 미에빌은, 고다르가 1960년대 에디 콘스탄틴(Eddie Constantine)을 쓴 것처럼, 그를 쓰는 것 같은 인상을 받습니다.

고다르가 브리지트 바르도나 에디 콘스탄틴 같은 배우의 이미지를 가지는 것은 아니지만 이런 방향에서 생각할 수도 있을 것입니다. 게다가 에디 콘스탄틴은 그의 배우로서의 전설 때문에 캐스팅되었고, 〈알파 빌〉과 더 나아가 〈독일 90〉에서 정치화되었습니다. 〈독일 90〉에서 그는, 영화의 유령,[130] 독일의 현재를 질문하기 위해 사회주의 동독에서 돌아온 유령의 역할을 연기합니다. 우리는 여기서 다소 브레히트를 닮은 구석을 발견합니다. 이 측면은 안-마리 미에벨의 영화들에서 그녀가 고다르를 사용할 때 재발견할 수 없는 것입니다. 그녀의 영화들에서 고다르는 변화되지 않았고 여전히 자신의 역할을 연기합니다. 고다르는 이에 대해 보다 세속적으로 설명합니다. 그 당시 배우가 그 역을 포기했

130 〈알파빌〉(1965)의 주인공 비밀요원 레미 코션(Lemmy Caution)은 탐정소설과 필름 누아르의 등장하는 소설적 인물로 1936년 영국의 피터 체니(Peter Cheyney)에 의해 창조되었다. 에디 콘스탄틴은 〈알파빌〉에서 레미 코션의 역을 연기하기 전에도 여러 영화들에서 레미 코션을 연기했다. 그리고 〈알파빌〉에서 레미 코션은 사형선고를 받는다. 30년 후에 레미 코션은 〈독일 90〉에 다시 등장한다.

고 그는 준비 없이 그 역을 대체하지 않을 수 없었다고 설명합니다. 이것은 경험적으로 사실일 수 있습니다. 다만 이것이 까다로운 사람의 역을 연기하면서 그에게 고유한 "역사적인" 역할을 하고자 하는 방식에 어떤 변화도 가져옴이 없이 말입니다.

● 우리는 예술에 대해 많이 이야기했지만 신에 대해서는 거의 나눈 대화가 없습니다. 이 모든 것 속에 신은 어디에 있을까요?

이 질문에 대해서 고다르 대신에 내가 대답하는 것은 어려운 일입니다. 그가 자신의 영혼 가장 깊은 곳에서 무엇을 보는지, 또 신 그 자신이 고다르의 영혼 안에서 볼 수 있는 것이 무엇인지 우리가 모르는 한에서 말입니다. 확실한 것은 종교적인 참조가 있다는 것입니다. 성스러운 것에 대한 참조는 역사에 대한 그의 모든 반성 안에서 페기(Péguy)가 만든 장소에 의해 구체화되었습니다. 그리고 그의 이미지에 대한 반성은 성화(icône)의 이론과 관계합니다.

〈사랑의 찬가〉에서 공산주의 레지스탕스 단원들은 기독교 레지스탕스 단원이 됩니다. 어쨌든 여자 주인공은 기독교 레지스탕스 단원이 됩니다. 갈등의 장면을 끌어들이면서 마치 그 안에 레지스탕스에서 기독교적인 측면을 끌어내고자 하는 의지가 있는 것처럼 말입니다. 왜냐하면 거기서 남자 인물은 공산주의자이고 여자는 기독교인이기 때문입니다. 이것은 종교적인 참조가 믿음의 문제에 속하는 것이 아니라, 예술의 사유에 내재하는, 예술의 마지막 수호자로 생각되는, 상업과 텔레비전에 대항한 아렌트와 같은 세계의 마지막 수호자와 같은 사람들의 영웅적 투쟁에 내재하는 새로운 정신주의에 속한다는 것을 말합니다. 우리는 문화에 대해 반성하는 사람들에게서 자주 종교적이고 정신적인 전통 속에서 예술에 대한 다소 환상적인 기원으로 돌아가고 하는 경향을 발견합니다. 말로와 다른 애매한 참조들을 통해서, 그들은 그림과 성화, 예술과 성스러운 것을 관계시킵니다. 그들은 우리가 문화산업, 영화산업, 텔레비전의 재난, 대중전달 등등이라고 비난하는 것에 대항해서 이것을 합니다. 여기서 종교적인 것이 문제일 때, 그것은 예술의 종교지, 기독교주의가 아닙니다. 마치 모든 일은 상품의 전 세계적인 승리에 대항해서 성스러운 것과 역사 아래 놓여야 한다고 믿어지는 예술, 이미지, 의미의 저항이 있는 듯이 일어납니다. 다시 한 번 말하지만 이것은 예술의 정신주의지 종교로의 회귀가 아닙니다.

● 그러면 고다르에게서 역사의 지위는 무엇일까요?

〈사랑의 찬가〉에서 고다르는 다른 나이의 커플들을 통해서 사랑의 대서사를 연구하려는 기획에서 출발했습니다. 그리고 이 소설적인 시나리오가 조금씩 20세기의 프랑스의 역사(Histoire)로 변화되는 것을 확인하는 것은 놀랄만합니다. 천천히 시나리오는 전쟁, 레지스탕스, 유대인 재산의 몰수, 좌파, 르노공장, 68년 5월 등등으로 채워집니다. 마치 한 움직임이 시나리오를 파괴하는 듯이 말입니다, 사랑에 대한 허구를 만들고자 하면서, 고다르는 안으로부터 그것을 파괴하는 데 이릅니다. 마치 개인들을 연결하는 어떤 사랑에 대해, 어떤 이야기(histoire)에 대해—그것이 어떤 이야기든지—말하기 위해, 그들이 유산으로 받은 역사의 어두운 부분을 밝혀야 하는 듯이 말입니다. 사랑에 대한 실험적인 허구에 허구적으로 참여한 인물들은 저항할 수 없이 1960년대의 참조—영화와 정치의 참조—를 거쳐서 우리를 우리 역사의 밝혀지지 않은, 과거와도 미래와도 연결되지 않은 저항으로 이끄는 역사의 상속자가 됩니다.

"어떻게 어른이 될 수 있는가?"라는 질문을 통해서, 배우들은 역사의 증인으로 변형됩니다. 마치 역사가 모든 이야기의 비밀인 듯, 그리고 그 역사의 수수께끼, 그것의 정지가 우리가 멍청이가 아닌 어른이 될 수 없는 것의 이유인 듯이 말입니다. 고다르는 항상 허구보다 이미지, 쇼트, 문장 등을 좋아했습니다. 그러나 이제 그는 모든 이야기들의 철회를 역사 그 자체에 맡기는 것처럼 보입니다.

● 고다르가 스티븐 스필버그를 비판하는 것은 그가 역사(Histoire)를 할리우드의 이야기(histoire)로 변형했기 때문인가요?

여러 측면이 있습니다. 미국과 할리우드가 다른 사람들의 기억을 몰수했다는 생각과, 허구가 아닌 증언에 속하는 것들이 있다는 후기 아도르노적인 생각이 있습니다. 그러나 더 중요한 것은 허구로부터 점점 더 그를 멀어지게 하는 그의 예술에 대한 전망이 있습니다. 그에게 예술이 역사를 이야기들로 전환하면서가 아니라, 역사 그 자체에 대한 반성이 될 수 있는 것은 그만이 가진 고유한 자율성과 증언에 대한 가치부여라는 이중적인 작동을 통해서 가능합니다. 고다르에게 역사에 대한 영화를 만드는 것은 사람들에게 역사적인 의복을 입히는 것이 아니라, 전쟁, 수용소의 이미지들을 그것들과 전적으로 다른 일련의 이미지들—채플린, 렘브란트, 고야 등의 이미지들—과의 관계 속에 놓는 것입니다. 이것은 일련의 이미지들과 같은 공통의 이야기를 증언하는 다른 이미지들 사이의 관계를 만드는 것입니다.

불일치로서의 공동체[131]

(프랑스와 누델만과의 대담)

● 『불화』에서 당신은 근대 정치는 공동체를 발명하는 주체화의 과정들을 다양화했다는 사실에 주목합니다. 이 주체화의 양태들은 무엇인가요? 어떻게 합의에 근거하지 않으면서 공동의 세계를 열 수 있나요?

일반적으로 주어의 이름과 술어의 형식이 그 항들 간에 이전에 없었던 공동체를 설립하고 전에 없었던 경험을 그릴 때 주체화가 있습니다. 그리고 공동체는 포섭의 규칙들과 그것들을 명령하는 가시성을 파열시키지 않고는 존재하는 나눔들 안에 포함될 수 없습니다. 우리가 "인간은 법적으로 자유롭고 평등하게 태어난다", "노동자, 농민, 우리는 위대한 노동당이다", "우리는 인민이다", "우리 모두는 독일의 유대인이다"라고 말할 때, 공동체는 다름 아닌 이 인간, 이 인민, 이 우리일 수 있습니다.

131 (원주) 이 대담은 *Rue Descartes*, n° 42, 2003, Paris, PUF에 실렸다.

주체화는 고유하지 않은 술어기능을 갖습니다. 다시 말해 인구의 일부는 "인민"이 아니며, 아리아족 프랑스인이 모두 유대 독일인인 것은 아니며, 혁명적 부르주아는 프롤레타리아가 아닙니다. 이 술어들이 주어와 술어 사이에 다른 공동체의 형태를 열지 않는다면 말입니다. 그래서 노동자도 프롤레타리아가 아니고 인민도 영원히 인민이 아니게 나타납니다. 모든 인간의 평등이 문제일 경우, 이 모든 것 안에 누가 포함되는지, 어떤 유형의 관계가 이 평등의 타당성의 영역 안에 포함되는지를 끝없이 문제 삼아야 합니다.

주체성은 공동체를 부수면서 공동체를 만듭니다. 이 논리적 핵으로부터 우리는 주체성이 어떻게 제외된 사람들일 뿐이었던 이 여자들, 이 남자들의 공동적인 것의 주역으로서 자신을 선언하면서, 사적인 영역에 속한 일들을 공적인 논의에 속한 것으로 보게 만들면서, 공동적인 아닌 것을 공동적인 것으로 만드는지를 이해할 수 있습니다. "프롤레타리아"는 고대 로마의 법적인 용어로 이제는 더 이상 사용하지 않는 말로, "아이를 만드는 자"를 의미합니다. 이 말이 근대의 정치적인 단어가 되기 위해서는 "다만 생산과 재생산의 신체이기 때문에 정치적인 신체에 속한 것으로서 계산되지 않는 자"라는 단 하나의 의미만을 고집하는 시대착오적인 콜라주가 필요했습니다. 고대의 법적인 용어와 근대의 노동자의 모습 간의 공통의 것을 놓는 것은 공통의 것과 비-공통의 것 사이의 나눔의 전적인 재분배로서 기능해야 합니다. 프롤레타리아는 노동의 사적인 장소는 공적인 장소이며, 공적인 장소는 모두의 일이라는 것을 긍정하면서, 자신의 공적인 것에 대한 능력을 긍정하기 위해 자신의 사적인 직업의 지위와 결별한 노동자입니다. 그가 말을 거는 사람은 그가 말을 하는 공동의 대상들을 **보지** 못하고, 공동의 것의 화자로서 그를 **듣지도/이해하지도** 못하는 것처럼, 열린 공동체는 공동의 세계를 다른 세계 안에 놓는 불일치의 공동체입니다. 근대 정치는 한 공동체를 다른 공동체 안에 놓는 이 공동의 세계들의 열림에 의해 만들어졌습니다. 우리가 **합의**하고 부르는 것은 공동의 것을 단순한 포섭의 규칙들로 환원하기 위해 공동의 것 안에 이 불일치의 조직을 파괴하기 위한 시도입니다. 공동의 정치는 배제된 것의 포섭의 절차에 의해 만들어지고, 비-공동의 것의 공동화에 의해 만들어집니다.

● 이 공동체의 일탈(diffraction)은 새로운 공간을 구성하나요? 당신은 정체성들, 장소들, 자리들 사이의 간격을 언급합니다. 이 간격내기들(espacements)의 정치적 쟁점은 무엇인가요? 당신은 공동체 내에서 공동의 현실태화를 보기를 거부합니다. 장-뤽 낭시는 공동-존재(l'être-commun)보다 공동-내-존재(l'être-en-commun)을 선호합니다. 그러나 당신은 공동적인 아닌 것의 공동화를 생각합니다. 공동체의 공-존재(l'être-ensemble)를 사이-존재(l'être-entre)로 생각할 것을 제안하면서, 당신은 이 사이(entre)에 어떤 의미를 주나요? 이 틈에 의해 무엇이 분리되고 무엇이 함께 유지되나요?

내가 거부하는 것은 정치적인 공동체를 인류학적인 속성이나 최초의 존재론적인 태도 위에 그 토대를 놓는 것입니다. 우리가 정치를 자연적인 사회성이나 자연적인 비사회성에 대항한 투쟁의 필요성 위에 그 토대를 놓는 것, 우리가 정치를 탁월한 자들(aristoï)의 행위의 표출 위에 혹은 다자인의 공통의 현시(exposition) 위에 그 토대를 놓는 것, 우리가 함께 나눈 속성들의 내용을 확대하거나 "공동-내(en-commun)"의 "내(en)"로 환원하는 것, 항상 정치를 공동체에 의해, 공동체를 속성이나 공통된 본래적인 태도로부터 생각하는 이 장치 안에 우리는 존재합니다. 나에게 정치는 항상 이차적입니다. 공동체를 설립해야 하는지, 왜 우리가 거기에 존재해야 하는지의 문제는 항상 이미 앞서서 해결됩니다. 항상 이미 신체들 사이의 공동체가 있습니다. 이 공동체는 주권적 신체에서, 인간적이고 신적인 계통에서, 경제적이고 사회적인 분배 체제 안의 한 자리에서 유지됩니다. 정치는 의미작용들 사이에, 의미작용들과 신체들 사이에, 신체들과 그 정체성의 양태들 사이에, 자리들과 분배 사이의 새로운 관계를 세움으로써 여타의 공동체의 명증성을 정지시키는 한 공동체의 형식의 발명으로서 나중에 도래합니다. 정치는 기존하는 공동체들의 애착을 질문함으로써, 새로운 관계들을, 시적인 형상들이 주어와 술어 사이의 내적인 관계들을 변형하는 방식으로 공통적인 아닌 것을 공통의 것으로 놓는 관계의 항들 사이에 이 "공동체들"을 설립함으로써 행해집니다. 바로 여기서 "사이"의 그 의미가 파악됩니다. 나는 이것을 한나 아렌트적 의미에서, 다시 말해 플루타크의 영광과 하이데거의 공존재를 함께 유지하고자 하는 "사이존재(interêtre)"로 이해하지 않습니다. 사이는 우선 주체들 사이가 아닙니다. 그것은 주체들이 다시 취할 수 있는 정체성들과 역할들 사이, 그들에게 고정된 자리들과 그들이 위반에 의해 차지하는 자리들 사이입니다. 그것은 화자인 **우리**와 말해진 주체 사이, 주어와 술어, 신체들과 의미작용들 사이입니다. 그것은 주체들의 이름들 사이일 수도 있습니다. 버크, 마르크스, 아렌트 그리고 아렌트 이후에 아감벤은 모두 혁명적 선언이 인간의 권리와 시민의 권리 사이에 설립한 틈새를 비난합니다. 그러나 바로 이 틈새가 정치의 근본적인 주체화를 가능하게 합니다. 정치적인 이 간격은 일치의 형식들에서가 아니라, 은유적인 도약과 더불어 봐야 합니다.

● 당신이 정치의 기준 그 자체로 생각하는 계산상의 착오(mécompte)를 밝히는 것이 정치적인 공동체로 가는 길을 열까요? 비록 그것이 분열된 공동체라고 할지라도 말입니다. 엄격하게 말해서 계급투쟁에 속하지 않는 공통의 착오로서 이 착오는 어떻게 생겨날까요? 그리고 어떤 본성으로부터, 어떤 기원으로부터 몫이 없는 자들의 몫의 요구가 생겨날까요? 어떤 점에서, 평등적 잘못(tort)은 전적으로 경제적 관계로 환원되지 않나요?

마르크스 이론 안에서도 생산의 사회적 관계는 단순히 경제적 관계로 환원되지 않습니다. 그리고 고전 경제철학이 우리에게 가르쳐준 한 가지가 있다면, 그것은 정치는 계급투쟁이라는 것입니다. 이것은 정확히 계급투쟁은 전적으로 경제적인 용어에 의해 정의될 수 없다는 것을 의미합니다. 계급투쟁은 단순한 경제의 법칙을, 다시 말해 단순한 부의 지배를 단절시키는 것입니다. 고대 정치의 "가난한 자들"과 "부자들", 근대의 "프롤레타리아"와 "부르주아"는 대립된 경제적 관심을 가진 집단으로서 단순히 정의될 수 없습니다. 계급이 계급이 아닌 한에서, 다시 말해 같은 관심을 가진 사람들이 모인 사회의 부분이 아니라, 탈정체화의 작업, 다시 말해 정체성과 속성 간의 간격인 한에서 계급투쟁이 있습니다. 데모스는 "가난한 자들의 집단"입니다. 그러나 이 가난한 자들의 집단은 공동의 일을 돌보기 위한 "특질"을 가지지 않은, 그럼에도 불구하고 그것을 돌보는 아무것도 아닌 자들의 집단입니다. 지배의 논리는 통치를 위한 특질을 속성으로 가진 사람들이 통치하는 것입니다. 그러나 이 속성은 그들이 지배한다는 사실에 의해서 검증됩니다(이 지배의 순환적 논리는 최근의 대통령 선거에서 "정부의 후보"와 "반대파 후보" 간의 대립에서 다시 상기됩니다). 데모스는 반대로 이러한 속성의 부재와 다른 것은 아무것도 공동으로 가지지 않은 자들의 지배를 의미합니다. "몫이 없는 자들의 몫"이 말하고자 하는 것은 바로 이것입니다. 계급투쟁은 공동체의 부분들 간의 투쟁이 아니라, 두 종류의 공동체—치안적 공동체와 정치적 공동체—의 형식들 간의 투쟁입니다. 다시 말해 신체들이 의미작용들, 부분들, 자리들, 분배 등과 가지는 관계가 포화 상태로 치닫는 치안적 공동체와 주체들의 이름들과 사회적 신체들의 속성들의 현시의 양태들을 분리함으로써 간격들을 다시 여는 정치적 공동체의 투쟁입니다.

● 인민이라는 말은 점점 더 의심스러운 것으로 나타나며, 그 말은 오늘날 민족적 정체성에 제한되어 사용되는 것처럼 보입니다. 그것이 아니라면, 향수적으로 대중적 봉기의 혁명적 판본과 관계하는 듯이 보입니다. 그럼에도 불구하고 당신은 "인민은 우리가 그것을 구시대의 유물이라고 선언하는 거기에서도 항상 어떤 모습을 갖는다"고 선언합니다. 더 이상 주권을 가진 인민도, 전진하는 프롤레타리아도 없을 때, 그 말은 오늘날 프랑스에서 또 세계화의 시장에서 어떤 의미를 가질까요?

인민이 공동체보다 더 의심스러운 것인지 그것은 알 수 없습니다. 어쨌든 나는 인민을 단일한 개념으로 생각하지 않습니다. 주체성의 형식은 다양한 인민들 사이의 긴장 그 자체로 이뤄진 인민의 모습을 규정합니다. 기본적으로 대립된 두 종류의 인민이 존재합니다. 즉 민족으로서, 다시 말해 같은 기원, 피, 신 등을 가진 사람들의 지속적인 집단으로서 인민과 데모스로서, 다시 말해 민족의 분할로서, 집단의 부분들의 열거에서 보충적인 것으로서 인민이 있습니다. 내가 "인민은 항상 어떤 모습을 갖는다"고 말했을 때, 그것은 데모스가 사라졌을 때, 민족이 표면으로 드러난다는 것을 의미합니다. 이것은 인민은 다양하고 모순적인 모습을 갖는다는 것을 말합니다. 혁명적인 인민, 프롤레타리아와 같은 강력한 주체성의 모습들이 있습니다. 그러나 동음이의어를 가진 이 모습들은 항상 그 자체 안에 모순이 관통합니다. 항상 인민 안에 여러 인민들이 있으며, 프롤레타리아 안에 여러 프롤레타리아가 있습니다. 정체성과 탈정체성은 각각의 대의들을 혼합하기를 그치지 않습니다. 그리고 주체화의 모습들은 동일적인 실체화로 다시 떨어질 위험에 지속적으로 직면합니다.

이 관점에서 세계화는 유일한 효과를 가지지 않습니다. 몇몇은 여기서 제국을 파열시키는 다중의 노마드의 기회를 엿보고자 합니다. 그러나 우리는 세계화가 또한 대대적인 국가정체성으로의 복귀를 촉발한다는 것을 압니다. 이 국가정체성을 근대성의 "희생자들" 혹은 "시대성에 뒤진 자들"의 계정 안에 넣는 것은 너무 쉬운 일입니다. 그러나 이 계정의 첫 번째 항에 미국을 놓아야 합니다. 미국의 세계 지배는 저변에 다수의 정체성의 인정을 경유해서 국가정체성의 광적인 강화에 의존하기 때문입니다. "오래된 유럽"의 국가들 안에서는 반대로 인민은 극단적으로 자신을 탈실체화하고 허약한(결집의 허약성을 의미합니다) 주체성의 모습으로 나타나는 경향이 있습니다. 예를 들어 "우리 모두는 이민자의 자식들이다"라는 발언에서 우리는 독점적인 국가적 공동체의 모습에 대답으로 탈정체화의 기능을 완수합니다. 그러나 이 우리는 거부의 공동체의 얼굴과 역사를 제공하지 않습니다. 항상 동일성의 재통합으로 향하는 과거 통합의 모습과 대조적으로, 데모스의 모습을 그리는 술어들은 전혀 지속적이지 않은 경향이 있습니다. 여기서 몫이 없는 자의 몫은 자주 "없음"의 부정적인 것 안에서만 상징화됩니다. 그래서 거부는 쉽게 민족의 재출현과 동일시되기에 이릅니다.

공동체의 언어와 표상

● 독창적인 시인과 소설가들에 대한 다수의 문학적 기획과 연구를 통해서 당신은 "공동체의 새로운 신체에 적합한 새로운 언어"를 창조하고자 하는 그들의 열망을 평가했습니다. 당신은 공동체 안에서 조정될 수 없는 글쓰기 작업에 내재하는 대립(contrariété)을 드러냈습니다. 이 불협화음은 문학의 본질로부터 오나요? 더 근본적으로 언어에 내재하는 모순으로부터 오나요?

그것은 양쪽 모두에서 유래합니다. 언어는 단어와 사물의 분리로 존속합니다. 다시 말해 언어는 지속적으로 그 둘의 일치의 유령을 야기하고 실망하면서 존속합니다. 이 유령은 사물이나 신체의 상태와 그 의미의 일치에 대한 기존의 규칙이 파괴될 때, 그 힘을 얻습니다. 그리고 문학은 바로 이 기호의 체계와 그 해석의 규칙의 파괴를 의미합니다. 표상의 체계는 각각의 감정의 뉘앙스에 표현의 뉘앙스를 정해주고, 각각의 표현의 특질에 의미를 고정합니다. 표상의 질서는 단어들과 사물들을 특권적인 표현의 몸체(corps)를 매개로 거리를 가진 일치 안에 놓습니다. 이것과의 관계에서 문학적 언어는 자율적이고 자동사적인 언어가 아닙니다. 그 언어의 기능은 매개의 체계에 의해 조정됩니다. 그래서 언어는 의미 위의 축과 의미 아래의 축 사이를 여행하기 시작합니다. 한편으로 단어는 규정된 표현의 몸체와의 관계에서 고아이며, 의미 없는 사물의 수동성에 사로잡힙니다. 다른 한편 단어는 그 의미를 그것의 몸체 위로 나르고, 사물 그 자체가 말을 하고, 그 의미의 상형문자를 그 몸체로 나르는 세계 안에 기입됩니다. 따라서 문학은 사물들과 언어의 몸체 위에 써진 기호들의 해독을 목적으로 합니다. 문학은 역사의 힘과 모든 기호들 안에 잠자고 있는 공동체의 잠재력을 깨우는 공동체의 위대한 몸체를 꿈꿉니다. 랭보는 이런 꿈과 그 실망의 본보기입니다. 새로운 공동체의 위대한 찬가는 모든 의미에 접근 가능한 한 언어를 벼리는 연금술을 요구합니다. 이 언어를 벼리기 위해서 조잡한 골동품이 있을 뿐입니다. 어처구니없는 그림들, 간판들, 교회의 라틴어, 맞춤법이 틀린 선정적인 책들 등등[132]. 이 언어의 공산주의에 일관성을 주기 위해서는 단어들의 민주주의만이 있을 뿐입니다. 그러나 이 민주주의 그 자체는 지속적으로 공동체적인 몸체에 대한 향수를 불러일으킵니다. 여기서 단어들은 공통된 역사의 상형문자들, 현재의 공동체의 분위기와 리듬일 것입니다.

● 당신이 '단어들-섬들'이라고 부르는 것, 그것은 공동체 안에서 규범적 사용을 위반하는 것인데, 이것은 어떤 척도에서 다른 공동체의 섬과 같은 공간을 산출하나요? 그리고 어떤 이유에서 당신은 이 간격내기의 형성을 민주주의라는 말로 지시하나요? 당신은 단어들이 공동체적인 사용을 갑자기 제거하는 단어들의 가용성, 또 그 사용을 탈취하는 데모스의 가용성을 주장하기 위해 어떤 근거에 의존하나요?

132 이 목록들은 랭보의 『지옥에서 보낸 한철』 보낸 "언어의 연금술"에 나오는 것들이다.

단어들 안에서 신체의 상태와 의미의 상태가 여지없이 일치하기에는 너무 많은 단어들과 너무 많은 사용 가능한 의미들이 있습니다. 데모스라는 말은 사용 가능한 모든 단어들의 길목에 매복하는 집요한 어떤 것이 아닙니다. 데모스(dèmos)라는 단어 안에는 그것을 공동체의 특권적인 이름이 되도록 미리 정해진 것은 아무것도 없습니다. 뎀(dème)이란 말은 우선 행정구역의 이름이었습니다. 이 말은 공간 안에 분리된 뎀들을 가지고 아테네의 부족들을 재구성한 크리스텐느(Clisthène)의 개혁과 더불어 뎀이 더 이상 뎀과 같지 않게 되었을 때, 또 정치적 공동체의 지형학이 부유한 소유주를 중심으로 땅을 분배하던 지배적 지형학과 분리되었을 때 정치적인 이름이 되었습니다.

민주주의는 우선 언어적이면서 공간적인 간격내기입니다. 그것은 공통의 밀착을 가진 연속된 조직이 아닙니다. 그것은 공백이 있고 진화하는 조직으로서 한 언어의 영역에서 다른 영역으로 단어들을 이동시키면서 새로운 "공간자들(espaceurs)"[133]을 자신 안에 통합합니다. 이것은 바로 16세기와 17세기에 일어난 일입니다. 예를 들어, 종교적이고 수사학적인 단어들이 정치적인 의미로 재투자되었을 때, 홉스에게 절망이었던 "전제군주(tyran)"라는 기표가 왕들을 규정하는 말이 되었을 때, 나중에 "프롤레타리아"라는 단어가 정치적 권리가 박탈된 자들을 정의하기 위해 로마의 법 12계와 결별했을 때, "폴크(Volk)"라는 단어가 현수막 뒤에서 행진하는 사람들의 이름이 되기 위해 동독의 시위자들에

133 이 말은 반복적으로 배열된 단일체 안에 유전자들을 분리시키는 기록되지 않은 DNA의 연속체를 말한다. 유비적으로 이 말은 '간격내기(espacement)'에서 '공간/간격을 만드는 자'를 의미할 것이다.

의해 공식적인 어휘로 채택되었을 때 말입니다. 그 과정은 두 방향에서 일어납니다. 공간자들—인민, 국가, 프롤레타리아, 시민 등등—은 새로운 정체성을 만드는 자들이 됩니다. 그러나 이 과정은 절대로 되돌릴 수 없는 것이 아닙니다. 그리고 정치는 정체화와 간격내기 사이의 나눔에서 작동합니다.

● 당신은 표상적인 예술과 순수 예술 간의 대립을 반대합니다. 표상적인 서사는 반-표상적인 요소들을 포함한다는 것을 드러냄으로써, 반면 영화의 이미지는 전적으로 서사를 제거한 적이 없다는 것을 드러냄으로써 말입니다. 이렇게 당신은 아무것도 아닌 것 위에 책에 대한 플로베르의 이상을 상대화하고, 마찬가지로 반성적인 시와 타동사적인 산문 간의 사르트르적인 구분을 문제 삼습니다. 그러나 당신은 사르트르가 『집안의 바보』에서 행한 엄청난 작업을 언급하지 않습니다. 여기서 그는 문학성을 주체적이고 역사적인 동기를 가진 비실재화(irréalisation)의 기획으로 연구합니다. 사르트르의 이 분석 혹은 『마담 보바리』보다 『감성 교육』을 더 강조하는 보다 사회적인 부르디외의 분석은 당신이 보기에 사회 역사적인 맥락에서 그와 같은 문학적 기획을 세우기에 적절하다고 생각하십니까?

사르트르는 자신이 발명한 문제를 해결하는 데 모든 힘을 다 기울였습니다. 단어들을 색처럼 사용하는 시에 반대편에 직접적으로 의미와 관계하는 산문적 언어를 정립합니다. 그 이후에 그는 어떤 이유에서 문학의 시대의 위대한 산문가들이 언어를 불투명하게 만드는 기호들의 무차별성을 사용함으로써 산문의 소통적인 사명을 부정하는지를 묻습니다. 그는 플로베르의 경우에서 목적 그 자체 안에서 문학적 수단의 타락을 설명하기 위해 시대의 신경증과 주체적 신경증의 결합을 구성해야 했습니다. 그는 플로베르의 동생이 수동적이 되는 심리적 과정과 작가들의 허무주의를 비교합니다. 그들은 1848년 이후 정치의 장에서 등을 돌리고 언어의 석화의 기획을 통해 생산력의 발전 안에서 자신의 죽음을 보고 생산력과 자신을 대립시키고자 한 부르주아의 허무주의적 기획에 기여합니다. 그때 그는 어린 시절의 귀스타브 플로베르의 감각의 환상적인 재구성에 루이-나폴레옹 보나파르트의 쿠데타에 대한 마르크스주의적 설명의 몽환을 첨가합니다.

이 모든 것 뒤에는 전통적인 대립이 무겁게 자리합니다. 즉 낭만주의와 사실주의, 예술을 위한 예술과 참여예술 말이죠. 그런데 문학의 정치는 앞서서 이런 종류의 대립을 제거합니다. "예술을 위한 예술"의 주장은 소통적 기능과 표상적인 세계의 유비적인 위계질서를 정지시킵니다. 따라서 문학을 자율적으로 만들고, 문학을 정치적 표현으로 만드는 것은 같은 해방의 과정입니다. 플로베르와 같은 시대의 반동분자들은 실수하지 않았습니다. 그들에게 아무것도 아닌 것에 대한 책은 문학의 민주주의였으며, 아무것도 아닌 자들의 권력의 문학적 체화였습니다. 모든 종류의 메사지의 형태를 포기하는 것, 모사에 대한 서사의 우위를 철회하는 것, 스타일의 무차별성 안에서 인물들의 지위의 차이나 이야기의 중요성을 제거하는 것, 사람과 사물의 차이가 사라지는 지각의 평등 안에서 의미를 익사시키는 것, 이 모든 것은 그들에게 민주주의의 승리입니다. 우리는 그들의 진단을 그 자체로 인정할 필요는 없습니다. 그러나 우리는 토크빌의 모든 의견과 가능한 한 멀리, 여러 종류의 민주주의가 있다는 것을 인정해야 하며, 문학적 민주주의는 교차점들을 따라서 정치적 민주주의의 길들과 만나는 자신의 고유한 길들을 갖는다는 것을 인정해야 합니다. 그러나 이 교차점들은, 부르디외가 그런 것처럼, 우리가 질문된 적이 없는 역사 정치적인 지시대상들과 문학의 입문서들의 대립들 사이에 설명적인 장치를 구성하지 않는다면 파악될 가능성이 없습니다. "문학적 민주주의"는 탈정체화와 탈위계질서화의 작업 안에서 다른 민주주의와 함께 협력합니다. 그러나 그것은 이 작업을 민주적 주체화의 구성의 공간 그 자체를 탈합법화하는 탈주체화로까지 이끕니다. 문학적 평등은 과두정치의 위계질서와 정치적 민주주의의 평등의 계획을 둘 다 파괴하는 데 이릅니다. 따라서 문학과 민주주의 간의 단순한 일치 혹은 대립의 원리에 대한 탐구는 실패하기에 이릅니다.

공동체의 정치들

● 당신은 권력을 실행하고 이익과 자리를 관리하는 "치안"과 감각적 질서의 단절을 가져오고 공동체 내에서 공동의 척도의 부재로 측정될 수 없는 것을 도입하는 "정치"를 구분합니다. 오늘날 이런 계산상의 착오, 사회적 질서의 우연성(contengence)의 실질적인 발견은 어떻게 드러날까요?

모든 것은 "오늘"이라고 정의되는 특수한 시간의 연속의 규정에 달려있습니다. 68년을 경험한 사람들은 물론 모든 종류의 필연성, 지배의 필연성 혹은 해방의 역사적 과정의 필연성이 단번에 무너지는 것을 경험한 세대입니다. 불평등의 우연성은 종국적으로 그것을 부정하는 평등의 우연성과 다른 토대에 의존하지 않습니다. 그것은 단번에 드러난 정치적 비밀입니다. 두 종류의 우연성의 관계는 거의 용인되지 않습니다. 1980년대의 대복원은 우선 필연성의 복원이었습니다. 그래서 그 복원이 사회주의자들에 의해 실천되었다는 것은 모순이 아닙니다. 사회주의자들만이 유일하게 아직 닫히지 않은 틈 주변에서 사회적 필연성에서 경제적 필연성으로 가는 운동을 작동시킬 수 있었습니다. 그것은 우연성의 경험을 주변으로, 다시 말해 필연성 그 자체가 규정하는 일종의 이행의 공간, 불확정의 공간 혹은 한계-상황의 공간으로서 생각되는 주변으로 밀어냈습니다. 그래서 갈등적인 내적인 규칙들 간의 긴장의 정치적 관계는 외적인 **사실** 안에서 다시 코드화되고, 사라지는 계급들의 "근대성" 혹은 전통과 먼 땅에서 온 사람들의 "근대성"에 적응하는 문제로 보내졌습니다. 우연성이 그 권리를 다시 평가하게 되는 것은 대개 경계적 상황(이민, 실업) 안에서입니다. 예를 들어, 불법 체류자의 문제에서 일어나는 투쟁들은 오래전부터 인민, 국가, 혹은 프롤레타리아의 이름 아래에서 왕정과 과두정치에 대립된 '저기에서-태어난-자'의 평등을 위한 우연성을 재연합니다. 그 투쟁들은 오늘날 우연성과 관용의 기준에 대한 사회학적 필연성, "세계의 비참"에 반한 부유한 나라들의 보호의 규칙들과 대립시킵니다. 비참은 우선 우발적 사태입니다. 그러나 물론 이 우연의 권리는 항상 "배제에 반한 투쟁"으로부터 나옵니다. 같은 방식으로 실업에 의한 투쟁들, 산업 재건, 혹은 사회보장체계에 반한 공격 등은 항상 합의의 재정리된 논리와 평등의 우연성과의 논리 사이에서 파악됩니다.

● 민주주의가 법적이고 제도적인 치안과 동화될 수 없다면, 민주주의는 어떤 과정에 의해서 공동체 내에 분배를 문제 삼을까요? 더더욱 민주주의는 유토

피아적인 면들이 없어서 더 그런 것처럼 보입니다.

민주적 행위를 일으키기 위해 유토피아가 필요한 것처럼 보이지 않습니다. 차라리 그 관계는 반대입니다. 민주적 행위가 유토피아적 지평을 창출합니다. 그것은 단어들의 민주주의가 언어의 공산주의를 촉발하는 것과 같은 방식으로 일어납니다. 유토피아는 민주적 탈-체화의 형식을 집단적인 새로운 신체로 변형하고자 하는 의지입니다. 한 공동체 내에 신체의 분배는 신체가 어떤 능력을 확인하고 정상적으로 그에게 정해진 자리와 다른 자리를 차지할 때마다 다시 문제 제기됩니다. 예를 들어 지하철 운전기사가 거리의 상인이 되었을 때, 국가나 기업의 관리가 그 자신들의 일과 월급만을 생각하는 것이 아니라, 자신들의 역할과 기능을 생각할 때, 불법 체류자들이 그들을 기다리지 않는 거기에서 일을 하겠다는 욕망만을 표현하는 것이 아니라, 그들이 거기에 존재할 권리를 주장하고 단식투쟁에 자신의 신체를 드러낼 때 말입니다. 모든 종류의 유토피아적 전망 밖에서 사회 보장 체계와 연관된 갈등 안에서 쟁점은 다음 질문에 대한 끝없는 갈등입니다. 즉 누가 공통의 미래를 생각할 수 있거나 없는 자로 간주될까요? 어떤 형식, 어떤 장소에서 이 능력은 인정되거나 인정되지 않을까요?

● 당신은 후기민주주의는 단어들-섬들과 정치적 계쟁들이 미끄러져 들어가는 간격과 공간내기를 흡수할 것이라고 진단합니다. 규정된 국가적 장치 안에서 이익들 간의 놀이로 환원되는 정치는 정치적인 것을 잃어버릴 것입니다. 국제적인 급변과 정치적 전제주의와 자유 경제의 논리에 저항하는 시위들에 직면해서 당신은 이러한 진단을 유지하시나요?

"후기민주주의"는 나에게 민주주의와 합의의 동일시를 비판하기 위한 논쟁적인 개념이었습니다. 그것은 민주주의의 역사적 계기에 이어지는 역사적인 계기에 대한 기술이 아닙니다. 다시 말해 나는 정치적인 계기들과 역사적인 목적론, 즉 "정치의 목적"을 구분하고자 했습니다. 실질적으로 정치적 불일치의 조건 그 자체를 제거하고자 하는, 즉 정치적 주체들을 사회의 부분들로, 갈등을 전문가의 평가나 협상에 속하는 문제로 환원하고자 하는 합의의 논리가 있습니다. 이 논리는 저항할 수 없는 역사적인 힘이 아닙니다. 그리고 그것은 불일치들을 만납니다. 이것은 세계화의 필요성 위에 이 논리를 세운다고 주장하는 국가들에 의해 이뤄집니다. 이러한 주장은 두 편에서 일어나는 틈에서 깨집니다. 즉 "사회적 기득권"의 이름 하에서 평등의 획득을 파괴하는 데 기여하는 세계적 경제의 필요성을 거부하면서 국가를 비판하는 운동들에 의해서, 또 세계 정부를 직접적으로 공격하는 탈세계화주의자들의 운동에 의해서 이뤄집니다. 그러나 이 두 반대는 같은 **하나의** 정치를 형성하지 않습니다. 하나의 정치란 세계 정부와 국가들 사이에 숨바꼭질 하는 감각적 소여들의 일관된 재편성을 말합니다. 이 두 반대는 자주 분리되어 정의되는 경향이 있으나, 갈등적으로는 그 한계에서 세계적인 것과 지역적인 것의 대립 안에서 정의되기도 합니다. 여기서 세계적인 것은 평등의 획득에 반한 지엽적인 국가들의 공격의 알리바이로서 나타납니다. 혹은 반대로 이 획득의 방어적 반동은 이제부터 지배의 세계적인 성격의 부정으로, 그리고 지배에 반한 투쟁의 부정으로 나타납니다. 따라서 정치는 사회적인 영역에 집중한 일종의 국가 하부-정치(infra-politique)와, 생산력 개발의 전 세계적인 경제의 현실과 국가 정치의 장들의 가상 간에 마르크스주의적 대립을 재구축하는 것으로 끝나는 일종의 초정치(ultrapolitique) 사이를 힘들게 항해하는 경향이 있습니다.

정치와 미학[134]

(피터 홀워드와의 대담)

● 당신의 지속적인 관심들 중의 하나는 지배의 태도에 대한, 특히 "학구적(académique)"이라고 말해지는 이론적이고 교육적인 지배에 대한 분석과 비판입니다. 그런데 왜, 어떻게 당신은 교육에 몸을 담게 되었나요?

내가 교육에 몸을 담은 것은 자동적이었습니다. 나는 고등사범대학(ENS)을 마쳤고, 그것과 연관된 운명은 교육이었습니다. 나는 우선 학생입니다. 나는 영원한 학생인 사람들의 범주에 속합니다. 그런 사람의 직업적 운명은 다른 사람들을 가르치는 것입니다. 그리고 누군가는 교육은 분명 일종의 지배의 지위를 의미한다고, 연구자도 역시 일종의 지식인의 지위를 갖는다

134 (원주) 이 대담은 *Angelaki*, vol. 8, n° 2, 2003년 8월, pp. 191–211에 실렸고, 랑시에르가 영어 원문을 프랑스어로 번역했다.

고, 교육자이며 연구자는 제도적인 지배의 지위를 지식에 근거한 지배의 지위와 일치시키는 교육자의 이념을 의미한다고 말합니다.

나는 우선 알튀세르주의자들 가운데 속해있었습니다. 즉 특히 지식과 연결된 권위의 형식의 이념 안에 속해 있었습니다. 그러나 나는 또한 68세대에 속합니다. 즉 나는 스승의 지위와 지식의 지위 사이의 결합을 문제 삼았습니다. 나는 근본적으로 이 모든 것을 연구자의 사고방식을 가지고 이 모든 것을 통과했습니다. 나는 우선 연구하는 자이고, 이 연구를 다른 이들에게 알려주는 사람으로 나를 생각합니다. 예를 들어 교육자로서 나는 언제나 수준에 따라 나누는 것에 저항했습니다. 파리 8대학에서 철학과는 학년에 따른 강의가 따로 없습니다. 나는 항상 학년에 따른 분리의 이 부재를 유지하고자 했습니다. 그리고 대개 나의 강의에는 나의 말을 가지고 각자 할 수 있고 원하는 것을 한다는 생각을 가진 전적으로 다른 수준의 사람들이 있었습니다.

● 교육과 연구의 길을 쫓고자 하는 이 최초의 결정은 당신이 15-16세였던 것으로 생각합니다. 이런 결정을 하게 된 어떤 환경이 있었습니까?

어렸을 때 사범대학에 들어가기로 결정했을 때 나는 고고학에 관심이 있었습니다. 그러나 대학에 들어간 후에 고고학자의 사명은 나를 떠났습니다. 또한 그 시대를 생각해야 했습니다. 그때는 나와 같은 사람에게 별다른 큰 선택이 없었습니다. 문과에서 탁월하거나 이과에서 탁월하거나 둘 중의 하나였습니다. 문과에서 성적이 월등하면 보통 이 영역의 정점인 사범대학에 갑니다. 이렇게 그 안에서 교육자의 사명으로부터 나를 발견했습니다.

● 알튀세르와의 긴밀한 관계는 그 당시 진정한 전향이었나요 아니면 다만 이론적인 관심이었나요? 그 당시 무슨 일이 있었습니까?

여러 가지 일이 있었습니다. 한편으로 마르크스주의에 대한 나의 관심은 내가 자라난 환경이 아니었습니다. 알튀세르 이전에, 나처럼 마르크스주의에 대한 사람들의 관심은 다소 비전통적인 길을 통해서 왔습니다. 마르크스에 대한 글을 쓴 사람들은 그 당시 신부들이었습니다. 예를 들어 신부 칼베즈(Calvez)는 마르크스 사유에 대해 두꺼운 책을 썼습니다. 아니면 사르트르와 같은 사람들이었습니다. 따라서 나는 전혀 공산주의자적 전통에 속하지 않았고 대학에 아직 마르크스가 소개되지 않았던 시대에, 그리고 프랑스의 공산당 내에서 그 이론이 아직 전개되지 않았던 시대에 마르크스에 접근하는 길이었던 사람들의 글을 통해 마르크스주의에 이르렀습니다.

알튀세르는 이 모든 것들과의 관계에서 단절이었습니다. 내가 학교에 들어갔을 때 사람들은 알튀세르에 대해서 "와! 대단한 사람이야"라고 말했습니다. 사실 알튀세르는 그 당시 우리가 기꺼이 배우고자 한 인간적인 마르크스주의와의 단절이었습니다. 그것은 물론 열광이었습니다. 우선 알튀세르는 사람들을 끌어들이는 힘이 있었고, 그를 따르는 것은 내가 알고 있었던 유형의 마르크스주의와의 단절을 강요하는 일종의 자기에 반한 작업이었기 때문입니다. 나는 그의 이론을 알아가기 시작했고 이 이론과 그 근본에서 아주 다른 이전의 사유의 모든 형태들과 단절했습니다.

● 알튀세르가 교육자였다고 말하는 것은 너무 단순해 보입니다. 사르트르가 연구자도 대학교수도 아니고, 우리가 보통 작가나 지식인이라고 부르는 것과 비교하면 말입니다.

그를 "교수"라고 불러야 할지는 모르겠습니다. 알튀세르는 사실 거의 수업을 하지 않았습니다. 그럼에도 불구하고 그는 말을 통해—그것이 텍스트 내의 말이든, 연설에서 나온 말이든—사람들을 유혹했습니다. 그는 마치 마르크스주의를 교리로 가진, 혹은 텍스트로의 회귀를 교리로 가진 어떤 종교의 신부와 같았습니다. 그러나 사실 그것은 전혀 교육의 엄격함이 아니었습니다. 그것은 차라리 개척해야 할 황무지가 있다고 말하는 그 말에 대한 열광과 같은 어떤 것이었습니다. 그의 『자본』 읽기의 시도는 이와 비슷했습니다. 그리고 마치 우리가 자신을 탐험가처럼 생각하고 누구도 진정으로 읽지 않은 것을 드디어 읽기 시작한다고 생각한 것은 전적으로 순진한 생각이었습니다.

따라서 그 당시 알튀세르와 연관해서 두 측면이 있었습니다. 한 측면은 다소 모험적인 것이었습니다. 『자본』에 대한 세미나를 위해, 나는 이전에 전혀 읽지 않았던 『자본』의 합리성이 무엇인지 사람들에게 말하고 설명해야 했습니다. 따라서 나는 다른 사람들에게 이 책에 대해 말하기 위해 『자본』에 대한 책들을 읽기 위해 정신없이 전력을 다해 읽고 또 읽었습니다. 이런 측면 이외에 탐험가적인 측면도 있었습니다. 일종의 탐험가적인 지위는 우리를 아는 자들의 권위의 지위 안에 놓았고, 정치적 절충주의 한가운데서 이론과 학자의 권위를 세우게 했습니다. 따라서 모험적이고 독단적인 두 측면이, 다시 말해 이론 안에서 모험과 이론의 독단이 서로 결합되었습니다.

● 당신이 간직하는 것은 탐험가의 측면입니다. 알튀세르와의 단절의 계기는 68년의 사건들 때문인가요? 정확히 어떤 일이 있었나요?

나에게 본질적인 계기는 거리를 가지고 바라본 68년 5월의 사건들이 아니었습니다. 그것은 차라리 파리8대학의 창설이었습니다. 많은 알튀세르주의자들이 있었던 철학과의 창설에서, 질문은 우리가 해야 할 것이 무엇인지 아는 것이었습니다. 바로 이 순간에 나는 알튀세르가 권력을 쥔 교수, 우리가 학생 운동이나 사회 운동에서 본 것과는 너무 다른 마르크스주의 교수를 표상한다는 것과 그래서 이 운동들이 하찮은 것처럼 나타났다는 것을 자각했습니다. 이 시대에 특히 나를 자극한 것은 에티엔 발리바르에 의해 제안된 이론적 실천을 사람들에게 교육하기 위한 필수적인 교육 프로그램이었습니다. 나는 이 프로그램에 강력히 반대했고, 이로부터 나는 이 이론의 독단주의와 우리가 채택한 지식인의 지위에 대해 처음부터 다시 반성하기 시작했습니다.

이렇게 모든 것은 나에게 시작되었습니다. 68년의 충격에서가 아니라 사후에 온 충격에 의해서라고 할 수 있습니다. 다시 말해 그 순간은 학교가 창설된 때였고, 거기서 우리는 어떤 의미에서 주인이었습니다. 따라서 중요한 것은 우리가 해야 할 것이 무엇인지, 어떻게 이 제도적 지배를 관리할 것인지, 우리가 이것을 학문의 전승과 동일시할 것인지 등을 아는 것이었습니다.

● 파리8대학에서는 어땠습니까? 당신은 어떻게 거의 무정부주의적 평등의 교육적 측면과 자격을 평가하고 증명서를 줘야하는 제도적 교육의 필요성을 함께 유지할 수 있었나요?

그 당시 나는 다른 특별한 교육학에 대한 반성이 없던 때였습니다. 나는 철학과 철학 교육과 대학에서의 활동을 다소 포기하고 있었습니다. 나에게 중요하게 보였던 것은 직접적인 정치적 실천이었습니다. 그래서 한동안 나는 새로운 교육학이나 새로운 지식의 유형을 반성하고 생각하는데 소홀했었습니다. 이것은 파리8대학의 철학과 학위가 무효화된 사실과 연관됩니다. 학교는 더 이상 국가 학위를 주지 않았습니다. 그래서 우리는 더 이상 그것에 일치하는 기준에 맞추기 위해 전념하지 않았습니다. 결과적으로 오랫동안 나는 전적으로 교육학을 재사유하지 않았습니다. 나는 우선 사회적 실천을 생각했고, 이것은 연구자로서의 나의 실천을 다시 생각하게 했습니다. 몇 년 동안 나의 주요한 활동은 자료들을 찾으러 국립도서관을 드나드는 것이었습니다. 그리고 교육자로서의 활동은 최소화했습니다.

● 수업은 거의 정상적으로, 다시 말해 대학 강의처럼 진행되었나요?

꼭 그렇게 진행된 것은 아닙니다. 다양했습니다, 강의도 있었고, 대화와 발표도 있었습니다.

● 『알튀세르의 교훈』(1974)은 위급한 순간을 강조합니다. 그때는 많은 것들이 가능한 순간이었고, 마르크스주의의 즉각적인 승리로 생각할 수 있는 순간이었습니다. 당신이 19세기와 1830-1840년대의 프롤레타리아의 사유에 대해 연구하기 시작했을 때, 그것은 부분적으로 현재의 패배에 대한 일종의 보상이었나요?

그렇게 생각하지 않습니다. 처음에 그것은 아주 순진한 생각에서 시작되었습니다. 즉 "노동자 운동", "계급의식", "노동자 사유"라는 말들이 정말로 무엇을 의미하는지 이해하고자 했습니다. 그 근본에서 우리가 학교에서 배운 마르크스주의, 마르크스주의 집단에 의해 실천된 마르크스주의는 실질적인 투쟁이나 의식의 형태와 아주 먼 것이었습니다. 나는 바로 이 간격의 계보학을 만들고자 했습니다.

● 마르크스 바로 전부터 출발해서요?

현재의 순간으로부터 출발해서요. 즉 1968년으로부터, 프랑스 공산당이나 알튀세르주의자들 뿐만 아니라 보다 일반적으로 좌파운동이 제대로 드러내지 못한 것으로부터, 나는 한 세기 반 동안의 계보학을 다시 쓰고자 했습니다. 특히 마르크스주의와 그와 다른 노동자 전통 사이의 간격을 드러내기 위해 마르크스주의가 탄생하는 순간으로 거슬러 올라가고자 했습니다. 이 계획은 곧 진로를 벗어났습니다. 처음에 그것은 진정한 노동자의 사유, 진정한 노동운동에 대한 연구였습니다. 즉 마르크스주의와의 관계에서 노동자의 정체성의 탐구였습니다. 연구를 하면 할수록 진정으로 문제가 되는 쟁점은 그 정체성을 확인할 수 있는 운동과 단절되는 어떤 운동의 형태라는 사실을 깨달았습니다. 다시 말해 "노동자"는 우선 의식과 행위의 형식 안에서 반성된 조건이 아니라, 상징화의 형식이며, 진술의 장치였습니다. 따라서 나의 관심은 이 진술을 가능하게 한 것들을 재구성하는 것이었습니다.

● 많은 이들이 그 당시 빠르게 마르크스주의를 포기하고 프롤레타리아, 보

편적 특이성으로서 프롤레타리아에 대한 사유는 직-간접적으로 강제 노동 수용소(Goulag)에 이른다는 결론에 도달했습니다. 반면 당신은 계속적으로 프롤레타리아를 사유했습니다. 그러나 강제 노동 수용소의 가능성 그 자체를 배제하는 것처럼 보이는 일종의 기원으로 거슬러 올라갔습니다. 항상 중요한 것은 보편적 특이성, 그런데 그 자체로 부재하는 특이성, 지연된, 차별화된 특이성입니다.

나의 관심을 끈 것은 이중의 운동이었습니다. 하나는 특이화의 운동, 즉 노동자의 존재를 특징짓는 속성들, 이 조건에 일치하는 것으로 생각되는 진술의 형태들로부터 떼어내는 것이었습니다. 다른 하나는 이 떼어냄으로부터 보편성을 창출하는 것이었습니다. 다시 말해 한 모습의 실증성을 구성하는 상징화의 형식을 창출하는 것이었습니다. 나의 관심은 언제나 이 부정과 긍정 사이의 작용입니다. 나의 관심은 정확히 불가능한 정체성을 사유하는 것이었습니다. 문제의 지적인 혁명은 우선 탈정체화의 작업이었습니다. 문제의 프롤레타리아는 자신을 말하는 존재로서, 전적으로 사유하는 존재로서 구성하고자 하는 사람들이었습니다. 생각하는 자와 생각하지 않는 자를 나누는 이 경계를 부수고자 하는 시도는 필연적으로 동시에 항상 새로운 실증적 작업(positivation)에 의해 위협받는 일종의 공통의 상징의 구성이었습니다. 따라서 우리는 더 이상 어딘가에 모든 형태의 실증적 작업, 다양한 단계적 추이를 피할 수 있는 정통적인 노동운동이 있다고 말할 수 없었습니다.

나는 이 주체화, 탈주체화의 형태들은 항상 다시 정체적인 실증성으로, 계급의 동업조합적 개념이나 생산자들의 공동체의 명예로운 신체의 구성의 형식 아래로 떨어질 위험에 접해있다는 것을 드러내고자 했습니다. 따라서 문제는 진정한 프롤레타리아와 마르크스주의나 동업주의자의 쇠락 속의 프롤레타리아를 대립시키는 것이 아니라, 어떻게 이 주체화의 모습이 지속적으로 불안전하고, 지속적으로 상징적인 탈-신체화의 활동과 새로운 신체의 구성 사이의 어떤 것 안에서 파악되는 모습인가를 보여주는 것입니다.

● 당신은 정치적 실천을 일종의 무로부터의 혁신, 새로운 세계의 건설로 제시합니다. 비록 여기서 문제가 되는 것이 아주 허약하고, 불안전하고, 덧없는 세계라고 할지라도 말입니다. 정치적 혁신은 가능성의 조건들과 더불어 생각해야 하지 않을까요? 가능성의 조건들은 정치적 측면에서, 시민적 제도나 국가 조직에 의해 행해지는 역할, 아테나에서, 프랑스에서 공화국의 창설에 의해 열린 공적 공간을 의미합니다. 그리고 언어적 측면에서, 능력들의 평등과 진정한 상징적인 나눔의 예비적인 조건들을 의미합니다. 이것은 하버마스 전통에 속한 한 사상가의 반대일 것입니다. 요약하면 누가 먼저 올까요? 인민일까요 시민일까요?

나는 어떤 것이 다른 것에 앞서서 존재한다고 말할 수 있는지 모르겠습니다. 왜냐하면 많은 것들이 반작용에 의해 일어나기 때문입니다. 시민성의 등록은 이 등록을 강요하는 어떤 운동이 있기 때문에 존재합니다. 그러나 이 기입을 강요하는 운동은 언제나 일종의 **예비-등록**과 관계하는 운동입니다. 법적으로 자유롭고 평등한 인간은 선언될 수 있고 법적인 등록을 강요하기 위해서는 항상 이미 존재하는 것으로 간주되어야 합니다. 그러나 이러한 법적 평등과 자유는 그 자체로 아무것도 산출하지 못합니다. 그것은 그것이 어떤 가능성을 정의하는 한에서, 파악될 수 있고, 그 결과 이 반작용적 형태에 현실성을 제공할 수 있는 실질적인 운동이 있는 한에서 어떤 것입니다.

그래서 "우리는 기원으로 거슬러 올라갈 수 있는가?"라는 질문은 나에게 희망이 없는 질문입니다. 근대 민주주의를 예로 든다면, 그것은 예비-등록에 의존해서 기능한다는 것은 명백합니다. 항상 뒤에서 일어나는 등록이 있습니다. 그것은 1789년, 미국이나 영국의 혁명, 기독교주의, 고대의 도시 등등일 수 있습니다. 결국 문제는 해결 불가능합니다. 기원들의 기원이 문제일 때, 우리는 다양한 방식으로 그것을 생각할 수 있습니다. 그것은 정치적인 것의 본래적인 인간학일 수 있습니다. 그러나 나는 그것을 할 수 있는 방법도 무기도 없다는 것을 고백하지 않을 수 없습니다. 초월론적인 조건을 생각할 수도 있지만, 이것은 반작용적인 증명의 과정을 통해서만 기능합니다. 나는 이것에 대해 어떤 실질적인 기원에 의해서도 대답할 수 없습니다. 그리고 인민 일반이 존재하기 위한 어떤 초월론적인 조건과 같은 어떤 것을 우리가 진술할 수 있다고 생각하지 않습니다.

● 그럼에도 불구하고 당신은 일단 사람들이 말을 하면, 일단 사람들이 말을 한다는 사실로부터 우리는 평등하다고 말을 하면 즉각적으로 존재하는 평등의 공리를 주장합니다. 그러나 이 평등은 동시에 말을 잘하고 못하는 사람들 사이의 불평등의 조건들을 세우지 않나요? 항상 같은 놀이에 참여하고 같은 규칙을 따르는 사람들 사이에 추상적인 평등이 존재합니다. 이것은 항상 승자가 있고 패자가 있다는 사실을 피하지 못합니다. 진정한 평등이 존재할까요? 아니면 놀이에 참여하는 모든 참여자들에게 전제된 일종의 내포적 평등만이 존재할까요? 따라서 결국 단순하고 형식적인 유사성만이 존재할까요?

그것은 단순히 형식적 유사성이 아닙니다. 그것은 놀이가 가능하기 위한 최소한의 능력의 평등의 필요성입니다. 그것은 『불화』에서 자코트를 예를 들면서 말했던 것입니다. 다시 말해 명령이 전달되고 실행되기 위해서는 최소한의 언어적 평등이 필요합니다. 이것은 아리스토텔레스를 괴롭힌 문제입니다. 노예는 우리가 그에게 말하는 것을 이해해야 합니다. 아리스토텔레스는 노예는 이해의 양태에서 언어에 참여하는 것이지, 소유의 양태에서가 아니라고 말하면서 이 문제에서 빠져 나옵니다. 그는 언어의 단순한 사용에 대립되는 일종의 중핵인 언어의 **소유**를 구분합니다. 그런데 이해의 단순한 사실과 대립되는 이 소유, 헥시스(hexis)는 무엇일까요? 그는 이것에 대해서는 어디에서도 언급하지 않습니다.

나는 모두에게 평등함을 허용하는 일종의 공통의 정신적 유산으로서 언어의 상호이해주의를 말하는 것이 아닙니다. 나는 단순히 실질적으로 언어의 놀이, 특히 의존관계를 설립하고 불평등 그 자체가 기능하기 위한 최소한의 평등을 전제하는 언어의 놀이를 말합니다. 이것이 내가 말하고자 하는 전부입니다. 평등의 근거를 세우기 위해서가 아니라, 이 평등은 논쟁적으로만 기능한다는 것을 보여주기 위해서 말입니다. 평등이 초월론적인 것이라면, 이 초월론적인 것은 그것의 효율성을 드러내는 행위들과 다른 일관성을 가지지 않습니다.

● 그것은 거의 초월론적인, 어쨌든 초역사적인(transhistorique) 측면을 가지지 않습니까? 정치적 행위자, 보편적인 것의 행위자의 이념 안에서, 그것은 사회적 조직 안에서 계산되지 않는 사람들, 총체성 안에 포함되지 않는 사람들, 따라서 몫을 가지지 않은 사람들의 몫을 구성하고 보편적인 이득의 체화로서 긍

정되는 사람들로부터 오지 않나요? 당신이 다루는 사례들(아테네의 민주주의, 1789년, 프롤레타리아의 특이성 등등)은 일반적인 규칙의 계기들인가요? 정치는 배제된 사람들의 보편성의 긍정이 있을 때만 나아갈 수 있나요? 무엇이 정치의 일반적인 규칙이 오늘 혹은 내일의 정치적 갈등의 규칙일 것이라고 희망하게 하나요? 예를 들어 미국에서, 우리는 한편으로 시장의 추상적인 힘과 다른 한편 공동체 혹은 정체적 집단들의 다양한 저항들 사이에 무수한 갈등 안에 잡혀있어서 진정한 보편적 사유가 무엇인지 파악할 수 없습니다.

그것은 희망이 아닙니다. 그것은 우리가 정치라고 부를 수 있는 것의 정의의 문제입니다. 간단히 내가 말하는 것은 모든 양태의 통치와 지배가 있다는 것입니다. 그리고 정치가 하나의 의미를 갖는다면, 자세히 말해, 우리가 정치의 특수성으로서 접근하고자 했던 모든 것을 통해서 파악할 수 있는 한 의미를 갖는다면, 그것은 아마도 이런 방향에서, 자세히 말하면, 존재하는 부분들의 모음과는 다른 전체가 있다는 것일 것입니다. 나에게 이것은 우리가 정치에 대해서 말할 수 있는 조건입니다. 이것은 다양한 논리를 따라서 기능하는 국가들, 공동체들, 집단들이 존재하는 것을 방해하지 않습니다. 모음, 통치, 지배의 형태의 일반성과 권력을 행사할 특별한 능력이 없는 사람들에게 권력의 능력이 부여되는 이 특수한 형태를 구분해야 합니다.

미국은 사실 거의 정치적이지 않은 공동체라고 생각합니다. 그렇다고 해서 그것이 갈등이 없다는 것을 의미하지는 않습니다. 그러나 공존재의 구조적 체계가 있습니다. 그것은 다만 사유되는 것이 아니라 소속감에 의해, 경우에 따라서는 소속감 아래서, 이 소속감에 밀착된 소유와 권리에 의해 대부분 실천됩니다. 이 모든 것은 나에게 공동체의 정치가 아니라, 공동체의 윤리적 개념화를 규정합니다. 이 개념화는 필연적으로 파국적인 결과를 가지는 것은 아닙니다. 비록 이것이 오늘날 미국 내에서 파국적인 결과를 가져왔다고 할지라고 말입니다. 이것은 나에게 규정의 문제입니다. 공동체는, 그것이 계산되지 않은 사람들의 주체화의 형식들을 허용할 때, 정치적입니다. 이것은 "배제된 사람들"과 동일시되는 가시적이 범주가 있다는 것과 자신을 공동체와 동일시하고자 하는 가시적 범주가 있다는 것을 함축하지 않습니다. 후자의 경우, 우리는 "윤리" 안으로 다시 떨어질 것입니다. 단순히 나는 공동체의 순수하게 정치적인 상징화가 있을 때, 공동체는 최종적으로 이것에 의존한다는 것을 말하고자 합니다. 불평등은 우선 계산상의 착오(mécompte), 즉 공동체 그 자체의 불평등의 형식 아래에서 일어납니다. 지금 여전히 정치적인 것이 있을 수 있을까요? 내 생각에는 항상 있을 수 있고, 없을 아무런 이유가 없다고 생각합니다. 그러나 실질적으로 정치적인 것이 존재하는가가 문제일 때, 물론 비관주의라기보다는 당신이 현재의 공적인 것의 상태에 대해 표명한 것처럼 애석함을 공유합니다.

● 식민주의에 반한 투쟁이나 미국 내에서 시민의 권리를 위한 투쟁에는 자주 그 자체 보편적인 계기가 있었습니다. 이 계기는 거의 지속되는 경우가 없었고, 많은 미국인들은 마르틴 루터 킹에서 말콤 X로 이동하는 이유가 있었다고 말할 것입니다. 요약하면 투쟁의 실질적인 상황 속에서 진정한 선택은 일종의 투쟁의 특수성을 채택하거나 투쟁의 실질적인 정지를 받아들이는 것이었습니다.

나는 미국의 정치적 운동, 특히 과거의 운동에 대해 충고할 자리에 있지 않습니다. 나는 우리는 근본적으로 항상 애매성 안에, 무엇인가에 사로잡힐 위험에 놓여 있다고 생각합니다. 우리는 타자들의 보편에 사로잡힙니다. 다시 말해 우리는 시민성이나, 당신은 거부하지만 사회 안에서 기능하는 평등의 이념을 믿습니다. 아니면, 우리는 근본적으로 간격—또한 동일성의 논리들을 구성하는 것—을 고발해야 한다고 생각합니다. 이 순간에 우리가 이 소속의 성질들을 드러내는 한에서, 우리는 우리가 얻을 수 있는 것을 얻게 될 것입니다. 어렵지만 정치는 딜레마를 거절할 수 있는 가능성이고, 보편을 긴장 속에 넣는 것입니다. 다시 말해 각자가 자가당착에 빠지는 순간에, 타자들의 보편성을 자신의 고유한 특수성처럼 짊어지는 것입니다. 이것은 보편성과의 단절이라는 상징적 폭력을 유기적으로 구성할 가능성입니다. 우리가 자유주의라고 부르는 것에는 이중적인 위험이 있습니다. 다시 말해 지배에 의해 정식화되는 보편에의 복종의 위험과 이 보편의 기능과의 단절에 의한 정체성의 구성의 위험이 있습니다. 우리가 말할 수 있는 한 가지는 이 둘을 함께 유지할 수 있는 어떤 운동도 없다는 사실입니다.

● 당신의 민주주의 이념은 몇 세기 전에 존재한 민주주의를 전제하지 않나요? 여기서 내가 말하고자 하는 것은 권력의 자리가 빈, 원리상으로, 그래서 언제나 다시 채워질 수 있는 민주주의, 가끔 보편적인 이득의 예외적인 모습을 가진 민주주의를 전제하나요?

나는 권력의 자리가 비었다고 생각하지 않습니다. 나는 클로드 르포르처럼 민주주의를 빈 권력의 자리의 주제와 연결하지 않습니다. 민주주의는 우선 권력이나 권력의 빈 형태가 아닙니다. 다시 말해 정치적 권력의 **상징적인** 형식이 아닙니다. 나에게 민주주의는 권력의 형식이 아닙니다. 민주주의는 정치로서 권력의 실존 그 자체가 누가 권력을 차지할 권리가 있는가, 어떻게 권력을 차지하는가를 아는 문제와 분리됩니다. 왜냐하면 민주주의는 역설적인 권력, 즉 능력에 따라 한 자리를 차지하는 합법성을 따라서 기능하지 않는 힘의 형식이기 때문입니다. 민주주의는 우선 실천으로서, 같은 권력의 제도가 민주주의적 삶을 동반할 수도 안 할 수도 있게 하는 것입니다. 같은 권력의 형태의 국회, 같은 틀을 가진 제도가 민주적인 삶에서, 다시 말해 두 공동체의 계좌 간의 틈새에서 발생하는 주체성에서 일어날 수도 있습니다. 혹은 단순히 과두정치적 권력을 재생산하는 제도처럼 기능할 수도 있습니다.

● 그것은 우선 권력에 대한 질문이 아닌가요? 그것은 슬라보예 지젝이 『까다로운 주체』에서 제기하는 반박입니다. 즉 당신은 정치적인 실천에서 불가능하고, 이상적인 조건들을 제기한다는 사실, 따라서 결국 당신은 손을 더럽히지 않는다는 사실입니다. 어떻게 권력, 당, 권위 등을 통하지 않고, 진정한 대중적인 동원을 조직할 수 있을까요?

나는 절대적으로 어떤 권력도 필요 없다고 말하는 것이 아닙니다. 나는 조직에 반해 자발성을 설교하는 것이 아닙니다. 항상 조직화의 형식들과 설립되는 권위의 관계들이 있습니다. 내가 권력의 실천들과 그것들이 생성하는 사유의 형식들을 좋아하지 않는다는 사실은 개인적이고 이차적인 일입니다. 본질적인 문제는 이론적입니다. 정치가 권력과 관계하고 그것을 실행하는 것이라는 사실은 정치와 권력이 동일하다는 것을 의미하지 않습니다. 본질적인 것은 정치는 단순히 공동체의 조직화로 정의되지 않는다는 것입니다. 정치는 지배의 자리를 차지하는 것으로 정의될 수 없습니다. 그것은 이 자리에 대한 질문이 존재하지 않고 그것을 다루지 말아야 한다는 것을 의미하지 않습니다. 사태들을 혼동하는 것은 내가 치안이라고 부른 것의 속성입니다. 정치는 항상 모든 치안적 질서에 대한 대안입니다. 그것이 어떤 조직이든지 간에, 이 질서의 형식과 가치가 무엇이든지 간에, 권력을 창출해야 하는 형식이 무엇이든지 간에 말입니다.

● 통치를 말함이 없이, 어떻게 정치적인 계기의 조직화, 예를 들어 배제된 사람들의 폭동, 보편적 이득을 위한 투쟁적 동원과 같은 것을 생각할 수 있을까요? 당신은 물론 정당을 생각하는 사상가가 아닙니다. 이때 어떻게 투쟁적인 정치를 이끄는 정당 없이 정치를 이끌 수 있을까요? 매번 정치적인 계기 안에서 무엇인가가 발명되어야 할까요?

나는 좋은 투쟁적 조직을 위해 일단의 규칙들이 있어야 한다고 생각하지 않습니다. 그런 것이 있다면 우리는 그것을 적용할 것이고 우리는 분명 현재의 상태보다 더 멀리 갈 것입니다. 내가 정의할 수 있는 것은 지각과 진술의 형식들입니다. 조직에 의해 이것들을 책임지는 방식들이 문제일 때, 나는 그것들 중에 어떤 것에도 오랫동안 저항할 수 없었습니다. 그럼에도 불구하고 나는 더 나은 것을 제안할 수도 없었습니다.

● 『불화』의 끝 부분에서 당신은 알제리 전쟁 당시 프랑스에서 정치적인 운동은 보스니아, 르완다, 티모르에서 최근에 일어나는 분쟁들에 대한 "동조적" 운동과는 확실히 구분되는 "전복"적인 운동이라고 했습니다. 우리는 지금 이런 유형의 운동, 다시 말해 반미, 반-세계화의 경향 속에서 가해자에 반한 운동의

시작을 감지할 수 있나요?

그것을 정의하기는 매우 힘듭니다. 우리는 **국제적인** 자본주의의 지배에 반한 것으로 직접적으로 정의될 수 있는 정치적인 운동을 구축하고자 하는 꿈이 있다는 사실을 목격합니다. 그런데 어떤 정치적 운동도 현실적으로 국제적 자본주의에 반한 것으로 아직 정의되지 않습니다. 그것은 항상 국가적인 틀에서, 그 안에 인민들과의 관계에서, 혹은 알제리의 경우, 더 일반적으로 제국주의에 반한 투쟁들에서처럼 삼자 관계 안에서 정의됩니다. 국가적 무대는 국제적 무대 안에서 이중화되고, 계산되지 않는 사람들의 계좌의 모습들을 허용합니다. 오늘날 배제된 것처럼 나타나는 것은 바로 이 삼자의 놀이, 이 타자의 **정치적** 대의입니다. 반-세계화 운동들은 세계의 정부로서 자본을 직접적으로 공격합니다. 그러나 그 정부는 하나도 아니고, 국가도 아니며, 정부에 주체화의 본보기를 제시하는 인민이 그 자신 안에 있는지, 밖에 있는지조차 모릅니다. 다중의 개념은 정치적 주체화의 이런 결핍에 대답하고자 합니다. 그러나 그것은 결국 마르크스주의의 경제적 도식의 이식, 다시 말해 생산관계의 전개를 파열시킬 생산력에 의존합니다. 자본은 정치적 파악을 회피하는 계기입니다. 그리고 대규모 시위는 우리가 고유하게 제도적, 치안적이라고 말할 수 있는 도구들을 통해서 자본을 정치적 장에 놓는 것을 목적으로 합니다.

다중과 제국의 직접적인 관계에 대한 이념은 세계적인 정치 무대의 구성의 문제를 교묘하게 회피하는 것처럼 보입니다. 우리가 자본주의에 반한 직접적인 정치적 투쟁에 이를 수 있는지 전혀 알 수 없습니다. 나는 반-제국주의적 정치가 있다고 믿지 않습니다. 그것은 항상 국가를 매개로 하고 안과 밖이 항상 같이 작용합니다. 게다가 우리는 예를 들어 9·11사태 이후 미국 정치에서 반-세계주의적 운동들과 현재의 제국주의 형태들에 반응하는 이론가들의 어려움을 실감합니다. 오늘날 일종의 게임의 혼선이 있다는 것은 명백합니다. 베트남 전쟁에 반한 반-제국주의적 운동이 있던 시대에 우리는 누가 가해자고 누가 피해자인지를 명백하게 알 수 있었습니다. 그리고 우리는 내적인 민주주의적 담론과 외적인 제국주의적 침입 사이의 명백한 모순 위에서 활동할 수 있었습니다. 또 미국이 반-공산주의 투쟁의 이름으로 여러 나라들의 독재를 지지했을 때, 우리는 선언된 민주주의 투쟁과 독재 지지의 실재 사이의 관계를 명백하게 밝힐 수 있었습니다. 그런데 9·11사태 이후의 시대를 특징짓는 것은 이런 모순의 사라짐입니다. 아프가니스탄의 전쟁은 선과 악의 전쟁처럼 나타났습니다. 말과 사물의 모순과 같은 안과 밖의 모순은 일종의 정치적 삶의 일반적인 도덕화 안에서 사라졌습니다. 세계적인 경제의 지배와 짝을 이루는 것은 일종의 도덕의 세계적인 지배입니다. 그 안에 정치적인 행위는 더더욱 지표를 발견하기가 힘들어졌습니다.

● 현재 당신은 국가의 중재는 본질적이고 효과적이라고 보십니까?

국가의 중재는 실질적으로 효과적이라고 생각합니다. 왜냐하면 거기서 내포의 구조와 그것이 배제하는 것 사이의 관계가 주요한 역할을 하기 때문입니다. 많은 것들이 "-없는 상태"에서, 특히 체류증이 없는 이민자들에게 일어난다면, 그것은 바로 불법체류자들의 이 경우가 국경 없는 세계 안에서 자유로운 유통의 긍정과, 국경의 감시와 그곳을 통과할 수 없는 사람들의 범주의 설정 사이의 모순을 터뜨리기 때문입니다. 따라서 어디서나 자유로운 유통과 감금 사이의 모순을 발견합니다. 그리고 제국에 반한 다중의 유목민적인 대이동이나 체계와 그 주변 사이의 놀이가 있다고 믿지 않습니다.

● 정치에 대한 마지막 질문으로, 당신은 어딘가에서 "정치의 중요한 활동은 정치의 고유한 공간을 형성하는 것이며, 세계를 그 주체와 그 활동에서 보여주는 것이며, 정치의 본질은 하나 안에 두 세계의 현전으로서 불일치의 현시"[135] 라고 말했습니다. 당신은 모든 정치적인 활동—불일치의 모든 계기들—을 당신이 치안이라고 부르는 것—사회적 연계와 통치의 영역 등등—과 절대적으로 분리하고자 합니다. 그러나 정치를 교육, 도시적 삶의 구조, 직업시장 등등을 통해서 드러나는 구조적인 불평등과의 관계에서 생각해야 하지 않을까요?

여기서 당신은 내 생각이 아니라 바디우의 사유를 내게 부여하고 있습니다. 사실 정치적 실천과 사회적 집단들의 이해들 간의 모든 종류의 협상의 형식들을 가지는 정치적 공동체의 이념을 분리하는 정치에 대한 고유한 정의가 있다고 생각합니다. 이런 의미에서 나는 정치는 사회적인 것이 아니라고 말했습니다. 역사적인 형상화로서 내가 말하고자 하는 사회적인 것은 다소 바디우적인 방식으로 정치적인 행위들이 빠져나가는 일종의 경험적이고 상황적이고, 국가적이고, 부끄러운 마그마

135 (원주) 자크 랑시에르의 "정치에 대한 11가지 테제"는 1996년 12월 4일 슬로베니아 수도 류블랴나에서 있었던 강의이다. 이 글은 1997년 *Filozofski Vestnik*에 실렸다. 그리고 이 글은 "정치적인 것의 10가지 테제"라는 제목으로 『정치적인 것의 가장자리에서』에 다시 실렸다.

가 아닙니다. 그와 반대로 나는 사회적인 것 그 자체는 아주 복잡한 영역으로 한편으로 사회적 집단들 간의 몫을 분배하는 치안적 논리와 다른 한편 공간의 분배를 문제 제기하는 공통의 것의 형상화의 형식들이 만나는 일종의 혼합입니다. 우리가 "사회적 기득권"이라고 말하는 것은 다만 국가 소득의 재분배의 형식만을 말하는 것이 아니라, 또한 항상 공통의 것을 재형상화하는 방식을 말합니다. 모든 것은 정치의 근본에서 공간의 분배에 대한 질문 위에서 일어납니다. 예를 들어, 이 자리들은 무엇인가? 그것들은 어떻게 기능하는가? 왜 그것들은 거기에 있는가? 누가 거기에 있을 수 있는가? 누가 거기서 무엇을 할 수 있는가? 등의 질문입니다. 따라서 이런 의미에서 정치적 행위는 항상 장소와 역할에 대한 계쟁적 분배의 의미에서 사회적인 것 위에서 논리적으로 일어납니다. 항상 문제는 이 장소가 무엇이고 거기서 행해지는 것이 무엇인지 말할 수 있는 능력을 누가 가지는가를 아는 것입니다.

따라서 나는 지속적으로 사회적인 것은 전통적인 의미에서 사회적이라고 말해지는 질문들에 대한 정치로부터 창출되고, 파업, 노동운동, 교육에 대한 질문으로부터 도발되는 정치운동 등을 통해서 정치가 존재한다고 생각합니다. 그리고 20년 동안 프랑스에서 일어난 거대한 정치적 운동들은 교육, 대학에 대한 질문이든, 임금노동자의 지위에 대한 질문이든, 불법체류자, 실업자에 대한 질문이든 사회적인 질문들에서, 항상 그 근본에서 우리가 사회적이라고 말하는 질문들에서 유기적으로 구성됩니다. 그런데 사회적이란 무엇일까요? 이것은 제도적인(학교나 국적) 문제들이나 일과 부의 분배(직장, 사회적 기득권)의 문제들로부터 공통적인 것의 형상화의 쟁점들이 정의되는 것입니다. 여기서 나는 프랑스에서 일어난 사회적 운동들, 예를 들어서, 1986년 대학 입학 선정과 연관된 운동, 퇴직자들의 운동, 더 넓게는 1995년 가을에 우리가 사회적 기득권이라고 부른 것에 대한 사회적 운동들을 생각합니다. 대학 입학 선정에 대한 투쟁은 교육과 대학의 체제는 다만 "인재형성"이나 "재생산"의 제도가 아니라, 제도에 의해 한 사회가 그 사회를 설립하는 공동체의 의미를 스스로에게 부여한다는 것을 상기시킵니다. 마찬가지로 퇴직, 사회보장에 대한 질문은 우리가 직장인들이 획득한 특권이라고 부르는 것과 연루되는 것이 아니라, 공통의 것의 형상화와 이념과 연루됩니다. 의료보험이나 연금이 분배와 연대에 의해 혹은 개인 보험에 의해 기능한다는 것을 아는 것은 다만 직장인이 획득한 특권과 관계하는 것이 아니라 공통의 것의 형상화와 연관된 질문입니다. 사회적이라고 말해지는 협상 안에는 언제나 공동체의 공통적인 것을 만드는 협상이 있습니다.

● 가끔 당신은 한나 아렌트를 인용합니다. 당신은 그녀의 정치에 대한 개념—협상과 현상(apparence)의 장소로서 정치, 명상적 삶으로서 이론이나 철학에 반한 활동적 삶의 장소로서 정치에 대한 개념—에 친근감을 느끼시나요?

적은 부분에서 동감하는 것이 있기는 하지만 많은 부분에서 전혀 동감하지 않습니다. 이런 강한 반감은 오늘날 그녀의 사유에 대한 해석과 사용에 대한 반작용이기도 합니다. 기본적인 공감은 정치는 현상의 일이고 공적인 무대를 구성하는 일이지, 공익을 위해 통치하는 일이 아니라는 점입니다. 한나 아렌트의 이 근본적인 진술은 정치의 무대는 사회적인 것의 요구들에 의해 뒤섞여 있고 그것들로 꽉 채워져 있다는 생각과 연결되어 있다는 것을 의미합니다. 나는 그녀가 프랑스 혁명과 연민의 역할에 대해 말할 수 있는 모든 것을 생각합니다. 여기서 불행한 사람들에 대한 동정은 정치적 무대의 순수성을 혼탁하게 만들기에 이릅니다. 이것은 나에게 가장 전통적인 편견을 이중의 삶—현상으로서 정치적 놀이를 할 수 있는 삶과 삶의 재생산이라는 유일한 현실에 맡겨진 삶—으로 이끄는 것처럼 보입니다. 그녀의 현상의 개념은 한 범주에 현상의 유용한 사용을 제한하는 전통적인—플라톤적인—대립을 이중화합니다. 반면 나에게 데모스의 현상은 능력 있는 사람들과 능력 없는 사람들의 나눔을 제거합니다. 그녀가 정치적인 것과 사회적인 것의 대립을 기능하게 하는 방식은 그리스 철학에서 필요의 인간—현상 밖에 존재하기에 정치 밖에 존재하는 인간—과 여가의 인간 사이의 오래된 대립과 관계합니다.

그럼에도 불구하고 정치에 대해 내가 쓸 수 있는 것의 한 부분은 그녀가 『혁명에 대해서』 안에서 보이지 않는 가난한 사람들의 불행에 대해서 말하는 존 애담스의 짧은 문장을 사용한 사례에 대한 응답입니다. 한나 아렌트는 이런 생각은 이미 정치적인 삶의 구분에 직접 참여한 사람에게서만 올 수 있으며, 이런 생각은 문제의 가난한 사람들과 나눠가질 수 없다고 말합니다. 왜냐하면 그들은 자신들이 보이지 않는다는 사실을 깨닫지 못할 뿐만 아니라, 가시성의 요구는 그들에게 어떤 의미도 없기 때문입니다. 그런데 노동자 해방에 대한 나의 모든 작업에서 나는 노동자들의 첫 번째 요구는 바로 그 가시성의 요구, 현상의 영역, 현상에서 능력의 긍정 속으로 들어가고자 하는 의지였다는 것을 드러냈습니다. 한나 아렌트는 어떤 것을 생각할 수 없는 사람들은 그것을 생각하지 않는다는 동어반복에 사로잡혀 있습니다. 그런데 정치는 정확히 어떤 것을 "할 수 없는" 사람이 바로 그 사실에 의해 그들이 그것을 할 수 있다는 것을 드러내는 것에서 시작합니다. 이것은 이론적 갈등입니다. 실천에서 사회적인 것과 정치적인 것의 아렌트의 구분은 1995년 파업 때 정부의 정치를 정당화하기 위해 대대적으로 사용되었습니다. "자유주의자들"과 "공화주의자들"은 정치, 다시 말해 국가와 정부는 사회적인 저속함 너머에 있다는 것을 드러내기 위해, 또 공익은 조합주의적 에고이즘을 넘어서 고양된다는 것을 보여주기 위해 한나 아렌트에 대해 어름어름 말하기를 그치지 않았습니다.

● 그리고 미슐레는 『역사의 이름들』에서 중요하게 그려집니다. 집단적인 자유의 역사, 자기 자신을 의식하는 인민의 역사, 지금까지 침묵하던 인민이 말 안으로 들어간 역사로서 그의 역사의 개념화는 당신의 작업에 어떤 방식에게 영감을 주었나요? 그리고 미슐레와 자코토의 평등적인 사유(『무지한 스승』에서 당신이 기술한 것) 간에 어떤 관계가 있나요?

나는 미슐레를 익명적 집단의 말에 의존하는 새로운 형식의 지배의 발명가로서 드러내고자 했습니다. 그것은 요란스런 말과 아래에서부터 올라오는 말을 대립시키는 낭만주의적 테제입니다. 그러나 아래로부터 올라오는 이 말을 그는 스스로 말을 하도록 절대로 방관하지 않았습니다. 그가 혁명 의회의 말을 다룰 때, 그는 그것을 일종의 대지의 담론, 즉 전원 혹은 도시의 담론, 전원 혹은 거리의 수확, 웅변가들의 말에 대립하는 말 없는 말로 바꿉니다. 내가 드러내고자 한 것은 소란스런 인민에 대립하는 말 없는 대중의 패러다임, 사람들의 말이 아니라 침묵에 의한 무의식적이고 익명적인 사유의 시적이고 정치적인 패러다임입니다. 이것은 역사나 사회학에서 과학적인 패러다임이 된 것들입니다. 이 말 없는 말은 자코트가 말한 것과 다른 것입니다. 즉 말 "할 줄 모르는" 사람들의 말할 수 있는 능력의 긍정, 지성의 평등의 전제, 그 검증과는 다른 것입니다.

따라서 평등을 말하는 두 방식이 있습니다. 하나는 "문학적 동물"로서 인간의 사유에 근거하는 지적 해방이고, 다른 하나는 이 평등을 "누구나"에 의해 검증될 수 있는 능력으로서가 아니라, 집단적인 말, 익명적인 목소리의 무차별성과 관계하는 것입니다. 그것은 어디서나 그것이 말한다는 생각, 사물들 위에 써진 말들, 진술된 모든 말보다 더 잘 말하는 실재 그 자체의 목소리가 있다는 생각입니다. 이것은 문학에서, 예를 들어 빅토르 위고에게서 모든 것을 말하는 하수구의 말, 미슐레에게서 진흙탕이나 수확의 소리와 함께 시작했습니다. 그리고 이 시적인 패러다임은 이어서 과학적인 패러다임이 됩니다.

이 두 패러다임, 익명들의 평등에 대한 이 두 생각은 이론적으로 대립되지만 실질적으로 서로 섞이기를 그치지 않았습니다. 해방의 담론은 누구나 말할 수 있는 능력과 집단의 침묵의 잠재력을 함께 엮기를 그치지 않았습니다.

● 미학에 대한 질문으로 이행할 순간인 것 같습니다. 1996년 『말라르메』, 이어서 1998년 『말 없는 말』(*La parole muette*)이 출간되었습니다. 그 이후의 당신의 작업은 근본적으로 예술, 문학, 미학으로 이행한 듯이 보입니다. 왜 이런 관심의 이행이 발생했나요? 이미 오래전부터 예상된 것이었나요?

나는 절대적으로 미래를 프로그램하지 않습니다. 특히, 나는 그것을 정치에서 미학으로의 이행이라고 생각하지 않습니다. 근본적으로 나의 모든 작업은 경계를 지우는 데 있기 때문입니다. 내가 『프롤레타리아의 밤』을 썼을 때, 나는 정치적이고 사회적인 운동은 또한 동시에 지적이고 미학적인 운동, 즉 가시적인 것과 생각 가능한 것의 틀들을 다시 짜는 방식이라는 것을 보여주고자 했습니다. 마찬가지로 『불화』에서 나는 정치는 미학적인 일이고, 자리와 시간, 말과 침묵, 가시적인 것과 비가시적인 것의 나눔을 다시 짜고자 했습니다. 나는 개인적으로 그 자체로 내가 별로 관심이 없었던 정치학이라고 말해지는 것보다 문학이나 영화 쪽에 더 많은 관심이 있습니다. 그리고 내가 노동자의 역사에 대해 탐구할 수 있었던 것은 바로 내 머리 속에 문학적인 준거가 있었기 때문입니다. 다시 말해 노동자들의 텍스트를 문학이 내게 준 몇몇 격자를 통해서 읽을 수 있었고 노동자의 말을 조건의 **표현**으로서 다루는 전통적인 방식 안에 함축된 정치와의 단절을 물질화할 수 있는 구성과 글쓰기의 양식을 발명했기 때문입니다. 나에게 철학적인 담론 혹은 이론적 무대의 구성은 언제나 동시에 미학적 작업입니다.

따라서 나에게는 정치에서 미학으로의 이행과 같은 것은 없습니다. 예를 들어 나의 책 『말라르메』를 예로 들겠습니다. 말라르메에 대한 나의 관심의 핵심은 무대로서 공동체와 같은 어떤 것이었습니다. 두 산문시에서 말라르메는 시인과 프롤레타리아의 관계를 연출합니다. 그것들이 나의 관심을 끄는 이유는 프롤레타리아와 유토피아주의자들 간의 관계 안에서 경험했던 것과 다른 방식으로 연출되었기 때문입니다. 더욱이 말라르메에게서 낮과 밤의 관계—이것은 우리가 보통 밤의 불안과 밤의 순수성의 주제로 보내지는 것입니다—는 나에게 프롤레타리아의 **밤**을 말할 수 있게 한 아주 인상적인 어떤 것으로 보내졌습니다.

여기서 밤은 프롤레타리아에게 불행이 아니라, 휴식의 시간인 밤을 자신의 것으로 만들고, 결국 그들에게 어떤 자리를 고정하는 시간의 질서를 부수는 밤입니다. 따라서 이 모든 것은 나에게 항상 절대적으로 연결되어 있으며, 우리는 그것을 정치와 정치적인 것에 내재하고, 글쓰기에 내재하는 미학의 측면에서 파악합니다. 『말라르메』 이전에, 『말 없는 말』 이전에 또한 『불화』 이전에 나는 몇 년 동안 글쓰기의 정치들에 대한 질문을 중심으로 세미나를 했습니다. "어떻게 정치를 쓸 것인가?"의 의미에서가 아니라, "글쓰기 안에 고유하게 속한 정치적인 것은 무엇인가?"의 의미에서 말입니다. 미슐레에 대한 탐구는 역사적인 글쓰기의 탄생에 대한 질문이었습니다. 이것은 지속적으로 나의 관심을 끌었습니다. 글쓰기는 속성들을 표현하나요? 글쓰기는 지식을 전달할까요? 글쓰기는 그 자체 하나의 행위, 공통의 감각적인 것을 짜는 방식일까요?

이 글쓰기의 정치는 나에게 보통 정치와 미학을 연결하는 표상에 대한 질문과 다른 것입니다. 작가들이 어떻게 여자들, 노동자들, 외국인들을 표상하는가를 아는 것은 나의 관심을 끈 적이 없습니다. 나의 관심은 보편적 특수를 자르는 방식으로서 글쓰기입니다. 예를 들어, 플로베르가 유형에 대해 "나는 누추한 사람보다 그의 피를 빨아먹는 이들에게 더 관심이 있다"[136]고 선언한 것을 생각합니다. 이 선언은 소설의 인물들이 사회 구성원, 혹은 정치적 인민 혹은 여타의 다른 집단과 가지

136 랑시에르가 플로베르의 문장을 약간 변형해서 말한 이 부분은 1953년 5월 26일 플로베르가 루이즈 콜레트에게 보낸 편지에 들어있는 문장이다. 그 문장을 그대로 옮기면 다음과 같다. "어쩌면 끔찍한 오만으로 보일지도 모르겠지만 누추한 사람이나, 그들의 피를 빨아먹는 이들(poux)에게 내가 같은 호감을 느끼지 못한다면 악마가 나를 데려가도 좋다." *Correspondance*, in Œuvres complètes, vol. 13 [1850–1859], Paris, Club de l'honnête homme, 1974–1976, pp. 345–348.

는 관계에 대한 이념을 전제합니다. 그리고 정치적 평등이 논의되는 층위가 더 이상 아닌 층위에서 문학적 평등을 정립합니다. 그는 또한 자신의 방식으로 문학 안에 정치적인 행위가 아닌 불일치 혹은 착오를 도입합니다. 플로베르에 대한 나의 관심은 이 둘 사이의 관계이지, 표상 안에서 드러나는 사회적 범주들의 측면들이 아닙니다. 나는 역사적 글쓰기에 대한 질문을 통해서 그것을 숙고하기 시작했고, 그 반성은 문학의 정치에 대한 탐구로 확장되었습니다.

역사와 역사의 글쓰기에 대한 나의 작업에서부터, 예술의 영역에 있던 사람들, 그리고 나의 분석을 그들의 문제와 만나기를 원했던 사람들은 나에게 이런저런 글들을 부탁하기 시작했습니다. 그것은 내가 개인적으로 영화와 특별한 관계를 가지고 있었던 이유로 영화에 대한 글인 경우도 있었습니다. 영화에 대한 나의 첫 번째 긴 글은 로셀리니의 〈유럽 51〉에서 드러나는 "미학적인 것"과 "사회적인 것"과의 관계에 대한 것이었습니다. 또 다른 경우는 나에게 더 낯선 영역으로, 1997년 퐁피두 센터에서 "역사에 직면해서"라는 제목으로 전시회가 있었을 때 사람들은 나에게 "나의 방식으로" 역사에 대해 말해 줄 것을 부탁했습니다.[137] 이 텍스트로 인해 나는 그 전까지 전혀 나의 관심의 영역이 아니었던 현대예술에 대한 질문 위에서 작업하게 되는 계기를 갖게 되었습니다.

따라서 내가 행한 모든 작업 안에는 지속적으로 미학적인 핵심이 존재합니다. 때로는 역사에 대한 질문을 통해서, 혹은 사람들이 노동자들

137 이 전시회에 대해 랑시에르가 쓴 두 글은 2002년 『역사의 형상들』(글항아리)이란 단행본으로 출간되었다.

이 문학을 자기화하는 방식들이라고 부르는 것을 통해서 문학에 대해 말하는 경우가 있는가 하면, 그 이후 한때는 내가 직접적으로 문학에 대해서 말하는 경우가 있었다고 할지라도 말입니다. 그리고 진정으로 나의 영역이 아닌 부분들에 대해서 글의 요청들을 받았습니다. 사람들은 내가 한 것들로부터 예를 들어 현대예술에 대해서 말할 어떤 것이 있다고 생각하는 듯합니다. 사실 나는 그 영역에 대해 별로 아는 바가 없었습니다. 그러나 나는 새로운 것을 배우고 그것에 대해 말할 기회라고 생각했기 때문에 해 보겠다고 대답했습니다.

● 당신이 낭만주의적 혁명의 흔적 아래서 기술한 문학의 지위—한편으로 모든 것에 대한 글쓰기, 퀴비에(Cuvier)나 발자크의 방식으로 백과사전적이고 체계적인 문학, 심지어 지질학적인 문학과 다른 한편 아무것도 아닌 것에 대한 문학, 즉 자기 자신으로 보내지는 문학(『말 없는 말』)—와 정치적 형상의 지위 사이에는, 마치 아무것도 아닌 것과 모든 것, 배제와 보편을 함께 논리적으로 연결하고자 하는 두 노력이 문제인 것처럼, 일종의 개념적인 평행선이 있나요?

둘 사이에는 직접적인 관계는 없지만 그 둘은 같은 하나의 핵심과 관계합니다. 그것은 오래된 드라마나 소설의 "플롯"입니다. 이것은 아리스토텔레스에게 작품을 조직하는 같은 이념입니다. 그것이 사물들과 기호들의 넘침이든, 사건과 의미의 희박함을 밝히는 것이든지 간에 말입니다. 문학은 글쓰기의 체제로, 그것은 크게 혁명 이후의 시대에 다만 글쓰기의 다른 방식, 즉 글쓰기의 기술을 생각하는 방식으로서만이 아니라, 사회와 사회 안에서 말의 자리를 해석하는 양식으로서 정의됩니다. 문학은 말의 이념 주변에서 화자의 단순한 형상을 어떤 방식이든지 간에 회피하는 것으로 정의됩니다. 문학은 말은 어디에나 있다는 이념으로부터, 그리고 시 안에서 말하는 것은 필연적으로 말하고자 하는 의지가 거기에 놓은 것이 아니라는 이념으로부터 정의됩니다. 이것은 전적으로 비코의 유산입니다. 한편으로 어디에나 언어가 있습니다. 이것은 발자크의 관점입니다. 어디에나 다수의 기호 안에서 말해지고 동시에 감춰지면서 자발적으로 써지는 사회에 대한 시로서 무수한 시들이 있습니다. 다른 한편 우리가 플로베르와 그의 문제의식을 예로 든다면, 상실된 전체성 대신에 "아무것도 아닌 것에 대한 책"이 도래합니다. 사실 그것은 항상 세계의 시로서, 다시 말해 자기 자신하고만 관계하는 작품의 역전된 형식 아래에서 같은 가치를 가지는 것을 산출해야 하는 "비의지적인" 시로서 순진한 시에 대한 실러의 생각입니다. 이것은 절대적으로 압도적인 힘을 가지는 것이고 이로부터 우리는 아직 진정으로 빠져나오지 못했습니다. 상실된 전체성은 아무것도 아닌 것의 측면에서 재발견됩니다. 그러나 이 아무것도 아닌 것이 의미하는 것이 무엇인지 보아야 합니다. 플로베르는 민주적인 인구를 흩뿌리는 일종의 원자적인 미세학(micrologie)을 발명했습니다. 이로써 플로베르는 우리가 표상적인 전통의 위계질서에 대립되는 평등한 강도들(intensités)의 미학이라고 불릴 수 있는 것에 기여했습니다. 이것은 그가 고발한 마담 보바리와도 관계하는 미학이라는 것을 의미합니다. 소설의 인물들과 이 문학이 관계하는 사회적 세계 사이에 세워지는 갈등적인 공모가 있습니다. 플로베르는 마담 보바리에 "반해서(contre)", 예술과 삶의 "민주적인" 혼동에 반해서 썼습니다. 그는 동시에 주체들과 강도들의 평등의 "민주적인" 관점에서 썼습니다. 나는 이 긴장에 흥미가 있습니다. 문학은 그 자체 정치가 말하는 방식과 다르게 자신을 발명합니다.

● 오랫동안 대부분의 미학 사상가들은 모더니즘과 아방가르드 쪽에 있었습니다. 당신의 동시대인들 사이에서 당신은 낭만주의, 더 일반적으로 19세기의 중요성을 부여한 드문 사람입니다. 당신은 실러, 칸트, 발자크에게서 그 대답을 발견할 수 있는 미학적인 질문을 제기합니다. 당신이 미학적 혁명이라고 부르는 것의 핵심은 무엇인가요? 그리고 모더니즘은 어떻게 이해해야 하나요?

미학적 혁명의 핵심, 그것은 무엇일까요? 우선 부정적으로 그것은 규칙을 가지고 체계화될 수 있는 방식 전체로서 정의되는 예술의 파괴를 의미합니다. 이것은 예술의 권위가 그 주제들의 권위에 의해 정의되는 예술의 파괴를 의미합니다. 그 근본에서 예술의 위계적인 이 개념화는 희극 위에 비극을 놓고, 풍속화 위에 역사화를 놓습니다. 따라서 첫 번째로, 미학적인 혁명은 우선 모든 것은 예술의 소재라는 생각입니다. 결국 예술은 더 이상 그것이 말하는 것에 의해 전형화되지 않습니다. 그것은 말하는 방식일 수도 있고, 같은 방식을 가지고 어떤 주제든지 드러낼 수 있는 것입니다. 미학적 혁명은 언어의 영역과 시학의 영역을 무한히 확장하는 것입니다.

그것은 어디에나 시가 있고 어디에나 그림이 있다는 사실의 긍정입니다. 따라서 또한 우리가 어디서나 아름다움을 볼 수 있다는 일련의 지각의 형식들의 전개가 있습니다. 이것은 미의 익명화(말라르메가 말하는 "평범한" 찬란함)를 함축합니다. 나는 이 익명성의 평등의 이념에서 미학적 혁명의 핵심을 봅니다. 이 순간에, 예술의 이상은 예술가의 의지와 모든 것에 내재하고 어디에서나 발견할 수 있는 이 시감 혹은 아름다움 간의 결합이 발생합니다.

이것이 우리가 19세기의 모든 소설과 모든 시를 통해서 발견하는 것입니다. 이것은 예를 들면 벤야민이 보들레르를 떼어내어 다룬 것입니다. 그러나 그것은 이것보다 훨씬 광범위합니다. 이것은 일종의 장르의 파열이 있다는 것을 말합니다. 특히 문학과 회화의 혼합이 지배적이었고, 예를 들어 19세기의 문학과 회화는 모더니즘의 자율성에 반해서 문학과 회화의 혼합, 순수예술과 응용예술의 혼합, 예술로서의 예술과 삶의 예술의 혼합을 창출하기에 이릅니다.

모더니즘의 이념은 아주 간단한 이미지에서 구성되었습니다. 즉 표상과의 절대적인 단절이 있었습니다. 여기서 예술은 더 이상 표상하지 않으며, 더 이상 어떤 모델도 모방하지 않으며, 예술은 자기 자신의 고유한 소재 위에 자신만의 고유한 노력을 추구합니다. 이로써 각각의 예술은 자율적이 됩니다. 따라서 1960-1970년대에 모든 것이 무너졌을 때 사람들은 배반을, 모더니즘에 대한 배반을 외쳤습니다. 그러나 나는 모더니즘 전체가 전적으로 회고적인 소재로부터 구성된 예술의 이데올로기라고 믿습니다, 우리는 항상 말라르메와 더불어 순수시, 추상예술, 순수미술을, 혹은 쇤베르크와 더 이상 표현적이 아닌 음악을 생각하고자 합니다. 그러나 우리가 모든 것이 어떻게 일어났는지 자세히 보게 되면, 우리는 보통 순수예술이라고 말해지는 것의 운동은 전적으로 건축적인 것, 사회적인 것, 종교적인 것, 정치적인 것 등등과 혼합된 것이라는 사실을 깨닫습니다. 실제로 예술적 혁명들은 예술 일반에 자율성, 특히 각각의 예술의 자율성을 부여한 결정적인 단절에서 태어나지 않았습니다. 그것들은 우리가 동시에 새로운 삶의 틀, 요소들, 장식들을 규정하고자 한 맥락에서 태어났습니다. 예술의 미학적 체제의 역설은 그 예술의 정체성이 예술이 아닌 것에 의해 규정된다는 것입니다. 만일 우리가 순수예술이 공통감각, 개별적이거나 집단적인 삶의 장식의 구성, 공동체의 유토피아, 정신성의 새로운 형식 등의 문제 한가운데 기입된다는 것을 머리 안에 두지 않는다면, 우리는 말레비치, 몬드리안, 쇤베르크 등을 전혀 이해하지 못할 것입니다. 모더니즘의 억견은 바로 정치적인 대의들과 삶의 대의들 간의 다소 혼동되게 얽힌 매듭을 풀 때 구성됩니다.

모더니즘, 다시 말해 자율성의 예술로서 예술에 대한 근대적 전망이 마르크스주의자들에 의해 대부분 발명되었다는 사실은 주목할 만합니다. 왜 그럴까요? 여기서 문제는 만일 어쨌든 예술 안에서 사회적 혁명이 몰수됐을 때, 사람들은 그 혁명이 혁명의 약속으로서 포함하는 모든 것과의 단절을 통해 예술의 순수성을 유지했다는 것을 증명하는 것이었기 때문입니다. 너무 간단히 말하고 있지만, 나는 이 모든 것은 아도르노나 그린버그 뒤에 있었던 것이라고 믿습니다. 그것은 그들이 예술의 근본성을 분리에 의해서 정의하는 방식, 예술의 잠재적인 정치성을 유지하기 위해 예술을 정치와 근본적으로 분리하는 방식에서 찾아볼 수 있습니다. 이 이후 이 복잡한 변증법은 자율의 예술로서 근대의 예술에 대한 단순한 도그마 안에서 지워졌습니다. 알다시피 이 도그마는 예술적 실천들의 현실 앞에서 오랫동안 살아남지 못했습니다. 그리고 그것이 무너졌을 때, 우리는 "근대성은 무너졌다"고 말했습니다. 그런데 무너진 것은 다만 내가 예술의 미학적 양태라고 부른 것의 아주 부분적이고 뒤늦은 해석일 뿐입니다.

● 당신에게 중요한 것은 미학적 모순들을 유지하는 것, 모든 것과 아무것도 아닌 것 사이에, 일반화된 말, 당신이 말한 것처럼 익명적인 미의 제어된 기입과 자기 정체성의 결핍과 무의식을 긍정하는 말없는 담론의 진동 사이에 어

려운 변증법을 지속하는 것인가요? 문제는 후기모더니즘이나 '뭐라고-말할-수-없는-것(le poste-je-ne-sais-quoi)'으로 넘어가는 대신에 이 전통을 계속 유지하는 것인가요?

모더니즘과 후기모더니즘 간에 역사적인 거대한 단절이 있다고 믿지 않습니다. 포스트모더니즘에 속한 예술을 정의할 수 있는 견고한 어떤 것이 많지 않습니다. 어떻게 포스트모더니즘을 정의할 것인가요? 형상화로 돌아감으로써? 그러나 그것은 부분적일 뿐입니다. 장르들의 섞임을 통해서 그것을 정의할 수 있을까요? 그러나 장르의 섞임은 이미 오래된 것입니다. 근본적으로 나에게는 단절을 이해하고자 한다면 우선 연속성을 이해해야 합니다. 예를 들어 추상예술은, 우리가 믿는 것처럼 사실주의적 전통과의 단절에서 태어난 것이 아닙니다. 추상예술을 생각하는 것을 가능하게 하는 범주들은 우선 사실주의적 소설에 가해진 지각적 초점화(focalisation)의 양태들을 통해서 형성되었습니다. 예를 들어, 주제의 무차별성, 접근 초점, 세부사항과 분위기의 강조 등등. 예술비평에서와 마찬가지로, 주제를 파괴하고 회화적 소재를 강조함으로써 여전히 형상적인 회화의 가시성을 재형상화한 사람들은 주로 소설가들—예를 들어 공쿠르(Goncourt) 형제들—이었습니다. 따라서 회화가 형상화를 포기하기 이전에 주제를 추상화하는 회화의 새로운 가시성이 있었습니다.

다른 예를 들면, 설치는 현대미술의 대표적인 형식들 중의 하나입니다. 그런데 우리는 졸라의 『파리의 배』(*Le ventre de Paris*)에서 전적으로 놀라운 장면을 발견합니다. 『파리의 배』는 1874년에 나온 전적으로 광적인 책입니다. 그것은 근대에 대한 위대한 찬가이자 위대한 시입니다. 그런데 근대의 위대한 시는 무엇일까요? 19세기에 위대한 기념물은 무엇일까요? 그것은 파리의 시장입니다. 이 근대의 기념물 안에 졸라는 그의 인물로 인상주의 화가이며, 근대의 미를 찾고자 하는 화가 클로드 랑티에를 배치합니다. 그런데 한순간 클로드는 그의 가장 아름다운 작품은 왜 그림이 아닌가를 설명합니다. 이 걸작은 그가 여사촌의 돼지고기 가공식품 진열대를 자신의 방식으로 다시 설치한 날 실현됩니다. 그는 이 진열대를 기술하면서, 어떻게 그가 순대, 소시지, 햄을 진열대에 설치했는가를 설명합니다. 마찬가지로 졸라의 『부인들의 행복』에서도 우리는 자본주의자인 옥타브 무레와 더불어 근대의 예술작품 같은 거대한 상점들을 발견합니다. 그 인물은 진정으로 근대에 대한 위대한 시인이며, 상품들 설치의 시인이었습니다. 이 시대에 사람들은 설치를 한 것이 아니라, 캔버스 위의 예술과 진열대 위에 예술을 구분할 수 없다는 것을 생각한 것입니다. 20~30년 전부터 전개된 설치예술은 어쨌든 그 사유와 그 가시성을 이미 가지고 있었습니다. "근대" 예술의 고독은 항상 동시에 고독의 부재입니다.

● 그러나 우리가 로트코(Rothko)[138]와 같은 모더니스트를 예로 든다면, 그의 후기 작품들은 모든 형상화에서 모든 "응용예술"에서 항상 검정색, 공허를 상기시키지 않나요?

그렇습니다. 그러나 그것은 모더니즘의 이념이었습니다. 그리고 우리

138 마크 로트코(Mark Lothko, 1903-1970)는 미국의 화가로, 추상적 표현주의 화가라고 불린다. 하지만 그는 이 범주 안에 자신을 넣는 것을 항상 거부했다.

는 그것은 순수예술의 이념이 아니었다는 것을 압니다. 그는 후기에 점점 더 신비적이 되었기 때문입니다. 물론 당신은 나에게 그린버그(Greenberg)[139]의 책에서 발견될 수 있는 모더니즘의 사례들에 속하는 작품들을 인용합니다. 그러나 결국 추상예술의 이 짧은 단계—다른 곳에서, 특히 초현실주의에서 온 화가들에 의해 행해진 이 예술의 단계—는 무엇일까요? 우리는 근대예술을 이 짧은 시기로 절대적으로 환원할 수 없습니다. 모더니즘 예술은 구성주의이고, 초현실주의, 다다이즘, '나는-무엇을-아는가(que sais-je)'일 수 있습니다. 이 모든 종류의 예술들은 그 뿌리를 예술과 삶의 관계의 낭만주의적인 사유 안에 둡니다. 중요한 것은 돌아올 수 없는 것으로 전제된 일종의 시간적으로 단절된 이론을 창출하는 것이 아닙니다. 모더니즘의 개념을 나는 좋아하지 않습니다. 왜냐하면 그것은 모든 종류의 예술의 체제를 몇몇의 특별한 현시들—보통 사례적인 것들, 특별한 방식을 가지고 제한적으로 해석되는 것들, 역사적 시간에 대해 절대적으로 비판적인 시선을 가지지 않는 이념과 연결된 것들—과 동일시하기 때문입니다.

● 마지막 질문들은 당신의 책 『미학적인 무의식』과 연관된 것들입니다. 나는 그 책을 읽으면서 당신이 프로이트를 읽는 방식, 아니 차라리 프로이트의 작품들을 문학적으로 재구성하는 것에서 아주 깊은 인상을 받았습니다. 당신은 이런 당신의 입장을 라캉을 포섭할 수 있을 정도로 일반화할 수 있나요? 라캉은

139 클레멘트 그린버그(Clement Greenberg, 1909–1994)는 미국의 예술 비평가로, 예술사에서 많은 논쟁들을 불러일으킨 인물로 특히 "추상적 표현주의"라는 명칭을 만들었다.

말의 우선성, 말하는 행위의 모든 현상들에 대한 평등 혹은 실질적인 익명과 평등의 중요성, 또 자신의 고유한 목소리 안에서 말하는 자의 말을 듣고 어떻게 말하는가를 주목하는 것의 중요성을 강조합니다.

나는 라캉에 대해 별로 할 말이 없습니다. 나는 그가 무엇에 대해 말하는지 아직도 잘 모릅니다. 더욱이 그의 사유를 가지고 뭘 해야 하는지 알 수 없습니다. 라캉의 문제는 나에게 그는 항상 여러 합리성들 간의 균형을 유지했다는 것입니다. 나의 세대의 사람들이 그를 알았을 때, 구조주의 시대였고, 기표의 우선성의 시대였습니다. 이 시대는 미학적 기획에서 별로 중요한 결과에 이르지 못했다고 생각합니다. 이어지는 시대에 라캉에게서 무엇이 나타났나요? 그 시대는 이전 시대와 전적으로 다른 초현실주의, 바타유, 정치와 미학의 관계를 다시 생각하고자 한 1930년대의 모든 운동들을 이어받은 시대였습니다. 사유의 모호한 합리성을 생각하는 모든 방식은, 프로이트의 일종의 징후의 논리를 거쳐서가 아니라, 아직도 인과적 배치의 이야기의 아리스토텔레스적인 시학과 연결되어 있습니다. 라캉은 프로이트보다 낭만주의적인 시학에 더 가깝습니다. 프로이트가 해석하는 거기에서 라캉은 여전히 침묵으로 머무는 말 없는 말로 향합니다. 이 무-의미의 덩어리는 브르통의 방식으로 절대적인 자유를 상징화할 수 있거나, 바타유에게서 저주 받은 몫, 불투명하고 의미가 침투할 수 없는 잔여를 체화할 수 있습니다. 이것이 내가 보기에 라캉이 기여한 차별성입니다.

이 차이는 프로이트와 라캉이 소포클레스를 사용하는 방식에서 분명하게 드러납니다. 프로이트는 오이디푸스의 형상 위에서, 다시 말해 대상으로서 근친상간의 욕망과 계몽(인과적 연쇄를 재구성하는 해석의 길)의 합리성의 도식 간의 연관 위에서 모든 것을 구성합니다. 반면 라캉의 담론은 점점 더 안티고네—해석될 준비가 되지 않은 욕망을 가진 안티고네, 지하의 힘에 대한 고집스런 충실만을 원하고 죽음만을 원하는 안티고네—로 돌아섭니다. 내가 라캉을 다시 생각한 것은 바더 도당(la bande Baader)[140]이 독일에서 일어났을 때입니다. 안티고네는 보통 사람들이 생각하듯이 권력에 반한 인간의 권리의 상징과는 아무런 관계가 없습니다. 그녀는 울리케 마인호프(Ulrike Meinhof)와 훨씬 가까우며, 독일 테러리스트들의 근본주의와 아주 유사합니다. 라캉이 안티고네를 재현하는 데 그 토대로서 사용한 의미작용의 체제는 프로이트가 사용한 체제보다 우리가 미학적 이성이라고 부를 수 있는 것에 훨씬 유사합니다. 프로이트의 체제가 고전적인 인과성을 재구성했다면, 라캉이 재구성한 안티고네의 형상은 낭만주의와 사실주의 시대가 전해줄 수 있었던 반쯤 모호한 형상들에 더 가깝습니다.

● 당신의 말 없는 말의 이념은 결국 단순히 침묵에 이르나요? 당신은 이런 경향을 통해 그 흔적을 블랑쇼, 바타유, 푸코, 들뢰즈 등등에게서 발견할 수 있는 다소 신비적인 무화를 시도했나요?

나는 블랑쇼, 바타유, 그리고 그 이후의 세대, 푸코, 데리다, 들뢰즈 등을 거의 수용하지 않았습니다. 이 모두는 나에게 불투명합니다. 내

140 적군파(Rote Armee Fraktion, RAF)라는 이름으로 알려진 독일 극좌 테러리스트 집단으로 1968–1998년까지 지속했으며, 그 핵심 인물의 이름을 따라서 주로 '바더 도당'이라고 불렸다. 그 핵심 인물로는 안드레아스 바더(Andreas Baader) 이외에 울리케 마인호프가 있었다. 그녀는 1976년 감옥에서 자살했다.

가 위에 제기한 문제에 민감하게 된 것은 19세기의 의지의 모든 문제를 거쳐서 온 것입니다. 발자크에서 졸라에 이르는, 또한 스트린드베리(Strindberg)[141], 입센, 도스토옙스키, 톨스토이에게서 작동하는 모든 것도 생각해야 하는 19세기 문학에는, 그것이 의지에 대한 반박이든, 궁극적인 재난의 증명이든 간에 이 모든 것을 이끄는 큰 줄기가 있습니다. 보트랭(Vautrin)[142]의 격양된 의지 혹은 오블로모프(Oblomov)[143]에게서 무화된 의지의 이야기에서 탄생한 것만이 아니라, 그 당시 문학의 고유한 글쓰기의 체제, 즉 행위와 의지와 의미작용을 연결하는 표상의 매듭이 결핍한 논리에서 태어난 죽음의 충동에 대한 사유가 있습니다. 예술의 미학적 체제의 핵심에는 의지의 절정은 그것의 상실의 절정이라는 이념이 있습니다. 따라서 거기에는 주인공의 경험을 통해 표상되거나, 글쓰기 그 자체를 통해 드러나는 힘과 동일시되는 아무것도 아닌 것으로 향하는 운동이 있습니다. 스스로 파괴되는 의지의 주제, 보통 쇼펜하우어와 제한된 허무주의에서 나타나는 그 주제를 나는 그 시대의 문학 어디에서나 발견했습니다, 그리고 나는 이 관점으로부터 프로이트의 몇몇 텍스트들을 다시 읽을 수 있었고 바로 여기서 그의 진정한 가치가 드러난다고 생각했습니다. 나는 전혀 침묵의 신비주의에 빠져든 적이 없습니다. 나는 다만 여기서 글쓰기의 체제와 의미에 대한 이념의 이탈의 연관성 그리고 "말 없는 말"의 특성이 희곡에서 의지의 자동-무화

141 아우구스트 스트린드베리(August Strindberg, 1849-1912)는 스웨덴 작가로 근대 연극의 선구자들 중의 하나이다.

142 보트랭은 발자크의 『인간희극』에 속한 여러 소설에 나오는 주인공의 이름이다.

143 오블로모프는 이반 알렉산드로비치 곤차로프가 쓴 『오블로모프』의 주인공의 이름으로 19세기 러시아 문학을 대표하는 작품이다. 19세기 러시아 귀족의 게으르고 무기력한 삶의 의지가 깨어진 삶을 풍자하고 상징한다.

와 가지는 연관성을 깊이 느꼈습니다.

● 당신의 글쓰기는 아주 아이러니하고, 역동적인 분개에 의해 움직이는 것처럼 보입니다. 마치 역사와 침묵의 무게로 인해 지속적으로 이동해야 하는 것처럼 말입니다. 이러한 경향은 허무주의에 대한 저항의 방식인가요?

특별히 죽음의 충동에 대한 저항이라기보다는 대개 진술들 안에서 불확실성을 재배치하고자 하는 글쓰기의 전략입니다. 한편으로 문제는 독단적인 진술들 안에 얽히지 않는 것입니다. 그것은 명백합니다. 다만 지식이 그 타자—모르는 자, 무지한 자 혹은 순진한 자—를 구성하는 방식에서만 지식의 보증에 대항해 투쟁합니다. 그래서 나는 노동자의 해방의 담론에 그 담론에 대한 그들의 역할과 의심의 몫을 돌려주고자 했습니다. 나는 낙원(pays de Cocagne)을 믿는 순진한 이미지를 깨고자 했습니다. 그리고 노동자의 유토피아적인 담론은 항상 동시에 어떤 면에서 그 자체 환상적이고 아이러니하다는 것이 알려진 담론이고, 그 담론이 말하는 것을 전적으로 믿지 않는 담론이라는 것을 드러내고자 했습니다. 문제는 역할의 분배를 움직이게 하는 것입니다. 그리고 이것은 나의 고유한 주장들하고도 상관이 있습니다. 나는 나의 주장을 **가능한 것**으로 제시하고자 했으며, 확언적이고 명령적인 문체를 피하고자 했습니다. 물론 이 후자가 철학에서 권장하는 것이라는 것을 압니다. 비록 내가 전혀 이것과 나를 동일시한 적이 없기는 하지만 말입니다.

● 내가 당신을 당신의 동료들과의 관계 안에, 물론 대략적으로 본다면 정치적인 면과 또 다른 측면에 있어서 데리다와 바디우를 놓을 수 있을 것 같습니

다. 개인적으로 내게 이상한 것은 두 철학자가 정말 그렇게 서로 다른지 상상하기 힘들다는 사실입니다.

그들은 나를 정의하는 데 도움이 되는 지표들이라고 생각하지 않습니다. 나는 내가 가진 관심사에서 거리를 두고 데리다를 읽었습니다. 또한 내가 『파이드로스』를 다시 읽을 필요가 있었을 때, 거기서 '파르마콘'이나 '파종'을 발견하기 위해서가 아니라, 영혼과 정신에 각각 정해진 나눔과 대응하는 말의 양태들의 나눔을 발견하기 위해서였습니다. 요약하면 글쓰기의 정치를 발견하기 위해서였습니다.

그 시대의 사상가들 중에 한때 나와 가까운 사상가는 푸코였습니다. 그의 고고학적 사유와 담론의 형식과 대상 구성의 가능성의 조건을 생각하고자 한 의지는 나에게 아직도 남아있는 것입니다. 바디우에게는 나와 그를 접근시키는 어떤 것이 있을 것입니다. 예를 들면, 공통의 역사와 관련해서 나와 같은 충실한 태도, 정치를 국가적 정치, 권력에 대한 질문, 정치철학의 전통 등과 분리해서 사유하는 동일한 방식을 들 수 있을 것입니다. 그러나 동시에 바디우에게는 나와 동일시할 수 없는 영속적이고 긍정적인 태도가 있습니다. 절대적인 분리의 이념, 상황을 뚜렷이 구분하는 사건의 이념, 사건적 진술의 거의 기적적인 잠재력의 이념 등등은 내가 절대적으로 같이 할 수 없는 것들입니다.

● 끝으로 현재 어떤 계획이 있으신가요? 현재 무엇에 대해 작업하고 계신가요?

큰 계획은 없습니다. 나는 항상 예술의 미학적 체제와의, 미학과 정치

간의 관계와 우리가 문학의 정치라고 부를 수 있는 것과 연관된 질문 위에서 작업합니다. 이것들 아래에서 나는 현재로서는 어떻게 해야 할지 알 수 없는 엄청난 양의 자료들을 파헤쳐 놓았습니다. 예술의 미학적 체제에 대해 5권을 쓸 수 있는 양입니다. 그러나 그것을 할 맘은 없습니다. 따라서 나는 내가 미학적 체제에 대한 사유의 몇몇 지표들을 진전시키고, 또한 의미 있는 대상들과 각도들을 발견하면서 최소한의 공간에서 최대한의 것을 말하는 것을 가능하게 하는 글쓰기의 형식들을 찾고 있습니다. 나의 탐구는 글쓰기의 발명과 떨어질 수 없이 연결되어 있습니다.

인민의 정체성[144]

(다니엘 아노와 스테판 부와의 대담)

● "인민"이란 개념이 근대적 정의를 수용한 순간에 그 말이 아주 문제적인 표상의 대상이 된 사실에 대해서, 다시 말해 그 개념에 모든 이데올로기적 투여가 용이해지고, 그 개념 자체가 정치적이고 미학적인 논쟁의 주요한 내기가 된 사실을 어떻게 설명할 수 있을까요?

인민은 항상 이중적인 모습이었습니다. 프랑스 혁명 당시, 인민은 주권적 주체와 실질적인 인구—비참한 인민 혹은 무지하고 맹신적인 하층민—간의 대립 속에서 나타났습니다. 그러나 이 이중성은 아주 오래된 것입니다. 아테네에서 데모스는 의회의 주권적 인민과 동시에 아무것도 아닌 사람들의 집단을 말했습니다. 매번 인민이 주권을 선언하면, 우

144 (원주) 이 대담은 2003년 "인민의 정체성. 자크 랑시에르와의 대담"이란 제목으로 잡지 『시뮬라크르』에 실렸다.

리는 다양한 형태의 같은 근본적인 역설과 만납니다. 정치적 주체로서 인민은 인구나 인구의 이런저런 부분들의 계산에서 보충적인 실체입니다. 그러나 인민은 형태가 없는 대중, 비참한 인구, 그림의 소재가 될 만한 목록과 같이 인민의 사회학적인 형상들과 동음이의어 안에서 파악됩니다. 동음이의어를 다루는 여러 가지 방식이 있습니다. 우리는 미슐레의 방식으로 추상적인 인민에게 실체적인 실재를 제시하면서 정체성을 찾을 수 있습니다. 이것은 "적절한" 정체성 논쟁에 참여하는 것입니다. 반대로 여기서 우리는 마르크스처럼 거짓말의 징후를 볼 수 있습니다. 다시 말해 우리는 『사회계약』과 『파리의 신비』 둘 다를 비난하면서 이상적인 주권의 환상과 인민의 정체성을 찾고자 하는 모든 종류의 시도를 비난할 수 있습니다. 모든 경우에 "인민의 표상", 다시 말해, 정치적 주체로서 인민의 "비지속성"과 대중을 체화한 사회학적 "지속성" 사이의 거리의 조절이 본질적인 쟁점이 됩니다.

살과 같은 명백성을 가지고 거짓된 이미지를 비난할 수 있는 "진정한" 인민과 같은 것은 없습니다. 인민-주체는 신체가 아니라, 다만 플롯, 담론, 연출입니다. 인민의 현시를 다루는 모든 시도는 체화와 거부 사이에서 모든 종류의 차별화의 놀이, 인민의 모습을 가지고 행하는 상상적인 타협의 놀이입니다. 따라서 이렇게 이해된 인민의 표상에 대한 질문은 정치적 미학, 즉 감각적 소여의 재형상화의 정치적 작업에 속합니다. 그러나 이 질문은 필연적으로 미학의 정치에 대한 질문과 필연적으로 교차합니다. 프랑스 혁명과 사회적 해방의 시간은 또한 표상해야 하는 것과 그것을 어떻게 표상하는가를 규정하는 오래된 표상의 규준을 넘어트리는 미학적 혁명의 시간이기도 합니다. 그것은 장르의 분할, 스타일과 귀족적 인물과 평민의 구분을 부수는 순간입니다. 여기서 혼합된 장르로서 소설은 문학 안에서 힘을 얻고, 풍속화는 진정한 "역사화"로 나타납니다. "하층"의 장르들은 항상 이질적인 세계들과 대중적인 유형들의 그림 같은 효과를 거쳐서 경험되었습니다. 소위 사실주의라고 말해지는 소설은 이전에 풍속 희극이나 피카레스크 소설이 전담했던 이 사회의 다양성, 이 대중적 이국주의를 문학적 무대의 전경에 놓았습니다. 이 전경으로의 이동은 인민의 표상 그 자체가 미학적 문제가 되었다는 것과 그것이 허구와 의미작용 사이의 관계에서처럼 서술과 기술 사이의 관계의 재배치를 동반한다는 것을 함축합니다. 이 재배치는 두 축에서 일어납니다. 한편으로 예전의 귀족과 천민의 차별화는 표상된 인민 속으로 이동합니다. 따라서 인민은 운명, 불의 등등과 더불어 파악된 중심적인 극적 형상들을 제공하는 동시에 그림 같은 혹은 천박한 토대를 제공합니다. 이것은 빅토르 위고적인 도식입니다. 다른 한편, 귀족과 천민의 평등은 이야기와 그들의 무차별성 안에서 도덕적이고 사회적인 구분들을 이끄는 스타일의 평등으로 번역됩니다. 이것은 플로베르적인 도식입니다. 인민에 대한 비판적인 표상의 시도는 항상 평등을 재분배하는 이 두 도식—한편으로 주인공의 차별화와 다른 한편으로 감산적인 무차별성—간의 협상이었습니다. 이 두 극의 조정에 의해 생겨난 문제는 정치적인 주체화와 사회적 정체성의 모습 간의 조정의 정치적인 문제와 만나게 됩니다. 이 두 관계들 간의 "적절한" 균형의 척도를 가짐이 없이 말입니다.

● 당신은 자주 당신이 "탐방" 혹은 "여행"이라고 부르는 이야기의 유형으로부터 인민의 표상의 문제에 접근합니다. 어떤 의미에서 인민은 이미 거기에 있는 것이 아니라, 항상 다른 곳에 머무는 것처럼 나타날까요? 그래서 그들을 만

나기 위해서는 필연적으로 여행을 함축하나요? 인민은 항상 타자의 형상으로 이해되나요?

여기서 문제는 대중적 주체들의 정치적이거나 예술적인 구성과 차별화되는 상상적인 사회적 형상으로서 인민입니다. 이러한 인민의 표상은 자주 동일자와 타자 간의 관계의 놀이로서 일어납니다. 한편으로 우리는 정치적 인민과 "실제의" 인민 사이의 거리를 표시하고 경우에 따라서는 그 거리를 극대화하고자 합니다. 이것은 실제의 인민을 만나기 위한, 그들을 교육하기 위한, 혹은 그들을 정치적 인민의 관리자와 대표자로서—그것이 그들을 위협하는 다가올 위험을 경고하기 위한 것이든(발자크의 설치동물 같은 촌부로서 인민[145]), 아니면 그들에게 건네진 의무를 그들에게 상기시키기 위한 것이든(위고의 "릴의 지하작업실" 탐방[146])—증언하기 위한 모든 여행과 관계합니다. 이 경우에 문제는 인민의 정치적인 정체성과의 관계에서 사회학적인 인민의 타자성과 직면하는 것입니다. 다른 한편 인민은 체화된 개념의 정체적인 형상으로 나타납니다. 표상의—타자성의—인간은 그 자체 잃어버린 정체성의 수호자로서 인민의 탐구에 전념합니다. 이 정체성을 발견하기 위해서는 공간과 시간 안으로 여행해야 합니다. 체화에 의해 그 의미를 보증하는 동일자, 신체는 타자의 나라 안에서만 발견됩니다. 여기서 또 인민을 구성하는 간격을 가진 정치적 놀이는 보다 본질적인 미학적 놀이와 만나기에 이릅니다.

145 이 부분은 발자크의 소설 『촌부들』(*Les paysans*)과 관련이 있다.

146 "릴의 지하작업실"은 위고가 1851년 릴의 지하작업실들을 방문하고 그 실태의 처참함을 고발한 연설이다.

세계들과 유형들을 거친 여행은 서사적인 패러다임입니다. 그리고 그것의 제한들과 형식들은 동일자와 타자의 정치적인 쟁점들과 얽히기에 이릅니다.

● 당신은 탐방을 사회적인 관광의 엿보기와 연결시키면서, "탐방"과 "여행"을 구분하시나요?

탐방과 여행을 구분하는 것은 경제적인 원리입니다. 탐방은 위협, 걱정, 혹은 호기심의 대상을 특징짓기에 필요하고 충분한 특징들을 재수집하는 것과 연결됩니다. 여행은 돌아오지 못할 위험에 노출되거나 동일성과 타자성의 지표들을 잃어버리고 돌아올 위험에 노출됩니다. 물론 경계는 그렇게 분명하지 않습니다.『사람들의 고향으로 가는 짧은 여행』에서 기술된 생-시몽주의자들의 탐방은 몇몇에게는 돌아오지 못한 여행이 됩니다.

● 어떻게 영화는 인민과의 만남을 (그 문학적인 기원과의 관계에서) 재취하고, 변경하고, 그릴까요? 이 주제에 대해 당신은 도상학적인 속성과 부속물에 의존함이 없이, 또 상징적인 코드와 언어적인 특징에 의존함이 없이, 영화에서 인민을 표상하기 위해 필요한 두 조건, 즉 한편으로 이미지라는 틀에 갇힌 군중을, 다른 한편 모순의 원리의 도입을 끌어냅니다. 무엇이『영화 우화』에서 작동하는 인민의 분리의 동인들일 수 있나요?

영화는 이야기 예술로서 전개되었습니다. 그리고 당연히 영화는 이야기 예술 일반의 일련의 기준들—정체성, 다양성, 유형 분류, 장르의 믹스 등등의 문제들—을 자신의 것으로 취했습니다. 그러나 영화는 또한 가시적 이야기 예술입니다. 여기서 인지는 기계적으로 기능하며, 감각적인 정보의 초과에 의해 저당 잡혀있습니다. 따라서 영화는 구성적으로 전형적인 사회적 이미지들을 통한 즉각적인 정체성의 확인의 위협을 갖습니다. 그래서 이로부터 자신을 차별화하기 위해 영화는 보다 기교적이고 정밀한 이야기와 가시적인 표상들을 제안해야 했습니다. 무성 영화 시절에 영화는 영웅적인 표상을 환상적이고 신화적인 표상으로 옮기기 위해 가시적인 것의 자율성에 투자할 수 있었습니다. 이것은 특히 〈일반전선〉(*La ligne générale*)에서 아이젠슈타인의 공식입니다. 이 영화는 졸라가 시장과 백화점을 신화화한 공식을 집단농장에 적용한 것입니다. 유성 영화의 말과 행동의 일치의 강요와 그것이 함축하는 실제적인 정보의 증가와 더불어, 닮음과의 보다 탄탄한 놀이를 이끌어야 했습니다. 이것은 내가 〈유럽51〉에 대해 언급한 것입니다[147]. 이것은 로셀리니가 대중의 의복, 행동, 언어의 유형화와 떨어진 형식적인 기준들을 선택해야 했던 필연성입니다.

인민에 대한 표상은 갈등적 시나리오 안에 연루되고 그것을 특징짓는 사회적 특징들을 지니는 개별적인 형상들과, 우선 틀에 의해, 그리고 그것이 허용하는 밀도의 효과 혹은 이동과 차별화의 형식들에 의해 나타나는 공동체의 비개별적인 혹은 반쯤 개별적인 가시적 현전의 형식들 간의 일종의 협상입니다. 영화에서 공동주택의 마당은 고전 비극에서 다른 방들을 연결하고 인물들이 이동하던 궁전 입구의 대기실

147 (원주) 이에 대해 『사람들의 고향으로 가는 짧은 여행』(인간사랑, 2014), 137−169쪽과 『영화 우화』(인간사랑, 2011), 224−226쪽을 참조.

이었던 것입니다. 이 공간은 개별화와 탈-개별화를 보증했습니다. 〈랑즈 씨의 범죄〉(*Crime de Monsieur Lange*)[148]의 인쇄소와 마찬가지로 세탁소에는—피사계 심도에 의해, 이동 촬영이나 고정된 쇼트를 자르면서 생기는 단순한 효과에 의해—집단과 인물들 간의 이행의 놀이가 있습니다. 다시 말해 아틀리에에서 그 신원이 확인된 신체들과 확인되지 않은 신체들 사이에서 허구적으로 개체화됨이 없이 행동의 급변에 반응하는 (랑즈 씨가 간판을 떼고 있는 동안 카메라가 향하는 창문에서 일하는 노동자들) 시각적으로 개체화된 집단들을 피해서 가야 합니다. 따라서 우리는 단역배우들의 부수적인 역할과도 일치하지 않고 오페라 합창단의 일체성과도 일치하지 않는 집단 그 자체의 현전에 대해서 말할 수 있습니다. 그리고 우리는 그것을 정치적인 주체성과 사회적인 상상력 사이의 일종의 관계의 형식들과 비교할 수 있습니다. 장 르누아르에게서 집단적인 삶으로서 인민과 계급 간의 갈등의 장소로서 아틀리에 간의 관계는 인민의 주체성으로서 노동자의 정치적인 모습에 대응할 것입니다. 그리고 개체와 집단의 시각적 관계는 집단의 이름으로 개체화를 행하는 운동가의 활동과 비교할 수 있을 것입니다. 그러나 일치는 항상 불확실하고, 행동하는 집단성과 단역배우들의 합창 간의 구분은 항상 사라질 수 있습니다.

● "좋은" 인민의 이미지 혹은 인민의 "좋은 이미지"는 어떻게 알아차릴 수 있나요?

148 〈랑즈 씨의 범죄〉는 장 르누아르 감독의 1936년 작품이다.

정치적, 사회적, 허구적 형상들을 구분하는 어떤 적합한 기준은 없습니다. 정치적 인민의 정체성과 같은 것이 존재하지 않기 때문에 "좋은 표상"이란 없습니다. 다만 인민의 아주 단순한 정체성과의 관계에서 이 간격을 느끼게 하는 표상들이 있을 뿐입니다. 예를 들어, "인민 한가운데에서 모순"은 인민의 자기 자신과의 거리의 고전적 형식입니다. 이것은 영화에 고유하게 속하는 것은 아니지만, 〈유럽51〉에서 이웃인 매춘부가 노동자의 아파트 안에 나타날 때, 혹은 연출가가 노동자의 이미지 그 자체를 흐리게 하는 인물인 배우 지우레타 마시나(Giureta Masina)와 우리를 만나게 하기 위해 탐방의 지형학적 지표를 흐리게 할 때 영화적 형상화를 발견합니다. 다시 말하면 좋은 틀이란 없습니다. 작은 공간의 많은 식구들의 틀은 대중적 유형의 단순한 예시와 대립되는 영화적 발명입니다. 그러나 "최초의 탐방"의 틀은 여주인공의 불안정한 여정에 의해 해체된 가치를 갖습니다. 여기서 중요한 것은 탐방자의 방향상실의 과정의 물질적인 가속화이며, 이 가속화에서 대중적인 틀의 구성과 해체의 관계입니다. 우리는 이것을 "일탈의 대중적 형상이 처음부터 이미 주어진 억견적 지식의 예시로써 주어질 때 발생하는 것을 보면서 검증할 수 있습니다. 도미니크 카브레타(Dominique Cabreta)의 〈나디아와 하마들〉에서 나디아는 이것에 대한 정확한 예시입니다. 나디아는 지우레타 마시나의 무수한 모방입니다. 그런데 그 여정이 거꾸로 된 모방입니다. 즉 영화적 형상들을 사회적 이미지로 이끄는 모방입니다.

차이를 만드는 것은 우리가 일반적으로 이해하는 의미에서 "이미지들"도, 드러나는 신체의 상태들도 아닙니다. 그것은 이미지들을 통한 여정의 구성입니다. 바로 여기가 미학적 **동원**(mobilisation)의 효과가 일어나는 곳입니다. 인민에 "대한" (일반적으로 우리가 이해하는 그 말의 의미와는 거리가 있는) 영화로 벨라 타르의 〈사탄탱고〉를 예로 들어봅시다. 여기서 놀라운 것은 영원히 농촌의 부동의 세계의 무기력 속에 빠져 있는 것 같은 무명의 신체들 안에서 동원과 그 안으로 던져짐입니다. 우리는 빌 더글라스의 삼부작[149]의 1편과 2편에서 이와 유사한 것을 발견할 수 있습니다. 여기서 비참한 어린 시절은 한 번은 정적으로 한 번은 동적으로 두 번 그려집니다. 우리는 또한 스트로브가 연출하는 "피지배자들"의 형상들의 변화를 생각할 수 있습니다. 예를 들어 〈시실리아〉의 엄마가 여자-희생자라는 인물을 전복하는 장면에서 점진적인 목소리의 고조를 생각할 수 있습니다.

어떻게 정체성들을 표상하는가를 물을 필요가 없습니다. 문제는 주체화의 과정, 즉 공간과 시간의 재구성입니다. 바로 여기에, 인민, 노동자 등등의 차별화된 표상의 문제가 아니라, 정치와 이야기—영화적인 혹은 다른 이야기적인 것—의 관계의 쟁점들이 놓입니다.

● 영화에서 정치적인 것과 서사적인 것과의 관계가 문제인 경우, 당신은 프랑스의 "지배적인 허구"에 대한 분석으로부터 영화 속에 인민을 질문합니다. 당신은 1975-1980년대의 인민의 "엿보기-위나니미슴적" 스펙터클을 촉진한 "좌파적 허구"를 비난합니다.[150] 그리고 1980년대에 체제 안에 사회적 희생자라는 이름으로 도덕적 관점들을 지운 상업적인 영화를 비난합니다.[151] 그리고 최근의

149 스코틀랜드 광산촌에 제이미라는 소년의 성장을 그린 세 영화, 〈나의 어린시절〉(My Childhood, 1972), 〈나의 가족〉(My Ain Folk, 1973), 〈집으로 가는 길〉(My Way Home, 1978)을 통칭한다.

150 (원주) 이 주제에 대해서는 『카이에 뒤 시네마』 1977, n° 278 "좌파 허구에 대해서", 1976, n° 268-269 "우애의 이미지" 참조.

151 (원주) 『카이에 뒤 시네마』 1985, n° 371/372 안에 "인민 탐방"에서 1980년대 사회영

이데올로기의 종말에 처해서 "보바리 효과"의 한계를 넘어서는 "사실주의적" 주제로 가득한 영화작품들을 비난합니다.[152] 왜 프랑스 영화들은 허구의 주제로 인민을 선택할 경우, 사회적 정체성의 "풍자적 유형(typage caricatural)"만을 표현한다는 이유로 비난받을까요?

프랑스 영화에 가해지는 어떤 숙명이 있다고 생각하지 않습니다. 비록 우리가 『파리의 신비』, 『레미제라블』, 『목로주점』을 낳은 나라의 시민이 아니라고 가정한다고 할지라도 말입니다. 대중적 표상들과 그것에 대한 비판과 그 비판에 대한 비판이라는 전통의 무게와 그것으로부터 벗어나고자 하는 시도들이 있습니다. 1970년대에 "엿보기-위나니미슴적" 영화는 이런 복잡하게 얽힌 변증법의 산물입니다. 그것을 만들던 사람들과 나처럼 그것을 비판하던 사람들은 1960년대의 지적인 분위기에서 그것을 경험했습니다. 마르크스, 바르트, 브레히트, 아이젠슈타인은 우리에게 엄격한 혁명의 이론과 인민에 대한 모든 그림 같은 유형화로서 모든 종류의 영웅적 표상들을 대립시키는 방법을 가르쳐 주었습니다. 1968년 즈음에 우리는 우리에게 대중적 인민의 모습에 대한 경멸을 가르쳐준 순수하고 경건한 프롤레타리아 개념은 허구이며, 정치적으로 기만적이며, 예술적으로 빈곤한 소재라는 것을 느꼈습니다. 이 감정은 "진정한" 인민을 발견하고자 하는 정치적 의지를 양성했습니다. 그

화들—〈마이 뉴 파트너〉에서 〈지옥열차〉까지—은 철학자의 분석에 속한다.

152 (원주) 『카이에 뒤 시네마』 1999, n° 540 안에 "인민의 소리, 예술의 이미지. 〈로제타〉(Rosetta)와 〈휴머니티〉(Humanité)에 대하여"를 참조. 여기서 "보바리 효과"는 "주제"의 사실주의적 무의미성과 "예술로서의 예술"의 자율성 간의 역설적인 동일성으로, 의미와 무-의미를, "예술의 방식과 그 주제의 존재방식"을 동일시하는 방식으로 정의된다.

리고 예술적 고민은 일단의 전통(『레미제라블』 혹은 〈랑즈 씨의 범죄〉에 나오는 인민)과 다시 연관을 맺으면서 동시에 마르크스주의의 전통에서 제외된 주변적 모습들(〈판사와 살인자〉의 방랑자, 〈장중한 예식〉의 성적 에너지가 넘치는 농민들, 〈보프〉의 소외된 노동자들)의 가치를 평가합니다. 그 시대는 『거만한 말』(*Cheval d'orgueil*)[153]과 『몽타이유, 옥시탕 마을』의 시대였습니다. 다시 말해 프롤레타리아의 이론을 체화한 인민의 명증성에 반해 민속학적 문학이 파란만장한 진정한 인민을 다시 무대로 끌어내던 시대였습니다. 또한 공식적인 좌파—1981년 미테랑이 자신이 체화하고 있다고 자랑하던 사회당 정부—에 이 삶을 제공할 준비가 된 시대였습니다.

● 30년 전부터 프랑스 영화의 인민에 대한 표상의 역사에 대한 이런 가혹한 해석에 대해 당신은 어떤 회고적 시선을 갖고 계시나요?

그 시대에 내가 할 수 있었던 비판은 두 그림—프랑스 인민에 대한 표상의 그림이 될 만한 사회주의와 미국 영화에 고유하게 속한 국가적 형성의 "역사적인 의미"의 대립—위에서 행해진 다소 단순한 것이었을 수도 있습니다. 오늘날 우리가 공식적인 미국 "역사의 방향"을 결정한 기억상실의 형태들을 볼 때, 특히 도덕주의적 전통과 사회주의적 전통의 대립을 언급해야 합니다. 다른 한편 이 "사회주의"에 대한 비판은 인민을 표상하는 좋은 방식, 다시 말해 유형화를 피해갈 수 있는 방식이

153 1975년 출간된 이 책은 20세기 초반 브르통의 가난한 농부 가족의 이야기를 다룬 피에르-자케 엘리아스(Pierre-Jakez Hélias)의 자서전이다. 이 책은 출간과 동시에 베스트셀러가 되었다.

있을 수 있다는 것을 암시합니다. 그것이 정확히 무엇인지 표명함이 없이 말입니다. 따라서 이 비판은 서사에 대한 의혹을 가진 마르크스주의적이고 모던한 전통을 갱신합니다. 마치 모든 서사가 처음부터 위와 아래, 중심과 주변, 동일성과 타자성과 같은 범주들을 요청할 때 정치적 신비화 안에 존재하는 것처럼 말입니다. 그러나 서사는 항상 정치에 대해 애매한 그와 같은 지형학을 필요로 합니다. 왜냐하면 서사는 그 자신에 고유한 정치를 가지기 때문입니다. 마치 정치가 자신에게 고유한 미학을 가지고 있는 것처럼 말입니다. 정치적인 주체화의 결함과 예술적 허구화 간의 수렴을 부정적으로 표시하는 것은 쉬운 일입니다. 사실 그 둘은 표상의 사회적 유형화를 변형시키는 데에 무능하다고 알려져 있기 때문입니다. 그러나 절대로 좋은 정치와 좋은 영화적 표상 간의 일치는 존재하지 않을 것입니다. 반면 적건 많건 공식적인 이미지들로부터 자유로운 혹은 그 이미지들에 예속된 서사의 정치들이 있습니다. 그리고 이 예속은 동시에 미학적이고 정치적입니다. 이런 의미에서 다양성에 대한 이 영화가 미테랑주의의 위나니미슴이라고 부르는 방식에 대한 진단은 전체적으로 검토되었다고 생각합니다.

● 당신의 진단은 68년 이후의 좌파에 대한 강한 비판과 연관됩니다. 게다가 1977년부터 당신은 "인민 탐방"과 연관된 "염려"를 인지하기 위해 좌파의 역사를 형성할 것을 요청합니다. 좌파의 정치적 문화의 진화에 직면해서 당신은 인민의 표상에 대한 어떤 파급효과를 보시나요?

사회주의 권력 하에서, 사실 좌파 여행의 순진성은 사회의 하층과 주변을 탐방하는 교활함이 되었습니다. 사회주의 권력의 패배와 더불어 애매성이 다시 도입되었습니다. 다시 말해 한편으로 시대에 뒤쳐졌다고 선언되었던 전통적인 노동자 인민의 회귀가 있었습니다. 예외적인 북쪽의 노동자들은 〈천사들이 꿈꾸는 세상〉, 〈예수의 삶〉, 〈휴머니티〉, 〈약속〉, 〈로제타〉, 〈마티유〉 등과 더불어 힘차게 돌아왔습니다. 그러나 이 회귀는 서사적 드라마와 사회적 서사를 어떻게 연결해야 하는지 알 수 없는 틀 안에서 일어났습니다. 인민전선의 시대에, 스튜디오 안에서 허구의 요청들과 계급투쟁의 지형학을 화해시킨 개념적/시각적 틀은 과거에 속합니다. 열린 공간과 로드무비의 이동성은 넓은 의미의 풀 쇼트를 대신했습니다. 이것들은 1930년대에 기능하던 기교, 서사, 정치를 연결하던 매듭을 재구축하는 데 어려움을 제공합니다. 〈도심 속의 밤〉은 1980년대의 예외적인 영화로 남습니다. 여기서 음악에 의해 허구에 가해진 형식적 제한(뮤지컬)은 어떤 사회학적 상상력의 매개 없이, 거리를 오페라의 무대로 변형하고 감성적 긴장과 정치적 긴장 간의 일치를 창출하기에 이릅니다. 예를 들어, 시위대에게 흩어질 것을 명령하는 방패 뒤에 경찰 합창을 구성하는—내 기억에—전설적인 최초의 징소리가 울리는 장면을 보세요. 이것은 더 이상 인민이 아니라 전설적이고 감성적인 영역에서 그려지는 계급투쟁입니다.

● 15년 전부터 유행이 된 "사회영화"라는 범주를 어떻게 생각하시나요? "휴머니티를 해방하는 근원"으로서 "정통적인" 이 사회영화에 대한 기대와 요구를 어떻게 해석하시나요?

사회영화의 이념 안에서 사회적 상황이나 갈등을 대상으로 하는 영화, 즉 사회적 관계에 대한 비판적 분석을 제공하는 영화와 이런 관계의 특수한 형식들을 정의하는 본래적인 의미에서의 영화 간의 일치에 대한 이념이 있다고 생각합니다. 다시 한 번 말하지만 무엇에 대한 "정확한 정의"란 없습니다. 파편화(fragmentation)의 이름으로, 우리는 미학적 모더니즘에 고유하게 속한 단절과 사회적 비판에 고유하게 속한 의미 있는 연결 사이의 이상적인 일치, 말하자면 일종의 보바리 효과와 코제트(Cosette) 효과와의 결합으로서 이상적인 일치를 꿈꿉니다. 아마도 〈로제트〉에서 신체적 격렬함, 격렬한 이미지, 분절된 시간의 리듬은 이 결합의 모범적인 정식일 것입니다. 우리는 이것을, 내가 시도한 것처럼, 서사적 속도와 의미적 속도 간의 차이에 의해서 해석할 수도 있습니다. 그러나 이 개념은 융합적 정체성과 비판적 거리형성 간의 결합을 발견하고자 하는 욕망을 이 정식의 현실로 변형하는 마법의 주문으로 쉽게 변형됩니다. 파편화는 이야기의 절차입니다. 그것이 서사를 경직화하든, 의미를 가진 단절을 해체하거나 산출하든, 요소들의 병치 안에 의미를 취소하는 것이든지 간에 말입니다.

우리가 오늘날 만들어진 인민에 대한 표상의 정식들을 관찰하면, 한편으로 우리는 계급투쟁의 세계에 가시성을 돌려주고자 하는 의지를 발견합니다. 다른 한편 우리는 부정의와 의식화에 대한 이야기를 서사화하는 것에 대한 어려움을 발견합니다. 첫 번째에 속한 영화들은 사회적 드라마를 정체성과 혈통의 문제와 연결합니다(〈약속〉, 〈마티유〉, 〈인력자원부〉). 하나가 다른 하나를 부대적인 것으로 비난할 위험을 무릅쓰고서 말입니다. 두 번째에 속한 영화들은 표상을 대중적이라고 전제되는 서사적 형식과 일치시키고자 합니다. 〈마리우스와 자넷〉의 마당은 인민전선의 위나니미슴의 특권적 장식을 다시 창출하고자 합니다. 그러나 한편으로 우리는 누벨바그 이후의 영화는 르누아르의 공간을 가지고 뭔가를 시도하기에는 어렵다는 것을 느낍니다. 허구와 카메라는 마치 그들의 자연적 장소로 물 흘러가듯 "대중적" 울타리를 비난하는 거리로 공터로 흘러갑니다. 다른 한편 이 허구적 장식은 인물들의 신체들에 적합합니다. 그들이 연극의 대중적 유형으로 남아있는 한에서 말입니다. 반면 드라마의 유형이 정치적 힘들을 대표하는 것으로 특징지어지는 장치는 장식이 외적인 것과 연결될 때 무너집니다. 예를 들어 다루셍(Darroussin)은 그의 "국가전선(le Front National)"의 라벨이 전적으로 인위적인 것으로 느껴지는 코미디아 델 아르테의 인물이 됩니다. 또 다른 이들은 사실주의를 몽환적인 것으로 전환하고자 합니다. 〈사랑에 대하여〉에서 외곽의 이야기는 우선 전통적인 도식(좀도둑이 억압체제와 끔찍한 성적 폭력과 만나는 결과를 가져온다는 도식)을 따라서 인도됩니다. 그러나 그것은 다음 단계에서 몽환적인 것으로 넘어갑니다.

● 당신은 현재 다큐멘터리의 형식 하에서만 인민에게 목소리를 제공하는 사회 운동가들의 실천을 어떻게 생각하시나요?

다큐멘터리에 대한 열정은 이 어려움에 응답합니다. 그것은 모든 허구적 표상의 가능성에 대한 일종의 혼돈만큼 오늘날 사회적이라고 언급되는(실업, 이민, 폭력…) 영역 안에서 오늘날 일어나는 것의 정치적 서사화의 가능성을 해석합니다. 다큐멘터리는 적어도 노동투쟁, 계급투쟁 등등이 항상 존재한다는 것을 인증하는 증언과 같은 가치를 갖습니다. 그것의 지배적인 담론에 대해 뭐라고 말하든, 그것의 새로운 서사적 도식을 발견하는 것이 불가능하다고 할지라도 말입니다. 다른 한편 다큐멘터리는 사실 현실의 지표들과 기호의 잠재적 의미들을 다양화하는 실재의 발명—소여의 새로운 정돈의 능력으로 이해되는 것—은 오늘날 새로운 현실들에 대한 허구적 도식에 적용이라기보다는 도식의 창조성을 제공하는 영역입니다. 이것은 유일하게 영화에서 넘쳐나는 현상입니다. 오늘날 예술의 장소들은 점점 더 다른 형식의 정보의 장소들로서, 또 공통의 실재의 조직을 구성하는 새로운 방식의 장소들로 구성됩니다.

● 영화에서 인민의 허구에 대한 당신의 관심은 어떤 척도에서 "예술의 미학적 체제"의 이론과 일치하나요? 영화는 "모더니즘적" 미학의 전통과 동시에 사회운동의 관심촉발을 주장할 수 있나요? 영화에 대한 탈정치화를 어떻게 생각하시나요? 이것은 무관심, 즉 사회적 주체에 대한 비판적 경멸, 공동체의 문제들에 대한 "휴머니즘적" 초월성, 이미지 안에 이야기의 거짓말에 대한 불신 등에서 유래합니다.

나는 그것은 허구에 정치적 효과들로서 우리가 기대하는 것에 대한 질문들에 의존해야 한다고 믿습니다. 문제는 우리가 보통 믿는 것처럼 예술과 정치가 서로 연대해야 하는가를 아는 것이 아닙니다. 정치는 그 자신의 미학을 갖습니다. 즉 공통의 장을 구성하는 자신의 방식, 그 장 안에 대상과 주제, 시나리오, 연속성과 비연속성 등등을 포함시키는 자신의 방식을 갖습니다. 그러나 미학도 자신의 정치를 갖습니다. 다시 말해 특수한 공간과 시간을 자르는 자신의 방식, 시간과 공간을 일련의 개체화의 유형들로 채우는 방식, 지형학, 인과성 등등을 기능하게 하는 방식 등을 갖습니다. 정치의 미학과 미학의 정치는 같이 움직이지만 서로 일치하지 않습니다. 정치적 혁명의 시대는 또한 문학이 주제의 천함과 귀함을 구분하는 위계질서를 제거한 시대이기도 합니다. 그러나 문학적 평등은 미세한 개별성과 목적을 쫓는 인과관계를 회피하는 사건들의 연쇄의 형식들에 관심을 가지기 위해 민주적 정치의 일관성의 기획을 파열시킵니다. 이것이 바로 "나는 누추한 사람보다 그의 피를 빨아먹는 이들에게 더 관심이 있다"고 선언한 플로베르의 재담의 의미입니다. 다시 말해 사회적 불평등보다 원자적 평등에 더 관심이 있습니다. 그러나 플로베르가 사회주의자의 선동을 보는 『레미제라블』에서도 정치의 궁극적 목적(앙졸라)은 거리의 아이들 혹은 하층민들(에포닌과 가브로쉬), 배척당한 자(장 발장), 술주정뱅이(그란테르) 혹은 목표 없는 사람(마뵈프의 아버지)을 바리케이드 위에서 서로 만나게 만드는 여정의 불확정성에 의해 붕괴됩니다. 문학은 다만 환상적인 지형학—정치적 진술과 정치적 표명의 장을 지지하면서 동시에 거부하는 사회의 가장 깊은 곳의 신화적인 여행—의 구성에 의해서만 정치적 새로움을 동반합니다.

정치적 연출과 예술의 미학적 체제의 시대의 미학 사이에는 부분적인 만남들, 동적인 교섭, 애매한 정체성만이 존재합니다. 엄격한 의미에서 존재하지 않는 정치적 인민은 이런저런 서사적 플롯이나 영화적 몸체 안에서 적절한 자신의 표상을 발견하지 못할 존재하지 않을 이유가 없습니다. 영화는 항상 서사와 이미지 간의 어떤 균형입니다. 가시성이 정치적인 것을 유형들의 상상 속에 익사시키거나 정치적인 것을 표상된 것의 무관심성 안에서 축소할 위험을 가지고서 말입니다. 또 서사성이 정치적인 것을 과장된 정체성에 복종시킬 위험을 가지고서 말입니다. 〈일반전선〉의 디오니소스주의는 스탈린주의적 선동과 동일시되기 전에, 소비에트 공화국 안에 반동적인 형식주의로 통했습니다. 30년 이래로 미국 영화가 이야기하는 카오스는 이 사회에 대한 고발이면서 그 사회의 폭력을 정치적으로 합리화하고자 하는 모든 의지에 대한 고발로 통했습니다(이것은 아직도 〈미스틱 리버〉의 교훈입니다). 〈데이 워 파이브〉(*La belle équipe*), 〈흔들리는 대지〉, 〈분노의 포도〉—『레미제라블』, 『목로주점』에서처럼—를 모범적인 운동권 영화로, 사회주의적 선전으로, 반동적 이상주의로, 비참에 대한 부르주아적 미학화로 만들기 위해서는 약간의 감성과 플롯의 변화로 충분합니다. 어떤 사람들은 인민전선과 르누아르, 카르네(Carné), 뒤비비에(Duvivier) 등의 시대 사이의 전제된 일치를 그리워합니다. 그러나 영화들이 시대를 움직이는 데 기여한 것 이상으로 이 영화들을 정치화한 것은 바로 인민전선입니다. 이것은 한쪽에 이론적 개념들과 정치적인 노선이 있고 다른 편에 그것들에 일치하는 서사적 허구들이 있다는 것을 의미하지 않습니다. 반대로 여러 종류의 지형학과 그것과 얽힌 서사적 허구가 있다는 것을 말합니다. 영화들이 고유하게 산출한 것의 재형상화의 형식들이 파악되는 것은 정치에서입니다. 그 반대 방향에서 그 관계를 생각하면 안 됩니다.

● 당신은 순결한(천사 같은) 인민을 표상하는 〈천사들이 꿈꾸는 세상〉의 "영혼의 추가"보다 "사회적 코트"를 살짝 비켜간 〈영국 여인과 공작〉 안에 "상스러운 짐승 같은 인간들"의 정형화된 이미지의 "노골적인 회귀"를 선호합니다.[154] 솔직히 우리는 당신의 감상주의에 대한 노골적인 거부를 이해할 수 없습니다. 마치 프랑스라는 환경에서 관객을 위한 정체성의 지반인 모든 인물이 인민의 이름으로 의혹의 대상이 되는 것처럼 말입니다. 어떤 기준에서 (정감적인 혹은 윤리적

154 (원주) 이에 대해서는 2002년 Trafic n° 42에 실린 랑시에르의 "인민의 산술(Arithmétiques du peuple)(로메르, 고다르, 스트로브)"을 참조.

인) 평가의 기준이 그러한 고려 안으로 들어가지 않을 수 있을까요?

절대로 감상주의나 정체성을 거부하는 것이 아닙니다. 또한 나는 단순한 일관성의 기준을 따라서 사태들을 판단하지 않습니다. 나는 죽은 아버지와 함께 탄광을 올라오는 작은 휴 모르간(Huw Morgan)의 고통(《나의 계곡은 푸르렀다》)이나 사람들이 입양한 아들을 찰리에게서 빼앗을 때 그의 고통에 전적으로 공감합니다(《키드》). 그러나 포드는 허구적 자의성(스튜디오에 만들어진 광산촌)과 감상적 멜로드라마와 사회적 드라마의 이중적 기입을 일치시키고자 합니다. 여기서 자연적 재앙도 계급과 세대 간의 긴장, 불가능한 사랑만큼이나 있을 법한 일이지만 일어나지 않을 수 있는 일입니다. 반면 채플린의 모든 영화들은 표현과 행동의 대다수를 자동화하고 동시에 감정의 놀라운 상승을 창출하는 분리에 기초합니다. 그러나 그러한 허구적 순진성은 더 이상 만들어지지 않습니다. 더 이상 탄광으로 내려가는 노동자들이 없게 된 이래로, 우리는 화면에서 진짜 탄광을 보고 싶어 합니다. 그러나 기계적인 것과 살아있는 것의 결합의 비밀은 아마도 계급투쟁의 폭력적인 가시성의 시대에 속할 것입니다. 채플린의 품에 안긴 감당하기 힘든 아이와 함께, 페드로의〈뼈〉(*Ossos*)의 인물은 세계의 침묵(mutisme) 안으로 빠져듭니다. 여기서 사회적 분할의 저항하는 경계는 더 이상 그려지지 않습니다. 다시 말해 집주인들은 추방자가 되고, 병원과 사회 복지사는 경찰과 사회의 두 영역의 만남이 그려지는 교도소로 대체됩니다.

감성주의를 거부하는 것은 사실 내가 아닙니다. 더 이상 통용되지 않는 그 말 자체—그 말이 가진 이중적 의미에서—입니다. 한편으로 이야기꾼이나 관객이나 모두 이제 너무 영리합니다. 그들은 모두 정감적인 것을 거부하고, 감각의 중성성을 선호합니다. 또한 그들은 도덕을 불신하며, 사회적 코드와의 놀이를 선호합니다. 다른 한편 사회적 갈등의 가시성의 형태들은 이제 다른 것에 의해, 예를 들어 정체성의 문제에 의해 포장됩니다. 간교한 정치는 돌 하나로 여러 마리의 새를 잡고자 합니다. 다시 말해 우리가 그렇게 순진하게 속아 넘어가지 않는다는 것을 보여주면서 대중적 신체들의 감정을 제공하고, 인민에 반해 인민을 연기하게 합니다. 〈삶은 조용히 흐르는 긴 강이다〉(*La vie est un long fleuve tranquille*)라는 영화를 예로 들어보죠. 이 영화는 나에게 부르디외의 『구별짓기』의 예시처럼 보입니다. 이 영화는 지적이고 실천적인 영광의 인민과 교활한 평균적인 프랑스 가족의 비천함을 대립시킵니다. 그리고 거꾸로 그 영화는 이 가족에게 생동감을 부여합니다. 그것은 구분의 사회적 놀이와 사회적으로 받아들일 수 있는 일종의 겉치레를 폭발시키기에 이릅니다. 이 영화의 성공은 "대중적인" 관객이 이제 자신도 이 이중적인 놀이를 할 수 있다는 데에 있습니다. 그리고 그 놀이에서 감정적인 동일시를 통해 만족을 느낀다는 데에 있습니다.

이 이중적 관계는 미학적 열망을 가진 영화 안에서 복잡해집니다. 더 이상 이중적 관계가 아니라, 삼중적 관계 속에서 놀이하는 부르노 뒤몽의 〈휴머니티〉에서 보듯이 말입니다. 다시 말해, 이상적인 진보주의자들의 얼굴 정면에 가해진 충격(당신들이 꿈꾸는 인민은 바로 이렇다), 미학적 동일시(이 영화는 예술작품의 빛나는 침묵—의미의 부재—을 실어증에 걸린 경찰관과 짐승 같은 커플의 원시적 침묵과 동일시합니다), 그리고 휴머니티의 상태에 대한 정신적 증언입니다.

● 고다르의 영화들과의 관계에서 당신은 특히 〈사랑의 찬가〉에서 저항하는

신체의 부재에 대해 불평합니다. 그런데 저항하는 신체—관객이라는 공동체를 위한 정체성에 저항하는 신체는 무엇인가요? 영화에서 허구의 양태와 사회적 실천의 기획에서 인민과 공동체와의 관계는 무엇인가요? 당신은 정치적 영화에서 스트로브와 윌레만을 살리는 것처럼 보입니다.

문제는 살리거나 죽이는 것이 아닙니다. 문제는 영화 안에서 작동하는 정치를 확인하는 것입니다. 〈사랑의 찬가〉와 〈노동자, 농민〉은 정치적 순수성과 서사의 거부를 연결하는 아방가르드 전통을 지닌 대칭적인 두 영화입니다. 고다르는 인민의 빈자리—스겡의 버려진 섬, 사람이 없는 노동자 식당, 새벽에 기사도 승객도 없는 기차를 청소하는 사람들, 머물 곳이 없는 사람들의 피난처—를 지시하고자 하는 노력을 예술의 엄격성에 맡깁니다. 다시 말해 고다르는 서사의 거부와 이 본질적인 부재 사이를 일치시키고자 합니다. 스트로브 부부의 영화들은 서사의 생략과 대중적이고 혁명적인 기표들 주변에서 작동하는 감각적인 장치의 구성을 통해 인민을 드러내고자 합니다. 문제는 신체들과 의미, 말해진 것과 가시적인 것 사이에 상상적이고 허구적인 사회적 신체들을 지우는 직접적인 관계를 설립하는 것입니다. 이렇게 파악된 신체들은 인민, 계급투쟁, 공산주의, 혹은 단순히 땅에 대해 이야기하는 문학 텍스트와 공명을 일으킵니다.

● 1976년 고다르의 〈여기와 저기〉에 대한 반동으로 당신은 "지금은 변증법의 시간이다. 어떻게 나누고, 누가, 무엇 위에서 종합하는가?"라는 질문을 던졌습니다. 15년 후에 스트로브 부부의 〈노동자, 농민〉은 가시적인 것의 제한된 운동과의 화해를 제시합니다. "말하는 신체라는 장치"로부터 인민의 분할을 체화하

면서 말입니다. 이런 극단적 대립을 보면서, 당신에게 일종의 미학적 진화—말하자면 표상된 인민의 이질성을 설명하기 위해 "변증적 방식"에서 "상징적인 방식"으로의 진화—가 있었다고 말할 수 있을까요?

사실 1970년 이래로 관계의 의미가 바뀌었습니다. 당시 그 관계는 브레히트적인 연습과 같은 것으로 생각되었습니다. 스트로브 부부의 〈역사의 교훈〉(*Leçon d'histoire*)에서, 현재의 저택으로 옮겨져 일어나는 고대 로마의 원로원들의 대화는 이중의 효과를 창출하게 될 역설적인 상황을 그립니다. 즉 예전이나 지금이나 마찬가지로 정치적이고 군사적인 대기업을 유지하는 돈의 감춰진 법칙을 폭로하는 진리의 효과와 토론의 변증적 기술의 습득하는 연습의 효과를 창출합니다. 최근의 영화들에서도 그러한 변증적 요소는 현전합니다. 〈노동자, 농민〉의 노동자들과 농민들은 인민의 분리를 긍정하면서 인민을 긍정합니다. 그러나 이 긍정, 이 분리는 그 의미를 변경합니다. 지금 중요한 것은 이 신체들이 직접적으로 공산주의를 인정하면서 혁명을 거부하는 힘을 체화하는 방식입니다. 더 이상 계급투쟁의 모순들을 읽는 것을 배우는 것도, 실존하는 질서에 대한 근본적인 도전으로서 저항하고 새로운 세계를 건설하는 대중적 능력을 긍정하는 것도 아닙니다. 이런 거부는 현대예술의 일반적인 경향이기도 합니다. 어제의 변증적 도발은 공통의 역사의 새로운 상징화의 형태를 구성하고자 하는, "세계 안에 다시 믿음을 주고자 하는"(들뢰즈) 염려로 변형됩니다. 이제 공산주의의 사상가로서 횔덜린이 마르크스의 자리를 대신합니다. 계급투쟁의 내기는 이제 땅을 수호하고자 하는 내기로 변합니다.

이것은 내가 전혀 오늘날 스트로브의 정식을 정치적 영화에 대한 유일한 정식으로 생각하지 않는다는 것을 의미합니다. 스트로브 부부와 아주 가까운 영화인인 페드로 코스타는 그래도 이런 영웅적 태도와 아주 먼 영화를 만들었습니다. 그 영화에서 중요한 것은 한 지역의 철거와 공통의 언어의 파괴의 한가운데로 들어가는 것입니다. 그것은 개별적인 의미와 사유화 속에서, 심지어 최소한의 것 속에서, 보다 물질적으로 삶의 파괴와 파괴된 삶을 유지하고자 하는 파편화된 말들을 증언하기 위한 것입니다. 여기서 중요한 것은 시간과 공간 사이의 관계—〈반다의 방〉에서 시간과 가난한 사람들과 완전히 길을 잃어버린 사람들의 반복적인 말이 거대 기계의 파괴의 속도와 안과 밖을 전적으로 변형시키는 기계에 직면하는 방식—입니다.

● 대중적이면서 동시에 정치적 혹은 실천적 영화의 가능성을 생각할 수 있을까요?

물론 위에서 언급한 영화들은 전혀 대중적이지 않습니다. 그런데 어떤 이야기가 오늘날 대중적인가요? 오늘날 대중적 이야기의 영역을 형성하는 것은 익숙한 이미지들과 특수효과의 낯설음입니다.

우리가 비판이라고 부르는 것 혹은 영화의 정치적 평가는 항상 둘 간의 관계입니다. 우선 영화의 정치가 있습니다. 즉 표상의 전형성을 깰 수 있고, 가시적인 것과 생각 가능한 것의 형식들을 재형상화할 수 있는 능력이 있습니다. 그리고 정치가 정치적 가능성들의 전망과 가지는 본질적인 관계가 있습니다. 후기 공산주의자에 속하는 두 작가, 쿠스투리차(Kusturica)와 벨라 타르를 예로 들어봅시다. 이 둘은 모두 말하자면 이전의 체제와 현재의 체제를 연결시키는 사기극에 대해 이야기합니다.

쿠스투리차는 〈검은 고양이와 하얀 고양이〉에서 통상적인 조롱과 집시의 유쾌함 안에서 체제의 분해를 기록합니다. 벨라 타르는 〈사탄탱고〉에서 전적으로 버려진 상태, 이데올로기에 대한 매혹, 이 매혹이 가능하게 하는 조작을 연출합니다. 내가 볼 때 〈사탄탱고〉에는 〈검은 고양이와 하얀 고양이〉에는 없는 진정한 정치적 미학과 도덕적 정직함이 있습니다. 그렇다고 해서 전자가 후자보다 동유럽의 민주주의를 가져올 수 있는지는 확신할 수 없습니다. 예술의 형태들이 기여하는 정치적 효과는 그 자신의 고유한 시나리오 안에서 예술을 구성하는 정치에 걸려 있습니다.

● 미국의 "지배적인 허구"는 미국 사회에 대한 질문을 담고 있는 제스처로부터 인민을 형성한 영화에서 일어났다는 당신의 생각을 다시 한 번 정리해 줄 수 있는지요? 그러나 1960년대의 단절들을 겪은 후에 비판적 관점에서 미국적 전설을 다시 다룬 미국 영화들은 어떠한가요? 당신은 화해의 불가능성을 출발로 삼고 있는 미국의 기원에 대해 이야기하는 그 영화들을 봤고 좋아하시나요? 미국의 정치적 역사의 토대를 놓은 대륙의 정복은 공격적인 점령의 역사를 그리기 위해 여행하고 개척하는 인민의 이미지를 필요로 합니다. 자신을 정의하기 위해서는 항상 공간을 정복해야 하는 것이 미국 인민의 속성이라면, 1970년 이래로 이미 정복된 세계 안에서 개척자의 제스처를 힘의 순수한 상실 속에서 반복하도록 선고된 주인공들이 목적도 목적지도 없이 여행하는 방랑을 이야기하는 미국 영화의 위기를 어떻게 보시나요? 이런 영화 안에 그려진 여정들은 길에 버려진 인민, 길에서 우리가 우연히 만나게 되는 인민—원시적인 공동체로서 희화된 레드넥(red neck)[155] 화이트 트래시(white trash)[156]—에 대한 엿보기에 이르지 않나요? 전설적인 이 표류하는 인민의 폭력적인 제스처에 대해서 어

떻게 생각하시나요?

내가 행한 프랑스의 사회학적인 유형에 반한 미국의 전설의 가치부여는 다소 우회적인 방식이었습니다. 그 평가에는 "모던한" 웨스턴을 포함해서 할리우드 웨스턴의 서사적 형식의 시대와 68년 5월 이후와 누벨바그 이후의 문제적인 결합의 시대가 섞여있습니다. 또한 1960년 이후 미국의 영화는 국가적 전설의 영웅적이고 위나니미슴적인 이미지들과 결별하고, 역할과 여정들(인디언과 양키, 질서와 무법의 표상들, 정착과 모험 등등)의 서사적 분배 대신에 힘들 간의 순수한 관계, 방랑, 혹은 벌거벗은 폭력을 연출했습니다. 〈서바이벌 게임〉(*Delivrance*)의 관광객들은 〈돌아오지 않는 강〉에서 우리가 본 인디언들이나 도적들과 더 이상 부딪치지 않습니다. 그들은 다만 멍청한 인간들과 가학적 변태들만을 마주칩니다. 그러나 1970년대에 미국의 이 새로운 영화는 다름 아닌 역사적인 간격과 시차를 증언합니다. 소설적 혁명과의 거리를 가지고 할리우드의 포맷작용을 오랫동안 유지해온 미국 영화는 드디어 40년 늦게 더스패서스의 이야기의 파편화(fragmentation)에 참여합니다. 다만 1930년대의 소설의 파편화는 계급투쟁에 의해 구조화된 사회에 대한 첨예한 의식과 연결되어 있었습니다. 그런데 그것은 1960년대에 대투쟁(시민의 권리와 베트남)이 저물던 바로 그 순간에 영화를 획득합니다. 결국 전설의 탈신화화는 정치적 의미들의 극장과 순수한 카오스의 세계인 진정한 세

155 "목이 벌건 사람들"이란 뜻으로, 미국 남부의 농부들을 이르는 비어이다.

156 "하얀 쓰레기"라는 뜻으로, 미국의 가난하고 교육 수준이 낮은 백인들을 이르는 비어이다.

계의 전반적인 대립을 의미했습니다. 그것은 〈택시 드라이버〉의 우화입니다. 그것은 택시 운전사의 방랑(그의 택시는 카오스의 모습들을 나르거나 마주칩니다)을 유세 중인 상원의원의 행렬과 "우리는 인민입니다"라는 슬로건에 대립시킵니다. 혹은 그것은 애국심에 대한 진술과 디오니소스적인 넌센스한 음악의 절대적인 일치를 만드는 〈디어 헌터〉의 끝 장면의 노래 〈신이 아메리카를 축복한다〉입니다.

모든 이야기는—역사적 신뢰에 대한 모든 염려를 포함해서—결국 "한 멍청이가 이야기하는 소문과 분노에 대한 이야기"로 수렴됩니다. 그것은 바로 대표적으로 치미노에게서 일어나는 것입니다. 서부의 영광스런 정복은 〈천국의 문〉에서 성난 계급투쟁의 국면으로 수렴됩니다. 부유한 자들은 가난한 자들을 몰아내기 위해 용병들을 고용합니다. 이것은 플래시백에 의해 극단화된 〈분노의 포도〉의 시나리오입니다. 바로 이 플래시백은 처음부터 "의식화"의 시나리오를 거부하는 세계 안에 우리를 정착시킵니다. 치미노가 닭싸움에 열광하는 원시적이고 밀집한 무리로 표상되는 이민자 집단을 의식을 가진 인물들 안에서 개별화하고자 했을 때, 우리는 기교를 느낍니다. 외국어를 말하는 이 원시적인 무리는 서사적 요소를 가속화하고, 거의 이해할 수 없는 폭력적 국면들로 이끌기 위해, 끝나지 않는 풍속화 같은 장면들(모든 종류의 오락, 결혼식, 집단적인 광기)의 시퀀스 위에 서사를 고정하는 일종의 시간의 활용과 일치합니다.

〈디어 헌터〉에서 러시아 룰렛은 전멸의 과정으로서 전쟁을 대신하고, 서사적 병렬구조의 상징 그 자체로서 보입니다. 여기서 서사는, 마치 〈택시 드라이버〉에서 운전사가 승객을 무관심하게 나르는 것처럼 무관심하게 요소들을 나릅니다. 풍속화 같은 장면들과 벌거벗은 폭력의 연속이 이야기와 그 의미의 연쇄를 대신해서 옵니다. 쇼펜하우어의 논리 안에서, 무질서한 이미지들의 연속을 통합하고, 이 영화들에 파괴적인 연속극(soup operas)의 매혹적인 면을 주는 것은 잘 만들어진 음악입니다. 축제의 원시주의와 피의 원시주의 사이의 흔들림만이 있습니다. 이것은 여전히—확연히 줄어든 미학적 요구를 가진—〈갱스 오브 뉴욕〉의 원리입니다. 이 영화는 19세기의 상인들과 정치인들의 계산한 가운데서 〈흑기사〉(*Ivanohoe*)에서 직접적으로 끌어낸 인민을 표상합니다. 모던한 국가 집단에 의해 경쟁관계에 있는 도끼를 다루는 종교적 집단의 말살은 의미의 정지를 확인할 뿐입니다. "우리 모두는 이민자의 자식들이다"라는 정치적 선언은 여기서 결국 무력의 자유를 가진 다문화 국가에서 공식적인 찬가와의 무차별적인 병렬적 관계 안에서 유지되는 "우리 모두는 야만적인 짐승과 같은 자들이다"로 되돌아옵니다.

● 당신의 이해에 의하면, 치미노의 경우, "기교적"이지 않기 위해 인민의 표상은 경제, 정의, 유용성의 원리에 복종하는 것처럼 보입니다. 어떤 방향에서인가요?

내가 치미노와 게디귀앙(Guédiguian)의 기교에 대해서 말할 때, 나는 다만 선택의 일관성을 고발하고자 했습니다. 일반경제의 원리란 없습니다. 그러나 게디귀앙의 연출은 상투성을 따라서 기능하는 코미디의 장치를 사용하는데 아주 능숙합니다. 그리고 그가 정치적 힘들을 대표하는 혹은 정치적 선택에서 오락가락하는 사람들의 유형을 만들고자 할 때 우리는 기교를 느끼기 시작합니다. 같은 방식으로 치미노는 풍속화가입니다. 예식, 놀이의 장면, 사냥, 무도회 등 모든 장면들은 세계와의 즉각적인 연대를 증언합니다. 개인들을 장식에서 벗어나게 하기, 개인들을 개별화하기는 그에게 또 주인공들에게 문제가 됩니다. 억압받는 사람들의 의식화라는 전통적인 방식에서 무리를 개별화해야 할 때 기교가 있습니다. 경제적 원리가 있다면, 그것은 대중의 성격의 결정이 사회적 시나리오를 구성하는 신체들의 동원과 변형의 과정들을 방해해서는 안 된다는 의미에서 그렇습니다. 이것은 인민의 표상에서 반복적으로 일어나는 문제입니다. 인민의 정체성의 표상은 신체의 변형의 과정을 방해하지 않습니다. 포드의 서사의 선형성 혹은 반대로 빌 더글라스나 벨라 타르의 서사의 정지는 각자 다른 방식으로 이 신체의 변형에 도달합니다. 그러나 치미노의 바로크적 특징은 그와 다릅니다. 그것은 그 자체 상쇄되는 이야기의 표상에 전적으로 적합합니다.

2004년

『미학 안의 불편함』

자크 랑시에르에게 던지는 질문[157]

(아드리안 바루와 알렉상드르 코스탄조와의 대담)

● 우리는 『불화』로부터 자크 랑시에르의 사유를 규정하는 작업의 몇몇 지점들을 질문하려고 했다. 그의 사유는 로고스와 소리(phôné) 사이의 나눔을 검토하면서 고함과 그것이 가지는 정치와의 관계의 문제를 제기한다. 그러나 보다 근본적으로는 이 대담은 랑시에르의 체계화는 우리에게 중요한 정치적 실천을 밝혀줄 것이며, 동시에 질문들을 발생시킬 것이라는 전제에 의존한다.

∽

● 『불화』 1장에서 당신은 정치적 합리성을 모든 사회적 질서에 내재하는 잘못(tort)을 드러내는 것으로 정의합니다. 정치는 다만 경우에 따라서 창출되는

157 (원주) 이 대담은 2004년 *Drôle d'époque* n° 14, "고함과 힘(Des cris et des forces)" 봄호에 실렸다.

말의 무대 위에서 잘못을 드러내고 그것을 논증할 수 있을 때만 존재합니다. 그런데 2장에서 당신은 정치는 다만 잘못의 형상화만이 아니고, 서로 이질적인 두 과정과의 만남, 즉 치안과 평등과의 만남이라고 주장합니다. 어떻게 우리는 잘못의 노출/논증으로서 정치의 개념으로부터 치안적 과정과의 대결로서 정치의 사유로 이행하나요?

잘못의 측면에서 정치를 규정하면서, 우리는 당신이 공통의 몫을 규정하는 불평등한 질서와 정치 바깥에 몫이 없는 자들의 몫의 이름으로 전자를 반박하는 평등한 질서 간의 관계를 거부하는 것 같은, 혹은 그 관계를 본질적으로 정치적이지 않은 것으로 정의하는 것 같은 인상을 받습니다. "불화"라는 개념은 지배의 불평등한 질서와의 대결을 정치와 분리하는 과정인가요?

두 정식 간의 어떤 모순도 어떤 차이도 없습니다. 1장에서 정식으로 분석된 계산상의 착오(mécompte)는 두 계산 간의, 즉 정치적 계산과 치안적 계산 간의 차이입니다. 잘못(tort)의 노출은 공동체의 몫들의 치안적 계산 안에서 발견되지 않는 몫이 없는 자들의 몫의 긍정과 같은 것입니다. 잘못을 창출하는 것은 "불평등한 질서"의 개념처럼 보입니다. 이것은 당신의 정식 안에서 불평등한 모든 상황을 포함하는 것처럼 보입니다. 불평등에 반한 투쟁이 있는 곳은 어디든지 간에 정치가 있을 것이라는 결과를 포함해서 말입니다. 그런데 치안/정치의 대립은 모든 인간적 관계의 영역을 포함하지 않습니다. 그것은 공동체의 공통적인 것 그 자체의 상징화의 두 형식을 대립시킵니다. 그것은 지배의 실행이, 파트너와 적, 지배와 피지배 사이에서 공동체를 형성하는 것의 상징화를 거쳐서 실행되기 시작할 때, 그리고 지배가 공동체의 공통적인 것의 제도화와 합법화를 필요로 할 때 일어납니다. 치안은 지배 일반이 아닙니다. 그것은 공동체의 계산으로서 실행되는 지배, 즉 공동체를 만드는 내적인 법의 전개입니다. 그리고 정치는 이 지배 형식의 재형상화입니다. 이것은 정치는 어디에도 없으며, 정치는 어디에나 있을 수 있다는 것을 의미합니다. 그리고 이것은 항상 불법 체류자 문제, 노동자들의 파업, 학교에서 일어나는 사회 운동에서 검증됩니다.

● 잘못의 합리성은 아리스토텔레스로부터 당신이 공동체의 두 형상들 간에 놓은 비-관계에 의해 정의됩니다. 잘못의 한 형상은 정치적입니다. 다른 하나는 정치 경제를 가능하게 하는 손상과 이익의 균형 잡힌 분배에서만 나타납니다. 당신은 이 후자는 그리스어에서 "sumpheron" 즉 "공익"을 의미하던 것이며, 이것은 "타자와의 관계를 함축하지 않기" 때문에 비정치적이라고 말하면서 이분법을 설립합니다.

그런데 이 말의 어원은 접두사 sum-에 의해 공동체를 표시합니다. 숨페론을 배제하는 것은 정치적 공동체의 공통의 것을 설립하는 일치 그 자체의 사유와 불법체류자들이 불평등한 질서를 가지고 설립하는 관계의 사유를 정치 바깥으로 버리는 것이 아닌가요? 사실 이러한 작업이 구체적인 상황 속에서 정치의 지속성을 보증하지 않나요? 예를 들어 우리는 불법체류자들의 투쟁을 생각할 수 있습니다. 그러나 그 투쟁은 불법노동자들의 사회적 통합을 위해 각각의 경우에 따라서 불평등한 질서와의 개별적인 협상이 받아들여지는 순간 더 이상 정치적이 아닙니다. 반대로 이 투쟁의 정치적 힘은 공적인 토론을 통해서, 프랑스 국적을 분배하는 질서를 문제 삼을 때 드러납니다. 따라서 오늘날 우리는 합법적인 지위가 없는 사람들로서 불법체류자들이 아니라, 영토 안에서 이미 인정된 다른 몫의 이름으로 자신들의 몫을 요구하는 베르베르, 카발리아,[158] 불법노동자들과 같은 불법체류자들을 생각합니다.

다른 측면에서 우리는 불화의 개념이 노출시키는 감정을 생각해 볼 수 있습니다. 당신은 정치적 절차로부터 정치적인 합리성이 벌거벗은 채 드러나는 특권적인 순간을 끌어내는 것으로 보입니다. 당신의 관심이 말의 무대 위에 집중되었다는 사실 너머에서, 이 작동의 지위에 대한 질문이 제기됩니다. 왜냐하면 당신은 상황 혹은 독특한 시퀀스를 위협하는 횡단면을 그립니다. 거기서 예를 들면 선언의 순간을 추출하면서 정치적 힘과 합리성의 관계가 엮입니다. 이것은 당신이 불화의 논리를 그것의 뒷방으로 물러서게 하면서 신술의 가능성의 조건과 그 조건이 깔고 있는 복잡성과 분리하는 것을 가능하게 합니다. 다시 말해 정치적 신체들이 복잡한 알력 안에서—치안과 그 수호자들과의 대결 안에서—드러나고 갈등하고 구성되는 주체화의 과정과 분리하는 것을 가능하게 합니다. 우리의 관심을 자극하는 것은 우선 이 무대 뒤와 "정체된" 행동으로부터 유래하는 것들입니다.

어떻게 선언을 파악할까요? 그것을 놓는 것을 가능하게 하는 실천들, 주체적인 과정들 혹은 그것이 구성되고 경험되는 내재성을 지움으로써 말입니다. 그리고 명령과 조직의 질서 안에서 사건적인 과정과 선언을 넘어서, 실질적으로 모든 정치적인 시퀀스가 잠재적인 평등의 무대를 알리고 연다면, 사정은 어떠한가요?

우리는 결국, 당신의 책 『불화』와 연관된 이 질문들로부터 시작해서 당신의 체계화 안에서 이 책의 부재인 "철학과 정치" 사이의 "과"가 무엇이 될 수 있을까요? 혹은 같은 맥락에서 이 책은 무엇에 대한 이행인지를 묻고 싶습니다.

우선 나는 하이데거주의자가 아니라는 것을 지적하고 싶습니다. 다시

158 베르베르, 카발리아는 모두 북아프리카의 원주민을 의미한다.

말해 나는 단어들의 어원으로부터 철학적 추론을 하지 않습니다. 즉 단어들을 몇몇 인도유럽어의 뿌리와 연관시키고 결국 말하기/모으기로서 레게인(legein)의 동일성을 세우는 철학적 절차를 따르지 않습니다. 나는 언어의 사용으로부터 추론합니다. 고전 그리스어에서 "숨페론"은 유용성, 이익을 의미하는 일상어입니다. 내가 주석한 아리스토텔레스는 이런 의미에서 이 말을 사용했습니다. 나의 주석의 목적은 정치 안에 연합이 없다는 것을 말하고자 한 것이 아니라, 정치적 공동체의 특수성은 유용성과 손상에 대한 논의를 할 수 있는 공통의 능력에 근거하지 않는다는 것을 말하고자 했습니다. 아리스토텔레스가 제시하는 완벽한 듯이 보이는 체계 안에는 어떤 결함, 잔여, 환원될 수 없는 비대칭성이 있습니다. 즉 어떤 공익과도 일치하지 않는 공통의 것의 구성을 방해하는 어떤 것이 있습니다. 이 비대칭성이 아리스토텔레스에게서 다름 아닌 정치성 그 자체를 규정합니다.

왜냐하면 나의 목적은 우선 정치성을 "모음"의 특수한 양태로서 규정하고자 했기 때문입니다. 여러 종류의 모음이 있습니다. 여러 종류의 지배, 갈등이 있는 것처럼 말입니다. 나의 질문은 모든 종류의 인간적 집성체들 가운데 무엇이 우리가 정치적 공동체라고 부르는 것을 지시하는 것을 가능하게 하는가입니다. 우선 나의 관심은 순수한 정치를 밝히는 것이 아니라, 무엇이 정치의 특수한 무대, 정치적인 것으로 정의되는 특수한 주체들을 함축하는 공동체적인 기표들의 순환을 가능하게 하는가입니다. 항상 얽혀있는 이 표명들과 연관해서 고유하게 정치적인 것이 존재합니다. 이 얽힘은 상황의 경험성 혹은 지향적인 이론의 구성과 연관됩니다. 나는 집단의 일시적인 단순한 행위에서 정치를 찾지 않습니다. 나에게는 한편에 치안, 다른 편에 정치가 존재하는 것이 아니라, 그 둘의 관계의 연출이 존재합니다. 이 연출은 대칭적인 정의와 불의, 혹은 통치하는 자와 통치 받는 자 사이의 간격을 허용하는 정치철학이 될 수 있을 것입니다. 이것은 불평등의 실행 그 자체 안에서 평등을 전제하는 헌법 혹은 통치가 될 수 있을 것입니다. 이것은 환원 불가능한 평등의 긍정과 기존의 사회적 질서 안에서 규정된 이득의 요구를 섞는 사회적 투쟁이 될 수도 있을 것입니다.

내가 몇몇 상황들과 논증적인 시퀀스들을 분리했다면, 그것은 정치가 다만 모범적인 상황들 안에서만 발성되는 모범적인 진술들 안에 존재한다는 것을 의미하는 것이 아닙니다. 그것은 무엇이 모범적인 시퀀스들 가운데서 고유하게 정치적인 특수성을 규정하는지를 질문하기 위해서입니다. 내가 찾은 대답은 이 상황 안에 존재하는 두 계산 간에, 이 상황에 연루된 신체들의, 그것들이 만드는 두 계산 간에, 그들의 가시성의 두 형식들 간에, 요약하면 충돌하는 감각적인 것의 두 나눔 간의 충돌이 있을 때만 정치가 존재한다는 것이었습니다. 내가 특권적인 지위를 부여하는 순수성이 있다면, 그것은 절대적으로 조직적인 술책에 대립되는 순수한 행위가 아닙니다. 그것은 정치를 존재하게 하는 것의 표명의 순수성입니다. 정확히 말하면 그것은 이질성의 순수성, 감각적 세계를 반박하는 다른 세계 안에서 그 감각적 세계의 현전의 순수성입니다.

물론 조직이 필요합니다. 그것이 갱단이든, 종교적 집단이든, 축구구단이든, 행정적인 기구이든지 간에 조직이 필요합니다. 정치로서 조직을 규정하는 것은 내재성의 형식이 아닙니다. 그것은 개입의 형식입니다. 무대 뒤를 말하면서 우리는 아주 다른 두 가지를 의미할 수 있습니다. 우리는 개인들이 합의의 길과 거리를 취하고 이 간격을 집단화하고,

새로운 주체성의 형식을 형성하는 지각, 언어, 행동의 과정들에 대해 말할 수 있습니다. 이 측면은 나의 연구에서 전적으로 본질적입니다. 그러나 우리는 자주 이것에 다른 질문, 즉 집단적인 조직의 모든 형식에 속하는 갈등에 대한 질문과 섞입니다. 결집(rassemblment)이 작동시키고자 하는 가시성의 유형과 그것이 드러내고자 하는 공동체의 유형과 관계하는 사람들은 정치적입니다. 한 운동가가 그에게 맡겨진 의무를 다른 사람보다 적게 혹은 많이 수행하는 것은 모든 조직에서와 마찬가지로 도덕적인 일입니다. 반면 불법체류자들이 집단적인 주체로 드러나는지 아닌지를 아는 것, 그들이 이 유일한 공동의 정체성을 가지고 이것을 하는지, 혹은 특수한 민족적 공동체 내에서 이것을 하는지, 혹은 불법체류자들 가운데서 **불법노동자들**을 구분하면서 하는지 아닌지를 아는 것은 고유하게 정치적으로 내적인 일입니다. 따라서 질문은 예전처럼 자발성 혹은 조직의 문제가 아닙니다. 질문은 정치적인 주체화를 규정하는 차별적인 기준이 무엇인지를 아는 것입니다. 이 주체화가 공통의 가시성의 형식들의 재형상화로서 혹은 내재성의 한 유형의 표명으로서 정의된다면 말입니다. 개별적인 신체들 혹은 신체의 형상화가 자신을 다시 평가하고 자신들이 처한 상황을 재평가하기 위해서는 시간과 노력이 필요합니다. 질문은 이 주체화의 노력이 거기서 형성되는 표명의 영역으로부터 혹은 그것을 정교화하는 집단의 내재성으로부터 정치적인 것으로 생각되는지 아닌지를 아는 것입니다. 나의 대답은 집단을 도덕적인 집단으로 만드는 두 번째 해결책입니다. 여기서 집단적인 정체성의 보존은 궁극적 목적이 되고, 볼셰비키의 방식으로 모든 전향과 전복을 허용합니다.

철학적으로 이것은 어떻게 주체를 규정하는가를 의미합니다. 경험의 장을 재조직하는 어떤 작업으로부터인가요? 아니면 어떤 존재론적 지속성과 관계하는 내재성의 형식으로부터인가요? 예를 들어 무한에서 유한으로의 이행, 혹은 다수적 존재의 운동에서 정체화인가요? 나의 개인적인 대답은 주체화는 우선 감각적인 것의 나눔을 재형상화하는 것(나눔의 판을 다시 짜는 것)입니다. 다시 말해 감각적인 경험들과 의미들 간의 관계의 재형상화입니다. 그리고 이 재형상화는 다른 존재론들 사이에서 산출됩니다. 그러나 이 존재론들은 다만 소급적으로만 근본적입니다. 근본적인 존재론은 항상 존재하는 것의 재형상화 안에서 특수한 작업입니다. 혹은 모든 존재론은 시학에 속한다고 말할 수 있을 것입니다.

● 조직화의 정치를 배제하는 이 작업은 당신이 취한 역사적인 사례들에서 발견되고 다른 질문들을 여는 것처럼 보입니다.

아벤틴 언덕으로 후퇴를 이야기하는 발랑쉬는 비록 귀족의 질서에 따르면 가능하지 않은 말하는 존재들의 공동체의 실존을 선언하는 사례입니다. 그러나 이 후퇴의 궁극적인 목적은 무엇이었을까요? 역사가들에 의하면, 아벤틴으로의 후퇴는 "시민의 파업", 다시 말해 도시 안에서 최선의 통합을 얻기 위한 내전에서 모든 종류의 폭력을 피하는 것을 가능하게 하는 저항의 형식이었습니다.

블랑키와 연관해서 당신은 1832년의 소송을 예로 듭니다. 당신에게 불화의 사례를 만드는 말의 무대는 법적인 형식입니다. 비록 법의 합법성이 블랑키에 의해 반박되었다고 해도, 선택된 정치적 양태는 여전히 정치적 이해가능성으로부터 이 말의 무대—루이 필립에 반대하는 블랑키에 의한 비밀단체의 형성—의 대의 그 자체를 비우는 형식이고, 이와 연관된 폭력적 형식들입니다.

다시 말해 그가 행한 사회정의에 대한 비난은 "공공 안녕의 침해", 정치 집단의 형성, 이 행위의 기초가 되는 계급간의 투쟁의 이론을 형성했다는 이유로 감금되기에 이릅니다.

따라서 한편으로 몫이 없는 자들(평민들)이 이 몫들의 분배를 문제 삼지 않고 공동체에 통합을 요구하는 무대가 있고, 다른 한편 투쟁적 정치(계급 간 전쟁, 7월 혁명과 그 결과들)를 생각해야 하는 필요성의 요구와 제정 하에서만 생각되는 비밀 단체의 형성의 요구에 의해서만 존재하는 무대가 있습니다.

불화의 개념은 이 모든 역사적인 사례들에서 정치를 그 표명들의 조건들—비밀스런 선전공세와 조직의 비밀스런 활동, 계급투쟁의 이론, 프롤레타리아의 권리의 도덕적 정당화 등등—바깥에서, 또 비정치적인 되는 것(통합) 바깥에서 생각하는 기능을 가질까요?

정치의 합리성은 당신이 보기에 말의 무대를 스스로 설립하는 이 신체들의 무례한 현전을 배제하나요?

앞선 질문은 일시성과 조직성 간의 고전적인 대립의 영향 아래서 행해진 것입니다. 이 대립은 개혁과 혁명 간의 대립을 상기시킵니다. 여기서도 나의 사례들에 의해 고립된 것들이 이 대립의 틀 안에 들어가는지 물어야 합니다. 아벤틴의 이야기에서 문제가 되는 것은 무엇일까요? 그것은 말하는 동물을 정치적 동물로 만들 수 있는 추론의 유형, 즉 말의 무대에 대한 분석을 함축하는 것입니다. 『불화』에서 아벤틴의 우화는 말하는 자라는 단순한 자질이 감각적인 것의 두 나눔 간의 대립을 통과한다는 것과 정치적인 말은 이 대립을 연출하는 말이라는 것을 드러내는 것입니다. 이것은 또한 정치적인 것은 평민들이 원하는 것이 아니라는 것을 의미합니다. 그들은 공화국 안에 포함되기를 요구했습니다.

일반적으로 한 질서에서 배제되기를 요구하면서 독점적인 질서에 반해 투쟁하지 않습니다. 정치적인 것은 그들이 자신들의 표명 안에서 실현하는 실질적인 내포입니다. 이것은 그들이 배제된 자로서 포함되는 방식이고, 그들이 말하지 않는 자들의 특별한 말의 무대를 구축하는 방식입니다. 말하지 않는다고 전제되는 이름 없는 존재들을 말하는 존재들로 이해시키는 것은, 어느 정도까지 말할 수 있는지는 모르겠지만 어쨌든 "몫들의 분배를 지배하는 원리를 문제 삼지 않는다"는 것을 의미합니다. 결과적으로 말하면, 그들은 거기서 평민 대표권을 획득합니다. 말하자면, 국가 기구의 보충적인 기관을 획득합니다. 또한 조직 내에 무질서, 귀족적 도시 질서 안에 계급투쟁이라는 이질적인 질서를 도입합니다.

블랑키의 경우, 제기된 질문은 우리가 법정에서 혹은 비밀단체의 그늘 아래서 정치를 하는지 아닌지를 아는 것이 아니라, 정치적 주체란 무엇인지 아는 것입니다. 문제는 정치적 주체의 이름으로서 프롤레타리아라는 이름의 의미이며, 사회적 조건과 주체화의 형식 간의 간격입니다. 당신을 불편하게 하는 것은 바로 이 프롤레타리아라는 이 용어인 것처럼 보입니다. 가난한 자에 대항한 부유한 자들의 전쟁을 말하면서, 사실 블랑키는 그 시대의 부르주아의 담론의 수사적 무기를 다시 취하기 때문입니다. 그러나 그는 이것을 다만 그 시대의 부르주아를 위한 사회적 전쟁, 그것이 아니라면 비열한 전쟁인(노예들의 빈번한 폭력에 위협받은 지주들의 전쟁) 이 전쟁의 개념을 정치화하면서 행한 것입니다. 블랑키가 말하는 프롤레타리아는 폭력의 분출이 지주들의 평화를 침식할 위험이 있는 비참한 노동자들이 아닙니다. 그에게 프롤레타리아는 20만 명의 지주들에게만 공통의 논의를 제한하는 선거권 취득자들의 질서에서 배제된 모든 사람들입니다. 계급 전쟁은 정치적 형식들의 토대가 되는 경제적 현실이 아닙니다. 그것은 정치 그 자체의 핵심입니다. 한편으로 법정의 수사학이 있고 다른 한편에 비밀스럽게 조직된 계급투쟁의 군대가 있는 것이 아닙니다. 1832년 소송은 공식적 선언을 목적으로 하는 견해를 밝힌 죄에 대한 소송입니다. 또한 아주 놀라운 판결을 기억해야 합니다. 배심원은 예정된 모든 죄목을 무죄로 선언했으나, 법정은 블랑키가 법정에서 발설한 말에 대해 그에게 유죄를 선고합니다.

수사학은 전혀 계급 전쟁과 무기의 문제와 분리되지 않습니다. 법정의 틀 안에서 명시적으로 대립되는 것은 치안적 이념과 계급 전쟁의 정치적 이념입니다. 그것들은 무기의 문제에 대해서 대립되는 같은 것들입니다. 비열한 전쟁의 유령은 프롤레타리아의 국가방위대 안에 통합, 즉 시민과 마찬가지로 그들을 무장시킨 것에 반발하면서 발단되었습니다. 비밀 사회가 문제일 때, 그것은 조직의 기술입니다. 그 목적이 우선 반란이고, 그것은 정치적이기 위해 정치가 다른 형식 하에서 다른 곳에서 존재할 필요가 있었습니다. 이 시대의 비밀 사회들 안에서 느끼는 모순은 이 사회들이 점진적으로 제거되는 공적인 공간의 결핍에서 전개된다는 것입니다. 그러나 이 제거 그 자체는 이 사회들을 권력 획득의 순수한 도구로 변형하는 경향을 갖습니다.

● 불화의 개념은 근본적으로 대립에서 불화를 정의하는 마르크스주의적 유형의 이해가능성 밖에서 정치를 생각하는 한에서 작동합니다. 그러나 오늘날 지배의 체제는 변화했고, 그것은 더 이상 1960년대 가능했던 것처럼 "대량적"으로 드러나지 않습니다. 다시 말해 정치적 분산은 정치적 소멸로 이어지지 않습니다. 결과적으로 이 분산은 투쟁의 분산을 가져왔고, 매번 정치적 과정 안

에서 해방의 과정에 대립되는 지배의 각각의 측면들을 정의해야 하는 필요성을 갖습니다. (예를 들어 불법체류자들의 경우 체류증이나 10년 체류증 획득의 조건, 학교에서 일하는 감독관들과 비정규직 예술인들의 경우 교육 혹은 직업훈련과 정규직 사이의 관계의 전복, 공무원 퇴직자들의 경우 노동과 여가 사이의 관계의 전복, 레스토랑 '프로그'의 스리랑카 요리사들과 주인의 상호적인 이해 불가능성의 관례, 맥도날드의 고용인들의 경우 맥도날드의 독점체제).

오늘날 정치는 더 이상 "지배"하고 관계하지 않습니다. 비록 그 용어가 사용된다고 할지라도 말입니다.

어쨌든 당신이 제시하는 정치는 지배와의 관계에서 생각되지 않는 것 같은 인상을 받습니다. 그리고 정치는 지배를 구성하는 것처럼 보이지 않습니다. 지배는 다만 감각적인 것의 불평등적인 나눔의 측면에만 속합니다. 그런데 모든 감각적인 것의 나눔은 또한 배제입니다. 그리고 당신이 드는 그리스의 예는 (부자들, 외국인들, 여자들, 노예들에 대한) 지배와 떨어질 수 없습니다.

정치의 사유는 역사적으로 그 합리성에서 평등의 과정이 획득하는 지배의 형식들을 배제할 수 있나요? 당신이 보기에 오늘날 정치에 참여하는 요소로서 지배를 생각하는 것은 비현실적이고, 쓸데없고, 더 나아가 해로운가요? 만약 그렇다면 어떤 이유에서 그럴까요?

정치는 항상 지배의 일입니다. 개인적으로 나는 항상 지배가 명시적이던 과거와 지배가 다양한 상황들 속에서 분산되는 현재 사이의 차이를 최소화하고자 했습니다. 과거처럼 오늘날도 지배는 항상 평등과 불평등이 만나는 한 특이점에서 정의됩니다. 문제는 우리가 지배로부터 내재적으로 정의되는 특정한 집단에 속하는 평등한 것들의 과학을 연역할 수 있는가 없는가를 아는 것입니다. 게다가 그리스의 민주주의는 데모스의 제한적인 허용에 근거하고, 프랑스 혁명의 주체들은 여자들을 정치적 영역 밖에 놓았고, 내가 오랜 동안 연구한 프롤레타리아에 대한 진술은 배제적인 다른 형식들을 규정했습니다. 정치적인 주체는 항상 정치적 특질과 우연성 혹은 어떤 "탄생"과 연결하는 감각적인 나눔의 특별한 재형상화입니다. 그리고 정치적 행위는 항상 우리가 이런저런 형태의 특수한 억압의 형식을 실행한다는 것을 전제합니다. 그러나 이것은 같은 문제를 갖습니다. 즉 어떤 점에서 그리고 어떻게 지배가 정치와 연관되는지를 알기 위해서는 정치적인 것이 무엇인지 규정해야 합니다. 그렇지 않은 경우, 우리는 권력적 관계들의 환원불가능성, 손을 더럽혀야 하는 필연성에 대한 일반적인 고려들 안에 머물 것입니다. 우리는 조직의 피할 수 없는 혹독함으로서 손을 더럽히지 않을 수 없는 필요성은 거의 모든 것을 설명하는데 사용된다는 사실을 알고 있습니다. 많은 사람들이 말하는 것처럼 도덕을 정치적인 것에 종속시킴으로써가 아니라, 반대로 정치적 차이를 의지의 도덕적 통합에 의해서 말입니다.

● "감각적인 것의 나눔"이란 개념은 정치와 미학에서 각각 다르게 사용되는 것처럼 보입니다. 정치에서 평등의 효과를 거친 감각적인 것의 나눔은 서로 구분되지만 상호작용하는 이질적인 두 과정의 대립의 형식에서 제시됩니다. 자리와 그 분배에 따른 신체들을 정돈하는 불평등의 허구는 민주주의 체제(그 양태가 무엇이든지 간에, 잉여의 신체의 환대, 정체성들의 불분명, 일치, 분배, 일, 시간 나눔의 규칙의 비규칙화 등등) 안에서 신체들과 의미들을 연결하는 허구와 혼동될 수 없습니다. 그러나 반복적으로 "예술의 미학적 체제"의 원리는 "반대들의 동일성" 안에 존재한다고 말해집니다.

정치적 허구들과 관계하는 이질성의 특성과 예술적인 허구들 안에 동일성의 특성을 어떻게 이해할 수 있을까요? 미학적 시대의 예술이 그 특수성을 발견하는 "제한적 행위"는, 정치가 계쟁의 규칙을 다루는 대신에, 그 계쟁의 규칙의 형식 아래 존재할까요? 미학적 예술은 메타정치나 합의와 결합하는 내재적인 "정치철학"인가요?

다시 한 번 강조하지만, 정치는 대립된 것들의 미학적 정체성이 서로 대립하는 명백한 대립의 영역이 아닙니다. 정치는 항상 불분명한 체제 안의 미세한 틈새입니다. 정치에 대한 나의 작업은 명시적으로 공과 사, 정치와 사회를 분리하는 아렌트적인 순수주의에 반해서 진행됩니다. 정치는 공적인 삶과 비정치적인 사적인 삶을 분리하는 경계의 영원한 반박으로서만 존재합니다. 다시 말해 정치는 항상 다만 지배의 질서와의 대립 안에 존재하는 것이 아니라, 또한 그 차이의 비결정성 안에 존재합니다. 그것은 이런저런 사회적, 사적, 경제적…등등의 문제로부터 형성됩니다.

같은 것이 예술의 정체성들의 체제들 안에서 발견됩니다. 표상적인 질서는 역할의 분배와 몫들의 위계적 분배의 모델(삶에 대한 행위와 서술적인 것의 우선성, 기술, 표현의 체제들의 분리와 위계화 등등)에서 기능합니다. 예술의 미학적 체제는 평등의 원리에서 기능합니다. 그러나 평등은 끊임없이 확산됩니다. 한편으로 평등은 표상적인 위계질서의 단순한 제거입니다. 다른 한편 평등은 감각적인 지배의 조건들 그 자체를 정지시키는 미학적 경험의 예외적인 지위를 갖습니다. 그리고 후자의 평등은 그 자체 이중화됩니다. 다시 말해 그것은 정지된 상태로, 예술에 고유한 감각의 체제이거나, 그것은 감각의 새로운 역사적인 표현, 공통의 삶의 새로운 형식의 모태입니다. 이로부터 미학적인 정치들을 규정하는 평등들 사이의 다양한 조합들이 규정됩니다. 대립적인 것들의 정체성의 표현은 이 입장들의 놀이를 적합하게 표현하는 데 충분하지 않습니다. 내가 사용한 것들에서, 이 정체성은 두 가지를 표시합니다. 한편으로 그것은 예술이 정의되는 일반적인 공식으로서 어떤 것을 표시합니다. 즉 의식적인 것과 무의식적인 것의, 의지적인 것과 비의지적인 것의 단일성 말입니다. 이것은 오래된 형식과 질료의 일치의 자리를 대신합니다. 다른 한편 그것은 단순한 단절의 근대적 이데올로기들이 대립하는 것의 공통의 합리적인 핵심을 표시하는 데 사용됩니다. 예를 들어 예술로서 예술과 정치적 예술, 천재의 개인적인 문학적 표현과 사람들의 삶의 문학적 표현 등등이 있습니다. 플로베르의 작품은 순수한 예술에 속합니다. 그리고 그것은 문학 안에서 민주주의입니다, 그러나 이 문학적 민주주의는 그 자체 정치적 민주주의와 거리가 멉니다. 유일하게 흥미로운 것은 서술적이고, 기술적이고, 진술적인 양태들이 얽히는 정식의 분석입니다. 여기서 터진 말 그 자체의 민주주의 안에서 표상적인 위계질서의 파열이 일어납니다.

평등의 다양한 조합이 있습니다. 그리고 또한 미학적인 "자유"의 특수성의 평가와 연결된 은유적이고 미학적인 구성이 있습니다. 이것은 미학적 경험의 형식들은 도래할 감각적인 공동체의 형식들이라는 생각입니다. 그것은 프랑스 혁명 당시 실러, 그리고 셸링, 횔덜린, 헤겔 삼인조 안에서 나타난 것입니다. 이 생각은 낭만주의 시대를 거쳐서 윌리엄 모리스(William Morris)[159] 시대와 타틀린(Tatline)[160]과 로트첸코(Rodtchenko)[161]의 시대 사이에서 그 절정에 이릅니다. 이것은 진정한 혁명은 더 이상 정부의 구성과 형식의 변형이 아니라, 예술의 형식의 삶의 형식으로의 변형을 거쳐 감각적인 세계를 재구성한다는 이념입니다. 이런 의미에서 우리는 의미와 자기 자신과의 일치와 감각적인 것의 자기 자신과의 일치를 거쳐서 의미와 감각적인 것의 일치에 이른다는 엄격한 의미에서 합의의 메타정치, 미학적 예술의 메타정치가 있다고 말할 수 있을 것입니다. 여기서 이념들은 감각적이고 대중적인 것이 되고, 인민은 독일 관념론의 **가장 오래된 체계적인 프로그램**으로부터 합리적이 됩니다. 이런 의미에서 미학은 다만 예술의 메타정치의 정교화가 아니라, 근대의 메타정치의 일반적인 정식입니다. 국가의 제도들, 정치의 합의들 대신에 감각적인 공동체의 실재가 있습니다. 이것은 젊은 마르크스의 "인간적 혁명"과 더불어 시작되었고, 미래주의와 구성주의를 거쳐서 오늘날 와이파이의 물질적/비물질적인 연결을 통해 이어진 다중의 공동체 안으로 빠져듭니다.

● 정치에 의해 다뤄진 감각적인 나눔과 미학에 의해 조정된 감각적인 나눔 사이의 문제적인 관계는 당신이 예술의 미학적인 체제를 형성한 계보학 안에 집중되어 있습니다. 당신은 "실러의 미학적 상태 (…)가 우선하고—말하자면 필수불가결하고— 대립들의 근본적인 이 동일성을 표시하는 이 체제로부터 드러난다"고 말합니다.

그런데 이에 대해 두 가지 반박을 할 수 있습니다. 우선, 『인간의 미학적 교육에 대한 편지』가 궁극적으로 "인간의 능력들"의 모순들의 해결과 점근적인 정

159 윌리엄 모리스는 20세기 영국에서 디자인 분야에 가장 큰 영향을 미쳤다.
160 타틀린은 20세기 러시아의 구성주의 화가이며 조각가이다.
161 로드첸코는 20세기 러시아의 화가, 사진가, 디자이너로, 구성주의 창시자 중의 한 명이다. 디자인과 사진에 많은 영향을 미쳤다.

치의 조화를 갖는다면, 그 구성은 모순적으로 남습니다. (미학적 능력은 초월론적이거나(편지 26), 능동/수동의 모순의 산출(편지 23)입니다.) 이어서 실러의 예술에 대한 반성은 특히 괴테와의 대화에서 조화에 대한 모든 이념을 포기하고, 두 범주들(인과성과 실체성)의 시들 사이의 모순, 더 나아가 그들이 정의한 장르들(괴테/실러, 『서신교환 1』) 사이의 모순을 취할 수 있는 다수의 형식을 찾고자 합니다.

다시 말해 당신이 말하는 예술의 미학적 체제의 이념은 실러적이기보다는 셸링적입니다. 대립들의 동일성을 말하는 사람은 바로 셸링입니다. 그에게 예술은 의식적인 활동과 무의식적인 활동의 동일성에 의존합니다(『예술철학』 19장). 이 생각은 존재가 하나라는 존재론에 의존합니다. 나눌 수 없는 존재성은 따라서 다양한 규정들로 자신을 드러내는 역사 안에서 나타납니다.

예술의 미학적 체제는 고유하게 셸링적 구성일까요? 아니면 당신은 실러의 역사적이고 시학적인 존재론적 테제와 셸링의 테제 사이의 구분을 반박하시나요?

미학의 체제는 하나 혹은 다수의 존재론을 함축할까요?

만일 이 체제가 하나의 존재론적 명령 안에서 생각되어야 한다면, 그것이 역사와 갖는 관계는 무엇일까요? 그리고 예술의 정체화의 다양한 체제들을 어떻게 생각할 수 있을까요?

셸링과 실러의 이념을 동일시하는 것은 역사성을 규정하는 것 아닐까요? 즉 예술의 체제를 예술의 ("절대적인") 도달점으로 만드는 것, 모순과 동일성의 영원한 놀이 안에 그것을 놓는 것이 아닐까요?

사실 당신은 이 체제 아래서 문학, 영화, 다른 형태의 예술적 "표명들"을 생각합니다. 같은 평등의 기획으로부터, 같은 체제로부터 우리가 말라르메의 시와 베렌스(Behrens)[162]의 디자인을 무차별적으로 생각할 수 있는 것은 바로 이 역사성으로부터 아닐까요?

다시 한 번 말하면, 평등의 사유는 예술 안에서, 시의 창작과 공장에서 생산되는 도구의 동일화를 대가로, 실천들을 무차별적으로 생각하는 것을 가능하게 하고, 이 신체들과 이 조직들의 나타남의 조건들을 정치적 사유 바깥에 놓는 것을 대가로, 정치에서 과정들 간의 구분을 근본화하는 것을 가능하게 하지 않을까요?

감각적인 것의 나눔의 사유가 문제일 때 그 차이가 말해지기 위해, 정치와 예술에서 당신이 근대성의 개념에 반대해서 이끈 "담론들의 전쟁" 안에는 어떤 내기들이 있을까요?

우선 예술들의 정체성을 밝히는 역사적인 체제는 철학적인 구성이 아닙니다. 비록 그것이 철학적인 정교성 안에서 일어난다고 할지라도 말입니다. 그리고 이 철학적인 정교화가 익명적인 사유(예를 들어, 쇼펜하우어를 거친 셸링의 사유, 쇼펜하우어주의와 세기말의 그 추종자들의 사유)의 기계가 되기에 이른다고 할지라도 말입니다. 실러도 셸링도 예술들의 미학적 체제를 발명하지 않았습니다. 이것은 길고 짧은 다수의 과정을 거쳐서 형성된 것입니다. 의식과 무의식의 동일성에 대한 셸링의 정의는 18세기 내내 고대의 시들—일리아드에서 성경까지—을 인민의 삶을 표현하는 집단적인 시로 변형하는데 사용된 철학적인 전통 바깥에서는 생각될 수 없습니다. 더 이상 18세기 말 고고학자들이 고전시대에 미화된 고대에 직면해서 솟아나게 한 개별적인 창작자들의 의도나 새로운 고대의 의도에서가 아니고 말입니다. 미학적 중단에 대한 실러의 이념은 프랑스 혁명이 고대의 유적과 왕정시대의 장식이 무엇인지, 다시 말해 구체

162 베렌스는 20세기 초반에 독일의 산업 디자인 영역의 선구자 역할을 했다.

적으로 왕정의 영광을 기리던 것들을 파괴해야 하는지 아니면 국가와 예술의 창조적인 천재성을 표명하게 될 박물관에 보존해야 하는지 질문을 제기한 시대에 정식화되었습니다. 이것들은 철학자들 이전에 작품들을 환경들로부터 떼어내면서, 동시에 장르들의 위계질서를 전복하면서 작품들을 유통시켰던 것은 바로 나폴레옹의 정복과 약탈이었습니다. 따라서 예술의 사유의 체제로서 미학을 창출하고, 동시에 혁명의 미학적 이념을 발명한 철학적인 정교화는 예술의 미학적 체제 정립의 구성요소를 형성합니다. 그러나 또한 미학적 체제는 이 개념들의 결과가 아닙니다. 다시 말해 예술의 미학적 체제의 단일성은 셸링의 일자의 단일성이 아니며, 이 체제는 헤겔이 말하는 역사의 도달점도 아닙니다. 그것은 우선 예술의 역사적인 진보를 규정하고, 고대의 예술을 그 시대 안에 가두면서 동시에 비시간적인 모범성 안에 가두고, 자신의 시간을 선택하지 않을 수 없는 시간성의 양태 그 자체를 제거하는 것입니다. 예술의 미학적 체제는 셸링적이지도 실러적이지도 않습니다. 비록 예술작품을 구성하는 실체의 형식이 셸링의 존재론 안에서 더 잘 요약된다고 할지라고, 또 비록 그 형식이 실러의 중단의 이념 안에서 잘 설명된다고 할지라도 말입니다. 다시 말해 그것의 합리성은 이원론적인 존재론 안에서처럼 일원론적인 존재론 안에서 말해질 수 있습니다.

이 체제의 어떤 단일성이 존재한다면, 그것은 모든 것을 유사하게 만드는 하나의 단일성이 아닙니다. 말라르메의 시들은 베렌스의 주전자나 전구가 아닙니다. 그러나 이 둘은 유용한 대상들과 순수한 시들이 예술의 물질화와 우리가 공통의 특질들을 규정할 수 있는 물질적인 삶의 정신화의 사유에 속하는 하나의 구성에 속합니다. 이 공통의 특질들이 나에게 중요하다면, 그것을 모든 것을 담을 수 있는 상자 안에 정돈하기 위해서가 아닙니다. 그것은 예술의 본질, 근대성의 본질 혹은 근대 예술의 본질을 규정하고자 하는 나눔들을 반박하기 위해서입니다. 그것은 말라르메의 시 혹은 엔지니어의 사회적 전망의 사유에 고유한 지성을 해방하기 위해서입니다. 이것이 없이는 하나는 숭고한 침묵으로 보내지거나 다른 하나는 기술의 하이데거적 본질로, 다시 말해 숙명적 사유로 보내질 확률이 높습니다. 다시 말해 예술의 미학적 사유는 근대의 시간을 내재적 원리의 되돌릴 수 없는 완수에 고정하는 숙명적 사유들로부터 탈출하는 것입니다. 과거의 그 원리는 진보나 역사의 법칙의 완수였습니다. 오늘날 그것은 신의 세속화, 인간적 전통과의 단절, 기술의 파괴적인 본질, 집단의 민주적인 개인의 나르시시즘, 또 다른 대재앙의 형상들입니다. 이것들에 직면해서 숭고의 징후 아래서 아방가르드의 저항이 규정되고, 신의 기다림만이, 혹은 존재론적인 대혁명만이 우리를 구원할 수 있을 것입니다. 두 경우에서 내가 찾고자 한 것은 정치적인 것을 사회적인 것과, 예술을 상업적인 것과 분리하는 나눔들을 반박하는 것입니다. 이 둘은 결국 전복에 이릅니다. 즉 정치적인 불일치 대신에 예외적인 상태, 예술적 작동 대신에 숭고한 증언에 이릅니다. 그리고 나는 시간의 선적이고 숙명적인 개념에서 분리의 순수주의의 매듭을 해체하는 것이었습니다. 우리가 두 시대에 속하는 것으로 대립시키는 예술의 형식들의 공통의 핵심을 보여주는 것, 혹은 정치의 이름 아래에서 우리가 혼동하는 것의 핵심에서 두 논리의 대립을 주목하는 것은 대립된 두 논리에 속하는 것이 아니라, 같은 방식으로 결국 합의의 형식인 지배적인 기술의 형식들을 문제 제기하는 것입니다. 어떻게 시간의 사유가 평등과 불평등의 문제와 연결되는지를 아는 것은『프롤레타리아의 밤』에서부터『이미지의 운명』에 이르기까지 나의 모든 작업을 이끈 길잡이입니다.

삼면기사의 시학[163]

(에르베 오브롱과 시릴 네이라와의 대담)

● 롤랑 바르트에 따르면, 삼면기사는 특수한 사건들의 유형이 아니라 특수한 유형의 구조입니다. 다시 말해 특수한 형태의 사건이고 형식입니다. 당신이 보기에 삼면기사를 한 장르로 다룰 수 있다고 생각하시나요? 삼면기사에 "대한" 영화가 있다면 그것은 어떤 것일까요?

구조와 사건의 대립은 잘못된 접근인 것처럼 보입니다. 한 유형의 이야기 역시 한 유형의 사건입니다. 삼면기사의 양태로 무엇이나 이야기하기 위해서는 우선 이 양태가 존재해야 합니다. 다시 말해 다양한 의미를 가진 사건의 유형이 존재해야 합니다. 삼면기사는 사실 두 가지입니다. 한편으로 그것은 위계질서를 따라서 그것이 별로 중요한 의미를 가

163 (원주) 이 대담은 "기계를 다루는 다양한 방식들이 있다"라는 제목으로 2004년 7월 *Vertigo*, 권외 특별호 "삼면기사"에 실렸다.

지지 않기 때문에 혹은 별로 중요하지 않은 사람들과 연관되기 때문에 삼면에 놓인 것입니다. 다른 한편 그것은 의미의 부가, 특히 한 사회의 상태에 의미를 부여하기 위해 불러온 사실입니다.

따라서—미디어를 통한 그리고 예술적인—삼면기사의 작성 뒤에 있는 것은 서술과 의미작용의 질서와의 단절입니다. 아리스토텔레스의 표상적 전통은 합리성의 도식을 따라 연결되는 행위들의 드라마적 질서와 다만 연속적으로 이어지는 사건들의 이야기적인 질서를 대립시킵니다. 행위와 삶과의 이 대립은 다른 대립들과 일치합니다. 즉 우선 위와 아래의 사회적 나눔(행동하고 그 끝에서 우연적인 사건들과 만나는 사람들은 사회의 중요한 인물들입니다), 이어서 허구의 질서와 삶의 질서 간의 구분과 일치합니다. 그런데 삼면기사는 직접적으로 의미와 직면한 삶입니다. 이 삶은 더 이상 행위의 상반된 종말들의 양태가 아닌 고유한 의미의 양태의 결핍으로 인해 혹은 여러 유형의 의미들 사이에 걸쳐있어서 무의미로 보내질 수도 있습니다. 삼면기사는 단지 서술적인 장르가 아닙니다. 그것은 우선 합리성들의 교차로입니다. 19세기에 신문의 삼면기사로의 상승은 이 불확실한 혹은 모순적인 종말들을 사용합니다. 한편으로 "삼면기사"는 대중혁명 시대에 귀족적 행위의 세계와 일반 대중들과 연관된 삼면기사의 무의미하고 반복적인 질서 간의 단절을 재확인합니다. 대 범죄자들에 대한 공판과 별도로, 〈판결공보〉(*Gazette des tribunaux*)는 경범죄들을 호의적으로 다뤘습니다. 그것들은 전통적인 코미디의 대중적인 인물들(분별력을 잃은 노인들, 교활한 여자들, 반항적인 젊은이들)을 연출하거나, 왜 자신이 여기에 있는지도 모르고, 거기서 사용되는 그 단어들조차도 이해하지 못하는 사람들을 우리에게 제시합니다. 그러나 다른 측면에서, 삼면기사는 공적인 무대 위에 떠들썩한 소리들과 대립되는 사회적 삶의 풍부함, 다양성, 변동을 증언합니다. 삼면기사의 가치상승은 그것들이 무의미하다는 바로 그 이유 때문에 의미 있는 것으로 간주되는 작은 사실들로부터 사회에 대한 모든 자가 해석 활동을 동반합니다. 나는 우리가 삼면기사의 의미를 적절한 구조에 의해 그것이 무엇이든지 간에 사건으로 변형하는 어떤 의미로 이끌 수 있다고 믿지 않습니다. 이렇게 우리는 삼면기사의 일반적인 구조를 그 형식들과 해석들의 하나(대중적 소문에 의해 만들어진 사건 혹은 미디어적 기계에 의해 만들어진 사건)로 이끕니다. 그리고 우리는 쉽게 예술가의 능력에 대한 어떤 이념과 정보의 산출의 능력을 연결합니다. 그리고 이 산출의 능력을 그것의 조건들로 이끌어야 합니다. 이야기와 의미의 새로운 체제는 또한 사회를 표상하고, 그 사회의 질서와 무질서를 해석하는 또 다른 방식입니다.

삼면기사의 이러한 가치상승에 가장 잘 일치하는 예술적 형식들은 위와 아래, 행위와 삶, 인과적 연쇄와 단순한 연속 사이의 경계를 지울 수 있는 형식들입니다. 이것들은 우선 시간적, 서술적, 인과적 전개가 약한 형식들입니다. 단편소설은 이 가치상승에 가장 잘 일치하는 탁월한 형식입니다. 여기서 누구나 인물이 될 수 있고, 뭔가가 일어나고, 아무것도 아닌 것으로 향하며, 무의미한 것이 의미를 갖습니다. 사진도 한 특이성의 포착과 그 안에서 전 세계의 반영을 볼 수 있는 능력 사이의 관계에서 같은 역할을 합니다. 이렇게 단편소설과 사진은 둘 다 아무것도 아닌 것을 자신 안에 가두거나, 그 안에서 한 세계, 한 시대, 한 사회를 발견할 수 있을 정도로 열릴 수 있는 소우주들을 구성합니다. 예술적 모태로서 삼면기사는 추구되고 저지되는 목표들의 표상적 도식을 피할 수 있는 압축된 시간의 형식 안에서 최상의 효과를 발견합니다. 시간 안에서 전개되는 서술적 형식들의 문제는 어떻게 "인과성"의 도식의 중단과 연결된 순간들의 시간의 도식을 가져오는가입니다. 삼면기사를 잘 다룬 예는『죄와 벌』입니다. 소설의 시간은 사실 두 행위—고리대금업자의 집을 보여주는 것, 경찰서에 들어가는 것—의 주변으로 느슨하게 늘어진 시간입니다. 그래서 전 세계, 모든 표상의 도식, 해석의 도식은 이 연장 안에 포함됩니다. 이렇게 삼면기사는 그 예술적 형식의 혁명의 잠재성을 실행합니다.

영화는 이 혁명을 사용하는데 있어서 특권을 가지지 않습니다. 영화가 소설적인 늘어짐보다 연극적 제한에 더 가까운 시간의 양태를 따라서 서술적 예술로 고정되자마자, 영화는 삼면기사의 사용에서 제한을 발견합니다. 삼면기사는 단편소설이 가진 현재의 느슨함보다 고전적이고 드라마틱한 행위들을 엮고 푸는 연극의 도식들을 영화에 적용하는 경향이 있습니다. 같은 "삼면기사"는 따라서 아주 다양하게 다룰 수 있습니다.『죄와 벌』로 돌아와서 말하면, 스턴버그(Sternberg)는 그 얽힘을 극단적 의지와 그것을 방해하는 질서의 대결이라는 전통적인 도식으로 이끕니다. 반면에 소크로프(Sokourov)는 마치 계단 아래로 무수히 추락하는 신체처럼, 반복적이고 규정되지 않은 사건들 주변에서 영화를 구성하면서 늘어진 단편소설의 도식과 견줄만한 어떤 것을 발견합니다.

● 바르트에 의하면, 놀라움 없이는 삼면기사도 없습니다. 그리고 삼면기사는 사건이 하나의 징후로서, 그러나 그 내용이 불확실한 징후로서 충만하게 경험되는 애매한 영역을 커버합니다. 징후와 우연을 응축하는 삼면기사는 당신이 생각했던 낭만적인 미학에 속하지 않나요? 다시 말해 영화에서는 자연스런 "규정되지 않은 의미"와 "의미와 비의미의 허구적 놀이"에 속하지 않을까요? 삼

면기사와 영화는 이제 같은 미학, "놀라움"의 미학에 속하지 않을까요? 경우에 따라서 우리는 영화를 삼면기사들의 예술로서 생각할 수 있나요? 역사적인 관점에서, 당신은 신문의 "삼면기사"의 전개와 영화의 발명 사이의 어떤 연관을 보시나요? 두 경우에, 영화 기계는 실재의 다양성 안에서 무의미한 사실들, 그것들 간의 연결을 녹화하고 그것들을 자료로 구성하고, 그것들에 평행한 이야기(위대한 인물들이나 위대한 사건들과는 다른 이야기)를 그립니다. 공통의 다양한 이야기의 사례로, 우리는 특히 〈일요일의 사람들〉[164]과 이 영화에 대한 당신의 분석을 생각합니다.

바르트는 기호학적 열망에 의해 다소 함정에 빠집니다. 그는 우리가 무의미한 것이라고 믿는 삼면기사, 일상, 광고 등등 안에서 기술적이고 해석학적인 구조들을 드러내고자 합니다. 삼면기사들 안에 비극적인 인과성의 구조를 재발견하면서, 그는 전통적인 표상의 구조와의 관계에서 그가 유지하던 단절을 상실합니다. 인과성의 우회들, 독립적인 연속들과의 만남, 기호들의 불확실성은 이미 그리스 비극의 핵심에 있었습니다. 그러나 이것들은 그리스 비극에서 행위와 삶의 위계질서와 연결되었습니다. 이것들은 목적들을 운과 대결시키는 행위들하고만 관계합니다. 그러나 대제국의 파괴를 예언하는 신탁을 착각하기 위해서는 크로노이스(Crésus)처럼 대제국의 우두머리여야 합니다. 혹은 오이디푸스처럼 함정에 다시 빠지기 위해서는 신중하게 신탁을 피해야 합니다. 삼면기사와 더불어 인과성은 평범한 삶의 세계 안으로 빠져듭니다. 인과

164 〈일요일의 사람들〉(*Menschen am Sonntag*)(1930)은 로버트 시오드맥(Robert Siodmak)와 에드거 게오르그 울머(Edgar George Ulmer)의 무성영화이다.

성은 비정상적인 여러 형태 속에서 굴절됩니다. 우리가 모방적이라고 말할 수 있는 형식이 있습니다. 평범한 삶들이 목적들을 추구하기 시작하거나 위대한 사람들처럼 운과의 놀이 안에서 파악되기 시작합니다. 표현적인 형식들이 있습니다. 즉 한 사회의 합리성을 반성하는 평범한 삶이 있습니다. 끝으로 비형식적인 것이 있습니다. 즉 원인과 결별하는 사건들의 연속이 있습니다.

담론의 다양한 유형들은 그것에 적절한 일탈(diffraction)의 형식에 특권을 부여합니다. 따라서 두 번째 형식은 특히 "새로운" 역사의 형성에 기여합니다. 즉 소송을 통해 읽힌 사회적이고 문화적인 세계, 특히 사법적인 일련의 사태들이 증언하는 무의미한 작은 무수한 행위들을 통해 읽힌 사회들의 역사, 이것이 바로 새로운 역사의 탁월한 정식입니다. 단편소설은 쇼펜하우어주의와 함께 그 절정에 이르렀고, 대개 인과성의 중단이나 삶의 실수의 긍정에 특권을 부여했습니다. 이것은 세 번째 형식을 특징짓습니다. 19세기의 소설은 인과성의 일탈에 의해 정의되는 두 극 사이에서 여행했습니다. "규정되지 않은 의미"는 두 극 사이를 여행하는 의미입니다. 한 극은 우리가 사회학적이라고 말할 수 있는 합리성의 극입니다. 모든 것이 의미를 만들고, 한 사회의 형식과 운명이 발자크에게서처럼 가장 무의미한 사건과 부속적인 사건들 안에서 읽힙니다. 다른 극에서 이 의미들은 해체됩니다. 예를 들어 샤를 보바리의 베레모는 "바보의 얼굴처럼" 표현의 헤아릴 수 없는 깊이를 갖습니다.

이어서 영화는 삼면기사의 이중성, 항상 두 논리 사이에 걸친 이중성을 연기합니다. 즉 "대사건들의 민주화"의 신표상주의적 논리와, 죽은 시간의 느슨함과 작은 일상적인 사실들의 의미와 무의미의 비규정적인 확산의 미학적 논리. 한편으로 문제는 유명한 정식에 의하면 그리스의 비극을 범죄소설 안에 다시 놓는 것입니다. 다른 한편 문제는 삼면기사를 한 사회의 반영으로 연장하는 것입니다. 그것은 최소한의 의미의 반영과 그 의미의 비결정성을 대가로 합니다. 첫 번째 측면에는, 사법적인 오류들, 운명적인 우연들 혹은 의지의 회복할 수 없는 양도, 행위와 그 결과 사이의 불균형들이 있습니다. 이것들은 삼면기사들 주변에 역설적인 인과의 비극의 큰 도식을 재구성합니다. 영화의 몽타주는 따라서 삼면기사의 구조와 일치합니다. 영화는 독립적인 일련의 사건들의 만남(프리트 랑의 〈단 한 번뿐인 삶〉에서 거짓 증거인 모자와 물속에 처박히는 진짜 증거인 자동차), 평범한 개인을 운명의 올가미를 씌우는 원인과 결과의 관계에 박차를 가하고, 오인 주변에 사회적 소문의 확산을 극화합니다. 여기서 나는 그의 다른 영화 〈분노〉(*Fury*)에서 평범한 대화와 스펜서 트레이시(Spenser Tracy)가 갇힌 교도소 주변의 화재 사이에서 소문의 광적인 확산을 생각합니다. 이 두 영화는 이 장르의 걸작들입니다. 그러나 비극적 인과성은 B급 영화 안에서도 확산됩니다.

두 번째 측면에서, 문제는 사건 없는 일상, 전혀 **다양**이 아니라 아주 하찮은 **평범한** 사실에 속한 의미를 행위의 연쇄의 전통적인 인과의 구조를 대립시키는 것입니다. 그 경우가 바로 〈일요일의 사람들〉입니다. 그것의 구조는 복잡합니다. 그것은 역사도 다큐멘터리도 아닙니다. 그것은 무효화되는 허구입니다. 일요일의 실존 이외에는 아무것도 일어나지 않는 일요일, 여가의 세계 안에 진입한 평범한 개인들, 〈그랑드 자트〉나 〈풀밭에서 점심〉의 순간적인 시간의 연장과 같은 어떤 것, 여기서 우리는 그 유명한 "조건들의 평등"의 새로움을 읽습니다. 한 사회를 반영하는 죽은 시간, 그러나 또한 이 반영의 의미는 다수의 읽기로 열립니다. 그 영화가 우리를 사로잡는 이유는 매번 쇼트는 무의미의 찬란함

(물 위에 반사되는 빛의 효과에 대한 순수한 향유와 집과 일상의 질서로의 회귀의 근접 촬영으로 인해 역사들의 무게가 제거된 신체들의 접근들과 멀어짐의 순수한 유희)과 동시에 그와 정반대인 의미의 잠재성을 드러냅니다. 오늘날 그 영화를 보는 우리들에게 그 영화는 또한 한 사회의 근접 촬영이 나치주의에 헌신할 준비가 된 다가오는 집단적인 대 드라마를 앞서서 보여주고, 그것을 감추는 그 유명한 "삶의 부드러움"을 반영할 수도 있습니다.

또한 흥미로운 것은 이 기획에 참여한 연출가들이 어떻게 나중에 할리우드에서 "민주화된" 비극의 대 인과성에 모범적인 영화들을 제시하는가를 보는 것입니다. 여기서 나는 무료 편승자가 사고로 두 범죄를 저지르는 치명적인 연쇄적 사건을 그리는 울머(Ulmer)의 〈우회〉(*Detour*)를 생각합니다. 시오드맥의 경우, 〈팬텀 레이디〉(*Phantom Lady*)에서 주인공에게서 알리바이를 제거하고 그를 이상적인 범인으로 만드는 상황들의 연속을 생각합니다. 삼면기사의 논리의 필름 누아르의 고유한 운명의 도식으로의 이러한 이동은 한편으로 지속적으로 사람들과 일상적인 장소들(〈판톰 레디〉에서 어둡고 지저분한 뉴욕)을 강조합니다. 다른 한편 지속적으로 예술가의 우위적 해석과 실추(살인자 건축가 혹은 할리우드의 한 도로 위에서 운명을 만나는 실추한 피아니스트)를 다룹니다.

● 삼면기사의 이야기는 무의미에 속하는 것이 아니라, 의미의 초과에 속합니다. 바보 같고, 설명할 수 없고, 연결하기 힘든 무수한 기호들로부터 이야기가 나옵니다. 당신은 기호의 무정부적 초과와 이야기의 구성의 연결을 어떻게 생각하시나요? 이러한 관점에서, 예를 들면 구스 반 산트(Gus Van Sant)의 〈엘리펀트〉는 문제적이지 않나요? 왜냐하면 그것은 삼면기사의 전제된 무의미 위에 형식주의의 토대를 세우기 때문입니다. 그 영화는 삼면기사는 다만 "순간적인"

사건이 아니고, 미디어와 제도의 검은 상자에 의해 만들어진 이야기라는 것을 잊은 듯이 보입니다. 이런 관점에서 당신은 〈엘리펀트〉를 어떻게 생각하시나요?

순간과 산출된 것의 대립은 삼면기사의 지위의 문제를 고갈시키지 않습니다. 콜롬바인의 학살의 근본적인 문제는 인과성의 공백입니다. 이런 관점에서 구스 반 산트의 영화 속에 청소년들은 사건 이후의 우리가 미국 텔레비전에서 보는 중학생들과 크게 다르지 않습니다. 그들은 우리에게 아무것도 이해할 수 없다고 말하고 기대했던 잔잔한 표정과 감정은 무엇이 일어났는지 그 의미를 찾는 모든 사람들을 절망하게 만드는 것처럼 보입니다. 우리가 구스 반 산트를 비난할 수 있는 것은 미디어의 구성적 측면을 무시했다는 사실이 아닙니다. 미디어와 제도는 콜롬바인 사건에서 별로 한 것이 없습니다. 심리학적, 사회적 등등의 인과성의 대 기계들은 정체됩니다. 뒤트루(Dutroux)[165]에 대해서는 법원에서 마치 그가 저지르지 않은 범죄에 대해서 말하는 것과 같은 그의 태도가 괴물 같다고 말하는 것을 제외하고는 더 이상 말할 것이 없습니다. 만일 대문자 악이 성공한다면, 그것은 악이 이 정체를 일시적으로 완화시키기 때문입니다. 반면 우리는 구스 반 산트가 원인들의 중단을 가지고 너무 쉽게 이중의 놀이를 했다고 비난할 수 있습니다. 그 원인들은 이야기 속에서 드러나고, 원인으로서 부인되고, 동시에 정감의 힘으로 사용됩니다. 컴퓨터 화면 위에 살인은 실질적인 집단 살인의 직접적인

165 보통 뒤트루 사건이라 불리는 사건의 주범 마르크 뒤트루는 공범들과 함께 미성년자들을 납치 감금, 성추행, 연쇄살인으로 2004년 종신형을 선고받았다.

원인은 아니지만 그 원인의 감성적이고 정감적인 바탕을 제공합니다. 〈엘리펀트〉의 미학화를 비난하는 것은 우리의 미에 대한 지각은 삼면기사의 특징인 의미의 후퇴, 대종말의 부재와 연결되어 있다는 사실을 잊는 것입니다. 구스 반 산트에 의해 선택된 거의 꿈과 같은 도식 그리고 그의 함축적인 철학(이것은 일어날 아무런 이유가 없기 때문에, 정화된 청소년의 세계는 전적으로 비현실적이기 때문에 일어났다는 생각)은 보기에 쉬어 보입니다. 그러나 그는 삼면기사의 시대에 태어난 서술성의 형식에 빠져있습니다. "삼면기사"의 대소설인『마담 보바리』의 종말에서, 샤를은 로돌프에게 "그것은 숙명의 잘못"이라고 말합니다. 이 숙명을 자신의 방식으로 이끌었다고 생각하는 로돌프는 샤를을 바보로 취급합니다. 그러나 새로운 소설적 형식은 사실 잘 계산된 목적을 따라서 행동하는 자가 바보라고 전제합니다. 구스 반 산트는 예술의 미학적 전통인 이러한 전통에 자신을 기입하지, 미학화의 단순한 절차가 아닙니다. 문제는 만일 원인들이 정체되면, 원인들의 중단은 그 절차를 느끼기 시작한다는 사실입니다.

● 구스 반 산트의 "전략"에서 그리고 우리가 파악하고자 하는 장르에서, 우리는 곧 바로 당신의 "저지된 우화(fable contrariée)"의 개념—영화가 미학적 시대의 수동적 태도와 표상의 세계의 능동성 사이에서 주저하는 방식—에 도달합니다. 사실 우리는 "우연히" 가능성의 논리를 따라서, 세계라는 (일상적이고 하찮은) 삼면기사들의 욕탕 안에서 수정처럼 뽑아낸 이야기로서 삼면기사를 상상해 볼 수 있습니다. 우리는 극장에서 변천을 가진 이야기를 이야기합니다. 그러나 또한 우리는 자발적인 생성의 전제에 의해 마담 보바리의 (그 자체 삼면기사들과 낯설지 않은) "소용돌이치는 먼지 입자들"을 끌어낼 수 있습니다. 몇몇 영화인

들은 구스 반 산트보다 더 생동적인 방식으로 의미의 초과 안에서, 앞서 언급한 "사실적인 행위와 이유 없는 삶 사이의 애매성" 안에서 작업하는 것처럼 보입니다. 당신 생각에 어떻게 삼면기사들을 다루는 영화의 다양한 작업들을 구분할 수 있을까요?

"삼면기사"라는 명칭은 문제들과 다양한 취급 방식들을 가릴 수 있습니다. 물론 "삼면기사"는 우선 "정보"의 범주에 속하기 때문에, 사건의 부분들을 늘리거나 생산하는 잡음과 유통의 형식에 대한 주요한 문제들이 제기될 수 있습니다. 삼면기사는 소문 혹은 정보기계의 권력의 확산을 연출하는 방식입니다. 이것은 20세기 초반에 라디오와 텔레비전에 대한 고발의 연장선상에서 "대중 심리학"의 저지로부터 태어난 서술적인 정착입니다. 영화의 몽타주는 집단적인 히스테리나 정보 생산 기계들을 보여주는 한 기계로서 간주됩니다. 동시에 "사건의 생산"은 삼면기사의 가공에서 일어납니다. 프리츠 랑의 영화들에서 보통 사람이 올가미에 걸리는 것은 운명에 대한 새로운 판본입니다. 〈다섯 번째 희생자〉와 〈믿을 수 없는 진리〉에서, 행위의 "주체"를 형성하는 것은 정보 기계나 사법의 기계 그 자체입니다. 플롯의 "개인적" 측면이 기자에 의해 살인자에게 던져진 유일한 올가미의 논리를 위해 혹은 조작자인 기자를 조작하는 진짜-가짜 죄인의 음모의 논리를 위해 그 지속성을 상실할 위험을 감수하면서 말입니다. 따라서 삼면기사의 논리는 방향을 전환합니다. 다시 말해 전적으로 만들어진 인과적 연쇄의 성격은 자신의 비결정적인 인과성을 대조작의 완전한 논리로 이끕니다. 웰스는 〈상하이에서 온 여인〉에서 그 논리를 끝까지 밀어 붙입니다. 조작자의 주체는 이제 예술가의 권력의 은유가 되기에 이릅니다. 랑은 그 기계 안에 인간적인 허약성이라는 다소 인위적인 모래알을 첨가합니다. 벨로치오(Bellocchio)의 〈굿모닝, 나잇〉에서 전개하는 것은 또 음모와 인간적인 것의 놀이—인간적 인물에 직면해서 자신들의 논리에 갇힌 테러리스트들 간의 놀이—입니다.

그러나 기계를 다루는 여러 방식들이 있습니다. 만일 랑이 형식적이고 거의 밀실공포증적인 측면에 관심을 갖는다면, 파스빈더는 그것을 한 사회의 폭로로서 다룹니다. 클럽의 소유주를 닮은 혐오스런 기자와 더불어 쇼 비지니스의 화려한 정보 기계는 부패한 사회의 알레고리일 뿐입니다. 그것은 사건 이후에 개발 안에서 드러나는 한 사회의 비열함입니다. 이것은 〈엄마 퀴스터의 천국여행〉에서 소급적으로 (개인의 과거의 재구성의 일반적인 도식과 대립되는) 아빠 퀴스터의 설명할 수 없는 행동에 대한 대략적인 원인이 됩니다. 이 삼면기사의 일탈은 쇼 비즈니스로—보도 사진, "살인자의 딸"을 다룬 특집호, 공산주의자들의 모임, 무정부주의자의 도움—의 일탈입니다. 그러나 이러한 일탈은 그 자체 두 논리—사회적 악에 대한 의식의 논리와 이 의식 자체가 쇼의 부분을 형성하는 논리—사이에 걸려있는 일반적인 인과성 안에서 상실됩니다. 여기서 악은 별다른 이야기가 없는 일반적인 사람들 역시 이 쇼와 이야기의 제약에 속하게 됩니다.

이것은 삼면기사의 논리들 중의 하나입니다. 즉 사건과 인과성의 구성에 대한 탐구입니다. 물론 다른 것들도 있습니다, 그 논리들 중의 하나는 사건의 실존 그 자체를 질문하는 데에서 작동하는 논리도 있습니다. 사건의 실존에 대한 질문을 실재의 실존에 대한 질문으로, 그것을 파악하는 방식에 대한 질문으로, 실재와 상상적인 것의 구분에 대한 질문으로 만들면서 말입니다. 물론 여기서 우리는 〈욕망〉(*Blow up*)[166], 다시 말해 훔쳐보는 기계의 음란한 긍정성과 기계의 논리와 증거의 일반적인 논리 사이의 간격을 생각합니다. 여기서 한편으로 기계는 눈이 보지 못하는 것을 봅니다. 그러나 다른 한편 기계의 봄을 강요할 수는 없습니다. 〈정사〉(*L'avventuria*)[167]는 실존의 물질적 사실과 그것이 한 존재의 다른 존재에 대한 현전의 현실에 제기하는 질문 사이에서 일어납니다. 우리는 또한 〈클로즈 업〉[168]에서 다뤄진 문제(어떻게 사법적 문제—사기—가 허구적 환상처럼 구성될 수 있는가?), 즉 실재와 허구 간의 구분할 수 없음에 대한 질문을 이중화하는 연출의 방식 등을 생각합니다. 삼면기사의 탐구는 따라서 예술적 창조의 알레고리, 특히 예술의 미학적 체제 안에서 허구적 인과성과 실제적 인과성 간의 경계의 부재의 알레고리로 방향을 전환합니다. 우리는 이러한 측면을 〈주말〉[169]이 삼면기사를 다루는 초현실적인 방식을 생각할 수 있습니다. 그것은 도로에서의 "유린", 운전자들의 야만성 등등의 은유들의 문학화입니다.

따라서 사회학적인 거울에서 존재론적인 놀이로 가는 삼면기사의 드라마가 있습니다. 그러나 삼면기사는 치안과 운명의 이중 기계에 만족할 수도 있습니다. 그것은 바로 필름 누아르 안에서 일어난 것입니다. 그것은 또한 〈돈〉[170]에서 일어난 것이기도 합니다. 여기에 해석의 기계는 없습니다. 반대로 연출은—구스 반 센트와 울머처럼—이 기계들과의 거리를 만드는 것으로 나아갑니다. 단순히—설명 없이 하나 다음에

166 〈욕망〉(*Blow-Up*)은 1967년 칸영화제 대상을 받은 미켈란젤로 안토니오니(Michelangelo Antonioni)의 영화이다.

167 〈정사〉는 미켈란젤로 안토니오니의 영화이다.

168 〈클로즈 업〉은 압바스 키아로스타미(Abbas Kiarostami)의 이란 영화이다.

169 〈주말〉은 고다르의 영화이다.

170 〈돈〉은 톨스토이의 단편 〈위조 쿠폰〉의 영감을 받아 만든 로베르 브레송의 영화이다.

다른 것을 배치하는—사실들과 행위들의 배치들이 있습니다. 여기서 연출의 논리는 돈의 유통의 무차별적인 논리와 유사하게 일어납니다. 따라서 우리는 모든 연출의 힘이 자신에게 우의적 의미를 부여하는 공허에 자신을 내맡긴 창조자의 존재론적인 논리와 돈의 지배가 꼭두각시들의 운명을 지배하는 사회학적인 논리 사이의 선택을 갖습니다.

결국 삼면기사의 논리의 실효성을 만드는 것은 항상 인과성의 이런 저런 형태의 타락이거나 해석들의 이런저런 형태의 간격입니다. 우연의 근본성이 있습니다. (이 우연은 되돌릴 수 있습니다. 만일 실추한 피아니스트가 할리우드의 도로 상에서 함정에 빠졌다면 그것은 전적으로 우연은 아닙니다). 조작의 기계의 근본성이 있습니다 (그러나 이 기계 자체가 조작될 수 있고, 조작은 항상 "인간적인" 모래알에 복종합니다). 삼면기사는 한 사회의 폭로자입니다 (그러나 거울은 무한한 거울의 놀이만을 보여줄 수도 있습니다. 그리고 폭로는 지난 미끼로서 확인됩니다). 이유 없는 순수한 연쇄가 있습니다 (그러나 이것은 이유 없는 최상의 이유와 동일화될 수 있습니다. 신의 물러섬, 사회적인 비천함 혹은 창조자의 힘입니다). 요약하면, 구스 반 산트의 간격은 우리에게 기능을 보여준다고 주장하는 영화들만이 아니라 또한 비결정성의 요소의 증명에 영향을 미치는 것을 대가로만 거기에 이를 수 있는 영화들에 영향을 미치는 보다 일반적인 논리의 요소들을 포함하는 것처럼 보입니다.

● 우리는 일련의 "사실주의"의 위대한 예술가들(발자크, 모파상. 미르보, 졸라 등등…) 혹은 도스토옙스키에게서 삼면기사가 얼마나 중요한지 알고 있습니다. 삼면기사는 당신이 생각하는 것처럼 초반의 낭만주의 미학에서 본질적인 것처럼 보입니다. 그것은 또한 예술과 이미지, 즉 영화의 유토피아의 미학적인 체제의 중심에 놓일 수 있을까요?

삼면기사는 물론 우리가 미학적 서술, 혹은 혼합된 서술이라고 부르는 것의 핵심에 자리합니다. 이 미학은 대립된 두 논리, 즉 인과성과 인과성의 중단, 선적인 시간의 전개와 시간의 늘어짐—압축된 혹은 늘어진 순간, 불연속에 의한 시간의 구성—에서 빌려온 것입니다. 그러나 동시에 이 혼합은 진정으로 모던한, 진정으로 "미학적인" 예술을 구성하기 위해 제거해야 할 불순물로 보이기를 그치지 않았습니다. 삼면기사는 예술의 미학적 체제에 내재하는 긴장을 반영합니다. 한편으로 그것은 표상적 논리의 요소들을 분리하는 한 요소입니다. 예를 들어, 그것은 인과적 논리와 주제들의 위계질서를 분리합니다. 다른 한편 이 분리는 주제의 제거로서 생각되는 진정으로 모던한 예술의 꿈을 키웁니다. 이 긴장은 예를 들어 플로베르에게서 "주제 없는" 작품의 꿈과 더불어 주목할 만합니다. "주제 없는 책"의 모범적인 실현이었던 것은 삼면기사에 대한 책인『마담 보바리』입니다. 나는 이 책에 "주제"를 준 실질적인 "삼면기사"만을 말하는 것이 아니라, 나는 인과성의 내적 파열에 대해서 말하는 것입니다. 이유들의 연쇄가 있습니다. 그리고 동시에 이 이유들의 연쇄는 동시에 또한 이유가 없습니다. 아니 글쓰기의 세계 안에서 차라리 익명적인 삶들의 파악과 다른 이유가 없습니다.

따라서 삼면기사의 혼용은 순수하게 예술적인 예술의 꿈을 키우고 그것에 기여하기를 그치지 않았습니다. 물론 예술적인 근본성의 의지는 지속적으로 이 삼면기사와의—삼면기사가 위험에 처하게 하는 인과성들의 혼용과의, 또 그것이 가진 수동성과 불투명성과의—연계를 단절하고자 했습니다. 특히 영화는 삼면기사가 영화를 위해 할 수 있는 것을 발견할 시간을 준비한 것처럼 보입니다. 영화의 순수성의 꿈은 자주 삼면기사를 전통적인 서사성과 동일시했습니다. 따라서 영화는 그 꿈을 통과하거나 거부했습니다. 전자는 장 엡스텡의 미학적 꿈입니다. 즉 인물의 표정과 드라마의 변천 아래서 얼굴의 풍경 혹은 감각적인 미세-사건들의 운동을 가시적으로 만드는 것이었습니다. 후자는 베르토프의 정치적 프로그램을 특징짓는 것입니다. 베르토프의 영화의 눈이 잡고 모으는 사실들은 삼면기사들이 아닙니다. 그것들은 행위들, 한 요소와 다른 요소 사이에 그려진 여정들, 행위 하는 인간들 위에 던져진 여정들입니다. 베르토프에게는 "하찮은 사실"과 같은 것은 없습니다. 전달되는 역동성이 있을 뿐입니다. 〈카메라를 든 남자〉[171]에서 아침의 화장도 기차의 움직임과 운전자의 움직임을 수용해야 합니다. 각각의 이미지는 다른 이미지를 위해 존재해야 합니다. 이런 관점에서 〈일요일의 사람들〉과 그 영화가 드러내는 감각의 유형은 정확히 〈카메라를 든 남자〉와 반대라고 말할 수 있습니다. 삼면기사의 논리는, 이미지는 서사와 의미의 관점에서 보면 항상 수동성, 무용성의 몫을 포함한다는 사실입니다. "저지된 우화"는 대립된 인과적 논리들이 서로 얽혀있는 우화입니다. 그것은 또한 그 효율성이 끝없이 그것을 방해하는 것에 의해 멈춰지거나 일탈되는 우화입니다.

171 〈카메라를 든 남자〉는 소련의 도시들의 일상을 다룬 지가 베르토프(Dziga Vertov)의 영화이다.

2005년

『합의의 시대를 평론하다』
『말의 공간: 말라르메에서 브로타스까지』
『민주주의에 대한 증오』

『무지한 스승』의 시사성[172]

(안드레아 벤부뉘토, 로랑스 토르뉘, 파트리스 비르네렌과의 대담)

● 조세프 자코트의 이름은 『프롤레타리아의 밤』에서 언급되었습니다. 그리고 그의 이름은 1984년 10월 6-7일 크르조에서 국제 철학 학교가 주관한 콜로키움에서 언급되었습니다. 이 콜로키움은 『도시 안에 야만. 19세기의 인민의 자기 해방과 프롤레타리아의 교육』(1985)이란 제목으로 출간되었습니다. 자코트는 『무지한 스승: 지적 해방에 대한 5개의 강의』(1987)에서 중심적인 철학적 인물이 됩니다. 이전에 『철학자와 가난한 사람들』(1983)과 피에르 부르디외의 사회학(『사회학의 제국』, 1984)을 비판하는 『논리적 혁명』의 특집호가 있었습니다. 자코트와 관련해서 우리의 질문은 다음과 같습니다. 그 맥락은 무엇인가요? 어떻게 그 텍스트를 쓰게 되었나요? 어떻게 자코트를 만나게 되었나요? 그리고 자코트적인 것과 랑시에르적인 것을 어떻게 구분할 수 있을까요?

172 (원주) 이 대담은 Arje 사이트에서 행해졌으며, *Le Télémaque*, 2005, n° 27, pp. 21–36에 실렸다.

출발은 『프롤레타리아의 밤』을 쓰던 시절에 개인적으로 자코트라는 인물을 발견했습니다. 내가 읽은 텍스트는 그의 부모들이 그에게 가져다준 노동자의 자녀로서 어린 시절에 대해, 그가 이끈 지적인 배움의 형식들과 이것들을 통해 그가 어떻게 내가 사회적 해방의 본질적인 계기로서 분석한 지적 해방의 실천적인 길을 개척했는지에 대해서 말합니다. 그 위에는 프랑스의 사회주의자들이 도래했습니다. 그리고 사회주의자들과 부르디외에게 영감을 받은 점진적인 사회주의와 하층의 대중들에게 적합한 지식의 형식들, 즉 평등을 수단으로서 지식의 무차별적인 확산을 꾀하는 "공화주의적" 지식에 특권을 부여하는 학파와 논쟁이 있었습니다.

그런데 이 입장들은 근본적인 한 지점에서, 일반적으로 "점진적인" 이데올로기를 정의하는 것에 대해 동의합니다. 두 경우에 지식은 평등의 수단으로 간주되기 때문입니다. 예를 들어 공화주의자들 편에서는 직접적으로 사회학자의 지식에 의해 전달된 불평등에 대한 지식을 통해서 평등에 접근합니다. 궁극적으로 항상 평등의 수단은 지식입니다. 같은 모델이 두 입장을 지지했습니다. 지적인 해방의 사유는 바로 이 공통된 모델을 문제 삼는 것이었습니다. 어떤 지식도 그 자체로 평등의 효과를 가지지 않습니다. 평등 그 자체는 산출된 결과도, 도달해야 하는 목적도 아닙니다. 그것은 다른 전제에 대립되는 전제입니다. "공화주의자들"과 "사회주의자들" 간의 논쟁 뒤에는 평등을 출발점으로, 실현해야 할 원리로 삼는 사람들과 평등을 지식의 전달을 통해 도달해야 하는 목적으로 삼는 사람들 사이의 대립이 있습니다. 이것은 자코트가 어떻게 사회학적인 테제들을 "쓸어버리는 데" 있어서 명백했는지를 보여주는 동시에 어떻게 그가 평등의 개념화에 대한 공화주의자들과 자신을 분리하는 데 명백하지 않았는지를 보여줍니다.

나의 테제와 자코트의 테제와의 근접성에 대해서 말하자면, 나의 이론적인 모든 작업은 다른 사람들의 말들을 통해서 말하고자 했으며, 다른 사람의 말들을 "다르게 말하면서", 그것들을 무대 위에 다시 놓으면서 그것들이 다르게 말해지도록 했습니다. 따라서 이 책의 장점은 일종의 예술, "다시 말하기(repharage)"에 속합니다. 이것은 나로 하여금 1980년대 프랑스 내의 지적 논쟁 안에서 전적으로 "시대에 뒤떨어진" 모든 어휘들과 수사학을 던지게 한 것입니다. 반면에 나는 자코트에게 1980년대의 프랑스 내에 평등의 사유의 상황분석을 유지하는 이유들을 빌려주었습니다. 마치 그것들이 그의 반성의 토대를 이루는 것처럼 말입니다. 따라서 평등의 질문에 대한 보다 오래된 대안 안에 현재의 논쟁을 삽입해야 합니다. 즉 차이를 제거해야 합니다. 동시에 이 현실성에 자코트의 이론적 입장의 근본적인 낯섦, 그가 살던 시대의 그의 이론의 비현실성, 그가 지적인 해방에 대립시킨 "인민의 교육"을 위한 대대적인 사회운동 초기에 그 해방의 비현실성을 작동하게 해야 합니다.

● 가능한 질문들 중의 하나는 이 방법과 소크라테스의 문답법과의 관계입니다. 이 방법은 19세기에 학교 교육과 다른 가난한 계층의 교육론의 패러다임으로 재활성화되었습니다. 데카르트의 자연의 빛에 의해, 또 자코트의 지적인 평등의 관점에서 평등이라는 철학적 용어에 대한 질문이 제기된 것처럼 말입니다.

소크라테스는 물론 여기서 중심적인 인물입니다. 자코트는 전통적으로 권위적인 교육에 맞선 해방의 교육자로서 소크라테스를 들고 있기 때문입니다. 소크라테스는 거리로 내려가서 질문자에게 말하게 하고 그와의 담론의 진행 그 자체로부터 그가 가르치는 진리를 끌어냈습니다. 그런데 자코트의 사유의 모든 작업은, 소크라테스라는 인물은 해방자라기보다는 상대를 바보로 만드는 탁월한 자라는 것을 드러내는 것이었습니다. 그는 제자가 스스로 자신의 담론 내의 공백, 아포리아와 직면하게 되는 무대를 조직했습니다. 자코트는 이것이야말로 진정으로 우리를 바보로 만드는 방법이라는 것을 드러냈습니다. 우리가 이것을 말하는 자의 사유 안에 그 자신이 무능하다는 감정을 나타나게 하는 방법으로 이해한다면 말입니다. 우매화(abrutissement), 이 방법의 고유성은 말하는 자가 스스로 자신의 비일관성을 끌어내게 하는 것이며, 만일 누군가 그 자신의 불충분성을 스스로 드러내는 길을 보여주지 않았다면, 그는 자신의 머릿속에 가졌던 것이 비일관적이라는 사실을 영영 몰랐을 것이라는 결론을 끌어내는 것입니다.

소크라테스의 방법은 여전히 우리의 학교들 안에 절대적 자유주의가 아니라면, 적어도 자유주의적 교육론의 모델로 남아 있습니다. 바로 여기서 자코트는 사태를 뒤집습니다. 그는 지성과 지성의 관계만을 가지기 위해서, 그가 "우매화"라고 부르는 것의 핵심은 한 의지를 다른 의지에 복종시키는 것이 아니라는 것과 문제는 모든 권위와의 관계를 제거하는 것이 아니라는 것을 드러내면서 사태를 뒤집었습니다. 지성의 불평등성, 한 지성이 또 다른 지성에 의해 인도되어야 하는 필연성이 가장 잘 증명되는 것은 지성과 지성과의 관계만이 존재할 때이기 때문입니다. 자코트에게서 지식의 전달의 정치적인 모든 문제는 혼자 기하학의 진리들을 발견했다고 말해지는 『메논』의 노예의 그 유명한 장면에 대한 근본적인 비판으로 생각될 수 있습니다. 『메논』의 노예가 발견한 것은 단순히 그가 좋은 선생에 의해 인도되지 않았다면 아무것도 발견할 수 없었을 것이라는 자신의 무능입니다.

따라서 개인의 해방은 역전된 도식에서 생각되어야 합니다. 그 도식 안에서 의지는 지성들 간의 "순수한" 관계를 연출하기 위해 한쪽에 치워두는 것이 아니라, 반대로 그 자체로 나타나고, 그 자체로 자신을 무지한 자로 선언합니다. 무지한 스승이란 무엇일까요? 그는 자신의 지식을 전달하지 않는 스승입니다. 또한 그는 제자를 길 위에서 인도하는 자가 아닙니다. 그는 순수한 의지이고, 그 앞에서 자신의 길을 찾는, 다시 말해 그 길을 찾기 위해 홀로 자신의 지성을 사용하는 의지에게 말하는 자입니다.

바로 이것이 지적 해방의 해방자의 방법의 핵심에 놓인 자코트의 반-소크라테스주의의 첫 번째 측면입니다. 두 번째 측면은 앞에 것보다 덜 중요한 데카르트주의입니다. 자코트와 소크라테스와의 관계는, 비록 그가 그리스 철학의 전공자가 아니었다고 할지라고, 이론적으로 지속적인 관계입니다. 데카르트와의 관계는 좀 다릅니다. 자코트는 데카르트의 사유(양식은 많은 사람들이 공유한 세상의 것입니다)를 긍정적으로 받아들인 18세기의 사람입니다. 우리가 알듯이, 데카르트는『방법서설』 초반에서 어떻게 긍정은 "이중적" 긍정인가를 말합니다. 데카르트는 "보편적으로 공유된" 양식의 테제를 방어합니다. 동시에 그 맥락은 반어적으로, 다소 소크라테스적인 조롱을 실천합니다. 따라서 자코트는 여성들의 지성에 대해 질문하는 풀렝 드 라 바르(Poulain de la Barre)처럼 나아갑니다. 즉 그는 데카르트의 일반적인 진술로부터 자연의 빛의 평등을 받아들입니다. 그리고 "나는 생각한다. 그러므로 나는 존재한다"를 "나는 사람이다. 그러므로 나는 생각한다"로 뒤집습니다. 물론 "사람"이란 단어—사유와 존재의 동등성—는 데카르트의 정식이 아닙니다. 자코트가 데카르트의 정식으로부터 끌어내는 평등의 계기는 코기토의 주체를 인간적 주체로 승급시킴으로써만 가능합니다. 자코트는 데카르트의 "양식"으로부터 다음의 근본적인 이념을 끌어냅니다. 우리가 지적이 되는 여러 가지 방법은 없습니다. 두 종류의 지성의 형식 간에 나눔도 없습니다. 즉 두 종류의 인간 사이의 나눔도 없습니다. 지성들의 평등은 우선 모든 활동에서 지성의 자기와의 평등입니다.

이런 데카르트주의는 분명 애매합니다. 왜냐하면 자코트는 데카르트를 우연으로 나아가는 "무정부적인" 지성에 반한 방법론적인 지성이 있다는 생각을 반박하기 위해, 또 데카르트의 추론과 "이야기" 간의 대립을 제거하기 위해 사용하기 때문입니다. 따라서 그의 데카르트주의는 선택적입니다. 즉 그것은 백지 상태가 없는 데카르트주의입니다. 절대적인 기원이 있습니다. 한 **결정**으로부터 출발해야 합니다. 그러나 출발점을 놓기 위해 지성의 정상적인 기능과 단절하는 백지 상태와 같은 것은 없습니다. **지적인** 출발은 무엇이라도 좋습니다(어떤 것으로부터 출발해서 그것과 나머지 것들을 연관시켜야 합니다). 자코트가 반대하는 방법은 데카르트가 주장하는 방법들입니다. 단순한 것에서 복잡한 것으로의 진전, 견해의 세계와의 단절, 방법론적인 지성과 모험으로 나아가는 이야기하는 지성 간의 대립 말이죠.

데카르트의 모험은 어떤 의미에서 극단화됩니다. 왜냐하면 결정은 위계질서 없는 세계의 지적인 세계 한가운데서 일어나기 때문입니다. 여기에는 이해와 추측 사이의 원리적 대립이 없습니다. 지성의 활동은 항상 타자가 말하고자 하는 것을 추측하는 활동입니다. 자코트의 데카르트주의는 평등의 결정으로부터 출발하는 데카르트주의입니다. 그러나 그 근본에서 데카르트의 방법적 사유를 전적으로 반박하는 것을 전제합니다.

● 역설적으로 나타나는 것이 있습니다. 그러나 또한 지성에 대한 질문에서 역설의 잠재력을 전개합니다. 한편으로 일련의 지성의 이론에 대한 비판들이 있습니다. 그러나 그것은 사실에 대한 질문이 아니라 결정에 대한 질문입니다. 자코트가 한 것은 모든 지성은 평등하다는 이론적인 테제를 주장한 것이 아니라, 그는 실천적 효과의 전제로서—우리가 보통 "믿음"이라고 하는 것으로부터—그것을 결정합니다. 그런데 지적 활동의 평등의 이 전제는 그 자체로 증명할 수 있는 어떤 것일까요? 우리가 그것을 결정했기 때문에 그것은 그 자체로 증명될까요?

어떤 지성의 이론도 자코트의 테제를 증명할 수 없습니다. 다시 말해 자코트의 사유는 그 자체로 검증할 수 있는 이론적인 일관성이 없습니다. 자코트가 모든 종류의 골상학, 골(Gall)의 두개골의 둥근 돌기 이론과 그 패거리들을 치워버렸을 때, 그가 한 것은 그 당시 다소 문제가 되었던 생리학뿐만 아니라, 뇌 기능에 의해 지적인 평등과 불평등을 정당화하는 모든 이론들을 쫓아버린 것입니다. 평등의 증거는 행위 속에 실천적 증거입니다. 물론 우리는 그의 이론이 두 이론—이데올로기의 단순 요소들과 19세기 초반에 형성된 정신의 운동에 반한 사유—사이의 다소 복잡하고 다소 삐걱거리는 절충적 이론이라고 말할 수 있습니다. 기호들의 분석적 길은 검증하기 힘들고, 다소 애매한 내적 잠재력으로 보내집니다. 이것은 의지의 잠재력입니다. 그러나 지성의 평등의 가설은 인식의 이론에 근거한 가설이 아닙니다. 그것은 공리의 의미에서 전제이고, 그것은 검증될 수 있기 위해 전제되어야 하는 어떤 것입니다. 전제의 두 수준이 있습니다. 논리적 함축의 수준이 있습니다. 어쨌든 우리는 평등의 가설은 불평등 그 자체를 기능하도록 하기 위해 필연적이라고 말할 수 있습니다. 아는 스승은 알지 못하는 제자들에게 지식을 전달하기 위해 그들에게 말을 전달할 수 있습니다. 이것은 최소한의 평등이 있다는 것을 전제합니다. 즉 언어의 이해가 있다는 것을 전제합니다. 이 언어를 통해 선생은 제자에게 둘 사이의 존재하는 불평등을 설명하기 위해 그에게 말을 건넵니다. 명령을 받은 사람이 그 명령과 그가 이 명령에 복종해야 한다는 사실을 이해하지 못한다면 어떤 명령도 실행될 수 없을 것입니다. 따라서 상황이 어찌 되었든 불평등이 기능하기 위해서는 환원 불가능한 평등의 수준을 전제해야 합니다. 따라서 최초의 수준의 검증이 있습니다. 모든 사람들은 지속적으로 평등이 있다는 것을 검증합니다.

그러나 이 근본적이고 일반적인 평등은 지워지기 위해서만 사용됩니다. 당신도 아리스토텔레스의 노예에 대한 정식을 알듯이, 거기서 노예는 언어를 **이해하지만**, 그것을 소유하지 않습니다. 다시 말해 그는 명령에 복종할 수 있지만, 그 이상은 아닙니다. 그런데 이 이해를 소유로 바꾼 것은 정확히 자코트가 한 작업입니다. 일반적으로 최소한의 평등이 이해에 사용되고 근저에서 불평등의 기능에서 사용될 때, 자코트는 아래 사람이 자신의 고유한 전제의 의미에서 위의 사람의 법을 따르는 이 최소한의 평등을 우리가 사용할 수 있다고 전제합니다. 그는 이것을 자기-긍정에서 사용합니다.

따라서 평등의 가설은 그것이 작동을 가능하게 하는 것 안에서 그 잠재력을 갖습니다. 바로 여기에 두 번째 수준의 전제의 기능이 있습니다. 전제된 무지를 평등이 최대화될 수 있고, 이 평등을 자신의 고유한 효과를 산출하는 출발점으로서 파악될 수 있는 상황 안에 놓아야 합니다. 왜냐하면 문제는 우리가 어디에서—평등에서 아니면 불평등에서—출발하는지를 아는 것이기 때문입니다. 보통 교육적 관계는 평등에 도달하기 위해 불평등에서 출발합니다. 그런데 해방적 관계는 평등을 그 출발점으로 취할 것을 요구합니다. 평등은 우리가 "무지한 자"가 모르는 것으로부터가 아니라, 그가 아는 것으로부터 출발할 것을 요구합니다. 무지한 자는 뭔가를 압니다. 그는 항상 그가 모르는 것을 그가 아는 것과 관계시킵니다. 이것은 보기에 가장 건널 수 없는 장벽과 더불어, 독서라는 장벽과 더불어 시작합니다. 어떻게 우리가 자신에게 어두운 기호들의 세계에 침투할 수 있을까요? 자코트의 방법은 항상 통과점이 있다는 것을 긍정하는 것입니다. 즉 무지한 자가 언어의 구어적 지식 안에 그가 모르는 써진 기호들과 관계를 형성할 수 있는 수단을 항상 가지고 있다는 것을 긍정합니다. 무지한 자도 자기 전에 항상 하던 기도를 할 줄 압니다. 결과적으로 만일 우리가 쓸 줄 아는 누군가에게 그 기도문을 써줄 것을 요구한다면, 그는 그의 머릿속에 있는 것과 마찬가지로 종이 위에 기도문의 첫 번째 단어, **하늘에 계신 우리의 아버지**의 "우리"를 알게 될 것이고, 그는 최초의 관계를 설립하게 됩니다. 그는 달력에서 그의 생일이 언제인지를 압니다. 그리고 우리가 그에게 달력을 보여주면, 그는 그 자신을 최소한의 언어적 지식으로 인도할 이 최소한을 설립할 것입니다. 즉 그의 이름과 여타의 것들을 어떻게 쓰는지를 알게 될 것입니다. 바로 이것은 근본적인 것입니다. 즉 평등은 그 자체로 스스로 검증됩니다. 그러나 동시에 평등의 검증은 없습니다. 유일한 검증은 지적으로 효과를 만들 뿐입니다.

● 여기서 일종의 보증은 지성의 평등의 가설을 끝까지 이끄는 의지, 결정으로 보입니다. 즉 학생이 스스로 증명하도록 하기 위해 끝없이 검증을 요구하는 "다루기 힘든 이 스승"과 관계하는 것입니다. 우리는 이것은 의지주의에 속한다기보다는 선생과 학생 간에 일어나는 과정으로서 어떤 것에 속합니다. 그리고 이 어떤 것은 이 결정과 소통합니다. 여기서 전이의 현상에 대해서 말하는 것은 다소 부조리하거나 의지의 이 다소 애매한 잠재력을 생각하는 것인가요? 다시 말해 한 지성이 깨어날 때 학생이 능력이 있다는 확신 속에 어떤 것이 선생에서 학생에게 전이되나요? 물론 이것은 아는 자로 전제되는 주체인 선생으로 향하는 전이가 아니라, 알 수 있는 능력을 가진 주체인 학생에게로 향하는 전이일 때 말입니다.

전달되는 것이 지성이 아닌 그 순간에—이것은 진정한 문제인데—뭔가가 전달되어야 한다는 것은 명백합니다. "의지를 전달한다"는 것은 도대체 무슨 의미일까요? 의지를 전달하는 것은 의견을 전달하는 것입니다. 의지는 견해처럼 전달될 수 있습니다. 지성의 평등과 불평등의 견해 말이죠. 우리가 "전이(transfert)"를 생각할 때, 우리는 "정신분석", "지식이 전제된 주체" 혹은 무지가 전제된 주체를 생각합니다. 그런데 한 유형의 정신분석과 자코트주의 선생 사이에 어떤 공통점은 자코트주의 선생은 모르는 자의 지위를 차지할 수 있다는 것입니다. "무지한 스승"이란 무엇일까요? 그것은 선생이 경험적으로 놀이에서 물러나서 해방의 후보자에게 그것은 너의 일이고, 이것은 책이고, 이것은 주기도문이고, 이것은 달력이고, 이것은 네가 해야 할 것이고 등등을 말하는 것입니다. 이 자연적인 무지의 입장은 선생이 학생이 배워야 할 것을 진정으로 모를 때 그 가치가 상승합니다. 이것은 바로 네덜란드어와 미술 선생으로서, 그러나 근본적으로 이에 대해 "무지한" 선생으로서 자코트가 한 경험입니다. 이것은 불평등의 무지한 자를 의미합니다. 무지한 스승은 불평등의 이유들을 전혀 알고 싶어 하지 않는 스승입니다. 정상적인 교육의 모든 경험은 불평등의 이유들에 의해 구조화됩니다. 그런데 무지한 스승은 그것을 모르는 자이고, 이 무지와 소통하는 자, 다시 말해 그것에 대해 전혀 알고 싶어 하지 않는 의지를 소통하는 자입니다.

이런 의미에서 무지한 스승은 실질적으로 분석적인 상황의 비이성적인 것의 질서에 속한 어떤 것을 행합니다. 뭔가가 전달되어야 합니다. 그리고 이 전달된 어떤 것은 내재화된 타자의 질서의 의미에서 의지가 아니라, 타자의 견해, 장치 안에서 물질화되고, 자신의 고유한 계좌에서 책임지는 견해의 의미에서 의지입니다. 나는 지성은 평등하다고 결정해야 합니다. 그런데 실질적으로 그것을 결정하는 것은 단순히 지적인 작동이 아니라, 인간과 인간 간의 관계를 재구축하는 작동의 의미에서 의지의 작동입니다. 이것이 사물의 모든 논리입니다. 내가 이 문자들을 읽을 수 있다고 결정하는 것, 내가 모르는 이 문자들 안에 나의 길을 낸다는 것, 그것은 다른 사람들을 위한 평등 일반을 결정하는 것입니다. 이것은 불평등의 보상 위에 항상 근거하는 사회적 기능으로부터의 탈출입니다. 이것은 근본적으로 무엇을 의미할까요? 이것은 근본적으로 무지한 자의 일반적인 논리는 우리가 자신의 지성을 불평등의 이유들을 유지하는 데 적용하는 논리라는 것을 의미합니다. 나는 "할 수 없다"라는 것은 내가 나의 지성을 "나는 할 수 없다"는 것을 나에게 증명하게 위해 사용한다는 것을 의미합니다. 여기서 이 물질적인 장치—이 책 안에 요약된—가 역으로 취하는 중요성, 즉 이 의지의 전이가 체화하고 있는 중요성이 도출됩니다.

● 의지와의 관계에서 우리가 정신분석의 전이로부터 접근할 수 있는 어떤 것이 있지 않을까요? 그리고 이 자유의 깨어남은 욕망의 깨어남이 아닐까요?

욕망이란 단어는 자코크의 텍스트에 부재합니다. 어떤 의미에서 그의 책은 정신분석과 가능한 가장 멀리 떨어진 것입니다. 그의 모든 사유는 그가 자신의 방식으로 변경하는 18세기의 합리주의적 세계 안에서 형성되었습니다. 물론 그는 콩디약의 투명함과 거리를 두는 이 애매한 의지의 새로운 사유와 관계합니다. 그러나 그 의지는 감춰진 지하의 세계가 아닙니다. 다만 그것은 분석 불가능한 최초의 현실입니다. 그러나 이 분석할 수 없는 것은 동시에 명백하게 정식화될 수 있습니다. "너는 평등을 원하는가? 불평등을 원하는가?" "너는 너의 지성을 너의 무능을 검증하기 위해서, 아니면 너의 능력을 검증하기 위해서 사용하겠는가?" 물론 이것에 대해 정신분석학자는 이런저런 개인들을 해방의 문으로, 다른 이들을 정신분석의 문으로 떠미는 이유들에 대해서 더 많은 것들을 말할 수 있을 것입니다. 그러나 이 이유들은 자코트의 관심을 끌지 못합니다. 그는 이것에 대해 전혀 생각하지 않습니다.

● 당신은 믿음이란 용어를 사용하기도 하는데, 이 의지의 전이가 불평등의 생성, 즉 타자의 질서의 내재화를 제거할까요?

그렇습니다. 나는 의지가 나에게 명령하는 것은 정확히 불평등의 견해를 제거하는 방식으로 구성된다고 생각합니다. 다시 말하지만 의지는 믿음으로, 혹은 불평등으로 번역될 수 있다고 믿습니다. 자코트가 기술하는 의지는 자신의 능력이 있다고 결정하는 무능력의 결정 안에서 전적으로 실행되어야 합니다. 다음은 위의 맥락을 상기시키는 인용입니다.

너는 나에게 언어를 가르쳐 주었네
그 덕분에
나는 저주할 줄 알게 되었네
붉은 페스트가 너를
내게 너의 언어를 가르쳐 준 것에서
해방시키기를

(셰익스피어,『템페스트』에서 칼리반이 프로스페로에게 하는 저주)

● 남미에는 아프리카, 유럽, 식민지 이전의 미대륙의 고유한 문화들이 공존합니다. 이 공존은 어떻게 문화적 보편성과 다양성이 함께 할 수 있는가라는 질문을 불러일으킵니다. 토착민의 관점에서 "문화적 충격"은 전멸, 죽음, 인종학살을 의미합니다. 그래서 "문화의 고유성을 다시 긍정하는 것은 다양성 안에서 어떤 의미를 발견할 것을 요구합니다."[173] 즉 그들의 실존의 조건 그 자체를 발견할 것을 요구합니다. 통합은 따라서 그들의 고유한 문화와의 분리와 죽음을 의미할 것입니다.

이런 맥락에서 나는 다음의 것을 질문하고 싶습니다. 만일 해방이 본래적인 평등의 의식화라면, 누가 "지식의 세계"로의 여행을 허락할까요? 이런 전망에서 당신은 어떻게 파라과이의 인디언인 안드레스(Andrés)의 다음 말들을 해석

173 (원주) Mauricio Langon, *Hay muchos dioses porque hay muchas lenguas*, Buenos Aires, Pepai, 1995.

하시나요? “아주 오래 전에, 아주 악한 사람들이 있었다. 우리는 므비아라서 시리파와 다른 언어를 갖는다. 그리고 우리는 다양한 언어들이 있어서 다양한 신들이 있다고 믿었다. 그런데 그들이 말하는 것처럼, 만약 단 하나의 유일신만이 존재한다면, 우리는 서로 다르지 않을 것이고, 우리는 다른 신들을 가지지 않을 것이다. 그러나 단 하나의 신만이 존재하는 것이 아니다. 여럿이 존재한다.”[174]

그리고 비센트(Vicente)의 다음 말은 어떻게 생각하시나요? “므비아들은 숲에 살 필요가 있고 백인들은 도시에 살 필요가 있다. 왜냐하면 난두라는 므비아들을 나무에서 창조했고, 백인들은 종이에서 창조했기 때문이다. 이런 이유로 므비아들은 숲이 필요하고 백인들은 글쓰기가 필요하다. 므비아들은 머리가 있고, 기억력이 좋아서 글쓰기가 전혀 필요가 없다.”[175] 다른 본성을 인정하고 “지식의 세계”로 들어가고자 하지 않는 므비아들은 해방의 가능성 밖에 내버려두어야 하나요?

우선 해방의 스승은 문화적 식민지 개척자가 아니라는 것을 생각해야 합니다. 그리고 문화적 다양성에 대한 일반적인 질문은 잠시 보류하겠습니다. 그러나 자코트가 정식화하는 지적 해방은 내적 문화의 식민지화라고 우리가 부르는 프로그램이 대대적으로 전개되던 시대였습니다. 지배 엘리트들은 그들의 문 앞에, 거리에, 변두리에, 농촌에 사는 야만인들을 조금은 교육을 시킬 필요가 있다고 생각하던 시대였습니다. 자신들의 문화적 세계 안에 갇힌 야만인들, 원주민들, 이주민들을 지식의

174 (원주) Mabel Quintela, *Registro de visita Andrés a Mabel Quintela*, 1994, inédit.
175 (원주) Mauricia Langon, *Hay muchos dioses porque hay muchas lenguas*, op. cit.

세계 안으로, 공통의 문화 안으로 들어오게 할 필요가 있었습니다. 그런데 해방의 관점은 이런 문화적 식민지화와는 전적으로 다르고 그것에 대립됩니다. 이 식민주의는 파리 근교의, 브르타뉴 농촌의 주민들에게, 혹은 먼, 원시의 원주민들에게 행해질 필요가 있었습니다. 그 원리는 동일합니다. 해방자는 집단의 교육자가 아닙니다. 그는 그에게 말을 건네는 사람에게만 말을 건넵니다. 그는 지식의 세계로 들어가고자 하는 사람 앞에 존재합니다. 그리고 그는 그에게 지식의 세계에 들어가는 것은 무엇을 의미하는지, 정확히 무엇을 찾는지, 정확히 무엇을 원하는지 등등을 묻습니다. 지식의 세계에서 그가 찾고자 하는 것이 그의 무지 혹은 공통의 무능의 인정인지, 아니면 그의 능력의 성장인지를 묻는 것은 물론 보편적 유형의 사유, 문화의 고유성을 인정하는 이중의 놀이를 질문하는 사유를 전제합니다. 문화적 고유성은 항상 "나무"에 속한 사람들은 절대로 "종이"에 속한 사람들일 수 없다는 사유입니다. 식민자의 역사는 바로 영구히 이중적인 이런 사유 안에 근거했습니다. 식민지화—나는 여기서 프랑스의 식민지화를 생각합니다—는 언제나 이중적 사유 안에 근거했습니다. 즉 원주민들을 통합해야 하고, 그들에게 문화적 해택과 보편적 지식의 해택을 주어야 한다고 생각했습니다. 그러나 또한 이 주장은 교육을 제한하고 해방을 방해하는 것이었습니다. 즉 주의할 사항은, 우리가 접근하는 그 보편성에 접근하는 것을 허락하지 않는 원주민의 문화를 존중해야 한다는 것입니다.

이 논리는 그 당시 상당히 도착적인 것이었습니다. 예를 들어 알제리인들은 실질적으로 프랑스 시민이 될 수 없고, 다만 프랑스의 백성이 될 수 있을 뿐입니다. 왜냐하면 코란에 근거한 그들의 법적 문화는 보편적인 법의 규칙들과 같은 선에 놓는 것을 방해하기 때문입니다. 다문화주의의 논의들은 이미 식민지 개척 시대에 애매한 방식으로 역할을 했던 것이라는 사실을 주목해야 합니다.

따라서 이 질문에서 지적인 해방의 사유에 의해 주어지는 단순한 대답은 없다고 말할 것입니다. 대답은 항상 개별적입니다. 여기에 있는 것에 만족하는 자는 해방의 스승을 만나러 가지 않을 것입니다. 반면 근본적인 평등이 있다고 생각하는 사람은 지식의 나라에 들어가고자 할 뿐만 아니라, 또한 평등의 나라에 들어가고자 합니다. 분배의 형식(나무와 종이, 엘리트의 지식과 대중의 지식, 각각의 공동체에 고유하게 속하는 지식 등 등)에 의해 평등이 이미 실현되었다고 보는 평등의 사유가 있습니다. 해방의 사유는 같은 지성이 어디서나 작동하고 있다고 생각합니다. 그러나 이 사유는 "각각은 자신 안에 자신의 고유한 지성을 갖는다"는 생각을 반박합니다. 여기서 각자는 자신의 몫을 가질 것입니다. 일단은 나무를 가질 것이고, 일단은 종이를 가질 것입니다. 일단은 문화적 특수성을 가질 것이고 일단은 법의 보편성을 가질 것입니다. 지성의 해방은 그 근본에서 분배의 논리를 반박합니다. 그러나 그것은, 당연한 일이지만. 특수한 문화들에 대립하는 보편의 특수한 문화가 있다는 생각도 반박합니다.

● 문제는 해방될 학생은 선생과 관계를 갖는다는 것입니다.

해방의 사유는 사람들이 장애를 극복하고자 한다는 것을 전제합니다. 넘어서고자 하는 이 장애는 무엇일까요? 그들은 정확히 그것이 무엇인지 모릅니다. 사실 해방의 사유는 장애를 극복하고자 하는 사람에게 이 장애를 극복하고 나서 어떤 세계에 들어가고 싶은지? 또한 이 장애는 무엇인지? 등을 묻습니다. 우리는 여러 가지 방식에 경계를 생각할 수 있습니다. 우리는 아는 사람들의 세계와 무지한 사람들의 세계가 있으며, 보편적 세계와 특수한 세계가 있다고 생각할 수 있습니다. 이것에 대해서 해방의 스승은 아무것도 할 것이 없습니다. 그에게는 단 하나의 중요한 장애가 있을 뿐입니다. 즉 평등과 불평등의 장애가 있을 뿐입니다. 해방의 스승의 문제는 따라서 단 하나의 중요한 장애—문화들 간의, 보편과 특수 간의 장애가 아니라 평등의 견해를 가진 사람들과 불평등의 견해를 가진 사람들 사이의 장애—에 직면한 사람을 위해 무엇을 어떻게 할 것인가의 문제만이 존재합니다. 해방의 스승은 사람들을 해방시키기 위해 사람들을 보는 사람이 아닙니다. 해방은 항상 누군가 통과하고자 하는 과정을 전제합니다. 결국 질문은 통과한다는 것이 무엇을 의미하는지 아는 것입니다. 이것은 실질적인 해방자는 보편적인 입장, 즉 평등의 보편성을 전제합니다. 이것은 우리는 좋은 기억력이 있어서 종이가 필요 없다는 식의 논증을 거부합니다. 왜냐하면 그것은 자코트가—아니 내가 그를 위해—열등과 우월의 논리라고 부르는 것이기 때문입니다. "당신은 글쓰기를 가지고 우리는 기억력을 갖는다"라고 대답하는 것은 흑인들의 머리는 글쓰기가 필요한 백인들의 머리보다 잘 만들어졌다는 것을 전제합니다. 해방의 사유는 이런 우월성들의 분배로서 문화적 다양성의 개념화를 거부합니다. 문화적 평등을 전제하는 이러한 분배는 결국 분배된 각각의 문화는 다른 문화들보다 우월한 것이라는 생각에 이릅니다.

● 개인들 간의 평등을 스스로 검증할 수 있다는 가설은 문화적 기술의 힘의 불균형에 직면해서 어떤 것일 수 있을까요? "당신들은 강하다. 그것은 개인으

로서 당신들 때문이 아니라, 다른 것과 관계에서 짓누르는 문명이 있기 때문이다"와 같은 주장에서 개인은 어떤 자리에 놓일 수 있을까요?

해방의 논리는 개인들 간의 관계만을 다룰 뿐입니다. 그것은 짓누르는 기술적 우월의 상황에 직면한 집단적인 정치를 정의할 수 없습니다. 그것은 학교체제나 문화적 기구가 아닙니다. 그것은 기술적 지배의 의존을 제거하고자 하는 사람에게서 나타날 수 있습니다. 이 이념은 확산될 수 있고 집단적인 절차 안에 기입될 수도 있습니다. 그러니 그것은 힘과 힘의 관계, 집단과 집단의 관계를 다루지 않습니다. 그것은 기술적 지배와의 관계를 전복할 수 있는 "문화적 혁명"을 정의하지 않습니다.

● 우리는 개인적 논리 안에 존재합니다. 이 경우 우리는 어떻게 사회적 관계 안에서 지성의 평등을 생각할 수 있을까요? 예를 들어, 나는 해방되고 싶지만 그것이 사회적 관계 안에 존재하지 않는다면 나는 그것을 할 수 없고, 혼자서는, 비록 그것이 다만 사유 안에서라고 할지라도 나는 그것을 할 수 없다면 말입니다.

자코트의 주장에 의하면 우리는 항상 혼자 자신을 해방할 수 있고, 다만 혼자서만 그렇게 할 수 있습니다.

● 그러나 우리는 다른 사람과의 관계에서 해방될 수 있고, 그것이 스승과 제자와의 관계에서도 "사회적" 관계가 있지 않나요?

모든 것은 우리가 사회적이라고 부르는 것이 무엇인가에 달려있습니다.

내가 "개인적"이라고 부르는 것은 개인과 개인의 관계를 말합니다. 무지한 자와 해방의 스승과의 관계를 나는 "개인적" 관계라고 부릅니다. 물론 이것도 사회적 관계입니다. 그러나 이것은 사회적 논리의 형식과, 지성의 사용과 단절하는 관계입니다. 보통 지성은 그것의 우월성과 열등성을 스스로 증명하는데 전념합니다. 내가 개인적이라고 부르는 유형의 관계들이 있습니다. 이것은 모든 개인들과 관계하고 평등한 관계를 설립합니다. 이것은 "중재"가 있다는 것을 의미합니다. 자코트의 논리는 중재, 의지를 필요로 합니다. 이것에 의해 사회적 논리가 개인의 논리로 변형되는 방식이 중단됩니다. 개인들의 논리의 의미에서 개인적 논리들은 지배의 사회적 논리들을 영원히 재생산합니다. 따라서 개인이 자신의 지성으로 스스로 작동하게 하기 위해서는 어떤 것, 사건, 장치가 필요합니다. 즉 개인이 사회적 논리의 "정상적" 기능과의 관계에서 기능장애 속에 놓이는 것이 필요합니다.

게다가 이 개인적 변형은 둘 간의 관계에서, 우리가 보통 이해하는 사회적 수준에서 다른 효과를 가질 수 있습니다. 해방된 자는 사회적 해방을 꿈꿀 수 있습니다. 아니면 아주 단순히 사회 안에서 더 나은 자리를 원할 수 있습니다. 지적 해방은 사회적 관례와의 관계에서 정지된 측면을 갖습니다. 이것은 바로 내가 자코트의 사유를 극단화하기 위해 말하고자 한 것입니다. 다시 말해 우리는 평등한 개인들로, 평등하게 불평등을 사용하는 힘을 획득한 개인들로 이뤄진 불평등한 사회를 생각할 수 있습니다. 그러나 이것은 사회적 평등의 형식에서 절대로 번역되지 않습니다. 개인적인 해방의 형식들은 불평등이 집단적으로 실현되는 사유, 의식, 정치적 실천 등의 형식을 자극할 수 있습니다. 그러나 지적 평등의 사회적 평등으로의 변형은 없습니다.

● 어떤 이름으로 우리는 조셉 자코트와 파울로 프레이리(Paolo Freire)를 접근시킬 수 있을까요? (이 질문은 아르헨티나의 리디아 메르세데스 로드리게즈의 작업으로부터 가져온 질문들 중의 하나입니다.)

파울로 프레이리를 생각하면, 우선 나는 그를 브라질 국기에 새겨진 "질서와 진보"라는 콩트(Auguste Comte)의 모토와의 간격 안에서 생각합니다. 이것은 자코트와 진보적 교육자들과의 관계와 유사합니다. 즉 사회의 질서를 세우기 위한 교육에 대한 생각과 지식의 진보적 질서와 진보적이고 합리적인 사회의 질서 간의 전제된 조화와 단절하는 해방의 사유 사이의 대립과 비교할 수 있습니다. 따라서 브라질에서 자코트는 지속적인 관심의 대상입니다. 브라질은 19세기의 교육적 이념을 국가적 단일성을 형성하는 모토로 만든 유일한 나라라는 의미에서 말입니다.

두 번째는 지적 해방과 사회적 해방 간의 관계와 연관된 것입니다. 자코트의 사유는 집단으로서 가난한 사람들을 무장시키는 "의식화"의 작업이 아닙니다. 자코트의 사유는 개인들에게 말을 겁니다. 그는 프랑스 혁명 이후에 어떻게 혁명을 "완수"—그 말의 여러 가지 의미에서—할 것인가에 대한 질문들이 있던 시대에 그것을 했습니다. 프랑스 혁명으로부터 새롭고 합리적인 사회적 질서의 이념을 끌어내면서 혁명을 완수하고자 하는 사람들이 있었습니다. 이 합리성의 힘을 받아서 그들에게 문제는 혁명적 평등의 토대에서 불평등을 합리화할 수 있는 것들을 취하면서 그 근저에서 불평등을 합리화하는 것입니다. 이것은 교육에 근거한 "진보적" 사회에 대한 사유입니다. 자코트는 이 기획을 평등은 제도화되지 않으며, 그것은 언제나 개인적 결정이고 개인적 관계라고 말하는 "무정부주의적" 대답을 대립시켰습니다. 물론 이것은 자코트를 파울로 프레이리의 방법이 함축하고 있는 이 사회적 해방의 전망과 분리시킵니다.

이것은 만일 지적 해방이 사회적 해방을 목표로 하지 않는다면, 사회적 해방은 항상 지적 해방으로부터 기능한다는 것을 의미합니다. 이것은 내가『프롤레타리아의 밤』에서 드러내고자 한 것입니다. 다시 말해서 사회적 해방은 지적이고 개인적인 해방의 운동을 통해서 산출됩니다. 따라서 자코트의 지적 해방과 파울로 프레이리의 운동 사이에는 의도의 차이가 있습니다. 그러나 공통적인 것은 정치적 해방 운동의 매개/벡터로서 지적 해방의 과정은 사회적이고 제도적인 논리와 분리된다는 점입니다.

세 번째로, 파울로 프레이리에게 교육의 방법이 가난한 자들을 교육하기 위한 수단으로서 어떤 것을 전제하는 한에서, 이것은 즉각적으로 자코트와의 "방법"과의 차이를 드러냅니다. 왜냐하면 자코트에게는 관계의 재생산 혹은 근본적인 장치로서 방법이 없기 때문입니다. 반대로 그는 "방법"의 모든 제도화, 인민의 교육에 고유한 교육 체제의 모든 이념을 비판합니다.

● 『무지한 스승』의 시사성은 무엇인가요?

『무지한 스승』의 시사성은 나에게 이중적입니다. 우선, 그것은 우리 사회에서 학교의 기능과 연결된 것입니다. 나는 자유주의적 의미에서 학교 개혁의 특수한 형태들을 전혀 생각하지 않습니다. 차라리 나는 점점 더 학교 안에서 불평등이 근본적으로 합법화되는 것을 생각합니다. 모든 불평등에 대한 자연적 합법화는 많든 적든 반박되거나 제외됩니다. 우리는 평등을 전제하는 사회에 살고 있습니다. 결과적으로 우리는 사회적 평등의 전제 아래서 일하고, 우리가 평등의 전제 아래서 일한다면, 설명으로서 일종의 가치일 수 있는 유일한 불평등은 지적인 불평등, 지적인 능력의 개인차가 있다는 생각입니다.

결국 반에서 "일등"과 "꼴찌" 간의 단순한 대립 속에 불평등의 현대적 전망이 있습니다. 점점 더 사회적이고 국가적인 불평등적인 기능적 설명은 학교 제도에서 사용되는 용어들에 의해 형성됩니다. 예를 들어, 정부는 능력이 있고, 긴 시간을 가지고 사태를 볼 수 있고, 공익의 전망을 가지는 자들의 정부로 형성됩니다. 강력한 세계 정부는 지식이 있고, 이해할 수 있고, 미래를 예측하는 사람들의 정부로서, 그날그날, "시대에 뒤떨어진" 반복적 일상 혹은 "한정된" 관심 안에서 사는 사람들과 다르게 살 수 없는 사람들 위에 존재하는 정부로서 구성됩니다. 모든 나라에서 같은 상상적 장면이 재연됩니다. 여기서 계명된 정부는 "불행하게도" 무지한 군중과 "근대성의 도전"에 대응하지 못하고 시대에 뒤떨어진 자신들의 특권에 의존하는 사람들에 잡혀있습니다. 프랑스에서 매번 사회적 운동이나 극우파에 투표하는 사람들이 있으면, "사람들이 변화에 적응하지 못해서 그렇다고" 설명합니다. 따라서 우리는 사회적 운동이 능력에 의해서 혹은 학교에서 상급반으로 올라가지 못하는 것에 의해 설명되는 전망을 갖게 됩니다. 학교는 어느 때보다 사회의 유비로서 사회의 "설명"으로서 기능합니다. 다시 말해 권력의 행사가 유일하게 지성의 불평등의 자연적 실행에 의해 설명됩니다. 여기서 논쟁은 사회주의자들과 공화주의자들의 논쟁을 훨씬 뛰어 넘습니다. 이것이 바로 평등의 첫 번째 시사성으로, 불평등이 "다만" 지적인 불평등으로 정착하는 이 시대에 평등이 가진 시사성입니다. 나에게 중요한 것은 사람들이, 보다 활동적이고 실천적인 사람들이 학교에 주고자 하는 특수한 관행이 아니라, 이 세계의 질서로서 전면적인 상징화의 기능입니다.

두 번째 시사성은 몇몇 해방의 운동의 시사성으로, 그것은 전반적인 수준에서 일어나는 것으로 무능하다고 전제되는 사람들의 능력, 모른다고 간주되는 사람들의 능력을 재확인하고자 하는 것입니다. 여기에 대중 교육 운동과의 관계와 피지배층에 의한 자기 땅 갖기 운동과의 관계에서, 그리고 포르투 알레그레(Porto Alegre)가 그 상징이 된 사실과의 관계에서 남미에서 강하게 일고 있는 아주 강한 어떤 것이 있습니다. 남미는 "반에서 일등"의 논리와 해방의 논리 간의 투쟁이 다른 어느 곳에서보다 가장 모범적으로 행해지는 장소, 그 투쟁의 상징이 되었습니다. 그러나 『무지한 스승』은 그것이 라틴아메리카에서 해방의 운동과 저항의 운동에 수단을 제공한다는 의미에서는 아직 그 자신의 시대를 만나지 못했습니다. 그것은 그 시대, 그 해방의 시간은 언제나 여기에 있다는 것, 지배의 이성이 아닌 이성, 불평등의 논리가 아닌 사유의 논리가 긍정될 가능성이 있다는 것만을 상기시키기 위해 거기에 제때 도착했을 뿐입니다. 따라서 나는 자코트는 브라질의 사회 운동과 라틴아메리카의 교육 운동에 성공의 열쇠를 제공할 것이라고는 생각하지 않습니다. 그것은 다만 우리가 항상 스스로를 해방시키고자 하는 이유를 자신 안에 갖는다는 것을 상기시킬 것입니다.

지적 해방의 사유는 기능과의 관계에서 제도—그것이 공식적인 것이든 그와 유사한 것이든지 간에—의 법일 수 없습니다. 그것은 전혀 제도적인 방법이 아닙니다. 그것은 평등의 철학이고 평등의 공리입니다. 그것은 제도를 잘 이끄는 방법을 가르치지 않습니다. 그것은 이성들을 분리하는 것을 가르칩니다. 해방자가 되는 것은 항상 가능합니다. 다만 지적 해방자의 기능과 교수의 기능을 혼동하지 않는다면 말입니다. 교수는 사회적 기능을 수행하는 사람입니다. 교수는 평등의 해방, 평등의 능력, 평등의 견해, 학생들 가운데 평등의 실천을 전달할 수 있습니다. 이것은 명백합니다. 그러나 이 견해, 이 평등의 능력의 전달 혹은 전이와 제도의 논리 사이에 가능한 동일화는 없습니다. 좋은 제도란 없습니다. 항상 이성들의 능지처참이 있습니다. 자코트가 말한 주요한 내용들 중의 하나는 해방자는 시민이 아니라는 점입니다. 우리는 동시에 교수이면서, 시민이면서, 해방자일 수 있습니다. 그러나 우리는 유일한 논리 안에서 그럴 수 없습니다.

● 마지막으로, 당신의 책의 초반부를 읽으면서 우리 모두는 지적인 해방의 지각과 의지에 설득되고 그것에 사로잡힌 인상을 받습니다. 그러나 마지막 장은 경쟁자를 만드는 것의 불가능성, 그 방법을 만들고 제도화하는 것의 불가능성을 드러냅니다. 가능한 제도는 정말 없을까요? 우리는 당신의 민주주의에 대한 사유와 어떤 관계를 가질 수 있나요?

내가 항상 말하고자 한 것은 민주주의는 통치의 형식이 아니라 정치의 실천 그 자체라는 것입니다. 민주주의는 제도적 형식이 아니라, 정치 그 자체입니다. 다시 말해 지배의 타이틀이 없는 자, 그것을 할 능력이 없는 자가 지배자처럼 행동하는 것입니다. 따라서 민주주의는 능력이 없는 자들의 권력입니다. 이것은 능력 있는 자를 전제하는 지배의 형태와의 단절을 의미합니다. 다시 말해 불평등의 논리와의 단절입니다. 이로부터 우리는 지적인 해방과 불평등과의 단절의 실천으로 이해되는 정치적 실천과의 유비가 있습니다. 정치로서 지적인 해방은 사회적 논리와의 관계에서 예외적인 상황들 속에 존재합니다. 이 공통의 예외적인 상황은 유비를 만들지만 연관을 만들지 않습니다. 정치적 진술의 형식들, 모든 이들의 능력의 진술의 형식들이 있고, 이것들은 해방의 양태 위에서 진술과 표명 안에 존재합니다. 능력이 없다고 선언된 사람들은 그들이 능력이 있다는 사실을 증명합니다. 말을 가지지 않은 사람들은 그들이 말을 갖는다는 사실을 증명하고 평등의 양태 위에서 말의 무대를 재구성합니다. 그러나 개인적인 해방과 집단적인 해방의 형식들 간의 전달의 법칙도 제도도 없습니다. 즉 일종의 매개를 생각하는 사회적 관점만이 존재합니다. 다시 말해 "정상적인" 사회적 논리는 평등을 원한 불평등의 논리입니다. 따라서 우리는 불평등을 평등으로 변경하고자 하는—사실적으로 말하면 평등을 불평등으로 변경하고자 하는—제도를 갖습니다.

근본에서 해방의 논리는 대응의 논리입니다. 그러나 이 대응은 매개를 모릅니다. 다시 한 번 말하지만 인간 혹은 공동체의 선을 원하는 해방의 스승, 철학교수, 시민은 절대로 하나의 정체성 안에 함께 모을 수 없는 분리된 인물들입니다. 물론 이 입장은 우리가 보통 민주주의라고 부르는 것, 즉 정치적 제도와 사회적 제도 간의 매개의 놀이에 대립됩니다.

상실도 우리에게 속한다: 문학에 의해 저지된 정치에 대한 대담[176]

(마르틴 잘베르와의 대담)

● 사르트르와 아도르노에게 미학과 정치의 관계는 특히 정치적 정감의 전달과 독자에게 텍스트의 전달의 문제와 관계합니다. 당신의 작업은 이 전달의 영역을 별로 말하지 않습니다. 책의 아이들의 감동적인 모습을 예외로 하고 말입니다. 이 전달, 사람들에게 전달되는 충격에 대한 질문(나는 당신의 이미지들 중의 하나를 취합니다)은 아직도 당신의 관심 영역인가요? 당신이 생각하는 문학의 정치는 전달의 질서와의 유비의 영역을 포함하나요?

중요한 것은 우선 입장의 변경입니다. 입장의 변경은 물론 메시지의 수신과 정감의 힘에 의해서 일어납니다. 그러나 이 수신은 또한 비틀림입니다. 『프롤레타리아의 밤』의 첫 장의 장면은 아무것도 하지 않는 자들

176 (원주) 이 대담은 2005년 *Cahier littéraire Contre-jour*, n° 8, pp. 75–89에 실렸다.

(르네(René)[177], 베르테르(Werther)[178], 혹은 오베르만(Oberman)[179])의 순수하게 내적인 고통입니다. 원칙적으로 노동하는 사람들에게는 거부된 이 고통은 프롤레타리아가 자신의 고통을 응시할 수 있는 매개입니다. 낭만주의 문학의 주인공들은 아무것도 아닌 것에 의해, 다만 태어난 사실에 의해 고통 받습니다. 그러나 이것은 정확히 프롤레타리아를 의미하는 것이기도 합니다. 프롤레타리아는 다만 태어난 자, 자식만을 재생산하는 자, 그러나 이름도 역사도 없고 영혼의 고통을 느낄 권리도 없는 자입니다. 그래서 아무것도 하지 않는 자의 고통은 너무 많은 것을 하는 자들에 의해 자기화될 수 있고, 그 고통은 그들에게 다른 주체성과 다른 신체를 줄 수 있습니다.

전달되고 전향된 것은 메시지가 아닙니다. 그것은 정감 그 이상의 것, 자기화된 척 할 수 있는 능력, 유사한 것과 유사하지 않은 것 사이의 관계 그 자체의 전복에 의해 비틀리고 왜곡된 것을 의미합니다. 따라서 전달이 있다면, 그것은 전달의 이념 그 자체의 근본적인 비판을 통해서입니다. 이 비판이 바로 자코트를 이어서 『무지한 스승』에서 전개되는 쟁점입니다. 지배적인 형태에서 전달의 이념은 항상 다소 원인과 결과의 동등성, 즉 메시지나 감정의 표출과 수용의 균형을 전제합니다. 예를 들면 사르트르에게서 세계를 드러내고 자유를 부르는 텍스트, 브레히트에게서 존재의 방식을 낯설게 만드는 놀이 등을 들 수 있습니다. 이것은 항상 그 근저에서 제자의 영혼 안에 종자에 대한 플라톤의

177 르네는 샤토브리앙의 소설 『르네』의 주인공이다.
178 베르테르는 괴테의 『젊은 베르테르의 슬픔』의 주인공이다.
179 오베르반은 세낭쿠(Senancour)의 소설 『오베르만』의 주인공이다.

모델을 전제합니다. 원인과 결과의 이 이념은 명령과 금지를 근거 짓기 위해 편리합니다. 그러나 실질적으로 사유와 행동을 변경하는 힘이 문제일 때 거의 검증할 수 없습니다. 브레히트와 『신화론』의 바르트는 어떻게 프롤레타리아를 **표상해야** 하는지 혹은 **표상하지 말아야** 하는지를 잘 설명합니다. 우리와 동시대인들도 나치의 학살에서 같은 방식으로 대응했습니다. 얼마나 많은 의식이 공산주의의 대의에서 혹은 반유대주의의 거부에서 이 "훌륭한" 표상들을 획득하는지를 아는 것은 또 다른 문제입니다.

전달(transmission)의 문제는 두 배로—**문학적** 전달과 **미학적** 전달로서—복잡합니다. **문학적** 전달, 이것은 원인과 결과의 동등성이 없다는 것을 의미합니다. **문자**는 우연히 독자들에게 말을 하러 떠납니다. 이것은 의미작용과 메시지들의 영향의 힘을 명령하는 입장들의 변동입니다. 19세기의 위대한 작가들은 프롤레타리아가 글쓰기의 세계로 들어오는 죽음의 위기를 그립니다. 그러나 그들은 그 행위 자체에 의해 프롤레타리아를 이 세계 안으로 들어오게 합니다. **미학적** 전달은 메시지의 힘과 정감의 힘 사이의 환원 불가능한 간격을 전달하는 것을 의미합니다. **말 없는** 문자(La lettre *muette*)는 그것이 말하는 것을 말하지 않는 문자이고, 핵심에서 벗어나서 말하는 문자입니다. 신체 위에 기호들의 강독, 담론의 단절들을 말하게 하는 일, 메시지의 가속과 감속, 메시지 그 이상의 것, 이 모든 것이 말/원인과 정감/결과 사이의 모든 결과적 관계를 흔드는 합리성의 유형을 규정합니다. 미학적 체제는 원인과 결과의 전제된 동등성을 뒤흔드는 유형의 "동등성"을 말합니다. 다시 말해 일상과 알 수 없는 것(obscur)의 새로운 합리성, 사실들의 이유와 허구의 이유 간의 무차별성을 말합니다. 문학적 잠재력과 움직이는 정감은 실행과 결과 사이의 모든 연역을 금지하는 이웃의 체제 안으로 들어갑니다. 우리는 문학적 잠재력이 정치적 판단을 위한 가시적인 것과 결과적 에너지를 위한 정감을 소유하기를 바란다. 그러나 문학적 잠재력은 항상 이중적인 정치를 따라서만 그것들을 소유합니다. 문학은 문학성—새로운 유사 신체들을 작위적으로 창출하는 문자—의 작업인 동시에 그것의 정정입니다. 즉 자기화의 이 힘을 부정하는 의미와 정감의 고유한 체제를 구성하는 글쓰기입니다. 문학적 잠재력은 가시적인 것을 재구성하고 신체들을 구분 불가능한 영역 안으로 들어가게 하면서 신체들을 동원합니다. 이것은 들뢰즈가 문학적 실천을 배치, 생성, 무차별적인 영역 등을 통해 분석할 때 본 것입니다. 그러나 그는 이 문학의 정치를 정치로 만들고자 합니다. 다시 말해 문학의 구성적인 이중성을 유일한 효과로 이끌고자 합니다. 비록 탈영토화와 재영토화의 변증법—아주 헤겔적인 변증법—의 정당성을 인정한다고 할지라고 말입니다. 우리는 문학은 동일적인 관계들을 해체하면서 정치적이라고 말할 수 있을 것입니다. 그러나 문학은 정치적인 주체화를 거부하는 무차별적인 계획을 위해 그것을 하고자 합니다. 그래서 정치적인 주체화는 항상 이 계획으로부터 벗어나야 합니다.

● 문학성의 속성은 당신이 이 말에 주는 의미에 의하면 담론의 요소와 감각적인 것의 요소 간의 동일한 관계를 흔드는 능력 안에 자리합니다. 이런 의미에서 문학성은 정치적이고 불일치합니다. 몇몇 문학 작품들은 이 문학성과 이 정치의 의미 안에서 나아갑니다. 예를 들어 만델스탐(Mandelstam)의 시들은 당신이 『말들의 살』에서 다룬 것처럼, 한 장소에 한 목소리 혹은 한 목소리에 한 장소를 주고자 하지 않고, 반대로 말들과 사물들을 서로에 대해 자유롭게 내버려

두는 정치적 주체성의 기준들을 무효화하지 않는 한 정치를 가지는 것처럼 보입니다. 그런데 당신의 여러 작업들에서, 당신은 어떻게 문학이 그 역사 안에서 일종의 문학성을 탈선하는지를 보여주고, 어떻게 작품들이 일치의 형식들의 불일치 안에 정착하는지를 보여줍니다. 여기서 문학은 필연성의 관계를 이동시키고, 다시 만들고, 그 자신의 방식으로 정치적 논리와 치안의 논리를 섞습니다. 그 안에서 문학의 정치는 결국 당신이 "메타정치학"이라고 부르는 것에 속합니다. 따라서 우리는 메타정치학에 속하는 작품들과 다른 것들, 예를 들어 만델스탐의 작품과 같은 것들을 구분해야 할까요? 이 후자는 아마도 정치적 주체성, 문학성, 그리고 고아의 문자, 민주적인 문자의 논리를 방해하지 않는 진정한 정치를 가지는 것처럼 보입니다.

문학성과 문학은 다른 것입니다. 문학성은 예술과 글쓰기의 비위계적인 체제로서 문학을 근거 짓습니다. 여기서 작가는 아무거나 이야기하고, 아무에게나 말을 건넵니다(가장 물질적인 의미에서, 단편은 가난한 자들의 문학으로서 소설입니다). 상대적으로 글쓰기의 역사적 체제로서 문학은 예술과 글쓰기의 다른 체제가 부분을 형성하지 않는 문학성의 부분을 형성합니다. 이 재분배는 주체성의 효력을 느끼는 동시에 새로운 주체성의 형식을 허용하는 요소입니다. 그러나 우리는 문학적 주소와 정치적 주체성을 동일화할 수 없습니다. 워즈워드가 나와 경험의 주체로서 **인간** 사이의 관계 안에서 구성하는 것과 혁명 위원회가 인간과 시민 사이의 접근과 간격의 놀이 안에서 **우리**의 형식을 구성할 수 있었던 것은 같은 것이 아닙니다. 시는 새로운 감각체제, 혁명의 태양과 구름, 여름날 구름의 행렬과 일치하는 시민군의 행렬을 가능하게 하는 새로운 **본성**을 구성합니다. 정치는 다른 종류의 감각체제를 형성합니다. 그 안에서 같은 주체의 두 모습 사이의 분리가 느껴지고 결합이 일어납니다. (예를 들어 올랭프 드 구즈(Olympe de Gouges)의 논증을 들 수 있습니다. 여자들이 "단에 올라갈 권리"가 있다면, 여자들이 반혁명주의자로 단두대에서 처형당할 수 있다면—"단순한 인간의 삶"을 제거할 수 있다면—, 그것은 여자들이 시민에 속하기 때문입니다.) **우리**를 구성하는 것은 문학의 일이 아닙니다. 문학은 차라리 **사실**과 공통의 지각의 바탕을 재평가하는데 있습니다. 여기서 문학은 주체성의 새로운 모습을 위한 물질적 토대들을 제공하기를 그치지 않습니다. 그러나 여기서 또한 문학은 항상 합의를 다시 만들고자 합니다. 이것은 내가 『역사의 이름들』에서 미슐레에 대해서 분석한 것입니다. 미슐레는 혁명 보고서의 민주적 발언들을 영토화하면서 민주적인 감각체제를 구성했습니다. 그것은 그 근저에서 전적으로 모순적입니다. 미슐레는 혁명적인 발언들을 미학적 시간 안에 놓습니다. 그러나 이 미학적 시간은 고대의 수사학에서 벗어난 시대착오적 발언들과 대립됩니다. 미학의 정치의 문학적 감각체제는 정치의 미학에 고유한 문학적 감각체제와 다릅니다.

실천과 제도로서 문학은 따라서 신체를 정치에 배치하는 문학적 탈-체화의 길과 다른 길을 따릅니다. 문학은 항상 자신의 고유한 정치나 메타정차를 설립하는 경향을 갖습니다. 물론 문학은 그것을 아주 다양한 방식으로 행합니다. 그러나 그것은 항상 정치적인 주체화의 형식들과의 관계에서 어떤 거리를 가지고 그것을 행합니다. 만델스탐도 역시 집단적인 삶의 토대로서 놓이는 말의 종교를 설립하는 경향이 있습니다. 그는 말들의 상징적 사용을 비판하고 우리가 언어의 상징적인 변형과 정치적 주체화의 메타정치적 파악 사이에서 결과적 관계를 이해하는 것을 가능하게 합니다. 그는 이것에 직면해서 말들의 신체성의 이론과 시학을 구성합니다. 그러나 이 시학의 제의적(eucharistiques) 정감들은 메타정치의 모든 전통과 일치합니다. 만델스탐은 끝까지 이 시학과 언어의 스탈린식의 치안적 복종 사이의 대립 안에 존재합니다. 그는 직접적으로 정치적인 주체성의 형식들을 창조하지 않습니다.

따라서 우리는 두 진술을 동시에 유지할 수 있는 것처럼 보입니다. 즉 한편에서 문학 일반—단어들의 자유로운 자기화의 능력—은 정치적인 능력의 조건입니다. 그리고 문학은 그것이 신체들을 자유롭게 파악하는 이 단어들의 능력에 새로운 형식을 주는 한에서, 그리고 이 지배를 자기화하는 신체들의 능력에 새로운 형식을 주는 한에서 작동합니다. 문학은 정치적 주체성이 만들어지는 경험의 형식들의 재형상화의 부분을 형성합니다. 그러나 문학은 직접적으로 정치적이 아닙니다. 한편으로 그것은 진술의 집단적인 구성과 집단적인 표명의 구성이 문학의 목적이 아니기 때문입니다. 다른 한편, 문학은 문학성을 초과하는 데, 간격을 제거하는 말들과 신체들의 결합의 형식들을 재창조하는 데, 침묵의 사물들이 전달하는 기호들의 해석을 위해 정치적 발언의 장을 빼앗는 공통의 강독의 양태들을 재창조하는 데 사용되기 때문입니다. 이런 의미에서 그의 정치는 메타정치입니다. 이런 긴장은 글쓰기의 특수한 체제로서 문학 안에 존재합니다. 그리고 나는 여기서 메타정치에 속하는 작품들과 정치적 주체성에 기여하는 작품들 사이의 나눔이 일어났다고 생각하지 않습니다.

● 당신의 문학의 정치에 대한 사유는 작가(공적인 사람 혹은 담론의 아버지로서가 아니라, 글을 쓰는 자로서 작가)의 사회적, 정치적 책임의 개념을 무효화하나요? 이 책임의 문제를 어떻게 생각하시나요?

나는 책임의 개념의 확장된 사용을 좋아하지 않습니다. 그 말의 법적인 사용 밖에서, 나는 책임을 우리가 어떤 정해진 지위의 요구들에 들러붙는 방식으로 이해합니다. 이런 의미에서 교수는, 그가 자신의 이 직업을 이해하고 수행하는 방식이 무엇이든지 간에, 그가 가르치는 일과 평등의 작업의 수행과 결합하거나 분리하는 방식이 무엇이든지 간에 책임을 갖습니다. 그러나 작가는 이와 다릅니다. 그는 무수한 방식으로 사회와 정의의 대의에 기여하기를 원할 수 있습니다. 그러나 작가로서, 그는 규정되지 않는 수신자를 위해서 씁니다. 그는 불특정 다수를 위해 씁니다. 불특정 다수를 위해 쓰는 이런 글쓰기는 책임을 통해서 생각할 수 없습니다. 이런 글쓰기는 자코토적인 용어로 말하면 검증의 윤리에 속합니다. 다시 말해 중요한 것은 글쓰기를 작동시키는 운동에 충실한가를 검토하는 것입니다. 그런데 나는 글쓰기를 평등의 전제에 의존하는 것으로 이해합니다. 글쓰기는 누구나가 당신의 담론의 합법적인 수신자라는 것을 고려하는 것이고, 동시에 그것은 한 연구자가 다른 연구자들에게 말을 건네는 것입니다. 작가의 책임성은 전적으로 이 두 요구를 결합하고 두 요구를 하나이며 같은 일로 만드는 능력 안에 존재합니다. 작가는 인간의 행복과 불행을 책임지지 않습니다. 그는 그가 쓰는 것에 책임이 있습니다. 다시 말해 그는 글쓰기의 윤리에 책임이 있습니다. 만일 우리가 이것이 의미하는 것을 잘 이해한다면, 이것은 시대의 범죄를 책임지는 것보다 더 중요합니다.

● 당신의 작업들 안에서 문학의 정치를 맥락화할 수 있는 여러 방식들이 있는 듯이 보입니다. 작품들—워즈워드, 발자크, 플로베르, 랭보, 말라르메, 만델스탐—에 대한 당신의 분석들은 작품들의 정치를 작품들이 속한 역사적 시대,

혁명들 혹은 생시몽주의자들의 유토피아와 연결합니다. 역사적 맥락과의 연결은 아주 밀접합니다. 당신의 텍스트들 중에 보다 이론적인 몇몇은 미학적 체제—이것은 다양한 글쓰기와 다양한 침묵주의 간의 전쟁을 통해서 일어납니다—에 "내적인" 정치를 밝힙니다. 그 정치학이 비록 19세기 이후에 발생한 것이라고 할지라고, 이 내적 정치학은 상관적으로 초역사적인(transhistorique) 것처럼 보입니다. 그것은 작품들 바깥에 함축을 가질 수 없고, 작품들을 초월하는 (표상적이고 미학적인 체제를 넘어서는) 어떤 역사적인 외재성과 연결될 수 없습니다. 마치 그것이 공회전하는 것처럼 말입니다. 우리는 어쩌면 글쓰기와 침묵 간의 전쟁을 재연하면서 그 시대에 고유한 감각적인 것의 형상화와의 모든 관계와 단절한 채 머무는 소설들이나 시들을 상상할 수 있습니다. 당신은 이것이 가능하다고 생각하십니까? 우리는 여기서 맥락화, 다양한 역사적 정착의 단계를 가지지 않을까요?

사실 나의 작업은 지속적으로 분석의 이 두 영역에서 행해집니다. 한편으로 혁명 시민 연맹 축제의 맥락 안에 워즈워드의 시를 기입하는 수평적 맥락화와, 다른 한편 글쓰기가 글쓰기에 대한 플라톤적 비판, 책의 진리를 몸소 검증하고자 하는 돈키호테적 "광기", 모든 방향에서 접근 가능한 언어에 대한 랭보의 꿈을 동시에 만나게 하는 담론적 맥락 안에 의미들과 밀착된 글쓰기의 염려를 기입하는 대각선적 맥락화가 있습니다. 이 둘을 결합하면서, 비록 내가 명시적으로 하지는 않았지만, 우리는 또한 시민 연맹의 축제와 연설가 대신에 대지가 말을 하게 한 미슐레의 글쓰기를 연결할 수 있습니다. 또 우리는 미슐레와 바다를 기르고 시간의 검은 땅(tchernozium)을 뒤집는 쟁기의 날을 개입하는 만델스탐을 대립시킬 수도 있습니다. 역사적인 이 맥락을 가로지르는 이 영역을 여는 것은 글쓰기와 감각적인 것의 나눔, 공통적인 것의 상징적인 형상화에 의한 글쓰기의 전쟁과 그 쟁점들을 파악하는 것이 본질적입니다. 이것은 바로 역사를 만드는 것은 다른 시간성들의 유기적 결합이라는 것을 이해하는 방식입니다. 글쓰기의 정치는 항상 3차원적인 공간입니다. 우리가 『마을의 신부』가 가지는 글쓰기에 대한 플라톤의 고발과 독학자에 의해 발견되는 책의 공간과의 관계를 파악할 때, 우리가 발자크의 "반동적인" 이데올로기와 생시몽주의자의 "점진적인" 유토피아—이 둘은 모두 책의 죽은 문자와 대립하고 사물들 그 자체에 대한 글쓰기의 추종자들인데—사이의 관계를 파악할 때, 그리고 우리가 죽은 문자를 비난하면서 동시에 그 죽은 문자로 사는 문학의 이 이중적인 놀이를 이해할 때, 우리는 이 책의 정치성을 이해합니다. "글쓰기의 정치"는 관계를 다양화합니다. 그리고 우리는 몇몇 관계를 분리시킬 수 있습니다. 예를 들어 나는 『돈키호테』에서 혹은 『교회의 신부』에서—이 경우에는 역사적인 맥락화 없이—글쓰기들 간의 전쟁을 다룰 수 있습니다. 그러나 만일 우리가 문학의 정치를 작품과 주어진 시대의 이데올로기적 힘과의 관계에서 수평적인 영역만을 갖는다면, 우리는 이 "지평"에서 문제가 되는 것이 무엇인지조차 파악할 수 없습니다. 예를 들어 사르트르가 부르주아의 "비관적인" 기도와 연결된 반민주적인 전략으로서 플로베르의 글쓰기의 "석화"를 비난할 때, 그는 마르크스주의의 영향 아래서, 그 시대의 모든 반동주의자들이 플로베르에게 가한 비판을 반복합니다. 그들 역시 돌과 인간을 대립시켰습니다. 그러나 그것은 "석화" 안에서 모든 사물들의 민주적인 동등성의 기호 그 자체를 보기 위한 것입니다. 그들이 이 석화에 대립시킨 것은 인간성과 살아있는 말의 형식입니다. 이것들은 행위들과 그 동기들, 그 표현의 양식들의 연쇄의 표상의 논리를 특징지었습니다. 마찬가지로 부르디외는 퐁사르(Ponsard)와 같은 작가들의 성공을 설명하기 위해 "문학의 장"과 그것의 권력의 장과의 관계에 대한 분석 안으로 빠져듭니다. 그것은 그가 그 당시의 낭만주의를 체화하고 낭만주의의 변형인 사실주의를 표방하는 문학적 민주주의와 정치적 민주주의 간의 거리를 지각하지 못했기 때문입니다. 문학적 민주주의는 민주적 행동의 수사학과의 대립 안에서, 고전적 수사학의 변형된 차용에 의해 형성된 말 없는 말, 아래의 말, 간격의 말의 유형을 강요합니다. 문학적 민주주의는 정치적 행위가 자신의 용어들을 관계 안에 놓는 방식들과의 간격을 가지는 (메타)정치학—통일성들과 집단을 규정하는 방식, 전체와 부분과의 관계를 이해하는 방식, 신체에 말이나 침묵을 부여하는 방식—을 갖습니다. 여기서 문학적 취향을 통해 오래된 공화주의자들과 반동주의자들 간의 어떤 연대가 형성됩니다. 특히 공화주의자이고 아주 학술적인 퐁사르의 성공이 있습니다.

글쓰기의 정치적 쟁점들을 파악하는 것의 불가능성과 글쓰기의 (메타)정치학—혹은 미학적 (메타)정치학들—과 이 두 축을 고려하지 않는 정치적 운동 사이의 관계의 복잡성을 파악하는 것의 불가능성, 또한 이것 없이는 우리가 근대성이라고 부르는 것에 고유한 정치와 메타정치의 얽힘을 이해하는 것의 불가능성이 존재합니다. 왜냐하면 미학적 정치는 예술 세계에 속한 "혁명들"에 의해서 뿐만 아니라, 혁명의 새로운 이념에 의해서 규정되기 때문입니다. 젊은 마르크스가 정치적 혁명에 대립시킨 "인간" 혁명은 명백히 실러의 "인간의 미학적 교육"의 유산이고, 제도의 법과 "체계(mécanique)"의 문자가 더 이상 아니라, 감각적 형식들 그 자체의 혁명의 낭만주의적 개념의 유산입니다.

● 로랑 제니(Laurent Jenny)는 그의 책(『내재성의 종말』, 2002)에서 당신의 문학적 사유에 대한 정식을 제시하는데, 그에 대해서 어떻게 생각하시나요? 그에 의하면 당신에게서 문학은 종국적으로 역사를 가지지 않습니다. 왜냐하면 당신에게 문학의 전개는 문학적 모순의 더듬거리는 그치지 않는 전개일 뿐이기 때문입니다. 그리고 당신의 사유는 문학에서 모든 사건성을 제거하고, 모든 불의의 사건, 단절, 실험 등은 당신에게 다만 하나의 같은 모순의 변형일 뿐이기 때문입니다. 이 역사의 불가능성은 아마도 당신의 사유의 역사성이 지불해야 하는 대가일 것입니다. 그리고 끝으로 어쩌면 당신 안에는 "문학을 움직이지 않고 공허한 운명 안에 고정하는" "일종의 뒤집힌 본질주의"가 있는 것처럼 보입니다.

모든 것은 우리가 역사를 이해하는 방식에 달려있습니다. 지배적인 모델은 그 물질성에 있어서 진보의 목적론적인 모델입니다. 여기서 성공한 문학적인 실험은 전에 없는 잠재력의 출현—말하기의 새로운 방식, 언어의 본질을 불러내는 새로운 방식 등등—에 할당되어야 하는 새로운 것의 능력에 대한 검토가 되어야 합니다. 이 새로운 것을 생각하는 방식은 나에게 그렇게 풍요롭지 않아 보이고, 어쨌든 내가 제안하는 새로움보다 덜 풍요롭습니다. 그리고 이 방식은 새로운 것의 시간의 규정에 의존하는 것이 아니라, 가능한 것들의 분배의 명시화에 의존합니다.

"문학은 언어의 필연성과 언어가 말한 것의 무관심성의 필연성의 일치의 불가능성을 규정하는 가능한 것들의 체계"라는 『말 없는 말』의 이 진술은 물론 독단적입니다. 그러나 좋은 방향에서 이것을 읽어야 합니다. 다시 말해 우리가 논리적으로 모순적인 기획이 주어지는 순간으로부터, 우리는 가능한 발명의 무한성으로 길을 엽니다. 항상 실현 가능한 기획보다 불가능한 기획에 의해 더 많은 가능성들이 열립니다.

"모순"은 새로운 환경으로 들어가기 위해 친숙한 환경으로부터, 다르게 연결되는 연쇄의 양태들로부터, 이질적인 시간성의 선들로부터 나오는 요소들의 재배치를 의미합니다. 말라르메에게서 어떻게 순수한 시적 글쓰기가 동시에 기념물, 불꽃놀이, 바그너적 드라마, 무도회 수첩, 로이 풀러(Loïe Fuller)의 무용, 하늘의 알파벳을 드러내는지를 연구하는 것은 나에게 침묵, 한계의 경험, 비전이성 등등을 말하는 것보다 더 흥미롭습니다. 결국 문학은 말 이상의 것으로 수용되는 말들을 산출하는 것입니다. 프루스트는 셀린(Céline)처럼 그것을 하고, 졸라는 버지니아 울프처럼 그것을 합니다. 이로부터 모두가 같은 것을 한다고 어렵게 결론내릴 수 있을 것입니다. 그러나 우리는 이로부터 그 각각에 고유한 발명들을 연구하기 위해 한 방법론을 끌어낼 수 있습니다. 부동의 운명에 대한 논증은 항상 새로운 것을 발명하기 위해서는 사건의 단절의 힘 안에서 믿음이 있어야 한다고 말합니다. 종국적으로 우리는 항상 사도 바울을 재발견합니다. "그리스도가 부활하지 않으면, 먹고 마셔라. 내일 너희는 죽을 것이기에." 나의 지속적인 전망은 발명이 희망을 창출하는 것이지, 그 반대가 아니라는 것입니다. 문학이 자신의 개념을 초과하기 위해서는 초월적인 사건이 일어날 필요가 없습니다. 바울의 개념은 영원히 나에게 부적절한 개념입니다. 그의 결론은 전혀 근거가 없는 것입니다.

● 당신의 『영화 우화』의 도입부에서, 당신은 과거의 대상들을 바라보는 두 공리—거만과 향수—를 불러냅니다. 이것들은 당신에게 다른 것들을 돋보이게 하는 것으로 보입니다. 당신은 당신이 다루는 대상들과, 보다 정확히 말해 당신이 분석하는 문학적 텍스트들과 어떤 관계를 갖나요?

거만과 향수는 가치 판단의 양태에서 과거를 현재와 관계시키는 단순한 두 방식입니다. 그것은 **황금시대**이거나 **환상의 시대**였습니다. 두 경우에 그것은 현재에 대한 판단의 단순한 뒤집기입니다. 우리는 퇴폐 안에 있거나 성숙을 기다립니다. 이 두 시간 각각의 고유한 내용은 여기서 사라집니다. 과거를 다루는 나의 방식은 반대로 판단과 거리의 이 얽힘을 제거하는 것입니다. 한편으로 문제는 과거를 그것의 고유한 현전 안에 돌려주는 것입니다. 즉 그 시대의 언어, 수사학, 스타일, 우표를 느끼게 하는 것입니다. 이것은 또한 경계를 건너는 것이고, 위대한 문학과 노동자의 담론 사이에서, 프롤레타리아의 "밤"과 말라르메의 "밤" 사이에서, 발자크와 생-시몽주의자들 사이에서 유통하는 것을 지각하게 하는 것을 의미합니다. 다른 한편, 문제는 낯선 신체의 특이성을 가지고 과거를 우리의 현재로 투사하는 것입니다. 이것은 내가 지속적으로 한 것입니다. 즉 과거의 텍스트를 현재 생각 가능한 것의 재배치의 요소로서 사용하는 것입니다. 두 절차는 동시에 나에게 모든 현재가 다수의 시간의 층들과 시간성의 선들로 이루어져 있는 한에서 서로 만납니다. 이것은 모든 현재는 분산되고 부재와 얽혀있다는 것을 의미합니다. 또한 본질적인 것은 우리가 글쓰기의 현재를 구성하면서 구성하는 장소들의 재배치와 시간들의 유기적 결합의 특수한 기계 안에 존재합니다. 즉 발자크를 글쓰기의 전쟁의 분석 안에서 플라톤과 함께 놓는 것, 플로베르, 말라르메, 그리고 프루스트를 낭만주의, 사실주의 혹은 상징주의의 의해 나누는 대신에 하나의 국면 안에서 파악하는 것, 구조주의적 지형학으로부터 벗어나기 위해 말라르메의 밤을 프롤레타리아의 밤의 시간 안에 놓는 것입니다. 이것은 글쓰기의 시간성 그 자체가 본질적인 역할을 수행한다는 것을 의미합니다. "자료"들을 쌓고, 계획을 짜고서 책을 쓰는 사람들이 있습니다. 그러나 나는 개인적으로 책을 시작할 때 그것이 어떻게 전개되고 어떻게 끝나는지 전혀 모릅니다. 그리고 나는 항상 모든 것을 다시 처음부터 시작할 위험을 안고서 내가 말하는 텍스트들이나 영화들 앞에 나를 다시 놓는 것이 필요합니다. 우리가 이런 시간의 얽힘 안에서 살 때, 우리는 향수에 젖을 시간이 없습니다. 내가 자코트와 동시대인이기를 그치지 않을 때 어떻게 내가 자코트를 그리워할 수 있을까요?

● 당신은 새로운 인간, 다른 사회의 이상에 대한 원한과 당신이 "반-미학적 원한"이라고 부르는 것 사이의 연관을 세웁니다. 이 접근을 설명해 줄 수 있으신가요?

두 경우에서 문제는 프랑스 혁명과 미학적 혁명의 시대에 정치와 미학 사이에 세워진 매듭에 대한 원한(ressentiment)입니다. 미학은 본래적으로 새로운 인간에 대한 사유, 비록 그렇게 눈길을 끄는 것이 아닐지라도, 취향의 판단에 대한 칸트의 보편성에 대한 사유입니다. 실러가 여기서 지성과 감성, 형식과 물질, 문명과 야만과 같은 대립하는 두 인간성 간의 나눔을 회피하는 "인간"에 대한 긍정을 본 것은 옳습니다. 이것은 아직 새로운 사회의 대담한 설립자, 낙원을 공격하는 프롤레타리아의 창시자들이 아니라, 새로운 인간의 원리입니다. 아니 차라리, 내가 시도한 것처럼, 이 원리는 둘로 나뉩니다. 즉 미학적 경험의 새로운 주체는 처음부터 "자유로운 가상"에 직면한 "자유로운 놀이"의 형상과 세계를 그 자신의 고유한 거울로 변형하면서 자신을 인정하는 법을 배우는 인간의 형상으로 나눠집니다. 어쨌든 오늘날 지적인 태도를 제공하는 원한의 인간들에게, 이 둘은 밀접하게 연결되어 있습니다. 즉 프랑스 혁명, 독일의 미학적 관념주의, 사회적 혁명, 예술의 아방가르드 등은 모두 그들에게 같은 황폐화하는 "근대성"의 불길한 음모입니다.

● 당신에 중요한 독서는 무엇이었나요? 당신의 책들에서 몇몇 작가들의 이름들은 여기저기에서 나타나고 곧 사라집니다. 또 당신이 언급하지 않은 어떤 작품들은 그럼에도 불구하고 당신에게 중요한 것처럼 보입니다. 예를 들어 사회적 역사가 문제인 당신의 텍스트들—"프롤레타리아와 그 그림자"(『인민의 무대들』) 혹은 『역사의 이름들』—에서, 몇몇 시인들과 소설가들은 당신 사유의 모델로서 나타나는 것처럼 보입니다. 나는 조이스, 보들레르, 울프, 시몽, 본느푸아의 이름들을 생각합니다. 이들의 작품들은 당신의 사유, 당신의 작업에 어떤 흔적을 남겼나요? 그렇다면, 어떤 의미에서 그런가요?

당신이 인용한 이름들은 상황에 따른 것들입니다. 클로드 시몽과 조이스는 여기서 장 보레이유(Jean Borreil)[180]의 텍스트의 울림 속에서 존재합니다. 그의 글들에서 이 작가들은 중요한 역할을 수행합니다. 나는 그의 책을 『역사의 이름들』에 대한 세미나를 하던 시절에 읽었습니다. 본느푸와(Bonnefoy)는 내가 17살 때 나에게 많은 영향을 주었습니다. 특히, 나는 그의 "시의 작용과 장소"를 읽었고, "프롤레타리아와 그 그림자"에서 그를 기리는 글을 썼습니다. 의심할 바 없이 그의 『백조』에 대한 읽기는 영웅적이지 않고, 변경된 양태 위에서, 기호들과 영토의 변형

180 장 보레이유(Jean Borreil, 1938-1992)는 카탈로니아 태생으로 프랑스의 철학자이다. 그는 랑시에르와 함께 논리적 저항을 창설한 사람들 중의 하나이다.

을 거쳐서, 실패 혹은 망명 그 자체의 어떤 부드러움을 나누기 위해서 멜로드라마도 주술도 동시에 거부하는 패배한 자들에 대한 공감을 가지고 노동자와 혁명의 역사를 말하는 나의 방식에 많은 영향을 주었습니다. 그가 설명하는 보들레르의 "당신을 생각한다"는 나의 사유하는 방식과 일치합니다. "누군가를 생각하는 것"은 사유의 한 관행을 의미합니다. 한편으로 그것은 고유성, 체험에 접근하는 방식이며, 이 고유한 이야기를 통해서 철학적이고 정치적인 질문을 다루는 방식입니다. 다른 한편 이것은 체험과의 거리를 유지하는 방식이며, 살과 구체성의 특권을 거부하는 방식입니다. 몇 년 동안 나는 포이어바흐에 대한 논문을 준비했습니다. 그에게는 구체적 인간, 피와 살을 가진 존재에 대한 집착이 있습니다. 이것은 나에게 현전, 살의 현상학적 미학과 철학에 면역이 되게 했습니다. 나의 글쓰기에 깊은 흔적을 남긴 작가들—릴케, 플로베르, 버지니아 울프, 파베세(Pavese)—은 구체성의 극단적인 의미가 동시에 항상 감정과 향유의 부재에 의해 동반되는 작가들입니다. 버지니아 울프는 그들 중에 묘사에 있어서 믿을 수 없을 정도로 감각적인 첨예함을 가진 동시에 그것과의 분리에 의해 표시되는 방식에서 아마도 그 정수일 것입니다. 그래서 『파도』는 『프롤레타리아 밤』의 개념화—문자들에 의한 가짜 소설처럼 시선들, 엇갈린 말들을 통해서 본 시간의 순간들의 나눔—에 깊은 영향을 미쳤습니다. 작은 이야기들, 최후의—결론적인 것이 아닌—세부사항들에 이르기까지 모든 세부사항들을 통한 역사적인 여정을 따르는 나의 방식은 『감정 교육』의 비관주의(프레데릭과 델로리에가 가졌던 가장 좋은 기억인 터키의 창녀촌 방문)와 『등대로』의 낙관주의(아이의 꿈—가까이 있는 등대에 가는 것—은 몇 년 후에, 하찮으나 강력한 것 안에서 실현됩니다) 간의 대화와 같은 어떤 것입니다. 『프롤레타리아의 밤』의 결말은 다소 수정된 『감정 교육』의 결말을 갖습니다. (물론 이것은 의도한 것은 아닙니다. 이것은 내 안의 독서의 여정으로 사후적으로 내가 그것에 설명을 첨가한 것입니다.) 그것은 또한 가능적으로 디킨스의 『위대한 유산』의 종말을 상기시킵니다. 이 책은 젊은 시절 내게 많은 영향을 미친 책이기도 합니다. 특히 주인공과 에스텔과의 마지막 만남과 이 만남을 결론짓는 문장—"나는 그녀로부터 또 다른 이별의 그림자를 봤다"—이 그렇습니다. 과거를 다루는 나의 방식은 릴케의 『말테의 수기』에 많이 빚지고 있습니다. 다시 말하면, 상실된 어린 시절의 집과 도시의 거리의 광경 간의 관계, 특히 파괴자들에 의해 뱃속이 드러난 집들, 삶의 흔적들이 떼어낸 벽지들 위에 고스란히 남아있는 그 집들에 많이 빚지고 있습니다. 마치 모든 것이 노동자이며 유토피아주의자인 "사도들"의 이야기처럼, 신체들을 파악하고 뒤집는 말들에 대한 『역사의 이름들』의 테제는 릴케의 시들에 많이 의존하고 있습니다. 그 시는 한 성당이 동양에서 세워지고 있기 때문에, 저녁 식사 시간에 일어나서 집을 떠나는 한 남자의 이야기입니다. 만델스탐도 역시 나에게 특별한 의미를 갖습니다. 나는 그의 시를 아주 늦게 읽었는데, 그것은 분리의 시, 시적인 행복과 정치적 행복 사이의 일치의 요소들을 분리하는 시였습니다. 내가 문학을 사용하는 방식은 릴케의 다음의 다섯 단어에 의존합니다. "상실도 우리에게 속한다(Auch noch verlieren ist unser)."[181] 그러나 여기서 중요한 것은 유토피아적 환상, 환멸 등에 대한 어리석은 모든 담론에 반해서 접근 불가능한 어떤 것의 지식과 향유에 의해 표시되는 삶의 긍정성을 정의하

181 릴케의 시, "한스 카로사를 위해서(Für Hans Carossa)"(1924년 2월 7일)의 첫 구절이다.

는 것입니다.

이것은 내가 쓴 문학의 진정한 표시입니다. 이 표시는 의식의 부분에 속하지만(프롤레타리아의 비전형적인 나의 이미지 안에는 샤를 보바리, 꼬마 주스텡[182], 아르누[183]가 각각 약간씩 들어있습니다), 대부분은 무의식에 속하는 것들입니다. 사실 내가 읽고 사랑한 작가들, 그러나 노동자들의 이야기를 나의 방식으로 쓰는데 있어서 나타나지 않는 작가들에 내가 빚지고 있는 것을 다 정확히 말하는 것은 쉽지 않습니다. 플로베르, 콘라드, 포크너… 그러나 그 영향의 실질적인 무게는 작가들의 문학적인 무게와 완전히 다릅니다. 별로 중요하지 않은 소설, 바보 같은 노래, 포르노 소설, 아이의 기도는 우리가 위대한 텍스트를 자신 안에 기입하고 자기화하는 바탕이 됩니다. 우리의 삶과 글을 짜는 텍스트들은 그것들이 잊혀지고, 이동되고, 변형되는 한에서만 작동합니다.

182 『마담 보바리』에 나오는 인물로, 약국 주인 오매의 먼 친척으로 약국의 점원으로 일한다. 그는 진정으로 마담 보바리를 혼자 사랑한 인물로 그려진다.

183 『감정교육』의 주인공 프레데릭이 사랑에 빠진 마담 아르누의 남편이다. 그는 타락하고 방탕한 부르주아의 전형으로 그려진다.

불확실한 정감[184]

(파트리스 블루엥, 엘리 뒤렝, 도르크 자뷔낭과의 대담)

● 오랫동안 시네필로서, 『카이에 뒤 시네마』의 정기적인 집필진으로, 그 활동이 정치, 역사, 미학에까지 이르는 철학자로서 자크 랑시에르는 『영화 우화』[185]에서 영화는, 그것이 가장 고전적인 것일지라도, 모순적으로 그 수단들을 다루기를 그치지 않으며, 그 효과들을 강조하기 위해 그것들을 나누기를 그치지 않는다는 것을 보여준다. "장면을 차지하고 있는 신체들 위에 그림자와 빛의 놀이는 우화를 사용하는 동시에 그것을 정지시킨다. 말들을 받아서 행동들로 완수하는 신체는 말들을 흡수하고 행동들을 빗나가게 한다."[186] "브레송 혹은 로셀리니의 간결함을 서부극의 과시 혹은 고다르식의 병렬구조, 히치콕의 연쇄

184 (원주) 이 대담은 2005년 *Critiques* n° 692-693(주제 "영화철학"), pp. 141-159에 실렸다.

185 (원주) 『영화 우화』(Paris, Seuil, 2001)와 필립 와트의 서평, "모방과 그림자의 영역"(Crtiques, 2002년 10월, n° 665)을 참조.

186 (원주) "영화의 틈들", *Trafic*, n° 50, 2004, p. 165.

와 비밀스럽게 결합하는 이 이중의 놀이를 지각하기 위해서는 시네필"을 거쳐야 한다. 그러나 영화의 활동이 예술과 그 잠재력의 이념에 빚지고 있다는 것을 명백하게 밝히기 위해서는 미학, 더 일반적으로는 "감각적인 것의 나눔"을 거쳐야 한다. 영화의 논리는 "저지된 우화"의 논리이다. 자크 랑시에르는 그것을 두 개의 위대한 시학—행동과 표상, 성격과 담론의 시학과 기호와 "말 없는 말"의 시학—의 교차 안에 놓는다. 고전적인 아리스토텔레스 시학은 행동의 전개를 운의 변화 혹은 인물들에게 영향을 미치게 되는 폭로와 연결한다. 그리고 예를 들어 셸링의 "시의 시"라는 이념 안에서 정식화되는 낭만적 시학은 예술의 "미학적 체제"를 특징짓는다. 그것은 기호들의 조합, 그것들의 일치의 놀이를 이미 언어의 삶, 공동체의 정신, 혹은 물질의 주름 안에서 드러나는 표현, 변형, 반성의 잠재력의 운반자로 만든다. 한편으로 비극의 플롯, 인물들, 허구의 특수한 시간과 공간과 다른 한편 표상의 예술의 연쇄를 복잡하게 하는 무한한 정지, 틈, 혹은 재조합의 원리와 시학적 글쓰기의 공간이기도 한 감각적인 것의 변신들의 규정되지 않은 공간[187]이 있다. 우리는 이 새로운 시학의 자연적인 완성을 영화에서 본다고 믿었다. 우화의 아리스토텔레스적 특권은 여기서 카메라의 눈의 자동적인 기록에 의해 해방된 사물들의 수동적 전망을 위해 전복된다(엡스텡, 바쟁). 그러나 비결정성은 영화의 진정한 원리이고, 그 안에서 영화는 "미학적 체제"의 모순들을 아주 잘 드러낸다는 것을 인정해야 한다. "탁월한 근대 예술인 영화는 다른 어떤 예술보다 더 두 개의 위대한 시학의 갈등을 실험하거나 두 시학의 조합을 시도한 예술이다. 결정하는 예술가의 시선과 기록하는 기계

187 (원주) 미학적 체제와 이 두 시학의 긴장에 대해서는 랑시에르의 『말 없는 말』(*La parole muette*, Paris, Hachette; 1998), 『말들의 살』(*La chair des mots*, Paris, Galilée, 1998), 『감성의 분할』(Paris, La Fabrique, 2000), 『미학적 무의식』(*L'inconscient esthétique*, Paris, Galilée, 2001)을 참조.

의 시선의 조합, 즉 구성된 이미지와 수동적 이미지의 조합, 이 두 힘을 영화는 보통 고전 시학의 대체물을 드러내는 단순한 도구로 사용한다. 그러나 반대로 영화는 말하는 무언의 각인(impression muette)과, 의미의 잠재력과 진리의 가치들을 계산하는 몽타주라는 영화가 가진 이 이중의 자원을 그것의 최상으로까지 이끌 수 있는 예술이다."[188] 각인과 몽타주의 이 두 힘의 얽힌 효과는 우리를 철학과 영화애호가의 이중 놀이로 이끌지도 모른다. 자크 랑시에르는 이런 질문들에 대해 파트리스 블루엥, 엘리 뒤렝, 도르크 자뷔낭과 대담을 가졌다.(편집자)

ᔕ

● 당신의 작업을 "영화의 철학"으로 제시할 생각이 있는지요?

나의 작업을 어떤 경우에도 영화의 철학으로 규정할 생각이 없습니다. 나는 철학은 어떤 것**의(de)** 철학이라고 생각하지 않습니다. 철학은 항상 어떤 것과 어떤 것 **사이의** 담론입니다. 철학이 장르적인 것, 여기서 영화에 의해 지시되는 어떤 것에 대해 말할 때를 포함해서 말입니다. 철학은 나에게 동음이의어에 대한(sur) 작업입니다. 따라서 영화의 철학은 없습니다. 반면 영화에 대한 철학적 작업은 존재할 수 있습니다. 그것은 필연적으로 "영화"라는 용어의 동음이의어에 대한 작업, 이 동음이의어를 해체하고자 하는 작업, 다양한 영화들 사이에서 그려지는 행로들을 생각하고자 하는 작업입니다. 그것은 영화가 다수이기 때문입니다. 우리는 영화를 기술적인 장치로서, 영화 장치로서 정의할 수 있

188 (원주) 자크 랑시에르, 『영화 우화』, op cit, pp. 205–206 (고양: 인간사랑, p. 263)

습니다. 그러나 우리는 또한 그것을 대중적 오락으로, 하나의 예술로서, 즉 일곱 번째와 예술 간의 독특한 연결을 지시하는 "제7의 예술"로 정의할 수도 있습니다. 끝으로 영화는 예술과 예술이 아닌 것 간의 관계의 이름이기도 합니다. 즉 예술의 애매성의 이름이기도 합니다. 그것은 질 들뢰즈의 철학책의 이름이기도 합니다. 그것은 유토피아 혹은 신비적인 것의 이름이기도 합니다. 영화에 대한 작업은 이렇게 동음이의어의 의미에 대한 작업입니다. 다시 말해 이 작업은 예를 들어 우리가 루이 드 퓌네즈(Loise de Funès)를 보는 데에서 느낄 수 있는 즐거움과 영화의 신비 사이의 어떤 관계가 있는지 없는지를 묻는 것입니다. 영화에 대한 사유는 거리가 아주 먼 것들 사이를 가로지르는 것입니다. 한편으로 영화 상영의 현실 안에서 일어나는 것이 있습니다. 그리고 다른 한편 역사, 사회적—혹은 철학적인—현상으로서 영화를 구성하는 것이 있습니다.

● 그럼에도 불구하고 "영화의 철학"으로서 어떤 것이 존재합니다. 우리는 영화의 사유를 제시하는 몇몇 철학적 담론들을 발견할 수 있습니다. 예를 들어 벤야민, 들뢰즈, 카벨(Cabell), 바디우, 로제트(Rosset) 등등. 이들에 대해 어떻게 생각하시나요? 일반적으로 말해서, 당신의 글쓰기는 영화를 말하는 철학들에게—들뢰즈를 제외하고—많은 자리를 제공하지 않습니다. 당신은 영화의 철학, 혹은 영화의 이론보다 영화인이나 비판에 더 많은 관심을 갖습니다.

영화의 철학들이 존재하는지 나는 모르겠습니다. 어쨌든 나는 그것에 대해 아는 바가 없습니다. 다시 한 번, 일반적으로 나는 어떤 것의 철학으로 직접적으로 제시되는 담론들에 별로 관심이 없습니다. 물론 영화에 대해 쓴 철학들이 있습니다. 그들이 영화의 철학을 만드나요? 예를 들어, 나는 들뢰즈가 영화의 철학을 만들었다고 생각하지 않습니다. 그는 이미지-운동의 이론과 이미지-시간의 이론을 만들었습니다. 그는 영화를 통해 형이상학을 제시합니다. 그리고 그가 말하는 영화의 조각들, 실질적으로는 영화에 대한 텍스트의 조각들은 이미지의 사유, 들뢰즈의 형이상학을 규정합니다. 결론적으로 들뢰즈는 영화에 대해 말하면서 자신의 고유한 개념들을 재발견합니다.

그는 이미지들을 존재론, 바슐라르를 상기시키는 요소들의 물질적인 형상학을 구성하는 데 사용합니다. 그러나 그는 이 이미지들을 생산하는 작동들에 대해서는 전혀 언급하지 않습니다. 베르토프에 대한 전개는 이런 관점의 좋은 사례입니다. 베르토프에게 들뢰즈가 관심을 가지는 것은 유연한 운동들, 이미지들이 향하는 기체 상태들, 혹은 "분자" 상태들입니다. 이것들은 이미지-지각, 사물들 그 자체에서, 실재의 주름 속에서 파악될 지각입니다. 극단적으로 말해서 그가 말하는 베르토프의 영화들을 그가 봤는지 안 봤는지는 여기서 전혀 중요하지 않습니다. 그가 자주 보지 않은 영화들에 대해서 언급하는 것은 놀라운 일이 아닙니다. 그는 몇몇 영화 비평들에서 가져온 영화의 어떤 장면 혹은 어떤 측면들을 언급합니다. 물론 그는 이것들에 대한 주를 답니다. 이런 관행은 그의 관점에게 전혀 스캔들이 아닙니다. 나에 대해서 말하자면, 나는 내가 보지 않은 영화들에 대해서 쓰는 것은 전적으로 불가능합니다.

"영화의 이론들"이 문제일 때, 그 범위는 굉장히 넓고 다양합니다. 영화 이론들은 여러 이유들에서—기표 이론, 문화 현상 이론 등등을 위해—영화를 인질로 잡습니다. 영화의 분석도 또한 미국에서 단지 "이론"이라고 불리는 것 안에 연루되었습니다. 이 철학적–정신분석적–정치적 해석의 기계는 거기서 다시 젊어진 "문화 비판"의 역할을 수행했습니다. 그러나 그것은 특별히 예술의 철학이고자 하는 사명을 가지지 않았습니다.

개인적으로, 나는 영화의 가능성들을 규정하는 몇몇 담론들과 관계합니다. 장 엡스텡 혹은 엘리 포르(Elie Faure)는 한동안 영화와 동일시된 유토피아를 규정합니다. 엘리 포르에 의하면 운동의 새로운 예술의 약속은 또한 대중의 새로운 예술이고, 예술의 새로운 시작, 고대 인도의 건축과 동등한 가치를 가지는 것입니다. 엡스텡과 까뉘도(Canudo)에게 이 움직이는 이미지의 예술은 빛의 글쓰기의 예술로서, 그 시대의 위대한 미학적 꿈의 완성으로 제시됩니다. 나는 바쟁의 담론에 관심이 있습니다. 왜냐하면 그는 영화의 역설(doxa)을, 들뢰즈도 많이 의존하는 역설을 고정하기 때문입니다. 따라서 나는 오늘날 지적인 견해가 예술로서 영화에 접근하는 것을 가능하게 하는 지배적인 큰 범주들을 형성하는 영화의 담론들로 기울어져 있습니다. 여기서 나의 관심은 담론들의 놀이가 다양한 "영화들" 간의 다리를 생각하는 것을 도와주는 방식들에 있습니다.

고다르나 브레송과 같은 영화인들의 글들에 대해서도 사정은 마찬가지입니다. 그들이 영화의 어떤 본질 혹은 어떤 이념을 규정하는 한에서 그들은 나의 작업 속에 개입합니다. 고다르는 자신의 영화의 역사를 통해서 영화가 존재해야 하는 모습, 영화의 본질을 규정하면서 일종의 영화의 멜랑콜리를 그립니다. 이 영화의 순수성에 대한 생각은 마테를링크(Maeterlinck) 메이어홀드(Meyerhold) 시대에 연극에 대한 사유와 일치합니다. 나의 작업은 따라서 이 영화의 순수성을 질문하는 데에 있습니다. 이 순수성은 그것이 버리는 것에 의존한다는 것을 드러내면서 말입니다. 그러나 누군가 그가 말한 것을 하지 않는다는 것을 드러내는 것은 그 자체 어떤 이득도 없습니다. 우리는 우리가 말한 것과 전적으로 다른 것을 합니다. 그러나 중요한 것은 영화의 사유는 텍스트성과 실천 사이의 틈에서 태어난다는 것입니다. 감각적 제시의 특수한 절차들과 우리가 "영화"라는 말 아래서 보다 광범위하게 투자하는 것 사이의 관계—우리가 원하는 어떤 것과 우리가 영화로부터 기대하는 어떤 것—, 바로 여기에 철학적인 내기가 자리합니다. 그것을 파악하기 위해서는, 영화의 의지를 표명하는 담론들을 영화의 본질로 만들기 위해 그 의지를 영화의 실질적인 실천들로 포섭하는 것을 피해야 합니다.

● 다른 질문으로 넘어가서, 크게 영화가 철학과 관계하는 방식이 세 가지 있습니다. 철학적인 영화들을 만드는 것(철학적인 이념 혹은 이론들을 자신들의 고유한 방식들을 통해 표현하거나 드러내는 것), 철학에 대한 영화들을 만드는 것(이것이 가능한지?), 끝으로 철학자들에 대한 영화를 만드는 것입니다.

어떤 의미에서 영화는 그 자신의 시간을 철학을 하는 데 바칩니다. 왜냐하면 영화는 탁월한 가상의 예술, 그것이 관계하는 현실을 비결정성 안에 놓는 것이기 때문입니다. 모든 영화는 그래서 가상과 현실 사이의 관계에 대한 실질적인 연습으로 고려할 수 있습니다. 어떤 의미에서 영화는 존재와 가상에 대해 연구하고자 하는 모든 철학자들에게 파헤칠 만한 가치가 있는 탄광입니다. 그것이 알랭 바디우의 방식이든 클레망 로세의 방식이든지 간에 말입니다. 철학을 행동으로 옮기는 영화들이 존재할 수 있는지는 모르겠습니다. 철학자가 개입하는 영화들은 내게는 보다 흥미로운 문제를 제기합니다. 나는 로셀리니의 철학자들에 대한 영화들을 연구했습니다. 이 영화들은 교육적 영화로 제시되었습니다(이 영화들은 이탈리아 텔레비전의 요구로 만들어졌습니다). 영화의 역할은 이때 철학자들의 사유를 보다 쉽게 전달하기 위해 이미지를 사용하는 것처럼 보입니다. 그러나 이러한 요구는 철학이나 영화 둘 다에서 유지될 수 없는 것처럼 보입니다. 그럼에도 불구하고 로셀리니는 그의 〈소크라테스〉에서 직접적인 예시를 시도했습니다. 그래서 우리는 모두가 아는 소크라테스의 모습을 한 배우를 통해 보기에 이릅니다. 젊은이들이 거리에서 그에게 야유하고 욕설을 퍼붓기 시작합니다. "너는 방탕한 인간이다." 등등…결국 "소크라테스, 네가 아는 게 뭐냐?"고 묻고, 소크라테스는 "나는 내가 모른다는 것을 안다"고 대답합니다. 이것은 완전히 실패한 영화입니다. 영화적으로 성공하기 위해서는 로셀리니는 전적으로 다른 것을 했어야 했습니다. 관객을 위해 철학자의 사유를 예시하는 것이 아니라, 반대로 배워야 한다고 전제되는 관객에 대한 생각을 멀리해야 합니다. 그리고 철학자의 사유를 영화를 보고자 하는 관객을 위해 철학자의 신체와 접근시켜야 합니다. 자신의 사유를 담지하고 그것을 증명하는 철학자의 신체를 구성해야 합니다. 예를 들어 〈데카르트〉에서 로셀리니는 한편으로 몇몇 유명한 장면들을 재현하고자 노력합니다. 여기서 우리는 데카르트가 모순들에 대한 반박에 대해 자신을 방어하는 것을 봅니다. 이로부터 벗어나기 위해서는 데카르트의 사유를 그의 즉각적인 현시로서 그의 신체와 접근시켜야 합니다. 『두 번째 성찰』의 초반("이제 눈을 감을 것이다… ")은 자서전화됩니다. 데카르트는 이 유명한 말을 영화의 끝에서 발설합니다. 마치 그의 삶의 평가처럼, 이제 그는 공적인 인간에서 사적인 인간으로 돌아갑니다. 사유에 주어진 신체는 항상 역설적이게도 사유를 회피하는 신체여야 합니다. 게으름의 주제는 영화 내내 지속됩니다. 데카르트는 아침에 일어나는 데 어려움을 가지고, 그는 의도적으로 게으르고자 합니다. 〈파스칼〉에서도 파스칼의 말은 일종의 신체적인 쇠약, 피곤, 고통에 집중합니다. 항상 영화에서 철학을 예시해야 하는 일과 영화를 만들어야 하는 일 사이의 역설과 대립이 있습니다. 영화를 만들기 위해서는 철학적인 담론을 공적인 영향력을 취소하는 신체로 보내야 하고, 그 신체를 철학자의 말하기를 거부하는 신체와 연결하는 어떤 것으로 회복해야 합니다.

● 영화의 본질은 없고, 다만 영화의 가능성을 규정하는 이념들만이 있다는 정식이 『영화 우화』를 지배합니다. 그러나 아리스토텔레스적인 구분에 의존해서, 적어도 영화를 본질적으로 정의하지 않고도, 그것에 속한 영화의 고유성이 있지 않을까요? 이 영화의 고유성은 그것이 가능하게 하는 특별한 정감적인 체계에서 찾아야 하지 않을까요?

영화의 고유성이 있다면, 그것은 다른 곳에서 와서 그것에 덧붙여지는 능력들에서 찾을 수 있습니다. 영화의 감동은 전적으로 음악에 의존할 수 있습니다. 우리는 많은 평범한 할리우드 영화들은 독일에서 온 기술자들에 의해 고양되었다는 것을 알고 있습니다. 그들은 비록 아주 평범한 영화의 이미지들을 놀라운 이미지들로 만들 수 있는 특별한 명암의 기술을 가지고 있었습니다. 영화는 그것의 불순성과 연결된 이 능력들을 부끄러움 없이 사용할 수 있었습니다. 영화는 자신의 고유한 어떤 능력을 정의하고자 합니다. 그러나 우리가 영화의 수단적인 실천을 고려한다면, 문제는 첨가적 실천, 결합된 능력이라는 것을 인정해야 합니다.

물론 이것은 문제를 일으킵니다. 우리는 첨가가 구토를 유발할 수 있다는 것을 압니다. 그러나 첨가는 또한 예술의 가능성들을 솟아나게 할 수 있습니다. 예술의 수단들의 다수성은 첨가의 능력을 감산의 능력으로 뒤집는 것을 가능하게 합니다.

영화는 모든 것에 대해서, 놀라운 것만이 아니라 평범한 일상을 말하는 "민주적" 예술인 소설에서 온 절차들의 강화에 의해 유지됩니다. 영화는 이 소설로부터 특히 소설적 연쇄와 서사의 중단을 연결할 수 있는 가능성을 물려받습니다. 그러나 영화의 가시성은 이 중단 그 자체를 가리고 그것을 결정 불가능한 것으로 만들 수 있는 능력을 갖습니다. 이것은 〈독일 0년〉에서 차를 준비하는 장면이 예시하는 것입니다. 이것은 비극적인 이야기로, 부친살해로 이어집니다. 차를 담은 둥근 여과기가 빛 속에 흔들리는 장면은 부친살해의 행위이면서 동시에 사랑의 행위로서 최상의 서사적 긴장을 가져옵니다. 동시에 그것으로 향하는 관객의 주의는 관객에게 마음의 평정을 야기하고, 관객을 한순간 이야기에서 떼어냅니다.

영화를 고유하게 정의하는 것은 자신의 가진 수단들 이상의 것을 가지고 실러적인 의미에서 미학적 상태의 고유성, 극단적인 동요와 극단적 평정의 결합을 실현하는 능력입니다. 영화는 항상 정지될 수 있는 동요입니다. 여기서 나는 미조구치의 〈수치의 거리〉를 생각합니다. 엄마가 무엇을 하는지를 발견한 아들이 폭력적으로 엄마를 부인하는 순간을 생각합니다. 이어지는 장면에서 유곽 마루에 앉아 있는 여자의 등을 우리는 봅니다. 곧 이어 우리는 그녀가 미쳤다는 것을 알게 됩니다. 영화에는 행위의 순간이면서 동시에 그것의 비결정성의 순간인 정지의 순간이 있습니다.

● 영화의 첨가와 감산의 잠재력은 보다 일반적인 이념, 즉 틈의 이념과 만납니다. 이 이념은 당신의 글에서 방법의 원리로서 유지됩니다. 철학의 일은, 문제가 되는 것이 영화든 다른 것이든지 간에, 작업에 이음동의어를 놓는 것이고, 틈의 체계를 기술하는 것이고, 이 동음이의어를 실질적으로 해석하고 투자하는 구분된 방식들인 분리된 영역들을 분리하고 연결하는 간격들을 전개하는 것입니다. 우리가 당신을 쫓는다면, 우화의 논리를 저지하는 서사적인 정지는 영화가 문학과 공유하는 것들 중의 한 절차입니다. 영화의 고유성은 영화가 촉발한 정감을 비결정적인 것으로 만들면서 이 효과를 산출하는 방식 안에 존재할 것입니다. 마치 행동의 긴장과 동시에 순수한 명상의 순간으로 큰 변화가 있는 것처럼 말입니다. 그러나 이 예외적인 순간들을 넘어서, 영화의 특징을 드러내고 철학이 영감을 받을 수 있는 틈의 실천이 있을까요?

틈은 다수의 방식으로 일어날 수 있습니다. 우선 모든 정체성 안에는 틈이 있다는 것을 인정하는 것으로부터 시작해야 합니다. 닮음도 틈입니다. 거기에 없는 어떤 것의 이미지, 그것은 이미 틈입니다. 따라서 닮음의 한가운데에는 서로 닮지 않음이 있습니다. 그리고 예술의 작업은 더 많은 틈을 내는 작업입니다. 이 작업은 닮음과 닮지 않음의 관계를 다소 복잡하게 하는 일입니다. 영화에서, 이 놀이는 이중의 원동력 위에서 진행됩니다. 우선 영화는 시간의 예술입니다. 여기서 우리는 항상 어떤 것을 기다리고, 기다림은 모든 순간에 그 기다림을 배신할 수 있습니다. 오토바이의 운전대에 버스터 키튼(Buster Keaton)[189]이 앉아 있는 오토바이의 운전자가 바닥에 떨어집니다. 우리는 오토바이가 이어서 바

189 이 장면은 버스터 키튼이 연출하고 출연한 무성영화 〈셜록 주니어〉(1925)에 나온다.

닥에 넘어질 것이라고 기대합니다. 그러나 키튼이 운전자가 없다는 사실을 알 때까지 오토바이는 계속 전진하고 모든 장애물을 피해갑니다. 바로 여기에 두 번째 원동력이 자리합니다. 서사적 놀이는 존재론적 놀이로 이중화됩니다. 영화의 이미지는 그것이 원하는 대로 그것의 실재를 변경할 수 있고, 그것의 물리를 뉴턴의 물리와 대립시킬 수 있습니다. 그리고 "이야기의 흐름"으로 다시 돌아가기 위해 뉴턴의 물리로 되돌아갈 수 있습니다. 연극과 소설도 역시 정지의 순간들을 갖습니다. 그러나 그것들은 이 물리의 이중적인 놀이를 가질 수 없습니다. 그런데 이 힘은 이중적입니다. 그것은 가산적이면서 감산적입니다. 영화가 이 힘들을 누적하는 것을 허락하는 이유들은 동시에 영화가 가시적 힘에 의해 서사의 힘을 방해하는 것을 가능하게 합니다. 이것은 내가 영화 〈M〉에서 분석하고자 한 것입니다. 이 순간에 사태는 전환되고, 관객은 범죄자와의 관계에서 범죄자와 미래의 희생자가 함께 진열창 앞에 있게 되는 정지의 순간을 위하여 입장을 변경합니다.

간격은 어떤 것이 관객에게 일어나게 하기 위해서 이 잠재적인 작은 차이를 산출하기 위해 절대적으로 필요합니다. 항상 우리가 원하는 것은 우리가 원하지 않는 것이어야 합니다. 따라서 영화에 고유한 틈의 일상적인 사용이 있습니다. 그러나 또한 요소들 간의 체계적인 대립을 조직하면서 틈을 증가시키는 틈의 실천도 있습니다. 예를 들어 고다르는 〈메이드 인 유에스에이〉에서 주인공에게 "험프리 보가트가 연기하는 월드 디즈니 영화 속에, 즉 정치적 영화 속에 있는 것 같다"고 말하게 합니다. 서로 분리되는 것들을 항상 함께 놓는 것—소리와 이미지, 기대와 실망—은 브레송이 영화를 만드는 방식입니다. 브레송의 영화들에서는 모든 것이 논리적이고, 모든 것이 이어집니다. 동시에 항상 일어나는 것을 기대하지 않은 것으로 만드는 돌발적인 사태가 있습니다.

따라서 틈은 영화의 유통화폐입니다. 동시에 근본적인 미학적 과정이고 그것이 너무도 근본적이라서 오늘날 모든 사람들이 사용하는 것입니다. 그리고 파괴를 산출해야 하는 이 과정은 결국 더 이상 아무것도 산출하지 않는 것으로 끝이 납니다. 그것은 다 소진되었고 다른 것을 해야 합니다. 따라서 고다르에게는 틈의 의미의 전환이 있게 됩니다. 어떤 순간부터 이질적인 것들 간의 관계는 더 이상 틈, 충격을 낳지 못하고 융합을 유발합니다. 이 전환은 다만 예전의 것이 고갈되어 고다르가 새로운 효과들 찾은 것과 연관되지 않습니다. 그것은 또한 영화가 "나는 효과들을 산출하는 과정 전체가 아니라, 나는 세계"라고 자신을 드러내고 말하는 것에 기인합니다. 시학적인 절차들이 자신이 세계라는 것을 드러내는 예술의 자기-과시의 존재론적 정치들로 전환되는 순간이 있습니다. 이 존재론적 전환—즉 예술의 시학적인 절차들과 그것을 예술의 고유한 존재론을 구성하고 표현하도록 부추기는 내재적인 필연성 간의 관계—도 영화에서 나의 관심을 끄는 것입니다.

● 고다르의 사례는 아주 인상적입니다. 같은 형식적 제스처들의 연속성이 있는 동시에 그 의미의 전환이 있습니다. 이것은 한 절차가 미학적이거나 철학적인 해석들을 절대로 결정하지 않는다는 것을 드러내는 것입니다. 그렇다면 이제 어떻게 틈의 절차를 규정할 수 있을까요?

여기에는 두 개의 문제가 있습니다. 우선 과정의 이중성이 있습니다. 한편으로, 틈은 항상 동시 접근입니다. 나는 A와 B의 관계를 단절하면서 동시에 Z와 접근시킵니다. 다른 한편 과정이 들어가는 해석의 도식이 있습니다. 예를 들어 〈카르멘이란 이름〉을 예로 들어봅시다. 주인공들은 레스토랑 테이블 위에 플라스틱에 싸인 장미 한 송이를 발견합니다. 레스토랑에서 장미를 파는 장사꾼의 플라스틱에 싸인 장미는 그 유명한 "네가 나에게 던진 꽃"을 대신합니다. 마치 오펜바흐가 비제를 대신하는 것과 같습니다. 여기서 접근은 평범화를 의미하고, 위대한 예술의 남용 혹은 조롱으로서 해석될 수 있습니다. 마치 〈미치광이 피에르〉에서 벨몽도가 목욕탕에서 여자 친구에게 엘리 포르를 읽어주는 것처럼 말입니다. 두 인물 간의 관계의 생경함은 이 평범화와 짝을 이루는 것처럼 보입니다. 그러나 남용이 정치적인 전복을 전제하는 기능을 갖는다고 생각하는 것은 환상일 뿐입니다. 여기서 일어나는 것은 차라리 전도입니다. 조롱은 카르멘의 허구를 다른 음악, 즉 베토벤으로부터 다시 탄생시키기 위해 극장의 스페인화를 취소하는 것일 뿐입니다. 이것은 거대한 해변에 파도 소리와 함께 베토벤의 현악 4중주 10번이 신체들의 밀고 밀치는 움직임을 리듬화하는 중심 이야기에서 일어나는 것입니다. 남용은 신체들과 결합된 음악으로 돌아옵니다.

● 틈은 "허구적 극작법"과 "조형적 극작법" 사이에서 분배되는 것처럼 보입니다. (행위들의 연쇄가 정지의 순간들, 감각적인 순수한 현전의 순간들에 의해 방해받을 때) 그 둘 간의 차이나 모순으로 반드시 환원됨이 없이 말입니다. 그리고 또한 틈의 조형적 기능이 있는 것처럼 보입니다.

틈은 항상 조형적(혹은 음향적)입니다. 그것은 보이고 들립니다. 그것은 우리가 보고 듣는 것의 관계 안에서 산출됩니다. 그것은 허구적 소여와 조형적 소여 간의 틈으로 보내진다고 이해될 수 있습니다. 그러나 그것은 허구적 소여 내에 주어진 단순한 틀이 아닙니다. 〈카르멘이란 이름〉의 예에서 그것은 신체들 간의 관계는 전적으로 유비적인 놀이에 의해 예측 불가능한 동시에 규정적이라는 것을 의미합니다. 이 관계는 베토벤의 현악 4중주와, 해변의 파도의 운동과 유비적입니다. 또한 이 관계는 그림들과 다른 영화들에서 온 다수의 이미지들을 압축하는 빛의 놀이와 유비적입니다. 이미지들의 가시성은 "이야기"가 아닌—이 경우에, 사실 우리는 "이야기"가 없다고 말할 수 있습니다—, 그 자체 이미 조형적이고 음향적인 서사성 안에 기입됩니다. 이런 맥락에서 카르멘이란 이름의 "틀들"은 융합의 작동자로서 기능합니다. 사실 융합적 관점은 우리가 음악적-조형적이라고 말할 수 있는 축을 특권화하는 관점입니다. 조형적 효과, 음향적 효과가 있습니다. 그리고 이미지의 조형성과 음악에 대한 담론은 이 둘을 가로지르고, 이 둘 사이에 걸쳐있습니다. 이미지들의 음악으로 어떤 것이 존재하기 위해서는, 우리가 해변의 파도를 보는 순간에 베토벤의 현악 4중주를 연주하게 하는 것으로 충분하지 않습니다. 이것을 하나의 이념, 구성된 이념으로 보내야 합니다.

● 영화와 음악은 당신의 "미학적 체제"를 규정하는 대립된 시학들의 결합을 예시하기 위한 두 개의 경쟁적인 패러다임을 구성합니다. 영화는 모범적으로 미학적 체제에 고유한 작용을, 즉 틈의 작용을 예시한다고 말할 수 있을 것입니다. 적어도 음악이 담론 안에서 순환되고, 이 체제의 방향을 정해주고, 이 체제에 낭만주의적 "이데올로기"—모든 창조를 통해 그 자체 세계가 되는 이데올로기—를 제시하는 과정을 지시한다면 말입니다.

그렇게 말할 수도 있을 것입니다. 그러나 영화의 패러다임 그 자체는 이 이중의 방향을 통과했습니다. 한편으로 영화는 가시성과 담론, 가시성과 의미작용 간의 틈의 실천으로 일어납니다. 그러나 영화는 동시에 그 둘 간의 구분 불가능한 지평으로 나아갑니다. "이미지들의 음악"으로서 영화의 꿈은 서사적이고 구성적인 논리와 분리되는 연쇄의 노력을 요약합니다. 영화의 처음과 끝에 나오는 음악은 일반적으로 영화가 나오고 돌아가는 곳이 어디인지 구분할 수 없음을 알리는 요소로서 기능합니다. 이런 의미에서 영화는 모든 예술을 이 음악의 통제 아래 두고, 모든 틈들은 그 안에서 사라지는 총체적인 예술작품에 대한 바그너의 꿈의 평범한 변종입니다. 영화의 혼합적 본성은 미학적 체제 안에서 예술의 기능을 상징화합니다. 그러나 이것은 또한 동질성의 꿈, 근본적이고 비표상적인 예술의 꿈, 쇼펜하우어가 요약하는, 동시에 감각과 의미—감각적인 것과 의미작용—사이의 틈들을 지지하는 세계로서의 음악에 대한 이념을 상징화합니다. 이 모든 것들은 영화가 실질적으로 실천하고 있는 것들입니다.

● 영화음악으로 당신은 무엇을 하시나요?

능력이 된다면 사운드트랙만을 분석해서 영화의 자료집을 만들고 싶습니다. 다시 말해 소리를 다루지 않는 경향을 뒤집어서, 반대로 영화들을 보지 않고 다만 음악과 음향만을 대상으로 다루는 프로그램을 만들고 싶습니다. 여기서 우리는 영화에서 근본적으로 감동을 일으키는 것은 대부분 음악이라는 것을 검증할 것입니다. 음악은 효과 전에 있고 그것을 예고합니다. 〈문플릿〉(*Moonfleet*)에서 후기 낭만주의 경향의 미클로스 로자(Miklos Rosza)의 강한 악센트를 가진 음악은 밤에 거의 분간할 수 없는 실루엣에서 나타나는 조용한 음악에 선행합니다. 그러나 〈발타자르〉에서도 슈베르트 소나타의 맑은 소리들은 당나귀의 비명 소리로 중단됩니다. 분리를 엄격하게 실행하는 작가들에게도 음악은 결정적으로 영화적 사건들의 교훈을 강화하는 본질적인 역할을 합니다. 그것이 아니라면 구원자의 역할을 수행합니다. 브레송에서 몬테베르디나 모차르트, 스트로브(노동자들, 농민들)에서 바흐… 등등.

● 그런데 음악도 영화에서 그 일반적인 절차를 빌려서 틈을 만들 수 있나요? 영화는 다만 감동만을 나르는 것도, 미학적 체제의 지평인 융합적 극과 필연적으로 결합하는 것도 아닙니다. 음악은 〈메이드 인 유에스에이〉에서 베토벤의 음악처럼 대위법적으로 올 수도 있습니다. 잘려진 박자가 목소리나 대화를 커버할 수 있을 때 말입니다.

내가 그것을 지각하기 위해서는 보다 숙련된 귀를 가져야 할 것입니다. 〈메이드 인 유에스에이〉에서 베토벤의 인용들은 어떤 경우에서는 고전적으로 행위의 구두점을 찍고, 다른 경우에서는 아이러니하게 행위를 동반하는 것처럼 보입니다. 전체적으로 고다르에게 음악은, 그가 음악에 어떤 배려를 했든지 간에, 다른 것에서와 같은 효과, 즉 근본적으로 정감적 인상의 역할, 일종의 관객의 감각적 호의(captatio benevolentiae)를 끌어내는 역할을 합니다. 특히 〈영화의 역사(들)〉에서 음울한 담론은 기꺼이 후기모더니즘적인 음악, 북유럽적인 스타일이 동반합니다. 나에게 가장 흥미로운 것들은 보통 약음으로 연주되는 음악의 융합적인 힘이 연출에 의해 드러나고 문제를 제기하는 경우들입니다. 나는 특히 미조구치의 〈오유우님〉을 생각합니다. 음악과 파도는 여기서 〈카르멘이란 이름〉에서와 마찬가지로 본질적입니다. 그러나 음악적이고 조형적인 융합의 꿈은 여기서 처음부터 허구적 소여, 즉 근접성 그 자체가 모든 융합을 배제하는 세 신체의 소여에 의해 저지됩니다. 이로부터 다만 "음악의 장면들"뿐만이 아니라 영화의 매 쇼트는 융합의 약속과 이 융합의 불가능성 사이의 모순의 연출이 됩니다. 나는 또한 베르히만(《광대의 현전》)을 생각합니다. 여기서 브레송과는 달리 영화 처음의 슈베르트의 음악은 처음부터 디스크를 듣는 병든 신체와 그것을 산출하는 병든 신체 사이의 관계에 의해 문제화됩니다. 나는 또 벨라 타르의 〈사탄탱고〉를 생각합니다. 여기서 음악의 문학적이고 은유적인 기능들은 다양화됩니다. 즉 탱고의 장면이 있고, 영화에 탱고의 전진하고 후퇴하는 발걸음의 구조의 적용이 있습니다. 그리고 작곡가 미할리 빅(Mihaly Vig)이 연기한 새로운 삶을 약속하는 사기꾼 이리미아스(Irimias)가 발설하는 유혹자의 말들의 음악이 있습니다.

● 따라서 감동, 영화의 정감은 모두 융합의 측면, 음악의 측면만이 아닙니다. 틈 그 자체와 연결된 정감에 대해서 말할 수 있는지요?

음악적 정감 그 자체는 항상 틈과 연결됩니다. 음악은 행위를 딴 데로 돌리면서 행위를 동반합니다. 〈의혹〉에서 우유 잔을 들고 올라가는 장면에 동반되는 느린 왈츠의 리듬을 보세요. 특수한 미학적 정감은 우리가 좀 전에 이야기한 것으로 휴식과 동요 사이의 동일성을 말합니다. 이것은 영화에 아주 고유한 특징인데, 그것은 영화는 매순간 그 거리를 선택할 수 있기 때문입니다. 영화는 우리를 모방적 신체들이 가져오는 플롯에 연결합니다. 이렇게 영화는 우리를 모방적 신체들에 접근시킬 수 있습니다. 동시에 영화는 시각적 주의나 음악적 포착에 의해 이 동일화를 방해하고 이 동일화에 필요한 현실을 부정하기를 그치지 않습니다. 영화에서 시간의 압축과 시간의 연장, 행위의 정지, 또 많은 행위들이 얽히거나 공허한 풍경과 반대되는 방향에서 촬영한 쇼트가 산출할 수 있는 쾌락 혹은 감동은 정감들의 변화에 본질적인 이 유연성 위에서 일어납니다. 이 변화의 가능성은 그 자체 어두운 극장, 빛의 스크린과 같은 장치들과 연결됩니다. 이러한 대면을 통해 오늘날 영화는 탁월하게 아우라적인 예술이 됩니다. 즉 영화는 꿈꾸는 아이의 방, 한가한 박물관, 조형예술의 영역 안에서 평가받지 못하는 작가의 가치의 피난처와 등가를 이룹니다. 우리는 항상 스크린에 직면해서 이미지의 놀이에 푹 빠진 아이가 될 수도, 스트레스를 푸는 월급쟁이가 될 수도, 스크린의 그림자의 비판적 관객이 될 수도, 영화 박물관을 탐방하는 탐미주의자가 될 수도 있습니다.

● 가장 최근에 나온 당신의 책, 『미학 안의 불편함』에서 당신은 비판적 예술이고자 하는 현대예술이 드러내는 애매성 혹은 딜레마를 보여줍니다. 영화도 이런 난점을 갖나요? 어떤 의미에서 비판적 예술은 존재할 수 있나요? 이것은 당신이 1970년대에 『카이에 뒤 시네마』에서 "좌파의 허구"라고 부르면서 비판한 것에 대한 질문입니다.

영화는 항상 중대한 예술적 결정과 예술의 정치의 거대한 딜레마와의 거리를 가지고 기능합니다. 왜냐하면 영화의 예술적 지위는 항상 문제이고, 우회적으로만 유지되기 때문입니다. 〈중국 여인〉은 브레히트의 가르침을 사용하기 위해 서정적 추상에서 원색을 빌려오고 팝 예술에서 만화를 빌려옵니다. 그럼에도 불구하고 그 영화는 같은 시대의 조형적 예술의 영역 안에서 자기비판이나 자기비하의 과정과는 거리가 먼 예술로서의 영화의 가치 상승의 과정 안에 기입됩니다. "작가들의 정치"는 예술의 모든 팬들이 예술을 스스로 파괴하고자 하는 순간에—때때로 고다르처럼, 이 부정이 일어나는 과정들을 사용하면서—영화에서 승리합니다. 오늘날 여전히 우리가 상업적인 영화와 예술적인 영화 사이에서 할 수 있는 나눔은 "현대예술"의 전시에서 우리가 볼 수 있는 정체성에 대한 질문과는 대립적으로 명백하게 그 정체성을 밝힐 수 있는 실재에 의존합니다. 정확히 현대예술은 정체성들과 기능들의 구분을 방해합니다. 실업자들에게 돈을 주고 자신들의 무덤을 파게 한 산티아고 세라(Santiago Serra)의 행위에 대한 사진을 통한 설명, 또 지아니 모티(Gianni Motti)가 정치인을 가장하는 것은 예술인가요? 정치인가요? 예술은 시선과 판매의 향유에 제시된 대상들인가요? 영화는 이런 문제들을 제기하지 않습니다. 다만 영화가 자기 자신으로부터 나오는 곳의 예외를 제외하고서 말입니다. 이전에 고다르와 같은 영화 예술인들은 투쟁적인 작업 속에 자신을 투자했습니다. 오늘날 영화는 현대예술 전시장에서 전시되는 비디오가 되었습니다.

● 동시에 예술의 일이면서 정치적인 일인 공통의 감각적인 것의 나눔에서 영화의 지위는 무엇인가요? 영화는 가장 "인기 있는", 심지어 "대중의 예술"에 가장 가깝다는 이유로 어떤 고유한 기능을 갖나요? 관객에 대한 질문으로부터 당신은 무엇을 하나요? 알랭 바디우는 영화에서 "민주주의의 상징"을 봅니다.

대중 예술의 개념 그 자체는 문제적입니다. 이 말을 우리는 가장 많은 사람들이 나누는 예술, 즉 가장 많은 사람들이 예술의 언어를 말한다고 간주되는 예술로, 동시에 예술로서 간주되지 않는 예술로 이해합니다. 이 이중성은 대중성의 확산과 연대의 복잡한 놀이를 규정합니다. 채플린이 일종의 영화의 미학적 축성의 영웅이라면, 그것은 그의 예술이, 정확한 제스처—서커스, 마임, 스포츠—의 대중적 예술을 사회적 인정과 모방적 인정 사이의 균형 위에 근거한 부르주아 연극의 사회적 제의와 대립시키는 이미 구성된 미학적 패러다임 안에 기입되기 때문입니다. 그런데 만약 영화가 대중의 예술이 된다면, 그것은 대개 순수한 수행으로서 예술의 말라르메적인 약속을 완수하면서라기보다는 이 인정의 놀이를 이식하기 때문입니다. 이것은 또한 영화는 미학적 프로그램의 지도를 지운다는 것을 의미합니다. 영화는 예술을 인민에 접근시키는 전략이 대개 결핍하고 있는 것들—"예술에 흥미가 없는" 사람들에게 명암의 예술을 감상하게 하기, 슈베르트, 베토벤, 말러의 음악을 그들이 신문의 연재소설의 주인공들의 행복과 불행에서 느끼는 것처럼 그들에게 느끼게 하기, 복잡한 이야기의 형식들을 그들 안에 머물게 하기 등등—을 완수했습니다. 시네필은 이런 위대한 예술과 대중 예술 간의 경계의 사라짐을 증언합니다. 시네필은 극장가의 오락과 영화 예술의 성전 사이에 절대적으로 유일무이한 횡단선 위에 자신의 판데온을 건설했습니다.

● 영화와 정치는 특별한 장에서 작용하는 자율적인 작동자인가요? 다시 말해 그 둘은 서로 독립적인가요? 당신이 루비치(Lubisch)에 대한 쓴 글은 위의 가설을 확인하는 것처럼 보입니다. 예를 들어, 당신은 "계급투쟁이 더 이상 문 뒤에 있지 않을 때, 우리가 역사의 종말을 선언할 때, (…) 그것은 사회적 코미디,

화면을 점령하는 유사한 가족과 사회의 놀이"[190]라고 말합니다. 또 다른 곳에서 "예술의 형식들의 정치적 유효성은 자신의 시나리오 안에서 그 형식들을 구성하는 정치에 속한다"[191]고 말합니다.

두 가지를 고려해야 합니다. 한편으로 예술에 내재한 정치가 있습니다. 다른 한편 이 내적 정치와 정치적 장과의 관계가 있습니다. 이 관계는 다만 영화의 정치적인 효율성의 가능성을 규정할 뿐만 아니라, 또한 예술적인 가능성 그 자체를 규정합니다. 이것이 바로 내가 루비치의 〈낙원에서의 곤경〉에 대해, 유혹자이며 사기꾼인 주인공이 문 앞에 트로츠키주의자를 놓는 시퀀스에 대해 말하고자 한 것입니다. 부자들의 외양과 유혹의 놀이는 이 빛나는 세계가 그 세계를 지지하는 어둡고 갈등적인 세계를 덮는 얇은 막이라는 이유 때문에 가벼움과 동시에 무거움을 지닙니다. 계급투쟁 없이는, 외양의 실재 없이는 멋을 부리는 말은 리얼리티 쇼가 됩니다. 그 사정은 영화의 외적인 효과에서도 마찬가지입니다. 고다르가 〈메이드 인 유에스에이〉, 〈미치광이 피에로〉, 〈중국 여인〉을 촬영할 때, 본질적으로 애매한 그의 담론은 정치적인 주체성의 형식들과 일치하지 않는 영화적 형식들을 어려움 없이 서로 대화하게 하게 한 반-제국주의의 투쟁, 혁명가의 희망과 만났습니다. 결정적으로 예술 형식에 고유한 불일치를 진정으로 작동하게 하는 조건들을 제공하는 것은 바로 정치입니다.

190 (원주) 자크 랑시에르, "천국의 문", 『카이에 뒤 시네마』, n° 554, 2001, 2월, pp. 52-53.

191 (원주) 자크 랑시에르, "영화의 틈들", 『트라픽』(*Trafic*), n° 50, "영화란 무엇인가?", 2004. 여름호.

오늘날 정치적 "합의의" 쇠퇴는 영화들과 그것들의 해석의 형식들의 장치의 잠재적인 "사회화"를 의미합니다. 따라서 문제는 사회적인 억견과의 관계에서 예술적인 틀을 생산하는 것입니다. 그러나 곧 틀은 억견처럼 전형적이 됩니다. 구스 반 산트의 〈엘리펀트〉를 예로 들어봅시다. 영화는 무기 소유의 쟁점과 동시에 미국 사회의 불안의 사회학적인 설명을 배제합니다. 이 정치적 의지는 즉각적으로 고전적인 소설적이고 영화적인 과정—원인의 정지—을 다시 취하는 미학적 의지입니다. 여기서는 학살의 설명—심리적, 사회적 혹은 또 다른 설명—을 가질 필요가 없습니다. 모든 것이 같은 쇼트 위에 있어야 합니다. 고등학교에서 학살을 준비하는 학살자들은 비디오 게임의 인물들 이상도 이하도 아닌 현실성을 가져야 합니다. 이것을 위해 끝나지 않는 복도 혹은 아무도 없는 체육관은 이미 컴퓨터 화면의 비현실성을 갖습니다. 또한 시간들이 섞여야 합니다. 이것은 미의 한 유형으로서 중성화를 통한 미를 규정합니다. 첫 번째 문제는 이 미가 그 놀라움을 상실한다는 것입니다. 놀라움이 있기 위해서는 일상/현실의 평행이 깨져야 하고, 원인의 정지 그 자체가 불안이어야 합니다. 두 번째 문제는 전형적인 견해의 거부는 다른 전형적인 견해—이유 없이 행동하는 청소년은 세계 안에 아버지와 법이 부재하기 때문에 모든 것이 가능한 세계를 증명한다는 견해—와 만난다는 것입니다.

● 따라서 너무 많은 틀들이 아니면 충분하지 않은 틀이 존재하게 될 것입니다. 개별적인 회로들, 다수화된 관점들은 상호적으로 서로를 취소하는 것으로 끝납니다. …여기서 우리는 다시 틀의 개념과 만납니다. 영화의 전형적인 작업과 철학적이 제스처 간의 어떤 관계가 있다고 믿지 않으십니까? 당신의 경우를

예로 들면, 철학자로서 당신의 직업, 그 정신은 "막-마옹(Mac-Mahon)[192]"의 시네필ㅡ월쉬나 만의 "보이지 않는 연출"을 칭송하고, 영화 구성의 기초적인 요소로서 행위와 제스처를 높게 평가하는 시네필ㅡ의 유산과의 친밀성을 드러냅니다.

둘 사이에 어떤 관계가 있을 것입니다. 그러나 우선 우리는 제스처의 특권을 비가시적인 연출로 환원할 수 없습니다. 제스처는 영화가 특히 돋보이게 할 수 있는 것이면서 동시에 할 수 없는 것이기도 합니다. 제스처라는 말을 생각해 봅시다. 그것은 영화에 고유하게 속한 언어의 명증성을 비난합니다. 그것은 제스처의 다양한 기능을 강조합니다. 그것은 행위를 완성하지만 행위에서 그 동기들과 그것들이 산출하는 가치들을 떼어냅니다. 그리고 그것은 스스로를 은유화합니다. 안토니 만의 영화에서 제임스 스튜어트의 제스처에 대한 나의 관심은 이것과 연결되어 있습니다. 한 유형의 인간을 결정하는 것은 시네필들의 제스처에 대한 관심 자체가 아니라, 현재, 틀, 여기서 움직이는 것, 여기에 들어오는 것에 대한 관심이 서부영화의 일상적인 윤리적 가치들에 대한 관심과 단절하는 방식입니다. 제스처에서 나의 관심을 끄는 것은 윤리가 아니라 시학입니다. 즉 결합이 동시에 분리가 되는 방식, 결말이 틈이나 전복이 되는 방식입니다. 〈M〉에서 살인자의 희생자가 될 소녀가 그의 등에 표시를 지우고

192 (원주) 에투왈 광장 옆에 있는 극장 "막-마옹"는 1950년대에 새로운 장르에 대한 시네필들이 모이던 곳으로 특히 몇몇 연출가들(랑, 월시, 로제, 프레밍거 등등)의 작품들을 주로 상영했다. "막마오니즘(mac-mahonisme)"은 또한 『영화의 현전』(*Présence du cinéma*)이란 잡지를 만들기도 했다.

자 합니다. 이 제스처는 행위의 반전을 가져옵니다. 즉 추격자가 쫓기는 자가 됩니다. 이것은 영화에서 행위는 동시에 자신의 은유화가 아니라는 것을 의미합니다. 결국 제스처에 대한 우리의 관심은 그것이 영화의 행위의 안과 밖 사이의 나눔을 다시 만드는 데에 있습니다.

철학적 작업을 생각하는 나의 방식은 아마도 이런 의미에서 영화적일 것입니다. 그것은 주어진 풍경 안에 매복해서 풍경을 다르게 자르고 거기서 여정, 횡단을 기입하는 문턱, 이행점 등을 찾는 방식입니다. 이 행들은 일반적으로 차이들과 풍경 안에 이질적인 쇼트들 혹은 가능한 여정들을 그리는 대립된 점들의 공존에 의해 설치됩니다. 그것은 틀에서, 그것이 자르는 안과 밖에서, 가로지른 풍경의 형상화에서—가시적인 것의 제시의 양태들의 틀, 풍경에서 우리가 그릴 수 있는 지적인 연쇄의 유형들의 틀에서—감성입니다. 즉 그것은 제임스 스튜어트가 주변을 살피고 행위의 변형을 예상하고 행동하는 것처럼 이념들의 풍경을 다루는 방식입니다. 이런 의미에서 "감각적인 것의 나눔"은 영화의 개념으로 간주될 수 있습니다. 사유는 우선 제스처에 의해 만들어집니다. 한 개념, 그것은 풍경과 동시에 서로 먼 점들 사이에 새로운 길을 다시 그리는 제스처입니다. 그것은 일종의 철학적 에토스, 더 자세히 말하면 사유의 방식, 자신의 본성을 시학에 의존해서 생각하는 방식입니다.

2006년

『이전된 철학: 자크 랑시에르를 중심으로』

정치와 미학[193]

(장-마트 라쇼와의 대담)

● 오늘날 마르크스의 사유를 가지고 무엇을 할 수 있다고 생각하시나요?

마르크스는 우리에게 오늘날 세계를 지배하는 것이 자본주의라고 불린다는 것과 비록 그 최초의 주장이 그 성향을 변경했다고 할지라도 계급투쟁을 상기시킵니다. 그러나 이 성향의 변화와 더불어, 마르크스주의와 동일시되던 과학과 필연적 역사와의 연대도 그 성향을 변경했습니다. 경제적인 필연성, 과학, 사회 진보의 객관적인 조건 등에 대한 담론은 이제 자유로운 시장의 담론이 되었습니다. 시장의 승리의 되돌릴 수 없는 역사적인 필연성에 복종을 명령하고, 필연적인 진전에 반대하는 모든 사람들에 반한 전통적인 마르크스주의 범주들을 다시 취하는 마르크스주의의 대체물인 일종의 비굴한 마르크스주의가 있습니다. 마

193 (원주) 이 대담은 *Actuel Marx*, n° 39, 2006, Paris, PUF에 실렸다.

르크스나 레닌의 무기고에서 빌려온 개념들(예를 들어 포퓰리즘)은 오늘날 자본주의의 지배적인 담론으로 사용됩니다. 오늘날 마르크스와의 관계는 마르크스를 마르크스에 대립시키는 데 있을 것입니다. 다시 말해 착취의 근본성, 즉 해방의 요구의 근본성을 전방에 놓는 마르크스와 세계의 역사적이고 경제적인 필연성을 주장하는 마르크스의 대립이 있습니다. 과학주의에 대한 비판은 역사주의적 공리—해방의 조건들을 창출하는 객관적인 역사의 과정의 공리—에 대한 비판과 연결됩니다. 루이 알튀세르는 마르크스를 역사주의에서 떼어내려고 했습니다. 그러나 그는 그것을 해방의 과학에 대한 사유를 통해서 재발견했습니다. 안토니 네그리는 마르크스를 객관적인 과학주의에서 떼어내고자 합니다. 그러나 그는 새로운 형태의 자본주의적 경제가 공산주의의 조건들을 창출한다고 가정하면서 그것을 재발견합니다. 과학도 역사도 해방을 가져오지 않습니다. 근본적인 해방의 조건들을 창출하는 객관적인 과정은 없습니다.

● 마르크스의 작품에서 나타나는 유토피아의 부분은 무엇인가요?

마르크스는 그 시대의 해방의 작업의 전망을 공유했습니다. 그러나 또한 그는 정치 그 이상의 혁명, 감각적인 삶의 형식 그 자체를 변형하는 혁명, 그 말의 가장 강한 의미에서 감성적인 혁명의 전망을 공유했습니다. 그는 또한 이 해방을 이끄는 역사의 객관적인 운동의 과학적인 유토피아를 공유했습니다. 나는 유토피아적 미래의 전망의 전개는 우선 투쟁에 있어서 현재의 역량에 의존한다고 믿습니다. 집단적인 행동에서 저항, 대립, 긍정의 형식들이 발명됩니다. 가능한 미래의 전망을 산출하는 것은 바로 이 신체들의 동원입니다. 프로그램된 미래, 신체들을 동원하는 사회의 결정된 모델에서가 아니고 말입니다.

● 결국 그것은 전제된 혁명적인 이념의 문제라면…

19세기에 혁명의 두 모델 간의 대립이 각인되었습니다. 즉 기존하는 체제의 기존하는 제도에 반한 힘으로서 혁명과 객관적인 역사적 과정에 의존하는 사회적 기능 그 자체의 조건들의 전복으로서 혁명 말입니다. "프롤레타리아 독재"는 이 두 모델의 화해의 형식이었습니다. 소비에트 혁명의 퇴화가 고발한 것은 바로 이 화해입니다. 이로부터 우리는 자본주의에 의해 형성된 혁명적 주체의 새로운 모습, 즉 대산업전선의 노동자들을 이을 부르주아지의 파괴자들—과거의 불안정한 임노동자, "식자들(cognitaires)" 즉 오늘날 정보혁명의 자식들—의 새로운 형태를 찾던가, 본래적인 긍정을 통한, 다시 말해 역사적인 과정과는 무관한 평등의 긍정 안에서 본래적인 선택과의 관계를 통한 해방을 생각하고자 합니다.

● 잡지 『디소낭스』(*Dissonance*) 첫 호 "제국을 넘어서"에 실린 대담에서, 당신은 토니 네그리와 마이클 하트의 책 『제국』에 대해서 다음과 같이 언급합니다. "… 결국 『제국』에서 놀라운 것은 『정치경제학 비판 요강』에서 아시시의 성 프란체스코(Saint François d'Asise)로 기우는 것입니다."

토니 네그리와 마이클 하트는 생산력 혁명의 마르크스주의적 모델, 즉 생산력의 역동성 그 자체가 생산의 사회적 관계들의 단절을 가져온다는 생각을 직업 위에 다시 적용합니다.『제국』은 새로운 노동 계급, 새로운 생산자, 생산력에 의해 산출된 새로운 집단지성의 모습을 발견하는 데 있어서, 이전의 논리 안에 자신을 기입합니다. 1960년대 공식적인 유럽 공산당은 사무실에서 일하는 사람들, 엔지니어, 사유를 직업으로 하는 이 모두가 대규모의 생산 계급을 형성한다고 설명합니다. 네그리와 하트는 이 확장한 노동계급을 그 극단까지 끌고 갑니다. 그들은 비물질적인 생산의 주목할 만한 성장을 다중의 집단지성의 창출의 원리로 만들면서, 생산의 객관적인 변형과 새로운 계급의 주체적인 생산 사이의 연역을 첨예화합니다. 그러나 아주 다른 두 가지가 있습니다. 즉 정보와 소통의 자본주의 경제에 의해 산출된 집단 지성의 형식들과 자신들의 단어를 가지고 이 생산에 말할 수 있는 역량을 긍정하는 남자들, 여자들의 집단적인 지성의 형식들은 같은 것이 아닙니다. 생산 체계의 논리에 의해 산출된 지성은 항상 이 체계의 논리에 속합니다. 반면 혁명적인 집단 지성은 이 생산과 체계의 논리를 비판할 수 있는 이 생산의 주체들(agents)의 집단적인 역량의 긍정입니다. 네그리와 하트는 생산의 개념 안에 사유, 정감, 예술…등등을 포함시키면서 그 개념을 확장하고자 합니다. 그러나 모든 사유와 감정을 생산으로 만드는 것은 생산을 일종의 정신적인 실재로 희석시키고자 하는 것입니다. 이로부터『제국』안에 성 프란체스코주의적 공산주의의 궁극적인 전망이 나옵니다. 이 "빈곤한 자들의 행복"은 전 세계적으로 일반화되고 있는 부의 사유의 역설적인 결과입니다.

정치, 민주주의, 공화국

● 최근에 출간된 책에서, 당신은 현대의 반민주주의에 대해서 언급합니다. 이 민주주의에 대한 증오는 다음의 단순한 테제—하나의 유일한 민주주의만이, 민주적 문명의 재난을 억제하는 민주주의만이 존재한다—로 요약됩니다. 어떻게 우리는 이 지점에 이르렀나요?

소비에트 체제가 붕괴되었을 때, 사람들은 통치의 형식으로서 민주주의, 자유 시장에 근거한 부유한 나라들의 삶의 양식으로서 민주주의, 자유와 평등의 보편적인 가치의 체화로서 민주주의의 결정적인 승리를 찬양했습니다. 민주주의에 대한 합의적인 이 칭송은 더 이상 다른 대안이 없다고 말하는 순간 사라졌습니다. 여기서 우리는 더 이상 민주주의/전체주의의 대립 안에 존재하지 않습니다. 이제 민주주의는 이 아침꾼들에게 집단적인 가치에 반한 대대적인 개인주의의 군림이 되었습니다. 그들은 반-민주주의적 비판 안에서 노동자 없이 마르크스의 비판을 재-코드화했습니다. 상품과 소비사회의 소외의 비판들은 문명을 파괴로 이끌 수 있는 개인적인 소비에 대한 비판이 되었습니다. 사회적 투쟁의 주역들은 지배적인 담론 안에서 진보에 대립되는 이기적인 민주주의적 개인들이 되었습니다. 포퓰리즘의 개념은 인민투표의 제도적 형식을 포함해서 모든 인민의 표현에 낙인을 찍는 것을 허용했습니다.

● 이런 맥락 안에서 대표민주주의의 한계의 문제를 명백하게 제기하는 것이 시급하지 않을까요?

민주주의와 대표주의는 그 기원에서 서로 구분되는 것입니다. 민주주의의 근본적인 원리는 대표제도나 선거가 아니라, 특정한 계급에 의한 권력의 탈취를 유일하게 피할 수 있는 제비뽑기입니다. 반대로 대표제도는 항상 태생, 부, 지식 등과 연결된 지배적인 힘들 간의 권력의 나눔의 체계였습니다. 대표민주주의는 항상 모순적인 개념이고, 민주주의 원리와 대표의 원리 사이의 불안정한 연대였습니다. 따라서 그것은 모순적인 논리들 간의 긴장 때문에 잠재적으로 항상 위기 속에 놓인 체계입니다. 그것은 대표제도 밖에서 충분히 강한 인민의 운동과 정치적인 운동이 필요불가결한 한에서 균형을 유지합니다. 대표민주주의는 역설적으로 "형식적" 민주주의와 대표주의의 가상들을 비판하는 마르크스주의, 공산주의, 사회주의 등의 운동이 있을 때 더 잘 기능합니다. 그것은 대표제도와의 관계에서 보충적인 민주주의의 힘들의 표명을 필요로 합니다. 오늘날 지배적인 체제와의 관계에서 이질적인 인민의 힘들은 약화되었고, 국가들 간의, 통치적이고 경제적인 과두정과 전문가 간의 논의와 결정의 형식을 우선시하는 새로운 세계 질서에 의해 강요된 논리가 정착했습니다. 이 논리는 면소(免訴)처럼 정치 밖에 있는 국제기구들 안에서 선거 장소들을 갖습니다. 과학적 정당성이 주어지는 이 국제적 논리의 관점에서, 인민 주권의 이념은 문제가 됩니다(우리는 2005년 유럽 헌법에 대한 국민투표에서 이것을 목격했습니다). 나는 "전문가가 아닌 사람들"의 역량을 긍정하는 지속적인 정치적 의무를 강조할 필요가 있다고 생각합니다. 이것이 정치의 토대 그 자체입니다. 세계적 수준의 정치적 무대의 이동과 더불어, 이것은 전문가의 평가에 반한 새로운 국면의 발명을 함축합니다. 그러나 이 용어에 대해 서로 잘 이해해야 합니다. 나는 ATTAC[194]의 간부들과의 토론을 기억합니다. 그들은 "전문가가 아닌 사람들"의 전문성에 대한 이념에 화를 냈습니다. 탈세계주의(altermondialisme)도 역시 다른 계급의 전문가들을 첨가할 뿐입니다. 탈세계주의의 **정치**는 전문가의 다양한 평가의 형태들을 함축합니다. 예를 들어, 이 정치는 위협받는 프랑스 공장의 노동자를 개발할 수 있는 전문가의 평가 형태들을 이민 노동자, 불평등한 교환의 희생자인 아프리카 농민들, 혹은 브라질의 땅 없는 사람들에 대한 전문가의 평가의 형태들을 연결할 수 있는 가능성들을 함축합니다.

● 프랑스에서 민주주의의 문제는 공화국의 문제와 얽혀있습니다. 당신은 "공화국은 애매한 용어"라고 말합니다.

사실, 공화국의 개념은 모순의 개념입니다. 공화국은 통치의 공적인 제도의 체계입니다. 반면 내가 이해하는 민주주의는 모든 제도적 체제와의 관계에서 그 이상의 것으로부터 오는 것입니다. 민주주의는 통치의 형태도 사회의 형태도 아닙니다. 그것은 정치 그 자체의 설립입니다. 다시 말해 누구나의 근본적인 능력에 대한 긍정입니다. 그것은 절대로 제도적인 체제의 형태 아래서 통합되지 않습니다. 그것은 지속적으로 정치적인 상황들과 정치적인 주체들의 발명에 의해 전개되어야 합니다. 정치가 부정되는 거기에 정치를 놓는 것은 바로 이 긍정입니다. 공화국은 보다 많은 민주주의를 국가나 정부 형태들 속에 들어가게 하고자 하는 체제로서 생각될 수 있습니다. 이것은 바로 혁명 공화국의 이념, 즉 보다 많은 인민의 권력을 제도들 그 자체 안에, 법적인 텍스트들 안

194 1998년 프랑스에서 창설된 탈세계주의 시민운동 조직이다.

에 기입하는 제도들의 체제입니다. 그러나 이 공화국의 이념 뒤에는 다른 것이 존재합니다. 즉 공화국을 민주주의의 반대로 만드는 전통이 존재합니다. 사실 민주주의는 창설적인 무정부주의, 모든 권력 뒤의 비합법성입니다. 반면 공화국은 근본적으로 사회에 그 자신의 합법성의 형식들을 전달하는 합법적인 제도입니다. 결국 공화국은 항상 같은 교육에 의해 그 생명을 얻는 집단체로서 생각되고 지각됩니다. 이것이 바로 플라톤의 정치의 의미입니다. 즉 교육 체제로서 생각되는 집단성은 각자에게 그 자리와 그 능력에 일치하는 덕성을 제공합니다. 이것은 고정된 자리와 능력이 부재하는 민주주의적 무정부주의에 반대됩니다. 공화국의 이념은 바로 이 교육적인 모델에 따라서 형성되었습니다. 이것은 혁명기와 제3공화국에서 사실이었습니다. 이것은 1980년대 교육의 문제와 더불어 다시 일어났습니다. 공화국의 이념은 통치의 형태와 교육적 삶의 형태 간의 조화를 확보하고자 합니다. 19세기에 법들은 관습들과 조화를 이뤄야 한다고 말했던 것처럼 말입니다. 바로 여기서 두 모델이 충돌합니다. 한 모델은 원리로서 평등을 취하고 보다 많은 능력에 대한 신뢰를 통해 사유합니다. 반면 다른 모델은 아는 자와 무지한 자 간의 불평등한 관계에 집중합니다. 후자는 공화국의 제도를 아는 자들, 즉 능력 있는 자들이 무지하고 무정부주의적 대중을 교육하는 제도로 간주합니다.

미학, 예술, 정치

● 몇 십 년 전에는 예술은 정치라고 긍정하는 분위기였습니다. 1980년대부터

도미니크 바케[195]의 보고서에 의하면 현대예술의 근본적인 경향은 "정치적인 것 이전"에 자리합니다. 그럼에도 불구하고 오늘날 젊은 예술인들은 그들의 실천의 비판적이고 정치적인 성격을 주장합니다. 그럼에도 예술과 정치의 복잡한 관계는 다시금 이론적인 관점에서 논의될 수 있는 것처럼 보입니다. 당신은 이 질문에 어떻게 접근하나요?

우리가 오늘과 어제를 비교할 때, 과거의 것을 너무 단순한 이념으로 전개하지 않기 위해서는 우리가 말하는 것을 명확히 할 필요가 있습니다. 어쨌든 명시적으로 정치적인 예술적 실천들을 포함해서, 예술적 실천들이 가질 수 있는 효과에 대한 질문은 여전히 문제적입니다. 자신의 시대의 사회적 문제들을 기술한 위대한 소설들의 정치적인 힘은 무엇이었나요? 나치주의에 투쟁하기 위한 베르톨트 브레히트의 연극의 동원하는 힘은 무엇이었나요? 예술은 항상 옮겨진/차이나는 경험을 규정하면서 기능합니다. 따라서 정치적인 주체성의 능력들을 규정하는 것은 특별한 작품들이 아닙니다. 그 능력들은 예술을 통해서 유통되는 새로운 감각적 경험의 구성과 시간, 공간, 나, 우리 등등의 재구성을 통해 자라납니다. 그런데 전달된 메시지와의 예비적인 연대를 전제하는 **투쟁적** 예술의 메시지와 자신을 동일시함이 없이 말입니다. 오늘날 우리는 역설적인 상황에 놓여있습니다. 즉 오늘날 우리는 정치적 주체성의 결핍 안에 놓여있습니다. 이로부터 예술적 실천들을 대체적인 형태들로 생각하고자 하는 경향을 갖습니다. 1960년대 예술적 수행의 실천들과 정치적 활동의 실천들 사이의 유통의 형식이 창조되었습니다. 오늘날 예

195 Dominique Baqué, *Pour un nouvel art politique*, Paris, Flammarion, 2004.

술은 이 유산을 계승하고자 합니다. 그러나 설명의 대 체제와 연대 결성의 구호가 부재한 상황 안에서 말입니다. 우리는 회고적으로 예술적인 선동들과 정치적인 역량을 결합합니다. 자주 그것들에 가시성과 해석의 코드를 제공하는 것이 정치적인 운동의 실존이라는 사실을 망각하면서 말입니다. 예술적 실천들은 아직도 이 도식에서 유지됩니다. 그러나 이 도식은 이제 집단적인 역사의 희망의 지평에서 사라졌습니다. 따라서 예술적 형식들은 고아들입니다. 한편으로 (《스펙터클을 넘어서》(*Au-delà du spectacle*)[196]나 〈디오니지악〉(*Dionysiac*)[197]과 같은 전시회에서) 예술은 상품의 권력과 스펙터클의 지배에 대한 비판이라는 생각이 지속됩니다. 그러나 이와 같은 현상은 더 이상 누구에게도 신비가 아니기 때문에, 이 장치들은 제자리걸음을 하고, 최소한의 정치적인 것도 생산함이 없이 예술가의 이미지만을 강화합니다. 다른 한편, 예술의 장소들의 변형이 있고, 그 장소에서 예술적인 일단의 표명들과 정치적인 행위들이 있습니다. 사실 화랑이나 미술관은 때때로 국회나 정치적 정당 안에서 거의 논의되지 않는 세계 정치의 쟁점들이 논의되는 장소가 됩니다. 이러한

196 (원주) 〈스펙터클을 넘어서〉(2000년 11월 22일–2001년 1월 8일)는 파리, 조르주 퐁피두 센터에서 열렸던 전시회로, 기 드보르(Guy Debord)에 의해 전개된 테제[스펙타클의 사회]를 바탕으로, 오늘날 다양한 형태로 전개되는 스펙터클 사회의 지배와 예술의 잠재력을 질문한다. 예술가들이 스펙터클의 전략들에 자신을 맞추는 것을 주저하지 않을 때 말이다.

197 (원주) 〈디오니지악〉(2005년 2월 16일–5월 9일)은 파리 조르주 퐁피두 센터에서 열렸던 전시회이다. 신문사들을 위한 전시회 설명서에는 디오니지악은 "예술과 삶과의 특수한 관계, 포기에 반한 긍정을 지시합니다…"고 명시한다. 예를 들어 2004–2005년 실현된 밀리시 파렐(Milachi Farell)의 설치물, O'Black(밀항자들의 작업실)은 재봉틀이 돌아가는 소리와 기관총 소리 간의 평행에서 연출된다. 크리스틴 수르장(Christine Sourgins)에 의하면 디오니지악은 "밀항자의 지옥 같은 노동"("디오니소스 대 디오니지악", L'humanité, 2005년 6월 28일자)을 고발한다.

수행들은 예술의 고유한 세계와 이 세계의 중요한 사람들의 대결의 장사이의 애매한 공간 안에 자리합니다. 산티아고 시에라(Santiago Sierra)[198]는 자본주의의 법칙을 보여주기 위해 사람들에게 자신의 무덤을 파게 하고 돈을 지불했습니다. 지아니 모티(Gianni Motti)[199]와 예스 맨 그룹(les Yes Men)[200]은 해적질을 사용해서 공포를 유발하기 위해 불법적으로 공식적인 모임이나 주요한 방송사에 잠입합니다. 그러나 이 모든 것은 다시 예술의 영역으로 도입됩니다. 자신의 예술을 그 자신의 고유한 영역으로부터 나오게 하는 데 사용되는 이러한 고발, 위장, 도전 등등의 수행들은 그 노력에도 불구하고 정치적인 주체화의 형태를 창출하지 못합니다.

● 당신이 말하는 것처럼[201], 근대성은 예술 세계에 대한 신랄한 비판과 더불어 기존 세계에 대한 강력한 비판을 혼합한다면, 오늘날 예술은 이러한 비판에서 불확실할 것입니다. 다시 말해 예술은 더 이상 분열의 정치를 연출하지 않습니다. 장 뤽 고다르의 작품들을 언급하면서, 당신은 1980년을 전후로 우리는 충격의 실천에서 융합의 실천으로 이행한다고 말합니다.

198 (원주) 산티아고 시에라는 행복한 신자유주의 세계화에서 배제된 자들에게 일단의 행위(자위행위, 문신하기 등등)의 대가로 저가로 급료를 지불한다. 이것은 시장의 꺾을 수 없는 법칙을 이용해서 신체를 포함해서 자기의 배제를 냉정함과 냉소주의로 드러낸다.

199 (원주) 지아니 모티는 예를 들어 캘리포니아 사막에서 일어난 지진에 대한 책임을 신문사를 통해 요구한다. 그는 또한 인간의 권리를 위한 모임이 있던 UN 본부에 침투해서 빈 의원석을 차지하고서 소수자를 지지하는 연설을 하고 회의의 중단을 가져온다.

200 (원주) 예스 맨 그룹은 사기와 아이러니의 전략에 의존하는 것으로 잘 알려진 반세계화 운동 단체이다. 그들은 적, 특히 WTO의 무기를 사용하면서 방송사에 침투한다.

201 (원주) 자크 랑시에르, 『미학 안의 불편함』, Galilée, 2004.

고다르는 항상 콜라주를 이용합니다. 이것은 다른 세계에 속한 것들을 함께 놓습니다. 1960년대에 이 혼합은 정치적인 효과를 가지고 작용했습니다. 예를 들어 우리는 〈미치광이 피에로〉의 식사 장면에서 손님들은 단색 바탕에서 광고의 인물들처럼 광고의 인물들에 대해서 말하기 시작하는 장면을 들 수 있습니다. 영화적 서사의 논리와 광고 이미지 사이의 감각적인 충격이 있습니다. 이것은 자신의 감각적 바탕과 수사학을 획득합니다. 감각적인 두 논리의 대결은 즉각적으로 상품의 권력에 대한 비판으로서 인식되었습니다. 그리고 이러한 분위기는 두 인물의 이야기로 전이됩니다. 그들의 도주는 마치 시장과 제국주의의 법칙에 종속된 삶의 양식에 대립되는 것으로 나타납니다. 이질성의 충격은 정치적인 폭로로서 기능했습니다.

1980년대 고다르는 여전히 콜라주를 사용합니다. 그러나 이것은 그 방향을 변경합니다. 〈카르멘이란 이름〉에서 우리는 패러디의 논리, 즉 남용의 논리 안에 놓입니다. 비제의 주인공들은 저속한 세계에 빠져있고 "네가 나에게 던진 꽃"은 플라스틱에 싸인 저속한 장미가 됩니다. 이런 조롱은 비제에게서 카르멘을 탈취해서 베토벤에게 제공하기 위해서입니다. 베토벤의 4중주는 파도의 소리, 해변의 인상주의적 빛, 그리고 방 안에서 주인공들의 포옹과 유비적 놀이를 조직합니다. 잡다한 것들의 혼합은 공통의 세계의 리듬을 창출합니다. 이러한 융합의 결정은 〈영화의 역사(들)〉의 잡다한 조합들을 표시합니다. 〈파리의 미국인〉에서 레슬리 캐론의 뛰어오르는 이미지들은 그 세기의 비극에 대한 증언들과 섞입니다. 그러나 이 콜라주는 미국의 제국주의에 대한 책임이나 할리우드 영화의 무의식을 말하는 것보다 모든 이미지와 모든 경험을 함께 놓는 영화의 힘을 보여줍니다. 더 나아가 고다르는 〈젊은이의 양지〉의 엘리자베스 테일러의 미소와 조지 스티븐스가 찍은 나치 수용소의 이미지들과 관계가 있습니다. 이것은 마르타 로슬러(Martha Rosler)가 베트남 전쟁의 이미지들과 미국의 행복의 이미지들을 서로 겹치게 했던 사진 몽타주와 같습니다. 그러니 장치는 그 방향을 변경했습니다. 이제 그것은 수용소의 끔찍함을 영화로 찍으면서 자신의 명예를 회복한다는 것을 의미합니다. 고발의 의무는 증언의 의무 앞에서 지워집니다. 그리고 잡다한 것들의 콜라주는 공존의 표명이 됩니다. 영화에서 요구되는 것은 영화가 시대의 증인이었는지 아닌지를 묻는 것입니다. 영화가 이미지들의 거대한 박물관, 그림자들의 거대한 왕국이 되는 한에서 영화는 시대의 증인이 됩니다. 이러한 결정은 예술 비판의 열광은 증언, 기억, 혹은 재고 목록 작성의 예술이 되는 1980년대의 일반적인 진전과 일치합니다. 고다르의 충격적인 이미지(image–choc)는 성상의 이미지(image–icône)가 됩니다. 바르트는 이미 이미지의 비판이 이미지의 숭배로 변화되는 것을 주목했습니다. 설치 예술의 일부는 또한 기억의 정치, 즉 공동체의 기호들의 목록 작성의 정치가 되었습니다, 예술은, 아렌트의 이념에 의하면, 우리에게 세계를 제시하도록 요청받습니다. 이것은 또한 반우주적인 야만에 의해 위협받는 예술과 문화의 황혼의 전망과 연결되기도 합니다.

● 이런 의미에서 당신은 장-프랑수아 리오타르의 최근의 작업들과 당신을 구분하나요?

장-프랑수아 리오타르에게서 전개된 제안들은 내가 『미학 안의 불편함』에서 언급한 윤리적 전향을 그 특징으로 갖습니다. 리오타르는 항상 말과 이미지, 가시적인 것과 말할 수 있는 것 사이의 긴장 위에서 작업합니다. 그는 아도르노에게서 예술적 발명의 세계와 상품과 미학적 삶의 세계를 대립시키는 근대의 엄격성을 다시 취합니다. 아도르노에게 예술과 기존 세계의 화해 불가능성은 소외를 비난하면서 항상 해방과는 다른 약속을 유지하고자 하는 하나의 방식입니다. 리오타르는 이 화해할 수 없음을 갚을 수 없는 빚의 종교적 세계 안으로 뒤집습니다. 그는 이것을 칸트의 숭고의 개념을 가지고 실행합니다. 상상의 결핍으로 인한 숭고의 경험은 칸트에게서 이성의 힘과 자연에 대한 자유의 우월성에 대한 의식으로 열립니다. 반면 리오타르에게 숭고는 통제할 수 없는 타자성 앞에서 사유의 결함의 증인이 됩니다. 해방의 약속을 가져오는 근대의 순수성은 리오타르에게 반대로 극복할 수 없는 소외의 증인이 됩니다.

자크 랑시에르와 비-분과성[202]

(미레이 호셀로와 마리-오드 바로니안과의 대담)

● 현재 프랑스 지성의 풍경에서 당신은 당신 자신을 어디에 놓을 수 있을까요? 《마가진 리테레르》와 《누벨 옵세르바퇴르》에서는 당신을 프랑스 지성의 풍경에서 빼놓을 수 없는 사람으로 언급합니다. 당신을 몇 마디로 요약한다면 어떻게 말할 수 있을까요? 프랑스 사상 안에서 당신의 기여, 당신의 위치는 무엇일까요?

나는 우리의 현재에 대한 진단과 논의의 구조를 형성하는 범주들을 의심하고 문제를 제기하고자 했습니다. 그래서 나는 국가의 형태와 부유한 사회의 삶의 양태와 동일시되는 민주주의와, 동시에 지배의 현실을

202 (원주) 이 대담은 2007년 네덜란드 암스테르담에서 있었던 것으로 소랑즈 드 보어(Solange de Boer)의 지도 아래 출간된 『학제들 간의 경계. 자크 랑시에르에 대하여』(*Grensganger tussen disciplines. Over Jacques Rancière*)에 실렸다. 프랑스어판은 자크 랑시에르가 직접 번역했다.

감추는 형태로서 민주주의에 대한 비판을 거부하면서 민주주의를 다시 생각하고자 했습니다. 마르크스주의로부터 나온 공식적인 변명들과 비판들은 그 근본에서 소비사회로 정의되는 사회에 의존하는 민주주의를 지배의 형태로 정의하는 데 동의합니다. 이러한 지배적 관점에 반해서 나는 민주주의의 진정한 스캔들을 다시 쟁점화했습니다. 즉 민주주의는 모든 권력의 궁극적인 정당성의 부재를 폭로합니다. 민주주의는 정치의 토대로서 누구나 지배되는 것만큼 지배할 수 있는 평등한 능력을 긍정합니다. 따라서 나는 민주주의를 국가의 형태나 사회의 양태로서가 아니라 누구나의 평등을 쟁점화하는 행동 형태들의 전개로서 생각하기에 이르렀습니다.

미학의 측면에서, 나는 모더니즘의 지지자들, 탈-모더니즘의 예찬가들, 그리고 숭고의 신부들에 의해 나눠진 근대성과 탈근대성에 대한 도식의 문제를 제기했습니다. 이들 모두는 대부분 근대의 예술적 혁명을 자율화, 즉 표상과의 단절로서, 각 예술에 고유한 물질성의 요구와 가능성의 집중으로서 생각하는 것에 동의합니다. 다시 말해 추상예술, 무조음악, 자동사적 시로의 이행을 지시합니다. 그 대표자로는 말레비치, 쇤베르크, 말라르메를 들 수 있습니다. 이로부터 그들은 근대에서 현대로의 이행을, 근대의 소명과의 단절로서—예술들의 혼합, 예술과 대중적인 광고의 이미지들과의 혼합, 예술과 삶과의 혼동으로서—생각합니다. 그들은 이러한 이행을 축하하거나 애석해하거나 할 수 있습니다. 또 그들은 이 혼동을 정당화할 수도, 숭고와 표상할 수 없는 것에 대한 예술을 주장할 수도 있습니다. 그러나 이 모든 경우에 그들은 같은 도식을 정당화합니다. 나는 우리가 근대성이라고 부르는 것은 그 기원에서부터 모순적인 두 요청들의 긴장을 거쳐서 형성되었다는 것을 드러내고자 했습니다. 즉 예술과 미학적 지각을 다른 영역들에서 작동하는 규칙들과 단절한 특수한 경험의 영역으로 만들고자 하는 요청과 예술들과 경험의 영역들 간의 미끄러짐에서 자라나고 예술을 하는 방식을 삶의 집단적인 방식으로 만들고자 하는 요청 간의 긴장에서 형성되었습니다. 이 긴장의 고고학을 만들면서, 나는 예술의 현재에 대한 호의적인 혹은 치명적인 평가에서 탈출하고자 했습니다. 이것은 진보나 후퇴의 거대한 도식과 거대한 단절 대신에 가능성들의 지형학의 지속적인 이동을 보는 것을 허용합니다.

나의 작업을 다른 것들과 구분하는 것은 한편으로 선험적인 것에 근거한 평가 대신에 우리의 사유의 대상들과 형식들의 역사적인 전망을 제시하는 것이고, 다른 한편 역사적인 필연성의 도식을 비판하고 우리의 현재의 고고학을 가능한 것들의 특징들을 보존하는 가능한 것들의 지형학으로 만드는 것입니다. 나는 동시에 두 가지를 말하고자 했습니다. 즉 어떻게 우리는 현재 우리가 보고 생각하는 것에 이르게 되었는가와 동시에 우리의 사유의 대상들과 형식들의 풍경 안에는 어떤 역사적인 필연성도 어떤 되돌릴 수 없는 것도 없다는 것을 말하고자 했습니다. 혁명적 기획의 실패와 관련해서 또한 나는 미래의 혁명을 위한 훌륭한 정식들이 있다고 생각하는 사람들과 또 세계를 평등하게 변형하고자 하는 모든 기획은 전체주의의 공포에 이른다고 말하는 사람들과 결별합니다. 나는 어떤 미래의 정식도 제시하지 않습니다, 나는 다만 가능성과 모두가 가진 능력들에 열린 세계를 기술하는 데 전념합니다. 이 세계는 푸코의 고고학보다 더 사건들에 열린 고고학과 같습니다. 그런데 벤야민의 메시아주의가 없는 어떤 것입니다.

● 당신은 동시대의 사상가들(바디우, 낭시, 발리바르)과의 어떤 유사점이 있나요? 아니면 당신의 작업은 우리가 쉽게 인식할 수 있는 프랑스 철학의 경향들과 결별하려는 시도인가요?

나는 당신이 지적한 철학자들과 마찬가지로 1960-1970년대에 일어난 철학적 혁신의 유산을 이어받은 사람들 중의 하나입니다. 그것은 철학을 다른 영역들과 다른 실천들—문학, 역사, 정신분석, 민족학—로 열면서 대학의 철학적 전통과 근대의 철학적 형식, 현상학 등에 문제를 제기했습니다. 사유의 영역을 확장하고 중심에서 벗어나는 것을 가능하게 했습니다. 이러한 공통의 기원은, "68사상"에 대해서 그랬던 것처럼, 1980년대의 지적인 반동이 오명을 씌운 철학적 전복과 정치적 해방 간의 긴밀한 연결에의 충실에서와 마찬가지로, 나를 바디우, 발리바르, 낭시에 접근시킵니다. 이것은 바디우나 낭시와 같은 사상가들은 비록 변형된 형식들 안에서라고 할지라도, 여전히 내가 철학의 "근본주의자"라고 부르는 이념에 연결되어 있다는 것을 말합니다. 낭시는 데리다의 탈구축을 지나왔지만 철학의 불가능성 안에서 여전히 의미, 세계, 타자, 공통의 것과 같은 대 기표들에 대한 본래적인 경험의 사유에 연결된 철학의 이념에 집착합니다. 바디우는 고유한 대상이 없이 과학, 정치, 혹은 시의 실천 안에서 작동하는 "진리들"을 밝히는 알튀세르의 철학의 이념을 다시 취합니다. 그러나 그는 동시에 이러한 실천들의 합리성의 존재론에 의존하는 체계로서 철학을 생각합니다. 이 존재론은 존재와 그것의 보충에 대한 일반적인 정식을 제시합니다. 이 정식은 그에게 명령적입니다. 다시 말해 우리는 그것으로부터 예술이나 정치의 의무를 연역할 수 있습니다. 그리고 그의 관점에서 보면, 내가 하는 것은 기술(description)의 질서에 속합니다. 즉 세계의 질서에 복종하는 경험주의적 질서에 속합니다. 반대로 나는 예술과 정치의 실천들이 연역되는 존재의 일반적인 정식과 같은 것은 없다고 생각합니다. 그리고 명령적인 것과 기술적인 것은 가능적인 것의 풍경들을 구성하기 위해 서로 얽힌다고 믿습니다(기술하는 자는 세계의 가능적인 것들을 재구성하며, 명령하는 자는 그 자체 침전된 명령으로 이뤄진 세계의 일단의 상태를 전제합니다). 이 풍경들의 구성은 항상 결국 시라고, 즉 일상어 안에서 사유가 가진 공통의 자원들의 표현이라고 생각합니다. 따라서 동시에 1980년대에 이데올로기적 권력을 잡은 반동적 공격에 반한 연대와 더불어 철학의 지각과 실천 안에 근본적인 차이가 있습니다.

● 당신의 작업은 비-분과적인만큼 상호-분과적도 아니라고 하는 것이 맞을까요?

나의 문제는 언제나 분과들 간의 분리를 피하는 것이었습니다. 왜냐하면 나의 관심은 영토들의 분배에 대한 질문 그 자체이기 때문입니다. 분배는 항상 누가 무엇에 대해 말하는 것이 적합한가를 결정하는 것입니다. 분과들 간의 나눔은 항상 보다 근본적인 나눔으로 보내집니다. 즉 사유에 적합한 사람과 그렇지 않은 사람 간의 나눔, 과학을 만드는 사람들과 그것의 대상으로 간주되는 사람들 간의 나눔에 의존합니다. 나는 우선 "철학"이라는 분과의 경계들로부터 탈출하는 것으로부터 시작했습니다. 왜냐하면 내가 전념한 질문들은 이데올로기에 대한 마르크스의 사유의 주변에 놓여있었기 때문입니다. 다시 말해 왜 사람들은 그와 같은 자리에 있었고, 그들은 이 자리를 생각할 수 있거나 생각할 수 없는가를 알고자 하는 질문 주변을 맴돌았기 때문입니다. 1968년 사건들과 좌익사상의 변천을 겪으면서, 나는 마르크스의 텍스트들에 몰두하는 대신에, 노동자들의 경험과 해방의 사유와 실천의 삶 속으로 들어감으로써 이 질문들을 해결해야 한다고 생각했습니다. 처음에 그것은 역사적인 자료들을 모으기 위한 일종의 가벼운 여행이었습니다. 그러나 이 여행은 전망들의 전복으로 이끌었습니다. 나는 문제는 철학적인 질문들을 사유하기 위해 자료들을 찾기 위해 사회적 역사의 현장으로 가는 것이 아니라는 사실을 깨달았습니다. 왜냐하면 최초의 철학적이고 정치적인 질문은 사유의 세계와 사유의 대상일 뿐인 사회적 세계 간의 분리에 대한 질문 그 자체였기 때문입니다. 무엇이 한 질문을 철학적인 것으로, 혹은 정치적인 것으로, 혹은 사회적인 것으로 혹은 미학적인 것으로 만들까요? 해방이 어떤 의미를 갖는다면, 그 의미는 바로 모든 사람에게 속한 것으로서 사유의 요구였습니다. 다시 말해 사유의 대상들의 자연적인 분할이 없다는 사실, 그리고 분과는 항상 잠재적인 통합, 즉 그 자체 자신의 고유한 자리와 영역을 가지지 않는 대상들과 질문들의 잠재적인 영토화라는 것입니다.

정치와 철학

● 당신의 사유를 이끄는 큰 이념들 중의 하나는 특히 『불화』에서 당신이 정치에 주는 정의입니다. 그것은 권력을 가진 정부와 반대파의 놀이도, 이미 그 자체로 그 정체성이 확인된 집단(예를 들어 노동자)의 요구의 원리도 아닙니다. 그것은 "보이는 일이 일어난 적이 없는 것을 보여주고, 소음만이 일어난 거기에

담론을 들리게 하는"(『불화*La Mésentente*』, p. 53) 활동입니다. 현재 프랑스에서 당신 생각에, 어떤 정치적인 효과들을 산출하는 "소음들"의 사례가 있나요? 혹은 "가시적인 소수자"로 인정받기 위해 노력하는 남자들, 여자들의 노력을 당신은 어떻게 생각하시나요?

소음은 지금 막 커지고 있는, 우리에게 혹은 막 나타나려는 새로운 주체에게 곧 들릴 준비가 된 소음들에 의해 생각해서는 안 됩니다. 기다리는 소음, 잉태 중인 말, 말이 결국 들리게 되는 순간의 기다림과 같은 것은 없습니다. 차라리 두 관계의 조합이 있을 뿐입니다. 다시 말해 무엇이 소음이고, 말이고, 혹은 침묵인지에 대해서는 지속적인 갈등적 관계가 있습니다. 그러나 이 나눔의 형태들의 변형들도 있습니다. 한편으로 우리의 사회에는 소음으로만 들리는 말이 만연합니다. 공장의 제3세계로의 이전, 재구조화 등에 의해 실업자가 된 사람들의 거부된 말은 희생자에 의해 만들어진 소음으로만 생각됩니다. 희생자가 할 수 있는 논증, 이 말은 항상 통치자들과 전문가들에 의해 고통을 호소하는 소음으로 밖에는 해석되지 않습니다. 이민을 예로 든다면, 단식투쟁을 하는 불법체류자들과 교섭하는 사람들은 그들이 고통의 신체를 가지고 말하는 것이 아니라, 아프리카에서 배운 논의하는 기술을 가지고 논리정연하게 말한다는 것을 압니다. 그리고 그들에게 말은 사회적인 삶의 중요한 요소라는 것을 압니다. 이것은 전반적인 수준에서 불법체류자들의 상황이 단지 고통의 현상으로 고려되고 그렇게 처리되는 것을 방해하지 않습니다.

따라서 거기에는 말이 되는 소음이 있는 것이 아니라, 해석이 문제인 말이 있습니다. 우리는 그것을 말로서 들을 수 있을까요? 어떤 장소에서 그것은 소음으로 혹은 말로서 들릴까요?

다른 한편, 예를 들어 가시적인 소수자들을 말하게 하는 풍경의 재분배가 있습니다. 정치적 쟁점은 여기서 우리가 무엇을 듣는가를 아는 것입니다. 나에게 정치적인 주체는 사회의 한 부분으로 인정되는 집단 이상의 어떤 것이 아니라, 무능력자에 의해 말해진 것을 능력으로, 혹은 몫이 없는 자들의 몫을 만드는 주체입니다. "가시적인 소수자들"은 우리는 대표 집단, 구성된 동일성들의 체제를 초과한다는 것을 의미합니다. 만일 우리가 할당의 체계를 생각한다면 나에게 이 할당은 한 사회에서 그들의 중요성에 따라서 집단들에 중요성을 주는 방식으로 생각될 수 없습니다. 그것은 전체에 첨가가 아니라 누구나의 능력의 인정으로 열리는 파열입니다.

문학과 정치

● 당신은 『말 없는 말』, 『문학의 정치』와 같은 문학과 정치와의 관계에 대한 여러 권의 책을 출간했습니다. 『문학과 정치』에 대해 주간지, 《누벨 옵제르바테르》와의 대담에서 당신은 "문학적 테스트가 전복적이거나 합의적인 것은 작가의 의지에 의존하는 것이라기보다는 세계에 대한 기술을 탈취하는 정치적인 힘에 의존한다"고 말합니다. 여기서 당신이 세계에 대한 전망을 탈취하는 "정치적 힘"이라고 말하는 것이 무엇을 의미하는지 당신의 생각을 말씀해주실 수 있는지요?

"세계에 대한 기술을 탈취하는 정치적인 힘"이라는 정식은 다소 과장된 표현입니다. 그것은 이미지를 만들고, 우리는 기술을 점령하는 정치적 힘을 살과 피를 가진 어떤 것으로 보고자 합니다. 이런 의미에서라면 나는 그 정식을 정당화하기가 어렵습니다. 그 정식이 의미하는 것은 문학은 가시적인 것과 진술할 수 있는 것의 풍경을 재구성하면서, 새로운 개인주의와 이 개인주의를 위한 세계를 구성하면서 작동한다는 것을 의미합니다. 그리고 문학에 고유한 이 정치의 구성은 자신의 고유한 논리를 따릅니다. 이 논리는 그 자체 이런저런 정치적인 대의에 사용될 수 있는 기술의 체계에 귀착할 이유를 가지지 않습니다. 문학의 정치에서 내가 말하고자 한 것은 문학은 자신의 고유한 민주주의를 가지고, 그것은 개인주의의 분산으로, 비인격적인 층의 구성으로 향합니다. 이 후자는 정치가 제안하는 입장들처럼 진술의 주체적인 입장들의 분할의 이념과 정확히 대립됩니다.

우리가 19세기 이래로 소설의 역사를 본다면, 문학은 주목할 만한 방식으로 문학을 위해 흥미 있는 것들의 영역을 전개했습니다. 즉 관심의 대상이 될 만한 주체들의 영토, 생각하고 느낄 수 있는 주체들의 영역을 전개했습니다. 근저에서 소설의 근대성은 신체들이 느끼고 말할 수 있다는 사실의 대대적인 확장입니다. 이런 의미에서 나는 『마담 보바리』에 중심적인 역할을 부여했습니다. 나에게 그것은 어떤 면에서 문학에서 노동자의 해방과 등가를 이룹니다. 그것은 자리, 사유, 말의 규정된 양태, 느낄 수 있는 능력을 가진 것으로 간주되는 신체들이 모든 종류의 향유를, 그것이 물질적이든 이념적이든, 느끼고 그것에 참여하는 능력을 위반을 통해 자신의 것이라고 주장하는 순간입니다. 1830-1840년대의 해방된 노동자들은 낭만주의 주인공들의 불행을 만드는 이 "비규정성"을 탈취하면서 이 능력을 개발했습니다. 그런데 이런 사유화는 낭만주의 작가들이 의도한 것이 아닙니다. 작가들은 등장인물들의 심리적인 불안을 사회적인 불안으로 변형하는 대신에, 노동자들이 일의 고귀함을 체화하고 작업장과 대중 축제들을 노래하기를 원했습니다. 바로 이것이 내가 "탈취한다"라고 말한 것의 의미입니다. 이것은 어떤 면에서 "흑인성(négritude)"[203] 작가들이 『지옥에서 보낸 한철』로부터, 모든 방향에서 접근 가능한 랭보의 언어에 대한 이념으로부터 "흑인"을 탈취했던 것과 같은 방식입니다.

이렇게 문학은 누구나가 접근 가능한 경험의 세계를 확장합니다. 이것은 이러한 차용, 이러한 유용을 통해 공적인 말에서 제외된 사람들이 그것에 개입할 수 있다는 것을 스스로 선언하고 보여주는 것을 가능하게 했습니다. 그러나 이것은 세계에 대한 기술과 정치적인 결과 간의 직접적인 연대가 없다는 것을 함축하고 있습니다. 새로운 정치적 주체의 형식의 형성에 문학이 미친 효과는 내가 말한 영역들 간의 방해의 효과—또한 능력들의 재분배의 효과—에 의해서 일어납니다.

● 문학에 대한 당신의 책들은 불화에 대한 작업과 공통어에 대한 탐구와 떨어질 수 없습니다. 그것들은 또한 분배된 자리들이 문제 제기되는 계기로서 몫이 없는 자들의 몫과 정치의 침입에 대한 질문을 다시 제기합니다. "문학비평"의 역할은 따라서 문학을 읽는 특수한 도구를 가진 전문가로서 문제를 제기하는 데 있습니다. 게다가 몇몇 문학비평가들은 방법을 가진 전문가로서 이해되지 못한다는 인상 때문에 다소 좌절하는 것처럼 보입니다. 그리고 당신은 그들

203 흑인의 전체성과 문화를 주장하던 프랑스어권의 흑인 작가들의 문학적 경향을 이르는 말이다.

에게 문학은 모든 사람들에게 속한다고 명시적으로 말합니다.[204] 당신은 우리는 문학을 교육할 수 없다고까지 말하시는 건가요? 아니면 적어도 그것은 연구의 대상으로서 문학을 취하는 교육의 단일성들을 제거하는 파괴자가 아니라, 어떤 유용성이 있는 건가요?

나는 문학 교육을 제거해야 한다고 주장하지 않습니다. 그러나 나는 문학을 분과로서가 아니라 담론들을 분류하는 원리들의 제거로서 문학에 관심이 있습니다. 따라서 나는 문학의 방법 혹은 특수한 문학에 전문가가 있다고 생각하지 않습니다. 나에게 문학은 전문가들에게 그 법칙들을 밝히고 그 작품들을 평가할 것을 요구하는 그 자체 닫힌 예술이나 영역이 아닙니다. 그것은 글쓰기 예술의 역사적인 체제입니다. 그것은 시학적 예술들의 규칙들의 제거를 통해서, 더 이상 체계의 경계가 없다는 사실과 더 나아가 더 이상 허구의 논리와 사실의 논리 간의 대립이 없다는 사실에 의해 특징지어집니다. 문학은 나에게 담론들 간의 경계들의 열림을 지시합니다. 그리고 이 열림의 전문가는 없습니다. 중요한 것은 문학이 그 자신 안에 가지고 있는 경험 확장의 능력들을 끌어내는 것입니다. 그것은 특수한 방법론의 대상이 아닙니다. 다시 말해 문학에 대한 담론은 항상 그 자체 문학적 담론이고, 허구에 대한 담론은 그 자체 허구의 구성입니다.

따라서 나는 문학 작품들을 규칙들을 밝히고, 일반적으로 설명하고, 전달하는 문학이론을 산출하는 일을 하지 않습니다. 나는 문학 경

204 (원주) 이것에 대해서는 솔랑즈 레논과 존 카바나와의 대담, "문학, 정치, 미학: 민주적 불화의 주변에서" 참조.

험의 출현의 순간들, 그 단절의 순간들, 그 의미의 확장의 형태들을 지적하고, 다른 영역들과의 관계에서 그것들의 중요성을 지시하고, 그것들의 말을 울리게 하고자 했습니다. 나에게 문학 혹은 영화에 대한 비평은 사물들을 설명하고 분류하는 방식이 아니라, 사물들을 확장하고 다르게 울리게 하는 방식입니다. 나는 플로베르, 발자크, 혹은 위고 등을 설명하는 것에 관심이 없습니다. 나의 관심은 한 인물, 한 진술, 한 문장의 구조를 다른 인물들, 다른 진술들, 다른 문장의 구조들과의 관계에서 울리게 하는 것입니다. 나는 우선 『마담 보바리』에 대해서 쓰면서가 아니라, 아카이브에서 내가 읽은 텍스트 안의 노동자들과 플로베르의 인물들 간의 상상적인 동일화를 실행하면서 플로베르를 언급했습니다. 내가 『마담 보바리』에 대해 썼을 때, 그것은 민주주의와 그것에 대한 해석과의 관계에서 이것을 울리게 하기 위해서였습니다. 왜 귀족적 감각을 가지고 예술로서의 예술을 배양한 작가의 이 텍스트가 즉각적으로 민주주의의 문학적 체화로서 비난받았을까요? 이 질문에 대답하는 것은 당시 나에게는 민주주의에 대한 여러 의미들 간의 갈등을 이해하는 계기가 되었습니다. 내가 이해하는 정치적인 민주주의, 플로베르가 실천한 문학적 민주주의, 토크빌의 사회적인 민주주의, 이들 중의 어떤 것이 플로베르와 동시대인들이 그의 책을 읽으면서 이해한 민주주의일까요? 또한 어떤 것이 오늘날 민주주의와 소비사회를 동일시하는 사람들이 주장하는 민주주의일까요?

● 문학에 대한 당신의 책들 안에서 당신이 드는 예들은 문학계에서 카논이라고 부르는 것에 속하나요? 여기서 당신의 입장은 무엇인가요?

카논에 대한 질문은 별로 나의 관심을 끌지 않습니다. 왜냐하면 나는 문학은 어떤 문학적인 합법성을 전수하고 이 합법성의 계승자라고 주장하는 사람들이 분류하는 예술이 아니기 때문입니다. 나의 관심은 글쓰기 예술의 역사적인 체제로서 문학에 있습니다. 따라서 나는 이 체제의 탄생과 그 출현과 연관된 정치적인 쟁점들을 드러내는 것을 가능하게 하는 텍스트에 우선성을 부여합니다.

예를 들어, 내가 발자크를 읽었다면, 그것은 내가 글쓰기들의 전쟁이라고 부른 이 내기, 혹은 문학성의 내기와의 관계에서입니다.

문학은 여기서 문학을 초과하는 질문 안에, 문자의 유통에 대한 질문인 철학적이고 정치적인 질문 안에 개입합니다. 그리고 그 질문은 누구나에게 건네질 것입니다. 발자크는 소설의 승리, 이 탁월한 민주주의적 장르를 표시합니다. 왜냐하면 그는 모든 위계질서, 모든 말의 특정한 도착지를 폐지했기 때문입니다. 동시에 그는 그 자신의 책이 유지되는 방식이기도 한 이 양태의 유통의 위기를 허구화했고, 그는 이 방랑하는 말을 우리가 사물들 그 자체 위에서 읽을 수 있는 글쓰기와 대립시켰습니다. 소설의 정치는 따라서 의미작용의 체제들 간의 갈등 안에 기입됩니다.

나에게 문학의 민주주의에 대한 질문은 바로 여기서 발견됩니다. 문제는 모든 사람들에게 정의를 돌려주는 것이 아닙니다. 다시 말해 남성 문학과 여성 문학 사이의, 또 프랑스의 프랑스 문학과 캐나다, 아프리카, 카리브의 프랑스어권 문학 사이의 균형을 만드는 것이 아닙니다. 중요한 것은 한편으로 문학 그 자체가 실천하는 민주주의이고, 다른 한편으로 문학을 자기화한 사람들이 문학에게 실천하기를 요구하는 민주주의입니다. 이미 말한 것처럼, 1830-1840년대에 해방된 노동자들이 참조한 작가는 으젠느 쉬(Eugène Sui)나, 사회적이거나 대중적인 소설이 아니라, 르네, 베르테르, 오베르만입니다. 왜 그럴까요? 그들은 다만 "태어나서 불행한 사람들"이기 때문입니다. 그리고 그들은 사회에서 자리를 가지지 못해 고통 받는 인물들이기 때문입니다. 그러나 "다만 태어난 존재"는 프롤레타리아의 본래적인 정의입니다. 다만 그에게 이것은 반대로 사회 안에서 아주 잘 정의된 자리를 함축하고, 여기에 무엇을 하러 왔는지를 알고자 하는 질문을 배제합니다. 종속된 이 자리의 전복은 사회 안에서 "아무것도 할 것이 없어서" 고통 받는 사람의 소설적 인물의 자기화를 통해서 일어납니다.

따라서 나에게 민주주의는 소수자라고 말해지는 집단에 무게를 주는 프로그램이 아닙니다. 교육된 사물들의 카논을 파열시키는 것, 아프리카 문학, 카리브 문학을 도입하는 것, 이 모든 것들은 좋은 일입니다. 그러나 중요한 것은 오랫동안 배제된 사람들에게 케이크 한 조각을 주는 것이 아닙니다. 차라리 그것은 예를 들어 세제르(Césaire)와 같은 작가들이 공식적인 프랑스 문학의 잘 다듬어진 언어에 반해 랭보의 언어 혹은 초현실주의자들 언어를 사용하는 방식으로 지배적 언어와의 투쟁을 공유하는 것입니다.

영화

● 2001년 당신은 전적으로 영화만 다룬 책(『영화 우화』)을 출간했습니다. 이전에도 『카이에 뒤 시네마』, 『트라픽』과 같은 잡지에, 또 『영화 속 역사의 이미지(*Arreêt sur l'image*)[204]』, 『미학 안의 불편함』과 같은 책에서 영화에 대해서 썼습니

다. 당신의 작업 안에서 영화는 어떤 자리를 차지하나요? 영화는 다른 것들과 마찬가지로 (그 자신의 긴장, 형식, 공간을 가지고) "비-분과적"인가요? 아니면 그것은 예술의 체제로서 (표상적이면서 동시에 미학적인) 혹은 전적으로 다른 미학적 언어의 체제로서 (예를 들어 문학처럼) 구분할 수 있는 어떤 특별한 자리를 차지하나요?

영화에 대한 나의 관심의 근저에는 두 가지가 놓여 있습니다. 그 하나는 1950년대 말, 1960년대 초 프랑스의 시네필적인 측면입니다. 그것은 그 당시 지배적이던 미학적 합법성을 흔드는 방식이었습니다. 그 당시 지배적 미학에 의하면 아름다운 영화란 즉각적으로 예술적인 것과 동일시되는 이미지들을 가진 영화였고, 영화는 풍부한 심리적인 플롯에 의존하거나 형이상학적인 문제를 제기하는 (안토니오니, 베르히만 등의) 영화들이었습니다. 그 당시 시네필은 독학자들의 문화로서, 독일 영화의 권위(랑)를 실추시킨 자로 간주되는 혹은 대중 장르로 상업적 영화의 대표자들로 간주되는 할리우드 영화 작가들을 중심으로—코미디 뮤지컬(미넬리), 서부영화(발쉬, 혹스, 만), 멜로(시르크(Sirk)), 범죄영화(히치콕) 등등으로—구성되었습니다. 위계질서의 교란은 또한 지금까지 인정된 평가 기준들—형상적 자질, 심리학적 정교함, 형이상학적 깊이 등등—의 교란이었습니다. 그것은 또한 장소들의 교란이었습니다. 왜냐하면 시네필은

205 이 책은 2016년 퐁피두센터에서 열린 전시회, "역사에 직면해서"의 카탈로그를 위해 랑시에르가 영화에 대해 쓴 글("잊을 수 없는 것들")과 장 루이 코몰리의 텍스트("두 면을 가진 거울")를 『영화 속 역사의 이미지』란 제목으로 이듬해 함께 출간되었다. 랑시에르의 위의 글, "잊을 수 없는 것"은 2012년 PUF에서 "역사의 의미와 형상들"이란 다른 텍스트와 함께 『역사의 형상들』이란 제목으로 재출간되었다(이 책은 글항아리에서 2016년 번역 출간되었다).

시네마테크와 그 당시 무시당한 영화들을 우리가 볼 수 있는 두 장소가 있었던 동네에 영화관들 사이에서 협상해야 했기 때문입니다. 따라서 우선 나에게 이 시네필의 문화와 예술적인 합법성의 교란이 있었습니다. 이것은 보다 일반적인 현상과 만납니다. 즉 영화는 원시적인 방식으로 연극이 꿈꿨던 예술과 대중관객의 결합의 프로그램을 실현했습니다. 영화는 소비자들에 의해 재정의된 대중예술이었습니다. 즉 많은 사람들을 예술과 미학적 판단의 영역 안으로 이끄는 것을 허용한 예술이었습니다. 비록 우리가 많은 관객을 가진 상업적인 할리우드 영화를 말할 때조차, 이 "상업적인" 예술은 한 시대에 우리가 상상할 수 없는 결과들을 가져왔다는 것을 말해야 합니다. 수백만 명의 사람들에게 데이빗 린치의 영화들을 보게 하면서 말입니다. 그의 영화들은 예술 세계 안에 갇혀있던 새로운 소설작품들과 마찬가지로 적어도 고전적인 서사의 합리성과 거리가 먼 것들이었습니다.

다른 하나는 보다 반성적이고, 나의 예술의 체제에 대한 작업과 연관된 측면입니다. 사실 영화는 한편으로 미학적 혁명의 프로그램을 채우러 온 예술입니다. 1920년대의 이론가들에게 영화는 예전의 것들에서 이야기와 심리학을 쫓아내기 위해, 그 대신에 감각적 물질의 사건들, 화면 위에 빛들의 분자들의 간지러움을 가져오기 위해 도래한 예술이었습니다. 영화는 예술가의 고전적인 모습을 우리에게서 제거하는 것으로서, 서사와 심리학의 고전적인 모습들과 형식들에서 우리를 탈출하게 하는 것으로 간주되던 기계의 예술이었습니다. 영화는 스스로 말하는 빛과 운동의 예술이었습니다. 그런데 영화가 파괴한 서사와 심리학을 영화 안에 다시 도입하면서, 심지어 장르들을 분배하면서 영화는 전적으로 다른 것이 됩니다. 따라서 나의 관심은 이 모순, 다시 말해 두 논리—미학적 논리와 서사적 논리—가 영화 안에서 얽히는 방식에 있었습니다. 나는 행위의 서사적 논리가 가시적인 것의 정지로서 가시적 형태들에 의해 지지되면서 동시에 정지되고(suspendue), 단절되는 방식을 표시하고자 했습니다. 이것은 안소니 만의 서부영화들과 같은 서사적 영화들 안에서도 사실입니다. 즉 그 안에는 단절, 경계의 순간들, 또 아무것도 일어나지 않는 순간들이 있습니다. 따라서 영화에 대한 나의 관심은 우선 시네필로서의 경험과 둘째로 체제들의 혼합에 대한 질문과 연결된 이 두 질문 위에서 구성됩니다.

● 『영화 우화』는 어떤 새로운 이론을 지시하는 것이 아니라, 영화를 비-분과적인 것으로서 다르게 읽는 방식이라고 말할 수 있을까요?

그렇습니다. 나는 전혀 문학의 이론과 마찬가지로 영화의 이론을 믿지 않습니다. 나는 누군가 그것을 주장하는 것에 대해서는 전혀 반대하지 않습니다. 그러나 영화의 언어가 있다는 생각, 우리는 그 언어의 요소들을 밝힐 수 있다는 생각 그리고 이로부터 우리는 영화를 분석할 수 있다는 생각은 내가 보기에 대단한 이익을 가져다주지 않습니다. 이것은 영화가 여러 감각적인 것들의 체제들—문학적인 상상력, 그림 위에 던져진 감각적인 시선, 음악적 감동 등등의 체제들—의 얽힘일 때, 분과들과 영토들에 대한 이념에 속합니다. 영화는 "총체적인 예술작품"의 모범적인 형태입니다. 나는 "영화"의 대상의 이 이질성을 표시하기 위해 영화 우화에 대해 말한 것이지 영화의 이론에 대해 말한 것이 아닙니다. 두 체제들—서사적인 연쇄의 체제와 영화의 핵심에 있는 미학적 정지(suspension)의 체제—간의 긴장이 있습니다. 감각적인 체제들의 혼합이 있습니다. 영화는 장소에 대한 이름이면서 동시에, 오락에 대한 이름, 예술에 대한 이념입니다. 영화는 또한 우리가 스스로 이야기해야 하는 어떤 것입니다. 그것은 모든 작품들이 있는 도서관이 아닙니다. 그것은 지나가는 이미지들, 우리가 본 영화들, 본질적으로는 잊은 것들입니다. 이미지들은 우리가 그것을 보는 순간에 변형되고, 선택의 과정에 의해, 우리가 읽은 텍스트들에 의해 머릿속에서 변형됩니다. 그래서 서사에 대한 이론이나 방법론은 별로 중요하지 않습니다. 왜냐하면 누구도 쇼트에 따라서, 혹은 단위를 따라서 영화를 보지 않기 때문입니다. 영화의 논리 그 자체, 관객의 논리는 자세히 말하면 우리가 지나가는 요소들을 거르는 것이고, 우리 앞의 것들과 함께 우리가 자신의 고유한 시, 자신의 고유한 영화를 스스로 구성하는 것입니다. 그리고 우리는 그것을 말로 연장합니다. 영화가 하는 것은, 문학과 마찬가지로 단순한 예술이 아니라, 한 세계를 구성하는 것입니다. 한 세계에 대해서 우리는 이론을 만들지 않습니다. 우리는 자신의 고유한 시를 씁니다.

지식의 전달: 교육, 기억

● 당신은 10년 전부터 쇼아(Shoah)에 대해 여러 번 다뤘습니다. 특히 당신의 표상의 금지에 대한 논쟁을 주제로 다뤘습니다(『영화 속 역사의 이미지』, 『카이에 뒤 시네마』, 장 뤽 낭시가 지도하는 잡지 『인류』(*Genre humain*) n° 36에 실렸던 "수용소의 예술과 기억", 이 글은 "표상할 수 없는 것들"이란 제목으로 『이미지의 운명』에 다시 실렸다). 이 텍스트들에서 당신은 그 자체로 표상 불가능한 것은 없으며, 반대로 "아우슈비츠를 드러내기 위해서는 예술만이 그것을 할 수 있다"고 주장합니다. "왜냐하면 예

술은 항상 부재의 현전이고, 예술의 작업 그 자체는 말과 이미지, 결합과 분리를 조절하는 잠재력에 의해 비가시적인 것을 보여주는 것이기 때문이며, 예술은 유일하게 비인간적인 것을 감각적인 것으로 만들 수 있는 것이기 때문"이라고 말합니다. 이것은 마치 홀로코스트에 필요한 도상학(iconographie)을 변호하는 것처럼 보입니다.

이로부터 우리는 가시적 예술의 힘과 고유성은 우리가 볼 수 없는 것을 보여주는 것이고 바로 여기에 재난의 도상학의 정치적이고 미학적인 의무가 자리한다고 결론내릴 수 있을까요?

"비가시적인 것을 보여주기"는 여전히 너무 종교적인 정식입니다. 우리가 유럽의 유태인 학살의 "비가시적인 것"에 대해 말할 때, 우리는 두 가지를 혼합합니다. 우리는 사실 윤리-종교적인 명령을 과정을 특징짓는 주어진 사실 위에 던집니다. 그것은 소리 없이 일어난 학살과 그 흔적들의 파괴의 과정입니다. 학살의 표상에 대한 예술적 질문은 우리가 가스실과 그 희생자들을 재구성할 권리가 있는지 없는지를 아는 것이 아니라, 우리가 적은 수의 생존자들이 우리에게 비밀스러웠던 그 과정들을 말하게 하기 위해 그들의 말들을 거의 독점적으로 소유한다는 사실 안에 놓여 있습니다. 란츠만의 경우, 그에게는 이중적인 실종의 과정을 느끼게 하기 위해, 그 과정에서 모든 체화, 모든 외적인 인과관계로부터 떼어내면서, 부재—말들 안에 사물들의 부재, 장소들 안에 흔적들의 부재—를 연기하게 하는 예술적인 선택이 있습니다. 그래서 영화는 어떤 수용소 건물도 남아있지 않은 곳—헬름노(Chelmno)—에서 시작합니다. 그러나 란츠만과 그의 지지자들은 이미지들의 우상화의 질문을 중심에 놓으면서 사태들을 흐리게 합니다. 왜냐하면 문제는 차라리 표상해야 할 것, 이것을 위해 적용해야 하는 플롯의 유형, 연쇄의 유형에 달려있기 때문입니다. 다른 예를 들어보겠습니다.

알프레도 자르(Alfredo Jaar)는 학살된 신체에 대한 어떤 이미지도 사용하지 않고, 대부분 말들, 장소들, 사람들의 이름들의 이미지와 장면을 놓으면서 르완다의 학살에 대한 여러 설치를 했습니다. 보이지 않는 것을 보여주기는 여기서 다른 의미를 갖습니다. 보이지 않는 것을 보여줘야 하는 것은 대량 학살의 희생자들이 모두 개인들이었다는 것입니다. 그들에게 이름을 돌려줘야 합니다. 담론과 기억의 질서 안에 등록되어야 합니다. 이 죽음들의 무차별성은 사실 또 다른 비가시성, 저 삶들이 담론의 세계 밖에 놓여 있다는 감정을 연장하기 때문입니다. 또 다른 예로, 칼릴 조레쥬(Khalil Joreige)와 요아나 하지토마스(Joana Hadjithomas)는 또 다른 비가시성을 증언하는 한 재료로부터 말합니다. 다시 말해 더 이상 인화하고 현상할 수단이 없을 때, 우리가 그것을 할 수 없는 상황에 있을 때 비가시적이 되는 필름들로부터 레바논 전쟁에 대해서 말합니다. 따라서 나에게는 재난 일반의 도상이나 시학은 존재하지 않습니다. 다만 그에 대한 정치적인 혹은 시학적인 선택들이 있을 뿐입니다. 그것들은 한편으로 특수한 경우들과 연결되고 다른 한편 이 과정들에서 특수하지 않은 미학적 나눔들과 만납니다.

● 당신은 고다르의 이념, "영화의 역사는 자신의 세기의 역사와의 만남을 놓친 역사"(『영화 우화』, p. 488)라는 이념을 지지하시나요? 따라서 당신은 고다르와 같은 방식으로 영화의 실수는 수용소들을 촬영하지 않은 것이라고 생각하나요?

이런 유의 선언은 하이데거적인 유형의 극작법에 속합니다. 여기서 우리는 시대의 본질과 이 본질의 표명으로서 기술을 정의합니다. 영화가 충실하지 않았던 영화의 사명과 같은 것은 없습니다. 왜냐하면 "영화"는 그 자체 이질적인 대상이기 때문입니다. 그리고 세기의 이념 그 자체는 항상 다른 구성들 중 하나입니다. 고다르는 영화들(파우스트, 니벨룽겐, 놀이의 규칙, 독재자…)을 가지고 대량학살의 "예고자"로서 영화를 구성하면서 이런 유의 구성을 실행합니다. 사실 이 영화들은 전적으로 다른 구성들 안으로 들어갈 수도 있는 것들입니다. 다시 말해 그는 영화와 그것의 세기와의 관계의 전적으로 다른 이념을 정당화하기 위해 "20세기의 한 시학"인 몽타주의 시학을 사용합니다. 그러나 이 시학이 궁극적으로 독일 낭만주의(프레드리히 슐레겔과 과거의 작품들을 조각으로 잘라서 재구성하는 그의 "전진적으로 보편적인 시"의 낭만주의)로 거슬러 올라가는 것처럼, 이것은 고다르가 다른 독일의 낭만주의(파우스트와 니벨룽겐의 낭만주의)에 의해 규정된 20세기의 이미지를 구성하기 위해 낭만주의 시학을 사용한다는 것을 의미합니다. "놓친 만남"은 사실 시학들과 시간성들 사이의 관계의 붕괴에 의해 구성된 허구적 대상입니다.

● 크리스 마르케(Chris Marker)의 영화 작업을 다루면서 당신은 "기억은 허구의 작업인가?"라고 질문합니다(『영화 우화』, p. 202). 오늘날 우리는 이 생각을 거의 자동적으로 재난의 이미지를 생산할 수 있는 허구화의 (예술적) 시도까지 확장하지 않나요?

다시 한 번 말하지만, 재난을 표상할 수 있는 이미지 제작이나 허구화를 믿지 않습니다. 왜냐하면 나는 재난의 일반적이고 일관적인 모습이 있다고 믿지 않기 때문입니다. 한편으로 내가 여기서 말한 것은 기억 일반에서도 마찬가지입니다. 기억은 항상 선택적이고, 단편들, 동시대적이 아닌 시간의 연쇄의 겹침 사이의 논리적 연결입니다. 다시 말해 기억은 항상 허구이고, 가시적인 것과 의미 사이, 이질적인 공간과 시간 사이의 관계의 구성입니다. 다른 한편, 허구적 작업에 대한 강조는 희생자들을 다큐멘터리적 시선의 순수한 대상으로 변형하는 파괴의 현상들이 문제일 때 그 중요성을 획득합니다. 고다르는 역설적이게도 서사시는 이스라엘 사람을 위해, 다큐멘터리는 팔레스타인 사람들을 위해 존재한다고 말합니다. 기억의 예술적인 작업은 허구의 모든 위엄과 일치하는 기억입니다.

누구나의 능력의 보편화[206]

(마리나 가르테스, 라울 산체스 세딜로, 아마도 페르난데즈-살바터와의 대담)

● 아르치피엘라고: "몫이 없는 자의 정치"의 주제에 가해진 질문입니다. 오늘날 "몫이 없는 자"는 무엇을 의미할까요? 그것은 후기 자본주의의 규칙에 의해 강요된 삶의 일반화된 불안정화(précarisation)를 고려하는 것처럼 보입니다. 그리고 우리는 이 조건을 "아무것이나"의 사회적 모습에 부여할 수 있습니다.

자크 랑시에르: 우선 "몫이 없는 자"의 개념을 명백히 하는 것이 필요한 것처럼 보입니다. 나에게 그것은 우선 정치적인 주체입니다. 정치적 주체는 사회적 집단과 동일시될 수 없습니다. 이런 이유로 나는 정치적인

206 (원주) 이 대담은 스페인 세비아에서 있었던 대담으로, 자크 랑시에르는 "새로운 우파: 반-혁명을 위한 이념과 수단들"이란 주제로 열린 학회에 잡지 〈아르치피엘라고〉와 안달루시아 국제대학(UNIA)에 의해 초청되었다. 이 책에 실린 현재의 판본은 안토니아 가르시아 카스트로에 의해 프랑스어로 번역되었고, 랑시에르가 다시 보았다. 이 글은 *Archipiélago*, n° 73–74, 2006, pp. 70–79에 실렸다.

인민은 몫이 없는 자들의 몫을 체화한 주체라고 말합니다. 그것은 배제된 몫을 의미하는 것도, 정치란 배제된 자들의 용출이라는 것을 의미하는 것도 아닙니다. 그것은 우선 정치는 주체의 행위이고, 주체는 사회적 부분들과 사회적 몫들의 분배와 독립적으로 도래한다는 것을 의미합니다. 근본적으로 이 개념화는 전통적인 개념화, 마르크스주의적 개념화와 구분됩니다. 후자는 해방의 주체를 경제적인 전개에 의해, 자본주의적 생산에 의해 산출된 사회적 모습과 동일시합니다. 이것은 "프레카리아트(Précariat)[207]"의 문제와 관계합니다. 왜냐하면 "불안정한(précaire)"이란 단어는 특히 하트와 네그리의 이론 안에서 새로운 경제적 영역, 새로운 노동의 양태를 지시하기 때문이며, 동시에 그것은 새로운 정치적 주체성의 형태를 정의하기 때문입니다. 이 저자들의 테제에 의하면, 새로운 모습으로서 '불안정한 노동자'는 다른 유형에 의해 산출된 다른 유형의 노동자로서 프롤레타리아의 자리를 차지하게 될 것입니다. 다시 말하면, 이 유형의 노동자는 거대산업에 의해, 포드주의에 의해 정의된 노동자의 자리를 차지하게 될 것입니다. 이 질문을 생각하기 위해서. "불안정화"의 질문으로부터 탈출해야 합니다. 또한 정치적 주체로서 "프롤레타리아"가 정확히 의미하는 것이 무엇인지 재발견하기 위해서는 시간을 거슬러 올라가야 합니다. 모든 전통적인 마르크스 이론은 프롤레타리아를 거대산업에 의해 특히 포드주의에 의해 형성된 노동자로 정의됩니다. 그런데 노동자 운동은 오늘날 불안정한 노동자들

207 프레카리아트(Précariat)는 새로운 사회계급을 지시하는 사회학의 신조어로 "précarité(불안정성)"와 "prolétariat"를 붙여 비정규직과 같은 "불안정한 노동자들"을 지시하는 용어이다.

만큼 불안정한 노동자들의 운동이었다는 것을 상기해야 합니다. 그리고 무엇보다도, "프롤레타리아"는 배제와 포함 간의 관계를 정의한다는 것을 상기해야 합니다. "프롤레타리아"는 무엇보다도 우선적으로 몫이 없는 사람들, 그저 사는 사람들을 가리킵니다. 동시에 프롤레타리아는 정치적으로 다만 생산하는 살아있는 존재들이 아니라, 공동체의 일들을 논의하고 결정할 수 있는 주체들입니다. 따라서 "몫이 없는 자들의 몫"을 표상하는 것은 정확히 이런저런 범주의 지위에 대한 질문과 보다 일반적으로 누구나의 권력에 대한 질문 간의 연결을 의미합니다. 역사적인 프롤레타리아의 주체화의 핵심은 노동자의 집단적이고 생산적인 힘을 표상하는 것이 아니라, 누구나의 능력을 표상하는 것입니다. 따라서 경제적 통합/배제의 형식과 정치적 통합/배제의 형식은 서로 다릅니다. 우리는 불안정한 상태에 처할 수 있습니다. 그럼에도 불구하고 우리는 체계에 의해 동일한 자로 정립될 수도 있습니다. 그러나 우리는 또한 잘 정의된 노동자의 지위를 가질 수 있습니다. 동시에 우리는 공통의 일에서 배제되면서 특별한 영역에서 완벽하게 정의될 수 있습니다.

● 당신이 "치안"이라고 부르는 것, 다시 말해 "몫들을 세는" 논리를 따라서 자리, 몫, 각자의 분배 등을 배치하는 능력으로서 권력의 문제로 돌아오겠습니다. 이 주제와 관련해서, 사회-망의 논리와 접속의 논리 안에서, 다시 말해 우리가 더 이상 구조에의 귀속에 의해 정의되는 것이 아니라, 접속의 어려움과 공허로 떨어지는 경우, 매 순간 다시 정복해야 하는 망의 접근과 접속에 의해 정의되는 치안의 권력(탈정체화의 과정으로서 정치와 대립되는 권력)은 어떻게 기능할까요?

당신의 질문의 전제—다시 말해 우리는 더 이상 소속 사회에 살지 않고, 모든 것이 불안정하고, 변동하고, 흐리다는 생각—는 질문되어야 한다고 생각합니다. 우리는 여전히 소속에 의해 표시되는 "굳건한" 세계 안에 산다고 생각합니다. 비록 후기포드주의, 후기모더니즘의 이론들이 지지하는 모든 것들에 불구하고 말입니다. 비록 우리가 이 전제들로부터 출발한다고 할지라도, 정의되는 것은 완벽하게 구체적인 치안의 형태입니다. 그것은 보다 강한 이유로 일련의 소속과 한계들을 표시해야 합니다. 지위들이 개인적 영역 안에서 보다 동적이라는 사실은 치안의 기능 그 자체를, 다시 말해 안정성과 영구성의 범주들을 정의하는 기능을 제거하지 않습니다. 나는 일종의 치안의 재정의가 안정적인 범주들을 재정의할 수 있는 세 영역을 규정할 수 있다고 생각합니다.

a) 첫 번째 영역은 사회보장체계, 노동의 조직 체계, 일하지 않는 사람들을 책임지는 체제의 재구조화입니다. 불안정한 사람들이 많을 때, 국가가 이전에 국가와 노조, 혹은 국가와 사회조직으로 나누어 교섭하던 기능들을 독점하기 때문입니다. 프랑스의 상황을 보면, 우리는 국가가 이 기능들을 독점하는 경향을 목격합니다. 예를 들어 사회 연대의 체계를 세금징수에 기반한 보장 체계로 변형하는 것을 목격합니다. 우리가 프랑스의 파트타임 예술인들과 국가 간의 갈등을 예로 든다면—이것은 위의 관점의 모범적인 사례라고 생각합니다—우리는 사회보장제도의 회계 체계에 문제를 제기하는 노동자들의 범주를 갖습니다. 이 노동자들은 정확히 다음 것들에 문제를 제기합니다. 즉 오늘날 무엇이 개인의 사회적 지위를 구성할까요? 이제 우리는 개인들과 노동의 구조와 국가에의 소속 사이의 어떤 관계를 가질까요? 다른 영역은 국가가 일이 없을 때, 혹은 파트타임으로 일할 때의 문제 등등을 관리

하지 않을 수 없게 되자마자, 국가가 일과 삶과의 관계를 관리하지 않을 수 없게 되자마자 결정됩니다. 이때 질문이 제기됩니다. 누가 이 관계에 대한 반성을 이끌 수 있을까요? 퇴직 체제의 개혁에 대한 토론들, 파트타임 예술인들이 종사하는 노동계의 작은 부분과 사회의 나머지 부분들 간의, 현재와 미래 간의 관계의 형태에 대한 질문, 다시 말해 누가 이 현재와 미래 간의 관계를 생각할 수 있는가에 대한 질문과 같은 애매한 정체성들에 대한 토론들, 이 모든 토론들에서 누가 반성을 이끌까요? 파트타임 예술인들은 이 관계를 생각할 수 있을까요? 아니면 그것은 국가가 독점하는가요? 그 경우에 국가만이 특수와 보편, 현재와 미래 간의 관계를 생각할 것입니다.

b) 두 번째 절점(節點)은 한계에 대한 질문입니다. 노동은 더욱 불안정하거나, 더 이상 국경이 없는 세계, 부와 사람들이 자유롭게 이동한다고 여겨지는 세계 안에서는 더 유동적이 된다고 생각됩니다. 그러나 우리는 부의 경우 사실인 것은 사람의 경우 사실이 아니라는 것을 아주 잘 압니다. 이것은 우리를 국경의 문제로 보냅니다. 누가 국가에 들어올 수 있고, 누가 들어올 수 없을까요? 이런 의미에서 우리는 현재 소속에 대한 질문이 강화되고 있는 것을 목격합니다. 이것은 외국인을 거부하는 폭력적인 형태로, 아니면 1년에 받아들여지는 외국인의 쿼터를 정하는 치안적 형태로 나타날 수도 있습니다. 이민에 대한 질문은 항상 여러 종류의 이주의 물결과 연결된 실제적인 질문이었습니다. 이 질문은 오늘날 공적인 질문이 되었습니다. 다시 말해, 원리적으로 국경들이 사라졌다고 간주되는 순간에, 우리는 인간이 문제가 될 때 국경들을 강화합니다. 이것은 제한, 쿼터, 능력, 기준 등에 의해 이 흐름을 통제하고자 하는 체계 안에 모순을 창출하는 것입니다. 반대로 어떤 이들은 이

질문을 정치화하고자 합니다. 즉 어딘가에서 살고자 하는 모든 사람들은 그럴 권리가 있으며, 어딘가에서 일하고자 하는 사람들은 그가 일하는 나라의 시민이 될 수 있다고 말하면서 말입니다.

c) 나의 관점에서 치안의 논리의 연속성과 동시에 재정의를 구성하는 데 중요한 세 번째 측면은 일반적인 용어로 중개인, 즉 유효한 대화자(납득할 만한, 타당한 교섭상대)에 대한 질문입니다. 프랑스를 예로 들겠습니다. 프랑스는 전통적으로 보편적인 가치, 즉 공화국의 가치가 지배하는 곳입니다. 이 나라는 공동체들을 인정하지 않습니다. 보편적이라고 자칭하는 이 나라가 이런 질문들에 대응하는 방식은 다음과 같습니다. 한편으로, 국가는 갈등적인 모든 것을 전문가에 의뢰해서 해결해야 할 문제로서 정의합니다. 그런데 일단 전문가의 감정이 있고 나서 치안의 논리는 어떻게 이 감정의 결과들을 받아들일 수 있는 수준으로 변형할 수 있는가의 문제에 직면해야 합니다.

이때 타당한 대화자들을 발견해야 할 필요가 생깁니다. 대화자들을 구성해야 합니다. 규정된 문제와 연관된 모든 사람들의 대표들이 필요합니다. 이렇게 공식적인 사회는 대화자들이 구성되어야 하고, 다양한 권리들에 직면해서 쿼터 시스템을 세워야 하고, 정치적 정당들은 그들의 여성의 쿼터, 이민 세대의 쿼터 등등을 가지고 선거 후보 명단에 소수자들을 포함해야 한다고 말하고자 합니다. 이렇게 정치와 치안 간의 새로운 긴장이 형성됩니다. 그 긴장은 다음과 같이 정식화될 수 있습니다. 정당의 대표들을 지정하는 것, 교섭의 공식적인 대화 상대자들을 지정하는 것은 치안의 논리일까요 아니면 집단의 대표들을 생각하지 않고, 다만 집단들 간의 갈등이 아니라, 공동체 구성의 논리들 간의 갈등의 진술자들만을 생각하는 정치의 논리와 동등한 가치를 가질까요?

● 몫이 없는 자들의 정치적인 돌출은 제한들을 이동시키고, 문제들을 재정의하고, 정치적인 공간을 열고, 연속성의 문제를 제기합니다. 예를 들어 남미에서 현재 반-권력의 문제, 정치적 돌출의 시공간적인 지속의 문제, 시간의 일상적인 삶 안의 기입의 문제, 삶과 단절된 제도와의 관계의 문제 등이 제기됩니다. 정치적 돌출을 넘어서 정치적 사건의 연장을 생각할 수 있을까요? 어떻게 우리는 이 정치적 돌출을 지속시키고, 정치를 돌발적이 아닌 시간성을 따라서 조직할 수 있을까요?

우선 나는 돌출과 같은 사건의 맹신자가 아닙니다. 나는 사건들, 즉 확인할 수 있는 운동들의 연속은 돌출이라고 생각하지 않습니다. 그것은 공통의 풍경의 변형들입니다. 따라서 사건들의 돌출과 안정적이고 정착된 것으로서 조직 간의 대립으로부터 탈출해야 하는 것으로 보입니다. 한 사건은 공통의 바탕의 변형입니다. 반면 조직화의 질문은 어떻게 가시적인 것, 감각적인 것, 이전에 무능한 자로 간주되고, 자신들의 무기력 안에 갇혀 있던 사람들에게 가능한 것으로 드러나는 것, 이 모든 것들의 변형을 연장하는가를 아는 것입니다. 조직화는 그 자체로 우리의 관심을 끄는 것이 아닙니다. 질문은 왜, 무엇을 위해 그것을 하는가의 문제를 건드리는 것입니다. 다시 말해 문제는 어떤 척도에서 그것은 정치적이고, 무엇이 정치적 매듭인가를 아는 것입니다. 나의 관점에서 정치적 매듭들은 항상 몫이 없는 자들의 몫과, 즉 누구나의 능력과 관계합니다. 이런 의미에서, 근본적으로 연장해야 하는 것, 조직화의 중심에 놓여야 하는 것은 한순간, 한 장소에서 산출된 증거—누구나 정치적 행위를 할 수 있다는 사실—를 확장할 수 있는 능력입니다. 이것은 우리를 시간성의 유형의 질문으로 이끕니다. 우리가 어떻게 이 사건을 연장할 수 있는가를 생각할 때, 우리는 우리를 끊임없이 돌려보내는 전통적인 시간성의 두 유형에 의해 방해받습니다. 첫 번째 유형은 "정치적인" 사회의 시간성, (예를 들어, 선거나 유럽 헌법 조약 등등에 따른) 임기를 가진 "정치인"의 시간성입니다. 문제는 제도적 만기 안에서 투쟁의 발현의 지속적인 지연입니다. 두 번째 유형은 단계들의 전통적인 시간성입니다. 이 경우, 우리는 일종의 역사의 흐름에 의해, 자본의 전개에 의해, 생산의 양식의 변형에 의해 실려 가는 것처럼 간주됩니다. 여기서 문제는 운동의 모든 단계들을 매 단계마다 시간성과의 일치 안에서 해석하는 것입니다. 어떻게 항상 우리가 집단의 가장 중요한 핵심을 구성할 수 있을까요? 또 어떻게 항상 미래의 당의 가장 중요한 힘을 구성할 수 있을까요? 나는 이러한 이중적인 시간성에서 탈출해야 한다고 생각합니다. 다시 말해 우리는 역사에 의해, 즉 현재 사회에 고유하게 속한 일종의 역동성 안에 이미 포함된 일종의 미래에 의해 실려 가지 않는다는 것을 인정해야 합니다. 『무지한 스승』을 봅시다. 여기서 나는 자코트의 지적 해방 이론을 분석했습니다. 여기서 우리는 평등을 도달해야 할 목표가 아니라 전제된 것으로 가정합니다. 따라서 여기서 중요한 것은 매 순간 평등의 잠재력, 누구나의 능력의 잠재력 제시, 선언, 체화를 허용하는 것입니다. 나의 관점에서, 현재가 성장하는 시간성, 현재의 잠재성들이 성장하는 시간성을 생각하기 위해서는 목표의 시간성, 현재에 대립된 미래의 시간성에서 탈출해야 합니다. 현재의 잠재성들은 전략적인 계산에 의해서 정의되는 것이 아니라, 매 순간 솟아날 수 있고, 전개될 수 있고, 확인될 수 있는 새로운 능력들에 의해 정의됩니다. 이런 의미에서 정치적 조직을 생각하는 것이 가능하다면, 그것은 다만 단계적인 전진을 허락하는 것이 아니라, 어디에서나 긍정될 수 있는 능력들의 성장으로서 어떤 것을 허용하는 것입니다.

● 현재 정치적인 운동들 중의 어떤 구체적인 경험이 누구나의 이 능력의 성장과 증식으로서 이 양태의 보편화의 사례가 될 수 있을까요?

불행하게도 이러한 성장의 사례들은 아주 드뭅니다. 대부분 정치적 조직체제들은 전적으로 두 종류의 시간성—그것이 조직 정치의 만기의 시간성이든, 혁명의 단계들의 시간성이든지 간에—에 갇혀있기 때문입니다. 결과적으로 사건들을 체화하는 많은 운동들은 동시에 그 자신들의 고유한 사건, 대개 자신들의 고유한 환경, 자신들의 고유한 장소, 자신들의 고유한 문제들의 매듭들에 갇힌 운동들(그 사례로 2005년 11월에 일어난 프랑스 파리의 외각지대의 반란을 들 수 있습니다)입니다. 오늘날, 우리가 프랑스의 예를 사용한다면 두 무대를 발견합니다. 하나는 공식적인 무대(선거 등등)이고, 다른 하나는 두 극단이 문제인 외곽지역의 무대입니다. 다시 말해 불법체류자들의 운동과 파트타임 예술가들의 운동으로부터 나오는 표현들입니다. 이로부터 일종의 분할이 일어납니다. 여기서 우리는 "우리는 공식적인 정치를 버린다. 우리는 실제적인 정치, 사람들의 정치, 현장에서의 정치를 행한다"라고 말하는 사람들을 발견합니다. 이것은 때때로 아주 강한 호소력을 가진 형태들을 창출합니다. 그러나 이들은 자신들의 힘은 자신들의 문제만을 다룬다는 사실 안에 놓여있다고 선언합니다. 그것은 현 프랑스 정부가 몇 달 전부터 실행하기 시작한 불법체류자 가족들의 추방에 반한 운동들의 사례에서 발견할 수 있습니다. 이것은 추방 명령을 받은 불법체류자 가족들의 아이들이 다니는 학교에서 일어난 강력한 운동입니다. 즉 이 운동은 추방될 가족의 아동이 다니는 그 학교에서 일어난 구체적인 사례입니다. 이것은 우리 주변에서 일어난 구체적인 투쟁이었기 때문에 아주 강한 영향력을 행사했습니다. 그러나 그 근본에서, 그들은 "우리는 이것만을 다루고, 나머지, 즉 공적인 사회, 선거 등등은 다루지 않는다"라고 말합니다. 이게 현재 상황입니다. 그러나 나의 관점에서, 중요한 것은 무엇인가를 말할 수 있고 정치적인 힘으로서 절대적으로 아무것이나에 대해—그것이 불법체류자들에 대한 것이든, 외곽지역의 반란에 대한 것이든, 혹은 대통령 선거에 대한 것이든—자신을 표현할 수 있는 운동들을 구성하는 데 이르는 것입니다. 공적인 무대와 구체적인 행동의 무대 간의 일종의 분리를 제거하면서 말입니다. 그럼에도 불구하고 흥미로운 운동들이 일어나고 있습니다. 예를 들어, 지난 봄에, 프랑스에서는 주로 젊은이들이 주도하던 CPE(contrat premier embauche)[208]에 대항한 운동이 있었습니다. 이 운동에서 흥미로운 것은 노동계에 속하지 않는 사람들에 의해 추진되었다는 사실입니다. 즉 문제는 이런저런 집단이나 제도의 이익을 방어하기 위한 것이 아니라, 사회의 두 집단(bloc) 간의 투쟁입니다. 즉 직업훈련 집단과 노동 시장의 집단 간의 연결에서 일어난 투쟁이었습니다. 이 주제에 대해 나는 이 운동의 한가운데에는 중요한 전진이 있었다고 생각합니다. 그러나 문제는 정치의 일반적인 주역으로서 자신을 형성할 수 있는 조직을 구성하는 것 이상의 것입니다. 다시 말해, 다만

208 CPE는 26세 미만의 젊은이들이 처음 일을 시작할 때의 계약조건을 말한다. 이 계약은 정규직이 되기 전까지 시습기간을 기존의 8개월에서 2년으로 연장하면서, 이 기간 동안 사장은 직원을 아무 조건 없이 해고할 수 있다. 이 노동법은 젊은이들의 취직을 원활하게 하기 위해 만들어진 것이기는 하나 노동자의 조건을 불안하게 만드는 데 기여하는 것이라 이 법의 발표 후에 미래의 노동자가 될 고등학생, 대학생들의 대대적인 규모의 반대시위가 있었다.

사건들을 연장하는 것이 아니라, 다만 부분적 주역으로서가 아니라 (이런저런 투쟁의 부분적이고 특수한 주역의 논리를 제거하면서) 우리가 말한 것처럼, 아무것에 대해서 (그것이 불법체류자에 대한 것이든, 대통령 선거에 대한 것이든, 아니면 이스라엘-팔레스타인 분쟁에 대한 것이든 간에), 모든 장소에서 누구나의 능력을 표현하기 위해, 자신을 표명할 수 있는 조직입니다.

사실 나는 이 문제에 대한 해결책이 없습니다. 나에게 문제는 우선 정치를 재규정하는 것입니다. 다시 말해 누가 정치를 할 능력이 있는가를 재규정하는 것입니다. 나의 관점에서, 이것은 모든 조직의 이론에 앞선 것입니다. 우리가 처한 상황에서, 그것이 조직의 문제일 때, 포럼과 같은 것을 생각해야 합니다. 그러나 포럼은 대개 10여 개 조직들, 다시 말해 각자 자신의 관점을 가지고, 각자 자신이 관심이 있는 조직들을 초대합니다. 그들은 각자 서로를 설득하고자 합니다. 사실 여기서 중요한 것은 조직의 논리에 의해 기울어진 구조입니다. 이런 경향에 반대하기 위해서는, 매 사건, 매 갈등은 다른 질문들을 탈취하면서, 각각의 고유한 기억, 각각의 고유한 축적을 구성할 수 있어야 합니다. 탈세계화 영역에서 일하는 사람들, 여자들, 동성애자들, 외국인들 등등을 위해서 일하는 사람들 모두는 상호적인 사유화가 일어날 수 있는 공간, 모든 것에 대해서 말할 수 있는 공간을 구성해야 합니다. 다시 말해 논쟁점은 이 능력들의 확장입니다. 다만 사건들의 연장이 아니라, 바닥에서 이런저런 투쟁에만 독점적으로 연결된 부분적 주역은 없다고 선언하는 것입니다. 반대의 경우, 체계적인 논리나 역사의 논리에 의해 미리 형성된 사건들을 보편화하려는 능력만이 존재합니다.

● 우리는 사회의 전반적인 변화에 대한 유토피아의 전망 없이 투쟁할 수 있

을까요? 이러한 전망 없이는 우리는 다만 "반대"만을 외치는(전쟁에 대한 반대, 2004년 3월 11일 테러 이후에 국우파에 대한 반대, CPE에 대한 반대 등등) 정치적 운동을 선고받지 않나요?

이것은 같은 문제의 근본적인 두 측면입니다. 즉 정치적 행동 안에서 긍정과 부정의 분절. 우선 모든 중요한 사회적 갈등은 공격에 직면한 방어로서, 근본적으로 국가의 공격에 직면한 방어로서 생겨납니다. 그러나 동시에 모든 갈등 안에는 능력들에 대한 긍정이 있습니다. 모든 사회적 갈등 안에는 그것이 노동시장의 개혁의 문제든, 사회보장의 체제의 개혁의 문제든, 문제가 누가 사회보장을 지불하는가를 아는 것이 아니라, 누가 공동체와 미래를 생각할 수 있는가입니다.

이 능력들의 긍정을 예를 들어 우리는 불법체류자들이 일으키는 갈등에서 발견합니다. 이 갈등은 불쌍한 사람들, 정치적으로 무능한 자들로 간주되는 몫의 반박 안에서 표명됩니다. 물론 그들은 그런 사람들이 아니라, 그들이 공동체에 대해 말할 수 있고, 이로부터 희생자들의 몫을 차지하기를 그칩니다.

두 번째 측면은 미래에 대한 분명한 전망 없이 정치적으로 행동할 수 있는가를 아는 문제와 관계합니다. 나는 그것이 가능하다고 생각합니다. 우리는 반드시 미래에 대한 명확한 전망 없이도, 예를 들어 사회주의적 사회에 대한 전망 없이도 정치적 행동은 가능합니다. 오늘날 정치적 운동은 미래의 사회에 대한 명확한 참조 없이도 그 운동의 잠재력을 전개할 수 있습니다. 이것은 거기에 어떤 한계, 극복할 수 없는 한계가 없다는 것을 말하는 것은 아닙니다. 모든 투쟁 안에는 미래가 내기로 놓여있습니다. 그러나 우리는 이 미래의 의미가 무엇인지 전혀 모릅니다. 그래서 이미 구성된 미래 안에서, 예를 들어 자율성의 이론의 경우에서처럼, 그 안에서 당황하고 추락하는 것을 피하는 것이 어렵습니다.

정치화된 예술의 일석이조[209]

(가브리엘 록힐과의 대담)

역사적이고 해석학적인 방법론

● 나는 방법에 대한 질문으로부터 시작하고 싶습니다. 당신은 여러 번 모호한 현상(apparences)의 표면 아래 감춰진 진리를 밝히고자 하는 징후학(symtomatologie)을 비판했습니다. 여기서 문제가 되는 것들은 알튀세르의 과학, 프로이트의 병인학(étiologie), 사회학 일반입니다. "감각적인 것의 분할에 대한 당신의 탐구"에서, 어떻게 당신은 이 평범한 것과 감춰진 것의 논리를 피하시나요? 만일 "다만 감춰진 것의 과학만이 있다"면, 어떻게 당신은 역사적이고 해석학적인 당신 고유의 방법론을 기술하시나요?

209 (원주) 이 대담은 『감성의 분할』(*Le Partage du sensible*)(La Fablique, 2000)의 영어 번역 출간을 계기로 행해진 것이고, 2004년 『미학의 정치』(*The Politics of Aesthesis*) 영어판(G. Rockhill 번역, Continuum, pp. 49–66) 안에 실렸다. 그리고 이 대담은 2006년 *Lignes* n° 19에 실렸다.

"감춰진 것의 과학만이 있다"는 정식은 바슐라르의 문장이고, 알뛰세르주의자들에 의해 채택되었습니다. 이것은 감춰진 것을 발견하고 구성해야 한다는 필요성을 전제하는 전망에 반한 아이러니컬한 인용이었습니다. 그것은 부르디외의 사회학 혹은 아날학파의 역사와 더불어 알뛰세르의 철학을 겨냥한 아이러니컬한 인용이었습니다. 나는 감춰진 것의 과학만이 존재한다고 전혀 생각하지 않습니다. 나는 항상 표면과 지하에 의해서가 아니라, 가능한 것들의 체계들 간의 조합들의 지평적인 분배에 의해 사유하고자 했습니다. 나타나는 것 아래 감춰진 것을 찾는 거기에서 우리는 지배의 지위를 설립합니다. 나는 이런 지배의 지위를 함축하지 않는 지형학을 생각하고자 했습니다. 무차별적인 지점으로부터 진술을 사유가능하게 하고, 그림이나 음악이 강한 인상을 주게 하고, 현실을 변형가능하게 혹은 변형불가능하게 나타나게 하는 개념의 망을 재구축하고자 하는 것이 가능합니다. 이것이 나의 탐구를 이끄는 것입니다. 나는 이것을 원리나 출발점으로 말하는 것이 아닙니다. 나 역시 감춰진 것의 탐구로서 과학의 전형적인 전망으로부터 출발했습니다. 이어서 나는 조금씩 이런 수직적인 관계를 전제하지 않는 평등한 혹은 무정부적 이론의 입장을 구성했습니다.

● 이런 생각은 예술의 체제는 푸코적 의미에서 역사의 초월론적인 가능성의 조건들이라기보다는 역사에 내재하는 개연성의 조건이라는 것을 말하고자 하는 것인가요?

나는 그것을 역사철학에 의해 생각하지 않으려고 했습니다. **초월론적인** 것이 문제일 때, 우선 이 말이 의미하는 것을 봐야 합니다. 초월론적인 것은 초월을 내재로 혹은 반대로 내재를 초월로 이끌 수 있는 초월적인 것의 환원과 같은 어떤 것입니다. 나는 나의 사유 방식이 푸코와 유사하다고 말하곤 합니다. 푸코는 칸트의 초월론적인 것을 진리의 독단주의를 가능성의 조건의 탐구로 대체할 수 있는 원리로 채택합니다. 동시에 여기서 중요한 것은 사유 일반의 조건이 아니라, 이런저런 사유에 내재하는 조건들입니다. 나는 푸코의 고고학이 단절을 넘어서는 어떤 것을 더 이상 생각할 수도 정식화할 수도 없게 하는 어떤 역사적인 필연성에 복종하는 것처럼 보이는 한에서, 그와 나를 구분합니다. 예술적 형식으로서 표현의 형식의 가시성은 역사적으로 구성된 지각과 이해가능성의 체제에 의존합니다. 그러나 이것은 새로운 체제의 출현에 의해 비가시적이 된다는 것을 말하고자 하는 것이 아닙니다. 따라서 나는 초월론적인 것을 역사화하고, 동시에 가능성의 조건들을 탈역사화하고자 했습니다. 표현적 진술과 형식들은 의심할 바 없이 가시성의 형식들 혹은 평가의 기준들을 규정하는 역사적으로 구성된 가능한 것들의 체계들에 의존할 것입니다. 그러나 이것은 새로운 것의 가능성이 예전의 것을 불가능하게 하는 방식으로 우리가 한 체계에서 다른 체계로 건너뛸 수 있다는 것을 말하는 것이 아닙니다. 이렇게 예를 들어 예술의 미학적 체제는 이전에 지배적이던 표상의 체제를 제거하지 않으면서 역사적으로 구성되는 가능한 것들의 체계입니다. 주어진 시대에 여러 체제들이 공존하고 작품들 안에서 서로 얽힙니다.

보편성, 역사성, 평등

● 정치적 평등의 보편적 지위에 대한 당신의 요구는 당신의 미학에 대한 반성을 특징짓는 일반화된 역사주의와 모순되는 것처럼 보입니다. 그럼에도 불구하고, "유일하게 보편적인 것"은 어떤 선험적인 토대에도 근거하지 않습니다. 그리고 그것은 보다 정확히 말하면 계쟁의 장소들 안에서만 현실화될 수 있는 논쟁적인 보편성일 뿐입니다. 따라서 보편성은 항상 역사적인 현실화에 의존할까요? 말하자면 그것은 역사화될까요? 역사를 회피하는 어떤 초월론적인 지점이 있을까요?

당신의 질문 안에는 두 질문이 들어 있습니다. 우선, 한편으로 정치의 보편성을, 다른 한편으로 예술의 식별 체제들의 역사성을 강조하는 것에 모순이 있다고 생각하시나요? 나는 그렇지 않다고 생각합니다. 이 두 과정은 이중적인 태도를 취하는 담론의 형식들에 대한 비판인 하나의 같은 논리적인 핵심과 관계합니다. 다시 말해 우리는 한편으로 예술과 정치에 대한 일반적이고 비역사적인 개념들을 사용하면서, 다른 한편으로 이 둘을 역사적인 운명과 연결하면서, 우리의 시대는 예술과 정치의 "종말"의 시대라고 선언합니다. 두 경우에서 내가 보여주고자 한 것은 **예술**과 **정치**는 우연적인 개념이라는 것입니다. 항상 권력의 형태들이 존재했다는 사실은 항상 정치가 있었다는 것을 의미하지 않습니다. 마찬가지로 사회 안에 항상 음악 혹은 조각이 있었다는 사실은 예술이 독립적인 범주로서 구성된다는 것을 의미하지 않습니다. 이로부터 나는 두 가지 다른 논증의 형태를 취했습니다. 정치에 대해서는 나는 이것은 규정된 역사적 기획과 연결되지 않는다는 것을 보여주고자 했습니다. 프랑스 혁명에 의해 열린 해방의 기획의 끝과 자신의 종말을 동일시하는 사람들이 그것을 선언하는 것처럼 말이죠. 한 사회의 집단들, 자리들, 기능들의 계정과의 관계에서 특수한 여분의 주체의 모습이 구성될 때 정치가 있습니다. 이것이 바로 데모스라는 개념이 요약하는 것입니다. 이것은 정치의 역사적인 형식들이 존재한다는 사실과 근대의 민주주의를 구성하는 정치적 주체성의 형태들이 그리스 도시의 인민들과 전적으로 다른 복잡성을 갖는다는 사실을 전혀 방해하지 않습니다.

예술이 문제인 경우, 예술의 영원성의 거짓 명증성과 "표상에 대한 비판"을 통한 예술적 "근대성"에 대한 혼동된 전망을 제거하기 위해서 예술 식별의 체제의 실존을 강조할 필요가 있는 것처럼 보입니다. 나는 고유한 이름으로서 예술은 단지 2세기 전부터였다는 것을 상기시켰습니다. 이 예술의 고유한 실존은 지금까지 우리가 예술과 생산의 규범, 예술의 평가 규준 등을 식별하던 좌표의 혼란을 가져왔습니다. 나는 우리가 이 각각의 식별 체제들의 속성들을 연구하면, 우리는 예를 들어 후기모더니즘과의 단절로서 간주되는 현상들(예술들 혹은 지반들의 혼합)은 사실 예술의 미학적 체제의 가능한 것들에 속한다는 것을 보여주면서, 예술의 "근대의 기획"의 이념을 둘러싸고 있는 적지 않은 안개를 걷어낼 수 있다는 것을 드러냈습니다. 두 경우에 문제는 특화된 보편을 규정되지 않은 다른 보편에 대립시키고, 가능한 것들의 조직의 유연적인 체제들을 통한 역사화의 형태를 신학에 의한 다른 형태의 역사화에 대립시키는 것입니다.

두 번째 질문은 보편과 그 역사성에 의존합니다. 나의 테제는 사실 정치적인 보편은 단지 특화된 형태 안에서 효과를 낸다는 것입니다. 여기서 보편은 개인들의 다수성에 공동체를 제시하는 국가의 보편과 구분됩니다. 평등은 내가 전제라고 부른 것입니다. 우리는 이것을 근본적인 존재론적 원리로 이해하는 것이 아니라, 평등이 실행될 때만 기능하는 조건입니다. 결과적으로 정치는 다른 이들이 정치를 언어 혹은 두려움과 같은 일반적인 인간의 이런저런 정감 위에 그 토대를 놓고자 하는 의미에서, 평등 위에 근거하는 것이 아닙니다. 평등은 실질적으로 우리가 정치를 생각할 수 있기 위해 필요한 조건입니다. 평등은 전혀 정치적이 아닌 수많은 상황들에서 (서로 말하는 두 사람이 서로를 이해할 수 있다는 아주 단순한 사실에 의해) 효과가 있습니다. 두 번째로, 평등은 그것이 이런저런 불일치의 특수한 형태 아래서 실행될 때에만 정치적인 것을 창조합니다.

● 이런 평등의 실천을 우리는 미학 안에서, 더 정확히 말해, 당신이 민주적 글쓰기라고 부르는 것 안에서 발견하나요? 여기서 작동하고 있는 것도 같은 보편적 전제인가요?

나는 평등을 모든 활동의 영역, 특히 예술을 규제하는 초월론적인 것으로 전제하지 않습니다. 이것은 우리가 미학적 체제 하에서 인식하는 그와 같은 예술은 어떤 평등의 실행이라는 것을 말합니다. 예술은 순수미술의 위계적인 체제의 구조의 파괴에 의존합니다. 그러나 이것은 평등 일반, 정치적 평등, 미학적 평등 사이에 일치가 있다는 것을 말하는 것이 아닙니다. 글쓰기 예술의 근대적 형식으로서, 내가 플라톤의 비판을 거쳐서 문자의 민주주의라고 부르는 것의 문학의 일반적인 조건이 있습니다. 그러나 문자의 민주주의는 아직 정치적 형태로서 민주주의가 아닙니다. 그것은 모든 정치적 평등으로부터 멀어질 수 있는 이 평등의 한 기능입니다. 요약해서 말하면 문학은 19세기에 자신의 고유한 평등을 구성합니다. 플로베르의 문체의 평등은 문자의 민주주의의 실행인 동시에 그것의 반박입니다. 그리고 이 문체의 평등은 내재적인 평등, 모든 사물에 수동적 평등의 표명을 목표로 합니다. 물론 이것은 평등의 정치적 주체화의 모든 형태와 대립됩니다.

"고전적 예술"과 "근대 예술" 간의 주요한 변화를 설명하기 위해 평등의 개념이 가진 방법론적인 장점은 무엇인가요? 왜 당신은 예술의 미학적인 체제의 특수성을 생각하기 위해, 근대 예술의 운명에 대한 모든 결정들—즉 표상에서 비-표상으로의 이행, 미학적 영역의 자율성의 실현, 예술의 자동사성으로의 전향—을 받아들이는 대신에 평등의 개념을 제시하나요?

다시 한 번 말하지만 나는 평등을 예술의 사유의 범주로서 제시하지 않습니다. 그러나 나는 미학적 평등의 개념이 우리가 예술의 "근대성"이라고 부르는 것의 몇몇 혼동된 범주들을 다시 생각하는 것을 가능하게 한다고 생각합니다. 예를 들어 자동사성(intransitivité)을 예로 들어보겠습니다. 자동사성은 이제 작가는 더 이상 뭔가를 이야기하는 대신에 언어 그 자체를 다루고, 전쟁터의 말들, 벌거벗은 여자들(모리스 드니)을 대상으로 그리는 대신에 색의 분배를 다룬다는 것을 의미합니다. 그런데 이 주제에 전제된 철회는 우선 주제들 간의 평등의 체제를 전제합니다. "표상"은 우리가 믿는 것처럼 닮음이 아니라, 주제의 유형과 표현의 형식 사이의 필연적인 연결이었습니다. 따라서 시와 회화에서 장르들의 위계질서가 작동합니다. "자동사적" 문학 혹은 회화는 어떤 유형의 언어, 구성, 색깔이 고귀함에 혹은 평범함에 적합한가를 결정하던 표현의 체계에서 벗어난 문학과 회화를 의미합니다. 자동사성의 개념 그 자체는 이러한 것을 이해하는 것을 허락하지 않습니다. 문학에서 이것은 기능하지 않는다는 것은 명백합니다. 왜냐하면 문학은 항상 '무엇인가'를 말하기 때문입니다. 다만 자동사적 문학은 그것을 메시지의 표준적인 생각들과의 관계에서 차이가 나는 양식들에서 말한다는 것을 의미합니다.

우리는 문학의 자동사성과 소통을 대립시키고자 했습니다. 그러나 문학의 언어는 소통의 언어만큼 투명할 수 있습니다. 다르게 기능하는 것은 말하기와 말하고자 함의 관계입니다. 소통자들 간의 평등이 아닌 다른 종류의 평등, 즉 소통된 것들의 평등의 실행인 균열이 일어나는 곳은 바로 여기입니다. 추상예술로 넘어가서 말하면, 우선 주제들의 무차별성의 대한 이념이 있어야 합니다. 이것은 요리 기구들을 든 요리사를 그리는 것은 전쟁터를 그리는 것만큼 고귀하다는 생각으로부터 시작합니다. 문학에서, 이것은 귀족, 부르주아, 농민, 왕자, 하인 등의 이야기를 하는데 어떤 특정한 스타일을 채택할 필요가 없다는 생각으로부터 시작합니다. 주체들의 평등과 표현의 양식들의 무차별성은 더 이상 주제를 가지지 않을 가능성과의 관계에서 우선하는 것들입니다. 평등은 이 모든 것들의 조건입니다.

나는 평등으로부터 근대예술의 사유를 구성하고자 하지 않습니다. 나는 관건이 되는 여러 유형의 평등이 있다는 것과, 문학적 평등은 민주적 평등과 혹은 상품들의 보편적 교환가능성과 같은 것이 아니라는 것을 보여주고자 했습니다.

● 여러 유형의 평등이 문제인 경우, 어떻게 플라톤에 의해 비판된 그 수신자가 누구인지 모르는 채 자유롭게 유통하는 고아와 같은 문자로서 글쓰기와 자본의 무차별적인 유통을 구분할 수 있을까요? 보다 자세히 말해서 어떻게 19세기에 당신이 반복적으로 언급하는 플로베르에게서 문학의 평등과 교환의 평등을 구별할 수 있을까요?

문자의 평등은 교환의 평등과 같은 것이 아닙니다. 문자의 민주주의는 기호의 자의성이 아닙니다. 플라톤이 문자의 사용가능성을 비판했을 때, 그는 합법성의 유용(流用)의 원리인 말의 통제되지 않은 사유화의 형태를 비난합니다. 써진 문자의 유통은 올바른 경로를 거쳐서 올바른 발신자에서 올바른 수신자에 이르는 말의 유통이 있기를 바라는 합법성의 원리를 파괴합니다. "올바른" 말은 신체들의 올바른 분배에 의해 보증됩니다. 문자는 예측 불가능한 사유화의 공간, 상품들의 보편적인 교환가능성과는 전적으로 다른 원시적 차이의 원리를 엽니다. 거칠게 요약하면, 당신은 문자 위에 손을 놓는 것처럼 자본 위에 손을 놓지 않습니다. 말의 위계질서 위에 근거한 질서의 불법침입을 창시하는 위계질서 없는 말의 놀이는 1유로가 1유로의 가치를 가지고, 1유로의 가치를 가지는 두 개의 상품은 각각 동등한 가치를 갖는다는 단순한 사실과는 전적으로 다른 것입니다. 문제는 말 안에 부여된 힘이 누구나에 의해 다시 취해질 수 있고, 유용될 수 있는가를 아는 것입니다. 이것은 말의 유통과 단순한 환전 안에서는 전혀 문제가 되지 않는 신체들의 사회적 분배 사이의 관계의 변형을 함축합니다.

우리는 동전 하나가 동전 하나의 가치를 가지듯이, 한 소리가 한 소리의 가치를 가지는 무차별성의 단순한 체계로서 민주주의의 이념을 구성했습니다. 그리고 여기서 "조건들의 평등"은 화폐의 등가와 동등한 것일 것입니다. 이로부터 우리는 문학적 무차별성, 예를 들어 상품과 민주주의의 무차별성과 유비적인 스타일의 플로베르적인 무차별성을 정립할 수 있습니다. 그러나 문학 안에는 여러 수준에서 작동하는 평등들 간의 갈등이 있습니다. 예를 들어,『마담 보바리』를 봅시다. 한편으로 스타일의 절대화는 민주적인 평등의 원리에 대응합니다. 농부의 딸의 바람도 위대한 인물들의 영웅적인 행동만큼 흥미 있는 것입니다. 그리고 글쓰기의 평등한 유통은 모든 사람들이, 혹은 대부분이 읽을 줄 아는 시대에, 누구나 엠마 보바리의 허구적인 삶에 접근하게 하고 그 자신의 고유한 삶을 만들게 합니다. 결과적으로 문자의 예측 불가능한 유통과 문학적인 절대 사이에 공모가 있습니다. 그러나 다른 한편 플로베르는 문자의 예측 불가능한 유통과 또 그것이 산출하는 "미학적인" 평등의 유형과의 대립 안에서 문학적인 평등을 구성합니다.『마담 보바리』의 핵심에 있는 것은 두 평등 간의 투쟁입니다. 어떤 의미에서, 엠마 보바리는 미학적 민주주의의 여주인공입니다. 그녀는 자신의 삶 안에, 그 자신의 집 장식에서와 마찬가지로 자신의 감정적인 삶 안에도 예술을 놓고자 합니다. 그 소설은 농부의 딸이 자신의 삶 안에 예술을 놓고자 하는 이런 의지에 반한 지속적인 논쟁으로서 구성됩니다. 이 소설은 이 "삶 안의 예술"과 책 속에, 다만 책 속에서만 존재하는 예술을 대립시킵니다.

그러나 책 속의 예술도, 삶 안의 예술도 공적인 삶의 소여 위에 불일치의 구성으로서 민주주의가 아닙니다. 둘 다 상품의 지배, 돈의 지배의 무차별성이 아닙니다. 플로베르는 틈 안에서 모든 정치적인 주체성에 무관심을 구성합니다. 그는 민주적인 정치의 무대를 구성하는 주체들의 몰적(molaire) 평등에 대립되는 정감들의 분자적(moléculaire) 평등을 긍정합니다. 이것은 그가 누더기를 걸친 사람보다 이에 더 관심이 있고, 사회적 불평등보다 분자적 평등에 더 관심이 있다고 말하는 문장에서 요약됩니다. 그는 자신의 책을 각각의 문장을 다른 문장과 동등하게—문장의 길이가 아니라 그 강도에서—만드는, 또 그 근본에서 각각의 문장은 책 전체와 동일하게 만드는 현미경적 평등의 적용으로서 구성합니다. 그는 이 평등을 다른 종류의 평등들—상품적 평등, 민주주의적 정치의 평등, 혹은 그의 여주인공이 실천하는 삶의 스타일로서 평등—과 대립된 것으로 구성합니다.

긍정적인 모순

● 플로베르, 발자크, 말라르메, 그리고 프루스트에게서도 작동하는 체화(corporation)와 탈-체화(désincorporation) 간의 모순—신체와 정신 간의 투쟁—의 역사적인 지위는 무엇인가요? 왜 이 모순이 근대의 문학에서, 더 나아가 평등한 민주주의에서 결정적인가요?

체화와 탈-체화는 신체와 정신을 의미하지 않습니다. 기독교적 전통 안에서 정신과 신체는 죽은 문자에 반해서 함께 합니다. 말은 그것이 몸체나 몸체의 상태에 의해 보증될 때 체화되고, 그 자신과 다른 물질성이 더 이상 말을 지지하지 않을 때 탈-체화됩니다. 이 말의 두 상태 간의 갈등은 19세기에 글쓰기의 미학적 체제로서 전개된 문학의 핵심에 자리합니다. 한편으로, 문학은 축출을 의미합니다. 말, 감정, 입장들 간의 표현적 관계는 이것들이 일치하던 사회적 위계질서와 함께 붕괴됩니다. 더 이상 고귀한 주체, 비천한 주제가 존재하지 않는 것처럼 고귀한 말도, 비천한 말도 더 이상 존재하지 않습니다. 말들의 배치는 더 이상 말과 신체 간의 적절한 질서에 의해 보증되지 않습니다. 한편으로 세계에 무관심한 수다가 될 수 있는 자유로운 말들의 평등의 거대한 공간이 있습니다. 그러나 다른 한편 이전의 표현적 규약들을 말의 잠재성과 신체의 잠재성 간의 직접적인 관계로 대체하려는 의지가 있습니다. 여기서 말은 존재들에 내재하는 잠재력의 직접적인 표현이 됩니다. 이것이 내가『말 없는 말』과『말들의 살』에서 발자크의 작품을 다루면서 드러내고자 한 것입니다. 발자크에게 말하는 것은 사물들 그 자체입니다. 운명의 의미는 이미 집의 외관에, 한 개인이 입고 있는 옷 위에 적혀있습니다. 사물들 안에 내재하는 "모든 것의 말함"(노발리스)이 있습니다. 그리고 문학은 이 모든 것의 말함의 재취, 전개, 해독입니다. 문학은 이 토대에서 문학의 새로운 몸체를 구성하기를 꿈꿉니다. 이것은 나중에 랭보의『언어의 연금술』의 기획, 혹은 이념들의 운동의 형상을 춤으로 그리는 말라르메의 시의 꿈이 될 것입니다. 새로운 에너지를 가진 미래의 언어 혹은 낙서들, 시대에 뒤처진 광고판들에서 읽을 수 있는 욕망의 언어의 초현실주의적 꿈을 기다리면서 말입니다.

19세기는 부정적으로 사회적 몸체의 민주적인 해체(dissolution)의 플라톤적인 패러다임에 의해, 민주주의/개인주의/개신교/혁명/사회적 관계의 붕괴 등의 환상적인 일치에 의해 사로잡혀 있었습니다. 이것은 시학적 혹은 과학적이라고 말해질 수도(사회학은 이러한 강박에서 태어났습니다), 반동적 혹은 진보적이라고도 말해질 수 있습니다. 그러나 이 세기는 무차별적 평등의 군림의 위협과, 또 이것을 공동체의 새로운 의미와 대립시켜야 한다는 이념에 사로잡혀 있었습니다. 문학은 이것이 표명되는 특권적인 장소입니다. 문학은 무차별적인 말의 군림을 드러내는 방식이면서 동시에 반대로 말로 신체를 다시 형성하는 방식입니다. 더 나아가 말들을 신체의 상태들 안에서 말들의 삭제로 인도하는 방식입니다. 나는 이러한 긴장을 발자크의 『마을의 신부』에서 연구했습니다. 그 소설은 범죄에 대한 이야기입니다. 범죄의 원인은 대중적 삶 안에 그들에게 속하지 않았던 책의 도입입니다. 종이 위해 써진 치명적인 말은 좋은 글쓰기, 유통되지 않고 사물들 안에 기입된 글쓰기에 대립됩니다. 그러나 이것은 궁극적으로 문학의 자기삭제를 의미할 뿐입니다. 다시 말해 책에 의해[210] 길을 잃은 인민의 딸은 마을을 부유하게 만든 운하의 형태를 통해 "회개의 글을 씁니다." 이것은 민주적인 신문의 수다와 땅 위에 그려진 소통의 길들을 대립시키는 생시몽주의 이론과 정확히 일치합니다.

우리는 이런 긴장을 말라르메나 랭보에게서 전적으로 다른 방식으로 재발견합니다. 말라르메는 시학적인 기능을 상징적인 경제와 동일시하고자 합니다. 이 후자는 화폐의 단순한 동등성, 신문의 수다스런 말들의 단순한 평등, 선거장의 투표들의 평등에 덧붙여질 것입니다. 그는 공동체의 수직적인 기념식을 "민주주의의 편편한 대지"(플라톤의 산술적

210 이 소설의 주인공 베로니카가 읽은 책은 베르나르뎅(Bernardin)의 『폴과 비르지니』이다. 이 소설의 주인공 같은 삶을 꿈꾸던 베로니카는 연인과 공모해서 수전노를 살해한다. 연인은 경찰에 검거되어 공범자를 누설하지 않은 채 사형에 처한다. 그 후에 베로니카는 평생을 회개 속에서 살면서, 인민들을 위해 농사에 도움이 되는 수로를 건설한다. 그리고 그녀는 죽기 전에 회개하면서 진정으로 아이들을 위한 일은 그들의 삶을 타락시키는 책들이 아니라 실질적으로 그들의 삶의 조건을 향상시키는 수로와 같은 것이라고 말한다.

인 평등)의 지평성에 대립시킵니다. 랭보는 새롭고 모든 방향에서 접근 가능한 언어 안에서 정식화된, 공동체의 새로운 노래를 만들고자 합니다. 그러나 여기에 모순이 발생합니다. 새로운 몸체로 구성되어야 할 이 "언어의 연금술"을 위해서는 고아들의 글쓰기의 잡동사니—학교의 라틴어 교과서, 쉬운 후렴구, 맞춤법에 맞지 않는 에로물…—만이 있을 뿐입니다.

● 19세기의 지배적인 논리를 벗어나는 작가들이 있나요? 당신은 작업의 원리로부터(전적으로 "무위"의 원리가 아니라) 사회적 역동성을 희생시키면서, 일종의 역사의 부정적인 변증법, 체화와 탈-체화 사이에 결정적인 해결 없는 변증법에 특권을 부여하고자 하는 비판에 어떻게 대응하시나요?

아마도 벗어나는 작가들도 있을 겁니다. 그러나 나는 그런 유형의 작가를 찾으려고 해 본 적이 없습니다. 나는 글쓰기의 정치적 내기를 아주 강하게 강요하는 동일한 세계, "혁명 이후" 한 세기의 프랑스라는 세계에 속한 작가들을 선택했습니다. 그러나 우리는 이러한 긴장을 20세기의 프랑스가 아닌 다른 곳의 작가들에게서 다시 발견합니다. 버지니아 울프를 생각해 봅시다. 당신은 여기서 광기와 마주칠 위험을 무릅쓰고서 말의 우연성을 지우는 말로 향하는 같은 긴장을 가지게 될 것입니다. 조이스를 봅시다. 여기서 당신은 끝이 보이지 않는 상투적 표현의 거대한 층과 동시에 신화의 필연성이기도 한 언어의 필연성으로 거슬러 올라가는 것을 발견하게 될 것입니다. 또 이탈리아의 공산주의자 작가인 파베세를 봅시다. 병렬적(paratactique) 스타일과 평범한 인물, 대중적 혹은 소시민적 인물이 되는 방식과 밀접하게 연결되어 있는 사실주의적 언어가 있습니다. 미니멀리즘의 모더니즘이 있다고 말할 수 있을 것입니다. 그리고 동시에 조이스나 비코와 연결되는 신화적인 측면이 있습니다. 다시 말해 "근대"의 평범함 안에서, 언어 안에 싸여 있는 신화의 잠재력들을 재발견하고자 하는 의지가 있습니다. 나는 특히 그의 『레우코와의 대화』를 생각합니다. 여기서 그는 마치 사실주의의 여백에 글을 쓰는 것처럼, 사실주의의 지평적 말의 구멍을 파는 것처럼 글을 씁니다. 우리는 여기서 모든 근대 문학에서 발견되는 같은 긴장을 발견합니다.

● 성경도 그런가요? 당신은 적어도 성경과 역사에 대한 근대 문학의 모순 혹은 문학적이고 예술적인 다수의 문학적 실천의 모순 사이에 어떤 유사성을 발견하시나요?

나는 전혀 성경 전문가가 아닙니다. 아마도 당신은 내가 『말들의 살』에서 아우어바흐(Auerbach)의 여백에 내가 적은 언급들을 암시하는 듯합니다. 신약의 수직성과 호메로스의 서술의 수평성을 대립시킨 사람은 아우어바흐입니다. 베드로 부인의 에피소드에서, 그는 인간의 드라마를 하나의 민족으로부터 해석하는 이 작고 그림 같은 묘사들을 강조합니다. 여기서 그는 소설적인 사실주의의 원초적 모델을 봅니다. 나는 이 작고 그림 같은 묘사들이 일종의 글쓰기의 기계이기 때문에 이것에 반대합니다. 문제는 인간의 내밀한 드라마를 민족으로부터 해석하는 것이라기보다는, 그 부인이, 복음서의 다른 에피소드들이 그렇듯이, 구약 안에서 이미 알려진 것이라는 것을 드러내기 위해서는 신약의 에피소드들을 구약의 에피소드들과 다시 연결하는 것입니다. 이것은 육화 그 자체로부터 두 개의 대립된 모델을 끌어낼 수 있다는 것을 의미합니다. 첫 번째에서 글쓰기는 살 안에 감춰져 있습니다. 두 번째에서는 반대로 글쓰기는 살의 벌거벗음 안에서 보입니다. 마치 글쓰기가 모든 영광스런 살의 탈-육화의 조건인 것처럼 말입니다. 여기서 나는 어떻게 우리는 소설적 현실의 대립된 두 이념을 끌어낼 수 있는지, 또 어떻게 두 패러다임이 서로 얽힐 수 있는지를 보여주고자 했습니다.

정치화된 예술

● 당신은 거의 참여의 개념을 피하려고 합니다. 당신은 순수예술과 사회예술을 전제하는 거짓 이분법 때문에 이 개념을 비난하나요? 이것은 또 의지적인 것과 비의지적인 것 사이, 개인과 사회 간의 단순한 구분 위에 의존하기 때문에 불충분한 개념인가요?

그것은 미학이란 개념과 정치라는 개념처럼 공허한 둘 사이의 개념입니다. 예술가가 개인적으로, 글쓰기, 그림, 영화 등을 통해 어떤 정치적인 투쟁에 협력할 때, 우리는 그를 참여적이라고 말할 수 있습니다. 예술가는 참여적일 수 있습니다. 그러나 그의 예술이 참여적이라는 것은 무엇을 의미할까요? 참여는 예술의 범주가 아닙니다. 이것은 예술이 비정치적이라는 말은 아닙니다. 이것은 미학이 그 자신의 고유한 정치를 가지고—혹은 메타정치를 갖는다는 것을 의미합니다. 이것은 내가 좀 전에 플로베르에 대해서 말한 모든 것, 그의 현미경적 평등이라고 말한 것입니다. 미학의 정치들—우리가 예술을 지각할 수 있는 식별의 체제에 의해 도달된 공동체의 형식들—이 있습니다(따라서 예술은 순수예술이면서 참여예술입니다). 그리고 참여 예술작품은 항상 글쓰기의 가능성들, 조형적 혹은 서사적 가능성들로서 기입되는 이 객관적인 정치들 사이의 일종의 조합으로 이뤄집니다. 우리가 어떤 대의를 위해 쓴다는 사실, 혹은 우리가 귀족들 대신에 노동자들, 평범한 사람들에 대해 말한다는 사실은, 작품의 형성과 그것의 수용의 조건들이 문제일 때, 정확히 무엇을 변화시킬까요? 우리는 조정의 원리를 따라서 다른 수단들보다 일련의 수단들을 선택할 것입니다. 그러나 문제는 어떤 주제에 대한 표현의 조정(ajustement)은 예술의 미학적 체제가 문제를 제기하는 전통적인 표상의 원리라는 사실입니다. 이것은 미학적 미덕과 정치적 미덕 사이에 일치하는 기준이 없다는 것을 의미합니다. 1920–1930년대의 혁명적이고 진보적인 소설가 혹은 화가는 일반적으로 지배적인 질서가 또한 무질서라는 것을 드러내기 위해 혼동된 형식을 선택할 것입니다. 그는 더스 패서스처럼 파열된 현실을 표상할 것입니다. 방랑하는 개인들의 운명들의 조각난 이야기들은 비논리주의에 의해 자본주의적 질서의 논리를 해석할 것입니다. 아니면 독일의 딕스(Dix)나 그로즈(Grosz) 같은 화가들은 인간적이면서 비인간적인 세계—인간이 꼭두각시 인형, 마스크, 해골 사이를 산책하는 세계[211]—를 표상할 것입니다. 즉 두 종류의 비인간성 사이의 놀이—사회적 퍼레이드의 마스크들과 자동기계들의 비인간성과 퍼레이드를 지지하는 치명적인 기계의 비인간성—를 표상할 것입니다.

우리는 경제적이고 사회적인 질서의 모순들에 대한 이 모범적인 정

211 이것에 대해서는 랑시에르의 『역사의 형상들』을 참조.

치적 의식에서 서사적이거나 조형적인 장치들을 식별할 수 있습니다. 그러나 우리는 또한 그것들을 반동적인 허무주의로 비난할 수도, 정치적 내용이 없는 순수하게 형식적인 기계들로 간주할 수도 있습니다. 소설의 파편화 혹은 그림의 카니발화는 계급투쟁의 관점으로부터 자본주의 세계의 카오스를 기술하는 데 적합할 수 있는 것처럼, 비관주의적 관점에서 계급투쟁이 그 자체 디오니소스적인 카오스의 요소일 뿐인 세계의 카오스를 기술하는 데 적합할 수도 있습니다. 이에 대응하는 영화를 예로 들어봅시다. 치미노의 〈디어헌터〉에서 보듯이 1970–1980년대 미국의 베트남 전쟁에 대한 영화들에서 전쟁의 장면들은 본질적으로 러시안 룰렛 장면들입니다. 우리는 이것을 이 전쟁에 대한 조롱의 메시지로 읽을 수 있습니다. 동시에 우리는 이것을 이 전쟁에 반한 투쟁에 대한 조롱의 메시지로 읽을 수도 있습니다.

여기에는 사용 가능한 기준이나 정식들이 없습니다. 그리고 그것들의 의미는 대개 외부적인 갈등에 의해 결정됩니다. 예를 들어 신화적 영역을 인물들에게 제시하는 근대 서사시 형태를 취한 사회적 이야기가 있습니다.『레미제라블』이 그 원형입니다. 경우에 따라서 우리는 거기서 사회주의화하는 교리교육, 계급투쟁을 모르는 부르주아의 감성주의, 민주주의의 의미가 혁명적 바리케이드에 의해 주어지는 것이 아니라, 장발장이라는 인물의 개인적이고 거의 지하에 감춰진 집착에 의해 드러나는 위대한 시를 목격했습니다.

문제의 근본은 미학의 정치와 정치의 미학 사이에 정합한 기준이 없다는 사실입니다. 이것은 몇몇 사람들이 예술과 정치를 혼동해서는 안 된다고 말하는 것과 아무런 상관이 없습니다. 어쨌든 그 둘은 서로 섞이고, 어쨌든 정치는 자신의 미학을 가지고, 미학은 자신의 정치를 갖습니다. 그러나 정합한 정식은 없습니다. 이것이 1920년대 딕스의 그림들, 1930년대 르누아르, 뒤비비에(Duvivier), 카르네(Carné)의 "대중적" 영화들, 1980년대 치미노나 스콜세지의 영화들이 정치적 비판의 전달자로서 나타나게 하거나 반대로 인간사의 환원 불가능한 카오스에 대한 혹은 사회적 차이들의 그림 같은 시에 대한 비정치적인 시선에 맞춘 것으로서 나타나게 한 정치의 상태입니다.

● 이것은 예술작품들의 정치적 영향력에 대한 판단은 항상 구체적인 사회역사적인 상황 안에 뿌리를 내린다는 것을 의미하나요? 비록 역사 외적인 관점이 없다고 해도, 방금 전에 당신이 지적한 것처럼 예술적인 형태들과 정치적인 의미작용 사이에 어떤 지속적인 연관을 세우는 일반적인 정식이 없다고 할지라도 말입니다.

완벽하게 식별할 수 있는 예술의 정치들이 있습니다. 따라서 우리는 어떤 소설, 영화, 그림, 혹은 설치의 정치화의 형태들을 완벽하게 밝힐 수 있습니다. 이러한 정치가 정치적인 불일치를 구성하는 행위와 일치한다는 사실은 문제의 예술에 통제할 수 없는 어떤 것이 있다는 것입니다. 브레히트의 연극, "정치화된" 예술의 원형은 정치적 교육학의 형태들과 예술적인 모더니즘의 형태들 사이의 아주 복잡하고 간교한 균형 위에 구성됩니다. 그것은 지속적으로 정치적 의식화의 형태들과 위대한 예술의 탈합법화 사이에서 작동합니다. 이 후자는 연극에서 "소수자"의 공연 예술들—권투, 인형극, 팬터마임, 서커스 등의 공연, 뮤직홀이나 카바레의 공연—과의 혼합에 의해 해석됩니다. 그의 "서사적 연극"은 마르크스적 자료집에 의해 합법화된 교육학적 논리와 단편의 논리의 조합입니다. 그리고 1910-1920년대 연출의 역사와 연극의 역사에 고유하게 속한 대립된 것들의 혼합의 논리 사이의 조합입니다. 여기서 정치적 정식은 식별 가능합니다.

반면, 덴마크, 미국으로의 망명, 동독의 공식적 입장과 1950년대 유럽의 엘리트들에 의한 브레히트 작품의 채택 사이에서, 이 정치와 청중(자본주의 체제를 의식하는 노동자들)과의 만남은 실질적으로 전혀 실현되지 않았습니다. 이것은 그의 정치와 그 지시대상으로서 운동가 사이의 일치를 진정으로 실험해 보지 않았다는 것을 의미합니다.

● 당신이 정치화된 예술에서 "이질적 논리"라고 부르는 것의 역할은 무엇일까요? 특히, 나는 당신의 로셀리니의 〈유로파 51〉에 대한 분석을 생각합니다. 여기서 당신은 주인공이 만난 이상함—이렌느가 다른 곳을 보기 위해 틀에서 벗어나서, 미학적-정치적 유형 분류를 좌절시키는 순간—과 평등의 실행을 접근시킵니다.[212]

여기서 미학적 정치는 항상 감각적인 것의 나눔의 개편, 주어진 것의 지각적 형태들의 재형상화에 의해 정의됩니다. "이질적 논리"라는 개념은 의미작용을 하는 감각적인 것의 바탕이 교란되는 방식과 관계합니다. 예를 들어 어떤 공연이 의미작용의 망에 의해 정의되는 감각적인 것의 틀 안으로 더 이상 들어가지 못할 때, 어떤 말이 생산되는 가시적인 것들의 일치 체계 안에서 자신의 자리를 발견하지 못할 때 일어납니다.

212 (원주) 자크 랑시에르의 『사람들의 고향으로 가는 짧은 여행』(Seuil, 1990, 인간사랑, 2014)의 "자살하는 아이"를 참조.

적합한 정치적인 작품의 꿈, 그것은 정확히 메시지의 발화를 거쳐서 가는 것이 면제되는 가시적인 것, 말할 수 있는 것, 생각할 수 있는 것 사이의 관계의 전복의 꿈입니다. 이것은 의미 있는 상황들의 논리 그 자체와의 단절의 형식 아래서 의미작용들을 지나가게 하는 예술의 꿈입니다. 정치적 예술은 세계에 대한 의식화를 가져오는 의미 있는 공연의 단순한 형태에서 일어날 수 없습니다. 적합한 정치적 예술은 한 번에 두 가지 효과를 보증하는 것입니다. 즉 정치적 의미작용의 가독성과 반대로 낯선 것에 의해, 의미작용에 저항하는 것에 의해 태어난 감각적인 충격입니다. 사실, 이 이상적인 효과는 항상 대립된 것들 사이의, 예술의 감각적인 형식을 파괴할 위험이 있는 메시지의 가독성과 모든 정치적인 의미작용을 파괴할 위험이 있는 근본적인 낯섦 사이의 절충입니다.

〈유로파 51〉은 사실 일련의 말의 단절, 일련의 말의 일탈 위에서 구성됩니다. 최초의 감각적 세계, 부르주아의 세계—부르주아지에게 노동자는 도시의 교통을 마비시키는 파업을 하는 모르는 사람들입니다—는 두 번째 세계—공산주의자 사촌이 준비한 노동자들이 살고 있는 허술한 건물 방문—에 의해 반박됩니다. 그러나 그 틀과 그 의미가 일치하는 이 구조화된 노동자의 세계는 열린 세계에 의해, 좌표 없는 세계에 의해 이어서 반박됩니다. 공터, 천막촌, 프롤레타리아보다 못한 사람들의 방황의 세계, 여기서는 더 이상 어떤 일치도 없습니다. 그 결과는 여주인공은 가시적인 것과 그 의미가 서로 일치하는 체계로부터 더더욱 멀어집니다. 그녀의 질문(계단 난간에서 몸을 던진 그녀의 아들이 어떤 말을 했는지)은 점점 더 파괴되는 세계의 발견과 일치합니다. 그 세계 안에서 유일한 대답은 그녀에게 자선이었습니다. 사회의 대표자들에게 그녀의 행위는 광기였습니다.

우리는 여기서 실질적으로 이질적 논리의 체계와 얽힙니다. 그리고 나는 여기서 이미 구성된 정치적인 틀들이 체계를 벗어나는 방식들을 강조했습니다. 상황에 대한 공산주의적 틀의 비판은 또한 벽 없는 틀의 장점을 가진 기독교적 틀의 긍정입니다. 내가 소크라테스의 독특함(atopie socratique)[213]과 동일시한 주인공의 방황은, 모든 정황에도 불구하고, 아주 정향된 방황입니다. "신이 원하는 곳에서 부는" 신의 은총으로 향하는—비록 신의 역할을 연기하는 이가 로셀리니라고 할지라고 말입니다—방황입니다.

이것은 이질적 논리의 놀이는 항상 결정할 수 없는 측면을 갖는다는 것을 의미합니다. 이 놀이는 감각적인 바탕—감각적인 것과 의미작용들 사이의 관계에서 주어지는 질서—을 파괴하고, 다른 감각적 바탕을 구성합니다. 이렇게 창조된 바탕들은 주체들에 의한 행동들이 제안

213 "소크라테스의 아토피아(atopie socratique)," 이 말은 플라톤이 소크라테스라는 인물, 그의 언행에서 드러나는 이중성을 지시하기 위해 사용한 표현이다(『고르기아스』, 494,d ; 『향연』, 215,a, 221,d ; 『파이드로스』, 229,c.). 'atopie'라는 그리스어는 부정의 'a'와 장소를 의미하는 'topos'가 결합된 말로, 이 말은 유토피아와는 다른 것으로, 말 그대로 "한 장소 밖에 있음"을 의미한다. 누군가에 대해서, 혹은 그의 사유에 대해서 말한다면, '분류할 수 없음'의 의미를 갖는다. 프랑스어 플라톤 번역에서 이 말은 번역자마다 조금씩 다르게—예를 들어, 괴상함, 부조리함, 외재성, 독특함 등으로—번역된다. 소크라테스의 언행에서의 상반된 이중성은 그의 '아이러니'라는 표현 속에서 집약된다. 김인곤은 "누구와도 닮지 않는 소크라테스의 독특함"(『향연』,221,d, 서울대 철학사상 연구회)으로 옮긴다. 그가 살았던 아테네의 정치적 장으로 옮겨가 보면 소크라테스는 아테네의 정치적 장의 중심에 있으면서 동시에 전적으로 밖에 위치하는 자로 그려진다(『고르기아스』). 여기에 있으면서 다른 곳에 존재하는 일종의 '시차'처럼, 그의 행동, 그의 사상 안에는 일종의 괴리, 간격이 존재한다. 라캉이 전이를 다루면서 소크라테스의 아토피아(라캉은 이 공간을 '무인지대(no man's land)', '두 죽음 사이'라고 부른다)를 자신의 욕망의 공간학을 구축하는 데 인용하기도 한다.

하는 소여들을 다시 정식화하는 데 기여합니다. 미학적 정식들과 항상 새로운 "정치"를 규정하는 이 정식들의 변형들이 있습니다. 그러나 좋은 정치적 영화나 나쁜 정치적 영화를 구분하기 위한 기준이나 일치하는 규칙은 없습니다. 무엇보다도 작품들의 정치적 판단의 기준들에 대한 질문은 제기하지 말아야 합니다. 작품들의 정치는 일반적으로 그 이상의 역할을 하고, 치안적 일치 혹은 정치적 불일치가 규정되는 경험 세계의 재구성 안에서 펴집니다. 그것은 서사 양태들 혹은 예술의 실천들에 의해 정립된 새로운 가시성의 양태들이 정치 그 자체의 미학적 가능성들 가운데로 들어가는 방식 안에서 행해집니다. 문제가 제기되는 방식을 뒤집어야 합니다. 사물들 혹은 예술적 실천에 의해 생산된 논리적 연결의 양태들이 정치적 사용을 위해 사유화되는 것은 정치적인 것들에서이지, 그 반대가 아닙니다. 이런 의미에서 예를 들어, 나는『역사의 이름들』의 끝에서 민주적인 역사를 생각하고 쓰기 위해서는 에밀 졸라보다 차라리 버지니아 울프를 봐야 한다고 말한 것입니다. 이것은 버지니아 울프가 좋은 사회적 소설을 썼다는 것을 말하는 것이 아닙니다. 이것은 그녀가 시간의 압축 혹은 연장 위에서, 그 둘의 동시대성과 틈 위에서 작업하는 방식, 혹은 사건을 보다 내밀한 수준에 위치시키는 방식을 의미합니다. 이 모든 것은 "사회적 서사시"의 형식보다 더 잘 정치적 불일치의 형식들을 생각하는 것을 허락하는 창을 구성합니다. 소설적 미세주의의 형식들은 정치적 주체화를 거부하게 될 개인화의 양식을 구성하는 한계가 있습니다, 그러나 개인화와 연쇄의 양식들은 또한 현실의 국가적-미디어적 포맷들, 즉 가시적인 것, 말할 수 있는 것, 생각할 수 있는 것의 관계들을 해체하면서 정치적 가능성들을 해방하는 데 기여하는 놀이의 공간이 있습니다.

● 이것은 바로 당신이 예술과 정치의 역사에 대한 글쓰기에서 하고자 한 것입니까?

나는 역사 이해의 기준들을 구성하는 전통적인 기준들, 대상, 의미의 귀납, 인과적 도식 등을 흐리게 하는 역사의 글쓰기의 형식들, 상황 제시의 형식들, 진술들의 배치의 형식들, 그리고 원인과 결과 사이, 이전과 그 결과 사이의 관계들의 구성의 형식들에 우선권을 부여하고자 했습니다. 나는 이론적 담론은 항상 동시에 미학적 형식, 담론이 논증하는 소여의 감각적 재형상화라고 생각합니다. 모든 이론적 진술의 시학적 특징을 주장하는 것은 또한 경계들, 담론들의 수준들 간의 위계질서들을 부수는 것입니다. 여기서 우리는 우리의 출발점과 다시 만납니다.

표상할 수 없음의 문제[214]

(장-루이 데오트와 피에르 바야르와의 대담)

● "표상할 수 없는 것이 있다면"[215]에서, 당신은 "표상할 수 없는 것의 개념, 이와 유사한 일련의 개념들—제시할 수 없는 것, 생각할 수 없는 것, 다룰 수 없는 것, 용서할 수 없는 것—의 인플레이션을 용납하기 힘든 것"으로 느끼는 것처럼 보입니다. 당신은 어떻게 이 표상할 수 없는 것의 개념이 예술의 체제, "표상의 체제" 안에서 의미를 갖는지 보여줍니다. 그러나 이것은 오늘날 당신이 말하는 "미학의 체제" 안에서는 그렇지 않습니다. 이 점에 대해서 다시 말씀해 주실 수 있으신가요?

나는 주제 일반의 이론의 틀 안에, 또 도덕, 종교, 또 다른 독단적인 체계에 의해 정의되는 받아들일 수 있는 규범들의 틀 안에 자리하는 것

214 (원주) 이 대담은 2006년 잡지 『유럽』, vol. 84, n° 926-927, pp. 232-243에 실렸다.
215 (원주) 자크 랑시에르, 『이미지의 운명』, La Fablique, 2003. 현실 문화, 2014.

이 아니라, 예술의 가능성들의 틀 안에 자리합니다. 정확히 이런 관점으로부터 나는 표상할 수 있는 것과 없는 것의 규범들과 우리가 표상하기 위해 사용할 수 있는 허용된 수단들이 존재하는 한에서 표상할 수 없는 것이 존재한다고 말합니다. 자신을 눈을 도려내는 오이디푸스를 보여주는 것은 코르네유의 동시대인들에게는 받아들일 수 없는 것입니다. 왜냐하면 이 공연은 그 당시 예술의 규칙들과 극장의 관객들의 감성 사이의 일치에 의해 허용되는 표상의 수단들과 대상들을 초과하기 때문입니다. 조각가에 의해 표현된 라오콘의 고통의 신음에 대한 표상은 레싱에게는 불가능한 것입니다. 왜냐하면 고통을 표현하는 선들은 조각의 목적인 가시적 조화를 파괴하기 때문입니다. 미학적 체제를 특징짓는 것은 표상의 이 규범들의 파괴입니다. 더 이상 미천해서, 무의미해서, 끔찍해서 표상에서 제외되는 주제들은 없습니다(이러한 사실은 19세기에 "추함의 학파(l'école du laid)[216]"에 대한 논쟁이 증명합니다). 더 이상 어떤 표현의 수단들이 이런저런 주제에 적합한지를 정하는 규칙들도 없습니다. 미메시스 규칙들의 파괴가 의미하는 것은 더 이상 창작(poesis)의 실행과 감각지각능력(aisthesis) 사이의 자연적 일치가 없다는 것입니다. 따라서 더 이상 의미 있는 상태의 강도, 이 강도를 해석할 수 있는 신체나 언어의 변형의 강도와 유일한 관객의 감각적 수용가능성을 일치시키는 표현의 체계가 없습니다. 결국 예술의 관점으로부터 표상할 수 없는 것은 더 이상 없습니다. 외적인 윤리적 관점만이 표상 불가능한 어떤 것을

216 이 학파의 대표적인 인물은 귀스타브 쿠르베이다. 그의 그림, 『오르낭의 매장』이 처음 전시회에 걸렸을 때, 지금까지의 그림의 주제들이 아니었던 가난한 평민들과 매장의 장면을 발견하고 경악을 금치 못했다. 사실주의에 대한 이상주의자들의 이 논쟁은 미와 추에 대한 그림의 대상에 대한 긴 논쟁으로 이어졌다.

선언할 수 있습니다. 금지의 선언이 목적으로 하는 것들은 더 이상 합법적일 수 없습니다. 그리고 이 목적들은 산출의 시학적 규칙들에 의해서도, 수용가능성의 미학적 규범들로부터도 명령될 수 없습니다.

● 이 테제를 설명하기 위해, 당신은 로베르 앙텔므의 『인류』에서 예를 듭니다. 당신은 거기서 그가 사용한 글쓰기가 미국의 행동주의자 소설의 글쓰기 혹은 플로베르의 "병렬적" 스타일과 유사하다고 주장합니다. 당신은 이것을 『마담 보바리』에서 샤를과 엠마가 만나는 장면과 비교했습니다. 이로부터 당신은 "로베르 앙텔므의 경험은 언어가 그것을 말하기 위해 존재하지 않는다는 의미에서 '표상 불가능한' 것이 아니"라고, 그리고 그것을 표현하기 위한 "언어는 존재하며, 구문도 존재한다"고 말합니다. 그러나 여기서 당신은 앙텔므의 "언어"를 문체적 특징으로 환원할 위험, 두 작가에게서 다른 두 요소를 하나의 특수한 목소리를 들리게 하기 위해 이 다른 요소들을 손상할 위험을 무릅쓰지 않았나요?

물론 각각의 작가에 고유하고 특수한 정감들을 교환하는 목소리들이 있습니다. 중성적인 문장들은 플로베르에게서 서로 얽힌 감각적 상태들의 익명적인 혼합의 특별한 계기가 굴절하는 신체들의 고독을 정의합니다. 반면 같은 중성적인 문장들은 앙텔므에게서 가장 비개인적인 상황들 안에서 경험의 나눔의 가능성을 정의합니다. 플로베르의 목소리는 "우리는 할 수 없다"고 말합니다. 그리고 그것은 이 무능을 예술로 만듭니다. 앙텔므의 목소리는 "우리는 힘들게 할 수 있다고, 우리는 허약한 자들의 능력을 가지고 할 수 있다고 말합니다. 그리고 이 힘은 가장 미천한 실존, 가장 박탈된 실존을 예술적 표현에서 성공한 형식들과 분리하는 영역들을 건넌다"라고 말합니다. 그러나 이런 강조의 차이는 구문의 문제가 아닙니다. 그것은 시학의 문제, 다시 말해 스타일이 할 수 있는 것이 무엇인가에 대한 결정의 문제입니다. 우리는 병렬적 글쓰기를 제한된 경험의 전사(轉寫)로, 혹은 표상할 수 없는 것의 표시로 만들고자 했습니다. 그러나 병렬적 글쓰기는 재난의 언어 혹은 명명할 수 없는 언어로 강요된 것이 아닙니다. 그것은 우선 19세기에 표현의 코드의 파괴 하에서 경험의 전사의 형식으로 강요되었습니다. 다시 말해 그것은 언어 안에 감정을 말로, 언어적 표현을 표현적 행위로 해석하는 표상의 체계에 반해서 가시적인 것의 말없음(mutisme)을 가져오는 방식이었습니다. 그것은 인간적 표명과 비인간적 표명을 동등시 하는 글쓰기의 체계입니다. 이러한 동등성을 다루는 여러 방식들이 있습니다. 우리는 이것을 평범한 상황에서 비인격적인 삶이나 "비기관적인 삶"(들뢰즈)을 허용하기 위해 사용할 수 있습니다. 이것은 플로베르가 한 것입니다. 우리는 이것을 비인간화의 경험과의 직면을 설명하기 위해 사용할 수 있습니다. 이것은 앙텔므가 한 것입니다. 이 둘은 모두 표상할 수 없는 것의 경험과 연관되는 것이 아니라, 표현할 수 있는 것과 표현의 수단들 사이의 표상적 관계와의 단절과 연관됩니다.

● 두 번째 사례는 〈쇼아〉(*Shoah*)입니다. 이 영화는 "표상 불가능한 것의 담론 혹은 표상의 금지의 담론 주변에서… 부유하는 영화"입니다. 당신은 "이중적 제거, 즉 유태인들의 제거와 그 제거의 흔적들의 제거는 (…) 완벽하게 표상가능하다"는 것을 보여줍니다. 그러나 이 이중적 제거는 인종 말살 그 자체가, 다른 영화인들의 시도에서처럼, 직접적으로 표상 가능하지 않을 때에만 란츠만의 기획이 될 수 있다는 것을 전제하지 않나요?

"직접적으로 표상 가능한"이란 정확히 무엇을 말하는 건가요? 전적으로 다큐멘터리적 기획 하에서 인종 말살의 프로그램의 형성과 실행을 설명하는 영화들이 있고, 항상 그런 것들이 있을 수 있습니다. 허구적 인물들 안에서 학살자, 희생자, 또한 저항자를 체화하는 영화들이 있고, 항상 그런 것들이 있을 수 있습니다. 우리는 항상 여기서 결핍 혹은 과장을 고발할 수 있습니다. 우리는 〈쉰들러 리스트〉를 우리의 주의를 예외적인 사례로 돌렸다고, 〈홀로코스트〉[217]의 감상주의는 우리가 인종 말살과 그 흔적 말살의 기획의 냉정함을 보는 것을 방해한다고 말할 것입니다. 따라서 우리는 그것들은 인종 말살에 대한 나쁜 표상들이라고 말할 수 있을 것입니다. 그러나 그것들은 인종말살에 대한 표상들일 뿐입니다. 인종말살이 "직접적으로" 표상되지 않았다고 말하는 것은 이 영화들은 그 사건의 절대적인 특이한 본질을 표상하지 못했다는 것을 말하고자 하는 것일 수 있습니다. 정의상 표상은 항상 유비적 체계이지, 절대로 사물 그 자체의 특이성이 아닙니다. 사실 우리는 워털루 전쟁, 혹은 어떤 감정 어떤 감각을 표상하고자 할 수 있습니다. 표상 불가능한 것을 주장하는 것은 다른 것을 말하고자 하는 것일 수 있습니다. 다시 말해 이와 같은 괴물성은 그것을 연기하는 주체들이 드러내는 원인과 결과의 논리적 연속처럼 표상할 수 없다는 것을 말하고자 하는 것일 수 있습니다. 왜냐하면 이 논리는 그 괴물성에 지적이고 감각적인 수용가능성을 부여하기 때문입니다. 그 사건은 생각할 수 없는 것이라는 것을 주장하면서 인과적 연쇄를 거부하는 이 방식이 난감함을 일으키는 이유는 이 방식이 나치의 만행을 부인하는 사람들(négationistes)과

217 〈홀로코스트〉는 1978년 미국 NBC에서 방영된 4편으로 구성된 미리시리즈이다.

같은 논리를 사용한다는 사실입니다. 따라서 이제 문제는 다른 곳으로 이동합니다. 문제는 사실 사건들을 표상하는 유비와 연쇄를 선택하는 것입니다. 이것은 바로 장소들의 침묵과 증인들의 말 사이의 관계 위에 세워진 플롯을 구성하면서 란츠만이 한 것입니다. 표상할 수 없는 것의 논거는 예술적인 일관성을 가지지 않습니다. 그것은 비본질적이고 게다가 결정 불가능한 진술—"유태인의 말살은 모든 다른 종류의 대규모 범죄와 비교될 수 없다"—을 감춥니다. 그것은 이중적 동화(assimilation)의 놀이를 통해—한편으로 신의 표상 불가능성에 대한 모세의 계명과, 다른 한편으로 표상과의 단절로서 예술의 근대성의 이념을 가지고서—이 진술을 타당한 예술적인 요청(exigence)으로 만들고자 합니다. 그것은 대상의 요청으로서 정립되는 논리적 괴물입니다.

● 우리가 〈쉰들러 리스트〉의 예를 든다면, 샤워 장면이 불러일으킨 분노는 비록 그것이 "미학적 체제" 안에서라고 할지라도, 표상 불가능한 형태들("허구적 체화")은 미학적 불가능성의 질서에 의해서가 아니라, 우리 사회가 어떤 "이미지들"에 대해서 던지는 금지의 질서에 의해서 존재한다고 생각할 수 있지 않나요?

우리 사회는 화랑에서 모든 종류의 "견딜 수 없는" 이미지들을 환대하고 전시합니다. 예를 들어 해골이 된 굶주린 아프리카 사람들, 인종학살의 피해자들의 애원하는 신체, 화학 물질에 의해 뒤틀린 몸 등등. 우리 사회는 모든 종류의 극단적인 광경들, 그것이 유혈에 의한 것이든, 굴욕, 비열의 과정이든, 영화화하고 무대 위에서 재생산합니다. 그런데 이 견딜 수 없는 것(insoutenable)은 항상 시선에 의해 지탱되기(soutenu)에 이릅니다. 그리고 그것은 쉽게 지적이고 도덕적인 유형의 합법화의 양태를 발견합니다. "인간은 인간이 할 수 있는 것을 볼 수 있어야 합니다." 혹은 "끔찍한 것들을 다시 재생산하지 않기 위해서는 그것들에 직면해야 합니다." 문제의 장면에 의해 발생한 추문은 가시적인 것 이상으로 지적인 것입니다. 기다린 가스 샤워 대신에 "진짜" 샤워를 하게 되는 장면은 가스 학살의 무거운 역사적인 현실에 의심을 던지는 것처럼 보입니다. 견디기 어려운 것은 역사적으로 예외적이고 무거운 현실과 사건의 급변이 가진 허구의 구조 간의 관계입니다.

● 작품에서 작가 자신이 증인(란츠만이나 스필버그의 경우가 아니라, 앙텔므의 경우)이라는 사실은 표상할 수 없는 것에 대한 질문의 용어들을 변경할까요?

그것은 역사적 사실을 영화로 만드는 표상의 형식들의 미학적 질문에 아무것도 변경하지 않습니다. 그것은 작가의 도덕적 합법성의 양태에 변화를 가져올 수도 있을 것입니다. 이런 끔찍한 일을 겪은 사람에게, 우리는 그가 그 일을 설명하기 위해 사용한 수단들의 윤리적 타당성에 대해 물을 권리가 없다고 평가합니다. 증인—우리가 경험할 수 없는 것을 겪은 사람이기에 건드릴 수 없는 사람—은 항상 예술가에게 가해진 비평에 대해 대답할 수도 침묵으로 일관할 수도 있습니다. 그러나 이 증인의 특권은 항상 인정되는 것은 아닙니다. 그리고 그것은 비틀린 형태들을 취할 수도 있습니다. 란츠만은 홀로코스트의 "미국적" 개념에 반해서 자신의 영화에 대해 쇼아의 유태인적 의미의 환원불가능성을 요구하면서 동시에 아우슈비츠에 있었다는 사실이 그것에 대해서 말하거나 증인으로서 자신을 시나리오 안에 집어넣기 위해 스스로를 혹독하게 다룰 어떤 특권도 부여하지 않는다고 간주할 수 있습니다.

● 조사(enquête)는 당신에게 "홀로코스트와 같은 예사롭지 않은 사건"을 다루는데 특히 적합한 것으로 보입니다. 당신은 그것을 〈시민 케인〉의 (신문기자의) 조사와 같은 전통 안에서 발견합니다. 그리고 당신은 이것을 오이디푸스의 조사와 대립시킵니다.

나는 홀로코스트의 표상에 적합한 극단의 미학을 제시한 적이 없습니다. 다만 나는 〈쇼아〉가 조사-영화와 같은 것에 속한다는 사실을 밝혔습니다. 비밀 주변을 맴도는 사람은 직접적인 증인의 부족을 보충하고자 합니다. 이런 조사의 유형의 특징은 조사를 하는 사람의 주체성과 비극을 겪은 사람의 주체성을 분리합니다. 〈시민 케인〉의 구조는 표상적인 모델과의 관계에서 이중적인 간격을 실현합니다. 한편으로 그것은 조사의 논리를 시련을 겪은 자의 파토스와 분리합니다. 따라서 비극의 구조와 반대로 앎과 고통이 분리됩니다. 다른 한편 〈시민 케인〉의 구조는 인과적 도식이 정지되는 것을 허용합니다. 조사자(취재 기자)는 항상 로즈버드가 무엇을 의미하는지 모를 것입니다. 반면 영화는 불 속에서 부식된 썰매 위에 써진 이 단어를 관객에게 보여줍니다. 관객이 주의만 한다면, 그것을 알게 될 것입니다. 그러나 관객은 궁극적인 원인과 무관한 무의미한 글자로 보내집니다. 이 구조는 따라서 대립된 동시에 공모적인 두 암초—비인간적인 것을 인간화라는 공감적인 동일화와 비인간적인 것에 생각할 수 있는 합리성, 즉 어떤 수용가능성을 제시하는 원인과 결과의 통합적인 연쇄의 논리—로부터 벗어나고자 하는 극단의 표상에 적절합니다.

● 최근에 인종말살을 다루는 주요한 작품들(리티 판(Rithy Panh)의 〈S21〉 혹은 자크 텔퀴베르리(Jacques Delcuvellerie)의 〈르완다 94〉)은 일련의 변경들(예를 들어 〈S21〉에서 피해자와 가해자 간의 대화, 혹은 〈르완다 94〉에서 한 희생자의 장면에 대한 증언)을 가지고 나타났습니다. 당신이 보기에 이것들은 새로운 요소들을 도입하는 것처럼 보이나요?

내가 실제로 본 것은 〈쇼아〉와 비교될 수 있는 여러 점들을 제시하는 첫 번째 영화입니다. 한편으로 둘 사이에는 미메시스의 동일한 사용이 있습니다. 즉 현재 안에서 과거의 학살 과정의 실재 속에 각인된 그 제스처의 모방이 있습니다. 〈쇼아〉에서 기관사의 제스처, 마지막 이발의 반복적 재현, 시몬 츠르브릭의 노래, 〈S21〉에서 도형수 간수의 순시. 그러나 그 논리는 동시에 서로 대립됩니다. 〈쇼아〉에서 모방은 받아들일 수 없는 지각과 가해자와 피해자 간의 절대적인 분리의 지각을 창조하고자 합니다. 〈S21〉에서 제스처를 반복하는 사람은 실제로 예전의 가해자입니다. 다시 말해 반복은 정화의 가치를 갖습니다. 간수는 광기의 현실화로서 학살계획에 참여했던 것을 연기함으로써 그는 자신을 해방합니다. 반면 기관사의 제스처에서 강조하는 것은 영구화되는 과거의 공모의 이미지입니다. 요약하면 리티 판은 살인의 광기로부터 해방하는 앎과 말의 놀이를 연기합니다. 반면 란츠만은 돌이킬 수 없는 것을 고정합니다. 물론 그 구조는 같은 것이 아닙니다. 캄보디아인들의 학살을 종용한 "인민의 적"이란 개념은 우연의 이념적 구성입니다. 나치의 학살은 한 민족의 이천 년 상흔의 최후의 행위입니다. 그런 이유로 리티 판의 영화에서 희생자와 가해자는 우리가 단지 구경꾼일 뿐인 하나의 같은 역사를 나누는 자로서 (콘래드의 『서구인의 눈으로』에서 러시아 혁명가들과 그들 중 하나를 고발한 배신자처럼) 서로 대화할 수 있습니다. 리티 판의 영화는 화해의 기획에 참여합니다. 반면 란츠만의 영화는 화해할 수 없는 것의 기념비를 건설하기 위해 만들어졌습니다. 교회 마당에서 폴란드 마을 주민들과의 아주 긴 장면을 봅시다. 이 장면은 과거의 희생자, 시몬 츠레브니크가 나치와의 화해가 아니라, 폴란드 사람들과의 화해를 받아들일 준비가 된 것처럼 보이는 것을 단지 불가능하게 만들기 위해 연장되는 것처럼 보입니다. 표상할 수 없는 것의 거짓된 논쟁 뒤에는 돌이킬 수 없는 것에 대한 진정한 토론이 있습니다. 그러나 이 토론은 미학적인 것이 아닙니다.

● "예술의 체제"의 방법론은 감각적인 것과 나타남에 특권을 부여하지 않나요? 이 둘이 타당하지 않을 때, 현장 없는 사건들이 일어날 때(안토니오니의 〈모험〉(*L'aventura*)이나 존 포드의 〈수색자〉를 보면) 무슨 일이 일어날까요? 이 경우 새로운 예술의 체제가 놓이지 않나요?

한 인물이 사라졌다는 사실은, 히치콕의 영화들에서 제임스 스튜어트의 부러진 다리나 현기증이 산출하는 것, 들뢰즈가 말하듯, 감각-기관의 도식의 단절 그 이상으로 나타남을 무효화하지 않습니다. 사라진 사람들을 찾는 것은 가장 오래된 그리고 서구의 서사의 가장 지속적인 허구적 구조들 중의 하나입니다. 이것은 사실 나타남과 감각적인 것의 제시의 양태들을 다양화하는 계기가 될 수 있습니다. 아우어바흐는 유모 에우리클레리아가 알아차린 율리시스의 흉터를 가지고 서양 모방의 전통의 탐구를 시작해서, 프루스트에게서 놀라운 감각적인 것의 분리의 계기인 알베르틴의 실종까지를 다룹니다. 주인공은 "알베르틴이 떠났다"라는 한 줌의 단어들을 충격적으로 받기 전에, 이미 자기도 모르게, 후각적으로(자동차 기름 냄새) 그녀가 결심한 출발의 물질적 현실을 향유하면서 알베르틴을 떠나겠다고 "결심"을 합니다. 『사라진 알베르틴』 혹은 『파도』는 20세기의 가장 위대한 실종에 대한 소설들입니다. 그것들은 또한 가장 놀라운 지각과 정감의 발명이기도 합니다. 감각적인 것과 나타남은 어떤 사건이나 어떤 주제의 본성 때문에 사라지지 않습니다. 그들은 예술가의 결정을 따라서 희박해지거나 사라집니다. 예술의 체제와 예술적인 전략들은 다양하게 부재를 다루고, 다르게 그 물질성과 상징적인 가치를 변화시킵니다. 〈모험〉에서 한 인물의 실종은 신체들이 서로에게 현전하고 관객들에게 현전하는 바로 거기에서 그 존재들의 고독의 폭로자가 됩니다. 〈수색자〉에서 진짜 주제는 데비의 실종이 아니라, 그녀를 찾아 나선 자의 고독입니다. 남북전쟁에 갓 돌아온 그녀의 삼촌 이산은 그 세계에서 이방인이 되고 인디언에 대한 미움만이 삶의 지표가 됩니다. 진짜 실종은 영화의 끝에서 만날 수 있습니다. 그것은 백인 농부의 딸이 그녀의 부모들을 죽인 인디언과 잠자리를 같이하고, 혼종이 미스 요겐슨과 결혼하는 혼혈의 세계에 적응할 수 없는 자의 떠남입니다. 그들에게 모뉴먼트 밸리의 풍경은 그 장엄함을 전혀 상실하지 않습니다.

● 당신은 여러 곳에서 표상 불가능한 것의 개념의 과장된 사용을 비판하기 위해 리오타르가 칸트에게서 빌려온 "숭고"의 개념을 참조합니다. 당신이 이것에 대해 동의하지 않는 점을 자세히 설명해 줄 수 있으신가요? 당신은 리오타르가 수용소의 표상 불가능함 안에는 "숭고"한 어떤 것이 있다고 말하는 데까지 나아간다고 생각하시나요?

리오타르는 모든 근대 예술을 표상 불가능한 것의 개념 아래 놓고자 합니다. 이것을 위해 그는 칸트의 숭고의 개념을 완전히 비틉니다. 칸트에게 숭고는 예술 이론의 개념이 아닙니다. 그것은 상상력과 오성 간의 일치가 단절되는 경험입니다. 이 단절은 우리를 도덕의 영역으로, 즉 자유의 영역으로 들어가게 하기 위해 우리를 미학으로부터 나오게 합니다. 상상력은 오성과의 불일치 안에서, 주체로 하여금 자신이 이성의 세계에 속해있다는 것을 느끼게 합니다.

리오타르는 근대 예술을 지적인 것과 감각적인 것 사이의 근본적인 불일치의 기호 아래 놓기 위해, 미학 너머로의 이 이행을 예술의 이론으로 만듭니다. 칸트는 감성의 능력의 장애 안에서 자유로운 주체의 초감성적 자질에 대한 의식을 봅니다. 반대로 리오타르는 여기서 감성의 잠재력에서 정신의 노예화의 표시를 봅니다. 이 감성의 잠재력은 곧 정신의 타자의 법칙에 대한 의존성의 기호로 변형됩니다. 따라서 예술은 주체의 이 회복할 수 없는 소외를 법 안에 기입하는 것이 됩니다. 예술은 윤리 안에 흡수됩니다. 여기서 지배적인 단어는 칸트와 반대로 타율이 됩니다. 숭고는 바로 이 정신의 타자에의 의존성입니다. 이때 말살은 이 의존성의 망각의 결과로서, 계몽의 전통에 고유한 자율의 의지의 극단적인 실현으로서 생각됩니다. 그리고 예술의 숭고는 소외의 특징의 기입이면서 동시에 그 망각으로부터 유래하는 근본적인 재난을 증언하는 것입니다. 리오타르에게 말살의 표상 불가능성을 선포하는 것은 바로 이 숭고의 법칙입니다.

● 당신은 『미학 안의 불편함』 안에서 "윤리적 전향"을 언급합니다. 특히 당신은 그것을 사실과 권리의 구분의 종말과, 무한한 정의의 실행 안에서 목격합니

다. 그리고 당신은 표상 불가능한 것을 “마치 공포가 정치적 기획에서 중심적인 범주인 것처럼, 미학적 반성 안에서 윤리적 전향의 중심적 범주”로 만듭니다. 미학적 표상 불가능성과 정치적 공포의 이 연관에 대해서 자세히 설명해줄 수 있으신가요?

내가 윤리적 전향이라고 부르는 것은 정치와 예술의 장을 정의하는 특수한 긴장들과 그 안에서 발명되는 불일치의 형식들을 일률적인 법에 의해 덮어버리는 것입니다. 미학적 기획에서 이러한 덮기는 칸트의 숭고의 개념이 칸트의 다른 개념, 즉 미학적 이념을 지우는 방식에 의해 설명될 수 있습니다. 미학적 이념은 반-표상적인 논리로서 미학적 논리를 요약하는 발명입니다. 그 논리적 작동에 의해 예술적 의도는 그 자체 밖에 놓이고, 개념 없는 평가의 대상인 하나의 산물로 변형됩니다. 숭고는 지성과 감성의 능력들 간의 불일치입니다. 그것에 의해 우리는 미학적 세계에서 도덕적 세계로 이행합니다. 숭고를 근대 예술을 지도하는 개념으로 만드는 것은 따라서 표상 불가능한 것의 개념 하에서, 표상의 논리와의 관계에서 미학적 발명의 단절을 놓는 것입니다. 윤리적 개념, 또한 일종의 윤리적 개념, 즉 주체를 구성하는 타자와의 무조건적인 관계로서 법과의 관계에서 주체의 무한한 결여의 개념과 같은 표상할 수 없는 것들의 개념이 나타납니다. 이때 윤리적 법의 요구는 주체를 구성하는 트라우마 경험의 사실성과 동일시됩니다. 다시 말해 윤리의 지배는 본래적인 불일치의 숙명 하에서 도덕을 구성하는 이원성(자연/자유, 사실/권리, 존재/의무 등등)을 제거합니다. 이런 경향은 다만 한 사유가의 고유성이 아니라, 한 시대의 근본적인 음조, 합의적 법이 허용하는 불일치한 양자택일의 유형이 됩니다. 이 점에 있어서, 어떻게 북미의 영화인들이 자신들의 허구 안에 이 음조를 통합하는지를 보는 것은 놀랄 만합니다. 여기, 프랑스에서 그러한 음조가 다만 지적인 담론 안에 머물 때 말입니다. 예를 들어, 〈갱스 오브 뉴욕〉, 〈미스틱 리버〉, 〈폭력의 역사〉[218]를 봅시다. 여기서 정의와 부정의, 죄와 벌에 대한 질문들은 어린 시절의 트라우마, 혹은 문명의 치유할 수 없는 야만적 행위의 문제로 환원됩니다. 문명화된 트라우마로 환원된 미학적 불일치는 테러와 테러와의 전쟁의 논리와 소통합니다. 테러와의 전쟁은 같은 방식으로 지배적인 일치의 논리가 여전히 불일치를 통합할 수 있는 유일한 방식입니다. 테러의 개념은 테러 형식을 가진 공격의 현실과 다른 공격에 대한 불안, 불안 일반, 우리의 사유와 감정 안에 사는 숨겨진 테러를 소통하게 합니다. 테러와의 전쟁은 실질적인 테러리스트의 전략들과 영혼과 문명의 기저의 테러를 다시 연결하는 모든 간격의 연습장처럼 주어집니다. 그 전쟁이 약속하는 안전은 인류를 결집하는 본질적인 목적을 정의합니다. 한 국가의 시민들의 경험적인 보호는 이 전쟁을 악의 제국에 반한 선의 제국의 투쟁과 동일시하기 위해 정치적인 공동체의 전통적인 한계를 초과할 수 있습니다. 결국 악에 대항하는 선의 투쟁에 대한 부시의 단순한 논리는 유럽의 지식인들의 현학적인 논리와 동일시될 수 있습니다. 즉 우리가 테러와의 전쟁을 지지하고 그 전쟁이 동반할 수 있는 일단의 "일탈"을 인정해야 하는 이유는 "테러리스트들"과 마찬가지로 우리는 동물로서 인간이라는 같은 트라우마의 희생자이기 때문이며, 테러리스트들은 우리에게 우리가 잊기를 원하는 이 의존성

218 〈폭력의 역사〉는 퀘벡의 폭력을 다룬 데이비드 크로넨버그(David Cronenberg)의 2005년 영화이다.

을 상기시키기 때문입니다.

● 당신은 "표상 불가능한 것"이란 용어의 남발을 비난합니다. 이것은 이 용어 사용의 전적인 금지처럼 보입니다. 예술의 미학적 체제를 포함해서, 어쨌든 이 용어의 사용을 정당화할 수 있는 어떤 경우가 있지 않을까요?

나는 이 용어가 미학적으로 강한 어떤 의미를 지닐 수 있다고 생각하지 않습니다. 만일 표상의 표준이 없다면, 표상 불가능한 것은 두 가지를 의미할 수 있습니다. 우선 그것은 비인간적인 것의 이런저런 표상의 효과를 측정하는 것이 문제일 때, 미학적 발명에서 자신의 규범을 강요하는 본질적인 요구를 의미합니다.

다른 한편 그것은 표현적인 코드와의 단절, 혹은 지배적인 표상의 체제와의 단절을 의미할 수 있습니다. 나는 〈유로파 51〉에 대해 이전에 "이렌느는 강변에—이곳은 룸펜들이 모여 사는 곳이었다—자신을 처박기 위해, 부르주아가 사는 중심과 노동자들이 사는 외곽 사이의 매일 다니던 길을 피해가다가, 결국 표상 불가능한 것 안에 빠진다"라고 쓴 것이 기억납니다. 지금 나는 이 용어를 더 이상 사용하지 않습니다. 우리가 그것을 사용하든 안 하든 세 가지 점은 명백합니다. 첫 번째로 로셀리니는 계속 자신의 영화를 찍고, 두 번째로 이렌느의 새로운 여정인 성녀–광기의 서사는 잘 구성된 표상(세계의 지혜/십자가의 광기)과 다른 체계 안으로 들어가고, 세 번째로 로셀리니의 영화와 나의 해석은 종교적 은총과, 강조점을 옮기는 것, 더 나아가 두 용어들 중의 하나를 마음 내키는 대로 다른 것 아래서 지우는 것을 가능하게 하는 미학적 은총 사이의 일련의 유비들을 전제합니다. 표상 불가능한 것으로 여겨지는 것은 본질적으로 표상의 두 방식 간의 **불일치**의 미학적인 논리이거나, 다른 질서(윤리적, 정치적, 종교적 등등)를 가진 표상들과의 만남입니다. 이것은 어림잡아 말하는 방식입니다. 어림셈은 말하는 존재의 시학적인 조건과 예술 작업들과 연관됩니다. 이것은 예술을 절대화하지 않기 위한 좋은 이유입니다.

증언의 형태들과 민주주의[219]

(마리아 베네디타 바스토와의 대담)

● 『합의의 시대를 평론하다』의 서문에서, 당신은 평론은 지나가는 시간의 사건들에 대답하는 방식이 아니라, 시간을 정지시키고, 일어난 것의 형태들을 밝히고, 예전의 것과 새로운 것, 중요한 것과 부차적인 것의 해석의 체제들을 드러나게 하는 방식을 구성하는 것이라고 말합니다(p. 7). 당신이 선택한 분할이란 말은 합의라는 단어와, 이 합의가 평화의 단순한 형상을 의미하는 것이 아니라 "전쟁의 작전 지도"를 구성한다는 사실에 의존합니다(p. 8). "따라서 합의는 끝없이 가상을 재건해야 하고, 전쟁과 평화를 제자리에 다시 놓아야 하는 전망과 해석의 기계이다." "전쟁은 (…) 다른 시간과 다른 곳에서만 일어난다"는 생각을 유지하기 위해, 합의의 기계는 시간의 단절과 공간의 경계를 다시 긋기를 그치지 않습니다(p. 9). 당신은 합의는 "갈등의 가능성 그 자체"를 사라지게 한다는 생각을 드러내기 위해 유럽 헌법을 위한 국민투표를 예로 들고 있습니다(p. 10).

219 (원주) 이 대담은 2006년 포르투갈의 잡지인 *Intervalo* n° 2, "증언"에 실렸다.

사람들은 우리에게 찬반의 선택을 제시합니다. 그러나 사람들은 "우리가 무의 숭배자라고 고백할 수 있는 가능성은 유보하고, 우리가 찬성을 표명하는 것"만을 듣습니다. 반대로 당신은 바로 "가시적인 것, 생각할 수 있는 것, 가능한 것을 기술하는 여러 방식"(p. 10)이 존재할 이 가능성, 정치적인 것과 연결할 수 있는 그 가능성을 열고자 합니다.

우리는 민주주의와의 관계에서 현재의 정치와 우리시대의 질서에 대한 질문 주변에서 같은 종류의 비판적 절차를 발견합니다. 여기서 나는 당신이 출간한 책들—『불화』, 『정치적인 것의 가장자리에서』, 『민주주의에 대한 증오』—에서 발견되는 반성들을 생각합니다.

이 다양한 입장들 가운데서, 당신은 특히 한 시대의 표현들의 가시성을 생각하고 제공하는 방식인 동시에 그것들에 대한 비판을 행하는 증언의 형식을 식별할 수 있는지요?

신문에 평론을 싣는 것과 책을 쓰는 것은 전적으로 같은 질서에 속하지 않는 것처럼 보입니다. 마찬가지로 증언의 다른 형태들이 가진 다른 방식의 글쓰기의 장치들을 밝혀줄 수 있을까요? 장르와 증언 사이에는 어떤 관계가 있나요?

나는 증언하고자 하지 않았습니다. 나의 작업은 사물들을 정지시키고 그 말을 진리 안으로 전이하는 특권적인 말의 의미에서 증언의 논리에 문제를 제기한 것입니다. 더 정확히 말하면, 나의 작업은 항상 사실들의 증언("감각적인" 것)과 그것들의 해석("지적인" 것) 사이의 합의적 관계를 비판하는 것입니다. 왜냐하면 이 역할의 나눔은 또한 소여를 제공할 수 있는 사람들과 그 의미를 밝히는 사람들의 나눔이기 때문입니다. 그것은 역사적인 작업의 원리이고 그 결과가 나의 책, 『프롤레타리아의 밤』입니다. 역사적이고 사회적인 전통은 대중의 말에, 대중적 삶에 "충실한" 증언을 요구합니다. 반면, "노동자의 삶"의 소여는, 해석을 기다리는 증언들을 제시하는 대신에, "주체적인" 소여, 즉 스스로 자신들의 경험을 해석하는 사람들의 소여였습니다. 이것을 위해서 나는 특수한 글쓰기의 장치, 사실들과 해석들의 연쇄의 지배적인 논리, 사회학적이 된 역사의 논리를 정지시키는 연속적인 서사의 형식을 구성해야 했습니다. 다른 텍스트들 안에서, 나는 강연에서 신문 방송의 평론에 이르기까지 제도화된 말과 글쓰기에서 그 형식들을 빌려왔습니다. 기대하지 않은 자료나 각도에서 그것들을 혼란스럽게 하기 위해서 말입니다. 이런 관점으로부터 나는 청탁받은 평론에 대답하고자 했습니다. 평론은 보통 일상적인 것과 예외적인 것, 일상의 흐름과 그 흐름을 단절하는 예외적인 사건을 연결하는 방식입니다. 즉 세계의 합리성을 두 번 증명하는 방식입니다. 정기적으로 어떤 일들이 세상에서 일어나고, 또한 이것들은 기존의 해석의 도식 안으로 들어온다는 사실로 사람들을 안심시키면서 말입니다(비록 이것들이 그 도식들을 흔든다고 사람들이 말할 때조차도 말입니다. 9·11사태 이전과 그 이후가 있다고 선언하는 것은 시간화를 가지고 의미를 만드는 방식입니다). 이로부터 나의 평론들은 평론의 규칙을 따르면서 동시에 그것을 방해하는 것을 목표로 했습니다. 한편으로 나는 문학에서 신문에 전달된 이 읽기의 양식을 실천합니다. 이 읽기의 양식은 세부상황에서 모든 것을 지각하고, 허구로의 이행들 안에서 시간의 변이를 지각합니다. 다른 한편 나는 이 절차를 증상들의 해석적 실천들에 문제를 제기하기 위해, 어떻게 그 구조가 자료가 결핍할 때 사람들을 공포에 사로잡히게 하는지를 보여주는 데 사용합니다. 예를 들어 자료의 결핍은 사실들의 의미를 부조리한 데까지 과장하거나(리얼리티 방송을 새로운 전체주의의 표명으로 보는 것), 교외 행 기차 안에서 젊은 여자의 상상적인 폭행의 경우에서처럼, 거짓 사건을 진짜인 것처럼 만듭니다. 그것은 그 사건이 지배적인 증상학과 해석학에 정확히 일치한다는 사실에 의해 검토되기 이전에 이미 **사실인 것으로 판단되기** 때문입니다.

따라서 나는 한편으로 사건들의 시간을 증언하는 "사건들"입니다. 다른 한편 나는 시간의 합의적 사용을 방해하기 위해 그것들을 사용합니다. 예를 들어 나는 그것들을 "기억의 의무"라는 이름으로, 사실 사르트르 추모나 예전의 부역자 파퐁(Papon)의 소송은 정치의 시대에 작별을 고하는 것이라는 것을 드러내기 위해 사용합니다. 또 그것들을 유럽의 미래 안으로 들어오라는 부름과 지체된 자들에 대한 낙인찍기는 모든 갈등을 전진과 후퇴라는 단 하나의 기준을 가지고 해석하는 담론을 긍정하는 방식이라는 것을 드러내기 위해서 사용합니다. 끝으로 그것들을 마르크스주의적 유토피아의 만기를 선언하는 것은 자유경제시장을 위해 마르크스주의가 이미 이용한 세계 역사의 필연성을 재사용하는 데 사용한다는 것을 드러내기 위해 사용합니다. 결국 나는 사건, 일상, 구체적인 것의 (시사) 평론은 항상 구성, 선택, 연출의 대상이라는 것을 드러내기 위해 그것들을 사용합니다. 만일 우리가 이것을 장르에 대한 문학적 질문과 관련시키고자 한다면, 문제는 장르들을 그것의 주제들과 일치시키는 논리를 방해하는 것입니다. 규정된 장르에 동화될 수 없는 형식을 발명하면서, 혹은 장르들의 논리를 그것들의 전제들을 드러내고 문제 제기하는 데 사용하기 위해 그 논리의 방향을 바꾸면서 말입니다.

● 그럼 "증언"이란 말 아래 무엇을 놓아야 할까요? 우리는 증언은 항상 지식이나 지성의 권위에 근거한 진리의 지평에서만 작동한다고 말해야 할까요? 결

국 그 개념은 민주주의의 장치 안에서 제 자리를 찾지 못 하는 건가요? 반대로 우리는 증언을, 그것이 그 자체 두 모습, 즉 모순적이라는 의미에서, 민주적 무대의 구성으로 읽을 수 있을까요? 당신이 보기에 증언은 한 진술의 진리와, 규정된 질서 안에서 진술자의 자리에 대한 어떤 반성을 함축하지 않나요?

증언의 법적 기능과 연결된 의미의 핵심으로부터 출발해야 한다고 믿습니다. 증인의 이념은 두 가지가 긴밀하게 연결되어 있습니다. 증인은 사건의 현장에 있었던 사람이고, 어떤 감각적 경험을 겪은 사람입니다. 그러나 또한 그는 담론의 세계 안에서 믿을 만한 말을 가진 사람입니다. 따라서 증인은 두 권위—사물의 권위와 그것을 말하는 자의 권위—간의 문제적인 관계를 체화합니다. 한편으로 그는 진리의 무조건성, 즉 권력, 지식 혹은 위엄과 연결된 다양한 권위로 환원불가능하고, 그것에 무관심한 진리의 사실성을 증명합니다. 그러나 증인은 사실의 이 환원불가능성을 책임지기 위한 자격을 가진 사람입니다. 이 사회적 권위는 지식의 권위가 아닙니다. 맹세한 증인의 법적인 특권—예를 들어 프랑스 경찰—은 그가 어떤 사실에 대해 더 많이 안다는 사실에 있는 것이 아니라, 그가 가진 국가와의 연관은 진리와의 특권적 연관으로서 인정된다는 사실입니다. 따라서 두 진리가 문제입니다. 증인은 그가 어떤 것을 있는 그대로의 상태로 보았기 때문에 사실을 말합니다. 그리고 그는 우리가 그를 거짓말을 할 수 없는 사람이라고 판단하기 때문에 사실을 말합니다. 이 이중성은 법적 체제 너머에서 그 자체로 부여됩니다. 그것은 우선 종교적인 증명 안에서 인정됩니다. 요한계시록은 기적들을 이야기하면서, 그리스도의 신성을 증명할 수 있는 증인은 또한 개인적으로 그리스도에 의해 이 증명을 산출하도록 책임이 부여된 사람이라는 것을 증명하기를 그치지 않습니다. 같은 이중의 논리는 또한 인식론적인 모델로 변형됩니다. "새로운 이야기" 안에서 "말 없는 증인(témoin muet)"의 개념을 생각해 봅시다. 말 없는 증인은 물질적 사물로, 그 위에 진리가 직접적으로 각인됩니다. 그러나 그것은 또한 어떤 입으로부터도 나오지 않는 말의 담지자이고, 낱말들이 가진 언어의 가변성(plasticité)을 회피합니다. 즉 거짓말의 모든 가능성을 회피합니다. 이것은 여전히 나치 학살에 대한 문학 안에서 증인의 형상에 주어진 무게를 설명하는 것입니다. 이 경우 증인에게 부여된 특권은 두 가지—그가 몸으로 날 존재의 권리를 지불했다는 생각과 발명될 수 없는 것들이 존재한다는 생각—와 연결됩니다. 이때 고유한 경험을 이야기하는 말의 가치는 사건, 모든 말들을 초과하는 이 사건의 물질적 기입과의 관계에서 드러나는 말의 의존성 위에서 보증됩니다.

따라서 증인의 가치평가는 민주적인 말의 입장에서 다양한 의미를 가질 수 있을 것입니다. 한편으로, 증인은 누구나입니다. 누구나 다른 사람들처럼 직접 사실과 만날 수 있고 그것을 이야기할 수 있습니다. 그러나 증인의 모습이 민주적 말에 반해 사용되는 여러 방식들도 있습니다. 증인의 신뢰성과 그의 지위를 연결하는 위계적인 전통이 있습니다. 그러나 또한 증인의 거짓된 전복, 인민의 증언에 대한 평가도 있습니다. 이것은 사람들이 그가 언어의 기교를 사용할 수 없다고 전제하는 것에 근거합니다. 끝으로 오늘날 강한 호소력을 가지는 윤리적 모습이 있습니다. 여기서 증인의 말은 사실의 충격, 치유할 수 없는 타자성에 대한 이야기와 대화가 모든 민주적인 구성에 의존한다는 사실을 증명하기 위해 원용됩니다. 이때 증인의 말은 침묵을 만드는 말이 되고, 다른 말들을 정지시키는 말이 됩니다. 민주적 말은 사실성의 플롯화 혹은 허구화를 전제합니다. 그것은 누구나 말할 수 있고, 누구나 허구화하고, 경우에 따라서는 거짓말을 할 수도 있는 능력에 대한 인정에 근거합니다. 민주적 관점에서, 중요한 것은 증인과 사건의 진리와의 전제된 유착이 아니라, 논쟁적인 말의 무대를 구성할 수 있는 그의 능력입니다.

● 문학은 진리로서가 아니라, 탈-중심과 이동의 끊임없는 작업이라고 말씀하셨습니다. 이것은 일종의 증언의 민주주의인가요?

문학은 증인의 논리를 문제 제기하는 작업입니다. 문학은 그것의 가장 넓은 의미에서 증인의 허구화가 있을 때 존재합니다. 이런 의미에서 문학의 기원은 한 인물에게 그가 들은 이야기를 하라고 요구하는 플라톤의 대화의 측면에서 찾아야 합니다. 다시 말해 여기서 플라톤은 한 인물에게 그의 대화 상대자에게 아주 오래 전에 다른 이가 그에게 했던 이야기, 예를 들어 소크라테스와 테아이테토스와의 대화, 혹은 소크라테스의 말년의 대화들을 이야기하게 합니다. 이것은 아마도 트로이 전쟁의 "진정한" 증인들을 말하게 하는 고대의 경외전(apocryphes)들이 따른 모델일 겁니다. 또한 "이야기꾼"에 대한 벤야민의 텍스트[220]에 의해 확고해진 이야기꾼에 대한 일종의 향수를 다시 문제 제기해야 합니다. 벤야민은 경험을 전달하는 자로서 화자의 모습을 찬양합니다. 그는 레스코프의 이야기 안에서 그 사례를 발견한 말하는 방식과 행위하는 방식 사이의 연속성을 증언합니다. 그는 이 전통은 1914년 전쟁의 상흔으

220 (원주) 발터 벤야민의 "이야기꾼, 니콜라스 레스코프에 대한 반성"(1936)을 참조(in *Ecrit français*, Paris, Gallmard Nrf, 1991, pp. 205–229).

로 인해 “경험의 상실”과 더불어 단절된다고 봅니다. 그의 분석은, 나치의 학살에 대한 문학의 맥락 안에서, 트라우마를 가진 자로서 증인의 말과 단편적인 글쓰기의 양식의 가치를 평가하는 데 널리 사용되었습니다. 그런데 전혀 다른 각도에서 사태를 바라보기 위해서는 벤야민이 언급하는 같은 작가를 살펴보는 것으로 충분합니다. 한편으로 레스코프가 이야기꾼의 모습을 사용하는 방식은 그의 반-진보주의적 논쟁과 연결된 전략적 사용입니다. 다른 한편 그의 이야기들 안에는 이야기꾼의 개념을 스스로 반박하기에 이르는 진술자들의 복수화가 있습니다. 한 이야기꾼이 이야기를 합니다. 그 이야기는 20년 전에 한 인물이, 한 여자가 다른 여자에게 자신의 삶을 이야기한 것을 벽 너머로 들은 대화를 이야기로 그에게 한 것입니다. 경험에 근거한 이야기꾼의 허구는 정확히 프루스트적 글쓰기의 기계와 결합합니다. 그것은 “스완의 사랑” 이야기를 화자가 침대에서 콩브레의 그 방에 대한 추억을 반추하는 명상들 안에 끼어 넣습니다. 그런데 이 프루스트의 기계는 삶과 문학 간의 경계를 표시하기 위해서 구성됩니다. 게다가 이것은 그의 책의 자료가 레스코프의 이야기들의 그것보다 더 자전적이 되는 것을 방해하지 않습니다. 문학은 바로 경험의 자료와 이 자료의 목소리 간의 틈새입니다. 이것은 무수한 방식으로 일어날 수 있습니다. 한 목소리를 다른 목소리 안에 들어가게 함으로써(플로베르와 엠마 보바리), 목소리들의 증식에 의해서(버지니아 울프나 포크너에서 로보 안투네스로), 담론의 형식의 증식에 의해서(더스 패서스), 책의 논리 그 자체의 이중화를 통해서(프루스트) 문학은 자기 명증성을 가진 말의 거부이고, 자신의 진리의 표증들을 동반합니다. 그렇다고 문학이 진리의 말이 가진 환상을 모른다는 것은 아닙니다. 문학은 이 환상에 의해 만들어집니다. 그러나 문학의 고유한 활동은 바로 이 환상과 그것의 연출과의 투쟁입니다.

● 당신은 나치의 학살에 대한 문학을 언급했습니다. 대개 그것은 말할 수 없는 것에 대한 반성을 통해서 분석됩니다. 부모가 수용소로 보내진 경험을 가진 파울 첼란(Paul Celan)은 이러한 역사적이고 유일한 극단의 경험과 직면한 시인의 증언에 대한 질문과 연관된 작가들 중의 한 사람입니다. 『자오선』에서 파울 첼란은 시란 "근본적인 그러나 동시에 자신에게 가해진 한계를 의식하는 개별화의 기호 아래서 언어에 의해 그에게 열린 가능성들을 밝히는" 현실화된 말이라고 말합니다. 이런 긴장 속에는 『말 없는 말』에서 당신이 분석한 것들과의 어떤 유사성이 있는 것처럼 보입니다. 거기서 당신은 낭만주의적 문학 한가운데 존재하는 언어에 대한 형식적 작업의 "절대성"과 언어 그 자체의 참조가 되는 말들의 "일상성"의 긴장을 반복합니다. 당신이 "글쓰기들 간의 전쟁"이라고 부르는 이 긴장과의 관계에서 당신은 증언의 문제를 어디에 놓는지요?

나는 말할 수 없는 것에 대한 증언으로서 시의 어떤 신비주의에 저항해야 한다고 믿습니다. 첼란에 대한 평가, 가장 일반적으로 학살과 연관된 그의 문학에 대한 평가 안에는 말할 수 없는 것의 과장이 있다고 생각합니다. 첼란에게서 보이는 단편적인 글쓰기의 형식 안에서, 우리는 극단적인 비인간화의 경험 앞에서의 언어의 결핍의 표시를 봅니다. 어떤 이들은 기꺼이 이 경험을 지성과 감성 간의 화해할 수 없는 틈새로서 칸트의 숭고와 결합하고자 합니다. 또 다른 이들은 시학적인 글쓰기의 문제들을 그 이름은 써졌어도 이미지로 만들어져서는 안 되는 신의 종교적 이념 안에 빠트리는 것으로 끝을 냅니다. 나는 당신이 인용한 첼란의 문장에 그 일반성, 아니면 그 일상성을 돌려줘야 한다고 믿습니다. 한계와 과장 사이의 관계를 연출하는 방식, 그것은 다름 아닌 시의—증언이 아니라—속성입니다. 그리고 한계와 과장은 항상 그 자체 허구의 대상들입니다. 왜냐하면 허구 안에는 어떤 한계도 없기 때문입니다. 말해진 모든 것은 말해질 수 있습니다. 그리고 말해질 수 없는 것은 항상 한 언어의 말해질 수 없는 것, 언어가 관계하는 것, 언어가 리듬과 색채를 주는 것이기도 합니다. 낱말들과 그것들이 말하는 것과의 틈새는 항상 원리상 환원 불가능하고, 동시에 매번 언어가 자신의 한계와 그 위반을 촉진하는 특이한 발명에 의해 위반됩니다. 글쓰기들 간의 전쟁은 문자의 살의 부재—이 살의 부재는 어떤 몸체도 자신의 진리를 증언하지 않는다는 사실을 대가로 문자가 어디든 가는 것을 허용합니다—와 뒤집힌 의지, 문자에 그 정신의 살을 주고자 하는 의지 사이의 긴장입니다. 증인의 모습은 항상 이것과의 관계에서 갈등의 해결—경험의 살에 붙어있는 말—로서 제시됩니다. 그러나 증언은 또한 허구적 구성을 요구합니다.

● 당신의 평론들 중의 하나에서 당신은 현대예술의 자서전적 무게에 대해서 말합니다. 당신에 의하면 자서전은 생각들의 속성과 이미지들의 속성을 일치시킵니다. 이 무게 안에서 우리는 공과 사를 연결하는 증언의 전통과의 대결을 보는 건가요?

자서전은 보통 두 가지 방식으로 사용됩니다. 하나는 정당화라고 말할 수 있습니다. 이것은 루소처럼, 한 개인이 공적인 자신의 이미지를 수정하기 위해 스스로 자신을 설명하는 증언일 수 있습니다. 이것은 또한 아우구스티누스처럼, 자신의 사적인 삶을 실수와 진리 사이의 길의 사례로서 만드는 해석일 수도 있습니다. 그리고 이것의 교훈은 모두에게 제공됩니다. 이때 사적/공적의 짝은 실질적으로 중심을 차지합니다. 그것의 문제가 내밀한 진리를 공적인 견해에 대립시키는 것이든, 내밀한 경험을 한 주장의 진리의 증언으로 만드는 것이든지 간에 말입니다. 내가 방법론적이라고 말하는 사용이 있습니다. 여기서 문제는 자기 탐구를 떠나는 것, 즉 자신의 삶을 연구의 자료로, 밝혀야 할 카오스로 취하는 것입니다. 따라서 중요한 것은 사적인 것과 공적인 것을 대립시키거나 하나를 다른 것의 거울로 삼는 것이 아닙니다. 자기에 대한 말은 법적이고 종교적인 모델로부터 나옵니다. 그것은 종교적 신앙 고백이 아니라, "개인" 그 자체에 대한 조사(enquête)입니다. 여기서 우리는 자서전적 이야기, 허구적 발명, 그리고 이 둘의 경계들에 대한 조사 간의 구분을 지우는 데 이릅니다. 이것은 바로『잃어버린 시간을 찾아서』에서 모범적으로 수행된 것입니다. 다시 말해 그것은 작가의 삶에서 직접적으로 빌려온 대량의 자료들을 문학과 개인적 경험 간의 근본적인 분리를 보여주기 위한 허구 안에 통합하는 소설이 한 시도입니다. 가장 개인적인 것이 가장 비개인적이고, 가장 비개인적인 것이 가장 개인적인 것입니다. 정신분석이 과학의 진리로서 진술하는 것은 우선 예술의 미학적 체제의 구성적인 시학의 법칙이었습니다.

현대예술 안에 자서전적 무게는 증언의 전통적인 형식들로의 회귀를 표시하기보다 예술적인 발명을 삶의 일상성과 연결했던 비인격성 시학의 후퇴입니다. 이 비인격성 시학의 아마도 가장 압축된 공식은 플로베르에게서 발견됩니다. 그것은 플로베르가 절대적인 예술작품의 기획을 가장 일상적인 실존들의 허구화와 비인격적인 것의 찬란함을 익명의 회색과 연결했을 때 일어납니다. 요약하면, 그는 이끼로 덥힌 시골의 뒷마당과 닮은 삶들에 대해서 말합니다. "나는 타자이다" 혹은 "나팔로 깨어나는 구리"는 예술의 미학적 체제의 시학의 핵심에 존재하는 것을 표현합니다. 즉 그것은 일시적인 상태들—개인적인 것에서 익명으로의 이행, 1차 자료에서 표현의 지배로의 이행, 인간적인 것에서 비인간적인 것으로 이행—을 위해 감정들과 감동들의 "개인적인" 표현의 논리를 정지시킵니다. 이것은 다른 지배들 간의 변형의 영역의 창조입니다. 얼굴들은 무생물적 풍경이 되고, 반대로 돌로 된 외벽은 텍스트가 됩니다. 기계의 예술들—사진과 영화—은 자신들의 기술적인 능력들을 이 하찮은 것을 놀라운 것으로 만드는 시학, 지배들 간의 교환의 시학을 위해 사용합니다. 여기서 익명적 삶들은 익명으로서 예술적 위엄을 획득했습니다. 따라서 19세기 중반과 20세기 중반 사이에는 예술적인 비인격성, 즉 개인적 삶과 예술적 위엄에 누구나의 접근과 우리가 일종의 감각적 "공산주의"라고 부를 수 있는 집단적인 희망의 대 형식들 간의 복잡한 연대가 있었습니다. 두아노(Doisneau)나 카르티에-브레송(Cartier-Bresson)이 찍은 익명의 사진들은 그 시대의 가장 가시적인 아이콘들이었습니다.

그런데 이제 모든 이미지들의 소유권자에 대한 새로운 법과 이 "익명들" 중의 몇몇의 권리주장은 의미 있는 전향을 시사하고 있습니다. 모든 이미지는 우선 그 소유권자와의 관계에 의해 규정됩니다. 어쩌면 우리는 곧 같은 방식으로 소설가나 영화인 등등에게 그 권리를 부여해야 하는 산 경험들의 소유권자를 규정해야 하는지도 모릅니다. "감각적 공산주의"는 후퇴합니다. 예술가는 우선 생각들의 소유주가 되는 경향이 있습니다. 그리고 그는 자신의 생각들을 재료들처럼 법적으로 자신에 속한 것으로, 자신의 고유한 이미지로 간주하는 경향이 있습니다.

따라서 나에게는 많은 예술가들—작가들과 마찬가지로 영화인, 사진가, 비디오 영상 예술가, 설치예술가—이 일기의 형식 혹은 내밀하거나 가족적인 연대기의 형식으로 향하는 것이 설명됩니다. 어떤 면에서 이것은 예술적 비인격성에 대한 법적인 소유주의 복수입니다, 물론 문제는 자기 옹호도, 집단적인 진리의 증인도 아닙니다. 어쨌든 인격적인 것과 비인격적인 사이의 교환은 인간적인 것과 비-인간적인 것 사이의 교환에서와 마찬가지로 그 미학적 바탕이 축소되었다는 것입니다.

● 우리는 증인들이 넘치는 사회에 살고 있습니다. 정보 산출의 형태 안에서 증인은 어떤 위치를 차지할까요? 증인은 실재의 강박인가요?

실재의 강박이란 개념은 복잡하고, 여러 가지를 함축합니다. 한편으로 실재의 증명은 이념의 힘과 대립된다고 주장됩니다. 다른 이념을 사용할 위험을 무릅쓰고서 말입니다. 이것은 도스토예프스키적 전통입니다. 아이가 죽고, 소녀가 강간당하는 시베리아 도형장 같은 곳의 사람들의 개별적인 삶은 사회주의와 해방의 사유가 일어나지 않음을 의미합니다. 우리는 1970년 프랑스에서 정신의 역사들과 "하층의 역사들"의 확산 안에서 같은 질서의 논리를 발견합니다. 실재의, 체화된 인민의 모습들의 증가는 마르크스주의적 전통의 추상적이고 논쟁적인 프롤레타리아를 결국 평화적이고 합의적인 모습들의 카니발 안으로 이끕니다. 따라서 실재는 추상적인 체계와 특히 세상의 질서를 바꾼다고 주장하는 사람들을 혼란스럽게 하는 환원 불가능한 비-의미, 통제할 수 없는 것의 가치를 갖습니다.

정보의 일상의 논리는 전적으로 다른 것입니다. 그것은 반대로 통제할 수 없는 것의 몫을 극단적으로 줄이고자 하고, 우리에게 세계의 소여와 위험이 끊임없이 우리를 감시하는 이들의 집계되는 세계 안에 살고 있다는 것을 우리에게 증명하고자 합니다. 이 세계 안에서 증인은 거의 무게를 갖지 않습니다. 텔레비전에서 대부분 사건의 증인들은 한두 문장으로 줄어든 자신들의 인터뷰들을 봅니다. 그들은 단순히 사람들이 우리에게 알려주는 물질적 현실을 증명합니다. 사실의 명증성은 점점 더 공식적인 정보 기계 한가운데서 상대화됩니다. 티미쇼아라(Timisoara) 사건[221]은 모든 이미지는 만들어질 수 있다는 생각을 정착시켰습니다. 우트로(Outreau) 사건[222]은 거짓말은, 진실과 더불어 아이들의 입에서 나올 수 있다는 명백성을 입증했습니다. 이제 정보는 사실에 의한 증거라기보다는 해석 체제의 타당성에 대한 끝없는 검토입니다. 이 장치의 문제는 유창한 증인에 의해 증명된 사실들을 가지는 것이 아니라, 해석의 틀에 일치하는 사실들을 가지는가의 문제입니다. 교외 행 기차 안에서 인종차별적 폭력에 대한 거짓 사건의 경우가 하나의 사례입니다. 왜냐하면 희생자임을 자처하는 사람의 이야기를 확증할 어떤 증인

221 티미쇼아라 사건은 1989년 루마니아 혁명 당시 티미쇼아라에서 60여 명이 정부군에 의해 살해당해 시체 안치소에 있었는데, 정부는 흔적을 지우기 위해 이들을 화장했다. 그러나 가족들은 그 사실을 모른 채 도시의 공동묘지며, 공터들을 파헤쳐서 시체를 찾는 와중에 국제 언론들(최초의 보도는 유고슬라비아 언론이었다)은 이 파헤쳐진 시체들을 정부군에 의해 고문당하고 버려진 시체라고 보도하게 되고, 그 수도 엄청나게 과장되어 보도된 사건을 말한다.

222 우트로 사건은 프랑스 우트로 마을에서 일어난 미성년 성범죄에 대한 민사소송 사건으로, 2000년부터 조사가 시작된 사건으로 최초의 소송은 2004년에 있었고, 2005년 항소, 2006년 국회청문회, 2015년 중죄재판소까지 이어졌던 사건이다. 이 사건에 연루된 사람은 17명이고 피해자로 지목된 아이들은 12명이었다. 결국 대부분이 무죄로 풀려났고, 법체제와 어린이 증언의 신빙성에 대한 문제가 심각하게 제기된 사건이었다.

도 없었기 때문입니다. 그런데 바로 이 증인의 부재는 방송 활동의 핵심이 됩니다. 만일 증인들이 없다면, 그것은 증인들이 모두 비겁했기 때문입니다. 사회적 연관의 개별적인 이러한 해결이 보여주는 것은 방송의 지적인 담론의 큰 주제들 중의 하나입니다. 따라서 강박은 실재에 대한 것이 아니라, 그 합리성에 대한 것입니다.

● 이 대담의 초반부에 당신은 2005년 사르트르 기념행사에 대한 언급을 했습니다. 이 사례는 나에게 하나의 질문을 떠오르게 합니다. 오늘날 참여적 지식인에게 남아 있는 것은 무엇일까요? 어떤 방식으로 이 모습은 지속적으로 지식인, 증인, 책임 간의 관계에 대한 어떤 이념, 즉 우리가 말하는 이 장소에 대한 어떤 지형학을 사로잡을까요?

참여적 지식인의 모습은 증인의 모습과 동일하지 않습니다. 증인은 증인이기를 선택한 자가 아닙니다. 그는 다만 그가 겪은 것 때문에 그 자리에 잡혀 있는 것입니다. 게다가 증인의 의무는, 만일 진리가 그에게 마치 모든 말이 반드시 충실한 것이 아닌 어떤 것으로 주어진다면, 침묵의 의무가 될 수도, 말의 의무가 될 수도 있습니다. 참여적 지식인의 모습은 명백하게 선택과 관계합니다. 그가 참여한다면, 그것은 그가 또한 참여하지 않을 수도 있기 때문이며, 또한 지식과 진리에 대한 그의 의무는 그 실행은 다른 곳에 있는 그 의무의 정상적인 장소를 가지기 때문입니다. 그를 속박하는 것은 그가 증언한 사건이 아닙니다. 그리고 실천 안에서 그는 대개 자신의 의식의 목소리에 대답하는 것이라기보다는 외적 권유에 대답합니다. 이 외적 권유는 우선 지식인의 지위에 전달됩니다. 즉 그는 자신의 목소리에 무게가 있는 자입니다. 그는 다른 이보다 적은 위험을 감수합니다. 이로부터 그의 개입을 생각하는 여러 방식이 있습니다. 우리는 그것을 지식 그 자체를 규정하는 전제된 특질들로부터 연역합니다. 즉 사유의 탁월한 능력, 진리와의 혹은 정의와의 특권적인 관계로부터 연역합니다. 그는 지성의 대표자로서 어떤 것이거나 사실들의 증인으로 봉사하는 가치의 증인이거나, 반대로 사람들은 그가 자신의 탁월한 능력으로부터 나온다고 주장합니다. 그리고 그는 자신의 말과 행동을 통해 이런저런 문제들을 말하는 능력을 가진 사람들을 규정하는 권력의 장치를 방해합니다. 이때 참여적 지식인은 누구나의 능력에 권리를 주기 위해 자신의 전문능력을 포기하는 자입니다. 사르트르의 모습은 이 둘 사이에, 즉 철학자의 책임에 대한 이념과 책임의 정상적인 질서의 위반의 이념 사이에(이 철학자는 자유를 수호하는 자신의 역할 안에 머물면서 공장 문 앞에서 미팅은 하지 않습니다) 걸쳐있습니다. 이런 모습은 더 이상 유효하지 않습니다. 아마도 사르트르는 계속 기려질 것입니다. 그러나 그것은 지식인의 대립된 모습을 정당화하기 위한 일종의 사후의 화해의 틀 안에서일 것입니다. 오늘날 프랑스에서 "지식인들"이라고 스스로 선언하고 사르트르의 유산을 언급하는 사람들은 그와 정반대의 것을 행합니다. 그들 대다수는 자신들의 지위로부터 말합니다. 한편으로 그들은 전문가의 모습에서 사회를 그 자체로 설명하고, 사회의 변동과 혼란을 분석합니다. 다른 한편에서 그들은 문화와 가치의 대변인의 모습으로 말합니다. 사르트르의 죽음 이후에 지배적인 지적인 견해의 관리인으로서 구성된 것은 사회학자와 도덕군자의 짝입니다.

새로운 반민주적 담론[223]

(마나도르 프리나데스-살바테르와의 대담)

● 『민주주의의 대한 증오』에서 당신은 "소비적 개인주의의 무제한적 욕망의 왕국"으로서 민주주의와 우리 시대의 모든 문제(학교의 쇠퇴, 사회적 가치혼란, 만인에 대한 만인의 전쟁, 시민정신의 결여 등등)를 재정의하는 지적이고, 미디어적이고, (반-) 정치적인 거대한 수술을 언급합니다. 이 수술의 시술자들에 의하면, 이 소비적이고 후원체제(클리엔텔리즘)의 거대한 주체성의 산출은 자본주의와 아무런 관계가 없으며(자본주의는 분석 안에서조차 찾아볼 수 없습니다), 이 모든 것의 책임은 민주주의에 있습니다. 어떻게 이러한 방향의 거대한 전환이 생산되나요?

223 (원주) 이 대담은 스페인 세비아에서 있었던 대담으로, 자크 랑시에르는 "새로운 우파: 반-혁명을 위한 이념과 수단들"이란 주제로 열린 학회에 잡지 『아르치피엘라고』와 안달루시아 국제 대학UNIA에 의해 초청되었다. 현재 이 글은 랑시에르가 프랑스어로 쓴 것이고, 이 글의 스페인어 판은 마리나 가르세아에 의해 번역되었고, *Archipiélago*, n° 72, 2006, pp. 87–92에 실렸다.

개인주의 지배로서 민주주의의 비난은 프랑스 혁명 이래로 반-혁명적 사유의 장소입니다. 이 개인주의는 개신교의 표시로 간주되었고, 계몽의 사유로 이어져서, 사회적 연대를 지탱하던 몸체들의 혁명적인 파괴에 이르렀습니다. 이 주제는 다만 왕정, 기독교, 봉건적 양태에서 "공동체"를 그리워하는 사유 체계를 정의한 것이 아니라, 유럽의 반-혁명적 복권의 시대 안에서 강요된 사회에 적합한 기술, 즉 자본주의 산업에 의해 지배되는 사회로서 제시됩니다. 자본주의, 이기주의. 개인주의, 민주주의 이 네 용어는 19세기 초에 같은 의미를 갖습니다. 이 등가는 토크빌의 "자유주의"로부터 사회주의의 다양한 진리에 이르기까지 경제적이고 지배적인 국가 질서에서 모든 종류의 대립을 표시했습니다. 그것은 특히 젊은 마르크스의 사상과 『유태인에 대한 질문』의 테제에서 두드러집니다. 민주주의는 인간의 지배, 다시 말해 "시민"이라는 추상적 이상 뒤에 감춰진 이기적인 소유자로서 개인의 지배입니다. "자본주의"와 "계급투쟁"은 따라서 항상 "개인주의" 혹은 "사회 성원들 간의 틈"과 같은 기표들 뒤에서 지워질 수 있습니다. "공산주의" 체제의 종말은 민주주의를 사유재산과 동일시하는 마르크스의 테제가 그것의 보충("실질적인 민주주의"의 실현으로서 혁명)과 단절되고, 결국 그 본래의 영역—"민주주의의 개인주의"에 대한 비판—으로 되돌려 보내지는 결과를 가져왔습니다. 따라서 상품 경제에 대한 비판은 민주적인 소비에 대한 비판이 될 수 있었습니다. 그리고 반-혁명적 테제의 논리에 따르면, 민주적인 개인주의가 테러에 이르는 것처럼, 이 "민주적 소비자"는 전체주의의 전령으로 제시됩니다. 오늘날 민주주의와 개인적 욕망의 지배를 동일시하고, 결과적으로 "민주적 전체주의"의 공포를 알리는 지식인들은 모두 마르크스주의에 의해 형성된 사람들이라는 사실을 잊지 말아야 합니다. 이것은 개인적 편력의 질문을 넘어서는 현상입니다. 공산주의의 붕괴는 모든 종류의 사유화를 위한 자유로운 마르크스주의를 가능하게 했습니다. 역사의 의미와 경제적인 필연성은 제한 없는 시장의 변호사들의 공식적인 사유가 (다시) 되었고, "형식적 민주주의"에 대한 비판은 민주주의 그 자체에 대한 비판이 (다시) 되었습니다. 반-혁명적 사유에 의해 정착한 등가 체계는 결국 다른 용어들 아래서 몇몇 용어들을 지우는 것을 허락합니다. 오늘날 그것은 소비 뒤에서 자본주의를 지우고, 개인주의 뒤에서 계급투쟁을 지웁니다.

● 소비의 비연대적이고, 간헐적이고, 변덕스러운 주체성에, 비민주적인 담론은 "공공의 복지"를 대표하는 제도들—공화국, 헌법, 국회—이 구현하는 "제한의 사회적 원리"를 대립시킵니다. 그럼에도 불구하고 당신은 그 담론이 그 근저에서 주장하는 것은 "인민과 정치의 중성화"라고 말합니다. 어떻게 그럴 수 있는지요?

지배적인 담론은 단순히 개별적 욕망들의 무정부주의를 공동체의 의미에 대립시킵니다. 사실 이 단순한 대립은 정치적 원리와 특수에 대한 보편의 단순한 우선성을 동일시하는 것과, 정치적 공동체와 개별적 욕망들의 무정부주의에 부여되는 공통의 권위를 가진 기관의 권력을 동일시하는 것을 허용합니다. 이것은 내가 정치를 치안이라고 부르는 것, 즉 자리와 기능을 분배하는 전문가의 권위 아래서 사회적 몸체의 질서의 정립으로 환원합니다. "인민의 권력"으로서 정치는 전혀 다른 것입니다. 그것은 공통의 권력이 아니라, 누구나의 권력입니다. 이것은 권력의 토대의 부재를 의미합니다. 정치의 토대에 있는 것은 바로 이 "무정부주의"입니다. 그리고 반민주적인 담론이 개별적 욕망들에 대립되는 공공의 복지에 대한 경건한 전망 뒤로 역류시키고자 하는 것은 바로 이 "무정부주의"입니다. 정치는 공동체들을 통치할 권리를 부여하는 어떤 "능력(compétence)"과 같은 것은 없다는 것을 의미합니다. 정치는 항상 태생에 의해 혹은 그들의 지식에 의해 통치하는 것이 허락되는 모든 이들의 권력을 공통된 잠재력과 동일시하는 모든 태도와 대립되는 모두의 권력의 이 보충입니다. **하나의** 공공의 복지는 없습니다. 정치는 이 공공의 복지가 계쟁에 붙여질 때, 그것을 구현한다고 주장하는 사람들의 독점에서 빠져나올 때 시작합니다.

● 반민주적인 이 새로운 담론과 플라톤과 같은 저명한 "반동분자들" 혹은 조제프 드 메스트르(Joseph de Maistre)나 도노소 코르테스(Donoso Cortés)와 같은 이전의 반-혁명주의자들을 창출한 담론과의 유사점과 차이는 무엇인가요?

방금 전에 언급한 것처럼, 이 담론은 반-혁명적인 혹은 반민주적인 담론의 기본적인 요소들을 다시 취합니다. 그것은 특히 개인주의적 사회에 대한 기술의 형태들과 "사회적 연관"의 상실의 형태들을 다시 취합니다. 그런데 정치는 바로 공동체를 기술하고, 보기와 생각하기에 주어진 것, 즉 가능한 행위의 틀을 구성하는 것을 정의하는 방식입니다. 이로부터 반민주적인 새로운 담론은 다른 담론들에서 새로운 옷을 빌려오면서 자신에게 변화를 허용할 수 있습니다. 이런 식으로, 예를 들어 새로운 담론은 이런 식으로 "민주적 개인주의"를 특징짓기 위해, 상품의 지배 혹은 "스펙터클의 사회"의 상황주의적 비판에 대한 마르크스주의적 고발의 측면을 다시 취합니다. 혹은 종교, 가족, 사회적 연대

(lien social)의 붕괴를 애도하기 위해, 피에르 르장드르(Pierre Legendre) 혹은 장-클로드 밀네르(Jean-Claude Milner)처럼, 그것은 라캉의 상징계, 상상계, 실재계의 정식을 사용할 수 있습니다. 따라서 우리는 유럽의 가장 현학적인 담론이 가장 조잡한 미국의 복음주의자들의 담론과 만나는 것을 목격합니다.

● 학교는 민주주의에 대한 다양한 담론들을 측정할 수 있는 구체적인 영역입니다. (신-)공화주의의 담론은 학교는 과도한 민주화로 어려움을 겪고 있다고 고발합니다. 즉 68로부터 왔다고 주장하는 선생과 학생 간의 과도한 평등, 듣는 교육방식에 의해 권장된 과도한 참여 등등 말입니다. 요약하면, 설익은 권력, 반민주적 담론에 속한 이 학교에 대한 담론은 "정치의 초과"를 길들이기 위해 어떻게 기능할까요?

학교는 사회와 권력의 기능들의 논리가 표상되는 상징적인 장소입니다. 학교는 당연히 공화주의의 담론의 중심에 놓입니다. 왜냐하면 플라톤 이래로 이런 담론은 권력의 실행을 공동체의 도덕의 형성과 동일시하기 때문입니다. 학교는 또한 경제 사회적인 질문을 공동체와 개인 간의 관계의 질문으로, 다시 말해 불평등에 반한 투쟁을 평등에 반한 투쟁으로 옮기기 위한 모범적이고 상징적인 장소입니다. 따라서 학교에 대한 "공화주의자의" 담론은 우선 "기회 평등"의 문제, 다시 말해 사회적 질서의 재생산의 숙명에 반한 투쟁을 학교에 부여한 역할의 문제 한가운데 기입됩니다. 그것은 자본의 필요에 따른 사회 구성 논리와의 관계에서 학교 독립의 보증으로서 학교의 치외법권을 주장합니다. 이때 교육관계의 불평등한 성격의 인정은 학교의 목적, 즉 평등을 실현하기 위한 수단으로 제시됩니다. 그러나 『무지한 스승』에서 밝히고자 한 것처럼, 자코트에 의하면, 평등은 목적이 아니라 출발점입니다. 교육관계는 사회적 관계의 수단이 아닙니다. 각각은 다른 것의 상징화입니다. 사회적 평등에 기여하는 교육적 불평등은 없습니다. 사회와 공적 권력의 실행의 수준에서와 마찬가지로 학교에서, 불평등한 관계는 평등한 관계와 엮일 때에만 기능합니다. 선생은 지식을 전달하고, 대장은 명령합니다. 학생이나 부하가 그들이 말하는 것을 이해하고 그것을 실행할 수 있는 한에서 말입니다. 질문은 어떻게 이 매듭을 다루고, 우리가 어떤 관계에 우선성을 부여하는가를 아는 것입니다. "공화주의자"에 의해 소위 평등의 수단으로서 주어진 교육적 불평등의 우선성은 사실 불평등의 선택이었습니다. 기회의 평등을 위한 투쟁은 위계질서, 초월성 등등의 복권을 위해 개인 소비자들의 평등주의에 반한 투쟁이 되었습니다.

● 의심의 여지없이 반-민주주의적 담론의 주범은 68년 5월입니다. 고발자의 대다수는 여기에 참여했던 사람들입니다. 만일 민주주의가 특히 "소비적 개인주의의 무제한적인 욕망의 왕국"이라면, 68년 5월은 우리를 "기본 입자들" 이상의 것으로 만들었던 전통적인 사회적 관계의 잔재를 결정적으로 태워버린 장작이었습니다. 68년 5월은 지배적 담론의 눈으로 볼 때 견딜 수 없는 어떤 무질서를 여전히 상기시키는 건가요? 여기서 문제가 되는 것은 반세계주의 운동, 외곽지대의 봉기, 혹은 CPE의 정치적 반박에 증오심을 품도록 부추기는 민주주의에 대한 같은 증오인가요?

68년 5월에 대한 증오는 사실 여러 가지에 의해 결정됩니다. 물론 권위의 토대의 비밀, 즉 권위는 궁극적인 토대가 없다는 사실, 사회 질서 체계는 모래성처럼 무너질 수 있다는 사실을 백일하에 밝히는 운동에 대한 기존 질서의 수호자들의 증오가 있습니다. 이것이 바로 68년 5월의 받아들일 수 없는 폭로입니다. 즉 사회 질서의 궁극적인 우연성의 폭로, 국가 질서 그 자체를 지지하는 무정부적 원리의 폭로입니다. 68년 5월에 대한 증오는 평등에 대한 증오, 모두의 지성, 권력의 우연성의 긍정에 의해 야기된 증오입니다. 68에 의해 야기된 증오는 다른 틀에서 말해질 수 있습니다. 처음에 이 증오는 프랑스 안에 강제노동소용소(Goulag)의 질서를 세우고자 하는 사람들을 비난했습니다. 소련의 위협이 그 가치를 상실함에 따라서, 반-68에 대한 담론은 다른 비난의 형식으로, 소위 반자본주의적이라 자칭하는 형식으로 변형되었습니다. 그 담론은 68년 5월은 소비의 욕망의 만족을 위해 모든 장애를 제거하고자 하는 욕망에 굶주린 젊은이들의 봉기였다고 말합니다.

이 운동은 부지불식간에 권위, 종교, 가족 등등을 포함하는 전통적인 울타리를 제거하면서 자본의 시장과 소비를 준비했습니다.

이런 변형은 이 운동이 실패했을 때, 이 운동 그 자체의 주역들의 원한에 의해 확인됩니다. 다시 말해, 세계를 변형하고자 한 그들의 욕망의 실패는 그들이 세계를 변화시킬 수 있다고 믿었던 이데올로기에 반한 원한으로 변형되었습니다. 그 이후에 무엇이 도래했던지 간에, 가장 젊은 세대—우엘벡과 그 친구들—의 원한의 근저에는 그들이 선배의 "환상들"에서 제외되었다는 질투가 내재하고, 그들은 68세대는 그들의 거짓 봉기에 의해 소비사회의 야만의 승리에 의해 표시되는 세계를 만들었다고 선언하면서 그들의 원한의 방향을 변경했습니다. 오늘날 여전히 세계를 변경하고자 하는 모든 운동에 대한 고발은 이 이중적 담론에 근거합니다. 우리는 이것을 CPE에 반대하는 집회에서 목격했습니니다. 사람들은 그 집회에 참여한 젊은이들이 68년 5월의 혁명적 환상을 회복하고자 하면서 동시에 실제로는 대학과 시장의 긴밀한 연관만을 고민하는 계량주의자들이라고 비난합니다. 지적 반동의 아방가르드를 형성하는 이 예전의 68세대들은 젊은이들에게 "우리처럼 다시 혁명을 하지 말라고" 말하면서 동시에 "우리의 혁명은 당신들의 천박한 계량주의 운동과는 다르다"고 말합니다.

● 조제프 드 메스트르에서 칼 슈미트에 이르는 반동적 담론은 (대부분 부조리한 입장으로부터) 좌파의 몇몇 물신들(이성에 대한 믿음, 진보와 행복의 동등성, 타블라 라사(tabula Rasa)의 꿈, 추상적인 코즈모폴리터니즘 등등)을 고발합니다. 이런 방향에서, 새로운 민주적 담론 안에서 흥미로운 어떤 것이 있을까요?

현재의 상황을 특징짓는 것처럼 보이는 것은 반동적인 두 담론의 경쟁입니다. 각각의 담론은 자신의 계정을 위해 진보주의적 혹은 혁명적 유산의 부분을 자신의 것으로 가로챕니다. 한편으로 진보적인 담론이 있습니다. 이것은 역사적 운동의 필연성으로서 사회적 획득의 청산과 무책임한 국제적인 관료주의의 전개를 제안하고, 결과적으로 예전의 특권과 낡아빠진 이데올로기를 유지하기 위해 "대중적 투쟁"으로서 관료주의에 대립되는 민주적 투쟁을 비난합니다. 이성적 진보의 요구, 역사의 의미, "민주주의를 위한 투쟁", 코즈모폴리터니즘 등은 지배적인 과두제의 전유물이 되었습니다. 매번 상품의 법칙에 대한 비판은 민주주의에 대한 비판에 사용하기 위해 도용됩니다. 그리고 지식의 찬양은 권위의 가치, 친자관계법, 엘리트의 존중 등의 회귀를 요구하면서 지식을 전달하는 권위의 찬양으로 바뀝니다. 이 전통은 결국 권위와 초월성의 벌거벗은 찬양에 이르기 위해 계몽, 지식의 이름으로 요구됩니다. 이런 이중의 압수의 결합은 우리를 평등의 원리에 고유하게 속한 합리성을 밝히도록 부추깁니다. 두 담론이 자신들의 유산으로 상속받은 진보와 교육의 역사적인 사유의 애매성들에서 이 합리성을 빼내면서 말입니다. 평등의 원리의 무조건성과 역사의 의미 혹은 객관적인 필연성에 대한 모든 전망으로부터 나오는 결과들의 전개를 분리해야 합니다.

2007년

『문학의 정치』

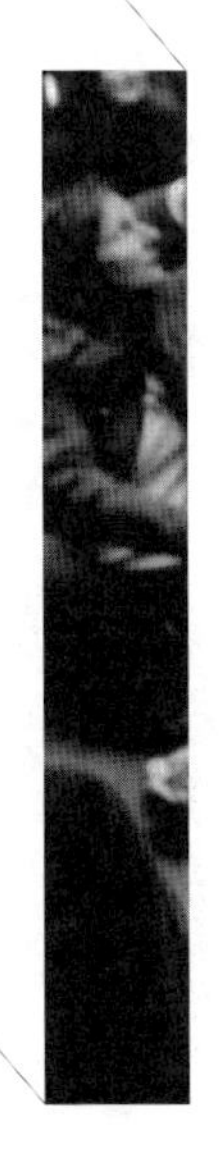

기다리고 있는 미래는 없다[224]

(장-밥티스트 파르카스와의 대담)

● 예술은, 그것이 "행위(faire)"가 되기 이전에, 또 그것이 당신에 의하면, 예술의 세계와 비-예술의 세계 사이의 교환과 이동을 가능하게 하기 때문에, 새로운 감각적 체제를 낳을 수 있을까요? 그런데 왜 지적이고 예술적인 산물들은 우리가 사는 삶 속으로 옮겨지는 건가요?

왜냐하면 우리가 사는 삶 속에서, 삶은 이중화되고 상징화되기 때문입니다. 삶은 프레이징(phrase)이 없는 직접성도, 모든 것을 가져가는 태풍도 아닙니다. 우리는 항상 하나의 삶, 다시 말해 생물학적이고 상징적 관계를 구성하는 어떤 방식, 또한 어떤 "감각적인 것의 나눔"을 삽니다. 내가 감각적인 것의 나눔이라고 부르는 것은 바로 공동체의 삶을 규제

224 (원주) 이 대담은 2007년 온라인 잡지 *Synesthésis* n° 18(http://www.synesthesis.com.php)에 실렸다.

하는 상징적인 형식들이 감각적 소여의 형식, 더 나아가 의미들의 실행의 조건들 그 자체의 형식 아래서 제시되는 방식이기 때문입니다. 즉 말과 행위, 가시적인 것과 말할 수 있는 것, 가시적인 것과 비가시적인 것, 등등의 관계, 그것은 느껴진 공통의 세계로서 감각적인 것(le sensible)과 자극에 대답하는 체계로서 감각(le sensoriel)을 분리하는 것입니다. 예술과 비-예술의 관계는 바로 이 삶 그 자체의 간격 안에 기입됩니다. 그리고 이로부터 그 관계는 다양한 방식으로 형성됩니다. 그 다양성은 크게 내가 구분하고자 한 예술의 세 가지 체제로부터 생각될 수 있습니다. 그것은 윤리적 체제 안에서, 기술적 노하우로서 몇몇 예술의 공동체적인 기능에 적용—예를 들어, 무용의 종교적, 도덕적, 치료적 역할, 시와 음악에 맡겨진 교육적 기능—을 통해 일어납니다. 그것은 표상적인 체제 안에서 유용성에 바쳐진 기계적 예술들과 자유로운 인간들의 삶에 바쳐진 자유로운 예술들 사이의 구분으로부터 일어납니다. 자유로운 인간들은 예술 그 자체를 실천하거나, 그 예술은 그들의 삶을 장식하고 삶의 틀을 아름답게 하는 데 바쳐집니다. 미학적 체제 안에서, 그것은 경험의 특수한 형식의 구성으로부터 일어납니다. 미학적 경험은 윤리적 유용성과 표상적인 위계질서를 정지시킵니다. 따라서 우리는 크게 공통의 삶의 상징적 실천들, 반대로 삶의 방식들의 차이와 위계질서를 표시하는 상징적 형태들과 예측 불가능한 상징화의 공간을 여는 이 실천들과 형식들을 정지시키는 형식으로 나눌 수 있습니다.

● 언제 예술적 발화들은 실재 안에 효과를 발휘할까요?[225] 어떻게 예술은

225 (원주) 『감성의 분할』(*Le Partage du sensible*). Paris, La Fabrique, 2000, p. 62

비-예술의 영역에서 작용할까요?

나는 예술적 발화에 대해서 말하지 않았고, 정치적, 문학적 발화에 대해서 말했습니다. 나는 우선 여기서 이런저런 문학 작품의 특수한 효과를 다룬 것이 아니라, 내가 문학 일반이라고 부르는 것—실존들이 "단순한" 삶의 필연성들을 규제하는 단어들과의 관계에서 보충적인 단어들에 의해, 전혀 즉각적으로 지시할 수 없는, 어떤 몸체에 의해서도 보증되지 않는 고아들의 말들에 의해 파악되는 것—을 다뤘습니다. 항상 삶과의 관계에서, 심지어 삶의 상징화의 "정상적인" 필요들과의 관계에서 문자의 초과가 있습니다. 예를 들면, 대학인들의 취향을 형성하던 고대문학의 미문들, 영혼의 교화를 위한 성경의 미문들은 17-18세기에 영국, 미국, 프랑스의 공화주의자들의 정치적 투쟁을 상징화하기 위해 적용되었습니다. 미학적 경험 행위는 19-20세기에 비교 논리를 따라서, 그러나 그보다 더 복잡하고, 더 광범위한 방식을 따라서 기능했습니다. 18세기 말에 역사적으로 규정된 미학적 경험은 근본적으로 감각적 분리의 경험이었습니다. 칸트는 이것을 오성과 감성의 자유롭고 비-위계적인 관계로 분석합니다. 실러는 "자유로운 현상(libre apparence)" 앞에 미학적인 "자유로운 놀이"를 "수동적" 감성의 인간에 대한 "능동적" 지성의 인간의 우월성의 폐지의 원리로 만들었습니다. 그는 이러한 미학적 인간의 출현을 명령하지도 복종하지도 않는 무위의 신적 형상 안에서 상징화합니다. 그리고 그는 그 안에서 혁명 의회가 선언한 평등보다 더 세계를 변형할 수 있는 감각적인 평등의 원리를 보았습니다. 이 철학적이고 시학적인 개념화는 사실 우선 경험적 몸체와의 분리였던 노동자 해방의 구체적인 경험을 예비합니다. 해방된 노동자는 "그 자신의 언어"와 다른 언어를 자기화한 노동자입니다. 그는 "기계적인" 기술(art)의 작업에 사용되는 팔을 가진 신체와 다른 신체성에 속하는 "자유로운" 시선을 자신에게 제공합니다. 미학적 시선의 이 특이화는 경험의 영역의 재나눔을 의미합니다. 이 재나눔은 부분적으로 예술과 비-예술 간의 관계의 용어들 안에서 설명될 수 있을 것입니다. 이때 그것은 둘 사이의 이동의 논쟁적인 놀이를 의미합니다. 미학적 체제는 박물관, 박물관적 시선, 복제(reproduction)의 확산을 의미합니다. 이것은 예술을 도처에 존재하게 하는 것이 아니라, 예술을 그곳이 어디든지 간에 아무데서나 존재하게 하는 것입니다. 누구나가 이 어디든지를 채울 것입니다. 또한 이 누구나와 무엇이든지가 예술을 낳을 것입니다. 농부의 딸의 삶(엠마 보바리)은 "절대적" 예술작품의 주제가 됩니다. 이 농부의 딸이 소설을 읽을 수 있고, 자신의 삶의 장식을 예술적 장식으로 형성할 수 있는 한에서 말입니다. 우리가 "삶의 미학화(esthétisation)"라고 부르는 것은 사실 복잡한 현상입니다. 이것은 대립된 의미들의 긴장 안에 존재합니다. 즉, 일상의 삶을 아름답게 꾸미면서 지배를 미화하는 예술의 확산과 상품의 미학이 하는 역할이 있고, 자격이 없는 개인들이 복종에 적응하던 신체와 다른 신체로 자신을 만들면서 불일치를 창조하기 위해 미학적 시선과 문학적 말을 탈취하는 방식이 있습니다. 또 예술가들이 아무거나 새로운 미, 상품의 시를 개발하는 방식이 있고, 예술가들이 미학화된 삶과, 다시 말해 상품의 시화와 평범한 사람들의 스타일화와의 전쟁 안으로 들어가는 형식들이 있습니다. 끝으로 삶과 예술이 말하자면 서로 유사해지는 유토피아가 있습니다. 발자크에서 프루스트까지, 플로베르와 졸라를 거쳐서, 소설은 예술과 삶과의 이 여러 관계들의 얽힘의 모범적인 사례의 장면들을 제시했습니다. 그리고 이 얽힘은 조형적인 예술의 혁명들, 연극과 무용의 혁명을 촉진하고, 사진이나 영화와 같은 "기계적인" 예술을 예술의 성지 안으로 들어가게 했습니다. 벤야민과 아도르노는 철학적으로 예술과 비-예술의 관계의 일치적 혹은 비일치적 형식들 간의 모든 가능한 돌변을 탐구했습니다. 이 관계의 현대적 장은 아마도 3개의 본질적인 요소들로 이뤄질 것입니다. 첫째로, 삶의 보충을 가진 미화된 일상적인 삶, 다양한 관객에 맞춰진 예술의 형식들이 있고, 둘째로 이 미화된 삶을 비판하면서 스스로를 부정하는 전통적인 예술의 경향이, 마지막으로 사진과 영화와 같은 "기계적인" 예술들이 스스로를 미적인 정지의 피난처로 만드는 논리적으로 모순되는 경향이 있습니다.

● 당신에게 예술은 불시에 나타나는 것처럼 보입니다. 예술은 항상 사물들의 정상적인 진행과의 관계에서 보충하는(또 결정적인) 방식으로 나타납니다.[226] 이것은 예술의 예외적인 성격, 그 허약성, 그 덧없음을 강조할까요?

"보충"에는 두 가지 문제가 있습니다. 한편으로 그것은 예술들을 구성하는 지식들의 규칙들과 이 지식이 실행하는 기능들과의 관계에서 그 이상으로, 추가적으로 오는 예술의 개념입니다. 조각, 노래, 무용 등은, 이것들이 아무리 그 실천에서 코드화되어 있다고 할지라도, 그 예술적

226 (원주) "예술의 특이성이 지시하는 것, 그것은 제시 공간의 분할이다. 이것을 통해 예술적인 것들은 그 자체로 규정된다. 그리고 예술적 실천과 공통의 것에 대한 질문을 연결하는 것, 그것은 물질적이고 동시에 상징적인 공간-시간의 구성, 감각적 경험의 일상적인 형식들과의 관계에서 정지의 구성이다." 『미학 안의 불편함』, Galilée, 2004, p. 36.

기법이 찬양할만하다고 할지라도, 단순히 제의, 사회적 실천, 치료적 기술 등등의 요소들로서 지각될 수 있습니다. 그리고 그것들은 대개 역사적 단계에서 지각되었습니다. 예술은 그것을 파악하는 특수한 식별체제가 존재하는 한에서 존재합니다. 예술의 이 보충적 실존은 우연적입니다. 그렇다고 해서 불안정하고 덧없이 나타나는 것은 아닙니다. 그것은 우리 사회에서 보듯이 지각의 양태와 평범한 제도로 고정될 수 있습니다. 게다가 기존 표상체계의 변형들, 가시적인 것과 말할 수 있는 것의 특이한 구성들, 지배적인 지각체제와의 단절을 가져오는 시간의 특이한 압축 혹은 팽창이 있습니다. 이런 단절들은 반드시 갑작스럽고 순간적인 번개처럼 나타나는 것은 아닙니다. 빛의 작업의 인상주의 화가들의 전시회와 형상적 주제의 제거는 살롱(화랑) 내에 추문을 일으켰습니다. 단절들은 19세기 내내 빛과 그림자 더미, 그림의 재료의 현전과 화가의 제스처의 흔적을 보는 데 습관화된 시선—여기서 시선은 역사에 앞서서 인물, 주제를 봅니다—의 변형보다 더 긴 회화의 역사의 연속성을 보여주지 않는 것은 아닙니다. 여기서 시선은 고대의 그림들의 가시성을 변형시키면서 작가들과 비판가들의 모든 작업을 거쳐서 습관화된 것입니다. 보충은 섬광과는 다릅니다.

● 예술은 위기로서, 상관적으로 공백, 결핍에서만 솟아난다고 추론해야 할까요? 다시 말해, 다만 필연성을 느낄 때, 혹은 예술의 수단을 통해서 아직 존재하지 않는 것을 실현하고자 하는 열망을 느낄 때만 생겨나는 건가요? 이런 의미에서 당신에게 예술적 행위는 혁명적 행위에 접근하나요?

나는 새로운 것을 위기의 자식으로 생각하는 도식을 별로 믿지 않습니다. 정치에서와 마찬가지로 예술 안에 혁명들은 위기나 결핍에 대한 응답으로 도달하는 경우는 드뭅니다. "위기"는 일반적으로 정착된 체계 안의 개념입니다. 위기들은 체계를 엄격한 병인론을 통해 규제하고 그에 상응하는 의사들을 규정하는 사람들에 의해 정의됩니다. 다시 말해, 위기들은 항상 그 대답을 갖습니다. 사회는 교과서 안에서 변화를 강요하는 결핍과 필요의 논리만을 갖습니다. 현재를 뒤흔드는 기다리고 있는 미래는 없습니다. 미래는 현재의 변형입니다. 새로운 것은 결핍을 채우거나 이전 체계의 위기에 대답하는 것이 아닌 발명의 고유한 역동성 안에 속합니다. 1789년 삼부회, 1848년의 개혁을 위한 연회(la campagne des banquets)[227]는 한동안 위계질서와 왕과 인민의 관계의 가시성 자체를 정지시키면서 악과 치료, 문제와 해결 등의 가시성과 이해가능성의 지배적인 양태들을 정지시킨 역동성을 창출했습니다. 그럼에도 불구하고 그것들은 어떤 역사적인 필연성을 완수하지 않았습니다. 예전의 질서는 사라지자마자 곧 회복됩니다. 마찬가지로 19세기 말과 1920년 사이에 예술의 경계들과 예술과 비-예술의 경계들을 가로질러서 실험의 장을 건설한 일이 있었습니다. 그 역동성은 모든 종류의 일시적인 형식들을 자극했습니다. 여기서 사람들은 과도하게 추상으로, 혹은 자동사적인 것으로의 역사적인 이행의 근본적인 단절을 보고자 했습니다. 그러나 실제적으로는 예술의 형식들과 삶의 형식들 간의 관계를 재

227 이 연회는 1847-1848년 동안 개혁자들이 집회금지를 회피하기 위해 연회라는 형식으로 왕정파 보수당에 대항해서 선거유권자를 확장하기 위해 70회에 이른 토론의 마당을 말한다. 이 연회는 프랑스 전역에 걸쳐서 열렸고, 공화국의 이념을 확산하면서 정부는 이 연회를 금지하게 되고, 결국 1848년 2월 혁명과 7월 루이 필립의 퇴위와 더불어 왕정몰락을 가져왔다.

정의하기 위한 같은 탐구가 가져온 여러 해답들이 있었을 뿐이었습니다. 새로운 형식들은 은연중에 필요성이 드러나는 결핍으로부터 태어나지 않습니다. 새로운 것이 또 다른 새로운 것을 창조합니다. 그것은 감각적인 것과 의미, 예술과 비-예술 간의 관계 안에서 수많은 길들과 수많은 주름들에 의해 변형되는 "충만"의 형식들입니다.

● 새로운 감각적 체제를 산출하는 것, 새로운 분할을 세우는 것, 새로운 시간과 공간을 지시하는 것[228]. 이것들에 의해서만, 당신에 의하면 예술은 정치적이 될 수 있습니다. 그러나 이 경우에, 존 하트필드(John Heartfield), 그리고 자신들의 작업을 정치적 이념의 도구로 만드는 다른 수많은 이념적 예술가들에 대해(20세기 초부터 현재까지) 어떻게 생각하나요? 감각적인 것의 새로운 나눔(새로운 좌표의 제시로서 정치)의 설립과의 비교 안에서, 메시지의 전달은 응용예술의 형식으로의 복귀인가요?

응용예술은 잘 정의된 목적 그 자체를 위해 잘 정의된 수단들을 적용하는 예술입니다. 참여예술은 이런 예술을 좋아할 것입니다. 그러나 목적에 수단을 맞추는 것 그 자체가 여기서 문제입니다. 메시지의 전달은 애매한 표현입니다. 왜냐하면 그것은 예술가의 의지와 관객의 정감에서 산출된 결과 사이의 일치를 전제하기 때문입니다. 따라서 질문은 이 정

228 (원주) "예술은 우선 세계 질서 위에서 그것이 전달하는 메시지들과 감정들에 의해 정치적이 되는 것이 아니다. 그것은 또한 그것이 사회적 구조들, 집단들 간의 갈등이나 정체성을 표상하는 방식에 의해서 정치적이 되는 것도 아니다. 그것은 그것이 자신의 기능들과의 관계에서 취하는 틈새 그 자체에 의해, 그것이 세우는 시간과 공간에 의해, 그것이 시간을 분할하고 공간을 나누는 방식에 의해 정치적이 된다." in 『미학 안의 불편함』, pp. 36-37.

체성의 조건들에 대한 질문입니다. 존 하트필드의 사진 몽타주의 경우에 기능해야 하는 것은 다만 이념의 전달—예를 들어 나치는 자본주의의 목소리이다—이 아니라, 히틀러의 말과 행위 안에서 자본주의적 지배의 특징들을 보고 그리는 방식입니다. 이것은 이미지들을 분해하고, 그것들이 분리되는 요소들을 보고, 거기서 감춰진 이미지 등등을 보는 방식을 전제합니다. 이것은 보다 일반적인 "새로운 전망"의 프로그램 안에 기입됩니다. 이 새로운 전망은 시대와 무관하게 베르토프, 모호이너지(Moholy-Nagy), 만 레이(Man Ray), 또 다른 이들에 의해 사용된 것입니다. 참여예술의 문제는 다음과 같습니다. 한편으로 이미지들을 결합하고 분리하는, 그것들의 방향성을 설정하고 흩트리는, 그것들의 의미와 접합하고 떼어내는 새로운 방식들을 신뢰해야 합니다. 그러나 그것들의 브레이크 포인트를 정하는 것이 불가능합니다. 다시 말해 적합한 정치적 행동을 규정하는 지적이고 감각적인 동요를 산출할 수 있는 감각적이고 의미 있는 적절한 조합의 과정을 규제하는 것이 불가능합니다. 따라서 규정되지 않은 효과들의 과정을 정지시키고, 이미지 안에서 읽어야 하는 것에 대해서, 또 어떻게 그것을 읽어야 하는가에 대해서 이미 존재하는 일치에 믿고 맡겨야 합니다. 수신자가 어떤 이념을 받아들이는 것은 그가 이미 어떤 투쟁에 참여하고 있기 때문입니다. 어떤 의식을 산출해야 하는 예술적인 장치는 사실 이 이념을 전제합니다.

이 같은 문제는 같은 시대에 보다 복잡한 전략들을 위해 제기됩니다. 브레히트의 서사적 연극은 두 논리 사이에 자리합니다. 우선 모범적인 우화의 논리는 관객이 물리적으로, 지적으로 사태의 받아들일 수 없는 논리를 느끼게 하기 위해 연극의 불특정한 대중에게 전달됩니다. 그리고 새로운 유형의 논리는 다른 장소에서 산출됩니다. 작품(연극)은 자신들의 이념을 실험하기 위해, 자신들의 변증적 능력을 정제하기 위해 새로운 세계의 건설에 이미 참여한 사람들—극작가, 배우, 관객—이 모이는 실험적인 극장을 요청합니다. 이것은 한 장소가 극장이면서 동시에 국회이고 실험실이 되면서 특정한 공간들의 전통적인 논리를 부수는 새로운 장소를 전제합니다. 다른 방식으로 아이젠슈타인의 영화는 몽타주의 언어 안에서 자신을 정감의 직접적인 생산자로 만드는 이념들의 새로운 능력을 전제합니다. 우리는 이것의 역설적인 결과를 압니다. 즉 서양의 중산층의 관객에게 선전용 영화(《일반 전선》)는 소비에트 공화국에서 형식주의자로 비난받은 것이었습니다. 다시 말해 이미지들을 통한 이념들의 선전(프로파간다)의 정상적인 법칙들을 부정하는 영화였습니다. 아인슈타인의 방어는 그 문제를 잘 드러냅니다. 사람들이 "부르주아" 작가들의 단편적인 방법들을 사용하면서 그가 형식주의를 만든다고 비판하는 거기에서, 그는 "단편"을 오시리스와 디오니소스의 거대 신화 안에서처럼 부시맨 탄생의 제의 안에서 증명되는 사유의 보편적인 형상으로 만들면서, 응수합니다. 다시 말해 그는 몽타주의 미학적 정치를 주장합니다. 그 효과는 정치적 노선의 평가의 모든 규정된 효과를 무한히 초과합니다. 문제의 핵심은 미학의 정치와 정치의 미학은 지속적으로 소통한다는 것입니다. 그러나 규정할 수 있는 방식이 아니라 증명의 방식으로 말입니다. 그래서 칸트의 개념 없는 관계와 같은 것이 존재합니다.

● "시인들의 정치"[228]의 기획을 생각하면서, 당신의 의도는 무엇인가요?

가장 쉬운 대답은 이러한 탐구가 이동하고자 하는 자리들을 논쟁적으로 규정하는 것입니다. 근저에 표면적으로는 모순적이지만 사실 아주 복잡하게 얽힌 두 입장이 있습니다. 우선 산문적 절제와 시의 기교, 비틀음, 더 나아가 유토피아에 대립시키는 입장이 있습니다. 이때 문제는 예를 들어 만델스탐에게 어떻게 시가 상식과 공식적 담론(자유의 서광, 새로운 인간, 집단적 출항의 요람, 혹은 조상의 땅으로 되돌아가는 기계) 사이에서 나눠지는 은유들의 "산문적" 놀이를 변경하는가를 보여주는 것입니다. 시는 단어들의 단조로운 연쇄를 깨는 방식으로, 단어들과 실재들이 서로를 감추면서 함께 명백해지는 일상적인 연결을 부수는 비-일치의 작동으로 생각됩니다. 그러나 다른 한편, 시의 특이성과 연결된 다른 공통의 장소가 있습니다. 시는 본래 저항적이고 자유, 전복 등등과 연결되는 이념입니다. 혁명기 프랑스에서 워즈워드의 순수시의 여행에 대해 연구하는 것은, 시의 호흡, 삽화의 틀, 시의 서술적 리듬 등이 유토피아와 연결되는 방식에 대해 연구하는 것입니다. 유토피아를 통해 정치적 새로움은 스스로를 넘어서고자 하고, 사물들의 자연적 호흡 혹은 가시적인 것의 전개와 자신을 일치시키고자 합니다. 바로 여기서 나는 작업의 영감을 받았습니다. 워즈워드에 대한 나의 첫 작업은 잡지 『논리적 저항』에 실린 "여행의 정치들"이었습니다. 나중에 말라르메에 대해 연구하면서, 나는 그의 공동체의 상징적인 구성의 기여로서 시의 사유가 그의 시대의 문학의 주요한 관심사—감각적인 것의 살 그 자체에 기입되는 언어에 대한 관심—안에 기입되는 방식에 집중되었습니다. 이 문학적

229 (원주) 국제 철학 학교(Collège internationl de philosophie) 세미나를 책으로 묶은 『시인들의 정치. 왜 절망의 시대에 시가 존재하는가?』 (자크 랑시에르가 서문을 쓰고 지도한 책), Paris, Albin Michel, 1992.

언어의 유토피아는 그 자체 19세기의 위대한 사유와 일치합니다. 즉 정치적 무대의 단어들, 형식들, 모습들을 대체해야 하는 감각적이고 체화된 공동체의 이념 말이죠.

시인들의 정치는 사실 몇몇 시인들의 정치였습니다. 그들은 이미 세워진 산문적 수사학을 부수기 위한 작업이 새로운 삶에 일치하는 새로운 언어의 기획과 가장 가까이 있었던 경계 지역을 가장 근접하게 탐구했습니다. 사실 시는 항상 지배적인 진술들의 비일치적 단절과 신체의 발현, 개인적 혹은 집단적 삶의 호흡 사이의 팽팽한 동아줄 위에 존재합니다.

● 당신이 『미학 안의 불편함』에서 말한 것처럼, 예술이 세계를 변형하고자 하는 모든 욕망, 사회적 해방의 모든 약속을 포기할 때, "후기-유토피아적"이란 당신의 표현 안에서 예술은 여전히 무엇인가를 주장할 수 있을까요?

예술가들이 세계를 변형하고자 하는 모든 욕망을 포기했다고 일반적으로 말할 수 없습니다. 그것은 도용된 세계 변형의 포괄적인 모델들입니다. 그것은 이 해방으로 향하는 역사적인 과정의 이념입니다. 오늘날 적어도 아방가르드 시대에 있었던 것처럼 국가적이고 경제적인 질서에 반해서 투쟁하는 예술가들이 있습니다. 1960년대 모든 종류의 정식들은 여전히 존중할만합니다. 그러나 그것들은 더 이상 자본주의 체제의 모순들과 사회주의적 미래의 가능성에 기대는 어떤 정치 사회적 운동의 명증성에도 의존하지 않습니다. 예술가들은 예술적 새로움과 해방된 미래 사이의 어떤 미리 전제된 조화를 신뢰할 수 없습니다. 이로부터 그들의 예술의 정치화가 그들에게 점점 더 "바깥"으로의 탈출 혹은 예술의 장소들 안에 바깥의 침입으로 나타나기에 이릅니다. 많은 전시들에서 외부에서 행해진 비평들이 하는 역할을 보세요. 그것들은 그 자체 연출로서 마치 예술가가 의지적으로 이전에 정치적 집단의 속성이었던 불일치의 연출을 조직하는 것처럼 나타납니다. 예를 들어 나는 산티아고 시에라가 실행한 행동들을 팔레 드 도쿄 벽에 전시했던 그 보도 사진—그가 이민자들을 사서 자신들의 무덤을 파게 하고, 매춘 행위를 하게 하는 것 등—을 생각합니다. 나는 또한 많은 예술가들이 어려움을 가진 외곽 지대에 사회적 역동성을 창출할 수 있는 환경의 변화를 가져오기 위해 실행한 유사한 행위들을 생각합니다. 그것들이 가진 위험은 이 행위들은 그 자체 합의의 논리, 지배적 관계와의 단절에서 창출된 빈자리를 채우는 사회적 관계의 회복을 위한 논리 안에 기입되지 않는다는 것입니다. 나는 이런 작품으로 사오 폴로에서 있었던 비엔날레에서 어떤 쿠바 예술가의 작품을 생각합니다. 이 예술가는 한 예술 재단의 요원으로 하바나의 빈민촌 안에서 조사에 전념했습니다. 이어서 그는 친구들과 같이 한 할머니를 선택해서 집 설치를 다시 하기로 결정했습니다. 그 작품은 우리에게 영사막 위에서 할머니의 인쇄된 이미지가 모니터의 화면을 보고 있는 것을 보여줍니다. 거기서 우리는 예술가들이 벽돌공, 페인트공, 배관공처럼 일을 하는 것을 볼 수 있습니다. 그것은 마치 소비에트 혁명 당시 말레비치의 기획—더 이상 그림을 그리지 말고 새로운 삶의 대 구조물을 구축하라—의 풍자처럼 나타납니다.

● 오늘날, 다시 말해 진정한 정치적 발명이 결핍된 시대에, 당신이 지적한 것처럼 예술이 정치를 대체한다면, 여기에 예술에 대한 어떤 우려가 생겨나지 않

을까요? 정치가 실질적인 변화를 가져올 수 없는 관리라는 한정된 역할에 제한되는 한에서, 예술은 변화를 가장하면서, 전복을 모방하면서 대중을 진정시키는 최후의 비명의 수단이 될 것입니다.[230]

예술이 대중을 잠재울 수 있다고 믿지 않습니다. 그러기 위해서는 예술은 더 가시적이 되어야 하기 때문입니다. 몇몇 예술가들이 전복의 일을 스스로 떠맡은 이유는 말라르메가 말한 것처럼, 대중이 없기 때문이고, 정치적 무대가 집단적인 힘의 주체화의 형태를 드러내지 않기 때문이라고 말하는 것이 더 정확합니다. 이것은 경우에 따라서 이전에 비판적 예술의 모델들을 반복하는 형태를 띠기도 합니다. 〈스펙터클을 넘어서〉, 혹은 〈디오니지악〉과 같은 전시들은 여전히 패러디나 트래시(trash)를 통해 우리에게 상품과 스펙터클의 소외의 무게를 가르칠 수 있다고 생각합니다. 마치 더 이상 그것을 모르는 사람이 없는 것처럼 말입니다. 메커니즘은 헛돕니다. 몇몇 사람들은 예술가들에게 예전의 좌파정신의 "모범적인 행위들"을 요구합니다. 이것은 예를 들어 예스맨이나 지아니 모티의 참여의 의미입니다. 오늘날 역설은 예술의 정치는 정치적 무대의 공백이 예술에 제공하는 거짓 기회를 포기해야 할지도 모른다는 것입니다. 예술의 정치는 오늘날 그 권력이 문제일 때, 겸손으로 통하고, 정치의 한계 그 자체의 의미로 통합니다. 예술은 그것이 자기 자신의 바깥에서 실재의 무대 그 자체 위에서 자신을 주장할 때보다 그것이 이 한계들을 개척할 때 아마도 더 정치적일지도 모릅니다. 실재의 페티시즘은 바로 합의의 속성이기 때문입니다. 예술의 정치는 항상

230 (원주) 『미학 안의 불편함』, p. 84.

지배적 사유가 환원 불가능한 소여로서 정립하는 이 실재를 다수화하고 허구화하는 데 있습니다. 이것은 동시에 예술에 자신의 고유한 초과의 주장을 문제 제기할 것을 요구합니다. 나는 기꺼이 예술가가 배관공 혹은 복원자인 척하는 것에 어려움을 겪는 외곽지대 혹은 세계의 부정의를 다르게 다루는 예술가들의 작업을 대립시키고 싶습니다. 나는 페드로 코스타를 생각합니다. 그는 한참 파괴 중인 리스본 외곽지대의 소외계층을 대상으로 영화를 찍었습니다. 삶의 이야기의 허구적인 영역을 제거함이 없이, 가난한 삶의 배경이나 파괴 작업이 제시하는 예상치 못한 일별이 내포하고 있는 예술적 가능성을 제거함이 없이 말입니다. 나는 또 소피 리스텔후버(Sophie Ristelhueber)를 생각합니다. 그녀는 웨스트 뱅크의 눈에 띄는 거대한 장벽이 아니라, 샛길에 이스라엘 사람들이 작은 돌을 모아 만든 바리케이드를 자연 풍광 속에서 거의 사라질 각도에서 찍었습니다. 예술과 정치가 서로 대화한다면, 그것은 둘 다 허구를, 몽상이 아니라, 감각적 소여의 재구성을 산출하는 한에서입니다.

● 어떤 면에서 노동은 예술에 유익할까요? 또한 "독점적 활동의 성격을 취한다"[231]는 말은 무슨 의미인가요?

무엇이 예술의 건강에 좋은가에 대한 판단은 내 영역이 아닙니다. 나는 다만 역사적인 현상을 확인했을 뿐입니다. 보통 우리가 대립시키고자

231 (원주) "예술을 위한 예술의 미학적 제의와 노동자의 증가하는 힘을 대립시키는 게으르고 부조리한 도식으로부터 탈출해야 한다. 노동과 마찬가지로 예술도 독점적인 활동의 성격을 취할 수 있다." 『감성의 분할』, op. cit. p. 72.

하는 노동 가치의 향상과 예술가의 지위의 향상은 동시적입니다. "독점적 활동"은 19세기에 전개된 자급자족적 예술의 주제와 관계합니다. 그런데 이 전개는 미학적 명상의 절대성의 이름에서가 아니라, 예술적 노동(작업)의 절대성의 이름에서 일어납니다. 예술로서의 예술과 국제 노동 연맹은 거의 같은 시기에 세계의 창조자로서 노동 가치의 향상의 논리와 함께 태어났습니다. 자신을 "상아탑" 안에 가둬야 하는 필연성을 가장 강력하게 주장한 예술가, 플로베르도 역시 예술가와 노동자의 동일성을 그 극단까지 밀어붙인 사람입니다. 예술가는 노동자와 마찬가지로 쉬지 않고 자신의 노동의 장소에서 일하고, 지속적으로 작품에 착수하고, 돌을 부서서 길을 만드는 사람들처럼 문장 하나하나를 다듬습니다. 요약하면 예술과 노동의 동일성은 소비에트 혁명의 시대의 예술가들의 피상적인 열정에서 태어난 것이 아닙니다. 따라서 이 동일성이 예술의 힘에 대한 회의주의의 증가와 더불어 후퇴한 것은 놀라운 일이 아닙니다.

문학의 정치[232]

(리오넬 루펠과의 다담)

● "문학의 정치는 작가들의 정치, 그들의 참여가 아니다. 그것은 그들이 사회적 구조나 정치적 투쟁을 표상하는 방식이 아니다. "문학의 정치"라는 표현은 집단적 실천의 형태로서 정치와 역사적으로 규정된 글쓰기의 예술의 체제로서 문학의 특수한 관계를 전제한다." 자크 랑시에르는 여기서 『말 없는 말』 출간 10년 후에 그가 포기하기 않은 문학에 대한 질문으로 돌아온다.

∽

● 『문학의 정치』에서 문학은 18세기와 19세기에 태어나서 "주제의 발명, 행위의 구성, 표현의 적절성 등을 지배했던 모든 위계질서"(p. 19)를 파괴한 글쓰기

232 (원주) 이 대담은 *Vox Poetica*에 2007년 9월 20일에 실렸다(http://www.vox-poetica.org/entretiens/ranciere.html).

의 예술의 규정된 체제로서 나타납니다. 이 "문학적 혁명"에 대해서 다시 설명해 주실 수 있으신가요?

미문의 세계는 정확히 정치-사회적 위계와 유비적인 세계였습니다. 여기서 장르들 간의 위계는 고귀한 주제와 천한 주제의 위계였습니다. 즉 표현은 각자에게 각각에 조건에 적절한 언어를 주는 적절성의 원리에 의해 인도됐습니다. 시성(poéticité) 역시 행위 하는 인간과 다만 사는 인간 간의 위계와 연관된 행위의 구성으로서 정의됐습니다. 즉 말의 최상의 모델은 행위를 만든 말, 권위에 의존한 말에서 주어졌습니다. 이 시학적 규범들은 사회적으로 자격이 있는 대중의 감성의 형식과의 적절함에 의해 그 타당성이 인정되었습니다. 문학적 혁명은 이 체계의 파괴입니다. 혁명은 주변 장르들 혹은 비-장르들의 지배적 중요성에 의해 표시됩니다. 예를 들어, 서정시, 즉 "행위"가 없는 시, 가장 내밀한 광경의 "수동성"에 의해 침식되도록 내버려두는 시가 있고, 소설은 인물들을 평등화하는 장르로서 행동들의 연쇄를 삶의 무수한 우연적 사건들 안에 녹여버립니다. 1853년 고귀한 주제도 천한 주제도 없다고 선언한 소설가는 플로베르입니다. 이런 의미에서 이것은 항상 소설의 "정치"였습니다. 그러나 이 소설의 정치는 부차적인 장르를 만들고, 세계의 질서의 일시적이고 국한된 전복이라는 괴상한 합리성에 참여합니다. 그러나 사회의 대 질서와의 관계에서 주제의 무차별성과 표현의 형식들의 독립성은 이제 위대한 예술의 법칙 그 자체입니다, 소설은 자격 없는 삶의 익명적인 잠재력과 동시에 인물의 권위와 무관심한 문체의 잠재력이 승리하는 장르입니다. 그리고 소설은 누구나에게 전달되는 장르입니다. 탁월한 문학의 장르로서 소설의 승리는 이 평등의 승리입니다. 그러나 그것은 정치적 행위가 사용하는 평등과는 똑같지 않습니다.

● 1995년 출간된 책에서 당신은 불화를 정치의 조건으로 만들었습니다. 『문학의 정치』 안에서 당신은 오해를 문학의 조건으로 만든 것처럼 보입니다. 이 두 개념은 서로 대응하나요? 아니면 긴장 속으로 들어가나요?

문학에서 오해의 자리를 주제로 열린 학회[233]에서 발표한 정치적 불화와 문학적 오해 간의 관계를 절대화하고 고정하는 것을 피해야 합니다. 불화와 오해는 하나의 공통의 형상, 불일치의 형상 안에 함께 놓을 수 있습니다. 다시 말해 감각적인 것과 의미, 몸체의 계정과 의미작용의 계정 간의 조화의 단절 안에 놓을 수 있습니다. 불일치는 감각과 의미, 즉 감각적 현전과 의미작용 간의 관계의 재형상화입니다. 그것은 초과, 몸체와 의미작용의 계정(compte)과의 관계에서 오산(mécompte)으로 말해질 수 있습니다. 정치에서 오산은 계산되지 않은 주체들의 도입을 가져오고, 자신에게 이름을 주면서, 공동체의 부분을 형성하는 사물들과 존재들을 계산하고, 상황들의 소여를 다시 분류하고, 그것들에 주었던 이름들을 변경하는 데 적합한 것으로서 자신을 계산합니다. 문학에서 오산은 정치적 주체화의 기획을 거쳐서 설립된 개인성과 인정된 술어들의 해체를 추구하는 방향으로 나아갑니다. 그래서 사물들의 초과와 단어들의 초과는 더 이상 정치적인 주체화의 단일성 안에 고정되는 데 이

233 (원주) "오해"를 주제로 열린 이 학회는 2002년 2월 7–8일, 파리 8대학과 파리 4대학에서 열렸다. 그리고 발표 논문들은 이듬해 『오해. 해석학적 제스처의 계보학』이란 제목으로 파리 8대학 출판부에서 나왔다.

를 수 없게 됩니다. "문학적 오해"에는 두 가지가 있습니다. 정치적 불화를 동반하면서 동시에 다른 방향 안에서 그 기획을 가로지르는 몸체와 단어들의 계정 안에 초과가 있습니다. 그리고 이 관계가 일어나는 오해가 있습니다. 기술적인(descriptif) 초과에 직면해서, 그것이 발자크든, 플로베르든, 프루스트든, 문학적 초과의 정치적 의미작용을 고정하고자 하는 의지 그 자체와 연결된 그릇된 해석이 확산됩니다. 플로베르의 현대 비평들은 이 초과에서 민주주의 사회의 표시인 선별의 불가능성을 봅니다. 바르트는 여기서 세계의 질서 안에서 부르주아의 믿음을 반성하는 충만한 긍정을 봅니다. 그리고 프루스트에 대한 비판들은 여기서 세속적인 수집가의 강박 등을 봅니다. 오해는 불일치의 두 형식들 간의 긴장된 관계이면서 불일치가 일어나는 오산들의 무리입니다.

● 당신은 근대성을 절대적 문체나 형식을 위한 주제들의 순수화로서 연구하는 비판적 전통에 반대합니다. 당신에게는 작품들 안에 "사소한 것들의 범람"과 "문학의 자기-긍정" 사이에는, 다시 말해 실재론과 예술로서의 예술 사이에는 어떤 모순도 없습니다. 반면, 어떻게 각각의 고유한 예술적 실천을 통해 각각의 문학성, 회화성, 음악성 등등을 탐구하는 것으로서 미학적 근대성을 고려하는 가장 널리 퍼진 경향을 설명할 수 있을까요?

문제는 미학적 혁명의 시도들의 실패에서 태어난 뒤늦은 그리고 회고적인 해석입니다. 반면 이 시도들은 예술의 특이성에서 탈출하는 것을 목적으로 했습니다. 이 특별한 예술은 예술의 형식들—대중들 사이에서처럼 활동들 사이의 경계들을 파열시키는 삶의 양태의 확장으로서 사유된 근대성의 형식들과 일치하는 예술의 형식들—을 놓고자 했습니다. 모더니즘의 패러다임으로 등록된 모든 것들—말라르메에서 말레비치, 쇠라에서 몬드리안 혹은 쇤베르크—은 예술의 자율성과 다른 것을 목적으로 합니다. 그들은 시를 공동체의 새로운 인장(印章)으로 만들고자, 회화에 기념비적인 새로운 예술을 설립할 수 있는 과학적 정식을 주고자, 새로운 삶의 구조물과 집기를 구성하는 데 필요한 순수한 형식들을 규정하고자, 시, 그림, 음악의 종합을 실현하고자, 그리고 새로운 정신성을 세우고자 했습니다. 상징주의, 절대주의, 동시주의, 미래주의, 구성주의, 초현실주의 등은 예술과 새로운 감각적 세계의 구성을 다양하게 융합했습니다. 이 융합은 또한 소련의 예술적 아방가르드들을 의지적으로 혹은 어쩔 수 없이 합병하는 데 이르렀습니다. 1930–1940년 사이 몇몇 사상가들은, 특히 프랑크푸르트학파 안에서, 이 합병의 결과를 평가하고자 했으며 전체주의적 선전과 문화적 산업의 형태들을 가지고 예술과 삶을 융합하고자 하는 예술적 의지의 공모를 고발했습니다. 이들은 1950–1960년대 구조주의자들의 의지에 의해 이어졌습니다. 그들은 형식들의 물질적 혁명을 참여 문학과 예술의 막다른 골목을 대립시킵니다. 이렇게 정치적인 해방과의 상관관계 안에서 혁명적 부분들의 쇠퇴와 단절된 예술적 자율성의 정복으로서 말라르메–말레비치–쇤베르크로 이어지는 회고적 전망이 구성됩니다. 이 회고적 전망은 "포스트모더니즘적", "반미학적" 논쟁에 의해 강화되었습니다. 이 논쟁은 "원시" 예술(art primitif), 광고 이미지들, 또 다른 것들과의 융합의 형태로의 복귀를 근본적인 역사적 단절로서 받아들이도록 하기 위해 클레멘트 그린버그(Clement Greenberg)와 같은 저자들에게 지나친 역사적인 무게를 부여했습니다. 이것은 동시에 후기모더니즘의 수호성인으로서 뒤샹에게 지나치게 큰 중요성을 부여하게 했습니다. 이 구성은 이론적으로, 역사적으로 단속적이지만, (거의) 예술의 자율성을 주장하는 사람들에서부터 포스트모더니즘의 피곤한 선동가들을 거쳐서 숭고의 신부들까지 모두를 만족시킵니다.

● 『이미지의 운명』에서, 당신은 예술의 표상체계 안에서 이미지는 예술들 간의 소통을 가능하게 하는 텍스트에 종속된다는 사실을 상기시킵니다. 동시에 문학은 미학적 체제 안에서 지도적인 그 기능을 상실하는 듯한 인상을 받습니다. 반면 문학은 새로운 것, 세계의 다른 형상화—정치학(특히 마르크스주의), 정신분석, 철학, 사회학, 새로운 역사—안에서 새로운 기능을 획득합니다. 문학에 새로운 우위성을 부여하는 문학에 앞선 어떤 지식이 있을까요?

텍스트와 이미지 사이에 정확한 관계가 존재하지 않습니다. 다시 말해 원인들의 도식의 구성과 그 결과들을 강화하는 표현의 보충 간의 표상의 논리 안에 존재하지 않습니다. 말의 예술들(시와 수사학)에 내재하는 위계질서는 다른 예술들을 이야기들(histoires)을 구성하는 예술 안에 종속시킵니다. 음악이나 무용의 실행은 그것이 어떤 이야기를 이야기한다는 것을 드러내면서 "아름다운 예술"의 성격을 증명합니다. 미학적 체제는 이러한 행위의 특권을 제거했습니다. 이 체제 안에서 말은 가시적 표상이나 감각적 인상의 "수동성"에 의해 침식됩니다. 이것은 내가 "말 없는 말"이라고 부른 것의 논리입니다. 그러나 이 이야기의 실추, 즉 말 안에 이미지의 도입은 어떤 보상을 갖습니다. 행위의 인과적 구성의 특권의 종말은 또한 경험적 사실들의 이성과 구성된 허구들의 이성 간의 분리의 종말—목적과 수단 간의 분리의 종말—입니다. 이 경계의 제거와 인과성의 실추는 사실 합리성의 새로운 공간을 엽니다. 모든 것은, 그것이 일상적 삶의 사물들의 측면이든 위대한 인물들의 행동이든 모두 같은 이성에 속합니다. 이 이성은 세부사항이나 증상의 표명들에 고유한 형식들을 갖습니다. 말 없는 언어들의 해석학은 합리성의 실행으로서 수사학이나 시학의 구성의 자리를 대신합니다. 사회학, 역사, 정신분석 등의 해석적 양태들이 구성되는 것은 바로 이 토대 위에서입니다. 풍속의 이야기를 인물들과 사건들의 이야기와 대립시킨 것은 우선 문학입니다. 말 없는 사물들의 언어에 특권을 부여한 것은 우선 문학입니다. 여기서 문제는 합리성의 담론들과 패러다임들의 분배 안에서 전환점입니다. 그러나 이 전환점은 역사적인 돌출로서 문학에 의해, 장르 혹은 분과로서 문학에 의해 실행되었습니다. 따라서 이것은 어떤 새로운 지배의 형태를 끌어내지 않았습니다. 이 미학적 체제의 발명에 의해 유지된 여타의 분과들은 서둘러서 이 전통을 부정하고, 문학에 대한 과학적인 차이를 선언하고, 문학의 가치를 내리기 위해, 문학을 문학 자체가 시작한 해석의 절차들에 종속시키고자 했습니다.

● "보르헤스와 프랑스의 악"이란 글에서, 당신은 아르헨티나 작가는 프랑스 작가들, 특히 플로베르에 의해 촉진된 문학의 개념화의 단절 속에서 새로운 문학의 개념화를 제시했다는 것을 보여줍니다. 당신은 또한 그 근본에서 "보르헤스는 프랑스인들의 꿈을 허구화하고 이론화했을 뿐"이라는 것을 드러냅니다. 이 연구는 문학의 시간성과 공간성과 연관된 여러 질문들을 불러냅니다. 그의 "발명"은 특별히 프랑스적인가요? 그것은 19세기 미국의 문학과 경쟁하는 모델들 중의 하나인가요? 2세기 동안 이 문학의 정치의 본질적인 변형들을 추려낼 수 있나요?

문학의 출현은 특히 프랑스적 현상이라고 말할 수 있습니다. 왜냐하면 유럽에 본질적으로 미문의 카논들을 정하고 강요한 것은 17–18세기의 프랑스였기 때문입니다. 따라서 이 모델의 파괴는 프랑스에서 명시적으로 드러났습니다. 프랑스에서 이 파괴는 다른 곳에서와 달리 민족주의자들의 반동과 섞이지 않았고, 보르헤스가 그 파괴에 대해 뭐라고 말하든지 간에, 그것은 선언문들에서보다 서술성, 문장의 이미지와 리듬의 지위 등의 변형들 안에서 더 잘 드러났습니다. 프랑스 모델의 특수성과 다른 것들에 의해 그것이 겪은 변형들은 바쿠닌의 다성 소설적 모델로부터 생각될 수 있습니다. 플로베르의 세대는 혼합된 장르의 성격과 연결된 이 다성성(polyphonie)을 제거하면서 소설의 위엄을 확고하게 만들었습니다. 플로베르의 소설은 소설을 과소평가하는 위계적 나눔을 폐지했습니다. 플로베르의 소설의 다성성을 배제하면서, 서정시의 단성의 음조를 채택하면서 모든 인물들과 모든 상황들을 감각적 강도를 가진 같은 체제 안에 놓았습니다. 플로베르의 위대한 발명은 문장 문장으로 이어지는 서술 행위들을 자신의 음악—미소한 감각적 사건들의 음악—으로 만들기 위해 이 행위들의 연쇄를 자기화하는 이 아무도 아닌 자의 목소리(la voix de personne)입니다. 보르헤스가 비판하는 것은 바로 이것입니다. 그는 "사실주의"(즉, 상황들의 평등)와 동시에 "탐미주의"(즉, 사건들을 흡수하는 비인격적인 목소리의 음악)를 공격합니다. 그는 이것들을 순수한 서술성의 근대성에 대립시킵니다. 그러나 그가 서술의 모델로 콘래드나 포크너에 의존했다는 사실은, 문학이 플로베르 이후로 변화되고, 이런 변화의 중심이 영-미였다면, 이 이동은『모렐의 발명』[234]

234 보르헤스와 함께 대표적인 환상소설 분야의 대표 작가인 아돌포 비오이 카사레스의

의 서문에서 그가 격찬한 이야기의 아리스토텔레스적인 합리성에서가 아니라, 목소리와 사물들의 무질서의 강조에서 일어났다는 것을 충분히 잘 보여줍니다. 우리는 이 무질서를 목소리들의 얽힘과 시간들의 분리 안에서 서술을 이어가는 새로운 다성성으로 기술할 수 있습니다. 그러나 이 새로운 다성성은 언어들과 그것의 수준들의 혼합으로서 생각되는 다성성의 복원을 넘어서 비인격적인 단성의 파열입니다. 버지니아 울프의 『파도』의 6명의 인물들은 여섯 개의 다른 지각의 중심들로 존재합니다. 그러나 그것들은 "나"라고 말하는 같은 방식으로 비인격적인 것의 같은 목소리 안에서 파악된 6개의 파편들로 머뭅니다. 더스 패서스의 반영웅들, 교차하거나 고립된 떠도는 이 운명들은 **그**(il)의 같은 바탕에서 파악되고, 공고란, 광고, 혹은 부고란에서 빌려온 다른 양태의 진술들과 소통합니다.

● 문학의 정치를 분석하는 것은 자동적으로 모든 정치적 문학의 자격을 박탈하는 것이 아닌가요? 브레히트에 대한 당신의 텍스트는 문학에 가해진 모든 정치적 목적은 "문학의 정치"와의 갈등 안으로 들어간다는 것을 보여줍니다. 이것은 또한 당신이 20세기에 유일하게 위대한 정치적 작품으로 고려하는 더스 패서스의 삼부작, 『USA』에 대한 당신의 분석으로부터 우리가 이해해야 하는 것인가요?

문제는 자격의 박탈이 아니라, "정치적 문학"이 의미하는 것입니다. 이것은 정치적 투쟁의 특별한 상황 안에서 주어진 입장을 강화하기 위해

대표작이다.

문학을 이용하고자 하는 의지를 전제합니다. 그러나 의도들은 정치 안에서도 문학 안에서도 더 이상 고려되지 않습니다. 이 의지가 의도 이상이기 위해서는 그 의지가 실현되어야 합니다. 그리고 문학의 정치들의 특별한 조합의 형식 하에서 그것을 실현해야 합니다. 더스 패서스와 마찬가지로 브레히트에게서, 우리는 문제의 문학의 두 정치의 얽힘을 봅니다. 하나는 세계를 변화시키기 위해 세계를 탈취할 수 있다고 전제되는 주체적인 힘을 위해 해독해야 할 세계라는 텍스트에 써진 기호들을 갖습니다. 다른 하나는 모든 합리적인 해석과 통합적인 모든 주체적인 파악을 초과하는 세계의 강도들 간의 놀이를 갖습니다. 한편으로 작가들은 이 둘을 합치려고, 혁명적인 의미와 주체화의 요구에서 주체성들과 의미의 실패의 노출 그 자체를 사용하려고 노력합니다. 다른 한편, 평등주의 혹은 문학적 무정부주의는 정치적 문학을 통해 그 강도들을 교육적 과정으로 전향하고자 합니다. 더스 패서스는 직접적인 투쟁과 자본주의 괴물 안에 흡수된 주체성들의 방랑 사이의 균형을 유지합니다. 그것의 근저에는 소설의 결론이 없는 정치와 지난 도덕이 있습니다. 그것들은 이념들과 그로부터 영감을 받은 행동들이 아니라, 하나의 삶이나 한 세계를 형성하는 강도들과 그것들의 분할입니다. 그러나 연극은 다른 것들보다 증명(démonstration)의 표상의 논리에 더 종속된 예술입니다. 여기서 강도들은 대화 속에서 생각될 것과 이념들의 결과들을 행동들의 연쇄 안에서 드러내고자 합니다. 이로부터 의미를 통한 증명과 비-의미를 통한 증명이 결합된 조작 안에 브레히트의 균형주의가 있습니다. 세계의 부조리성의 증명과 세계의 괴물스러운 합리성의 증명에 의해 변화시켜야 할 세계를 드러내야 합니다. 또한 이로부터 그의 관객과의 관계의 이중성이 있습니다. 관객의 개념은 변증법의 실험자들의 집단으로서 관객의 이념과 소비자로서 관객의 이념 사이에서 변화합니다. 전자에서 작품은 공통의 연습의 대상으로 제시되고, 후자에서 작품은 관객에게 그 자신의 비겁과 수동성을 부끄럽게 느끼게 만들어야 합니다. 끝으로 이로부터 연극은 그것이 기대한 효과들과 다른 효과들에 의해 일반적으로 산출된다는 사실이 나옵니다.

● 우리는 당신이 가장 시사적인 창조에 관심이 있다는 것을 압니다. 특히 저서들과 잡지에 정기적으로 싣는 글들을 보면 당신은 영화와 조형예술에 많은 관심을 가지고 있다는 것을 알 수 있습니다. 그러나 당신은 동시대의 문학에 대해서는 전혀 언급하지 않습니다. 당신의 반성을 촉발하는 것이 없어서 그런가요? 우리는 돈 드릴로, 로보 안투네스, 토니 모리슨, 혹은 프랑스의 앙투안 볼로댕을 생각합니다.

나에게 문학은 텍스트성과 합리성의 양태의 역사적 출현을 의미합니다. 따라서 나는 이 텍스트성, 이 합리성의 구성과 그것들이 식별된 예술 넘어서 퍼지는 방식들에 집중합니다. 나는 지식인의 담론들(정신분석, 역사)이 나름대로 문학의 합리성의 패러다임들(세부사항의 집중, 몸체 위에 기호들의 강독, 말 없는 기호들의 감춰진 언어와 명시적 의미작용들의 수다의 대립…)을 취하는 방식에 관심이 있습니다. 같은 방식으로 나는 사진과 영화가 나름대로 문학적 시학의 요소들(의미의 정지, 감각적 강도들의 논리에 의한 이야기 논리의 이중화, 시간성의 겹침)을 취하는 방식에 관심이 있습니다. "문학"의 역사는 절차들의 확산의 역사입니다. 다시 말해, 다만 19세기 이래로 소설적 글쓰기의 진화의 역사만이 아니라, "회화", "음악" 혹은 "영화"의 역사가 붓으로 만들어진, 악보 위에 써진, 카메라를 가지고 생산된 작품들을 전적으로 넘어서는 절차들, 감성의 형식들, 예술적 패러다임들 등의 확산의 역사가 되는 것과 같은 방식으로, 문학이란 이름과 연결된 합리성의 형식들, 식별의 양태들의 확산의 역사입니다. 토니 모리슨[235] 혹은 돈 드릴로[236]의 작품들은 우리에게 미국의 역사의 상처들, 노예의 역사 혹은 후기-역사, 1960년대 정치적 활동주의의 진정 등에 대해서 말할 뭔가를 보여줍니다. 그러나 이를 위해서 그 소설들은 검증된 형식들 안에서 전개됩니다. 그리고 그것들은 나에게 포그너적인 역사에 남미 사람의 후기를 혹은 더스 패서스 서술에 노동자와 저항자의 미국이 소유의 질서의 미국에 의해 흡수되는 후기를 첨가한 것처럼 보입니다. 로보 안투네스는 제국의 힘의 분해를 우리가 느끼게 하기 위해 문학, 의학, 정치의 예전의 연대를 재투자합니다. 그리고 우리가 만일 프랑스 내에서 그의 시도와 동등한 것을 찾는다면, 프랑스의 식민지 착취의 과거에 대한 공적인 토론의 질이 그 혜택들 중의 하나일 것이라고 생각할 수 있습니다. 그러나 그는 문학의 정치를 발명하지 않습니다. 나는 이런 저런 작가들의 가치를 부정하지 않습니다. 나는 다만 문학은 오늘날, 그것이 20세기 중반까지 할 수 있었던 것처럼 공통의 경험을 해독하는 범주들을 더 이상 발명하지 않는다고 생각합니다. 왜냐하면 문학이 발명했던 서사성, 표현성, 이해 가능성 등의 형식들은 다른 담론들, 다른 예술들에 의해 자기화되었기 때문입니다. 더 나아가 소통의 형식들에 의해 일상화되었기 때문입니다. 그러나 이 판단은 오늘날 글쓰기의 영역

235 토니 모리슨(1931–2019)은 미국의 소설가이고, 1993년 노벨문학상 수상자이기도 하다.

236 돈 드릴로(1936–)는 미국의 작가이다.

안에서 일어나고 있는 새로운 것에 대한 무지의 산물일 수 있습니다.

● 당신은 책의 말미에 당신처럼 정치와 미학의 전문가인 알랭 바디우와 논쟁을 합니다. 당신과 그를 나누는 지점은 어디인가요?

알랭 바디우는 예술의 정해진 자리는 사유의 절차들에서 정해진다고 전제하는 철학적 체계를 구성합니다. 이 지정은 개념들의 초역사적인(transhistorique) 규정을 전제합니다. 따라서 그에게 예술이 역사적이라든가, 더 나아가 예술이 산출의 과정, 감성의 양태들, 이해가능성의 형식들 등의 복잡한 운동이라는 이념은 받아들이기 힘든 것입니다. 나의 관점에서 이것은 그는 한편으로 예술의 반역사적인 정의와 다른 한편 표상에 대한 예술의 자율성으로서 예술의 모더니즘의 합의적 이념 간의 전통적인 관계에 만족해야 한다는 것을 의미합니다. 요컨대 그에게 조작 개념은 예술의 개념이 아니라, 시의 개념입니다. 그것은 다만 표상적 논리와 미학적 논리 사이의 단절을 감추기 위해 거기에 있습니다. 여기서 논쟁은 말라르메에 대한 것입니다. 논쟁의 쟁점은 시, 철학, 정치 간의 관계입니다. 우선 문제는 말라르메의 시에 고유한 감각적 소여의 판단중지의 극작법이 무엇인가를 규정하는 것입니다. 바디우에게 그것은 결정할 수 없는 것과 결정할 수 없는 것(주사위)으로부터 결정해야 할 필요성의 극화 안에 존재합니다. 나에게 그것은 한 세계의 도식의 다른 도식으로의 대체(상황과 사건들의 극작술 대신에 나타남과 사라짐의 극작술) 안에 존재합니다. 말라르메의 정치는 결정의 질서에 속하지 않습니다. 그것은 다른 지평과 감각적인 것의 다른 경제에 속합니다. 그 위에 담론의 분배의 쟁점이 첨가됩니다. 바디우에게 시는 진리들의 산출의 실천입니다.

그러나 진리 산출의 행위 그 자체 안에서 빠져나간 진리들의 산출입니다. 따라서 철학은 이 빠져나간 진리들을 밝혀야 합니다. 이것은 내가 보기에 다른 담론의 진리를 말하는 담론의 위계적 형상에 이릅니다. 반대로 나에게 중요한 것은 어떻게 철학적 담론 그 자체가 시학적 구성, 다시 말해 사유와 언어의 공통의 자원을 가지고 일하는 특권 없는 담론에 속하는가를 보여주는 것입니다. 따라서 시학적 텍스트는 철학적이고 정치적인 구성에서 합리성의 모델을 제공할 수 있다는 것을 보여줍니다. 말라르메의 극작술은 단순히 바디우의 시의 대상이 아니라, 그의 담론적 정교화를 위한 도식입니다.

공유된 사유의 영역들[237]

(자크 레비, 줄리엣 렌느, 다비드 제르빕과의 대담)

● 다비드 제르빕[DZ]: 일반적인 절차로부터 시작해보죠. 당신의 사유의 여정, 특히 다영역성(interdisciplinaire)을 주장하는 당신의 사유의 여정의 종합적이고 분석적인 측면을 설명해주시겠습니까? 당신의 작업은 어떤 연관, 어떤 역동성, 어떤 지도 원리를 따라 구성되나요?

자크 랑시에르: 나의 작업에 지도원리가 있다면, 그것은 어떻게 누군가가 주어진 자리에서 세계를 지각하고 사유할 수 있는가라는 아주 간단한 질문을 다시 정식화하고자 한 것입니다. 이것은 마르크스주의 안에 이데올로기의 개념, 혹은 피에르 부르디외의 무지의 개념 아래서 이해된 방식에 문제를 제기한 것입니다. 이 두 유형의 사유 안에서 사람

237 (원주) 이 대담은 2007년 1월 8일 인터넷에 "EspaceTemps.net, Actuel"에 실렸다. http://www.espacetemps.net/document2142.html.

들은 자신의 자리와 세계의 질서 안에서 이 자리를 정할 수 없는 무능력에 의해 규정된 존재와 사유의 방식을 갖습니다. 아주 일찍부터 나는 이 전망에 반해, 또한 그 반대의 전망에 반해서도 논쟁적인 입장을 취했습니다. 후자의 입장은 1970년대 인기가 있었던 것으로 "조작적인" 이데올로기의 복종에 반해 말과 사유의 정통성을 재발견할 것을 호소했던 전망입니다. 노동자의 해방의 역사에 대해 연구하면서, 나는 노동자의 해방은 무지에서 지식으로의 이행도, 어떤 정체성의 표현도, 고유한 문화도 아니라는 것을 깨달았습니다. 반대로 그것은 정체성들을 규정하는 경계들을 가로지르는 방식입니다. 나의 모든 작업의 여정은 나중에 내가 "감각적인 것의 나눔"—어떻게 주어진 공간 안에서 우리는 자신의 세계에 대한 지각을 조직하고, 감각적인 경험을 지적인 해석의 양태들과 연결하는가?—이라고 부른 것에 의존합니다.

감각적인 것의 나눔

나의 탐구의 이 지도 원리는 한편으로 지각 세계들 간의 갈등을 통해 정치의 이론화에 이르고, 다른 한편 감각적 단절과 다른 경험의 장들과의 단절 안에서 경험의 장의 정의를 통해 미학의 이론화에 이릅니다.

● 자크 레비[JL]: 우리가 인지적이 아닌 당신의 인식을 향한 충동의 근원을 밝혀본다면, 그것은 우선 투쟁적(militante) 근원일 것입니다. 당신은 "논쟁(polémique)"이란 단어를 사용합니다.

논쟁은 반드시 투쟁을 의미하지 않습니다. 논쟁은 "polemos", 즉 명백한 것으로 주어진 어떤 나눔, 우선적으로 지식과 무지의 나눔 그 자체의 계쟁적 성격을 표시하는 것을 의미합니다. 이런 관점에서 투사들과 지식인들은 자주 같은 전제를 공유합니다. 노동자의 해방을 명백히 구분하기 위해 나는 이 둘과 논쟁을 벌이지 않을 수 없었습니다.

● 쥘리에트 렌느[JR]: 당신 작업의 논쟁적 성격의 표현들 중의 하나는, 『민주주의에 대한 증오』에서 당신이 주장한 것처럼, 사회적 질서의 보존을 목적으로 하는 형태로서 "정치", "민주주의", "공화주의"와 같은 말들의 지배적인 사용과의 관계에서의 비판적 입장입니다. 당신의 작업은 또한 의미론적 투쟁에도 참여합니다.

그렇습니다. 그러나 그것은 그 말들의 "진정한" 의미를 다시 주고자 하거나 그 말들의 "도용"을 공격하기 위해서가 아닙니다. 그것은 은폐의 문제가 아니라, 그 말들의 의미에 대한 전쟁입니다. 민주주의라는 단어 그 자체 안에 이미 존재하는 **민주주의**라는 단어에 대한 전쟁이 있습니다. 공화주의라는 단어에 대한 전쟁이 있습니다. 이것들은 원리적 전쟁들입니다. 누구나의 능력으로서 내가 정의하는 민주주의 안에는 견딜 수 없는 어떤 것이 있습니다. 이 견딜 수 없는 것에, 우리는 두 가지 방식으로 반응합니다. 하나는 부드러운 방식으로, 그것은 민주주의를 헌법의 한 유형으로 규정하고, 거기서 인민의 권력은 선거로 제한되고, 대표들에 의해 보장됩니다. 다른 하나는 강한 방식으로, 그것은 "공화주의"와 "민주주의"를 대립시키는 것입니다. 그것은 공화주의를 공동체의 정치적 유대의 진정한 이름으로 만들고, 민주주의를 각자 하고 싶은 것을 하는 사회적 삶의 한 양식으로—이 유대의 상실은 결과적으로 전체주의의 도래에 이릅니다—만드는 데 있습니다. 오늘날 이 후자의 경향은 아주 강합니다. 장-클로드 밀네르의 책,『유럽 민주주의의 범죄적 경향』은 징후의 가치를 보입니다. 점점 더 지적 담화는 민주주의를 정치적 질서와 사회적 연대를 위협하는 개인–소비자의 권력으로 정립합니다. 민주주의를 경제적 지배의 가면으로서 비판하는 마르크스주의는 역설적이게도 지배적 담론 안에서 다시 파악됩니다. 그러나 그것은 자본주의 체제의 비판을 우리가 시장의 권력을 부여하는 "민주적인 개인"에 대한 비판으로 대체하기 위해서입니다. 이제 사람들은 단순히 민주주의, 개인주의, 소비를 동일시하기에 이릅니다.

● DZ: 당신 세대의 몇몇 사상가들은 참여를 주장합니다. 이런 지적 참여에 대한 질문에 직면해서 당신의 입장은 무엇인가요?

"참여"라는 게 뭔지 잘 모르겠습니다. 나는 1960년대 인지적으로 마르크스주의에 물든 환경 속에서, 크리스 마르케의 표현을 빌리면 "공기의 저변이 붉었던" 시대에 공부를 시작했습니다. 우리는 인지적 단절의 대운동이 해방과 일치하는 인상을 가졌습니다. 이 분위기, 이 시대는 나에게 인식적이고 정치적인 단절과 해방의 가능성 사이의 관계에서 단절이 가능한 모든 것의 감성의 형식으로 남아있습니다. 인지적 질문들은 항상 나에게 평등과 불평등의 문제와 연결됩니다.

● JL: 당신은 이 마르크스 시대에 당신이 간직한 어떤 것들이 있다고 말합니다. 반면에 당신이 보존하지 않는 것들은 무엇인가요?

내가 보존하지 않는 것은 지배적인 과학주의, 역사적인 필연성에 대한 믿음, 객관적인 해방에 대한 믿음입니다. 나의 입장은 이와 반대로 아주 급속히 존재 질서의 근본적인 우연성의 이념, 모든 해방은 우연적 과정이었다는 이념에 의존했습니다. 이로부터 나는 모더니즘, 포스트모더니즘에 대한 모든 토론으로부터 멀어졌고, 또한 역사 시대의 종말을 선언하는 사유, 우리는 후기(post)에 접어들었다고 선언하는 모든 사유에 무관심하게 되었습니다. 나는 또한 현실을 해독하고 그로부터 현실 변형의 조건들을 규정하는 지식인의 특권적 지위에 대한 생각과 거리를 두었습니다.

● JR: 해방에 필요한 인식을 산출하는 이 지식인의 특권적 지위에 대한 비판은 당신의 피에르 부르디외에 대한 반대의 근본적인 지점들 중 하나입니다 …

부르디외는 인식과 무지에 의해 지배/복종의 관계를 분석합니다. 그는 사람들이 지배당하는 것은 그들이 착취의 조건들에 무지하기 때문이라는 마르크스적 이념을 공유합니다. 복종의 체계에 대한 인식은 해방에 접근하는 조건으로 정립됩니다. 나는 아주 일찍 부르디외에 반해서 그것은 문제가 아니라고 말했습니다. 사람들은 그들이 복종의 메커니즘을 몰라서 종속되지 않습니다. 노동자 해방의 역사는 나에게 인식과 무지는 두 개로 나눠진다는 것을 보여주었습니다. 상황을 아는 것도 거기에 참여하는 방식일 수 있습니다. 해방의 가능성은 반대로 당신이 당신의 자리를 발견하도록 강요하는 어떤 필연성의 유형을 모른다는 사실에 있습니다. 해방은 인식의 변화를 함축하는 것이 아니라, 신체들의 자리의 변화를 함축합니다. 그래서 나는 해방의 문제의 "미학적" 측면을 강조했습니다. 그러나 "미학적"이란 여기서 미나 예술의 이론과 관계하는 것이 아니라, 감각적 세계 안의 기입 양태와 관계합니다. 19세기에 노동자란 능력과 무능력에 의해, 그리고 어떤 지각적인 세계에 속함에 의해 정의된 어떤 신체를 갖는 자입니다. 해방은 이 신체성과의 단절입니다. 예를 들어, 시선과 팔들 사이의 단절입니다. 그것은 어떤 유형의 일과 어떤 유형의 지적이고 감각적인 도구 사이의 일치의 단절입니다. 이런 의미에서 해방은 미학적 단절이고, 부르디외가 미학적 "환상"을 가지고 만든 너무 단순한 비판은 반대로 그를 각자는 필연적으로 자신의 자리에 존재하고 지식인들에 의해 제시된 인식만이 각각을 그 자리에서 나오게 할 수 있다고 주장하도록 이끕니다. 해방의 필연적인 인식 이론은 또한 해방의 무한하게 지체된 이론입니다. 그것은 교육학적 모델입니다. 지식인과 무지한 자의 거리는 무한정으로 연장됩니다. 피에르 부르디외의 사회학에 대한 나의 반대 입장은 변화가 없었습니다. 부르디외가 1995년 노동운동 기간 동안 취한 입장이 나의 것과 유사하다는 사실은 이 간격을 변화시키지 않습니다. 재생산과 구분에 대한 부르디외의 모든 이론은 고전적 사회학 이론의 모델을 따릅니다. 그것은 어떤 조건은 필연적으로 한 유형의 세계의 현전, 즉 한 유형의 의식을 규정한다는 것을 전제합니다.

정치적인 것의 지도 위에서 전문가들의 경계의 파괴

● JR: 인식이 해방에 예비적이라는 원리의 거부는 또한 해방을 위한 투쟁과

의 관계에서 학자의 "정찰병"의 역할을 문제 삼습니다. 어떤 대안적인 모델이 이 정치적 사유자의 역할을 대신할까요? 당신 책의 제목이기도 하고, 학자와 무지한 자 간의 고유하게 교육학적인 나눔을 거부한 "무지한 스승"의 이미지가 도시 안에서 정치철학자의 일을 기술하기 위해 기능할까요?

"정치철학자"의 영역과 같은 특수한 전문가의 영역에 대해 우리가 말할 수 있는지 모르겠습니다. 내가 나에게 부여한 역할은 바로 일종의 이 전공들, 역할들의 분배를 연장하는 것을 목적으로 하는 이 전문가들의 경계들을 깨는 것입니다. 사실상, 우리가 정치에 대해서 쓸 때, 우리는 무엇을 할 수 있을까요? 그 목적들 중의 하나는 아마도 정치와 사유의 이중적 우연성을 지적하는 것일 것입니다. 즉 해방이 한 개인의 지각의 장을 다시 짜듯이 지식의 장을 다시 짜고, 영토들, 전문가들을 규정하는 경계들을 파괴하는 것입니다. 이 입장은 해방에 있어서, 이론의 직접적인 실천적 결과는 절대로 없다는 것을 의미합니다. 단지 생각될 수 있고, 명명될 수 있고, 지각될 수 있는 것들, 결국 가능한 것들의 지도를 변형하는 이동들만이 있다는 것을 의미합니다. 만일 돌출이 생겨나면, 그것들은 지형들의 겹침에 의해서 생각해야지, 지식의 적용에 의해 생각해서는 안 됩니다. 정치는 정치적인 것, 모두의 지성에 주어진 것, 공통의 문제 등에 대한 어떤 지도로서, 일종의 이 공통의 문제와의 관계에서 전문가와 그렇지 않은 자를 분배하는 지도로서 정의됩니다. 사유의 영역에서 내가 하고자 한 것은 생각 가능하고, 지각 가능한 것, 결국 우리가 할 수 있는 것과 다른 지도들의 가능성에 기여하는 것입니다.

● JL: 이런 절차 안에서 역사는 어떤 역할을 할까요? 당신은 『역사의 이름들』이란 책을 출간했습니다. 사람들은 한편으로 그 책을 역사를 과학으로 주장하는 것에 대한 반박으로 해석합니다. 그런데 당신은 당신의 분석을 단단한 경험적 토대 위에 놓습니다. 그리고 당신의 작업은 역사가의 방법에 의존합니다.

여기에는 이중적 요구가 있습니다. 한편으로 지배와 해방의 일, 지식과 무지의 일은 철학적인 나눔의 거짓 명증성을 부수는 실질적인 형태에서 탐구를 거쳐야 합니다. 그러나 문제는 다만 한 분과에 의해 다른 분과에 가해진 보강이 아니라, 분과들 간의 분리를 깨는 것입니다. 왜냐하면 그것은 대상의 이해가능성의 조건이기 때문입니다. 아카이브의 일은 누구나 가능합니다. 이것을 위해 꼭 역사가일 필요는 없습니다. 그 일에 속한 방법들을 사용할 수 있다고 간주되는 어떤 단체의 구성원의 의미에서 말입니다. 모든 분과들은 탐구의 방법으로서 경계들을 유지하고자 합니다. 우리가 이것을 인정하면, 우리는 탐구자와 다만 탐구의 대상인 자 사이의 나눔을 인정하고 연장합니다. 나에게 문제는 철학자의 능력에 역사가의 능력을 첨가하는 것이 아니라, 문제의 그 둘을 함께 놓는 것입니다. 한편에 실증과학이, 다른 한편에 반성적 과학이 있습니다. 철학은 무엇에 **대한** 담론이 아니라, **사이의** 담론, 즉 영역들과 분과들 사이의 나눔의 문제를 제기하는 담론입니다. 역사 혹은 사회학이 과학이라면, 그것들은 우선 언어 행위를, 그것들이 과학이기 위해 속한 영역들 그 자체를 규정하는 담론의 절차를 통해서 그렇습니다. 따라서 우리가 인문학 혹은 사회학의 대상들, 방법들, 영역들이라고 부르는 것은 동시에 항상 사유의 결정, 사유하는 행위와 그것의 대상을 분리하는 결정입니다. 이 결정은 담론을 통해서 일어나고, 담론은 언어의 가능성들 위에 **재-작업**한다는 의미에서 시학에 속합니다. 사회학, 역사와 같은 것이 존재하기 위해서는, 존재 방식들과 그것들이 함축하는 사유의 능력들 사이의 관계를 재정의해야 합니다.

광범위한 대중에 대한 역사를 만들기 위해서는, 우선 우리가 문학이라고 부르는 시학적 혁명이 있어야 했습니다. "새로운 역사", 새로운 사고방식들의 역사가 있어야 했습니다. 왜냐하면 문학은 역사에 속한다고 간주되던 사람들과 이야기될 만하다고 간주되지 않는 사람들 사이의 분리를 깼기 때문입니다.

내가 "철학자"로서 제도 안에 속할 때, 나는 철학의 사유를 촉진하기 위해 그 제도를 분과들에 대한 반성으로서가 아니라, 분과들 간의 장벽을 제거하는 데 사용하고자 했습니다. 사실 이 장벽은 종국적으로 항상 능력이 있는 자와 그렇지 않은 자를 나누는 것이기 때문입니다. 그런데 나의 근본적인 생각은, 만일 영역들을 자르는 **방식들**이 있다면, 사유의 **대상들**은, 그것들이 문제일 때, 모든 사람들에 속한다는 것입니다. 내가 "지식의 시학"이라고 부른 것은 과학의 방법들을 공유된(partagée) 사유의 한 영역에 돌려주고자 하는 이 의지에 속합니다.

누구나의 권력, 모두의 능력

● JL: 엘리트적 교육학에 대한 당신의 비판은 책임의 민주화라는 흥미로운 결과를 가져오지 않았나요? 만일 각자가 세계와의 인지적 관계에서 주인이라면, 그는 또한 그에게 세계에 대한 인식을 주는 이 능력에 책임이 있습니다. 이 사실은 역설적이게도 당신을 존 롤스의 자유주의와 접근시키지 않나요? 그 개

념화는 개인이 자기 자신에 대해서 그리고 사회에 대해서 면책이 있을 수 있다는 것에 이의를 제기합니다.

이 책임의 이념은 나를 롤스의 경쟁자로 만들지 않습니다. 그의 이론은 누구나의 관점을 함축합니다. 그러나 이 능력은 누구나의 능력이 아닙니다. 무지의 베일 아래서 정당한 분배의 원리를 제안하고 그가 돌아오는 곳은 다시 엘리트입니다.

그러나 사실, 우리가 평등의 이론을 엄격하게 적용하면, 누구도 면책이 있을 수 없다는 것은 사실입니다.

● JL: 당신은 지식인과 "전문가" 집단에서의 테러리즘을 비판합니다. 그런데 유럽의 성직자들은 북아메리카의 성직자들과 비교될 수 없습니다. 후자는 더 민주적이고 누구나의 개입의 원리에 열려 있습니다. 그러나 이것은 별로 흥미로운 결과를 제공하지 않습니다. 유럽에서 포퓰리즘과 극우파의 출현은 전문가들의 권위적 담론에 대항한 일종의 "누구나"의 해방인가요?

누구나의 권력은 미국의 복음주의자 압력집단의 누구나와 동일시될 수 없습니다. 유럽에서 극우파 운동의 발전이 무엇을 의미하는지 포퓰리즘과 같은 의심스런 개념에 주의하면서 신중하게 고려해야 합니다. **유럽에서 극우 집단의 출현**은 정치적 공간의 축소의 결과입니다. 그것은 과두제적 정부, 과두제적 경제, 공적인 전문가들 간의 동맹에서 공통된 어떤 것을 보존하고자 하는 합의적 문화와 상관적입니다. 그것은 이 정치의 몰수(누구나의 권력)에 대한 그들 나름의 일종의 거부로 해석될 수 있습니다. 그래서 2002년 선거[237]에서처럼, 부끄러운 주변집단에 대항한 대 국민적 연대는 전적으로 파국적입니다. 극우파에 대항한 투쟁은 정치적 토론의 장의 전개를 통해서이지 과두제와의 동맹을 통한 합의적 연대를 통해서가 아닙니다.

● DZ: 합의는 우리 시대의 몇몇 정치철학에서 이성적 토의를 통해 도달하고자 하는 정치적 논쟁의 목적과 지평입니다. 어떤 수준에서 당신의 불화 이론은 하버마스의 소통 이론과 양립 불가능하게 되었나요?

모든 소통 이론이 그 이론의 규정에서 문제들과 능력들의 인정이라는 공통의 영역을 전제하는 한에서 그 이론은 나의 것과 양립 불가능한 것처럼 보입니다. 내가 드러내고자 한 것은 반대로 정치는 입장들 그 자체의 비대칭에 의해 표시된다는 것입니다. 모두의 능력의 장은 항상 공통의 문제를 규정하고 그것에 대해 말할 능력을 가진 공식적인 전문가에 의해 정의되는 놀이의 규칙과의 관계에 의해서 위반의 방식으로 발명되어야 합니다.

이 사실로부터 나는 모든 정치는 두 지각 세계 간의 투쟁—전문가들이 소여들을 결정들로 변형하는 객관적인 소여의 세계와 소여들 그 자체와 누가 그것들을 규정할 수 있는가에 대한 논쟁이 있는 세계 사이의 투쟁—이라고 생각합니다. 이것은 논의가 그 역할을 하지 못한다는

238 2002년 대통령 선거에서 사회당 후보 조스팽이 대세였다. 그러나 1차 선거의 결과는 모두가 경악을 금치 못하는 결과였다. 우파 시라크가 1위, 극우파의 르펜이 2위를 차지했다. 결국 2차 선거에서 모든 좌파들—사회당, 노동당, 공산당 등등—은 연대해서 시라크를 찍어야 한다고 선언하기에 이른다. 결국 시라크는 80%가 넘는 득표를 얻어 당선된다.

것을 의미하지는 않습니다. 이 논의는 입장들의 비대칭의 토대에서 일어나고, 논의의 대상인 것의 인정과 상대들의 능력의 인정은 여기서 그 자체 논의의 대상, 합리적인 토의의 모델과 반대되는 것입니다.

● JL: 그러나 불일치 그 자체에도 한계가 있지 않을까요? 불화의 영역은 주어진 사회 내의 이상의 형상화일 뿐이지 않을까요? 한순간 논쟁을 만드는 사회의 쟁점들이 있지 않을까요? 그리고 그 쟁점 위에 동의가 있기 때문에 사람들이 더 이상 말하지 않는 주제들에 대한 합의가 있지 않을까요? 비록 이 동의가 하버마스가 이해하는 것처럼 합리적인 논의를 통해 가능한 것이 아니라고 할지라도 말입니다.

그렇게 명백하지 않습니다. 한 주제에 대한 대다수의 동의가 있을 수 있습니다. 그러나 그것은 힘들의 관계의 결과입니다. 그리고 어떤 동의도 이론의 여지가 없는 것은 없습니다. 우리는 동의의 대상(예를 들어 성적 평등, 동성애, 낙태…)이었던 이념들에 반한 반동의 표현들을 봅니다. 이런 반동들은 다만 우리가 "포퓰리즘"이라고 부르는 것을 통해서 표현되는 것이 아니라, 또한 가장 세련된 문화, 예를 들어 정신분석, 인류학, 법 등을 통해서 표현됩니다. 또한 이미 획득된 것들에 대한 동의는 정치적으로 아주 다양한 동기를 가질 수 있습니다. 예를 들어 낙태는 페미니즘의 권리를 위한 것일 수도 우생학을 위한 것일 수도 있습니다.

● DZ: 당신의 생각은 그 입장들의 기원인 개인을 결정주의들에서 잘라내고 동시에 이것을 당신이 "종말들의 형편없는 시나리오"라고 부르는 것에 연결하는 것을 거부합니다. 당신이 그리는 기획에서, 모든 방향이 가능한 것처럼 보이

는 지도 제작의 은유를 통해서, 당신은 각각의 입장들의 출현의 불확실한 조건들의 공리를 고려합니다. 어떻게 한순간 공통의 종말들과 목적들의 규정을 전제하는 정치가 구성될까요?

우선 "목적들의 규정"이라고 부르는 것을 생각해야 합니다. 역사의 방향을 전제하는 규정들이 있어야 합니다. 30년 전에, 이 방향은 세계적 혁명에 의해 이끌렸습니다. 지금은 시장의 승리에 의해 이끌립니다. 이것은 순수한 공리입니다. 게다가 우리가 "정치인"이라고 부르는 사람들이, 자신들의 고유한 실존을 보존하고자 한다는 사실과 별도로, 자신들의 존재를 집요하게 유지하기 위한 목적들을 가진 사람들은 그렇게 많지 않습니다. 그들의 목적들은 기존의 그 자체 가능성들의 영역들을 그리는 어떤 영역과의 관계에 의해 규정됩니다. 물론 우리는 선거 때 0.5%라는 보잘 것 없는 지지를 더 얻기 위한 프로그램들을 규정할 수 있습니다. 그러나 내 생각에는 이 목적의 개념화는, 새로운 유토피아, 새로운 메시아주의의 목적들에서처럼, 근본적인 변화가 필요합니다. 사유와 행위의 역동성을 창출하는 것은 역사적인 목적들이 아닙니다. 주어진 것, 생각 가능한 것, 즉 어떤 전략의 목적으로서 상상 가능한 것의 지도를 전복하면서 목적들을 창조하는 것이 바로 역동성입니다. 1788년에 혁명을 이끌 수 있는 내재적 목적들의 지평은 없습니다. 우선 공통의 결정의 어떤 공간의 구성이 있고, 그것이 새로운 가능성들과 새로운 주제와 목적들을 창출합니다. 가능한 것의 장을 여는 것은 "인민의 권력"의 영역의 창조입니다. 마찬가지로 사회적 해방은 우선 능력들과 행동들의 변형이었지, 규정된 기다림의 지평이 아닙니다. 예비적인 질문은 항상 "누가 무엇을 할 수 있는가?"입니다. 예를 들어 우리가 보는 것처럼, 시장의 현실적인 목적들은 규정된 능력들, 즉 전문가들과 지도자들의 능력들로부터 규정됩니다.

정감적인 것과 정치적인 것의 논리적 연결

● JL: 그리고 개인 혹은 주역의 목적들은 무엇인가요? 사회과학 안에서 "주역의 패러다임"과의 관계에서 당신의 입장은 어떤 것인가요? 그것은 개인들에서 전략적인 야망들과 정치적 지향성들을 가진 개인들에서 꼭 "위대한" 주역들에 의한 조작의 결과가 아닌 사회에 대한 관점을 인정합니다. 좀 전에 당신이 상기시킨 것처럼, 당신은 집단적인 주역으로서 프롤레타리아의 탈신비화에 기여했습니다. 이것은 정치적 주역으로서 개인들이 당신의 사유 안에서 자리를 차지한다는 것을 의미하나요?

"프롤레타리아"와 같은 집단적인 위대한 주체와 개인들과 그들의 개인적인 전략들의 조합 간의 양자선택으로부터 나와야 한다고 생각합니다. 부르디외의 이성적인 개인들로서 주역들의 이론을 비판하는 것은 나의 관심이 아닙니다. 나에게 일반적인 문제는 **누구나**의 능력의 문제입니다. 이 능력은 집단적인 형식 아래에서 구체화됩니다. 우리는 정치를 개인적인 태도들의 단순한 조합으로 생각할 수 없습니다. 생각해야 하는 것은 위대한 주역, 작은 주역이 아니라, 누구나의 능력의 구체적인 구성입니다. 이것은 집단적인 행동을 함축합니다. 물론 집단은 스스로 세계를 생각하는 능력을 가진 개인들에 의존합니다. 그러나 정치의 특수성은 집단적인 진술의 형식들에 호소한다는 사실입니다.

● DZ: 당신의 작업은 개인의 사유가 아닙니다. 그러나 그 자체로 개인을 다루지 않고 금속세공이나 판화처럼 주체의 이론을 그리지 않나요?

주체화의 양태들, 능력들의 구성과 현시의 형식들의 이론이라고 말하는 것이 좋을 것입니다. 나는 예를 들어 주체와 집단 간의 관계를 정의하지도, 정신(psyché) 이론, 즉 정신분석학적 의미에서 주체의 구성을 정식화하고자 하지 않습니다. 나는 누구나의 능력, 능력의 행사, 그리고 어떻게 그것이 정의되고 실행되는가에 관심이 있습니다.

● DZ: 정치적 논쟁과 힘의 관계 속에서 당신이 새로운 변형으로서 이러한 진화의 이론 안에 도입하는 것은 담론의 합리성에 첨가된 이론으로, 시간에 따라 입장들이 바뀌고, 다르게 느끼고 지각하는 방식을 정의하는 감각적 요소들의 이론이 아닌가요?

그렇습니다. 다만 감각적 요소들을 지적 혹은 합리적 요소들과 대립시키지 않는다는 조건에서 말입니다. 나의 근본적인 생각은 모든 합리화는 누구나에 의해 지각된 것으로서 주어진 것의 합리화입니다. 항상 문제는 미학적 재분배입니다. 그러나 감각적인 것의 고유한 영역의 의미에서가 아니라 어떤 현상에서 감성은 항상 그 현상이, 노동과 더불어 도덕에 대한 질문에 있어서, 명명되고 합리화되는 방식과 연결됩니다. 내가 감각적인 것의 나눔이라고 부르는 것은 지각되고 명명되고 사유될 수 있는 사물들 간의 논리적 연결입니다. 칸트적 의미의 "선험적 형식들"이라고 말할 수도 있을 것입니다. 사물들의 상태가 있고, 그것을 생각하는 사람들이 있고, 정감적으로 반응하는 사람들이 있다고 말하기 위해서 지배적인 사유의 편에서 지속적인 노력이 있습니다. 그런데 정치가 있다면, 정감적인 반응들은 항상 합리적인 반응들입니다. 합리적인 반응들 간에 서로 다투는 것은, 정감들에 반한 이성이 아니라 합리성들입니다.

● JR: 정치에 대한 당신의 고유한 담론은 정감적인 어휘들에 의해 주어집니다. 지적인 세계와 민주주의의 관계가 지적 세계를 "민주적 열정들"과 대립시키면서 "증오"로 특징지어진다는 사실, 혹은 "지성의 동등한 힘을 누구나와 나누는" '기쁨'(이것은 『민주주의에 대한 증오』의 마지막 문장입니다), 이것들은 합리성과 감성을 분리하는 담론에 반한 함축적인 공격인가요?

모든 이념 투쟁은 동시에 감각 세계의 투쟁, 정감의 투쟁입니다. 민주주의에 대한 증오의 지배적인 정감들 중의 하나는 예를 들어, 원한입니다. 우리는 어떻게 근본적인 변화의 희망을 빼앗긴 모든 세대가 콜라와 나이키의 소비만을 생각하고, 그 세대가 가져온 미래의 거대한 전망을 무너뜨리는 소시민들이 모인 사회의 종말론적 전망을 유지하면서 원한을 곱씹는지를 봅니다. 이 전망은 근본적인 침울함에 의해 표시됩니다. 이것은—무지한 스승이 부분적으로 비판하고자 한 것이기도 합니다—자신을 우월하다고 생각하는 사람들에게 고유한 속성입니다. 그러나 나의 질문은 직접적으로 정감을 다루지 않습니다. 내가 하고자 한 것은 중요한 정치적 선택, 예를 들어 평등과 불평등의 선택과 정감적인 질문들의 논리적 관계입니다.

미학에 대한 증오, 민주주의에 대한 증오

● DZ: 『감성의 분할』에서 당신은 최근의 예술적 논쟁들은 모더니즘의 유형에 대한 이념적 투쟁이었다고 말합니다. "미학"이란 용어에서 당신은 특별한 의미를 빌려옵니다. 그러나 그것은 18세기 말에 "감성의 학"을 지시하기 위한 철학적 어휘 안에서 나타납니다. 그리고 그것은 오늘날 일종의 정치의 피난처 혹은 정치의 영도로서 나타납니다(당신은 장-프랑스와 리오타르가 "미학은 그 이념에 의해 버려진 문명의 양태"라고 말한 것을 인용합니다). 그런데 『미학 안의 불편함』에서 당신은 미학에 반한 조직적 공격을 확인합니다. 어떻게 당신의 작업에서 "민주주의에 대한 증오"와 "미학의 증오" 간에 이 유사성이 그려지는지 설명해주시겠습니까?

나는 20년 전부터 전체주의의 싹을 지닌 것으로 간주되는 민주주의와 그 전령과 닮은 예술적 아방가르드에 반한 조직적이고 유사한 공격의 명백한 현실을 드러냈습니다. 이로부터 민주주의와 미학의 의미와 연결된 반성의 필연성이 나옵니다. 미학은 여기서 더 이상 예술이나 미에 대한 이론으로 이해되지 않고, (자유로운 예술들과 기계적인 예술들을 분리하는) 예술(Beaux-Arts)의 조직이 세계의 위계질서의 조직의 유형과 일치하는 어떤 질서와의 단절을 드러내기 위해 나타나는 용어로서 이해됩니다. 이 질서 안에서 지성의 인간은 감성의 인간과 분리됩니다.

미학은 여기서 부르디외가 전개한 것처럼 취향의 판단의 사회적 통합을 부정하는 데 있지 않습니다. 문제는 사회적인 것을 부정하는 것이 아니라, 내가 노동자의 해방에 대한 탐구에서 드러낸 것처럼, 어떻게 하나의 미학적 관점의 획득과 무관심한 시선의 실행이 가능한 것의 재-

정의를 동반하는가를 이해하는 것입니다. 미국과 프랑스의 혁명과 더불어, 미학은 누구나의 감각적 능력의 정의로서 한계점에서 나타납니다. 누구나의 이 능력은 법에 의한 누구나의 능력에 대한 정치적인 정의와 일치합니다. 그러나 그것은 더 이상 법 안에서가 아니라, 구체적인 삶의 형태 안에서 형성되는 다른 평등의 이념을 제시합니다. 이런 관점에서 반-미학에 대한 쟁점은 반-민주주의에 대한 논쟁과 일치합니다. 미학은 유용성에 대립되고 사회적인 것을 부정하는 무관심성으로서, 혹은 결국 전체주의에 이르는 세계의 근본적인 변형의 위험스런 유토피아로서 공격받습니다. 단절을 도입하는 미학을 고려하면서, 우리는 미학 안에서 보다 열린 정치와 예술의 관계가 그려지는 것을 봅니다. 따라서 오늘날 우리는 어떻게 정치에 고유한 무대들이 지워질 때 예술과 전시의 세계는 일종의 "피난처"가 되는지를 관찰할 수 있습니다. 이때 예술의 장소들은 지배적인 사유와의 관계에서 **불일치한** 세계의 지각, 명명, 사유의 양태들을 형성하고 유통시키기 위해 예술의 초-영토화의 역할을 수행합니다.

● DZ: 당신은 이 "미학적 대체들"이 실질적으로 정치의 세계를 재구성할 수 있다고 생각하시나요?

대체를 말하는 것은 이미 하나의 판단입니다. 한편으로 정치적인 것의 장소들의 파열이 있습니다. 다른 한편 공통 감각의 재구성의 요소들인 예술적 행동주의 혹은 예술을 통한 정보의 형식들이 있습니다. 예술의 장소들에서, 즉 정치적 정보가 지나가는 장소에서, 우리는 다른 곳에서 배우지 않는 것을 배우고, 주어진 것 혹은 주어지지 않은 것에 대한 새로운 시선을 제시하고, 소여와 상상, 소여와 생각 가능한 것의 연관을 제시합니다. 그러나 이 운동은 동시에 일어나는 부정적인 두 현상을 동반합니다. 하나는 전복적 덕성을 동반한다고 가정되는 시대에 뒤진 비판적 모델에 대한 호의입니다. 여기서 사람들은 단순히 작은 틈을 가진 상업적이고 미디어적인 형식을 재생산하면서, 미디어와 소비에 대한 극단적인 비판을 전개합니다. 다른 한편, 사회적 봉사로 향하는 예술적 활동주의는 사회적 연관을 창출하기 위해 도시 외곽지대로 갑니다. 여기에 사회적 재구성의 환상이 있습니다. 이것은 지배적 담론 안에 기입되고, 사회는 분리되었고 그것은 다시 짜여야 한다고 우리에게 말합니다.

● DZ: 당신은 "윤리적 전향"이라고 부르는 새로운 위협을 지적합니다. 이것은 미학과 동시에 정치에 의존합니다.

그것은 이론적, 실천적, 예술적 관점에서 정치적 갈등을 문명의 운명에 의해 설명하는 방식입니다. 그것은 다양한 형식들을 취합니다. 정치적 갈등을 선과 악의 투쟁으로의 전환, 현대 사회를 개인주의의 지배와 사회적 연관의 상실에 의해 인간적 계승의 전통 위에 던져진 위협으로 보는 관점, 예술의 기획에서 이것은 이중적 측면에서 현시됩니다, 사회적 연관을 회복하거나 인간에게 "세계 안에 자리"를 부여하는 예술의 합의적 측면이 있습니다. 그리고 반대로 기억 불가능한 재난과의 직면이 되는 과장된 **불일치**가 있습니다. 나는 여기서 리오타르의 숭고 이론을 생각합니다. 그는 아방가르드의 모더니즘적 사유를 타자와 전체주의의 대 범죄에 대한 끝없는 명상에 부쳐진 예술의 모든 담론에 대한 무한한 빛의 증언으로 변형했습니다. 따라서 우리는 정치적 갈등과 예술적 실험 대신에 숭고한 고통과 문명의 대하드라마를 놓습니다.

● JR: 끝으로 현재 당신의 탐구에서 당신의 관심이나 현재 당신의 관심을 끄는 것이 있다면 무엇일까요?

현재 나는 예술의 미학적 체제라고 부르는 것에 대해 탐구 중입니다. 이것은 나에게 모더니즘의 개념을 깨는 수단, 즉 고전적인 표상의 논리와의 관계에서 단절을 고유하게 정의하는 것을 다르게 생각하는 수단입니다. 그리고 이것은 동시에 예술의 영역과 다른 영역들, 특히 정치와의 관계들이 어떻게 재정의되는지를 생각하는 것을 함축합니다. 요즘에는 예술의 미학적 체제의 역사, 그런데 다소 비정형적인 역사를 연구합니다. 나는 이 체제의 다양한 형태의 현시들을 위해 에리히 아우어바흐가 호메로스에서 버지니아 울프에 이르는 문학과 현실과의 관계의 변형에 대해 『미메시스』에서 했던 것과 유사한 것을 하고자 합니다. 나에게 문제는 표상적인 것, 형상적인 것의 경제와의 단절을 생각하는 것입니다. 나의 기획의 어려움은 이 단절을 하나의 예술에서만 생각하는 것이 아니라, 일련의 예술들, 일련의 예술에 대한 담론들 안에서, 또한 그림, 무용뿐만 아니라, 비판적인 혹은 철학적인 담론들 안에서 단절을 생각하는 것입니다.

가능한 것의 예술[239]

(풀비아 카르느발과 존 켈세와의 대담)

● 당신의 작업은 아주 특별한 여정을 겪었습니다. 당신은 19세기의 노동자들의 투쟁과 유토피아에 대한 아카이브 연구로부터 현대예술, 미학, 영화의 영토에 도달했습니다. 당신은 당신의 철학적 여정 안에서 단절들을 보시나요? 아니면 연속성을 보시나요?

나는 정치에서 미학으로, 과거의 해방의 운동에서 현대예술로 이행한 철학자가 아닙니다. 나는 항상 역사적인 필연성의 전제에 의존하는 통합적인 사유를 해체하고자 했습니다. 나는 1970년대 노동자들의 아카이브에 대해 연구했습니다. 그것은 68년 5월의 운동이 마르크스의 이

239 (원주) 이 대담은 파리에서 있었다. 이 책에 실린 긴 프랑스어 텍스트는 자크 랑시에르에 의해 편집되었다. 이 대담의 축약본은 자닌 헤르만(Jeanine Herman)이 번역해 "Art of the possible"이란 제목으로 2007년 3월, *Artforum* vol. 45, n° 7에 실렸다.

론화와 노동자의 해방의 형식들의 복잡한 역사 간의 틈을 명백하게 했기 때문입니다. 나는 마르크스주의의 독단주의의 회귀와 마르크스주의의 비판의 안경 아래서 해방의 사유의 척결에 반대하기 위해서 그것을 했습니다. 나중에 나는 현대예술의 질문들에 관심을 가지게 되었습니다. 왜냐하면 20세기의 예술의 역사에 대한 해석은 그 자체 이 역사의 조작을 함축하기 때문입니다. 현대예술은 "대서사의 종말"을 선언하는 포스트모더니즘의 담론과, 모더니즘 그 자체의 회귀, 즉 해방자로서 예술의 유토피아와 그것의 전체주의에의 기여에 대한 진술이 되어버린 모더니즘 그 자체의 회귀 사이에서 "유토피아의 종말"을 이끌 때 인질이었습니다. 그것은 항상 같은 절차입니다. 사람들은 금지로 이행하기 위해 시대구분과 역사적인 대 단절들을 사용합니다. 이것들에 대항해서, 나의 작업은 항상 같은 것이었습니다. 중요한 것은 노동자의 역사의 과거 혹은 예술의 현재가 문제일 때, 대 단절들(과학과 이데올로기, 위대한 문화와 대중문화, 표상과 표상불가능성, 모더니즘과 포스트모더니즘 등등…)을 부수는 것이었습니다. 즉 역사적인 필연성을 가능한 것들의 형상의 지형도, 정치적 주체화와 역사적 발명의 형식들이 자리하는 다수의 변형과 이동의 지각에 대립시키는 것입니다. 따라서 나는 예를 들어 어떻게 추상예술이 예술의 자율성의 현시로서가 아니라, 삶의 형식들의 생산자로서 예술에 대한 사유의 틀 안에서 발명되었는지를 드러내면서, 또 위대한 예술과 대중문화 간의 혼합은 1960년대의 발명이 아니라, 19세기의 낭만주의 혁명 한가운데 있었다는 것을 드러내면서 모더니즘과 포스트모더니즘의 구분을 문제 제기했습니다. 그럼에도 불구하고, 정치나 예술보다 나의 관심을 끄는 것은, 예술적이고 정치적인 실천들을 규정하는 경계들이 만들어지고 해체되는 방식입니다. 그것은 예술적이고 정치적인 발명의 능력들을 현재에 금지와 무능력의 선언을 강요하기 위해서만 도래할 대혁명을 예고하거나, 지나간 대혁명들을 애도하는 역사적인 대도식의 굴레에서 해방하는 것입니다.

● 당신 작업의 수용은 현대예술의 관객들과 철학의 독자들에 따라서 달라질까요?

개인적으로 나는 철학자들을 대상으로 말하지 않습니다. 또 나는 특수한 영역의 구성원들을 대상으로 말하지 않습니다. 나는 전공—철학, 예술, 사회과학 등등—을 나누는 경계들을 부수기 위해 씁니다. 따라서 나는 전공들과 능력들 간의 경계들을 해체하고자 하는 사람들을 대상으로 씁니다. 이것은 1960–1970년대의 몇몇 철학자들의 경우입니다. 이것은 더 이상 오늘날의 상황이 아닙니다. 그것은 대학이 더 이상 원하거나 권장하는 것이 아닙니다. 반면 현대예술의 공간은 보다 수용적일 수 있습니다. 왜냐하면 그것은 예술들의 전문성들 간의 한계의 지움에 의해, 구별된 실천으로서 예술의 가시성의 지움에 의해 탁월하게 정의된 예술이기 때문입니다. 예술의 미학적 체제의 이름 하에서 내가 생각하고자 한 것은 예술이 공통의 경험의 영역으로서 정의되고 제도화되게 하면서 동시에 예술인 것과 예술이 아닌 것 사이의 한계를 지우는 이 역설의 일반적인 형식입니다. 게다가 나는 현대예술의 영역 안에서 나의 작업의 특수한 수용이 있다고 생각합니다. 왜냐하면 나는 근대성, 근대성의 종말, 후기 근대성 등등 간에 세워진 나눔과의 관계에 약간의 공기를 불어 넣었기 때문입니다. 관계들을 복잡하게 만들면서, 예술적 산출들과 정치적 주체성의 산출들 간의 관계 안에 규정되지 않은 것이 있다는 사실을 다시 정립하면서, 나는 예술가들, 전시회 기획자들, 또 놓쳤을지도 모르는 예술의 역사적 사명의 전망에 의해 혹은 전체주의로 이끌릴지도 모르는 예술의 유토피아적 전망에 의해 죄의식의 세계 안에 연루된 다른 주역들을 해방하려고 했습니다.

● 당신의 평등의 개념화—예를 들어 『무지한 스승』에서 전개된 지적 평등의 사유—는 근대 초기에 혁명적 담론과 우리 시대의 현대예술의 실천들을 통한 주체적 해방에 대한 질문 사이에서 순환되나요?

예술의 이념 그 자체와 특수한 경험의 영역을 주장하는 것으로서 미학적 경험의 이념은 18세기 말에 평등의 기호—모든 주제의 평등, 인식의 위계질서와 사회적 삶의 위계질서와 단절된 판단 형식의 정의—아래에서 태어났습니다. 칸트, 실러, 헤겔이 말하는 이 평등은 평등 일반도, 혁명적인 운동의 평등도 아닙니다. 그것은 사회적 실존을 지배하는 위계질서의 중성화로서의 평등입니다. 이 미학적 평등은 다른 평등들과 섞이고 대립했습니다. 내가 조셉 자코트에게서 빌려온 지성의 평등에 대한 사유는 평등을 주장하는 다양한 사유와 실천을 시험하는 것을 허락하는 기준입니다. 이런 관점에서 보면, 예술은 그 자체로 해방자가 아니며, 예술은 그것이 실행하는 능력의 유형에 따라서, 또 예술의 많든 적든 나눌 수 있거나 보편적인 성격에 의해 해방자가 되기도 그렇지 않기도 한다는 것이 명백합니다. 효과들을 예상하면서 관객의 무지몽매함을 전제하는 예술의 형식들—예를 들어 이미 수없이 고발된 "스펙터클의 사회"나 "소비사회"의 비난에 투자하는 전시회들, 혹은 구경한다는 단 하나의 사실에 의해 "수동적"으로 전제되는 관객들을 광고에서 빌려온 기발한 장치들을 동원해서 "능동적"으로 만들려고 노력하는 전시회들—을 기다리는 해방은 없습니다. 예술은 그것이 강요된 메시지의 권위, 겨냥된 관객, 단일한 세계의 설명의 양태를 포기할 때, 그것이 끝없이 우리를 해방하기를 **원하기**를 그치지 않을 때, 해방되고 해방자입니다.

● 나눔의 문제로 돌아오면, 사람들은 당신에게 아주 자주 미학과 정치에 대해서 말해줄 것을 요구합니다. 점점 더 자주 인용되고 사용되는 이 두 항, 이 짝의 본성은 무엇인가요? 당신 생각에 어떻게 오늘날 그것은 유행되었고, 미학과 정치는 이상한 짝이 되었는가요?

그것은 유행의 문제가 아닙니다. 그것은 예술과 정치의 관계의 전통적인 정식의 이동입니다. 참여예술과 비판적 모델이 명백하던 시대에, 사람들은 예술과 정치를 마치 두 개가 서로 다르고 각각 자신의 측면을 가진 것으로 생각했습니다. 그러나 동시에 사람들은 아무 문제없이 예술적 제시의 양태와 의식의 매개를 통한 규정 사이의 이행을 전제했습니다. 자본주의에 감춰진 모순을 제시하는 예술가는 투쟁을 위해 정신과 육체를 동원하는 것을 생각했습니다. 그 추론은 절뚝거렸습니다. 그러나 설명의 도식들과 실질적인 운동들이 그 효과를 예상하기 위해 충분히 강할 때 전혀 심각한 문제가 아닙니다. 그것은 오늘의 문제가 아닙니다. 그리고 "미학과 정치"의 짝으로의 이행은 더 이상 한편에 예술이 다른 편에 정치가 존재하지 않는다는 것을 파악하는 방식입니다. 그리고 둘 사이에는 비판적 의식이라는 특권적 명상이 있습니다. 예술적 간섭이 산출할 수 있는 것은 그것이 정치적이 될 수 있는 것이고, 그것은 가시적인 것의 변형, 즉 견딜 수 있거나 없는 것으로서 지각하고, 말하고 느끼는 방식들입니다. 이 변형의 효과는 공통 감각의 바탕의 다른 변형과 논리적 관계를 갖습니다. 이로부터 "미학"은 예술작품은 그 자체로 어떤 정체성의 체계에 속한다는 사실에 의해, 또 가시적인 것, 말할 수 있는 것, 가능한 것의 어떤 나눔에 속한다는 사실에 의해 정의됩니다. 정치는 그 자신 안에 미학적인 차원을 갖게 됩니다. 정치는 주어진 것과 가능한 것의 공통의 풍경이고, 이 풍경은 다른 곳에서 획득한 "의식의 형식들"의 결과인 일련의 행동들이 아니라, 움직이는 풍경입니다. 미학은 이 공유영역을 의미합니다. 그러나 이 공유영역은 또한 예술적인 "표상"과 정치적인 "참여" 간의 모든 인과관계의 상실을 의미합니다. 내가 예술의 미학적 체제라고 부르는 것의 중심에는, 작품과 관객, 그 감각적 현전과 그것의 자연적 종말인 효과 간의 규정된 모든 관계의 상실이 있습니다. 문제는 감각적 영역 그 자체를 질문하는 것입니다. 그 위에서 예술적 행위들은 우리의 지각의 양식들의 변화를 가져오고 정치적 행위들은 행위의 능력들을 다시 정의하기에 이릅니다. 그러나 나는 우리가 예술적 실천과 정치적 실천의 만남의 장소로서 기술할 수 있는 감각적 풍경은 무엇일까라는 질문 위에서 작업합니다.

● 당신이 동의하지 않을 수도 있지만, 우리의 진단은 다음과 같습니다. 정치적 주체들이 역사적 과정들을 거치면서 정치의 장에서 사라지고, 구시대의 것이 되자마자, 주체들은 현대예술의 전설 속에 도상적 형상 아래서 회복됩니다. 동시대의 예술가들과 박물관의 학예사들이 이전 세대들의 반-문화에 대한 어떤 향수를 공유한다고 해도 말입니다. 예를 들어 우리는 노동 운동 주변에 집중된 모든 것들을 생각합니다. 다만 제레미 델러(Jeremy Deller)만이 아니라 다

른 많은 예술가들(리크리트 티라바니야(Rirkrit Tiravanija), 샘 듀란트(Sam Durant), 폴 창(Paul Chan))은 이런 도상적 코드들을 사용합니다. 이런 전개를 당신은 어떻게 설명할 수 있으신가요? 그것은 현대예술의 현재에 일치하지 못하는 늦음인가요? 아니면 합병의 형식인가요?

과거와 현재, 현실과 도상 간의 아주 단순한 관계를 넘어가야 합니다. 당신의 질문은 현재에 대한 어떤 이념을 전제합니다. 그것은 노동자 계급이 사라졌으며, 우리는 그것에 대해 향수나 키치적 단층촬영의 양태에서만 말할 수 있는 생각을 믿습니다. 예술가들은 여기서 그것은 주어진 순간에 지배적인 단층촬영에서 빌려온 전망이고, 게다가 과거의 재검토는 현재의 구성의 부분을 형성한다고 대답할 수 있을 것입니다. 따라서 질문은 제레미 델러가 대처 시대의 파업을 재구성하면서, 하이테크의 대가들만을 가지거나 과거에 대한 장난스런 시선만을 가지는—이러한 전망의 공범자인—세계의 지배적인 단층촬영과의 관계에서 틈을 제시하는가를 아는 것입니다. 과거의 반-문화에 대한 향수적 시간은 사실 두 가지 문제를 포함합니다. 하나는 저항의 시대에 투쟁적 문화와의 관계의 문제가 있습니다. 그것은 반드시 향수적인 것은 아닙니다. 그것은 젊은이들의 양태로서 저항의 문화를 드러내는 데 사용되는 조세핀 멕세퍼(Josephine Meckseper)를 말하지 않는다면, 차라리 샘 듀란트에게서 보듯이 신랄합니다. 그리고 다른 하나는 나에게는 어떤 변동의 대상을 만드는 것처럼 보이는 대중문화와의 관계에서 문제가 있습니다. 팝 아트와 "신사실주의" 시대에, 사람들은 고의적으로 "위대한 예술"을 불안정하게 만들기 위해 대중적인 "악취미"를 사용했습니다. 마틴 파(Martine Parr)의 키치 쟁반들의 수집은 여전히 이 전통을 따릅니다. 그러나 오늘날 예술적 발명과, 누구나의 능력과 그것에 고유한 저항의 힘을 증언하는 대상들과 행위들의 발명의 형식들 사이의 연속성에 형식을 부여하는 보다 긍정적인 시도들이 있습니다. 장-뤽 물렌(Jean-Luc Moulène)의 〈파업의 대상들〉이나, 에스테르 샬레프-게르츠(Esther Shalev-Gerz) 수용소의 수감인들이 그 용도를 변경하거나 다시 만든 대상들을 가지고 부헨발트(Buchenwald)를 기리기 위해 실현된 〈인간적 대상들〉(*Menchen Dinge*)의 설치와 같은 작업들이 그 예일 것입니다. 이것들은 어쩌면 나의 입장을 위해 선택된 사례들일지도 모릅니다. 그러나 대중문화나 반문화와 관계하는 이러한 방식은—그것들이 유통시키는 단층촬영에서가 아니라, 그것들이 실행하는 능력들의 관점에서—현재의 실질적인 정치적 쟁점인 것처럼 보입니다.

● 아니면 현대예술은 오늘날 공식적인 장이 되었나요? 우리는 실질적으로 많은 예술인들이 일단의 저항의 양태들이 시대에 뒤처진 것이라는 믿음을 갖는다는 사실을 지지할 수 있습니다. 그러나 어떤 척도에서, 당신은 현대예술의 예술가들이 우리 세계의 구성에 대한 질문들을 검토한다는 사실을 확인하시나요? 사례들을 말씀해주시겠습니까?

나는 저항보다 불일치에 대해서 말하고 싶습니다. 불일치는 감각적 일치의 변형, 다른 것을 대신하는 광경이나 정감(tonalité)입니다. 소피 리스텔후버(Sophie Ristelhueber)는 팔레스타인 도로 위에 만들어진 둑들을 사진으로 찍었습니다. 그러나 그녀는 시선을 사로잡는 거대한 장벽과 같은 것들은 찍지 않았습니다. 그녀는 멀리서, 위에서, 부서진 바위들을 가지고 만들어진 작은 수공업적인 둑들을 찍었습니다. 그것들은 마치

고적한 자연 풍경 한가운데 무너진 돌무더기처럼 보입니다. 이것은 분노와 같은 낡은 정감과의 거리를 취하는 방식입니다. 그 대신에 호기심과 같이 보다 눈에 띠지 않는 정감의 정치적 원천을 개발하는 방식입니다. 알프레도 자르는 르완다의 학살에 대한 작업을 했습니다. 그러나 그는 시체들을 보여주지 않습니다. 그는 학살의 장면에서 고정된 한 여자의 눈을 보여주거나 두 아이들의 제스처를 보여줍니다. 페드로 코스타는 영화를 찍는 동안 불도저가 마을을 철거하던 리스본 외곽에 가난하고, 마약에 열중하는 소외집단의 운명에 대해 세 영화를 연출했습니다(《오소스》, 〈반다의 방〉, 〈전진, 젊음〉). 그는 비참한 세계에 갇힌 모든 아름다움의 원천과, 잡일과 마약 사이에서 사는 사회적 낙오자들의 말과 사유의 능력을 드러내고자 했습니다. 그는 대중과 귀족, 다큐멘터리와 허구 사이에 구성된 관계를 지웁니다. 이것들은 사례들입니다. 그러나 모방해야 할 모델의 의미에서가 아니라, "불일치"가 의미할 수 있는 것에 대한 예시로서 사례입니다. 다시 말해 장소들과 정체성들, 광경들과 시선들, 가까움과 멈 사이의 관계를 재구성하는 방식입니다. **참여**의 필요성과 **탈출**의 위험들 사이의 관계에 대해 질문한 폴 창은 브레히트를 참조하면서 〈공감적인 소원〉(*empathetic estrangement*)에 대해서 말합니다. 나는 여기서 거리 만들기보다는 가볍게 만들기에 대해서 말하고 싶습니다. 문제는 광경들을 가시성의 형식 안에, 신체들을 능력의 평가 속에, 가능성들을 소여의 명증성들을 산출하는 기계 안에 가두는 연관들 가운데 공기를 첨가해서 그것들을 느슨하게 하는 것입니다.

● 잡종의 형태들, "열린 작품들", 멀티미디어, 다중작업의 가능성, "관계 미학", 스스로를 비판하는 예술가들, 전시회 기획자들 등등은—이 새로운 형식

들과 이 새로운 행위들이 한 나라에서 다른 나라로 이동하면서 행해지는 집단적인 전시회 안에서 자리를 잡고 있다는 사실을 언급함이 없이—예술의 세계 안에 능력들과 전문성들을 재분배하는 우리 시대의 "민주적" 수단들입니다. 그러나 이런 종류의 활동들 속에서 기존 질서나 스펙터클의 필요성에 도전하는 지점을 쉽게 발견할 수 있는지는 확실치 않습니다.

기존질서에 대한 도전은 예술가 혼자의 문제가 아닙니다. 사실 예술이 일어나는 장소들은 다른 때보다 오늘날 더더욱 역할의 분배, 다시 말해 능력들의 분배에 참여합니다. 예술가와 그의 산물들은 여러 지위들 사이에서 움직입니다. 자기 자신의 고유한 여정을 가지고 있는 주민들은 예술의 장소들을 탐방하고, 필요에 따라서 예술가들의 작업을 자기화합니다. 이 장소들은 동시에 운동가-학생-교수-예술가-전시회의 기획자인 혼합적이고 다형적인 주역들에 의해 투자됩니다. 이들은 단순한 제도적이고 상업적인 순환 위에 우회적인 회로와 논리를 창시합니다. 예술의 장소들을 가시적인 갤러리, 박물관, 상품전시회(foire)에 제한해서는 안 됩니다. 또한 미래의 유망주들과 반세계주의 활동가들을 형성하는 예술 학교들이 있습니다. 또한 작품을 지시하고 그것들에 대한 토론을 하는 포럼, 다양한 단체들에 의해 재정적 지원을 받는 주민들 가운데 탐구와 작업의 기획들이 있습니다. 무단 거주하는 예술 운동가들, 사회 교육자로 일하는 활동가들, 어디서나 전개되는 음악가들, 비디오 영상 예술가, 인터넷 상의 예술가들이 형성하는 병존하는 회로들이 있습니다. 바로 여기에 탐구의 세계가 있습니다. 오늘날 예술을 가지고 무엇을 할 수 있는가를 묻고, 이것을 위해 능력들과 매체들—사진, 텍스트, 비디오, 그림 등등—을 교차하는 세계가 있습니다. 그리고 예술의 지위를 운동가적 전통에서가 아니라, 불안정하고, 간헐적인 노동의 형식들로 생각하는 세계가 있습니다. 그리고 이것을 위해 이 세계는 다른 세계보다 지식인 계급의 지지를 얻는 허무주의에 별로 관심이 없습니다. 이 "다양한 매체성", 이 직업과 활동 간의 결정되지 않은 순환 불확실성 혹은 순진성을 낳을 수도 있습니다. 그러나 그것은 또한 공식적인 정치의 장의 토론들보다 더 생기 있는 정치적 반성과 토론들의 영역이기도 합니다. 그리고 우리는 이것을 멀티미디어의 거대한 스펙터클의 소음과, 또 시장의 "스펙터클"의 필요와 혼동해서는 안 됩니다. 시장의 "욕구"는 변동하고, 오늘날 잡종적 형식들의 개발보다 "회화의 회귀"에 내기를 거는 것처럼 보입니다. 해방의 이념은 자신의 법칙을 강요하는 장소들이 절대로 없다는 것을 함축합니다. 그리고 한 장소 안에는 항상 여러 방식으로 점유되는 다수의 장소들이 존재합니다. 매번 문제는 어떤 유형의 능력들을 적용하고 어떤 세계를 구성하는가입니다.

● 예술가들이 구상하는 실천들 혹은 산물들이 무엇이든지 간에, 모든 예술가들은 오늘날 성취해야 할 결정된 작업을 갖습니다. 직업적인 예술가의 작업은 가능한 한 가장 유효하게 그 가치를 생산하고 유통시킵니다. 상품전시회나 박물관들은 이런 전문성을 요구합니다. 따라서 질문은 직업으로서 예술의 특이성은 무엇인가입니다.

그렇습니다. 그러나 "가치를 산출하고 유통시키는 것"이 그 자체 직업을 규정하지 않습니다. 가치를 산출하는 여러 가지 방식들이 있고, 가치들을 산출하는 데 실패하는 직업적인 전문가들이 있습니다. 만약 우리가 우리의 시선을 다만 시장의 선호로 이동한다면, 우리는 오늘날 예술가는 자주 다수 유형의 작업을 행하고 다수 유형의 소득을 얻는 것을 봅니다. 이것은 노동의 일반적인 조건에 접근합니다. 프랑스에서 "비정규적으로 공연을 하는 예술인들"의 운동은 이 혼합된 현실을 말해줍니다. 우리는 단 하나의 법에 의해 규정된 세계에 살지 않습니다. 상품화를 야기하는 실천들은 또한 상품유통과의 관계에서 다수의 영역에서 자기화의 유통과 양태들을 규정합니다.

● 오늘날 여전히 상품과의 관계에서 외재성의 공간의 탐구를 믿는 사람이 있을까요? 예를 들어, 네그리는 시장 밖에 놓이는 것이 불가능하다는 사실을 지지합니다. 그리고 그의 마르크스 강독에서, 그는 변형은 자본주의 그 자체 내에서 산출되어야 한다고 결론 내립니다. 모든 경우에 진정한 바깥은 없습니다. 당신은 예술의 상품화를 비판하고 전복하려는 미학적 실천이 항상 가능하다고 생각하시나요?

어떻게 상품화를 회피할 수 있는가라는 질문은 기꺼이 답이 없다고 선언하기 위해 딜레마를 정립하는 것입니다. 예술을 위해서는 돈이 필요하고, 살기 위해서는 자신의 생산을 팔아야 합니다. 따라서 예술은 시장이고 이것에서 탈출할 방법은 없습니다. 예술가는, 다른 사람들과 마찬가지로, 어디에 발을 딛고, 어떤 장소에서 어떤 교환 체계에서 무엇을 해야 하는지를 알고자 합니다. 다른 장소 혹은 그 장소들의 다른 사용을 창출할 수단들을 찾고자 합니다. 이 탐구로부터 어떻게 시장을 회피할 수 있나, 그것을 어떻게 전복할 수 있나 같은 질문들로부터 극적인 대안들을 끌어내야 합니다. 자본주의를 어떻게 전복하는지를 아는 사람들은 그것을 행하는 것으로 시작하는 것에 만족합니다. 그러나 시장에 대한 비판들은 본질적으로 다른 모든 사람들은 순진하거나 기회주의자들이라는, 간단히 말해 일반적 무능력의 선언을 이용한다는 끝나지 않는 논증에 대한 그 자신의 권위에 정착하는 것에 만족합니다. 상품에 대한 비판은 오늘날 정신과 실천의 해방을 방해하는 우울한 일종의 염불이 되었습니다. 그리고 그것은 반동의 담론들과 동일시되는 것으로 끝납니다. 사람들은 전복이 불가능하다는 것을 선언하기 위해 그리고 모든 해방의 가능성을 부정하기 위해 전복을 주장합니다. 나에게 근본적인 질문은 놀이의 공간들을 유지할 수 있는 가능성입니다. 그것은 어떻게 우리가 기대된, 혹은 이미 전제된 것을 다르게 돌릴 수 있는 제시의 형식들, 공간 조직의 형식들을 산출할 수 있는가를 아는 것입니다. 정치적 발명으로서 예술적 발명의 첫 번째 적은 합의, 다시 말해 이미 주어진 역할의 가능성, 능력들의 나눔 안에 등록하는 것입니다. 고다르는 아이러니하게도 서사시는 이스라엘 사람들을 위해서 있고, 다큐멘터리는 팔레스타인 사람들을 위해서 존재한다고 말했습니다. 이것은 장르들의 나눔, 예를 들어 실재에 대한 정보와 허구의 자유 간의 나눔은 항상 이미 가능한 것들과 능력들 간의 나눔이라는 것을 의미합니다. 다시 말해 표상의 지배적인 체제 안에서 팔레스타인 사람들이 다큐멘터리에 속한다고 말하는 것은 그들은 다만 사실에 대한 정보적 시선에 혹은 고통에 대한 동정의 시선에 그들의 피해자로서의 신체를 제시할 수 있다는 것을 의미합니다. 이것은 세계를 단어들과 이미지들을 가지고 놀이하는 사치를 지불할 수 있는 사람들과 그렇지 못한 사람들을 나누는 것입니다. 전복은 이 나눔이 반박될 때, 팔레스타인 영화인인 엘리아 술레이만(Elia Suleiman)이 이스라엘의 체크 포인트를 표상하는 일상적인 굴욕과 억압에 대한 희극을 만들기를 시작했을 때, 또 젊은 팔레스타인 젊은이를 만화의 인물로 변형하기를 개시했을 때 시작합니다. 나는 또한 레바논의 몇몇 예술가들(요아나 하지토마스, 칼릴 조레쥬(Khalil Joreige), 토니 채커(Tony Chakar), 라미아 조레쥬(Lamia Joreige), 잘랄 투픽(Jalal Toufic) 등등)을 생각합니다. 그들은 영화, 설치, 퍼포먼스 등을 통해, 주체적 시선 혹은 허구적 탐구를 거치면서, 전쟁의 "허구적 아카이브"를 구성하면서, 감시카메라를 일몰 장면의 촬영으로 용도를 변경하면서, 포탄의 소리와 불꽃놀이의 소리를 가지고 놀이하면서, 내전과의, 점령과의 관계를 구성하기 위해 다큐멘터리와 허구의 놀이를 지웁니다. 자신들의 역사와의 구성적이고 때때로 유희적인 이 관계는 자신의 고유한 해석과 감정의 능력을 따르는 관객에게 전달됩니다.

● 당신의 강연 "해방된 관객"에서 당신은 "해방은 우리가 봄과 행위 간의 대립에 대해 문제를 제기할 때, 말하기, 보기, 행하기의 관계의 구조의 명증성 그 자체가 지배와 복종의 구조에 속한다는 것을 이해할 때 시작된다"고 말합니다. 이것은 물론 감각적인 것의 나눔의 이념과 연결됩니다. 그런데 당신이 지금 기술하는 어떤 유형의 시선이 주체화의 과정들 혹은 대상들의 변형을 거친 다양한 행위의 유형들을 밝힐 수 있으신가요? 당신은 더더욱 이것을 주체화의 과정으로 혹은 환경에 대한 행위의 물질적 과정으로 보시나요?

나는 몇몇 유형의 물질적 장치들이 정치적 주체화 혹은 반대로 정치적 소외에 의해 자동적인 효과들을 가지는 이념들에 대해 문제를 제기했습니다. 사람들은 예술의 정치화의 조건으로서 관객의 능동성을 언급했습니다. 이 프로그램은 이미 하나의 판단, 즉 관객은 수동적이라는 생각을 함축합니다. 그러나 보고 듣는 것은 전적으로 주의, 선택, 재

사유화의 작업이고, 예술가가 제시하는 것을 가지고 일종의 자신의 영화, 자신의 텍스트, 자신의 설치를 만드는 방식입니다. 예술가들과 전시회 기획자들이 배치하는 것은 사람들이 사물들, 이미지들, 단어들 사이에서 다르게 통행하는 장소들입니다. 그것은 속도, 느림, 정지 등입니다. 그것은 기호들의 배치, 떨어진 사물들 간의 접근의 제안, 압축된 사물들 안에 분리의 제안입니다. 그것은 다만 어떻게 표상들이 현실로 번역되는가를 물어야 하는 표상들이 아닙니다. 예술적 형식들은 정치적 행위들이 객관적인 현실의 측면일 때, 그에 반한 주체적 감각의 측면이 아닙니다. 정치적 선언이나 현시는 예술적 형식들과 마찬가지로 단어들의 배치, 행위들의 몽타주, 공간의 점령입니다. 두 경우에서 산출되는 것은 감각적 바탕의 변형, 즉 우리가 사물들, 가능한 것의 풍경에 줄 수 있는 시각적 소여, 강도, 단어들의 변형입니다. 고유하게 정치적 행위들을 구분하는 것은 그 수행이 집단적인 주체의 행위라는 것입니다. 이 주체는 모든 것의 대표, 모든 것의 능력의 대표로 주어집니다. 이런 유형의 발명은 특수한 것입니다. 그러니 그것은 특히 공간들과 시간들, 형식들과 의미작용들에 대한 예술가의 재형상화에 의해 산출된 감각적 바탕의 변형의 토대 위에서 행해집니다. 어쨌든, 주체화의 과정은 "환경에 대한 행위의 물질화 과정"입니다.

● "치안"이란 개념을 가지고, 당신은 지속적으로 사물들, 활동들, 사람들을 그 각각의 자리에 유지하고자 노력하는 사회적이고 정치적인 힘 전체와 동일시합니다. "치안"은 경계들을 건너는 것을 방해하는 것이고, 분과들 간의 나눔을 저지하는 것입니다. 그러나 이것은 동시에 종종 오늘날 "치안"이 지속적인 유통을 요구하기 쉽게 하고, 기존 질서에, 즉 아무것도 진정으로 움직이는 것이

없는 유통에 어떤 어려움도 야기하지 않는 경계들의 건넘의 실효성을 증진하는 힘들을 기술하는 데 기여한다는 것을 의미하지 않을까요? 어쨌든 누구도 여기서 문제가 현대예술이 자신을 정의하고 사유하고자 하는 조건들이라고 말할 수 없을 것입니다.

여기에는 두 가지 질문이 있습니다. 하나는 치안 일반의 개념을 보는 것에 대한 것이고, 다른 하나는 우리가 우리 사회 안에서 실질적으로 행해지는 권력의 형식들을 형성할 수 있는 기술(description)에 대한 것입니다. 치안의 명령어는 "지나가세요! 아무것도 볼 것이 없어요"입니다. 치안은 통제와 억압의 전략에 의해서가 아니라, 지각된 명증성의 체계에 의해 가시적인 것, 생각 가능한 것, 가능한 것의 형상화를 규정합니다. 이것은 또한 치안은 국가나 시장의 지배적 제도들에 의한 것만큼 사회적 몸체 안에서 모든 종류의 경로를 통해서 수행된다는 것을 의미합니다. 이것은 당신의 질문을 오늘날 모든 것이 유동적이 되었다는(지그문트 바우만(Zygmunt Bauman)), 자본주의적 산물은 나르시스적인 소비자들을 위한 삶의 경험들의 산물일 뿐이라는(슬로터다이크(Sloterdijk)), 그리고 국가는 길을 큰 흐름으로 열기 위해 존재할 뿐이라는 너무 쉽게 인정되는 테제와 관계가 있습니다. 우리는 5년 전에 바우만의 텍스트 안에서 현재 국가들은 확장과 군사적 통제의 의지로 유지되고, 또 국가들이 경우에 따라서 지적이고 신중한 몇몇 미사일을 대중들에게 쏜다면, 그것은 "유동적이고, 총괄적이고, 유연한" 새로운 권력들의 물꼬를 트기 위해서일 뿐이라는 믿기지 않는 선언을 발견합니다. 솔직히 말해서, 만일 이것이 사실이라면, 중동의 인민들은 만족할 것입니다. 그리고 만일 치안이 대다수의 이민자들에게 국경을 넘도록 강요한다면, 불법 이민자들은 아주 행복할 것입니다. 그러나 진실은, 우리는 하이테크의 가상보다 노동착취의 체계와 더 닮은 노동의 형식들에 의해 산출된 전적으로 물질적인 사물들의 세계에 산다는 것입니다. 이 세계 안에서는 국경들은 불평등만큼 단단합니다. 미국은 그들의 담을 허물 생각이 없습니다. 반대로 미국은 1000킬로미터의 장벽을 추가했습니다. 치안은 언제나 통행(circulation)의 체계이면서 동시에 국경의 체계입니다. 그리고 불일치의 실천은 항상 국경을 통과하는 동시에 통행을 가로막는 실천입니다. 이런 의미에서 합의적 형상 안에서 전적으로 파악된 비판을 자칭하는 사유와 예술의 측면이 있습니다. 나는 여기서 상품과 등가인 유통의 전능, 스펙터클의 지배, 권력의 외설성을 우리에게 드러낸다고 지속적으로 주장하는 모든 작품들을 생각합니다. 나는 제프 쿤스(Jeff Koons)의 〈마이클 잭슨과 버블스〉와 같은 미디어 아이콘(icône)의 동상화를 생각합니다. 이 동상은 몇 년 전에 미네아폴리스에서 〈즐겁게 시간을 보내자〉(*L'est entertain*)라고 불리는 전시회 입구에 놓이는 영광을 얻었습니다. 이 전시회는 파리에서 〈스펙터클을 넘어서〉라는 후기-상황주의자적 제목을 가지고 급진화되었습니다. 나는 폴 맥카시(Paul MacCarthy)와 제이슨 로즈(Jason Rhoades)가, 우리에게 스펙터클 사회의 엄청난 낭비와 상품, 스펙터클, 배설물의 제국에 참여하는 예술을 보여주기 위해, 도큐멘타 11[240]의 방문객들의 배설물을 컨테이너 안에 넣어서 공동으로 실현한 거대한 설치 〈플러그의 배설물〉(*Shit Plug*)을 생각합니다. 나는 전 세계 여기저기서 행해지는 상품전시회들을 산책하는 광고의 이미지들, 사회주의자의 현실주의적 표준의 이미지들, 아이들 동화의 이미지들, 게

240 도큐멘타(Documenta)는 5년마다 열리는 전 세계적인 현대미술 전시회이다.

임 비디오의 이미지들과 섞인 이 모든 재활용을 생각합니다. 단절의 시간일 수 있는 유통이 있다면, 그것은 상투적 표현들을 비판하는 상투적 표현들의 유통, 우리의 어린이 같음을 비난하는 거대한 동물 인형들의 유통, 미디어를 비판하는 미디어 이미지들의 유통, 스펙터클을 고발하는 눈길을 끄는(spectaculaire) 설치들의 유통일 것입니다. 시장의 권력과 그 고발의 권력의 등가성을 가진 이런 치안의 논리 안에 잡힌 일련의 비판적인 혹은 참여적인 예술의 형식들이 있습니다. 불일치의 작업은 항상 정상적이라고 간주되는 것과 주체적이라고 간주되는 것 사이의, 또 능동적이라고 생각되는 것, 즉 정치와 수동적 혹은 거리를 가진 것으로 생각되는 것, 즉 탈정치 사이의 경계들을 다시 질문하는 것입니다. 이것은 내가 좀 전에 리스본 주변의 무허가 판자촌에 대한 페드로 코스타의 영화들에 대해 언급한 것입니다. 나는 또한 『아트포럼』(*Artforum*)에서 최근에 출간한 크리스 마르케의 이미지들의 작품집을 생각합니다. 이것은 2006년 봄에 젊은이들의 노동조건을 좀 더 유연하게 만들기 위해 직원을 처음으로 채용할 때 적용되는 노동 계약법에 반대하는 프랑스 대학생들의 시위 이미지들입니다. 크리스 마르케는 한편으로는 영화를 찍고, 다른 한편으로는 컴퓨터에서 찾은 이미지들의 정교화를 통해— 시위 그룹들을 가지고 일종의 전설적인 주민을 창출했습니다. 특히, 나는 후드티를 입은 젊은이 그룹을 생각합니다. 외곽지대의 반란 당시 젊은 아랍인이나 흑인들이 머리에 쓴 이 후드 모자는 오명을 유발했습니다. 사람들은 그것을 테러리스트들의 마스크나 젊은 아랍여자들이 쓰는 베일과 동일시했습니다. 이 모자는 그들만의 관습에 갇힌 주민집단의 상징이 되었습니다. 그런데 마르케에게서 이 모자는 젊은이들을 중세 수도사로 바꿉니다. 우리는 여기서 로셀리니의 〈피오레티〉(*Fioretti*)의 성 프란체스코 수도사들을 생각합니다. 이것은 들뢰즈적 의미에서 "전설적인"[241] 집단이 되었습니다. 마치 그것은 모습들에 가해진 예술의 능력이 또한 이 모습들의 속성인 것처럼 존재합니다. 이것은 전망의 전복 사례입니다. 나는 우리는 언제나 전망들의 전복의 질서 안에 존재한다고 믿습니다. 치안은 "여기에 예술과 관련된 전복적인 것이 있다"라고 말하는 데 있습니다. 반면 정치는 "그 자체로 전복적인 예술 같은 것은 없다. 예술 형식들의 잠재력과 누구나의 정치적 잠재력을 규정하기 위해서는 일종의 영원한 게릴라전이 있을 뿐입니다"라고 말하는 데 있습니다.

● 크리스 마르케의 이미지들에서, 우리는 즉각적으로 경찰의 감시 방법들—시위 군중 가운데서 개인들을 확인하는 것, 사람들 가운데서 그들의 얼굴을 추려내는 것—을 생각합니다. 그 기술적인 면들에서 이 둘은 마찬가지입니다.

그것은 개인들의 정체성을 확인하는 기술이 아닙니다. 그것은 정체성을 지우는 전략입니다. 문제는 개인들을 확인하는 것이 아니라, 역할을 지우는 것입니다. 그것은 그들에게 허구적이거나 전설적인 모습을 주기 위해 인물들에게서 그들의 다큐멘터리적 정체성을 떼어내는 것입니다.

241 질 들뢰즈는 『사유와 영화』 강의 78(1985년 2월 5일 강의)에서 "자기를 가장한다(se déguiser de soi-meême)"는 것이 무엇을 의미하는지를 묻는다. 그리고 들뢰즈는 그것은 "이야기를 만드는 것(fabuler)"이라고, 그리고 그것은 거짓말을 하라는 것이 아니라, 전설을 만들라(faire légende)는 것이라고 말한다. 그렇다면 전설을 만든다는 것은 무엇인가? 그것은 연극화(théâtralisation), 허구(fabulation)가 들통이 난다는 것을 의미한다고 대답한다.

● 당신은 언어, 이미지, 행위들이 서로 부딪치고 변형되는 유사 전략적 공간 혹은 교환의 장소로서 표면에 대한 모던한 개념을 기술했습니다. 과도하게 활동적인 표면의 세계에서, 표면은 공적인 혹은 공통의 공간으로 머물 수 있을까요? 아니면 표면의 본성은 간격으로 변화되었나요?

두 가지가 있습니다. 하나는, 모던한 테제와는 반대로, 예술의 순수성을 구분하는 표면이 경계가 아니고, 반대로 서로 다른 공간들 사이의 지각변동의 장소인 역사적 실재가 있습니다. 말라르메가 무용을 마루 표면 위의 그려진 필체(graphisme)로 규정했을 때, 그리고 그가 이 무도적 글쓰기를 책의 페이지 위로 옮겨 놓고자 했을 때, 그는 이에 대한 설득력 있는 사례를 제공합니다. 모더니즘이 자신의 분리의 패러다임 안으로 수렴하고자 했던 이 예술적 열광은 반대로 표면들—페이지, 화폭, 악보, 마루—간의 미끄러짐에 의해 규정되었습니다. 오늘날 "표면"은 나쁜 평판을 받습니다. 뒤에 감춰진 실재의 파악을 요청하는 마르크스주의의 비판적 전통은 드보르(Debord)와 보드리야르를 거쳐서 표면 뒤에는 아무것도 없다는 이념에 의해, 그리고 표면은 모든 것, 이미지를 가진 모든 것, 자신의 고유한 거짓말을 가진 모든 이미지의 일반화된 등가의 장소라는 이념에 의해 지워졌습니다. 그 결과로 사람들은 화면을 거대한 기념물로 만들거나 그것은 어두운 상자 안에 넣어서 다시금 화면의 거짓말을 폭로하는 이 모든 설치들을 칭찬합니다. 그러나 미디어의 화면은 평면이 아닙니다. 화면을 책임지는 사회자는 끝없이 그 표면에서 그가 펼치고 접는 세계, 그것을 증명하는, 표면이 가로챈 "깊은" 세계의 깊이를 호소합니다. 이때 비판적 주장은 합의적 치안의 공간과 대응하는 공간을 구성할 위험을 갖습니다. 반면 극장에서 혹은 박물관에서 영화 상영의 표면은 매니아적 깊이에 대한 비판적 기능을 실현할 수 있습니다. 이미지를 그 표면의 허약성으로 돌려주면서, 그리고 이미지를 세계와 세계에 대한 담론의 단편들에 지체하게 하면서 말입니다. 거기서 갈등과 불의는 드러나고 말해지는 시간을 갖습니다. 나는 여기서 샹탈 애커만과 같은 영화 예술인이 영화 〈다른 쪽에서〉(*De l'autre côté*) 멕시코 국경의 담을 따라 걸어가면서, 혹은 양쪽에서 떠나기를 원하는 사람들의 담론과 그들에 반해 자신들의 공간을 방어하는 사람들의 담론이 전개되도록 내버려두면서 취하는 시간을 생각합니다. 문제의 국경을, 끝없이 국경을 건너면서 정보의 왕래를 사라지게 하는 국경을 다만 유지하는 화면의 분리 기능이 있습니다. 표면 위의 복종은 단절의 기능을 갖습니다. 그것은 전적인 전복이 아닙니다. 그러나 미학의 정치는 근본적인 전복을 하겠다는 협박을 거부하는 작은 단절들, 작은 이동들의 다수성의 의해 일어납니다.

● 물론 이제 표면은 전적으로 노동의 공간에 통합되었습니다. 우리가 일을 할 때, 다시 말해 우리가 소통할 때, 우리는 원리적으로 이 표면들 위로 미끄러질 뿐입니다.

여기서도 여전히 모든 것이 비물질적이 되었고, 노동은 영상들(écrans)이고, 영상들은 미끄러짐의 표면이라는 생각을 상대화해야 합니다. 나는 산티아고 시에라의 행동에 많이 공감하지 않습니다. 그런데 그가 이민 노동자들에게 그들이 자신의 무덤을 판 대가로, 혹은 그들의 조건을 의미하는 문신을 새긴 대가로 최소 임금을 지불할 때, 적어도 그는 노동의 시간과 그것이 신체에 미치는 효과 사이의 "등가"를 상기시킵니다.

그것은 화면 위로 미끄러지는 모든 것의 등가를 주장하는 것이 아닙니다. 화면은 빅 브라더[242]도 "다중"의 권력을 대표하는 집단적 지성의 망도 아닙니다. 영상은 또한 구성된 전이의 장소이기도 합니다. 그리고 질문은 표면들과 깊이들의 정상적인 기능을 문란하게 하기 위해 어떤 유형의 표면들을 구성할 수 있는가를 아는 것입니다. 박물관의 흰 벽 위에 고독(에이야-리사 아틸라(Eija-Lisa Ahtila))이나 비참(질리언 웨어링(Gilian Wearing))과 같은 스펙터클을 던지는 비디오 상연에서는 무슨 일이 일어날까요? 만일 우리가 그 규모를 변경해서, 우리가 텔레비전의 화면을 어떤 실내 공간의 벽 위에 3막 극의 세 이미지들로 바꾼다면, 일상의 산물의 논리에 어떤 문란을 가져오는지를 봐야 하겠지만, 어쨌든, 이미지와 같은 표면은 사물들의 무규정적인 숙명이 아닙니다. 그것은 소여의 좌표를 변경하는 예술의 작동입니다.

● 비디오 설치는 사람들이 진열장을 들여다보는 것과 같은 행위를 재생산할 뿐입니다. 비디오 설치 앞에서 해방된 감정을 갖는 일은 아주 드뭅니다.

비디오 설치에 의해 해방될 이유는 없습니다. 그러나 비디오 상연, 텔레비전 화면, 상점의 진열창이 모두 같다고 말하는 논리를 거부해야 합니다. 어떤 표면도 그 자체로 해방을 산출하지 않습니다. 어떤 것도 그 자체 해방을 산출하지 않습니다. 문제는 그 자체 관객의 시선을 예상하지 않는 시선을 정의하는 것입니다. 눈길을 끄는 설치들, 또 용광로(베른트와

242 빅 브라더는 조지 오웰의 소설의 주인공 이름인 빅 브라더에서 파생된 의미로, 개인의 자유와 사생활을 침해하는 제도나 실행들을 의미한다.

힐라 베허(Bernd et Hilla Becher)), 창고, 컨테이너(프랭크 브로이어(Frank Breuer)) 등의 사진들이 벌거벗은 표면 위에 객관적인 틀의 산물로서 새로운 객관적인 시선을 예고한다는 것은 사실입니다. 그런데 우리는 표면과 시선의 미끄러짐을 피할 수 없습니다. 해방은 프로그램된 시선이 아닌 관객의 시선의 가능성입니다. 이것은 비판적 예술가에게, 또 마찬가지로 상점들의 진열창의 장식가에게도 사실입니다.

● 반성이 이미 절반이 갤러리 선전으로 채워져 있고 다른 절반이 갤러리에 전시된 작품을 팔기 위한 글들로 채워져 있는 출판 공간 안에 기입되어 있을 때, 어떻게 우리는 이 모든 문제들에 대해 정확한 반성을 할 수 있을까요?

파올로 비르노(Paolo Virno)와 같은 현대 철학자가 제안하는 "협력이냐 탈출이냐"의 양자선택을 거부해야 합니다. 아마도 예술작품들을 팔기 위해 예술 상품 전시회에서 토론을 주관하거나 시장에 예술가들을 출시하기 위해 잡지들에 글을 싣는 것이 좋다고 생각하는 지적인 정당성을 찾는 예술가들, 전시회 기획자들, 갤러리 감독들 등이 있을 것입니다. 또한 제도와 시장의 규칙 내에 전복이 필요하다고 생각하는 예술가들, 전시회 기획자들도 있을 것입니다. 이것은 기존 질서에 접속된 예술과 동시에 기존 질서에 전복에 관심을 가진 사람들이 섞인 공간들을 창출합니다. 어쨌든 오늘날 예술 시장은 시장이 전적으로 지배하지 못하는 이 말과 사유의 공간들을 거칩니다. 문제는 여기서 우리가 할 수 있는 것이 무엇인가를 아는 것입니다. 나는 이 대담을 『아트포럼』에 제공합니다. 거기서 이 대담은 갤러리 광고들 가운데에 실릴 것입니다. 마찬가지로 작년에 프리즈 아트 페어(Frieze Art Fair)[243]에서 말할 기회가 있었습니다. 거기는 모든 상품 전시회에서와 마찬가지로, 그들의 상품들을 팔려는 갤러리들이 있습니다. 그러나 또한 상품들의 미로에서 자신들만의 고유한 여정을 구성하는 방문객들과 새로운 생각들을 찾아서 혹은 경험들을 교환하기 위해서 오는 자유로운 전시회 기획자들, 탈선적인 기관의 감독들도 있습니다. 이것은 상품 전시회를 구성하는 서클 안의 특별한 서클, 우리가 그 고유한 가능성들을 높일 수 있는 결정되지 않은 공간들 중의 한 공간을 규정합니다. 나는 이 토론의 공간을 구조화하기 위해 내가 믿는 것, 유용하다고 생각하는 것을 말하고자 합니다. 프리즈에서 나는 "예술, 정치 그리고 인기"에 대한 토론에 참여했습니다. 이것은 나에게 인기라는 말이 가진 두 이념—인기의 기준으로 사용될 대중적 대의를 그 이념으로 취하는 것과, 그 기준으로 만족시켜야 할 대중적 관객의 이념을 취하는 것—간의 차이 혹은 유사성을 반성하는 기회였습니다. 몇몇 예술 기관에서는 이 두 이념을 동일시하는 경향을 가지고, 후기-팝의 스타일로 많은 재미있는 설치들을 제작하면서 "외곽의 젊은 관객"들을 끌어당기고 긍정적인 정치적 효과를 산출한다고 간주되는 여러 유형의 전시들에 하나의 정치적 가치를 부여하는 경향이 있습니다. 다시 말해 "외곽의 젊은 관객"들을 끌어당기는 후기-팝의 스타일로 재미있는 설치들을 많이 하고 긍정적인 정치적 효과를 산출하면서 이 둘을 동일시하고, 이 두 유형의 전시회에 하나의 정치적 가치를 부여하는 경향이 있습니다. 예술가들, 비판가들, 전시회 기획자들과의 적지 않은 논의들이 있었습니다. 이것이 가져올 수 있는

243 프리즈 아트 페어는 런던과 뉴욕에서 매해 10월에 열리는 현대미술상품전시회이다.

효과가 문제일 때, 그것은 내 말을 듣거나 읽는, 그리고 내 말에 동의할 것인지 말지를 결정하는 그 사람들의 일입니다. 해방은 또한 우리가 자신의 생각을 다른 사람들의 머리 안에 넣지 않는지, 또 그 결과를 예상하지 않는지를 아는 것입니다. 나는 내가 말해야 할 것을 말했고, 사람들은 그것을 그들이 원하는 것으로 만들었습니다.

● 당신은 사람들에게 유용한 무기를 제공하셨나요?

내게 마술과 같은 무기는 없습니다. 그런 것은 어디에도 없습니다. 나의 역할은 무기를 주는 것입니다. 그러나 작품들, 예술의 현재를 구성하는 절차들, 진단의 유형들 등에 대해 반성하기 위해 다른 기준들을 발명하는 데 도움이 되는 무기를 주는 것입니다. 그러나 나는 절대 이것을 해야 하고 그것을 어떻게 해야 하는지에 대해 말하지 않습니다. 나는 전복적이고자 하는 사유 한가운데 대개 자리하는 불가능한 것들, 금지들을 거둬내기 위해 사유의 지도를 다시 그리고자 노력할 뿐입니다.

다른 유형의 보편성[244]

(마크스 클라머, 스테판 몬타본, 스테판 노이너, 므라덴 그라딕과의 대담)

● 『불화』의 끝부분은 후기-민주주의와 세계적 치안의 합의의 관점에서 "인민이란 가상의 영역의 철회[245]"와 함께 나아가는 정치의 "현실적 공백(éclipse)[246]"을 명백한 사실로 보여줍니다. 여기서 "몫이 없는 자[247]"의 몫, 그 정치의 실존적 조건은 더 이상 가능한 것처럼 보이지 않습니다. 최근의 당신의 글들은 예술과 정치에 대해 더 많은 것을 이야기합니다. 그러나 최근의 당신의 텍

244 (원주) 이 대담은 바젤의 아이코네스(Eikones—이미지의 역사와 이론 센타)의 독서클럽의 초대로 이뤄졌다. 이 대담의 질문들은 *Revue 31-Das Magazin des Instituts für Theorie* n° 10–11을 위해 스테판 몬타본에 의해 정리되었고, 스테판 노이어, 필립 우어스프링의 지도로, 취리히, 2007년 12월, pp. 21–27에 자크 랑시에르를 중심으로 "참여의 역설"(Paradoxien der Partizipation)이란 제목으로 실렸다.

245 (원주) 『불화: 정치와 철학』(*Mésentente: Politique et philosophie*), 파리, 1995, p. 188.

246 (원주) 같은 책, p. 144.

247 (원주) 같은 책, p. 169.

스트, “예술의 정치와 그 역설들[248]”에서, 당신은 “대체의 기능[249]”에서 예술 장치들의 충당에 대해 경계합니다. 이러한 기능을 넘어서 새로운 참여 정치를 위한 모델을 대표하는 예술의 정치가 가능할까요?

나는 여기서 정치의 불가능성이 아니라, 일시적 공백(일식)에 대해서 말했습니다. 정치적 주체화의 강력한 형태의 부재는 필연적으로 두 가지를 동반합니다. 한편으로 예술의 장소들로서 다른 장소들로 향하는 비일치적 활동으로의 이동이 있습니다. 다른 한편 이 이동을 새로운 정치의 원리로 만들고자 하는 이론화가 있습니다. 여기서 예술과 정치는 서로 혼동됩니다. 첫 번째에서 정보와 같은 기본적인 정치적 기능들조차 대개 예술적 장치들에 의해 보증됩니다. 예를 들어 내가 처음으로 〈불법적 인도(extraordinary rendition)〉의 과정을 들은 것은 미디어 예술가 월리드 라드(Walid Raad)의 수행 예술에서였습니다. 그리고 대개 미디어들이 모르거나 전형적인 담론이나 이미지들을 통해서만 알려지는 억압과 갈등의 상황들에 감각적인 불일치의 형식을 제공하는 것도 예술가들의 작품들입니다. 사람들이 참신하고 자극적인 가시적 형식을, 합의의 바탕에서 미디어의 장치들이 사라지게 하는 것들에 주기 위해 예술의 수단들과 장소들을 사용한다는 사실, 여기에서 나는 어떤 악도 보지 못합니다. 내가 예술의 “정치”를 이해하는 것은 바로 여기입니다. 감각적 풍경의 구성과 봄의 양태들의 형성은 합의를 해체하고 새로운 가능성

248 (원주) 자크 랑시에르, 『감각적인 것의 나눔. 예술의 정치와 그 역설들』(*Die Aufteilung des Sinnliehen. Die politik der Kunst und ihre Paradoxien*), 베를린, 2006, pp. 75–100.

249 (원주) 같은 책, p. 96

들과 동시에 능력들을 형성하는 것처럼 말입니다. 예술의 정치에 대한 전통적인 실수는 이 감각적 풍경의 재형상화를 운동가의 에너지와 전략을 위한 단순한 도구로 만드는 함축적인 목적론을 전제하는 것이었습니다. 이런 예술의 정치는 미학적인 체제의 내재하는 역설을 모릅니다. 즉 미학적 경험은 우선 목적을 수단에 복종시키고, 감성을 이성에 복종시키는 전략적 논리를 중단시키면서 정치적 효과를 만듭니다. 지배 형식의 가면을 벗기면서 저항에 무기를 제공하는 것으로 간주되다가 상품과 스펙터클의 전능에 대한 비관적인 증명이 된 비판적 모델의 퇴화는 그것의 가장 좋은 사례입니다.

문제는 이 실패가 문제 제기로 나아가야 하는데, 반대로 실패는 정치적 장의 허약함 때문에 문제를 직면하기를 거부하고, 예술은 미술관에서 나와서 실재에 간섭하는 형식이 되면서 직접적으로 정치적이 되어야 한다는 생각에 이르거나, 이 퍼포먼스를 오늘날의 정치의 형식으로 만드는 데 이른다는 사실입니다. 문제는 한편에 미술관이 있고, 다른 한편에 현실이 있는 것이 아닙니다. 그리고 정치는 실재로의 이행이 아니라, 실재의 다수화, 지배적 권력의 기구들에 의해 구성된 실재의 독점에 대한 비판입니다. 예술의 정치화를 예술의 실재로의 외출과 동일시하는 것은 사실 예술가들을 1960–1970년대에 운동의 형식들을 반복하게 했습니다. 몇몇 예술가들은 공장 안에 "뿌리내린" 학생들을 모방하면서 사회적 노동자가 되었습니다. 그러나 혁명적 노동자 집단의 형성이 더 이상 오늘날의 주제가 아닌 것처럼, 그 결과는 예술가의 일이, 끊어진 "사회적 연대의 보수[250]"로 환원될 위험이 있습니다. 다른 몇

250 (원주) 니콜라 부리오(Nicolas Bourriaud), 『관계적인 미학』(*Esthétique relationelle*),

몇 예술가들은 예술의 정치화를 좌파의 위대한 시대를 표시했던 상징적 행위의 형식들과 동일시했습니다. 거리축제(Reclaime the Streets) 스타일의 퍼포먼스/시위 혹은 예스맨(Yes Men) 유형의 사회 주요 조직 내에 침투를 예로 들 수 있을 것입니다. 그런데 이것들은 예술의 정치화의 좋은 형식으로서 평가되기보다, 정치적 관점과 보다 많은 수의 능력의 주체화의 형성의 가능성의 관점에서 판단되어야 하는 형식들입니다(예스맨은 자본주의자들을 물먹이는 데는 성공했습니다. 그러나 어떤 새로운 집단적인 주체성의 가능성이 이로부터 산출될 수 있을까요?).

문제에 대한 직면의 거부는 우리가 예술의 정치를 모든 것은 산출이고, 산출은 점점 더 비물질화되어가고, 결국 모든 산출적 퍼포먼스는 자본주의 체제를 파열시킬 다중의 권력의 분출에 참여한다는 이념 아래 포섭하기에 이릅니다. 이것과 관계해서 나는 우리가 존재한 적이 없는 예술을 위한 예술로 돌아갈 것을 요구한 것이 아니라, 우리가 원인과 결과 간의 미학적 단절 위에 근거한 예술의 정치의 특이성을 다시 생각할 것을 요구했습니다. 어쩌면 예술의 정치는 이미지들에 의해, 화면 위에서, 빛의 조합에 의해, 자신들이 무엇을 찾으러 왔는지 모르는, 그래서 자신들이 거기서 무엇을 가져갈 것인지 모르는 방문객들 앞에서 실행된다는 것을 상기하는 예술가들이 이미지들과 같은 공간을 정치적인 실질성을 증명하는 거대한 "실제적인" 퍼포먼스나 설치들로 가득 채우는 예술가들보다 더 잘 우리에게 현재 이 정치의 가능성들을 다시 생각하는 것을 가능하게 할지도 모릅니다.

 Dijon, Les presses du réel, 1998, p. 37.

● 참여의 정치적 행위의 주체는 당신이 『불화』에서 분석한 것처럼 집단적인 주체입니다. 그러나 칸트의 미학(감성론)의 정치적 읽기는 『판단력 비판』 안에 미학적 판단으로서 경험은 "개인적"인 의미에서 "주체적(주관적)"으로 사유된다는 사실에 부딪치지 않을까요? 주체적인 미학적 경험을 "미학적 공동체"를 야기할 수 있는 다른 경험들의 승인과 연결하는 것은 이미 칸트에게서 문제를 야기하지 않을까요? 정치의 주체는 미학적 경험의 주체에 직면해서 어떻게 행동할까요?

"주관적(subjectif)"은 "개인적"을 의미하지 않으며, 보편에 대립되지 않습니다. 주관적은 "객관적"과 대립됩니다. 미학적 판단은 그것이 진술하는 성질(그것이 아름답다)이 그것이 관계하는 대상의 어떤 속성과도 일치하지 않는다는 의미에서 주관적입니다. 그리고 그것은 바로 이 사실에 의해 다른 유형의 보편성의 창시자로 주어집니다. 그리고 보편성은 이 진술을 공유하는 목소리들의 계산과 일치하지 않습니다. 판단이 요구하는 것은 모든 사람이 같은 것을 아름다운 것으로 발견하는 것이 아니라, 모든 사람들이 "그것이 아름답다"와 같은 진술을 사물의 객관적인 속성의 지시뿐만 아니라, 한순간의 개인의 기분의 지시와 분리하면서, 이 진술과 다른 어떤 것을 말할 수 있다는 것입니다. 이런 의미에서, 미학적 판단의 주관적인 보편성은 정치에 대립되는 것이 아니라, 반대로 개인적 선택의 첨가도 아니고, 실체적인 집단성의 객관적인 표현과도 동일시되지 않는 정치의 이념을 형성하는 것을 허용하는 것입니다. 미학적 경험의 "이것도 아니고, 저것도 아닌"(인식의 대상도, 개인적 기분도 아닌) 것은, 이미 정치적인 주체화의 핵심에는 같은 종류의 이중적 분리—공동체의 전체도 아니고, 개인들의 총합도 아닌—에 대한 진술이 있기 때문에, 정치적인 의미를 가질 수 있었습니다. 이런 의미에서 동독의 시위자들의 "우리는 인민이다"라는 구호가 기능합니다. 사실 시위 군중은 다만 몇 백 명에 불과했습니다. 그러나 그들의 정치적 인민이 무엇인지에 대해서 말했습니다. 즉 공동체의 공간의 열림은 "인민의" 국가에 의해 체화된 전체성과, 이 체화된 전체성의 단위들로서 요청된 개인들의 총합과 분리됩니다.

정치적 주체화의 미학적 구조를 특징짓는 것은, 그 구조를 칸트의 미학적 판단의 형식과 구분하는 것은 미학적 구조는 판단 이상이고, 집단적인 실천의 형식을 갖는다는 것입니다. 그것은 처음부터 집단의 구성원들이 공통으로 증명하고 긍정할 수 있는 것에 대한 진술로만 정립되는 것이 아니라, 그들이 공동체처럼 존재하는 것과 그들을 주체로 만드는 것에 대한 진술로서 정립됩니다.

● 『불화』에서 당신은 "마치…처럼(comme si)"을 정립합니다. 정치적 장에서 드러나는 몫이 없는 자의 "마치…처럼"은, 마치 이미 참여가 있는 것처럼, 마치, 항상 이미, 몫이 그들에게 돌아온 것처럼 행위 하면서, 이 정치적 "마치…처럼"에 직면한 미학적 놀이의 "마치…처럼"을 정립합니다. 어떤 기준에서 이 두 "마치…처럼"의 각각이 행하는 나눔이 동일할까요? 또 어떤 기준에서 각각의 기능이 구분될까요?

미학적 "마치…처럼"과 정치적 "마치…처럼"은 공통으로 주관적 허구를 사물들은 "이와 같다(comme cela)"고 선언하는 합의의 객관적 허구와 대립시킵니다. 따라서 그 둘은 불일치의 작동자들입니다. 그러나 정치적 "마치…처럼"은 집단적 능력을 긍정하는 형식을 갖습니다. 즉 다만 나는 마치 모든 사람들이 같은 판단을 공유할 수 있는 것처럼 행위하는 것이 아니라, 우리는 마치 우리가 이미 존재하는 공동체의 구성원인 것처럼 행동합니다. 우리는 그것을 우리가 그 공동체 안에서 계산되지 않는 사람으로서 합니다. 우리는 그것을 우리를 계산하지 않는 사람들, 정치적 행위로서 우리의 능력과 우리가 정치의 시간과 공간에 속한 것으로 산출하는 시간과 공간을 모르는 사람들을 우리의 계좌 안에 포함시키면서 그것을 행합니다. 정치는 대화적이고 논쟁적인 구조를 갖습니다. 거기서 우리는 계좌들과 사람들을 재분배하는 논쟁적인 장을 설립합니다. 감각적인 것의 재형상화는 여기서 진술적인 능력들의 재분배와 동일합니다.

예술가가 감각적인 것의 풍경을 재형상화할 때, 사정은 이와 같지 않습니다. 예술가는 예술가들의 집단일 수도 있습니다. 그러나 그것은 문제가 되지 않습니다. 문제는 예술적 재형상화는 우리를 말하는 주체의 산출과 동일하지 않다는 것입니다. 예술적 작업은 불확실한 미학적 공동체를 위해서 "이것(cela)", 즉 주어진 것의 가시성의 형식들의 재형상화를 산출합니다. 우리가 19세기 이후의 예술의 진화를 관찰한다면, 우리는 이 재형상화 그 자체는 주관적인 세계들의 중합(polymérisation)의 의미 안에서 합의적 바탕을 파열시키는 경향을 갖는다는 것을 확인합니다. 들뢰즈와 가타리가 말하는 이것임/개성원리(Heccéité)는 이것과 비슷합니다. 그것은 논쟁적이고 주관적인 단일성들의 모든 분할에 환원불가능하게 된, 단절된 지각과 정감의 민주주의입니다. 물론 자기초과의 의미에서, 새로운 삶의 집단적인 잠재력과 자신을 동일시하는 의미에서, 항상 미학적 단절과 예술적 탈주체화를 초과하고자 하는 시도가 있습니다. 그러나 불일치의 두 형식 간의 관계의 가장 유용한 형식은 항상 불확실한 교섭들, 예술적 탈주체화, 즉 예술적 정지와 정치적인 주체화 사이에 개념 없는 교섭들의 형식입니다.

● 『감성의 분할』에서 당신은 "산출은 생산의 활동과 밝힘의 활동 즉 실천과 봄 간의 새로운 관계를 규정하는 활동을 통합하는 것이고, 예술은 노동의 원리 즉 감각적 물질의 공동체의 자기에의 현전으로 변형을 실현하기 때문이 예술은 노동을 예견한다"[251]고 말합니다. 만일 예술이 계열적 방식으로 사회의 노동을 가시적으로 만든다면, 누구를 위해 그것을 하고, 왜 이런 속성을 소유할까요? 세계화된 사회의 구성원들의 능력들은 예술의 기호들과 그것들의 훼손(défigurations)을 읽기 위해, 그 훼손의 작업에 참여해서 미학적 공동체를 형성하기 위해 무엇을 따르고 어떻게 조정해야 할까요?

당신이 암시한 이행 안에서 내가 기술한 것은 예술과 노동의 관계에 대한 나의 개념화가 아니라, 그 관계에 대한 일종의 역사적이고 이론적인 좌표입니다. 바로 이것이 노동과 기계가 새로운 사회의 구성적인 잠재력으로서 나타날 때, 우리가 아방가르드의 시대라고 부르는 것을 표시합니다. 여전히 이 개념화는 "다중"의 사유 안에서 산출의 개념의 팽창적인 사용을 근거 짓습니다. 여기서 지각과 정감들 위에서 행해지는 예술적 작업은 자본주의의 논리가 자기 부정에 의해 도달하는 비물질적이고 집단적인 산출의 대대적 표명 안에서 파악됩니다. 나에게 제기된 질문은 이 사유의 지평에서였고, 나는 이 방향에서 그것을 설명하고자 했습니다. 그러나 이 보여주기와 행위 하기의 동일시는 나에게 문제라

251 (원주) 자크 랑시에르, 『감성의 분할』, Paris, La fabrique, p. 71.

는 것은 명백합니다. 미학은 바로 이 둘 간의 긴장입니다. 물론 이 긴장은 상상적인 목적으로서 자기 자신의 초월, 행위의 투명성 혹은 표상 산출의 행위가 됨을 동반합니다. 이러한 경향은 역사적 표명의 그 형식들을 가졌습니다. 오늘날 그것은 풍자의 시간에 속합니다. 따라서 오늘날 예술의 형식들은 보다 겸손하게 행위의 지위들, 사물들의 얼굴, 봄의 양태들을 특징짓는 변형들을 보여줄 수 있습니다. 이것은 첫 번째 질문에 대답하면서 강조하고자 한 것입니다.

● 예술가와 자기 자신과 공동체를 형성하는 관객을 함축적으로 제안하는 고전적인 아방가르드의 참여 모델에 반해서, 당신은 "해방된 관객[252]"에서, 해방된 공동체는 제3자의 매개를 통해서만 세워질 수 있다는 생각에 반대합니다. 지난 세기에 아방가르드가 참여의 이름으로 자기 자신에 갇힌 것으로서, 작가와 연관된 것으로서 비판하고 제거한 예술작품의 고전적 개념을 제3자로 이해할 수 있을까요? 당신은 관객의 "해방된 공동체"를 "이야기꾼들과 번역자들의 공동체[253]"로부터 형성된 것으로 기술합니다. 이것은 "해방된 공동체"란 "담론"의 공동체, 즉 미학적 경험의 직접성 안에서라기보다는 예술에 대해서 더 많은 것을 말하면서 구성되는 공동체라는 것을 의미할까요?

제3자의 가치는 예술의 지고한 자율성을 상징하는 자기 자신에 갇힌 예술작품의 개념화와 아무런 관계가 없습니다. 자율성의 개념 그 자체는 양면성의 장소입니다. 작품의 미학적 자율성은 예술적 자율성도,

252 (원주) 자크 랑시에르. "해방된 관객", *Artforum*, 45:7(2007), pp. 271–280.
253 (원주) 같은 책, p. 280.

"작가를 분명히 밝히는 것"과도 일치하지 않습니다. 그것은 차라리 누구나에게나 열려 있는 것입니다. 그것에 의해 작품은 창조자의 표현이나 서명이기를 그칩니다. 거꾸로 소위 비판적 주장은 작품에서 작가를 분명히 밝히는 것을 강화하는 방향으로 나아가고, 예술가의 지고한 형상을 생산자와 분리될 수 없는 산물로 만듭니다. 해방된 공동체는 각자가 여기서 발견한 지식을 자신의 것으로 취하는 공동체입니다. 이것은 각자가 주어진 말, 역사, 사물, 이미지들의 세계와 관계한다는 것을 전제합니다. 이로부터 각자는 자신의 고유한 역사/이야기, 자신의 고유한 "지적 모험"을 구성할 수 있습니다. 이미 그 자리가 정해진 교육과 동원의 프로그램으로부터가 아니고 말입니다. 이것은 또한 이 관계들의 감각적인 환경의 새로운 개념화를 전제합니다.

전통적인 개념화는 산출과 수용, 능동과 수동의 이가성에 의해 지배됩니다. 관객은 여기서 수용하는 수동적인 개인과 동일시됩니다. 이로부터 좋은 단어들과 좋은 이미지들을 자신들에게 제공하고자 하는 사람들과 관객을 관객의 지위에서 빼내서, 그들을 능동적으로 만들고자 하는, 다시 말해 관객을 자신들의 고유한 프로그램의 주연으로 만들고자 하는 사람들의 전략들로 나눠집니다.

내가 말한 것은 관객은 능동적이라는 것입니다. 다시 말해 관객은 그가 본 것을 구조화하고, 그것을 자신의 고유한 모험 안에 기입합니다. 이것은 우리가 절대로 직접성 안에서 보고 느끼지 않는다는 것을 의미합니다. 우리는 언제나 자신의 고유한 모험을 쫓는 "창조자들"과 그 모험을 자신의 모험 속에 통합하는 능동적인 관객들 사이의 만남 안에 있습니다. 이것은 작품들은 세계를 만들면서만 존재한다는 것, 그리고 작품들은 우리가 공간을 구성할 때 세계를 만든다는 것을 의미합니다.

그 공간 안에서 작품들은 서로 만나고, 이동하고, 변형되고, 재형성화됩니다. 그래서 그 자체로 충분하고 주석과 담론의 독을 보존해야 하는 예술작품들에 대한 모든 수다에 반해서, 이 수다들을 그 자체 밖에 놓는 이 담론의 바탕이 있다는 것이 본질적입니다. 세계의 이미지들을 훼손하면서 한 세계를 형성하는 이 모든 말들이 없는 영화는 무엇일 수 있을까요?

● 『감성의 분할』에서, 당신은 글쓰기 페이지의 "평면성(platitude)"[254]과의 관계에서 회화의 "반표상주의적 혁명"을 분석합니다. 미학적 체제 안에서, 예술은 글쓰기의 표면성(superficialité)에 반한 플라톤의 평가 포기라는 특징이 나타납니다. 이 표면성은 르네상스 시대에 회화에서 깊이의 표상과 "살아있는 말의 행위를 파악할 수 있는 회화의 능력의 긍정"[255] 속에서 지속적으로 진술되었습니다. 글쓰기에 대한 당신의 전개와 데리다의 글쓰기의 개념 혹은 장-뤽 낭시의 공동체에 대한 사유 안에서 "문학적 공산주의"의 이념 사이에는 어떤 관계가 있을까요?

그 관계는 아주 멉니다. 나는 현대 철학을 읽으면서 나의 전망을 형성한 것이 아니라. 서로 별로 관계가 없는, 노동자들의 아카이브, 근대 문학, 고대 철학 등등의 담론들을 서로 연관시키면서 형성한 것입니다. 나에게 글쓰기에 대한 반성은 파르마콘에 대한 데리다의 테제로부터가 아니라, 노동자들의 아카이브로부터 온 것입니다. 나는 해방의 관점으

254 (원주) 『감성의 분할』, Paris, La Fabrique, 2000, p. 20.
255 (원주) 같은 책, p. 19.

로부터, 다른 이들의 세계였던 말의 세계 안으로 들어감으로써, 이전에 노동자와 대중문화에 속한다고 간주되었던 말의 세계와의 간격 속에서, 글쓰기의 세계, 특히 시학적 글쓰기의 세계를 표상하는 쟁점들을 파악했습니다. 이로부터 플라톤에게서 흥미로웠던 것은 나에게 글쓰기에 대한 비판의 시학적 쟁점이었습니다. 글쓰기는 지배의 권위와 분리된, 누구에게 말을 하고 누구에게 말을 하지 말아야 하는지 모르는 채, 이리저리 굴러다니는 이 말의 순환입니다. 이 추방에서 나는 글쓰기라는 독에 의해 파악된 인민에 속한 여자들, 남자들의 분류의 해체의 치명적 위기에 반한 엘리트들의 끝없는 쟁점 안에서 그 효과를 파악했습니다. 이 여자들, 남자들은 해방된 노동자들이며, 마찬가지로 엠마 보바리이며, 알 수 없는 주드(Jude l'obscur)[256]입니다. 이들은 주인 없는 말들, 사용 가능한 말들, 사회에 잘 정돈된 질서에 대해 위험한 감각적 세계를 사용하면서 서로서로를 구성합니다. 문학은 19세기에 모범적으로 글쓰기의 교란하는 힘이면서 동시에 그것을 고발하고 통제하고자 하는 시도가 일어난 장소입니다. 사람들은 물론 여기서 나의 문제의식과 데리다나 낭시의 문제 사이에 일치점들을 발견할 수도 있을 것입니다. 그러나 나의 문제들은 다른 방향에서 다른 문제들을 가지고 구성되었습니다.

● 당신의 책 『문학의 정치』를 통해, 우리는 함축적으로 당신의 글들에서 드보르(Debord)와 같은 인물의 역할을 보다 잘 파악합니다. 그의 근본적인 기도는

256 토마스 하디의 소설의 주인공이다. 그의 소설에 대한 우리말 제목은 다양하다. 『비운의 주드』, 『무명의 주드』, 『이름 없는 주드』 등등.

2007년 4월 5일자 신문 뤼마니테(L'humanité)와의 대담에서 당신이 "단독과 집단 사이의 망설임"이라고 부른 것에서 잘 드러나는 것처럼 보입니다. 다시 말해, 한편으로 스펙터클의 전체성을 진단하고 동시에 그것(전체성)을 배가시킬 수도 있는 한 집단의 의사를 파견하는 이론과 다른 한편 시간의 주인(Panégyrique[257])의 초상화를 구성하기 위해 비인격적인 강도의 순간들과 다른 순간들—문장, 행위, 개성원리(heccéité)—을 잠재적으로 배치하는 일탈(la dérive) 사이에서, "드보르" 법정은 불화와 오해 사이에서 특이한 울림으로 유지됩니다. 이 울림은 그 근본에서 전체와 동시에 단위들을 작동시키는 주체의 잠정적인 중단 전략입니다. 왜 아방가르드에 대한 비판의 마지막은 "드보르"가 드보르를 죽이는 것에 이르러야 할까요?

어쩌면 사람들은 내가 거기서 말한 것을 드보르에게 적용할 수도 있을 것입니다. 부분적으로 그를 작가로 간주하면서 말입니다. 그러나 나는 그 글을 쓰면서 전혀 그를 생각하지 않았습니다. 그에 대한 나의 관점은 그 글과 전적으로 다릅니다. 드보르와 함께, 또 다른 동시대인들과 함께 같은 것이 나에게 도달했습니다. 내가 그를 읽은 것은 아주 늦게, 그가 나의 사유에 긍정적으로든 부정적으로든 영향력을 별로 미치지 않았던 때였습니다. 그의 사유는 다만 간격들과 몇 년 간의 작업을 측정하기 위한 참조로서 사용되었습니다. 당신이 지적한 이중성도 나는 단위들의 문학적 재고(recomptage)에서라기보다, 인물과 그가 드러낸 것과의 관계의 각도에서 봅니다. 내가 드보르에게서 당신이 지적한 두 모

257 시간의 주인(Panégyrique)은 기 드보르(Guy Debord)의 작품(2권, 1989)의 이름이기도 하다.

습을 보는 것은 바로 이 관점에서입니다. 드로르에게는 한편으로 뒤집힌 세계에 대한 마르크스의 도식을 연장하고 잘려진 전체성의 회복을 호소하는 스펙터클의 고발자의 모습이 있습니다. 다른 한편 전체를 그 분열에 대립시키는 것이 아니라, 독특한 삶의 스타일에 집단적인 삶의 스타일을 대립시키는 놀이꾼의 모습이 있습니다. 요약하면 스펙터클을 내리는 비판은 그 비판이 세계 전복을 산출하기에는 무능하다는 것을 동시에 드러내는 배타적 선언명제가 있습니다. 스펙터클에 대립시켜야 하는 것은 행위입니다. 그러나 그 행위는 **자본**의 세계와 아무런 관계가 없는 행위들 안에서, 예를 들어 귀족적 삶의 스타일, 레(Retz)에 위대한 영주이며 프롱드 당원인 사람과 같은 삶의 스타일에서 그 모델을 발견합니다.

나에게 드보르에게서 공통된 것은 모두의 노예화를 긍정하면서 공통의 척도에서 물러선 자가 위에서 내려다보는 동일한 자세입니다. 이 자세는 대중의 민주주의와, 스펙터클과 상품의 제한 없는 권력을 동일시하는 우리 현대인들에 대한 담론들 안에서 가장 흔한 형식 속에서 재발견됩니다. "드보르를 죽일" 필요는 없습니다. 왜냐하면 그는 지배 이데올로기에 대한 비판이 되어버린 스펙터클에 대한 비판의 담론과 더불어 끝날 것이기 때문입니다. 그리고 그 비판이 의존하는 전통의 계보학을 만들 필요가 있습니다. 이미지, 스펙터클한 소비에 대한 비판을 발명한 사람들은 사물들, 이미지들, 기호들의 새로운 노출의 방식들에 의해 누구나에게 접근 가능하게 된 통제할 수 없는 경험의 형식들의 확산에 두려움을 느낀 19세기의 엘리트들입니다. 해방의 전통은 엘리트들의 이미지에 사로잡힌 대중들에 대한 담론들과, 또 그 전통이 함축하는 지배적 태도에 의해 전염되는 것을 방관했습니다. 드보르는 절대로 이 전통에서 엘리트들을 제거하는 데 도움을 주지 못할 것입니다.

2009년
『민주주의는 어떤 상태인가?』

"스펙터클"에 대한 비판의 비판[258]

(제롬 감과의 대담)

● 『해방된 관객』에서 당신의 전망은 스펙터클에 대한 비판의 비판입니다. 그 끝에서 당신은 이 스펙터클에 대한 비판의 이론적 전제들의 망을 구성합니다. 이 망은 정확히 무엇이고, 어떻게 작동하는지요?

요약하면, 그것은 우선 관객이 있는 장소로서 그 기원을 플라톤에 두고 있는 극장에 대한 선고가 있는 한에서 아주 단순하게 기능합니다. 그것은 본질적으로 근본적인 두 테제에 의존합니다. 우선, 관객이 된다는 것은 나쁜 일입니다. 왜냐하면 관객은 보는 자이고 가상에 직면에 있는 자이기 때문입니다. 그 결과로 관객은 동시에 다른 곳, 가상의 뒤 혹

258 (원주) 이 대담은 2008년 12월 생-테티엔(Saint-Etienne) 미술박물관에서 있었다. 그리고 이 대담은 『릴리-책과 이념에 대한 국제 잡지』(*RiLi-La revue internationale des livres et des idées*) n° 12, 2009년 7-8월호, pp. 46-52에 실렸다.

은 그가 보는 것 아래에 감춰져 있는 진리를 결핍한 자입니다. 따라서 첫 번째 근본적인 테제는 다음과 같습니다. 즉, 관객이란 보는 자이고, 보는 것은 악입니다. 왜냐하면 그것은 아는 것이 아니기 때문입니다. 이것과 연관된 두 번째 테제는, 비록 그 둘이 분리될 수 있다고 할지라도, 다음과 같이 말해질 수 있습니다. 즉, "관객이란 나쁜 것이다. 왜냐하면 그는 앉아 있고 움직이지 않기 때문이다." 결과적으로 관객이란 수동적이고, 당연히 좋은 것은 능동적인 것입니다. 관객에 대한 질문은 따라서 처음부터 아주 오래 전부터 근본적으로 대립적인 두 짝에 의해 틀이 만들어졌습니다. 즉 보는 것과 아는 것이 한편에 있고, 능동적인 것과 수동적인 것이 다른 편에 있습니다.

중요한 것은 그 근본에서 이론적 장치의 동성(mobilité)입니다. 그것은 우선 플라톤의 틀 안에서 기능합니다. 거기서 문제는 폴리스의 질서—각자 자신의 자리—를 정립하는 것입니다. 그리고 극장이 분열의 장소, 누가 누구이고, 누가 무엇을 하는지 우리가 더 이상 알 수 없게 만드는 장소로 발견되는 한에서, 그 결과 폴리스의 질서가 위협받게 되는 한에서 극장을 금지하는 것입니다. 그러나 동시에 이 대립은 지속적으로 재생산되고 옮겨질 수 있습니다. 즉 모든 진보, 혁명, 해방의 가치들로 채워질 수 있습니다. 우리는 이미 18세기 루소에게서 이것을 잘 볼 수 있습니다. 루소는 관객에 대한 비판을 다시 취합니다. 그런데 보는 것과 아는 것을 대립시키기보다, 보는 것과 행위를 대립시키면서 만일 우리가 극장에서 뭔가를 찾고자 한다면, 그것은 극장에서 구체적인 삶을 포기하기 때문이라고 말합니다. 결국 그가 연극의 무대에 대립시키는 것은 제네바의 대중 축제나 고대 광장에서의 시민 축제입니다. 여기서 그는 플라톤적 대립 안에 머뭅니다. 왜냐하면 플라톤은 이미 극장에서 일어나는 것을 합창단이나 도시에서 일어나는 것과 대립시키기 때문입니다. 후자는 말하자면 자신에 대해서 존재하는 것이 아니라, 자신 안에 머물면서, 스펙터클을 보는 것이 아니라 행위 속에 머뭅니다. 루소가 다시 취하는 것은 거의 같은 것이고, 다시 한 번 어떤 것은 다시 취해지기를 그치지 않습니다. 즉 미메시스에 대한 비판은 19세기에 사회적 비판의 핵심이 됩니다. 여기서 우리는 포이어바흐나 마르크스가 지배의 토대는 인간과 자신 앞에 저기 멀리 던져진 그 본질 사이의 분리라는 생각을 가지고 그 비판을 다시 취한 것을 생각할 수 있습니다. 이로부터 플라톤주의는 관객인 모든 사람들을 비난하면서 혁명적이 됩니다. 관객은 우선 바보처럼 눈을 크게 뜨고 물론 기계가 어떻게 돌아가는지 보지 못한 채 한 자리에서 지배되는 무지 안에 놓여 있습니다. 그리고 더 근본적인 것으로 두 번째는, 마르크스가 포이어바흐에게서 빌려온 것이고, 드보르가 우리 시대에 다시 도입한 이념으로, 관객은 낯설게 된 자신의 삶, 낯설게 된 자신의 활동 앞에 존재한다는 사실입니다. 도대체 여기서 무슨 일이 일어날까요? 미메시스에 대한 플라톤의 비판은 사회적 불행의 이유들을 설명하게 됩니다. 물론 모든 사회적 비판이 우선 관객들을 무지에서 그리고 그들의 수동성에서 해방하고자 하는 것과 반대로 역-효과를 가지고서 말입니다. 무지에서 해방하기 위해서는 우선 그 무지를 그 자체로 구성해야 합니다.

● 아르토와 브레히트를 따라서, 특히 당신은 하나의 역설을 중심으로 드보르의 경우를 상기합니다. 드보르는 한편으로 비-분리로서 진리를 주장합니다. 다른 한편 그는 진리와 분리된 가상을 응시하는 것을 나쁜 것으로 전제합니다. 다시 말해 그가 반-플라톤주의자이고자 하면 할수록 그는 점점 더 플라톤주

의자가 됩니다. 이 모순이 어떻게 가능한지요?

드보르의 유명한 반-플라톤주의적인 문장이 있습니다. 즉 "인간이 응시하면 할수록, 인간은 덜 존재한다."입니다. 다시 말해 여기에는 봄과 존재 간의 대립이 있습니다. 그러나 결국 이 대립은 같은 것으로 돌아옵니다. 왜냐하면 관객에게 결핍한 것은 그가 자신에 직면해서 가지는 것이 분리되어서 결국 낯선 것으로 발견되는 자신의 고유한 실재, 자신의 고유한 본질, 자신의 고유한 삶, 자신의 행위라는 의식에 이르기 때문입니다. 이 순간에 미메시스에 대한 비판은 본질적이 됩니다. 이것은 드보르의 영화의 제목 그 자체이기도 합니다 〈분리에 대한 비판〉, 다시 말해 스펙터클을 인간이 자신의 본질 밖으로 던지는 것과 동일시하면서, 스펙터클을 절대적인 악으로 정립하는 방식입니다. 이로부터 우리는 근본적인 거리와 무능력을 느낍니다. 왜냐하면 모든 사람들이 스펙터클 안에 존재하기 때문에 누구도 그로부터 탈출할 수 없고, 심지어 스펙터클의 이유를 아는 사람들조차도 탈출할 수 없습니다. 드보르는 "진정으로 뒤집힌 세계 안에서, 참은 거짓의 계기"라고 말하고 있습니다. 요약하면, 스펙터클의 이유를 아는 것은 스펙터클의 지배를 변화시키지 않습니다. 결국 스펙터클의 권력을 진술하는 목소리의 권위만이 남습니다. 이것은 특히 우리가 드보르의 영화들을 볼 때, 아주 잘 드러납니다. 왜냐하면 여기서 우리는 무차별적인 이미지들이(이것은 절대적으로 참이 아닙니다. 뒤에서 다시 말할 것입니다) 지나가는 것을 봅니다. 그리고 유일하게 중요하게 다뤄지는 목소리는 "당신은 이미지들 앞에 바보들처럼 그것들을 보기 위해 있습니다. 이 이미지들이 일종의 당신의 죽음인데도 말입니다"라고 말합니다. 분리를 말하는 이 목소리는 어떤 의미에서 이 분리를 신성화합니다. 목소리는 우리 모두가 이미지들 안에 있다고—거기에 있을 것이라고—말합니다. 그러나 그 목소리는 우리를 그 이미지들에서 벗어나게 하지 못합니다. 그럼에도 불구하고 다른 측면에서, 그 영화는 여전히 그 이미지들에 해결책이 있다고 우리에게 말하는 치료를 맡깁니다. 즉 더 이상 보지 말고, 행위 해야 한다고 말합니다. 드보르의 영화들, 특히 〈스펙터클의 사회〉에서 그가 서부극에서 빌려온 것들을 가지고 어떻게 하는지를 보는 것은 아주 흥미롭습니다. 우선 우리가 그렇게 아무런 방어 없이 돌격하는 에롤 플린(Errol Flynn)을 볼 때, 그것은 패러디라고 믿을 수 있을 것입니다. 또 우리는 그가 이 제국주의 미국인들의 멍청함과 그들의 영웅적 신화를 비웃고 있다고 믿을 수 있을 것입니다. 그러나 그것은 전혀 진실이 아닙니다. 반대로 그는 예를 들어 우리에게 이 공격을 제안합니다. 그는 우리에게 바로 이것을 해야 한다고 말합니다. 남군과 인디언들을 공격하는 에롤 플린이나 존 웨인처럼 해야 한다고 말합니다. 유일하게 임무로 주어지는 모델은 바로 스펙터클의 지배에 반한 프롤레타리아 전사들의 이 공격입니다. 동시에 물론 그것도 여전히 스펙터클의 하나로 남을 것입니다. 목소리의 권위가 "우리는 여전히 그 안에 있을 것"이라고 확인하는 것처럼 말입니다. 이로부터 우리는 어떻게 상황주의가 미디어에 의해 멍청해진 민주주의적 소비자에 대한 비판으로서 일상화된 판본 안에서 우리 시대의 것이 되었는가를 이해할 수 있습니다.

이 모든 것 뒤에 있는 것은 혁명적 마르크스주의적 비판의 전통이 일련의 불평등주의의 전제들—예를 들어 능동적인 것들이 있고 수동적인 것들이 있으며, 또 보는 사람들이 있고 아는 사람들이 있다는 전제들—을 흡수하는 방식입니다. 요약하면 이것은 능력이 있는 사람들과 그렇지 못한 사람들이 있다는 것입니다. 이로부터 가능한 여러 전략들이 있습니다. 아방가르드는 무능으로부터 나올 수 있는 수단들을 그 무능한 머릿속에 집어넣기 위해 능력 있는 사람을 모으든가, 아니면 우리는 실질적으로 행위의 순간은 지났고, 이제 우리 동시대인들은 영원히 이 스펙터클 속에 잠겨있다는 사실을 인정하는 환멸에 찬 위대한 영주의 지위를 취합니다.

● 당신은 이 질문을 당신이 자코트라는 인물을 중심으로 『무지한 스승』에서 분석한 지적인 해방에 대한 질문과 연결합니다. 당신은 소외의 고발(브레히트, 드보르)과 해방의 논리에 의해 허용된 자기와의 관계의 재사유화, 당신이 주체화라고 부르는 것을 구분합니다. 문제는 수동성을 고발하면서, 사람들은 본질적인 차이를 전제합니다. 이것은 자리와 능력들의 나눔을 가진 능동/수동의 차이입니다. 반면 해방은 이 규정된 자리의 할당을 변형하거나 인정하는 행위로서 보는 행위를 정립합니다. 당신은 이 개별적인 재사유화를 통해 감각적인 것을 재분배하고, 이를 위해 새로운 공통적인 것의 양태로서 평등의 능력에 대해 질문합니다. 이에 대해 좀더 자세히 설명해주시겠습니까?

자코트 비판의 핵심에는 무엇이 있을까요? 그가 가져오는 능동적인 것, 즉 인민 교육에 반대되는 지적 해방의 이념은 무엇일까요? 자코트에게 본질적인 것은 실질적으로 모든 것을 출발점에 의존한다는 사실입니다. 다시 말해 우리는 불평등에서 출발하던가, 아니면 평등에서 출발합니다. 평범한 교육자, 다만 교사를 말하는 것이 아니라, 정치적 교육자, 인민의 교육자로서 당수, 혹은 인민을 의식화하고자 하는 운동가는 항상 불평등에서 출발합니다. 교육학의 일상적인 논리는 "아직 아무것도 모르는 아이들, 편견에 가득 찬 사람들, 자신 앞에 무엇을 보는지 모르는 사람들과 더불어 시작해서 점진적으로 질서로, 불평등의 상황에서 평등의 상황으로 나아간다"는 것입니다. 물론 교육자가 불평등에서 평등으로 가는 여행을 조직하는 사람인 한에서, 불평등은 그것을 제거하는 메커니즘 자체 안에서 끝없이 재산출됩니다. 불평등의 축소는 불평등 그 자체의 그치지 않는 검토가 됩니다. 흥미로운 것은 극장에서 우리가 본 같은 방식, 같은 과정입니다. 아주 신기한 것은 20세기 초반부터 극장의 개혁가들이 극장 내에 극장에 대한 비판을 가져오고자 하는 것입니다. 플라톤과 루소는 "극장은 나쁜 것이고 사람들을 무지하게, 또 수동적으로 만든다"고 말합니다. 결국 극장은 극장 그 자체의 잘못의 개선을 자신에게 제안하고, 소위 교육자는 사람들을 능동적으로 만들기 위해 나아갔습니다. 우리는 20세기에 일어난 이 이념, 극장은 관객들을 수동성에서 벗어나게 해야 한다는 이 생각의 중요성을 알고 있습니다. 그것은 아르토의 양식일 수 있습니다. 즉 더 이상 무대 앞에 관객들은 없고, 반대로 관객들은 행위에 의해, 마치 일종의 행위에 의해 둘러싸인 것처럼, 스펙터클 앞에서 잃어버린 생명력을 돌려주는 행위에 의해 둘러싸여 있게 됩니다. 그것은 극장은 인민들의 집회와 같은 것이 되어야 한다고 주장하는 피스카토어(Piscator)의 이념일 수도 있습니다. 그것은 혁명 후에 소비에트에서 일어난 강력한 운동일 수도 있습니다. 즉 메이어홀드(Meyerhold) 시대에 문제는 극장 무대를 공동체적 행동으로 변형하는 것이었습니다. 항상 극장은 그 자체 공동체이고, 이 공동체는 상실되었고, 보는 것과 행위 간에 분리를 제거하면서 그것을 다시 회복해야 한다는 이념이 있습니다. 그럼에도 불구하고 우리가 아는 것처럼, 문제는 교육학적 논리 안에서와 같은 것이 극장의 논리 안에서도 일어납니다. 즉 관객들을 능동적으로 만들기 위해 연출가들은 모든 화려한 수단들, 거대한 장치, 영화 상영, 무대 위에 외적인 삶의 개입을 도입합니다. 관객들을 능동적으로 만들고자 하는 이 모든 수단들은 사실, 극장의 기계적 수단의 능력을 증가시키고, 그 앞에서 입을 벌리고 있는 관객의 지위 안으로 그를 밀어 넣는 수단들이었습니다.

나는 예술사가도 예술철학자도 아닙니다. 나는 일상적인 경험과의 관계에서 틈을 산출하는 경험으로서 미학적 경험에서 작업하는 사람입니다. 예술의 미학적 체제의 핵심에는 무엇이 있을까요? 그것은 지배의 논리와 단절하는 일종의 경험의 영역으로서, 당신이 언급한 것처럼, 칸트와 실러에게서 빌려온 이 자유로운 놀이의 개념, 관객 앞에 놓인 형식에 대한 이 자유로운 관객의 놀이를 구성하는 것입니다. 부르디외와 사회학자들은 "이 철학자들이 얼마나 멍청하고 순진한지를 보라! 그들은 실제로 노동자들과 부르주아는 각자 자신의 취향이 있고, 자신의 보는 방식이 있고, 자신의 판단 방식 등등이 있다는 것을 모른다"라고 하면서 이러한 방식을 비웃습니다. 그런데 정확히 이 미학적 경험을 표상하는 이 단절에 핵심에 있는 것은 우리가 사태를 반대로 파악한다는 것입니다. 다시 말해 "각자 자신에게 적합한 감각들(sens)을 갖는다"고 말하는 대신에, 여기서 사람들이 제안하는 것은 일종의 감각의 무절제의 경험입니다. 그런데 랭보적 의미에서가 아니라(그도 역시 이 사회학자들과 같은 영역에 속합니다), 지배의 형식에 속한 정상적인 경험의 형식들과의 단절로서 경험을 말합니다. 이것이 바로 내가 노동자들의 해방의 형식들을 통해서 경험하고 이해한 것들입니다. 노동자의 해방은 그럼 출발에서 무엇을 전제할까요? 착취, 자본의 지배 등등이 있다는 것을 아는 것이 아닙니다. 이것은 모든 사람들이 알고, 착취당하는 사람들도 이것을 압니다. 그것은 지배의 형식들에 의해 강요된 방식들과의 단절에서 말하고, 보고, 존재하는 방식들을 스스로 만들 수 있는 가능성입니다. 따라서 문제는 우리가 착취당한다는 것을 아는 것이 아니라, 어떤 의미에서 그것을 전적으로 무시하는 것입니다. 노동자들의 해방의 핵심에는 다른 이들이 미학적 시선을 향유하고 있는 동안에 노동자들의 두 팔은 노동하도록 정해져 있다는 사실을 무시하고자 하는 일종의 무지의 결정이 있습니다.『해방된 관객』에서 내가 노동의 하루를 이야기하는 목수, 가브리엘 고니의 짧은 텍스트를 가지고 설명한 것은 바로 이것입니다. 그는 부르주아 집에서 일을 합니다. 그는 마루를 깝니다. 그는 사장에 의해 착취당합니다. 그는 집주인을 위해 일을 합니다. 그 집은 그의 집이 아닙니다. 그럼에도 불구하고 그는 그가 지배하는 공간, 장소, 창문이 여는 전망 등을 기술합니다. 결국 이것은 무엇을 의미할까요? 그는 탐미주의자의 시선을 자기화하기 위해 그의 팔과 시선 사이의 일종의 분리를 작동시킵니다. 물론 부르디외는 "여기서 그가 얼마나 신비화되어 있는지를 보라!"고 말합니다. 그러나 나는 사태를 역으로 취합니다. 여기서 중요한 것은 바로 정체성의 양태와의 관계에서, 지배에 의해 조직화된 일상적인 감각 경험과 붙어있고, 존재하고, 느끼고, 지각하고, 말하는 이 양식들과의 관계에서 탈-정체화, 탈-적응을 통해 벗어나는 것입니다. 이 모든 것은 나에게 아주 중요했습니다. 이것은 해방을 의미합니다. 그것은 가장 물질적인 의미에서 잘려져 있는—팔은 노동을 하고 눈은 다른 곳으로 떠나는—일종의 단절, 즉 조직된 감각적 양태와의 대립을 의미합니다. 나는 하찮아 보이는 이 텍스트를 인용했습니다. 이 텍스트는 1848년 6월 혁명 시기에《노동자들의 경종》(*Le Tocsin des travailleurs*)이라는 혁명적 노동자 신문에 실렸던 글입니다. 그것은 아무것도 아닌 것이 아닙니다. 하찮아 보이는 이 짧은 묘사는 어떤 것이 노동자의 목소리로서 구성될 수 있고 공감될 수 있는지를 보여주는 개인들의 경험의 유형을 기술합니다. 노동자의 목소리는 "노동자들이 함께 모여서 같은 지붕 아래서 자신들의 불행을 소리치는 것"이 아닙니다. 그것은 "우리가 자신의 조건과 맺는 고유한 관계의 변형의 토대 위에서 말할 수 있는 집단적인 능력으로서 자신을 구성한다"는 것을 의미합니다.

● 소위 비판적 예술에 대해 당신은 "그것은 우리의 과두적 사회 질서의 다른 모습"일 뿐이라고 기술합니다. 당신은 이것을 "특질 없는 인간의 특질"에 대립시킵니다. 당신의 공격 대상은 바로 이 사회학(당신은 사회학은 부르주아 질서가 붕괴될 때, 발명되었다고 말합니다)입니다. 문화적 자본의 구성과 재생산은 시간을 통한 나눔 그 자체의 반복입니다. 반면 감각적인 것의 나눔은 매번 그 규칙들을 재발명합니다. 그러나 이 나눔을 위한 시간의 대한 질문, 혹은 지속에 대한 질문은 어떤가요?

이런 유형의 경험의 특권적 순간들이 있습니다. 여기서 내가 기술하는 것, 나머지 신체들과 분리되는 이런 유형의 시선의 획득은 작품들, 텍스트들, 이미지들의 지위 안에서 일련의 모든 변형들과 동시적입니다. 그것은 왕들의 궁전을 장식하고, 믿음의 신비를 그리는 작품들이 그 수신자를 떠나서 박물관들로 가는 순간입니다. 이 장소들에서 작품들은 그 수신자들과, 그 기능들과 분리되고, 누구나의 시선에 제공됩니다. 이것은 누구나 보러 갈 수 있다는 것을 의미하는 것이 아닙니다. 20세기보다 19세기에 더 많은 사람들이 박물관에 갔습니다. 왜냐하면 나중에 더 잘 거기에 가게 하기 위해 우선 사람들을 거기에서 쫓아내는 것—교육학적 논리—을 전제하는 정치들이 아직 없었기 때문입니다. 따라서 우리는 거기에서 특권적인 시간의 매듭들을 갖습니다.

그러나 이것은 지속적으로 산출됩니다. 우리가 "현대예술"이라고 부르는 것에서, 중요한 것은 언제 우리가 예술 안에 있고, 더 이상 거기에 없는지를 가르는 일종의 이 경계들의 지워짐입니다. 그 둘을 연결하는 장치들을 창출하던 지난 모든 시간들을 알 때, 이것은 놀라운 일입니다. 문제는 여기의 예술과 저기의 누군가 사이의 길을 만들고자 하는 것도, 모든 것을 단계별로 조직하고자 하는 것도 아닙니다. 흥미로운 것은 예술이 무규정적인 것이 되고, 그 경계들을 상실할 때 시작합니다. 오늘날의 음악을 예로 들어 봅시다. 무엇이 지식인의 음악이고, 무엇이 그렇지 않을까요? 그것이 지식인의 음악이었는지 모르는 채 그 음악을 듣는 많은 사람들이 있습니다. 전자 음악은 지식인의 음악일까요 아닐까요? 그것은 "젊은이들의 음악"에 속할까요? 아니면 지식인의 음악에 속할까요? 더 이상 그 구분을 잘 알 수 없습니다. 중요한 것은 더 이상 한편에 예술이 있고 다른 편에 관객이 존재하지 않게 하는 혼선과 이동의 형태들입니다. 다만 지각, 정감, 말의 체제들의 변형의 형식인 경험의 형식들만이 존재합니다.

● 당신은 예술의 효과들이 더 이상 예상될 수 없고, 이념을 위한 도구로 사용될 수 없는 예술의 미학적 체제의 이질적이고 절충적인 실천의 원리로서 특이한 평등의 잠재력을 전개합니다. 『해방된 관객』에서 표상을 현전으로, 수동성을 능동성으로 변형하고자 하는 하이퍼-연극(Hyper-théâtre)에 반해서, 당신은 장르들의 혼합을 이해하고 실천하는 방식으로 연극의 무대와 일치하는 공

동체적 생동감과 잠재력의 특권의 폐지를 제안합니다. 이것은 연극의 무대를 이야기하고, 연극의 무대를 독서 혹은 이미지 위의 시선과 동등한 토대 위에 다시 놓기 위해서입니다. 요약하면 그 방식은 무대를 이질적인 수행들(이야기하기, 독서, 이미지 보기 등등)이 서로서로 번역되는 새로운 평등의 무대로서 제안하고자 합니다. 당신은 이 각각이 사회적 운명을 갖는다는 것을 반박하고, 각각은 그 맥락이 무엇이든지 간에 감성을 구성한다고 주장합니다. 이 주장에 대해 설명해주시겠습니까?

교육학적 정치라고 내가 부르는 것에는 항상 일종의 생동주의적 전제가 있습니다. 사람들은 어떤 스펙터클이든지 동시에 대중적, 공동체적, 정치적이기 위해, 그것은 생동적이어야 한다고 생각합니다. 결과적으로 무대—연극, 무용, 행위예술(performance) 등등—위에서 움직이는 신체들, 사물들을 전개하는 형식에 주어진 특권들이 있습니다. 그리고 사람들은 그것을 일종의 집단적인 생동의 잠재력으로 정의합니다. 그래서 항상 연극은 자연적으로 공동체적인 장소이고 그것에 생명력을 불어넣어야 한다는 이념이 있습니다. 이것은 집단적인 대 몸체가 자신의 통일성을 재발견하는 과정으로서 해방의 사유를 함축합니다. 이런 이유로 다소 도발적으로 아니라고 말하면서 사태를 뒤집고자 했습니다. 연극이나 생동하는 형식들은 다소 우리가 보는, 우리가 주의를 가지고 혹은 건성으로 보는 이 책들, 이야기로부터 우리가 각자의 이야기를 구성하는 이 책들과 같아야 합니다. 이것은 자주 영화에서 일어나는 일들입니다. 왜냐하면 영화인들의 등 뒤에서 끊임없이 영화를 다시 만드는 관객들의 활동이 없으면 영화는 존재하지 않게 될 것이기 때문입니다. 다시 한 번 나에게 중요한 것은, 집단적인 거대한 몸체를 일으키는 것으로서가 아니라, 다른 형태의 공동체들과 엮일 수 있는 경험의 형식들의 증식으로서 해방의 길들을 존중하는 것입니다.

● 『미학 안의 불편함』에서 이미 당신은 미학적 체제에 고유한 비규정적인 다양한 형태의 합리화의 양태들을 정교화했습니다. 그리고 미학적 체제는 오늘날 윤리적 체제에 이른 듯이 보입니다. 당신이 "비판적 패러다임의 고발에 속한 변증법"이라고 부른 것 주변에서 『해방된 관객』이 행하는 보충적인 조치로 돌아가 봅시다. 여기서 당신의 질문은 어떻게 (감각의) 봄의 체제를 생각하는가입니다. 이 봄은 이념(환상의 희생자가 될지도 모른다는 두려움)에서 온 의혹의 대상이 아니라, 해방된 관객의 활동 안에서 작동하는 감각적인 것의 산출성, 봄의 내재적 잠재력입니다. 그러나 이 잠재력은 "궁극적으로 근본적인 근본성"의 멜랑콜리와 당신이 언급하듯이 보드리야르, 볼탄스키/시아펠로, 슬로터다이크, 바우만에게서 작동하는 동어반복적 무능력에 의해 덮이는 것이 아닙니다. 당신은 같은 곳에서 "멜랑콜리는 그 자신의 무능력에 의해 자라난다. 멜랑콜리는 자신을 일반화된 무능력으로 개종하는 것으로, 또 체계에 대한 비판적 해석이 체계 그 자체의 요소가 되는 세계에 실망한 시선을 던지는 깨어있는 정신의 입장을 자신에게 보존하는 것으로 충분하다"고 말합니다. 당신이 같은 조각의 양면이라고 그리고 같은 결론에 이른다고 말한 좌파적 멜랑콜리와 우파의 열광 사이의 근본적인 차이와 변증적 운동을 자세히 설명해주시겠습니까?

나는 각각에게 왜 이것이 작동하지 않는지를 다 설명하지 않을 것입니다. 그것은 나의 목적이 아닙니다. 나의 관심은 우리가 해야 하는 것에 대한 일반적인 지형도를 그리는 것입니다. 그것은 어떻게 40년의 공간 안에서, 1950–1960년대의 진보적인 주제들—바르트 식의 상품의 신화화에 대한 고발, 보드리야르 식의 소비사회에 대한 고발, 상품의 물신화에 대한 비판—이 점진적으로 변형되었는가를 보는 것입니다. 왜? 왜냐하면 결국 이 비판들—다시 한 번 사람들에게 그들이 문제가 있는 세계 안에 존재하고 변화가 필요하다는 것을 이해시키기 위한 비판들—은 사람들이 충분히 변화가 필요하다는 사실 뿐만 아니라 어떻게 세계를 변화시킬 것인지를 알고, 안다고 생각할 때에만 기능하기 때문입니다. 우리가 처한 시나리오에 대한, 역사의 방향 안에 우리가 존재하고 역사는 근본적인 변화로 나아간다는 것에 대한 확실성이 지워지는 순간에 무슨 일이 일어날까요? 이 과정들은 자기 자신으로 되돌아가기 시작합니다. 그것은 내가 1970년대 한 운동가의 사진 몽타주—우아한 미국인 거실에서 죽은 아이를 안고 있는 불쌍한 베트남 여자를 보여주는 마르타 로슬러(Martha Rosler) 류의 몽타주—에서, 형식적으로는 같으면서, 그 의미가 변형되는 것을 보여주는 방식을 통해서 내가 순수하게 시각적인 관점에서 설명한 것입니다. 그것은 내가 조세핀 멕세퍼의 사진을 통해서 설명한 것이기도 합니다. 그 사진은 우리에게 쓰레기 더미 앞에서 이라크 전쟁 반대 시위를 보여주는 것입니다. 물론 쓰레기가 쓰레기통에 넘치고 있습니다, 우리는 즉각적으로 이해할 수 있습니다. 이것은 항상 같은 것입니다. 소비사회와 군사주의, 단지 여기서는 그 관계가 역전됩니다. 이제 쓰레기통이 전면을 장식합니다. "이것이 당신들의 현실이다. 당신은 항상 당신이 기존하는 질서에 반대해서 시위한다고 믿지만 현실은, 소비자로서 당신들은 공범자라는 사실이다 등등." 나에게 중요한 것은 형식적인 절차들은 같은 것으로 남는다는 사실입니다. 그리고 그 의미가 전적으로 역전됩니다. 다시 말해 비판은 일종의 우울한 애도가 됩니다. "봐라. 얼마나 불행한가! 이 사람들은 소비사회의 희생자들이다. 여기에 이들이 투쟁해야 하는 이유가 있다.” 그러나 “어쨌든 이들이 거의 목까지 그 안에 깊이 잠겨있는 것을 봐라. 그들은 행복하게 거기에 존재한다.”

이것은 바로 내가 다양한 모습들을 거쳐서 설명한 것입니다. 우리가 슬로터다이크(Sloterdijk)를 생각한다면, 그것은 『거품』(*Ecumes*) 안에서 나타나는 경감의 주제입니다. 그는 우리 사회는 경감의 사회라고 말합니다. 점점 더 적은 실재가 있고, 점점 더 적은 빈곤이 있습니다. 여기서 사람들은 빈곤이 사라졌다는, 실재가 사라졌다는, 그리고 종국적으로 여전히 실재와 빈곤이 존재한다고 우리를 믿도록 하는 허위 의식을 가진 사람들이 있다는 일종의 절대적인 확신을 갖습니다. 따라서 일종의 비판의 악순환이 있습니다. 즉 그것은 기 드보르에게서 거짓된 부에 대한 비판이 아니라, 거짓된 가난에 대한 비판입니다. 여기에는 일종의 좌파의 멜랑콜리가 있습니다. 그는 말합니다. “사람들은 어쨌든 너무 행복하다. 그들은 너무 행복한 것만이 아니라, 그들은 자신들이 불행하다는 것을 다른 사람들에게 믿게 하고, 비참이 존재한다는 것 등등을 믿게 한다.” 당신은 볼탄스키/샤펠로(Boltanski/Chapello)에 대해서도 말하고 싶어 합니다. 우리는 짧은 시간에 모든 것을 다 비판할 수 없습니다. 그러나 중심적인 테제는 항상 모든 것을 회수하는 기계의 무한한 능력에 대한 것입니다. 즉 어려움에 처한 자본주의는 창조적인 노동을 원했던 68년의 아이들의 창조성을 회수했기 때문에 구원되었다는 것입니다. 그리고 지금 그 아이들은 유연한(flexible) 노동의 형태를 가지고 창조적 노동을 행합니다 등등. 사실 이것은 말장난입니다. 왜냐하면 한편으로 68년 사람들은 창조적 노동을 요구하지 않았기 때문입니다. 차라리 그들은 자본주의 체계의 파괴를 요구했습니다. 그 둘은 같은 것이 아닙니다.

그리고 다른 한편 오늘날 실천된 유연성은 반-권위를 주장하는 혁명의 아이들의 자유로운 창조성의 요구와 전적으로 다른 것을 의미하기 때문입니다. 더 자세한 것까지 여기서 다 언급할 수는 없습니다. 그러나 중요한 것은 원리상으로 해방으로 향하던 비판적 담론이 어찌 되었든 왜 모든 해방은 불가능한가를 설명하기 위해 자기 자신으로 되돌아오는 담론이 되는 방식입니다. 왜냐하면 모든 사람들이 기계 안에 잡혀있고, 기계는 자기 자신으로 되돌아오기 때문입니다. 그리고 그것을 비판한다고 주장하는 사람들은 반대로 그것을 강화할 뿐이기 때문입니다.

● 사실 비판적 예술에 의해 삼켜지고, 소화되는 놀라운 이미지에서, 당신은 뱃소리를 상기시킵니다. 상품의 자본주의는 끝이 없는 배입니다. 그리고 예술은 식탐하는 대식가의 소화효소를 비판합니다. 결과적으로 모든 이견과 혹은 거리는 찾아보기가 힘듭니다. 이에 대해서 좀 더 자세히 설명해주시겠습니까?

실제로 사회적 해방의 운동 안에는 처음부터 두 가지 가능성이 놓여있습니다. 다시 말해 우리는 해방을 누구나의 능력에 근거한 것으로, 즉 이 모든 경험의 형식들의 변형에 근거한 것으로 생각하거나(예를 들어, 자신의 정체성에서 나와서 타자의 시선, 언어, 사유를 자기화하는 경험), 아니면 우리는 무능력에서 출발합니다. 무능력에서 출발하는 것은 모든 불행은 기계에 의해 속는 것이고, 이데올로기 안에서 헤엄치는 것이라는 이념에서 출발하는 것을 의미하며, 그래서 결국 이것들로부터 탈출해야 한다는 것을 의미합니다. 물론 이것들로부터 탈출하기 위해서는 우선 그것들이 전적으로 그 안에 존재한다는 것을 증명하기 위해 좀 더 깊이 거기에 빠져야 합니다. 이것은 대부분의 해방의 진술이 가진 논리입니다. 즉 사람들은 자신들이 지배된다는 것을 모르기 때문에 지배되고, 그들이 지배되기 때문에 지배된다는 것을 모릅니다. 이것이 대략적인 알튀세르와 부르디외의 논리입니다. 이것은 사실 이 논리는 지배의 사유들에 의해 제공되는 일련의 이론적 요소들에 의해서 형성된다는 것을 의미합니다. 나의 생각은 우리가 끊임없이 접하는 이 모든 주제들—상품들에 흡수되고, 이미지들에 의해 신비화된 소비자들의 불행—은 우선 반동적 주제들이라는 것을 설명하는 것입니다. 19세기에, 노동자 해방의 시대이고, 또한 소설적 텍스트로 써진 다양한 말의 시대에, 근대 도시가 그 모습을 취하고, 곳곳에 구경거리가, 일종의 일상적 삶의 장식의 미학화의 시대에—아주 간단히 엠마 보바리의 시대에. 우리는 일종의 비판, 사회학 혹은 부르주아의 정치학이 전개되는 것을 봅니다. 그것은 말합니다. "조심하라! 자신과 다른 것을 꿈꾸게 하고, 불가능한 행복의 이미지를 보게 하는 텍스트들을 흡수하기 시작하는 이 모든 사람들은 자신들의 조건에서 나와서 그들을 위한 것이 아닌 이미지들, 단어들, 문장들, 담론들을 흡수하기에 이른다. 이 모든 것을 위한 머리를 가지고 있지 않은데 말이다." 가난한 사람들이 자신들의 조건에서 빠져나오는 것에 대한 이런 불안은 마치 부모의 걱정처럼 제시됩니다. "가난한 사람들이 너무 애쓰지 않도록 해야 한다. 이 가난한 사람들의 신경을 자극하지 않도록 해야 한다." 이런 불안은 진보적 작가인 졸라에게서도 발견됩니다. 사람들은 갑자기 사회 하층부 사람들이 텍스트, 이미지, 삶의 형식들을 통해 아무거나 자기화하기 시작하는 것을 관찰합니다. 소비사회에 대한 비판은 우선 이 모든 새로운 경험의 형식들 앞에서 두려움을 느낀 비판입니다. 그리고 여기에는 **지복, 절정, 도취**와 같은 말들을 책에서 발견하고 그것이 무엇을 의미할 수 있는지를 찾고자 한 엠마 보바리와 **자유, 평등, 노동자들의 해방**과 같은 말들에 실재성을 주고자 한 프롤레타리아 간에 어떤 연관이 있을지도 모릅니다. 따라서 사회 비판과 동시에 전자를 재취하는 예술 비판의 전통에서 기원하는 이런 긴장을 주목해야 합니다.

● 『해방된 관객』에서, 당신은 "무능한 사람들, 즉 볼 줄 모르는 사람들, 자신들이 본 것이 무엇을 의미하는지 모르는 사람들, 획득한 지식을 투쟁의 에너지로 바꿀 줄 모르는 사람들을 치료하는 것을 그 목적으로 가지는" 사회비판의 절차들에 대해 탁월하게 통찰합니다. 당신은 또한 "의사들은 돌볼 환자들을 필요로 합니다. 무능한 자들을 치료하기 위해서 그들은 무한히 무능한 자들을 재산출하고, 이런 재산출을 유지하기 위해 정기적으로 건강을 병으로, 병을 건강으로 변형하는 것으로 충분합니다. […] 멍청한 이들의 무능력을 밝히는 비판의 무능력을 축적하면서 기계는 세계가 끝날 때까지 이렇게 계속될 것"이라고 말합니다. 이런 도식에 반해서, 진정으로 행해야 하는 것은, 당신이 예술가들의 집단, '도시의 야영'에 대해서 말하면서 언급하는 일종의 "공백"입니다. 이 공백은 "외곽의 위기"라고 부르는 것이 적합한 것을 가지고 우리가 스스로 행할 수 있는 지각을 재형상화합니다. 역설적이고, 무용하고, 비생산적인 이 공간은 공동체/고독의 관계와 불일치한 공동체의 개념을 상기시킵니다. 이 문제에 대해 다시 한 번 자세히 설명해주시겠습니까?

나는 항상 "자, 이것이 바로 우리가 할 일이다. 여기에 훌륭한 예술가들이 만든 것이 있다. 이것이 다름 아닌 예술을 통한 훌륭한 정치다"와 같이 말하는 것을 피하고자 했습니다. 왜냐하면 나는 나의 관심을 끄는 것, 내가 보는 작품들을 그것들이 제기하는 문제들과의 관계에서,

그것들이 문제를 제기하는 방식들에서 봅니다. 나는 "이것이 바로 해야 할 좋은 것이다"라고 말하는 작품들에 관심이 있는 것이 아니라, "이것을 통해서 우리가 쟁점들이 무엇인지를 엿볼 수 있는 것들"에 관심이 있습니다. 그래서 이 책에서 도시의 야영 집단의 경험에 대해서 말했던 것입니다. 그것은 그들을 선전하기 위한 것이 아닙니다. 나는 그들이 하는 것에 조금 공감을 하기 때문입니다. 그들은 밖으로 향하는 예술의 형식들을 실천하는 집단입니다. 그리고 그들은 "문제"라고 말해지는, 그 유명한 93[259]으로 시작하는 파리 외곽의 도시, 세르방 보도트(Servan Beaudottes) 주민 단체와 연계된 기획을 시도했습니다. 그들의 기획은 한 장소를 상상하기 위해 주민들을 동원하는 것이었습니다. 여기서 흥미로운 것은 그 기획은 모두에게 속한 장소를 건설하는 것인데, 그 장소는 동시에 단지 한 사람에 의해 점유될 수 있다는 사실입니다. 사람들이 고립될 수 있는 장소에서 말입니다. 이것은 전적으로 역설적인 측면을 갖습니다. 사람들은 "외곽에서 일어나는 일들의 이유를 당신들은 잘 알고 있다. 그것은 사회적 연대의 상실 때문이며, 따라서 사회적 연대를 강화해야 한다"고 항상 말합니다. 그래서 사람들은 종종 글쓰기 아틀리에나 같은 종류의 아틀리에를 통해 사회적 연대를 다시 형성하기 위해 외곽에 예술가들을 파견하곤 합니다. 그러나 그들은 사태를 전혀 정반대로 받아들입니다. "문제는 사회적 연대를 형성하는 것이 아니다. 사회적 연대는 너무 많다. 진정한 문제는 단절을 형성하는 어떤 것을 창출하는 것이다. 왜냐하면 외곽의 문제는 사회적 연대의 결핍이 아니라, 연대의 형식을 선택할 수 없다는 사실이다." 사람들이 혼자

259 (역주) 93은 파리 외곽 도시들의 우편번호 다섯 자리 가운데 앞 두 자리이다.

일 수 있는 장소를 함께 창출하는 것, 그것은 다른 형태의 사회성을 발명하는 것이고, 선택하는 것이지 강요하는 것이 아닙니다. 이 경험에서 (이것은 여전히 실험 중입니다) 나의 관심을 끄는 것은 그것이 거의 칸트의 주석이라는 사실입니다. 내가 역설적이라고 말했지만 이 기획은 "나와 우리"라고 불립니다. 다시 말해 그것은 그 근저에서 고립된 한 개인을 위한 장소와, 그런데 즉각적으로 일종의 집단적 소유와 연관된 장소와 같은 것을 창출하는 것입니다. 이것은 정확히 칸트의 미학적 판단의 공식입니다. 나는 모든 사람들을 위해 판단합니다. 내가 "이것은 아름답다"라고 말할 때, 나는 선험적으로 모든 사람들과 나의 평가를 공유합니다. 이것은 모든 사람들이 이것을 아름다운 것으로 발견한다는 것을 말하는 것이 아니라—그것은 전혀 문제가 아닙니다—, 그것은 내가 어떤 것을 다른 형태의 공동체로 그린다는 것을 의미합니다. 다시 한 번 말하지만, 나는 사례를 제시하지 않습니다. 나에게 중요한 것은 그것이 어떻게 문제를 제기하는가입니다. 우리는 페드로 코스타—포르투갈의 영화감독—가 리스본 외곽에 주로 카보베르데 이민자들이나 마약을 하는 사람들이 살던 판자촌의 삶과 그 종말을 다룬 세 영화에 대해서 말할 수 있습니다. 이 영화에서 흥미롭고 아주 인상적인 것은 일반적인 견해에 반한 어떤 견해입니다. 보통 사람들은 "비참을 미화해서는 안 된다"고, 또 "비참은 있는 그 자체로 표상해야 한다"고 말합니다. 그런데 페드로 코스타는 이 비참한 판자촌의 사람들의 경험 안에서 감각적으로 풍요로운 모든 것들의 가치를 드러냅니다. 그것은 이미지를 절대적으로 전적으로 아름답게 만드는 것입니다. 그리고 그것은 정확히 그 아름다움에 의해 보통 사람들이 믿고 말하는 것—"가난한 사람들에게는 아름다움이 아니라, 현실이 필요하며, 그들의 고통을 드러내야 하며, 그들이 어떻게 여기에서 벗어나는지를 보여주어야 한다. 반면 그들 집에서도 사물들을 아름답게 만드는 태양의 반사를 보여주거나 그들이 어떤 감각적인 풍요를 공유한다는 사실을 보여줘서는 안 된다."—을 고발하는 것입니다. 여기서 아주 놀랍고 환상적인 것은 일련의 방해와 혼선이 있다는 사실입니다. 우선 허구와 다큐멘터리 간의 구분의 지움이 있습니다. 우리는 고다르의 유명한 문장—"허구는 이스라엘인을 위해, 다큐멘터리는 팔레스타인을 위해 존재합니다."—을 기억합니다. 이것은 다큐멘터리는 희생자들을 위한 것이라는 것을 의미합니다. 우리가 희생자들에 대해서 말한다면, 우리는 다큐멘터리를 만들어야 하고, 그것이 현실이고 우리는 각색하지 않습니다. 그러나 페드로 코스타의 영화들 안에는 다큐멘터리/허구 간의, 미학적인 것/사회적인 것 간의 섞임이 있습니다. 그리고 일종의 지위들의 전복이 있습니다. 왜냐하면 그의 세 번째 영화, 〈젊음이여 앞으로〉(*En avant jeunesse*)의 주인공은 카보베르데 이민자로, 예전에 미장이였고 사고로 머리에 금이 간 사람입니다. 놀라운 것은 눈물을 흘려야 하는 것은 이민자의 불행이 전혀 아니라, 영화를 가로지르는 일종의 영주, 리어왕, 혹은 오이디푸스의 숭고한 방랑입니다. 전적으로 놀라운 시퀀스가 있습니다. 거기는 리스본이고, 그는 굴벤키안(Gulbenkian) 박물관에 있습니다. 거대한 검은 실루엣이 루벤스와 반 다이크 작품 사이에 있습니다. 박물관의 관리인이, 그도 흑인인데, 다가와서 그를 데려갑니다. 마치 침묵 속에서 그에게 다음과 같이 말하는 것처럼 말입니다. "이보게 친구, 여기서 나가는 게 좋을 것 같네. 여기는 진정으로 자네가 있을 자리가 아닌 것 같네." 그런데 흥미로운 것은 실제로 이미지는 그 반대를 만든다는 사실입니다. 이미지는 예술의 풍요로움을 박탈당한 자는 이 불행한 이가 아니고, 반대로 그의 현전이 관계를 전복하고 결국 예술의 풍요는 설명해야 하는 이 경험의 풍요와의 관계에서 부족하다는 것을 말하기에 이릅니다.

● 결국, 당신은 일단의 유형의 비판적 예술의 실패를 고려한 후에 지적이라기보다는 감각적인 그것의 잔존하는 가능한 효과를 언급합니다. 예를 들어 당신은 "이 효과는 계산 가능한 전달이 될 수 없다"고, 또 "비판적 작업은 […] 또한 그 실천에 고유하게 속한 한계를 검토하고, 그 효과를 예상하는 것을 거부하면서 미학적 분리를 고려하는 작업이다. 그리고 이 분리를 거쳐서 그 효과는 산출되기에 이른다"고 말합니다. 이것은 우연이나 상대성을 말하는 것이 아닙니다. 그것은 다만 "우리가 한 감각적 양태에서 다른 감각적 양태로 이동하는 것을 말합니다." 감각적인 바탕 안에서, 지각과 그 기준이 허구인 한 세계와 같은 것을 창출하는 정감들의 역동성 안에서 충격이나 단절에 의해 생긴 이 틀, 단계, 리듬의 변화에 대해 자세히 이야기해주시겠습니까?

현대예술은 역설을 먹고 삽니다. 우리는 항상 마치 예술의 정치는 예술가가 "나는 이것을 보여주겠다. 나는 이 메시지를 전달하겠다. 나는 이러저러한 결과를 산출할 것이다"라고 말하는 것처럼 계속 일어날 것이라고 생각합니다. 이것은 우리가 지속적으로 이 모든 설치물들과 더불어 목격하는 것입니다. 예술가들은 "박물관에 작은 방을 하나 만들 것이다. 거기서 우리는 디스코 음악과 여타의 소리들을 듣는다. 이것은 소비사회를 비판하게 될 것이다. 아니면 조금 후퇴해서 어떻게 개인들이 미디어의 희생물인가를 보여주기 위한 클립아트를 만들 것이다"라고 말합니다. 이런 식으로 우리는 항상 결과를 전제합니다. 이것은 자코트에 의하면 우매화의 속성이고 항상 효과를 전제하는 것입니다. 그런데 미적 단절이란 무엇일까요? 그것은 바로 효과를 전제하지 않는 것입니다. 내 경우 나는 비결정성 앞에서 법열을 느끼지 않습니다. 그것은 문제가 아닙니다. 이것이 문제가 되는 것이 아닙니다. 문제는 교육적인 관계에서 선생은 말을 하고 절대로 자신의 지식을 제자의 머리에 집어넣으려고 하지 않는 것입니다. 마찬가지로 예술가는 대단한 전략—여기에 이것, 이것, 이것을 놓고, 이것을 증명하기 위해 이렇게 하고, 사람들은 이것을 볼 것이고, 이것을 이해할 것이다—을 짭니다. 그러나 사태는 전혀 그렇지 않습니다. 결국 그는 요소들을 배열하고, 이어서 관객들과 방문객들이 옵니다. 그리고 결국 요소들을 선택하고 재구성하는 것은 바로 그들입니다. 관객들과 방문객들은 그들이 보는 것을 자신들의 이야기, 경험들을 가지고 연결합니다. 실제로 문제는 과도하게 교육적인 이러한 예술가나 박물관의 사람들의 태도로부터 나오는 것입니다. 이 모든 정치는 미리 그 결과를 결정할 수 있습니다. 진정으로 원인과 결과의 단절이 있을 때 해방은 시작됩니다. 이 틈새에 관객의 활동이 기입됩니다.

● 우리는 지금까지 사후적 방식으로 산출된 작품들에 대해 논의했습니다. 작품이 산출되는 한에서 우리는 또한 예비적인 방식으로 작품들에 대해 이야기하는 것도 흥미로울 것입니다. 이때 감각적 충격(미학적 거리)과 의미 있는 결과(정치적 결과)를 연결하는 문제는 무엇인가요? 그 연결이 드러내는 비결정성을 가지고 무엇을 할 수 있을까요? 그것에 대해 어떻게 반응하고, 그것을 어떻게 다뤄야 할까요? 그 비결정성을 어떻게 유지할 수 있을까요? 비판(혹은 예술에 대한 사유)의 지위와 양태에 대한 질문은 작품과 그 결과를 통해서 이 비결정성을 유지하는 작품들의 잠재력을 판단할 것입니다. 이때 그 기준은 무엇입니까?

어떤 기준이 있다고 믿지 않습니다. 일단의 결정들이 있을 뿐입니다. 첫 번째로, 우리는 우리 자신이 관객인 세계의 어떤 것에 대해 말하거나 드러내고자 합니다. 이것은 우리가 살고 있는 세계에 대한 그리고 그 세계를 구성하는 자리들과 정체성들의 분배에 대한 반응입니다. 우리는 세계를 이 말, 이 그림, 이 공연에 그것들이 잠재적으로 가지는 대안적인 감각 세계를 제시하는 데 가장 적합한 양태에 따라서 배치합니다. 그러나 우리는 동시에 우리가 그 결과의 주인이 아니며, 정해진 결과를 산출하기 위해 정해진 관객에게 말을 걸지 않기로 결정합니다. 페드로 코스타는 그의 생각을 이어갑니다. 그는 인물의 예상할 수 없음에 직면하면서, 인물의 시선, 말, 배회를 위한 감각적 세계를 구성하면서 영화를 만듭니다. 이 대안적 감각 세계는 또한 가능한 관객을 포함합니다. 영화가 심사 위원회에 도착하면 위원들은 "와! 페스티벌을 위한 영화네. 박물관에 적합하네. 영화배급이 급한 영화는 아니네. 소극장에서 시네필들을 위해 일주일 상연하면 끝나겠네"라고 말합니다. 예술가의 예술적이고 정치적인 결정은 지배적인 논리가 예술가를 가두는 대안을 무시하는 것이고, 자신의 세계와 자신의 사람들을 구성하기를 그치지 않는 것입니다. 여기서 비판은 그 의미를 갖습니다. 그것은 물론 작품을 판단하고 미리 결정된 관객들에게 가능한 반응들에 대해 미리 경고하는 전문가의 작업이 아닙니다. 그것은 작품들이 구성하는 대안적인 세계들의 제안들을 확장하는 작업입니다. 따라서 그것은 항상 또한 예술적 작업입니다.

불평등한 논리의 해체[260]

(피에르 벵상 크레스리와 스테판 가티와의 대담)

● 뱅센의 들끓음 속에서, 『자본론 읽기』의 공저자인 철학자 자크 랑시에르는 알튀세르의 사상을 재평가하기 시작한다. 고등사범학교 선생의 마르크스 과학의 원리들은 68년 5월이 가져온 실질적인 전복의 가치를 고려하지 않는다. 저항의 현실과 그것의 이론일 수 있는 것 사이의 틈새, 그 놀라움은 하나의 기획을, 우리가 이론의 "수립"이라고 말할 수 있는 것을 연다. 즉 노동자의 사유와 마르크스주의 간의 관계의 계보학을 후자에 결핍된 것의 탐구를 통해서 재구성하기에 이른다. 그러나 자크 랑시에르는 그 자체로 존재하지 않고 다만 과정으로서 해방만이 존재하는 "노동자의 사유", "노동 운동"을 발견한다. 이 해방

260 (원주) 이 대담은 2008년 몽트레이유(Montreuil)에 위치한 "나무의 집에서 방랑하는 말"이 주관하고, 스테판 가티(Stéphane Gatti)와 피에르 벵상 크레스리(Pierre Vincent Cresceri)가 기획한 전시회 〈닫힌 시골집의 파리 잡는 끈끈이처럼〉을 위해 자크 랑시에르와의 대담을 영화화한 것이다. 그 텍스트는 자크 랑시에르가 다시 검토했고, 이 대담은 2010년 출간될 『68년 5월?』의 카탈로그에 다시 실렸다.

의 역사/이야기는 『프롤레타리아의 밤』(1981)이 된다. 이 책은 노동자 해방의 과거 자료들을 다시 파악하면서, 은연중에 1968년에 반복되는 것, 68년 5월을 다시 이야기할 수 있는 가능성을 여는 탐구-이야기이다. 그 이후 『무지한 스승』(1987)은 평등을 도달해야 할 목표가 아니라, 그 위에 세워야 하는 선험적인 것으로 만들면서 결정론적 지식의 전수 이론을 제거한다. 자신이 모르는 것을 가르친 교육자 조셉 자코트처럼 각각의 창조성에 호소하는 것은 지배적인 질서를 탈신비화하면서 불평등 논리의 합법성에서, 더 나아가 그것을 영구화하는 논리로부터 나온다. 그것은 또한 68의 자유로운 정신, 특히 뱅센에서 표출되었던 그 정신을 연장하는 것이다.

∽

● 어떤 기준에서 68년의 정치적 단절은 당신의 철학적이고 정치적인 단절을 가져오나요?

1968년 나의 철학적 도정은 아직 그렇게 진행된 상태가 아니었습니다. 나는 고등사범학교의 학생이었고, 알튀세르의 영향을 받고 있었습니다. 사실 나는 알튀세르와 더불어 마르크스주의를 발견했습니다. 마르크스주의를 발견할 즈음, 나는 새로운 탐구에 참여하게 됐습니다. 우리는 마르크스주의의 진정한 과학을 발견하고 『자본』의 진실이 무엇인지 발견하기 위해 알튀세르에 의해 동원되었기 때문입니다. 그때 그것은 무모한 내기이면서 동시에 보장이었습니다. 우리는 학생 공산주의 연합에 참여했습니다. 나는 별 문제 없이 마르크스주의의 진리에 소속감을 느꼈습니다. 혁명의 운동과 대중들이 이 진리의 혜택을 받도록 하기 위해서는 이 순수하고 엄격한 과학을 널리 알리지 않으면 안 되었습니다. 이러한 시도 한가운데 알튀세르는 1964–1965년 사이에 학생들의 모든 구호에 반한 폭력적인 논쟁을 던졌습니다. 권위에 반대하는 이 모든 구호들은 알튀세르와 우리들에게 무지한 젊은이들의 저항으로, 다시 말해 과학과 그 과학이 인정하는 대표들을 거치지 않고 다소 무모하게 모험 같은 행동들과 이론들을 던지는 철없는 저항으로 보였습니다.

이러한 상황에서 68년이 되었습니다. 처음에 나는 이 운동을 과학의 원리에 반한, 전적으로 이데올로기를 더럽히는 스캔들과 같은 것으로 경험했습니다. 그럼에도 불구하고 나는 다소 당황했고, 진정으로 설득된 것은 아니지만 실제로 뭔가가 일어나고 있다는 감정이 들기 시작했습니다. 특히, 나는 항상 중요한 것은 학생들이 아니라, 주어진 순간에 산출되는 학생들과 노동자들의 연대라는 알튀세르의 생각을 가지고 있었기 때문입니다. 모든 체계의 확실성은 위태롭게 되었습니다. 어떻게 이 반-권위적인, 다소 단순하고 이데올로기적인 학생들의 이 구호들이 이와 같은 전복을 가져올 수 있었을까요? 그것은 다만 거리의 학생들 때문이 아니었습니다. 모든 공장에는 붉은 깃발들이 올라갔습니다. 나라 전체가 정지되었습니다. 그것은 사회 전반에 퍼지고, 일종의 반-권위의 칼날을 산출했습니다.

거기에는 마르크스적 과학과 일치하지 않는 어떤 경험이 있었습니다. 그리고 68년 말에 뱅센 대학(파리 8대학)이 태어났고, 여기서 우리가 무엇을 할 것인가에 대한 논의가 있었습니다. 사태에 대한 나의 개인적 재평가에 있어서, 68사건 그 이상으로 파리 8대학의 철학과 창설은 결정적이었습니다. 우리는 새로운 대학을 세웠습니다. 여기에 우리는 가장 새로운 것들, 가장 모던한 것들을 설립하고자 했습니다. 예를 들어,

구조주의, 정신분석, 알튀세르의 마르크스주의, 부르디외의 사회학 등등을. 그리고 철학과의 프로그램에 대한 논의가 있었습니다. 미셸 푸코는 에티엔 발리바르에게 프로그램을 만들어 보라고 제안했습니다. 그것은 마르크스주의 과학, 인식론, 과학의 이론, 노동의 철학을 가진 프로그램이었습니다. 그것은 새로운 교육을 위해 시대에 뒤지고 부르주아적인 교육을 대체하는 더 과학적이고 마르크스주의적인 것이었습니다. 나는 그때 다소 순진하게 이 프로그램은 수정주의자의 것이고 마오이스트의 원리를 망각한 프로그램이라고 말하면서 반대했던 것이 기억납니다. 이로부터 나는 알튀세르에 대해 반성하기 시작했습니다. 나는 독일 이데올로기에 대한 강의를 했습니다. 조금씩 나는 마르크스주의의 반동주의는 다름 아닌 이 이데올로기라는 것을 느끼기 시작했습니다. 다시 말해 부르주아, 쁘띠-부르주아, 노동자 집단에 대한 표상은 이데올로기에 잡혀있고 체계에 집착하고 그들이 살고 있는 이데올로기적 안개 때문에 이 체계의 희생자라는 것을 느끼기 시작했습니다. 알튀세르주의와 『자본론 읽기』에서 내가 쓴 텍스트에는 생산의 주체들에 대한 대주제가 있었습니다. 여기서 그들은 그들이 차지하고 있는 자리 때문에, 그들이 실천 한가운데 있다는 사실 그 자체 때문에 체계를 이해할 수 없었습니다. 바로 이 순간에 나는 "이것이 바로 사태의 핵심이고, 내가 할 일은 다름 아닌 이것"이라는 사실을 깨닫게 되었습니다.

● 바로 여기서 알튀세르에 대해서 쓰고 싶은 욕구가 생겨난 건가요?

꼭 그렇지는 않습니다. 그 책에 대한 계획이 있었던 것은 아닙니다. 그것은 독일 이데올로기에 대한 강의를 하면서, 모든 사태에 대한 계보학을 다시 검토하면서 나는 알튀세르의 이데올로기 이론을 비판하는 텍스트를 쓰기 시작했습니다. 말하자면 나는 알튀세르와의 관계에서 정산을 한 셈입니다. 이로부터 사태가 명확하게 보이기 시작했습니다. 나는 일단 이 텍스트를 한쪽으로 치워두었습니다. 내가 『알튀세르의 교훈』을 쓴 것은 4년 후였습니다. 그때는 이미 역류가 일어나기 시작할 때였습니다. 다시 검토되고 갱신된 알튀세르주의는 그 당시 사람들이 자주 말한 것처럼 그 바닥에서부터 마치 아무 일도 일어나지 않은 것처럼 사태를 다시 구성하면서 68년의 획득을 그 안에 통합하고자 했습니다. 이때 자본론 읽기의 개정판이 출간되었습니다. 나는 이 책 속의 나의 텍스트 앞에 내가 왜 알튀세르를 강하게 비판하게 되었는지를 설명하는 서문을 추가할 것을 요구했습니다. 그 제안은 처음에 받아들여졌지만, 나중에 알튀세르에 의해 거부되었습니다. 따라서 그것은 그와의 관계를 청산하기에는 충분하지 못했습니다. 그때 나는 더 이상 가족의 구성원이 아니라고 말하지 않을 수 없었습니다. 그리고 나의 방식은 아니지만, 왜 내가 더 이상 알튀세르주의에 속하지 않는지를 세세히 다 설명했습니다. 보통 나는 나 자신을 검토하고 그것이 아닌 경우 다른 것으로 나아갑니다. 이렇게 되어서 『알튀세르의 교훈』을 쓰게 된 것입니다. 그 이후로 나는 논쟁자의 모습을 획득하게 되었습니다. 그러나 이것은 진정으로 나의 관심이 아닙니다.

교훈의 매듭풀기

● 『알튀세르의 교훈』이란 제목이 그냥 붙은 것은 아닌 것 같습니다. 나중에

당신은 부르디외에 대해서 쓰면서 "교훈의 교훈"이란 제목을 붙였습니다. 마치 "교훈"이란 말을 가지고 그 매듭을 만들고 풀어야 하는 것처럼 말입니다.

그렇습니다. 그것은 나중에 『무지한 스승』에서 다시 진행되었습니다. 교육학의 실천적 문제들 뒤에는 보다 일반적인 문제가 있습니다. 그것은 세계에 대한 교육학적 전망, 특히 정치세계에서의 교육학적 전망입니다. 그것은 무지 때문에 지배와 종속이 있다고 생각하는 전망입니다. 마르크스주의자들에 의해 광범위하게 다시 수용된 이 진보적인 전망의 핵심은 종속의 원인으로 이해력의 결핍, 기계의 법칙에 대한 무지를 드는 데 있습니다. 따라서 그들에게 법칙을 가르쳐 주는 자는 지식인들과 전위대들입니다. 그들이 그것을 알게 되면 더 잘 투쟁에 참여할 수 있게 됩니다. 교훈에 대한 질문이 형성되는 곳은 바로 여기입니다. 실제로 나는 풍자적으로 교훈을 제시하는 부르디외에 대해 여러 번 이 질문을 제기했습니다. 그는 만일 학교가 지배에 사용된다면, 그것은 학교가 행하는 것에 의해서가 아니라, 학교가 하는 것을 믿도록 만드는 것에 의해서라고, 학교는 사람들에게 학교는 학생들을 선발하지 않는다고 믿도록 하면서 학생들을 선발하기 때문이라고 설명합니다. 그리고 노동자들의 자녀들이 배제되고 대학에 가지 못하는 것은 사회적인 이유 때문이 아니라, 사람들이 그들을 인정한다고 그들에게 믿도록 만들기 때문이라고 설명합니다. 그들에게 믿도록 하면서, 동시에 사람들은 그들에게 만일 그들이 거기에 도달하지 못한다면 그것은 그들이 거기에 도달할 능력이 없어서라는 것을 보여줍니다. 이 논리에 의하면 지배는 위장에 의해서만 작동합니다. 그것은 지식인들에게 아주 편안한 논리입니다. 원리적으로 지식인들은 거기에 숨겨진 것을 밝히기 위해 존재합니다. 결국 지식인들은 자신들이 사태에 중심에 있다고 믿게 됩니다. 그들은 불행하게도 거의 전 인류가 눈이 먼 상태고, 바로 자신들, 지식인들 덕분에 세계에 빛이 도달한다고 믿습니다.

● 당신은 위장의 이론은 지배를 다시 도출한다고 주장합니다. 사유와 이론을 가진 권력은 이 사회적 위계질서의 정착을 반복합니다.

나는 그 당시 사태들로 다시 돌아가야 한다고 생각했습니다. 과학이 가르치면서 해방을 가져올 수 있다고 믿었던 이 권력은 우선 세계의 위계질서를 강화하는 방식이었고, 아는 자와 모르는 자, 능력이 있는 자와 능력이 없는 자 사이의 분리였습니다. 그것은 『무지한 스승』에서 다시 다뤄졌습니다. 모든 체계의 논리는 항상 우선 타자를 무지한 자로서 간주하는 데 있습니다. 사람들은 무지한 자에게 교육을 약속하고 일단 교육을 받고 나면 자신들과 평등해지고 나아가서는 자신들을 추월할 수 있다고 말합니다. 이렇게 그들은 아는 자와 모르는 자 사이의 거리를 제거할 수 있다고 단언합니다. 그러나 그 논리는 그 거리를 영원히 재산출합니다.

연대기 순으로 사태를 다시 정리하면, 1969년에서 1972년까지 운동과 투쟁에 온 힘을 쏟은 시기였습니다. 1973년부터 나는 잘 구성되고 조직되고 명백한 투쟁의 전망을 다시금 상실했습니다. 왜냐하면 그 당시 나는 교육자-연구자의 본분으로 되돌아갔고, 중요한 것은 내가 목격한 1968년의 오해들, 마르크스주의 과학과 학생-노동자들의 운동 사이의 오해를 펼쳐 보여주는 것이었기 때문입니다. 그것을 혁명이라고 불러야 하는지 아닌지 전혀 알 수가 없었습니다. 어쨌든 대중의 운동이 있었고 원리상 그것의 이론이라고 말할 수 있는 것은 대중과 단절되었습니다. 68년과 그 이후의 사건—작은 집단들이 항상 같은 논리, 즉 운동과 역사가 어떻게 굴러가는지 안다고 자부하고 왜 사람들이 실수하는지를 안다고 믿는 전위대들의 전략적 논리를 다시 취하는 방식—에 대한 평가가 필요했습니다. 나는 마르크스의 이론과 노동자의 운동 간의 관계의 계보학을 만들어 볼 것을 생각했습니다. 68년 5월과 그 이후의 투쟁가 시절의 가장 중요한 순간들 중의 하나는 이 저항들의 구체적인 이유들과 계급의식과 전위대의 조직을 통해서 이론가들이 말하는 것 사이의 중요한 틈새였습니다. 나는 마르크스가 글쓰기를 시작한 1940년대로 거슬러 올라가야겠다고 생각했습니다. 그 당시 노동자들의 생각이 어떠했는지, 또 무엇 때문에 마르크스주의는 노동자들의 사유와 멀어졌는지를 잘 보기 위해서 말입니다. 그것은 19세기의 무정부주의자들부터 공산당의 탄생에 이르는 모든 혁명들과 노동운동의 역사를 관통하는 프로그램이었습니다. 나는 노동자들의 사유, 그들의 역사, 마르크스 이론과 실천의 한가운데서 그들의 변형과 왜곡의 대 운동 안에 몸을 담기 시작했습니다. 나는 아카이브 속에서 상실된 신체들에 몸을 던졌습니다. 물론 이런 거대역사는 일어난 적이 없습니다. 내가 노동자들의 아틀리에와 대중문화로부터 진정으로 노동자의 사유일 수 있는 것, 진정으로 계급, 노동자 아틀리에, 대중문화의 발산일 수 있는 것을 찾았을 때, 나는 여기에도 여전히 거짓 소여가 있다는 것을 발견했습니다. 그러나 이것도 그 자체로 잘 진행되지 않았습니다. 더욱이 여기에도 일종의 예상이 있었습니다. 우리는 노동 계급이 발견되고, 그들에게 고유한 실천, 문화, 사유 등이 확인되기를 기다립니다. 그런데 그와 같은 것은 진정으로 존재하지 않았습니다. 나는 다만 기대와 일치하지 않는 단편적이고, 분산적이고, 대개 역설적인 일련의 표명들만을 발견했습니다.

이때부터 나는 새로운 방향전환이 필요했습니다. 나는 그때까지 여전히 총체적인 역사를 파악하고 계급과 문화를 기술하기를 원하던 입장에서 더 이상 노동자의 사유가 아니라, 과정으로서 노동자의 해방을 기술하고자 하는 다른 입장으로 변경했습니다. 내가 노동 계급의 본래적인 사유를 정의하는 대신에, 『프롤레타리아의 밤』을 썼을 때, 나는 전적으로 다른 것을 했습니다. 나는 19세기의 노동자들 중에 몇몇 개인들이 자신들의 조건에서 탈출하고자 하고, 이 탈출을 사유하고자 한 일련의 관계들과 이유들의 망을 구성하고자 했습니다. 다만 그들을 해방할 이론을 발견하는 것에서가 아니라, 이제 주어진 노동자의 정체성과의 관계에서 단절된 그들의 삶, 지각, 사유의 양식을 구성함으로써 말입니다. 그때는 1975년 즈음으로 마르크스주의와 권위주의, 과학성이 더 이상 작동하지 않는 한에서 대중문화 안에 거대한 변화가 있었습니다. 모든 사람들이 카니발과 같은 대중문화의 열기를 재발견했습니다. 그 시기는 『몽타이유, 오시탄 마을』(*Montaillou, village occitan*)[261], 『거만한 말』(*Le cheval d'orgueil*)[262]과 같은 책들이 큰 성공을 거둔 시대였습니다. 이 시

261 이 책은 역사가 엠마뉘엘 르 루와 라뒤리(Emmanuel Le Roy Ladurie)가 1975년 출간한 것으로, 1294년부터 1324까지의 종교적 이단 카타리즘(catharisme)이 휩쓸고 간 오시탄의 한 마을 몽타이유의 주민들의 삶을 그 당시의 법적 기록을 바탕으로 그린 민족학적 역사 서적이다. 전혀 기대하지 않았던 이 책은 그 당시 베스트셀러(250000부 판매)가 되었다.

262 이 책은 1975년 출간된 피에르 타케 엘리아스(Pierre-Jakez Hélias)의 자서전적 작품이다. 이 책은 제1차 세계대전 끝난 즈음의 브르통의 한 마을(Pouldreuzic)의 가난한 가족의 삶(작가 자신의 가족), 특히 종교적 리듬에 맞춰진 가족의 삶과 자신들의 종교와 관습을 이어가는 농부들의 삶을 그린다. 비록 그 당시 마을에 종교와 정치를 분

기는 항상 땅, 삶의 조건, 삶의 양식으로부터 솟아나는 사유를 발견하고자 하는 의지를 가진 생동하고 신선한 대중문화로 돌아가던 시대였습니다. 반면 내가 발견한 것은 단절의 힘, 정체성과의 단절로서 노동자의 해방이었습니다. 존재하는 노동자의 정체성은 사실 그들에게 강요된 조건이었습니다. 이 모든 노동자들의 문제는 여기서 탈출하는 것이고, 결과적으로 그들의 문화라고 전제된 것과 거리를 취하는 것이었습니다. 사람들이 글을 쓰는 노동자나 노동자 시인들에게 요구하는 것은 대중의 삶의 양식들을 표현하고 그들의 문화와 대중음악을 만드는 것이었습니다. 그들은 이런 삶의 양식들을 표현하려고 하지 않았으며, 그들은 다른 형태의 실존을 구성하기를 원했습니다.

"노동자 운동"에서 노동자들에게로

● 『철학자와 가난한 사람들』에서 당신은 1830년대의 노동자들에 대해서 말합니다. 그리고 여기서 우리는 68년 5월에 대한 탁월한 정의를 발견할 수 있습니다. "1830년대의 노동자들은 신문, 연합을 만들었고, 시를 썼고, 유토피아를 꿈꾸는 집단에 가입했고, 존재 전체로서 말하고 사유하는 존재로서의 특질을 요구했습니다. 우선 그들은 다른 이의 언어와 문화, 시인들과 사상가들의 밤을

리한 공화국 학교가 생기고 프랑스어를 공식어로 지정해서 가르쳤음에도 불구하고 말이다. 이 책은 그 당시 브르통어(le breton, 브르통어는 프랑스의 서쪽 브르타뉴(Bretagne) 지역의 지역어를 말한다. 그 언어는 지금도 학교에서 가르친다)로 써졌고 작가에 의해 프랑스어로 번역되어 출간되었다. 이 책은 전 세계적인 베스트셀러가 되었다(프랑스 내에서만 50만 부 이상이 나갔다). 이것은 그 당시 지역 문화에 대한 일반 대중의 관심 증가를 반영한다.

자기화했습니다. 그들은 플라톤과 마르크스가 수륙양서동물—정체성들의 나눔, 계급들과 지식들의 경계들을 흐리게 하는 세계들과 문화들 사이를 여행하는 자들—이라고 비판한 사람들이었다." 이것이 바로 68년에 일어난 일입니다. 그러나 아무도 이것을 단어로 명시하지 못했습니다. 이 시기에 많은 것들이 교차했지만 아무도 그것을 명백히 지시하지 못했습니다.

68년에 대한 공식적인 관점은 더 이상 이전과 같지 않은 사회를 꿈꾸는 학생들의 이상주의적 전망을 잘 조직되고 잘 구조화된 계급의식과 대립시켰습니다. 1830년대의 노동자들의 텍스트를 읽으면서 충격적이었던 것은 투쟁을 위한 전단들이 아니라, 그들의 편지, 시들이었습니다. 이들 몇몇은 보전되어 있는데, 그것들은 어떤 관점에서 1830–40년대의 노동자들과 68년의 학생들 사이에 별반 차이가 없다는 것을 우리에게 보여줍니다. 1830년 혁명 이후에, 사람들은 더 이상 아무것도 이전과 같지 않다는 생각과 진정으로 다른 신체와 다른 사유를 스스로 구성한다는 의미에서 삶의 변화에 대한 욕망을 발견합니다. 목공 고니(Gauny)의 자료들의 발견은, 그것은 생-드니에 있었는데, 결정적이었습니다. 우연히 나는 메트롱(Maitron) 사전[263]에서 그 이름을 발견하고 찾으러 갔었습니다. 처음에 내 손에 떨어진 것은 편지들이었습니다. 거기서 생시몽주의자의 공동체에 한동안 속해 있었던 그의 친구 미장공은

263 메트롱 사전이라고 보통 불리는 이 책의 제목은 『프랑스 노동운동의 자서전적 사전』(*Le Dictionnaire biographique du mouvement ouvrier français*)이다. 또 약자로 DBMOF라고 불리기도 한다. 이 기념비적인 작품은 1964년부터 1997년까지 연속적으로 출간되었고 그 분량은 44권에 이른다.

메닐몽탕(Ménilmontant)[264] 공동체 내에서 생시몽주의 신부들과 노동자들 사이에서 무슨 일이 있었는지를 기술합니다. 목공 고니는 공동체 밖에 있었습니다. 고니는 일요일마다 두 친구와 함께 바람도 쐬고 동시에 선전활동을 위해 농촌으로 갔습니다. 그들은 농촌의 식당 겸 여관인 곳에 도달했고, 거기서 사람들과 대화를 시작했습니다. 그들은 어떤 백정과 만났습니다. 그는 자신의 일이 동물들의 목을 베는 끔찍한 일이고, 더 이상 이 일을 하는 것이 불가능하다는 것을 설명했습니다. 이런 방식으로 일요일 오후의 산책과 선전을 엮는 것, 새로운 삶을 위한 선전활동과 모든 종류의 삶의 활동들에 관심을 가지는 해방을 연결하는 것은 나에게 아주 인상적이었습니다. 나는 개인들이 자신들의 삶을 변화시키고자 하는 욕망에서 시작한 이 모든 과정들의 결과로서 공식적인 텍스트들, 노동자 운동과 사유로부터 구성된 텍스트들을 읽어보기로 했습니다. 이것은 사람들을 다소 당황하게 하는 『프롤레타리아의 밤』의 글쓰기의 양태를 결정했습니다. 왜냐하면 이 책은 사람들의 사연들을 이야기하고 있기 때문이었습니다. 본래 그 책은 프롤레타리아에 대한, 즉 노동자들의 사유와 노동운동에 대한 책이었습니다. 그리고 사람들은 이 책 안에서 한 톨의 이론도 발견할 수 없다는 사실에 충격을 받았습니다. 이야기들만이 있었습니다. 그것은 이념들을 규정하기 위한 것이 아니라, 사유의 과정의 감각적인 바탕을 드러내기 위한 이야기들의 몽타주였습니다.

264 파리 20구에 있는 마을.

● 역사를 이론화하기 전에, 그 이론이 가능하기 위해 우선 역사를 이야기하는 것에서 시작해야 합니다.

우선 역사의 사용에 대한 질문이 있습니다. 1975년은 글뤽스만과 레비가 이끈 논쟁들이 있었던 시대입니다. 그들은 마르크스주의의 범죄, 마르크스 뒤에 헤겔의 범죄, 더 나아가 헤겔 뒤에 데카르트의 범죄를 고발하기 위해 손을 가슴에 대고서 거대 담론들을 펼쳤습니다. 그들은 이 범죄들은 소르본에서 유래했다고 설명합니다. 폴 포트는 소르본 대학 학생이었습니다. 우선 이에 대한 나의 생각은, 물론 이 생각은『논리적 저항』을 통해서 발전된 것이기는 하지만, 이런 재난의 계보학에 만족하는 대신에, 운동들과 대중들을 강제수용소로 이끈 역사적인 모순들의 감각적인 바탕 안으로 들어가야 하고, 수용소의 희생자들 위에 눈물을 흘리는 대신에, 어떻게 이 모든 일들이 일어났는가를 말해야 한다는 것이었습니다. 다시 말해 범죄를 통해서 사태를 생각하는 대신에 모순들을 통해 사태를 파악해야 한다는 것이었습니다. 그 시대에 나는 여전히 인민 한가운데 자리하는 마오의 모순의 이념에 사로잡혀있었습니다. 그것은 페미니즘과 소수자 운동 주변에서 일어나는 모든 것들을 생각할 때 아주 중요한 것이었습니다. 다만 후회나 고발을 하고자 하지 않은 사람들에게 중요한 것은, 저항의 역사는 일련의 긴장된 논리를 관통한다는 생각이었습니다. 그리고 거기에는 "자료들을 보러가자. 계급의식, 노동운동에 대한 의식에서 나온 공허한 말들을 노동과 혁명의 역사를 가로지르는 긴장들을 지적하는 실질적인 물질적 재료들로 대체하자"고 말하고자 하는 의지가 있었습니다. 이 물질적 재료에 대한 도움 요청이 아마도 현재의 계보학을 만드는 것을 가능하게 했을 것입니다.

그리고 『프롤레타리아의 밤』과 『무지한 스승』에서 특히 나의 선택이었던 것이 있습니다. 그것은 역사가들의 이야기 방식과의 관계에서 틈새를 가진 이야기의 유형을 지시하고자 한 의지였습니다. 그 시대에 역사가들은 마르크스적 역사 이론의 대표적인 모델로 라브루스(Labrousse)[264]의 모델을 따랐습니다. 그들은 경제적인 상황에서 출발해서 사회를 구성하고, 사회적이고 이데올로기적 토대 위에서 문화를 구성했습니다. 노동자의 사유가 다만 상황과 전반적인 운동에 대한 의식의 표현으로서만 나타날 수 있었던 것은 바로 이 모델 속에서였습니다. 나에게 중요했던 것은 이런 것들과 전적으로 단절하는 이야기의 유형을 구성하는 것이었습니다. 그것은 말들을 세계의 반영이나 상황의 표현으로서가 아니라, 세계를 구성하는 것으로서 구성하는 것입니다. 이것은 나에게 "여기에 자본주의와 그 위기에서 일어나는 것이 있다. 따라서 여기에 사회적 계급에서 일어나는 것이 있고, 노동자들이 어떻게 불행에 이르는가가 있고, 궁극적으로 어떻게 그들이 행동할 것인가에 대한 것들이 있다"라고 말하는 전통적인 역사적 방법을 취하지 않기 위해 본질적인 것이었습니다. 사정은 전혀 그렇지 않습니다. 사람들은 세계를 따르는 것이 아니라, 고유하게 세계를 구성합니다. 다시 말해 그들 자신을 주체로서 구성하는 지각과 해석의 세계를 구성합니다.

265 라브루스(Camille-Ernest Labrousse, 1895-1988)는 프랑스의 정치경제 부분의 전문적 역사가로, 한때 무정부주의자였고, 사회주의자이기도 했다.

● 잡지 『논리적 저항』에는 좌파들이 레지스탕스와 노동계급 간의 관계를 반성하는 방식을 질문하는 당황스런 글이 하나 있습니다. 그것은 제2차 세계대전 와중의 노동자들에 대한 것입니다. 우리는 거기서 사람들이 레지스탕스의 한 측면을 신비화하기 위해 다른 측면들을 지우는 것을 발견합니다.

내가 이 글에서 연구한 것은 페탱(Pétain)정부[266]와 연대한 노조나 무정부주의자로부터 생겨난 계파들에 대한 것이었습니다. 그러나 이것은 협력의 형태이지만 반드시 부역이라고 말할 수 없습니다. 그들은 소수였다는 것을 일단 주목해야 합니다. 협력을 한 사람들은 노동자계급도, 노조원들도 아니었습니다. 그들은 프랑스 공산당에서 제외된 소수 집단이었습니다. 그들은 1940년에 노동자로서 자신들의 가치를 합법화하면서 일종의 복수를 시도한 것이었습니다. 이들 중에 몇몇은 무정부주의에서, 몇몇은 극좌파에서 온 사람들이었습니다. 그들은 자신들이 혁명적 노조주의의 전통을 이어왔다고 주장했습니다, 그리고 그들은 노동자의 담론을 국가적 혁명을 위해 사용했으며, 노동 현장이 오래된 노동자들의 꿈의 실현이라고 믿었습니다.

내가 이 문제에 관심을 가진 이유는 그 시대에 우리가 재발견하는 절망적인 사유들 중에 이 자의적 복종의 이념이 있었기 때문입니다. 그것의 모든 담론들은 신체의 규율화와 동시에 전개되었습니다. 이 자의

266 페탱은 1940–44년, 독일 점령시기 동안의 프랑스의 대통령으로 독일나치정부에 협조했던 인물이다.

적 복종의 테마는 여기에 참여한 무수한 정신 분석가들과 함께 어떻게 대중이 필연적으로 복종을 하는가를 설명하는 데 사용되었습니다. 나의 관심은 정신분석학적 논리와 연관된 복종의 형태들을 기술하는 것이 아니라, 잘 합법화된 복종의 "정상적인" 형태들을 보는 것이었습니다. 그것은 한나 아렌트가 말하는 악의 평범함과는 다른 것이었습니다. 그것은 차라리 일종의 협력의 합리적이고 사유된 측면이었습니다. 이런 일이 어떻게 일어날 수 있었을까요? 페탱주의와 부역은 공포에 의해서가 아니라, 간청 혹은 현 지도자들 혹은 지난 역사의 전 지도자들과의 협력에의 호소에 의해서 일어났습니다. 나는 어떻게 이 모든 것이 공포나 전율 없이, 말하자면 절제 있게 일어났는지를 보여주고자 했습니다. 이것은 내가 항상 전개하고자 한 권력에 대한 반성, 다시 말해 권력은 규율화가 아니며, 예속은 그 깊이를 알 수 없는 무의식에 근거한 복종에의 욕구에 근거하는 것이 아니라는 것을 말하고자 하는 권력에 대한 반성의 일부를 형성합니다. 권력에의 참여, 부역, 자의적 복종은 쉽게 정당화할 수 있는 것보다 훨씬 일상적인 형식에 의해 일어납니다. 반-마르크스주의적 논쟁이 크게 일어나던 시대에, 다시 말해 마르크스주의와는 차별화된 대중과 노동자의 진정한 전통에 대한 가치평가가 있었던 시대에, 중요한 것은 어떻게 혁명적인 노조와 무정부주의적 전통이 또한 부역에 이를 수 있는지를 보여주는 것이었습니다. 그것은 한 시대에 나의 믿음이었던 것, 즉 마르크스주의에 의해 부패한 노조, 노동자, 혁명의 좋은 전통이 있었다는 나의 믿음을 문제 제기하는 것이었습니다. 모든 위험과 유혹으로부터 자유로워지기 위해 의존할 수 있는 순수하고 엄격한 계급의 전통과 같은 것은 없어 보였습니다.

● 『논리적 저항』은 대학과 투쟁을 연결하는 반성의 장소였습니다. 그러나 투쟁의 측면이 점차적으로 사라지고 대학만 남았습니다. 이 시대를 어떻게 경험하셨나요?

『논리적 저항』은 어떤 집단도, 어떤 집단적인 정치적 실천과도 연결되지 않은 특별한 형태를 가진 투쟁 활동이었습니다. 그것은 일반적인 정치적–이념적 상황 속에 개입하는 활동이었습니다. 그것은 어떤 노선을 지지하는 것도, 어떤 노선을 창조하는 것도 아니었습니다. 그것은 처음에 좌파의 옷을 입고 출연해서 파괴적이고 반동적인 새로운 이데올로기를 형성하는 모든 것에 저항하는 전선이라고 불릴 수 있는 것에 기여하고자 했습니다. 그것은 잡지를 같이 만들던 집단에 고유하게 속한 운명에 의해 사라졌습니다. 또한 그것은 노력에도 불구하고 대중의 지지를 받지 못했습니다. 『논리적 저항』은 좌파가 권력을 획득하면서 이미 죽었습니다. 그 당시는 5월과 그 이후의 유산을 빼앗긴 때였습니다. 우리는 항상 1981년 전의 사회당 정당대회와 좌파의 분위기가 순수하고 엄격한 마르크스주의의 일련의 테마를 재취한 사실을 잊어버립니다. 우리는 이 모든 것과의 관계에서 길을 잃고 끌려가는 것 같았습니다. 사회당이 권력을 잡자마자 모든 것은 아주 빨리 사라졌습니다. 이런 맥락에서 『논리적 저항』은 항상 연계되었던 운동들의 부진과 사회당 권력의 획득이 의미하는 일종의 가속화된 청산작업으로 인해 더 이상 자신의 자리를 발견할 수 없게 되었습니다.

● 한편으로 『논리적 저항』에서, 다른 한편으로 Cerfi[266]에서 얻은 경험과 함께, 지식으로서 투쟁과의 관계에서 운동들에 의존하는 이념이 있을 것 같은데

요…

우리는 68년 운동의 유산을 물려받은 사람들에게 공통된 바탕에서 일했습니다. 문제는 회고적 반성을 이끌어 내는 것이었으며, 모든 형태의 이론적이고, 이데올로기적이고 정치적인 청산의 형태에 반대해서 투쟁하는 것이었습니다. 우리는 Cerfi에서 행해지는 것들에 대해 유보적인 태도를 취했습니다. 왜냐하면 그것은 우리에게 한편으로 정치에 대한 정신분석학적 담론에 참여하는 것으로 보였고, 다른 한편 장관들의 지휘 아래서 일하는 것처럼 보였습니다. 그들은 자연스럽게 규율화에 관한 담론들을 전개했습니다. 그들은 전제적이고 전능한 권력의 사유를 구성했습니다. 그 당시 권력은 산출하지 억압하지 않는다는 사실로부터, 권력은 침묵하게 하는 것이 아니라 말하게 한다는 사실로부터 권력의 실증성에 대한 푸코의 담론도 있었습니다. 나는 혼미한 상황에 빠진 것 같았습니다. 그 담론에 의하면 우리는 항상 우리의 신체와 정신을 조종하는 전능한 권력에 의해 규정되고 조종되기 때문입니다.

아카이브에서 작업하는 동안, 나는 항상 권력의 전략들 안에서 불확실하고 불분명한 모든 것들을 명백히 하고자 했습니다. 예를 들어, 문화 정책들과 극장과 노래에 대한 통제의 문제들에서, 나는 권력은 자신이 하는 것을 모른다는 것을 드러내고자 했습니다. 공연을 통제하던 경찰서장들은 자신들이 제한해야 하는 것이 무엇인지 몰랐습니다. 제한

267 Cerfi(Le Centre d'études, de recherches et de formation institutionnelles)는 들뢰즈와 가타리를 중심으로 1967년 창설된 인문과학 연구 단체이다. 이 단체는 1987년까지 지속되었다.

은 말해진 것보다 전혀 지적이지도 생산적이지도 못했습니다. 나는 또한 들뢰즈나 푸코의 정신분석에 영감을 받은 69년의 평가에 대한 다른 유형들과의 관계에서 거리를 취했습니다. 반면 나는 권력의 테크놀로지들과 그것들이 권력 없이 우리에게 주는 방식에 대해 그들의 정신분석이 요청되는 담론들과도 멀어졌습니다.

자코트냐 공포된 평등이냐

● 이런 맥락에서 『무지한 스승』은 새로운 장르의 이야기에 가치를 부여합니다.

이것은 전혀 대학의 문화에 속하는 것이 아니었습니다. 아마도 교육학을 전공한 사람들만이 자코트라는 이름을 들어봤을 것입니다. 아주 우연히 나는 여기에 떨어졌습니다. 『논리적 저항』에 속한 사람들 중의 몇몇도 자코트를 읽었습니다. 내가 자코트를 발견한 것은 노동자들의 역사를 연구하면서였습니다. 그 당시 나는 시간이 나면 그에 대해 찾아보겠다고 생각했습니다. 1985년경 그 시간이 왔습니다. 그때는 학교에 대한 대토론이 일어나고 밀네르(Milner)의 책, 『학교에 대하여』가 출간된 시기였고, 부르디외의 제자들인 사회학자들과 공화주의자들 간의 대논쟁이 있었던 시기였습니다. 모든 사람들이 같은 이념을 가지고 교육의 개혁을 위해 싸웠습니다. 어떻게 학교를 통해 불평등을 줄일 수 있었을까에 대해서 사회학자들은 불평등을 줄이기 위해서는 그 형태들을 설명해야 하고 그것들이 어떻게 존재하는지를 설명해야 한다고 주장합니다. 또한 개혁가들은 학교 안에 고전적인 위대한 문화보다는 대중적이고 친숙한 문화들을 도입해야 한다고 주장했습니다. 어쨌든 그 문화를 학교에 적용하기 위해서는 사람들의 문화적이고 사회적인 기원을 설명해야 했습니다. 이에 반해 『학교에 대하여』를 등대로 가진 공화주의자들이 있었습니다. 그들은 "절대로 학생들과 사회적이고 문화적인 환경에 맞추어서는 안 되며, 중요한 것은 지식이며, 학교는 선생 앞에 누가 있는지를 개의치 않으면서, 학생을 보다 평등하게 만드는 과학의 수용을 위해 학생의 침묵을 요구하면서 지식의 분배를 통해서 사람들을 평등하게 만들어야 한다"는 주장을 채택했습니다.

이런 맥락에서 나는 자코트를 읽었습니다. 한편으로 나는 부르디외의 재생산의 철학과 수년간 논쟁했습니다. 그러나 나에게 중요한 것은 어느 한 쪽도 지지하지 않고 두 진영을 나란히 놓는 것이 아니었습니다. 중요한 것은 사람들이 나중에 평등해지기 위해 우리가 줄이고자 하는 불평등한 상태에 처한 불행한 실존에 대한 담론과의 거리를 취하는 것이었습니다. 자코트는 "우리는 불평등에서 출발하는 것이 아니라, 우리는 평등에서 출발한다"고 주장하면서 갑자기 나타납니다. 반대로 모든 교육학 체계, 모든 진보주의적 체계는 이 불평등의 전제 위에서 구성됩니다. 우리가 지식인으로 만들 무식쟁이가 있습니다. 자코트는 사태는 그와 반대로 일어나야 한다고 생각했습니다. 즉 평등에서 출발해야 한다고 생각했습니다. 항상 이미 주어진 평등, 능력이 있습니다. 따라서 우리는 지식의 결핍, 이해의 결핍에서 출발하지 않습니다. 무지하다고 전제되는 사람이 이미 현실화할 수 있는 모든 능력들로부터 출발해야 합니다. 예를 들어 만일 우리가 기도를 암송으로만 알고 있는 누군가에게 텍스트를 보여주고, 쓰인 것과 그가 머리로 알고 있는 것과의 일치를 검토하도록 한다면, 그것은 그를 몇몇에게만 제한되었고, 금지된, 수수께끼 같은 글쓰기의 영역으로 이끄는 것입니다.

나에게 이것은 아주 중요했습니다. 왜냐하면 그것은 오랫동안 나의 주변을 맴돌던 사태들을 종합하는 방식이었기 때문입니다. 나는 자코트를 읽으면서 노동자의 해방 안에 문제가 되는 모든 것을 더 잘 이해할 수 있었습니다. 이어서 이것은 권력의 행사를 위해 조직적이고 전략적인 투쟁으로서가 아니라, 누구나의 능력의 행사로서 정치를 다시 생각하는데 결정적이었습니다. 그것은 결정적인 어떤 것이었습니다. 왜냐하면 자코트가 항상 말하는 것은 교육학적인 방법론에 대한 질문이 아니었습니다. 그것은 차라리 방법론이 없다는 것이었습니다. 방법이 있다면, 그것은 가장 넓은 의미에서 그러할 것입니다. 어떤 길을 택해야 할까요? 지식인과 무지한 자, 선생과 학생이 공유하는 것, 즉 평등으로부터 출발하는 길을 택해야 할까요? 아니면 그들을 분리라고 거리를 줄일 것을 약속하는 불평등의 길을 택해야 할까요? 이것은 나에게 다만 학교에 대한 논쟁 안에 개입하는 것이 아니라, 참여였습니다, 전자의 경우, 누구도 자코트의 이론에 관심을 보이지 않았습니다. 이것은 보다 긴 이야기를 필요로 합니다. 그것은 단순히 학교 개혁의 문제가 아니라, 평등의 문제였습니다. 평등에 의해 우리는 무엇을 이해할까요? 도달점인가요? 출발점인가요? 평등의 전제로부터 우리는 무엇을 끌어낼 수 있을까요? 그 당시 흥미로운 사실은 이 책을 읽은 사람들은 교육자나 교육개혁과 관련된 사람들이 아니라, 다른 영역을 통해 이 문제에 접근하고자 한 사람들, 예를 들어 예술가들, 무용가들, 사회교육가들, 심리학자들, 정신분석학자들이었습니다. 자코트는 교육학적 반성을 통해 이 길로 들어선 것이 아니라 보다 광범위한 영역에서 시작했습니다. 이것은 우리는 제도를 설립하지 않는다는 그의 사유, 그의 지식과 일치합니다. 제도는 자신의 논리를 갖습니다. 이 논리는 재생산되고, 그것으로 충분하며, 제도는 개혁을 필요로 하지 않습니다. 문제는 개혁이 아니라, 각자가 할 수 있다는 사실을 강조하는 것입니다.

● 68년 5월의 원리들—운동의 이념, 일반적 이론들의 거부, 제도 안에서 내용들을 주장하는 사람들에 대한 불신—은 당신 작업에서, 마치 거울놀이가 있는 것처럼, 아주 자유로운 강독을 이끕니다.

내가 쇄신된 마르크스의 과학을 구성하던 알튀세르의 학생이었던 시대와 내가 자코트에 대해 연구하던 시대 간에는 아주 긴 과정이 있었습니다. 그것은 68년의 충격, 수수께끼로부터 시작했습니다. 그리고 그것은 투쟁 활동들에 대한 실망, 권력에 대한 같은 유형의 재생산일 뿐이라는 사실의 발견에 의해 계속되었습니다. 이어서 그것은 노동자의 아카이브에 대한 작업으로 이어졌습니다. 노동자들의 아카이브는 충격이었습니다. 그것은 우리가 기대한 것이 아니었기 때문입니다. 노동자들이 말하리라고 기대했던 것, 그들이 생각하리라고 기대했던 것이 전혀 아니었습니다. 거기에서 사회에 대한 전반적인 이론들과 지성에 대한 해체의 운동이 있었습니다. 이 운동은 점점 더 그 최초의 핵심으로 다가갔습니다. 즉 우리가 다른 사람의 지성 혹은 무지에 대해 가지고 있는 전제와의 관계에서 우리는 어떻게 행동해야 할까요? 점차적으로 중요한 것은 전략 안에 포함된 교육학적 논리와의 단절이라는 것이 밝혀졌습니다. 나는 역사는 목적들을 가지고, 그 목적들은 경우에 따라서 원점으로 되돌아오고, 역사 속에 참화에서 보듯이 절대적인 정지에 이를 수 있다는 역사에 대한 모든 대 이론들과 논쟁하기를 그치지 않았습니다. 나는 다만 환원 불가능한 소여로서 간주되는 것이 아닌 말들의 분산으로 돌아가기 위해 그 방향을 바꾸기에 이르렀습니다. 우리가 모든 것을 원하는 거기에, 단편들이 있고, 우리가 정해진 명백한 목적들을 원하는 거기에, 이 분산된 여정들이 있습니다. 분산된 것, 단편적인 것을 총체적인 것과 대립시키는 것은 그렇게 흥미로운 일이 아닙니다. 중요한 것은 평등과 불평등을 통해 여기서 문제되는 것을 보는 것입니다. 문제는 불평등의 논리가 주어지는 진보적, 혁명적, 탈신비적 정당화를 해체하는 것입니다.

해방은 과거의 일인가?[268]

(로렌스 리앙과의 대담)

● 당신을 잘 알지 못하는 독자들을 위해 『프롤레타리아의 밤』의 핵심 질문으로부터 시작하겠습니다. 왜 노동자가 혁명가를 부를 때보다 시를 쓸 때 더 위험스런 존재가 될까요?

나는 하나가 다른 하나보다 더 위험하다고 말한 것은 아닙니다. 사태를 역사적으로 봐야 합니다. 1830년대 프랑스에서 노동자들이 시를 쓰고 문학을 했을 때, 부르주아는 노동자들이 사유와 문화의 세계 안으로 들어오는 것에 위험을 느꼈습니다. 노동자들이 투쟁할 때, 그들은 그들의 세계와 역할에 속한다고 간주됩니다. 노동자들은 일하고, 그들의 월

268 (원주) 2009년 2월 5일 뉴델리에서 로렌스 리앙(Lawrence Liang)과 가졌던 이 대담의 현재 제목은 편집진에 의해 붙여졌다. 이 책을 위해 랑시에르가 프랑스어 텍스트로 다시 썼다. 이 대담의 영어판은 http://kafila.org/2009/02/12/interview-with-jacques-ranciere에서 찾아볼 수 있다.

급과 노동 조건에 만족하지 못하고, 투쟁하고, 다시 일하고, 투쟁을 다시 시작한다고 간주됩니다. 그러나 노동자들이 시를 쓰고 작가, 철학자가 되고자 한다면, 이것은 그들의 정체성과의 관계에서 이동을 의미합니다. 중요한 것은 바로 이 이동, 이 탈-정체화입니다. 나는 시를 쓰기 시작한 모든 사람들이 혁명의 과정 안으로 들어갔다고 말하려고 한 것이 아닙니다. 사정은 전혀 그렇지 않았습니다. 나는 이 둘 사이에 진정한 대립이 없다는 것을 말하고자 했습니다. 이것은 노동자들이 그들의 조건으로부터 탈출하고자 한 전반적인 운동이었습니다.

● 해방의 정치에 참여한 사람들에 의해 공유된 감정은 "다른 세계가 가능하다"는 것입니다. 그러나 이 제안은 보통 기존 세계의 물질적 조건의 향상이라는 생각에 근거합니다. 『프롤레타리아의 밤』에서 나는 이와 달리, 기존 세계의 향상보다 그로부터 탈출하는 데 관심을 가진 제안을 발견했습니다. 당신은 이 노동자 작가들이 이미 이 불가능한 것에 참여한다고 제시합니다. 당신은 어떻게 해방과 불가능한 것의 정치의 관계를 보시나요?

모든 것은 당신이 불가능한 것이라고 이해하는 것에 달려있습니다. 그들이 찾은 것은 절대적인 의미에서 불가능한 것이 아니었습니다. 그것은 자리들의 분배 한가운데서, 우리가 보고 생각하고 말할 수 있는 것들 사이의 관계 속에서 불가능한 것이었습니다. 하나의 상황은 불가능이 가능의 한계인 그런 가능한 것들의 놀이를 정의합니다. 내가 다룬 해방된 노동자들에게 중요했던 것은 항상 이 불가능한 것의 경계를 통과하는 것이었습니다. 노동자로서 그들에게 가능한 것은 노동 조건과 월급의 인상이었습니다. 그러나 그것은 그들에게 충분하지 않았습니다. 그들이 원했던 것은 충만한 인간성에 접근하는 것이지, 노동자로서 획득 가능한 것이 아니었습니다. 이런 전망에서 이러한 시도와 물질적인 향상 간의 대립은 없습니다. 나는 내가 당신에게 한편으로 물질적인 향상, 다른 한편으로 불가능한 것이 존재한다는 인상을 주지 않았기를 바랍니다. 가능한 것과 불가능한 것의 질문은 매 상황에서 문제가 되고, 지적인 불가능성은 물질적인 불가능성과 짝을 이룹니다. 불가능한 것은 실존의 형식의 변화였습니다. 그래서 그 책의 제목이 『프롤레타리아의 밤』이 된 것입니다. 노동자들에게 물질적으로 그리고 지적으로 가장 불가능했던 것은 밤에 잠을 자지 않는 것이었기 때문입니다. 이 제한은 전적으로 물질적이고 전적으로 지적이었습니다. 바로 이 사실이 나에게 이 불가능과의 직면의 중요성을 부여하게 만든 것입니다.

● 당신이 평등을 생각하는 방식은 평등에 대한 자유주의적 견해와 근본적으로 다릅니다. 당신의 저작에서 평등은 도달해야 할 목적이 아닌 출발점입니다. 당신은 각자는 각자의 지적인 삶을 이끈다고 말합니다. 반면 당신은 경제 사회적인 조건들이 이 삶을 잘 이끌 수 있는 능력을 결정한다는 것도 인정합니다. 이 평등의 이념은 어떻게 고전적인 평등에 대한 투쟁과 다를까요? 나는 이 질문을 특히 경제 사회적인 불평등이 만연한 인도의 상황에서, 동시에 이에 대답하는 유일한 방법은 불평등한 자리로부터 대답해야 한다는 상황에서 제기하는 것입니다. 바로 여기에 어쩌면 물질적인 불평등을 해결할 수단을 찾는 교육학적이고 현학적인 정신의 개입이 있게 됩니다. 그러나 그 정신은 사실 출발점으로 사유의 질을 채택합니다.

프랑스의 교육에 대한 토론으로부터 이 문제에 접근할 수 있을 것입니다. 왜냐하면 프랑스에서 교육은 불평등으로부터 출발해서 사람들을 평등에 접근하게 만드는 것이라고 전제하기 때문입니다. 이것은 동시에 교육학의 논리이자 진보의 논리입니다. 후자는 평등은 없고, 혜택을 받지 못한 계급이 있다고 말합니다. 그러나 교육적 상황에 고유한 불평등은 평등을 낳고, 사람들을 그들의 상황에서 탈출시키기 위한 수단을 갖는다고 생각합니다. 내가 자코트의 작품들을 만났을 때, 이것은 나에게 하나의 도전이었습니다. 처음에 그가 누구인지 정의하는 것이 쉽지 않았습니다. 교사? 철학자? 어쨌든 그의 작품은 교육의 이념과 가르치는 것이 무엇인지에 대해 전적으로 다르게 생각하도록 이끌었습니다. 1820년과 1830년경에 사람들은 점진적으로 어떻게 대중들을 교육하는가에 대한 많은 지식들을 다뤘습니다. 자코트는 이것이 문제가 아니고, 만일 우리가 불평등에서 출발해서 평등에 이르려고 한다면, 우리는 불가능한 과제에 도달한다고 말합니다. 왜냐하면 과정 그 자체는 끊임없이 불평등의 실천을 재산출하기 때문입니다. 평등으로 나아가서는 안 되고, 평등에서 출발해야 합니다. 이것은 모든 사람들이 배우고 그 능력을 표현하는 동일한 가능성을 갖는다는 것을 의미하지 않습니다. 이것이 문제가 아닙니다. 문제는 이미 주어진 최소한의 평등에서 출발하는 것입니다. 정상적인 교육학의 논리는 무지한 사람들은 자신들의 상황에서 어떻게 탈출해야 하는지를 모르기 때문에, 교육자들은 그들에게 무지와 지식 간의 차이로부터 출발해서 무지에서 지식으로 가는 여정을 그려줘야 한다고 말합니다. 자코트의 이념, 지적 해방의 이념은 이미 항상 출발에 평등이 있으며, 거기에는 이미 항상 나눠진 어떤 것이 있다고 생각합니다. 선생이 학생에게 뭔가를 설명할 때, 선생은 한편으로 학생이 스스로 그것을 이해할 수 없다고 전제합니다. 그러나 이 불평등의 상황은 어쨌든 학생이 그가 학생에게 하는 설명을 이해할 수 있다는 것을 전제할 때에만 기능합니다. 양쪽이 같은 언어를 말하고 이해한다는 사실 안에는 이미 평등이 있습니다. 이 생각은 모든 사람들이 지식에서 평등하다는 것이 아닙니다. 그것은 배움의 과정을 무지에서 지식으로의 과정이 아니라, 이미 알고 있는, 이미 소유하고 있는 어떤 것으로부터 새로운 지식, 새로운 배움으로 나아가는 것입니다. 여기서 중요한 점은 무지한 자는 이미 뭔가를 알고 있으며, 그는 이미 배울 수 있는 능력이 있으며, 문제는 평등에서 출발해서 그 능력의 최대치를 끌어내는 것이라는 생각입니다. 내가 『무지한 스승』을 썼을 때, 프랑스에서는 큰 논쟁이 있었습니다. 사회학자들은 마치 모든 아이들이 평등하고 같은 것을 이해하는 것처럼 행동한다고 말하면서 이 교육의 거짓말을 고발했습니다. 그들은 이것은 사실이 아니고, 교육은 반대로 아이들의 사회적 맥락에 맞춰야 하고, 특히 혜택을 받지 못한 학생들에 맞춰야 한다고 주장합니다. 그 반대편에 공화주의자들은 평등은 모든 사람이 같은 방식으로, 같은 수준에서 다뤄져야 한다고 말했습니다. 이것은 학생들이 모두 평등하게 무지하며, 지식의 평등으로 고양되어야 한다는 것을 말합니다. 나는 양쪽 모두 불평등에서 평등으로의 정도를 찾고 있지만, 사실 유일한 정도는 평등에서 평등으로 나아가는 것이라고 말하면서 이 논쟁을 뒤집고자 했습니다.

● 무지한 스승과 파울로 프레이리(Paulo Freire)의 억압된 자의 교육학은 어떻게 구분될까요?

『무지한 스승』을 쓸 당시, 나는 억압된 자의 교육학은 그 당시 프랑스 내의 논쟁 밖에 있다는 단순한 이유로 그것과의 관계를 다루지 않았습니다. 억압된 자의 교육학은 일반 교육과 정치적 교육과의 연관성을 다룹니다. 그런 이유로 나는 양쪽 사이에 어떤 공통점이 있다고 생각합니다. 그것은 교육은 우선 능력, 억압된 자나 "혜택을 받지 못한 계급"의 사람들이 소유한 능력을 밝힌다는 것을 의미합니다. 반면 지적 해방은 억압된 자를 위한 특수한 교육학이 없다는 것, 가난한 사람들이나 억압된 사람들에게 적합한 교육이 없다는 것을 의미합니다. 만일 억압된 자를 위한 어떤 교육학이 있다면, 그것은 지적 해방의 일반적 이념의 특수한 경우로서 생각해야 한다는 것입니다. 왜냐하면 근본적으로 해방의 이념은 부자나 가난한 자 모두에게 동일하기 때문입니다.

● 『프롤레타리아의 밤』에서 당신은 미학과 정치의 관계를 재정식화했습니다. 그 안에는 시대의 질서를 근본적으로 뒤흔드는 "미학적 혁명"("작가의 지적인 밤"을 탈취하면서 노동으로 지친 노동자들은 지적인 삶에 참여할 여력이 없다는 주장에 도전합니다)이 있습니다. 자본주의가 만연한 현재, 이 주장을 어떻게 재고할까요? 사람들은 현 시대에 조직된 시간은 "삶의 형식들"을 파괴하고 그 형식들을 시간이라는 전제군주에 종속시킨다고 말합니다.

물론 그때는 지금과 같은 상황이 아니었습니다. 『프롤레타리아 밤』은 어떤 법적 노동시간도 없던 시대를 다룹니다. 또한 그 시대는 독학이 노동자들에게 아주 중요한 때였습니다. 또한 시간의 나눔과 교육과 문화에 접근하는 문제들이 지금과 매우 달랐고, 지적 해방의 이념이 가진 힘도 이 특수한 시대와 연결되었습니다. 그러나 나는 그 차이가 자본주의 시대에 모든 삶이 그 시대의 자본주의적 조직에 의해 틀지어졌다는 주장에 대해서는 동의하지 않습니다. 어떤 의미에서 근본적인 문제는 동일합니다. 물론 삶의 가능성들이 다르고, 노동과 노동 밖의 삶 간의 관계가 다르듯이 공적 삶과 사적 삶의 조직이 다릅니다. 모든 것이 변했지만 여전히 같은 것은 매 상황마다 우리는 두 입장 사이에서 선택할 수 있다는 것입니다. 예전에도 사람들은 삶 전체가 지배의 법칙에 종속되어 있다고 말했습니다. 그들은 노동과 휴식의 시간만이 있고, 잃어버릴 시간이 없습니다. 왜냐하면 그들은 그 다음날 일터로 가야 하기 때문입니다. 그러나 노동자들은 아니라고 말합니다. "아니다. 그것은 사실이 아니다. 우리는 그 순환을 단절하게 할 수 있다"고 말합니다.

물론 오늘날 그 순환은 다르게 구성됩니다. 사람들은 전보다 적게 일하며, 사회보장의 혜택을 받는다고 말합니다. 그러나 그들의 삶은 전적으로 노동의 리듬에 의해 지배되며, 다른 한편 소비의 기계와 미디어의 권력에 의해 지배됩니다. 따라서 시대가 변해도 매번 변화는 새로운 형태의 종속이라는 이념과 함께 삶은 전적으로 종속되어 있다는 같은 담론에 이릅니다. 예를 들어, 푸코를 읽은 많은 사람들은 그로부터 모든 형태의 사회보장은 삶에 작용하는 새로운 형태의 권력이라는 생각을 끌어냅니다. 나는 이것이 사실이라고 믿지 않습니다. 그러나 항상 이러한 형식들과 그것을 사용하는 방식에 대한 선택이 가능합니다. 다른 몇몇 사람들은 삶은 전적으로 텔레비전과 인터넷에 종속되어 있다고 말합니다. 그러나 우리는 인터넷과 더불어 우리가 지배적인 이데올로기에 종속될 수 있는지, 아니면 새로운 형태의 담론, 논의를 창출할 수 있는지를 계속적으로 검토합니다. 따라서 나는 삶은 전적으로 종속되어 있으며 포화 상태라는 반복적인 담론에 반대합니다. 나는 삶은 전적으로 지배되고, 우리의 살과 피는 권력의 법칙에 의해 지배된다고 우리에게 말하게 하는 생명정치의 이념 안에는 아주 해로운 어떤 것이 있다고 생각합니다. 1970년경에 『논리적 저항』과 함께 우리는 바로 좌파적 사유 안에서 헤게모니를 획득해 가는 이런 전망과 거리를 두고자 했습니다.

● 『프롤레타리아의 밤』을 읽으면서 놀랐던 점은 고니와 그 친구들이 삶은 전적으로 고갈되었고, 이미 결정되었고, 더 이상 다른 가능성이 없다는 생각과 싸우는 장면이었습니다. 이것은 20세기와 21세기의 지적 문화적 노동자로서 우리가 인정하는 어떤 것입니다. 우리는 지속적으로 당신들의 자아는 고갈되었고, 창조적 삶의 가능성은 상품의 지배에 의해 고갈되었고, 삶의 개념적 형식의 가능성들은 생명권력의 지배에 의해 고갈되었다는 사회 이론들과 담론들의 형식들과 투쟁하는 것처럼 보입니다. 그래서 마치 우리의 나머지 삶은 고니에 의해 극복되는 것처럼 보입니다. 『프롤레타리아의 밤』은 과거에 대해 말하지 않고 미래를 위해, 오늘날 지적이고 문화적인 작업을 반성하기 위해 써졌습니다.

그렇습니다. 고니의 경우 흥미로운 것은 경제에 반한 구성입니다. 이것은 역설적으로 보입니다. 왜냐하면 문제는 필요의 전제(empire)를 회피하기 위해 소비를, 대단한 것도 아닌 소비를 줄이는 것이기 때문입니다. 우리는 어떤 의미에서 그는 오늘날 환경론자의 선구자라고 말할 수 있을 것입니다. 그러나 그가 환경론자의 선구자라는 것이 아니라. 그가 해방의 선구자라는 점이 중요합니다. 그것은 항상 상황을 뒤집을 수 있는 가능성을 의미합니다.

● 이런 이념을 쫓는데 있어서 혁명을 생각하는 공통된 방식은 그것은 나중

에 오는 것이라고 생각하는 것입니다. 그러나 『프롤레타리아의 밤』에서, 미학적 혁명과 정치적 혁명 간의 구분이 없듯이, 혁명은 시간 안에서 일어나고 우리를 동반합니다. 이 구분을 설명해 줄 수 있으신가요?

내가 생각하고자 한 지적 혁명 안에는 오늘 혁명을 하고 구성하고 미래를 준비하는 것과 그래서 미래가 찬란할 것이라는 이념 간에는 구분이 없습니다. 해방의 예술은 바로 이 수단들과 목적들 간의 관계에서 탈출하는 것입니다. 전통적인 좌파에서 이 관계는 우리는 미래의 무기, 더 나은 미래를 위한 조건들, 역사적 필연성 안에서 전제하는 것을 창출한다는 이념으로 표상됩니다. 그러나 해방의 핵심에 있는 이념은 그 시간은 언제나라는 것입니다. 이것은 우리가 일상에 빠져있다는 것을 의미하는 것이 아니라, 시간에 대한 질문은 현재 미래와 같은 용어에 의해서 제기되지 않으며, 그것은 제한의 형식으로서의 시간과 자유의 가능성으로서의 시간 간의 대립으로서 여기 지금과의 관계에서 제기되어야 한다는 것입니다. 미래의 이념은 "당신은 미래에 이것을 가질 수 있다. 지금은 아니다"와 같이 금지로서 시간을 사용하는 것입니다. 시간은 금지의 핑계가 됩니다. 역사적 과정과 역사적 필연성의 이념은 이런 억압적인 시간의 이념에 속합니다. 왜냐하면 만일 우리가 시간을 "그래, 우리는 할 수 있다" 혹은 "아니, 우리는 할 수 없다"와 같은 것을 확인하기 위해 사용한다면, 문제는 우리가 할 수 있는지 없는지를 아는 것이기 때문입니다. 이것은 사실 "아니, 당신들은 할 수 없다"는 것을 발하고자 하기 때문입니다.

● 『프롤레타리아의 밤』은 호기심(독학자의 모습)의 시학으로 읽힐 수 있을 것

같습니다. 그러나 호기심 그 자체는 당신의 작업에서 이론화되지 않은 것처럼 보입니다.

나는 호기심에 대해 이론을 전개하지 않았습니다. 누군가 그것을 할 수 있을지도 모릅니다. 그러나 그 당시 호기심과 관련해서 나에게 중요했던 것은 시선의 변경의 프리즘을 통해서 보이는 것이었습니다. 프리즘을 통해 당신은 비스듬히 봅니다. 당신이 속한 곳이 아닌 장소들과 당신의 것이 아닌 질문들을 봅니다. 예를 들어 고니가 노동시간을 가지고 만든 관계 안에는 어느 한순간 손과 비스듬한 시선 간의 분리가 있습니다. 우리는 일하는 곳의 창문 너머를 봅니다. 그때 우리는 주변의 공간을 소유하게 됩니다. 이것은 상상적인 소유입니다. 그러나 그것은 실제적인 어떤 것입니다. 당신은 다만 손을 가지고 일하는 노동자가 아니라, 당신의 눈은 당신의 손이 하는 노동과 다른 것을 끌어안습니다. "호기심"은 나에게 이런 각도에서 표상됩니다. 나의 관심은 위반입니다. 즉 당신은 당신에게 속한 것이라고 전제되는 것과 다른 장소에 당신의 발과 시선을 놓습니다.

● 많은 사회운동들이 지지하는 원리는 대표성과 효율성입니다. 그러나 당신의 관심은 비대표적인 개인의 이념과 무용한 관계, 유용성이 없는 자신으로 향합니다. 이것은 『프롤레타리아의 밤』이 그 당시 환영받지 못했던 이유들 중의 하나일지도 모릅니다. 왜냐하면 이 기준들은 노동에 대해 역사가들이나 철학자들에게 중요한 것이기 때문입니다. 그러나 30년 동안의 변화를 고려한다면, 이제 우리는 사태들을 재검토하고 비대표적인 개인의 모습이 오늘날 새로운 가능성을 여는 방식에 대해 반성할 힘이 있을까요?

이 질문에는 대답하기가 어렵습니다. 이 책을 쓰게 된 맥락은 1968년의 상황과 그 후에 일어난 것들이었기 때문입니다. 그 당시 불가능한 것처럼 보이는 것들이 가능한 것으로 드러났습니다. 나의 탐구를 촉진했던 것 중의 하나는 1968년 공장에서 학생들과 노동자들의 만남이었습니다. 지금도 기억하지만 놀랐던 것은 사회주의 안에서도 우리가 이와 같은 무상행위를 여전히 할 수 있는지를 묻던 한 젊은이처럼 노동자들이 제기한 질문들이었습니다. 그들은 노조원들도 대표도 아닌 개인들이었습니다. 그러나 이것은 노동자들 혹은 그들의 지도자들의 "정상적인" 관심사와는 다른 관심과 염려를 드러냈습니다. 이렇게 이 책에서 내가 말하는 것의 시사성이 있었습니다. 책이 1981년 출간되었을 때, 사회당이 정권을 잡았고, 정세가 완전히 변했습니다. 이 이야기들은 더 이상 통하지 않았고, 예전의 범주들이 돌아왔고, 사회학의 몇몇 유형이 지배적이 되었습니다. 노동자를 대표하는 두 방식—노동자와 구분되지 않는 대중과 같은 일반 노동자, 아니면 과격한 노동자 대표—만 존재했습니다. 이런 틀 안에서는 내가 말한 "대표가 아닌" 개인들이 뭔가를 한다는 것이 불가능했으며, 개인을 통해서 일어나는 상징적 단절이 의미하는 것을 생각하는 것이 불가능했습니다. 1968년에, 우리가 모든 종류의 사람들이 자신의 일이 아닌 것에 대해 말하는 것을 보았을 때, 그것을 이해하는 것은 어려운 일이 아니었습니다. 그러나 1981년에, 책이 나왔을 때 그것은 불가능했습니다. 사회당은 전체성으로서 노동계급의 이념과 노동 운동의 이념을 가지고 정통적인 마르크스주의를 재건했습니다. 우리는 그것이 어떻게 되었는지를 압니다. 포스트모더니즘이라고 말해지는 회의주의적 분위기, 즉 전 세계가 더 이상 어떤 종류의 전복도 불가능한 소시민의 승리로 향하는 것과 같은 감정이 지배하게 되었습니다. 사람들이 내가 한 말들을 다시 느끼기 시작하기까지 긴 시간이 필요했습니다. 지금, 보통 "위기"라고 말해지는 이 시대에, 그것이 가능하다고 생각합니다. 사람들은 다시금 자본주의의 기계가 영원한 것이 아니라고 생각하기 시작했습니다. 변화된 것은 이제 운명의 이념이나 필연적 역사의 법칙을 말하지 않고 비-혁명적인 방식으로 시간을 생각하는 것이 가능해졌다는 것입니다. 동시에 개인들의 도래는 상징적 질서와의 단절을 의미한다는 것을 이해하는 것이 가능해졌습니다.

● 이 책에서 나에게 깊은 인상을 준 문장들 중의 하나는 "가장 큰 고통이 있다면, 그것은 더 이상 거짓을 향유할 수 없다는 것이 아닌가?"였습니다. 이 문장은 나에게 우리가 주체성이 아니라 동정을 통해서 주변적 주체들에게 전달되는 많은 연대적 운동들이 가진 교육학적이고 현학적인 충동들과 단절할 수 있는 방법에 대해 말하고 있습니다.

아픔 속에서 즐거움을, 고통 속에서 쾌락을 발견하는 것은 미학적 쾌락의 정의 그 자체입니다. 예를 들어 고전 비극의 정의는 고통스런 사건들과 관계하는 수행의 형식이며, 동시에 쾌락을 끌어내도록 정해진 것입니다. 그러나 고전적 질서 안에서는 다만 특권적인 사람들, 여기의 사람들만이 이 슬픔을 향유할 수 있었고, 고통의 재현 안에서 쾌락을 느낄 수 있었습니다. 1830년대의 노동자들은 낭만적 작가들과 시인들의 시대에 살았습니다. 이들은 태어난 것의 고통, 사회 안에서 자리, 활동이 없다는 것에 대한 고통에 대해서 말했습니다. 그들은 이러한 문장들을 쓰는 것에 대해 즐거움을 느꼈고, 동시에 다른 사람들은 사회 안에서 어떤 자리도 실현할 어떤 역할도 없이 태어난 고통에 대한 이 이야기들을 읽는 것에 즐거움을 느꼈습니다. 나에게 흥미로웠던 것은 노동자들이 이 역설적인 쾌락을 자기화하는 방식이었습니다. 사실 그들은 사회 안에서 하나의 자리, 어떤 일을 가지고 있었습니다. 그리고 그들에게 힘들었던 것은 그들이 다른 자리를 갖는다는 것, 더 이상 아무것도 할 것이 없다는 것이었습니다. 그들이 자리를 벗어난다는 것은 자리가 없는 사람들의 역할을 한다는 것, 사회 안에서 아무것도 할 일이 없는 사람들과 슬픔을 나눈다는 것을 의미했습니다. 그러나 또한 그들은 이것을 통해 프롤레타리아가 무엇인가에 대한 정의를 재발견했습니다. 프롤레타리우스(Proletarius)라는 이 라틴어는 노동이나 공장과 아무런 관계가 없습니다. 이 말은 "자식들을 갖는다"는 의미입니다. 다시 말해 다만 태어나서 삶을 재생산할 뿐이라는 의미입니다. 아감벤이 벌거벗은 삶이라고 부른 것의 순환 안에 갇힌 사람들을 의미합니다. 그들에게 중요했던 것은 "나를 위한 어떤 자리도 없는 세계 안에 태어난" 낭만적 슬픔의 말들 안에서 벌거벗은 삶의 단순한 재생산에 영원히 갇힌 존재들의 조건을 재정식화하는 것이었습니다. 결정적으로 중요한 것은 한 고통을 다른 고통과 교환하는 것입니다. 바로 문학과 문화는 한 고통을 다른 고통과 교환할 수 있는 능력입니다.

정치적인 것의 장소들을 구성하기[269]

(잡지 "사보"와의 대담)

2009년

● T: "사보"는 "사회적 몸체(corps social)"를 구성하는 다양한 구성원들—임금노동자, 농민, 학생, 실업자 등등—을 연결하는 도구이고자 합니다. 1960년 말의 상황과 비교해서 어떤 유사점과 차이점이 있을까요?

랑시에르: 학생들, 노동자들, 경우에 따라서는 농민들 간의 연대의 이념은 1968년에, 특히 "낭트 코뮌(commune de Nantes)"의 경험에서 큰 역할을 했습니다. 그러나 구성된 투쟁 집단의 전망은 일반적으로 보다 실리적이었습니다. 프롤레타리아 좌파에서, 공장 안에 투쟁가들을 위한 시설 혹은 노동자들의 카페와 같은 삶의 장소들 안에서 투쟁 활동은 우선

269 (원주) 이 대담은 2009년 3월 『사보, 렌느와 그 주변의 지역적 연대의 도구』(*Le Sabot, outil de liaison locale sur Renne et ses environs*) n° 4에 실렸다. 이 잡지(*Le Sabot*)는 실업자들과 비정규직 노동자들의 투쟁 운동 속에서 만들어졌다. 그리고 이 글은 인터넷 상에서(http://www.cip-idf.org/article)에서 찾아볼 수 있다.

노동현장 안에 어떤 현전을 겨냥했습니다. 다시 말해 합법성, 환경의 인식 그리고 그 환경으로부터 상황들과 과격파들과의 관계에서 투쟁의 잠재성을 끌어낼 수 있는 능력을 겨냥합니다. 그러나 어떤 힘을 구성하는 특별한 수단으로서 삶의 장소들의 연결을 창출하고 구성하고자 하는 염려는 우선성을 가진 것이 아니었습니다. 힘은 주어진 것으로 전제되었습니다. 사람들은 노동계급이라는 가장 극단적인 요소들에 의존하면서 노동자들의 투쟁의 전통적 실존으로부터 출발했습니다. 이 집단은 노조총연맹(CGT)과 단절한 엄격한 노조원 혹은 전-노조원들, 극단화된 이민노동자들로 구성되었습니다. 중요한 것은 새로운 사회성을 창출하는 것이 아니라, 기존의 사회성에 참여하는 것이었습니다. 그리고 전통적인 정당의 형식 아래에서 노동계급의 표상의 기피와 더불어 동시에 지도적 요소로서 노동계급에의 지지가 있었습니다. 오늘날 연대의 이념은 이런 정치의 사회적 지형의 파열을 전제합니다.

● J: "사보"는 정치적 주체로서 노동계급의 해체에 의존합니다. 10년 전부터 몇몇 사람들은 더 이상 "중산층"에 반한 어디에도 환원가능하지 않은 "삶의 형식들"을 발견하고 열광했습니다. 문제는 새로운 집단을 설립하기 위해 빈약한 삶의 형식들과 단절하는 것이었습니다. 그러나 이렇게 구성된 집단은 그 자체로 정치적 힘과 일치할 수 없었습니다. 바로 이 비-일치성은 연대와 정치적 구성의 필요성을 불러냈습니다.

극단적인 투쟁의 형식들은 자신들의 고유한 시간성을 창출하는 사건들에 의해 태어납니다. 68년 5월에, 투쟁 공동체는 사건 그 자체에 의해 창출되었습니다. 그로부터 한편으로 프랑스 공산당(PCF)의 지도자들과 다른 한편으로 이런 전통과 관계하지 않았던 사람들을 분리하는 나눔의 선이 창출됩니다. 그리고 이로부터 또한 일종의 고전적 혁명의 잠재력 앞에서, 다시 말해, 민주적 폭발과 자본주의의 전개 안에 근거한 역사적인 프롤레타리아의 힘 간의 결합—혹은 민주적 폭발과 역사에 의해 이끌린 사회적 힘의 혁명적 도식 간의 결합—앞에서 느끼는 안도감이 있습니다. 따라서 사건과 역사의 긴 시간이 일치하는 것처럼 보입니다. 1980년대에 노동 운동과 혁명 운동의 좌절은 이런 지형을 산산조각 냈습니다. 그러나 사회적으로 전제된 것은 "중산계급"의 이중적 이념 안에서 재발견됩니다. 한편으로 자유로운 삶의 형식들의 찬양이, 다른 한편으로 사회적 연대를 부수는 개인주의에 대한 비난이 있었습니다. 오늘날 계급 지배의 벌거벗은 폭력과 정치로서 계급투쟁 혹은 계급투쟁으로서 정치를 다시 생각해야 하는 필요성이 나타납니다. 그리고 다시 나타난 것은 이 투쟁은 어떤 역사적인 필연성과도 혼동되지 않는다는 것입니다.

● B: 프롤레타리아의 개념은 다른 두 가지를 지시하는 것처럼 보입니다. 한편으로 한 공동체, 즉 삶의 제스처와 형식의 공동체를, 다른 한편 그 개념이 계급 그 자체의 제거인 한에서 누구나를 지시하는 것처럼 보입니다.

두 가지가 있는 것처럼 보입니다. 구성된 사회학적 집단으로서 프롤레타리아의 정의와 누구나의 무-계급적 공동체로서 프롤레타리아의 전망 간의 긴장이 있습니다. 이 둘 간의 혼동은 점진적으로 노동계급의 고전적인 마르크스주의 형상과 이어서 다른 측면, 즉 고립된 개인들만이 존재하는 나르시스적인 소시민의 담론의 전반적 승리를 알리는 후기-마르크스주의와 신-니체주의의 형상을 낳았습니다. 이로부터 우리는 새로운 긴장 속에 떨어집니다. 한편으로, 가시적인 공동체, 삶의 모범적인 공동체를 재창출해야 하고, 다른 한편, 이 일반적인 질서에 타격을 가하기 위해 비가시적이 되어야 합니다. 이 사회적인 두 형상을 같은 비물질적인 노동자 계급과 혼동하면서 이 딜레마를 회피하고자 하는 분석들은 여전히 존재하는 "물질적" 노동을 망각합니다. 내가 보기에는 노동의 비물질화를 말하는 대신에 파열된 물질화의 과정을 말해야 하는 것처럼 보입니다.

그 목적이 "연대의 창출"에 있는 당신들의 문제의식 안에서, 문제는 다양한 종류의 노동의 현장을 가진 공동체적 장소들을 창출하면서 공산주의를 재확인하는 것입니다. 문제는 이 노동과 투쟁의 과정 안에 투자된 능력들에 형상들을 부여하는 것입니다. 이로부터 떠도는 공동체들의 구성과 연대의 형성 간의 분리가 없게 될 것입니다. 만남의 장소들은 삶의 장소이면서 연대의 장소입니다. 따라서 공산주의적 모델의 공동체와 자본주의에 반한 은밀한 투쟁집단 사이의 긴장이 사라집니다.

● J: 그러나 이 긴장 그 자체는 새로운 상황, 전통적인 노동현장에서조차 경영적 민주주의라고 말해지는 상황 속에, "미소 짓는 자본주의화"와 같은 어떤 것 속에 기입됩니다. 이 경영적 담론 안에서 우리는 "각자의 능력"에 호소합니다.

● B: 더욱이 역사적으로 노동계급의 자본주의 내의 통합을 통해 자본주의의 승리를 말하는 케네디경제학의 재건을 말하는 시대에 말입니다.

"각자의 능력"에 대한 두 해석 간에는 긴장이 있습니다. 이것은 "각자 다른 사람들을 밀쳐내면서 자신의 자리를 만들 수 있다"는 것으로 해석되거나, 아니면 "각자는 모두의 능력의 소지자"로서 이해됩니다. 문제는 "각자의 능력" 그 자체 내의 분할을 가져오는 것입니다. 통합의 정식과 투쟁의 정식은 항상 동시에 작동합니다. 그리고 우리는 경영자들의 담론과 노동의 새로운 조직화를 동일화할 필요는 없습니다. 케네디경제학의 경우, 1930년대에 노동계급의 통합의 단순한 계기로서 생각되는 유일한 전망으로부터 탈출해야 합니다. 이것은 다소 푸코의 생명정치의 유일한 전망에 의존하는 것처럼 보입니다. 케네디경제학, 복지국가의 이념은 또한 다른 형태의 계급투쟁의 형태 속에서의 이동과 강화의 산물입니다. 사람들은 마치 사회보장, 사회적 법들, 노사 동수의 경영 조직 형태들 등등을 노동계급을 통합하기 위한 자본주의자들이 제공한 선물이라고 생각합니다. 그러나 그것들은 갈등과 투쟁의 결과들입니다. 어제의 노동계급의 혁명적 역할을 긍정하거나 오늘날 그것은 전적으로 사라졌다고 생각하는 전체주의적인 틀을 벗어나야 합니다. 특히 정치적 주체로서 프롤레타리아는 생산력—결국 같은 것이지만 "생명정치의 힘들"—의 전개에 의해 이해된다는 이념에서 벗어나야 합니다.

● L: 프롤레타리아 좌파(La Gauche Prolétarienne, GP)는 노동계급과의 근접성을 유지하려는 것처럼 보입니다. 오늘날 적에게 타격을 가하고자 하는 폭력은 고립될 위험이 있어 보입니다.

그들이 이끈 행동들은 중심 목표의 지엽적 적용으로서가 아니라, 단호한 투쟁의 연장으로서의 행동들이었습니다. 최근에 철도운행을 방해한 행동과는 구별됩니다. 그 행위는 투쟁과 연결되는 것이 아니라, 기계 일반을 정지시키고자 하는 행동이었습니다. 프롤레타리아 좌파(GP)의 문제는 전혀 기계를 정지시키고자 하는 것이 아니라, 투쟁의 잠재성을 강화하는 것이었습니다. 그리고 몇몇 경우에, 극단적인 행위들은 이 강화를 작동시킬 수 있었습니다. 그 행위들은 일종의 공감을 촉발할 수 있었습니다. 그러나 이 행위들은 이미 존재하는 어떤 것, 투쟁의 핵심에 존재하는 어떤 것과 연결되었습니다. 그것은 일반적인 분석을 어디에서나 적용하는 것이었습니다. 사람들은 그 적용들을 요구할 수 있고 그것들을 퍼트리기 위해 민주적인 공간을 발견할 수 있습니다.

● B: 행위들은 요구되어서는 안 된다는 이념 안에는 자율성의 유산이 있습니다. 이러한 요구는 모든 사람들에 의해 다시 취해질 때에만 의미를 가지는 제스처를 실체화할 위험이 있습니다.

● J: 이 이야기에서 문제는 특히 "테러리즘"의 용도입니다.

이 경우에 요구는 자기화를 의미하는 것이 아닙니다. 그것은 민주적인 공간 안에 극단적인 실천의 전파를 의미합니다. 문제는 불법적인 행위를 어떻게 받아들이는가의 문제입니다. 정치 사회적인 투쟁은 항상 합법과 불법 간의 놀이의 공간을 전제합니다. 테러리즘의 개념이 정지시키는 것은 바로 이 놀이의 공간입니다. 그것의 변화를 봐야 합니다. 68년 즈음에, 여론은 시위대의 행동을 탈정치화하면서 "파괴자들"이란 이름으로 고발했습니다. 다른 한편 사람들은 극우 단체에 반해서 1936년 좌파에 의해 설립된 해체된 단체의 재구성을 금지하는 법을 운동가들에 대해 사용했습니다. 무엇보다도 오늘날 사용되는 것은 이전에는 생각하지 못했던 것으로 불법적인 행위들을 범죄시하는 것입니다. 그 당시 한 장소를 점거하거나, 간부들을 감금하는 것은 힘과의 관계에서 하나의 요소로 생각되었습니다. 그리고 기물파괴(sabotage)는 경범죄로 취급되었습니다.

● B: 문제는 기물파괴가 테러리즘 행위가 된 오늘날 무엇이 단절을 만드는가를 아는 것입니다. 글쓰기는 혼자 단절을 만들지 못합니다. 극단적 담론과 함께 기물파괴와 같은 단절된 행동이 있어야 합니다.

단절된 행동을 예외적이고 시선을 끄는 행위로 물신화하는 것을 피하는 것이 좋습니다. 그 행위들은 반드시 기물파괴나 감금일 필요가 없습니다. 나는 체류증이 없어서 추방되는 사람들이 탈 비행기의 이륙을 방해한 국경 없는 교육망(RESF)[270]을 생각합니다. 이것은 단절은 항상 지엽적이고 권위의 구조나 착취의 구조가 문제될 때 일어난다는 것을 생각하게 합니다. 이것은 갈등과 불법 밖에서는 정치가 없다는 것이 사실이라는 것을 말합니다.

● J: 이 투쟁의 실천들과 이 불법들을 연결하는 어떤 것이 있을 수 있습니다. 경제의 흐름을 차단하는 어떤 것과 같은 것 말입니다.

270 RESF(Le Réseau éducation sans frontières, 국경 없는 교육망)는 체류증 없이 불법체류 하는 외국인들의 자녀가 학교에서 추방되는 것을 막고자 하는 시민 정치 단체이다.

그런데 이것이 진정으로 의미하는 것이 무엇인지 생각해야 합니다. "경제의 흐름의 차단"은 단순히 상징적 행위인가? 아니면 실제적 행위인가? 철로를 몇 시간 막는 것은 "경제"를 차단하지 못합니다. 물질적으로 소말리아인들의 해적행위나 금융시장의 브로커들의 투기는 경제에 큰 타격을 가져옵니다. 문제는 상징적 효율성에 의해 제기되어야 합니다. 오늘날 이런 유형의 행위는 경험으로서 일종의 사회 운동 논리의 전복을 갖습니다. 그것은 대중 투쟁의 수준이 이전처럼 역동성에 의해 불법적인 실천들(기물파괴나 다른 것 등등)을 이끌기에 부족하다는 것을 전제합니다. 그래서 사태를 전복해야 한다고 생각합니다. 즉 고립된 행동들에 의해 대중 활동의 갱신을 꾀하고자 합니다. 투쟁의 잠재력의 약화라는 전제 하에 극단화를 전제하는 이 논리는 유지될 수 없는 것처럼 보입니다.

● B: 마르크스주의적 정치의 전체주의적 도식과 소수자의 정치 사이, 전체성과 생성되고, 저항할 수 없고, 전체화할 수 없는 다수성 사이의 양자선택에서 벗어나야 합니다.

● J: 경제를 차단하는 것은 자본의 정치를 차단하는 것입니다. 만일 우리가 적과 분할의 선을 긋고자 한다면, 그것은 어떤 의미를 갖습니다.

적을 지시함으로써 정치적 분할을 할 수 있다고 생각하십니까? 여기에 두 가지 가능성이 있습니다. 우리는 우리가 대항해서 싸우는 어떤 역량으로부터 출발하거나 공통의 역량, 공통의 능력을 위해 싸울 수 있습니다. 만일 정치의 적을 공격하는 것이라면, 여기서 문제는 적에 대한 투쟁적 개념화입니다. 무엇인가에 반해서 행동하는 것은 긍정적인 공산주의를 형성하지 않습니다. 이것은 바로 "이게 너희들을 깨울 것이다. 이 멍청이들아!"라고 말하는 행위들의 문제입니다. 그런데 왜 그들은 멍청이들과 공산주의를 형성하고자 할까요?

● B: 적어도 여기서 "정치"와 관련해서 어디에서나 일어나는 행위의 차원이 밝혀지지 않았습니다.

그러나 그것은 행위의 물신주의를 대가로 합니다. 그 행위는 행위를 사례적인 것으로, 다시 말해 수동적인 사람들과—그들을 필연적으로 수동적으로 구성하는 것에서—깨우는 것을 목적으로 하는 행위로 만들기 위해 행위의 역동성과 집단적인 사유 안에 행위를 기입하는 것과 분리합니다.

● L: 우리가 말하는 행위들은 정확한 공격 대상을 타격하고 흐름을 단절하는 것을 목적으로 합니다. 그것들은 반드시 "멍청이들을 깨우는 것"으로 해석되지 않습니다. 차라리 문제는 투쟁이 정지한 곳의 분노로부터 출발하는 것입니다. 마오주의자들에게는 고통 받는 인민과의 동일시를 통해 행위로 나아가는 의지가 있지 않을까요?

이 의지를 자고 있는 사람들을 깨우는 것하고도, 고통 받는 인민들과의 동일시와도 혼동해서는 안 됩니다. 문제는 다만 상위의 단계로 나아가는 것입니다. 인민을 섬긴다는 것은 고통 받는 인민을 섬긴다는 것이 아니었습니다. "인민을 섬긴다"는 것은 구호가 아니었습니다. 그것은 마오주의자들에 대해 트로츠키주의자들이 말하는 것과 달리, 인민투쟁을 섬긴다는 것이었습니다. 그 요인들을 밝히고, 그 울림을 연장한다는 것이었습니다.

● L: 문제는 항상 정치적인 일관성을 창출하는 것이고 행동의 관점에서 한 집단을 구성하는 것입니다. 이런 관점에서 나는 립(LIP)[271]의 투쟁에 대해 말하고 싶습니다. 그 투쟁이 결정한 것은 정확히 무엇일까요? 이 순간부터 운동 집단 혹은 운동 조직은 노동자 투쟁의 보조자로 보이지 않았을까요? 전위대의 주제는 무엇이 되었을까요?

프롤레타리아 좌파(GP)는 많은 단점들을 가지고 있었습니다. 그러나 전위대의 단점들은 아니었습니다. 그렇다고 해서 단순히 뒤에서 지지만 하는 것도 아니었습니다. 그것은 대중들 한가운데에 마치 효모와 같이 노동운동의 분출과 진정한 "노동운동의 방향"의 조건들을 창출하는 것으로 생각되었습니다. 진정한 노동운동이 구성되기 위한 매개자의 이념이 있었습니다. 립(LIP)은 프롤레타리아 좌파의 붕괴와 일치했습니다. 그것은 투쟁을 구성하는 노동자 집단이 꿈꾸던 사례였습니다. 립의 사람들은 투쟁의 형식들을 연결할 수 있었고, 집단으로 생산을 조직할 수 있었습니다. 더 나아가 집단지성을 유통시킬 수 있었습니다.

왜 마오주의자들의 극단성은 단절되었을까요? 몇몇 사건들(립, 포르투갈의 카네이션 혁명)이 일어났고, 그와 같은 사건들은 계속 이어졌고, 그 추

271 립(Lip)사태라고 보통 불리는 이 사건은 브장송(Besançon)의 시계 공장 립의 폐업과 관련해서 1970년에 시작해서 1976년까지 이어진 투쟁을 말한다.

진력은 다른 곳에서 이어졌습니다. 한편으로 립은 프롤레타리아 좌파에 평화적 종말을 허용했습니다. 프랑스에서 좌파는 사회주의자들에 의해 완전히 청산될 때까지 확산된 민주적 운동의 형식 아래서 지속되었습니다. 1970년 말에, 사회주의자들은 하이퍼-마르크스주의적 프로그램과 계급적 담론을 가지고 있었습니다. 그 이후에 이어진 것은 거대한 역사적 사기였을 뿐입니다. 사회당은 공산당의 유권자들, 좌파의 지적 에너지, 좌파 운동가들을 흡수하면서 모든 자리를 차지하기에 이릅니다. 독일과 이탈리아에서는 상황이 어떠했는지 말하는 것은 어렵습니다.

● T: 독일과 이탈리아는 차이가 있습니다. 이탈리아의 경우, 우리는 수만 명의 노동자들과 학생들을 결집한 대중운동에 대해 말할 수 있습니다. 이전에 독일이나 프랑스가 그랬던 것처럼 이 구성요소들 간의 분리가 없었습니다. 이 점에 대해 내가 질문하고 싶은 것이 하나 있습니다. 1977년 볼로냐나 로마의 대시위에서, "권력의 쟁탈"의 도식의 거부는 어떤 것을 잃어버린 것이 아닐까요? 오레스트 스칼존(Oreste Scalzone)은 나중에 한 기자의 질문에 대해 이야기한 적이 있습니다. "이날 당신은 뭔가를 준비했는가?"라는 기자의 질문에 그는 당황했고, 결국 "아니, 나는 아무 생각도 안 했다"라고 대답했다고 전해집니다.

프롤레타리아 좌파(GP)에서도 우리는 권력의 쟁탈을 전망으로 세워본 적이 없습니다. 일반적으로 혁명은 권력을 잡기를 원하지 않는 사람들에 의해 행해집니다. 1830년과 1848년의 경우를 봅시다. 바리케이트는 권력을 잡기 위해 세워진 것이 아니라, 공통의 권력의 국가의 횡령을 인민의 물질적 긍정에 대립시키기 위해서였습니다.

문제는 한편으로 우리가 노동력의 마르크스적 도식 안에 있으면서, 다른 한편으로 1917년을 재실행하자는 생각은 많은 사람들을 끌어들이지 못했습니다. 68년 5월은 우선 총파업의 형태를 취했습니다. 노동, 권위, 합법성, 지배의 모든 형식에 대한 파업이었습니다. 물론 새로운 유형의 대중적이고 집단적인 역량을 구성할 수단이 문제일 때 상상력의 결핍이 있었을 것입니다. 게다가 일반적인 좌파 운동과 마오주의자들은 특히 프랑스에서 소수에 해당됩니다. 이것은 이탈리아의 자율성의 역사와 비교할 수가 없습니다.

● T: 자율성은 어떤 것이 사회의 경찰조직으로 대체될 수 있다는 생각을 신중하게 고려하지 않습니다. 국가 철도 운행을 방해한 것으로 범죄시되고 있는 비가시적 위원회(Comité invisible)[272]의 책자에서 우리는 또한 권력쟁취의 전망의 거부를 발견할 수 있습니다. 그 책자의 전망에서, 권력의 포기를 실행하게 하는 것은 "코뮌들"입니다. 정부가 존재해서는 안 됩니다. 사회는 더 이상 "통치할 수 없음의 상태가 되어야 합니다." 그런데 중요한 문제는 바로 혁명적인 정부에 대한 질문들입니다.

집단 내의 조직의 문제와 권력의 획득을 구분해야 합니다. 레닌의 조직화의 경우, 이 둘이 혼동됩니다.

272 "비가시적 위원회"는 익명의 작가 집단으로 극좌파 성향을 가진 사람들이 익명으로 책을 출간하는 단체이다. 그들은 혁명을 위한 전략적 진술들을 산출하는 데 기여한다. 2007년 『도래할 봉기』(*L'Insurrection qui vient*)는 전 세계적으로 4만5천 부 이상이 나갔다.

● L: 혁명적 정부에 대한 질문은 국가 권력이 위태로운 상황에서 제기될 수 있습니다. 문제는 권력의 약화의 순간을 어떻게 생각하고 그 순간에 무엇을 해야 하는지를 아는 것입니다.

● J: 진정한 질문은 일관성에 대한 것입니다. 우리는 우선 각각이 꽉 찬 스케줄에 의해 정의되는 분산에 직면해 있습니다. 예를 들어, 국경 없는 교육망(RESF)과의 활동, 비공적인 집단을 유지하기 위한 모임, 정확한 시간에 동원 등입니다. 이런 스케줄에서 벗어나서 연속된 활동들 속에서 어떤 확고하고 되돌릴 수 없는 것을 보증해야 합니다. 문제는 현재 다니엘 벤사이드(Daniel Bensäid)가 재건하고자 하는 트로츠키주의자들의 구호인 권력의 획득이 아닙니다.

트로츠키주의의 변주는 세상의 종말까지 계속될 것입니다. 모든 존재는 자신의 존재를 지속시키려고 노력합니다. 그러나 문제는 계속 이어지는 투쟁들(노숙자, 불법 체류자, 병원, 공장 폐업 등등)을 연결할 수 있는 것이 무엇인지를 아는 것입니다. 무엇이 이 에너지들을 집단적인 능력으로 변형시킬 수 있을까요? 누군가 "정당이 필요하다"고 대답한다면, 누군가는 일종의 신비한 묘안을 제출합니다. 요약하면, 통합을 위한 통합적인 심급이 필요하다고 합니다. 그러나 우리는 또한 그것이 "투쟁들의 수렴"이 아니라는 것을 압니다. 수많은 작은 조직들 간의 만남이 이 변형을 실행합니다. 문제는 어떻게 행위의 역동성으로서 그리고 미래의 희망으로서 공통의 이름을 끌어내는가입니다.

분산이 문제인 경우, 그것은 되돌릴 수 있습니다. 세계에의 열림 때문에 투쟁의 행복이 있습니다. 또 우리는 해결할 수 없음에 의한 투쟁의 행복에 대해서 말할 수 있습니다. 우리는 강한 의미에서 기회주의적 행동에 대해서 말할 수도 있습니다. 우리는 그 자체로 충족한 현재에 존재합니다. 그것은 노동의 자율성의 사례가 잘 보여주는 것입니다. 그리고 그것은 "그것을 했어야 했는데…"와 같은 회고적인 것이 아닙니다. 만일 사람들이 정치에 참여한다면, 그들의 에너지를 여기에 쏟는다면, 그것은 공동체적 장점을 가지고 이 현재 속에서 보다 충만한 삶을 만들기 위한 것입니다. 『프롤레타리아 밤』에서 내가 드러내고자 한 것은 바로 이것입니다. 공산주의자의 미래는 항상 현재 속에 존재하며, 저항들 안에 연루된 능력들의 공동화 작업 없이는 공산주의는 없습니다.

● L: 나는 다른 주제를 다뤄보고 싶습니다. 노동계급의 종말의 이념을 다뤄보는 것도 흥미로울 것 같습니다. 이 계급이 분산되고 사라졌다는 것은 사실일 수 있습니다. 그러나 문제는 우리가 노동자의 형상 없이 정치적인 통합을 생각할 수 있는가입니다.

두 가지를 구분해야 합니다. 우리가 살고 있는 지금, 그 착취의 과정들의 실재를 기술하는 수준이 있습니다. 여기서 우리는 프롤레타리아에 대한 어떤 이념들의 상실이 노동의 갈등을 방해하지 않는다고 말할 수 있습니다. 이런 의미에서 민주적 힘의 구성 안에서 노동자라는 요소를 재확인할 수 있습니다. 반면 "노동자의 형상"이 우리가 찾는 공통의 이름이 될 수 있는지는 확신할 수 없습니다. "노동자"라는 말은 몫이 없는 자들의 형상의 이름일 수 있을까요? 그렇지 않다면, 그것을 무엇이 대체할 수 있을까요? 정체성들의 분배를 다시 나눌 수 있는 이름들을 발견해야 합니다. 최근에, 국경 없는 교육망(RESF)의 사람들은 "셀 수 없이 다양한 사람들의 시위"라는 글을 발표했습니다. 참 아름다운 말입니다. 그러나 이 말도 우리가 찾는 통합의 유형을 작동시킬 수 없습니다. 노동자의 지속성과 더불어 셀 수 없이 다양한 사람들의 비지속성을 둘 다 가질 수 있는 주체적인 형상을 생각해야 합니다.

● L: 의식화에서 우리가 만들어낼 수 있었던 이념, 즉 진리를 대중들에게 가져다줬어야 한다는 이념을 애도해야 했습니다. 또한 이념과 활동에 대한 단순한 선전 능력에 대한 믿음을 애도해야 합니다. 따라서 문제는 정치의 질서 안에서 전달을 재정의하는 것입니다. 이때 문제는 무엇이 정치적으로 자코트와 그의 학생들 사이의 만남에 버금가는 것일 수 있는가입니다.

이중적 요구를 한데 놓아야 합니다. 한편으로 흩어진 능력들을 한데 모으는 것에 신뢰를 주는 것입니다. 이것은 당신이 "연대" 작업이라고 부른 것과 일치합니다. 다른 한편, 상징적으로 강한 단절의 형식을 창출하는 것입니다. 다시 말해 통합의 형식을 창출하는 것입니다. 여기서 각각에게 고유한 능력을 실행하는 각각의 사람들은 이 능력의 연장에 신뢰를 가질 수 있습니다. 이것을 위해 정보와 자료의 양태들, 이념들의 유통과 토의의 형식들, 삶의 장소들, 표명의 양태들과 행위의 형식들 등을 창출해야 합니다. 특히 표명의 양태들과 행위의 형식들은 우리가 조직, 미디어, 정당, 문제들을 구성하고 해결하는 방식들을 가진 정치적 삶이라고 부르는 것의 명백한 대안을 형성합니다. 중요한 것은 정치적인 것을 다르게 문제 제기할 수 있는 장소들, 진정으로 자율적인 장소들을 구성하는 것입니다. 이 장소들은 우리가 정치라는 말에 의해 이해하는 것, 우리가 원하는 것, 우리가 할 수 있다고 생각하는 것 등에 대한 명백한 테제를 가지고 강력한 특이성을 증언합니다. 이것을 위해 비가시적 위원회와 같은 것은 필요하지 않습니다. 오늘날 극좌파는 대개 소외된 멍청이들의 세계 한가운데서 탁월한 비판적 지성의 최후의 섬광으로 자신을 소개하면서, 자코트적 의미에서 학생들을 바보로 만드는 교육자의 담론을 유지합니다.

● B: 경제의 흐름을 막거나 공격하고자 하는 비가시적 위원회의 전망은 하나의 강한 상징적 단절과 단절의 담론을 구성하지 않을까요?

다시 한 번 말하지만 상징적 단절은 경제적 공격에 의해서가 아니라, 평등의 이름으로 이루어져야 합니다. 다시 말해 단절은 적(경제)의 이름에서가 아니라, 긍정(평등)의 이름에서 행해져야 합니다.

● J: 경제에 대한 담론들 가운데는 진정으로 독이 있습니다. 예를 들어 사람들은 금융경제와 실제경제 사이의 대립 위에서 놀이합니다. 그런데 이것은 거짓된 대립입니다. 이 거짓 대립을 유지하지 않는 사람들조차도 좁은 지평 안에 머뭅니다. 나는 잡지 『RiLi』[273]에서 물리에 부탕(Moulier Boutang)과 프레데릭 로르동(Frédéric Lordon)과의 대담을 생각합니다. 문제는 어떻게 여전히 금융위기와 더불어 대담이 끝이 나는가를 아는 것입니다. 절대적으로 "실제" 경제의 붕괴를 피해야 한다는 사실에 대한 합의가 있습니다. 왜냐하면 그것은 재앙, 카

273 (원주) 프레드릭 로르동과 얀 물리에 부탕과의 대담, "재정: 인질로 잡힌 사회"를 참조. 이 대담은 *Rili-La revue internationale des livres et des idées* n° 8(2008년 11–12월), pp. 11–17에 실렸다.

오스, 생각할 수 없는 것이기 때문입니다. 그러나 오늘날 중요하게 일어나고 있는 것은, 우리는 경제가 세계를 만드는 것이라는 명증성 밖에서 생각할 수 있으며, "생각할 수 없는 것"의 장소 그 자체에 자신을 놓으면서 경제 바깥에서 생각할 수 있다는 사실입니다.

중요한 것은 이 생각할 수 없는 것, 이 "경제의 바깥"의 장소가 무엇인지를 아는 것입니다. 금융경제와 실제경제 사이의 토론은 말할 것도 없이 불충분합니다. 그러나 그것은 경제의 모습, 사회의 진보와 일치되는 이 모습이 바로 길을 잃었다는 사실을 증언합니다. 금융경제의 위기는 바로 우리를 피할 수 없는 법칙의 유일한 실재로서 "경제"에서 자유롭게 합니다. 강요된 세계 지배의 양태로서 경제에 대한 사유가 흔들립니다. 이것은 경제적 필연성의 이름으로 국가들의 책임회피가 흔들린다는 것, 그들이 바로 이 필연성을 만든 장본인들이라는 것을 의미합니다. 그리고 자율적 역량으로서 경제를 고립시킬 이유가 없습니다. 물론 이름에 대한 강박은 다른 것들을 감춥니다. 우리는 생산, 소비, 교환과 다른 형태의 조직화를 가능한 것으로, 욕망할 수 있는 것으로 고려할 수 있을까요?

역자 후기

자크 랑시에르 – 근사치의 철학

"1840년 장인들은 철학을 여는 한 질문을 제기했다. 누가 생각할 권리를 가지는가?"

자크 랑시에르의 이 대담집은 30년 간의 대화들—철학, 문학, 미학, 예술, 영화, 정치, 시사 등에 대한 대화들—을 모은 그의 반성과 저항의 증거들이다. 자크 랑시에르의 말과 사유는 토론과 대화로부터 자연스럽게 솟아나온 이념들로 자라난다. 그의 생각들은 부서지고, 파편화된 형태를 가지고 우리에게 나타난다. 이렇게 부서지고 흩어진 생각들을 한 체계, 정치적이고 미학적인 분석의 명시적 체계로 재구성하는 것은 여기서 전혀 중요해 보이지 않는다. 중요한 것은 어떤 말의 내기처럼 보인다. **"상실도 우리에게 속한다"**라는 릴케의 이 말은, 자크 랑시에르가 즐겨쓰는 말로, 문학을 읽는 자신의 방식이라고 말하는 것이다. 이 방식은 그가 『프롤레타리아의 밤』을 쓰면서 의식적으로, 대부분의 경우 무의적으로 사용한 것이라고 한다. "우리의 삶과 글이 엮는 텍스트는 그 텍스트가 잊히고 옮겨지고 변경될 때에만 작동한다." 이것은 랑시에르에게 어림잡아 말하는 방식이다. "어림셈은 말하는 존재의 시학적인 조건, 예술의 작업과 연관된다." 그래서 그의 철학은 정확한 값이 없는, 헐렁한 여름 옷 같은 근사치의 철학이라고 불러도 될 듯하다. 작품은 항상 그 작품의 상실이며, 쓰거나 발설된 문장들은 환원불가능한 불투명성을 가진다는 것을 상기시키기 위해 그는 릴케의 이 말을 자신의 것으로 만든다. 그 상실이 아무런 의미가 없는 것이라고 할지라도, 그것은 아무것도 아닌 것이 아니다. 그것은 반대로 우리 삶 그 자체, 사물들 그 자체에 소중한 어떤 것이다. 그래서 한 대담의 제목이며, 동시에 이 대담집의 제목으로 그가 선택한 **"피곤한 사람들은 어쩔 수 없지!"**는 두 방식으로 읽힐 수 있을 것이다. 한편으로, 이 책의 길이와 밀도 때문에 지치고 짜증난 사람들은 그 책을 집어던질 수도 있다. 다른 한편, 그들이 읽고 생각한 것들 중의 몇몇은 잘못 이해되고 다소 다르게 해석될 수 있다. 그러나 "여기에는 어떤 절망도 없으며. 고조된 긴장만이 있을 뿐이다. 바보로 죽지 않기를 원하는 사람들에게는 미래에 많은 일들이 있다. 그리고 피곤한 사람들은 어쩔 수 없지!"

이것이 그의 말과 사유의 방식들이라면, 그의 철학의 이 방식들을 만든 것은 보다 근본적으로 장인들이 던진 질문—"누가 철학할 권리를 가지는가?"—을 통해서였을 것이다. 이 질문의 정치적인 형태는 **누구나의 능력**의 표명으로서 민주주의일 것이다. 누구나의 능력의 보편화는 분과, 장르를 가로지르는 그 만의 독특한 횡단의 방법을 설립하고 불편한 엘리트즘에 대한 질문을 가능하게 한다. 그렇다고 영역들 간의 자유로운 기입이 규칙이 없다는 말은 아니다. 랑시에르의 탁월함은 자유로운 이 영역들을 일종의 통제된 자유를 통해 진지한 이론적 탐구를 예술과 정치의 형식들의 표상들 위에서 함께 유지하는 것이다. 그의 글들이 가벼운 듯 어려운 것은 바로 이 줄타기의 기술을 읽는 어려움이다. 그래서 그의 글들은 재미있고 흥미롭다. 이 대담집은 랑시에르를 좋아하는 사람들에게—"바보로 죽지 않기를 원하는 사람들에게"—좋은 선물이 될 것이다. 그를 읽던 중에 만난 이 책이 내게 그랬던 것처럼 말이다.

자크 랑시에르의 저서

『알튀세르의 교훈』(*La Leçon d'Althusser*), Paris, Gallimard, 1975.

『노동자의 말』(*La parole ouvrière*), 알랭 포르Alain Faure와 공저, Paris, 10/18, 1976 (Paris, La Fabrique, 2007).

『프롤레타리아의 밤: 노동자의 꿈의 아카이브』(*La Nuit des prolétaires. Archives du rêve ouvrier*), Paris, Fayard, 1981 (Paris, Hachette Pluriel, 1997).

『철학자와 가난한 사람들』(*Le Philosophe et ses pauvres*), Paris, Fayard, 1983 (Paris, Flammarion, 2007).

『루이-가브리엘 고니: 평민 철학자』(*Louis-Gabriel Gauny. Le philosophe plébéien*), ed., Saint-Denis, Presse universitaires de Vincennes, 1985.

『무지한 스승: 지적 해방에 대한 다섯 가지 교훈』(*Le Maître ignorant. Cinq leçons sur l'émancipation intellectuelle*), Paris, Fayard, 1987 (Paris, 10/18, 2004) (궁리, 2008, 2016)

『사람들의 고향으로 가는 짧은 여행』(*Courts voyages au pays du peuple*), Paris, Seuil, 1990 (인간사랑, 2014).

『정치적인 것의 가장자리에서』(*Aux bords du politique*), Paris, Osiris, 1990 (Paris, La Fabrique, 1998, Paris Folio, 2003) (길, 2008)

『역사의 이름들: 지식의 시학에 관한 에세이』(*Les Noms de l'histoire. Essai de poétique du savoir*) (울력, 2011).

『말라르메: 세이렌의 정치학』(*Mallarmé, la politique de la sirène*), Paris, Hachette, 1996.

『불화』(*Mesentente*), Paris, Galilée, 1995 (길, 2015).

『영화 속 역사의 이미지』(*Arrêt sur histoire*), 장-루이 코몰리Jean-Louis Comolli와 공저; Paris, Centre Georges-Pompidou, 1997. (이 책 속의 랑시에르의 글, "잊을 수 없는 것들" 은 나중에 "역사의 의미와 형상들" 이란 다른 글과 함께 『역사의 형상들』(*Figures de la histoire*, PUF, 2012)이란 제목으로 다시 출

간되었다.) (글항아리, 2012)
『말들의 살: 글쓰기의 정치학』(*La Chair des mots. Politique de l'écriture*), Paris, Galilée, 1998.
『말 없는 말: 문학의 모순에 대한 에세이』(*La Parole muette. Essai sur les contradictions de la littérature*), Paris, Hachette, 1998.
『감성의 분할: 미학과 정치』(*Le Partage du sensible. Esthétique et politique)*, Paris, La Fabrique, 2000 (b, 2008)
『미학적 무의식』(*L'Inconscient esthétique*), Paris, Galilée, 2001.
『영화 우화』(*La Fable cinématographique*), Paris, Seuil, 2001 (인간사랑, 2012).
『이미지의 운명』(*Le Destin des images*), Paris, La Fabrique, 2003 (현실문화, 2014).
『인민의 무대-논리적 저항: 1975-1985』(*Les scènes de peuple. Les révoltes logiques*, 1975-1985), Paris, Horlieu, 2003.
『미학 안의 불편함』(*Malaise dans l'esthétique*), Paros ,Galilée, 2004 (인간사랑, 2008).
『합의의 시대를 평론하다』(*Chroniques des temps consensuels*), Paris, Seuil, 2005 (인간사랑, 2010).
『말의 공간: 말라르메에서 부로타스까지』(*L'Espace des mots. De Mallarmé Brouud-thaers*), Nante, Musée des Beaux-Arts de Nantes, 2005.
『민주주의는 왜 증오의 대상인가』(*La Haine de la démocratie*), Paris, La Fabrique, 2005 (인간사랑, 2011).
『이전된 철학: 자크 랑시에르를 중심으로』(*La Philosophie déplacée. Autour de Jacques Rancière*), Actes du colloque de Cerisy, Paris, Horlieu, 2006.
『문학의 정치』(*Politique de la littérature*), Paris, Galilée, 2007 (인간사랑, 2011).
『해방된 관객』(*Le Spectateur émancipé*), Paris, La Fabrique, 2008 (현실문화, 2016).
『민주주의는 죽었는가?』(*Démocratie, dans quel état?*), 조르조 아감벤, 알랭 바디우, 다니엘 벤사이드, 웬디 브라운, 장-뤽 낭시, 크리스킨 로스, 슬라보예 지젝과 공저, Paris, La Fablique, 2009 (난장, 2011).

찾아보기

인명

ㄹ

ㅁ

ㅂ

ㅅ

ㅇ

ㅌ

ㅍ

ㅎ

작품명

책

영화

기타

개념

ㅂ

ㅅ

ㅇ

자크 랑시에르와의 대화
– 피곤한 사람들은 어쩔 수 없지!

발행일 1쇄 2020년 3월 30일
지은이 자크 랑시에르
옮긴이 박영옥
펴낸이 여국동

펴낸곳 도서출판 인간사랑
출판등록 1983. 1. 26. 제일-3호
주소 경기도 고양시 일산동구 백석로 108번길 60-5 2층
물류센타 경기도 고양시 일산동구 문원길 13-34(문봉동)
전화 031)901-8144(대표) | 031)907-2003(영업부)
팩스 031)905-5815
전자우편 igsr@naver.com
페이스북 http://www.facebook.com/igsrpub
블로그 http://blog.naver.com/igsr
인쇄 하정인쇄 **출력** 현대미디어 **종이** 세원지업사

ISBN 978-89-7418-593-0 03160

이 도서의 국립중앙도서관 출판시도서목록(CIP)은 서지정보유통지원시스템
홈페이지(http://seoji.nl.go.kr)와 국가자료공동목록시스템(http://www.nl.go.kr/kolisnet)에서
이용하실 수 있습니다.(CIP제어번호: CIP2020010218)